国家出版基金項目
NATIONAL PUBLICATION FOUNDATION

古代方言文獻叢刊

華學誠 主編

歷代方志方言文獻集成

曹小雲 曹媛 輯校

第十册

中華書局

雲南省 凡三十六種

〔道光〕雲南通志稿

【解題】阮元等修，王崧、李誠等纂。「方言」見卷一九〇《南蠻志五》中。有道光十六年(一八三六)刻本。「方言」部分與民國《新纂雲南通志》卷六六、卷六七相同。存目。

〔光緒〕雲南通志

【解題】岑毓英修，陳燦等纂。「方言」見卷二七〇《南蠻志五》中。有光緒二十年(一八九四)刻本。「方言」部分與民國《新纂雲南通志》卷六六、卷六七相同。存目。

〔民國〕新纂雲南通志〔一〕

【解題】龍雲、盧漢修，周鐘岳纂。「方言考一」至「方言考五」分別見卷六六至卷七〇，共五卷。民國三

〔一〕 本志卷六六、六七兩卷「天文類」至「蟲魚類」與阮元修道光《雲南通志稿》卷一九〇《南蠻志五·方言》、岑毓英修光緒《雲南通志》卷二七〇《南蠻志五·方言》內容相同。本志雖晚出，但增加了白文考等內容，故録本志，而道光、光緒二志方言部分以存目方式處理。

十三年（一九四四）修。本編輯録「方言考一」至「方言考四」。録文據民國三十八年（一九四九）鉛印本《新纂雲南通志》。

目録

方言考一

雲南氏族，漢、回族外，以羅羅、擺夷爲兩大系，白子、摩些次之，語言文字亦然。羅羅、擺夷、摩些，皆各有其語文。羅羅即爨族，其文字即爨文。擺夷即僰族，其文字即僰文。摩些有摩些文。白子無文字，但屬漢語之方音。茲分別詳考之，可探其文化之源泉。

爨字源起，據《一統志》及舊《雲南通志》稱，初有阿䀨者，馬龍人，撰爨字如科斗，號曰《韙書》，夷人奉爲書祖。兩志皆列其名於唐代，而《騰越州志》則又稱爲漢時人。二説未知孰是。考爨寶子及龍顔兩碑，在晉及劉宋時，當時已純用漢文，即其碑陰署名，府、長史、司馬、倉、曹、別駕等，多係爨姓，亦並無一爨字。其後段素順集《三十七部會盟碑》，《北史》謂即東方黑爨、松爨。其文自左而右，見《金石萃編》。亦未雜有爨字。蓋其染漢化既深，其語文固未普及也。檀萃著《農部爨雅》，道光、光緒等志采入方言，與各屬方言彙爲一卷，但有音義而無原字。即今之羅羅文，僅流傳爨字經咒，尤爲式微已。

至於僰字之義，酈道元《水經注・僰道縣》引《地理方俗記》曰：「夷中最仁，有人道，故字從人。」秦紀所記，僰，僮之富者也。《滇海虞衡志》：「僰道，於漢爲縣，故侯國也。其縣遺民，故爲僰人，始與滇並稱。漢時多出僮僕。僰夷亦名擺夷，又稱白夷，蓋聲近而譌也。性耐熱，居卑濕棘下，故僰從棘。」又云：「僰夷無中國文字，小事則刻木爲契，如期不爽。大事書緬字爲檄，無文案。」據此，則僰即擺夷，其語文較爨文爲普。

至白文，在《清職貢圖》云〔一〕：「白人其先居大理白崖川，即金齒白蠻部，皆僰種。」亦未

〔一〕職：原誤作「所」。

確。唯道光志云：「白人，古白國之支流也。舊謂僰爲白，遂稱爲一類，其實不相通。」此最明確。考《大理府志》，白國之先西海阿育王，阿育王事見法顯《佛國記》及《水經注》。據《紀古滇説》，生於周宣王時。封其仲子於蒼洱之間，奉佛惡殺，不茹葷腥，稱白飯王。王子年《拾遺記》白飯王與秦始皇同時，恐非。白人者，即白國之支流，習俗與華人不甚相遠，亦謂之民家子。其事雖不見於《史》《漢》及陳壽《三國志》、常璩《華陽國志》、樊綽《蠻書》、劉昫、宋祁諸書，然元張道宗《紀古滇説》、李京《雲南志略》、明楊升庵《滇載記》皆引用之，即顧祖禹、顧炎武所志，亦不删此説，可見《紀古滇説》之非虚。大抵僰與白本二種，其後乃相混而爲一。歷觀滇中諸載記，多籠統稱之。然僰爲擺夷，白爲白子，二者實不相同。倪輅《皇明野史》百夷猶百越、百濮，今作伯；僰又俗作擺，皆夷音，無正字也。白子所操之語謂之白文，皆雅言也。自劍川、鶴慶、洱源、大理，至於昆明之大小皷浪、沙朗諸村，類能言之。而因遠所屬皆操此語，地歷千餘里，户約數十萬，强半通行白文。考楊慎《滇載記》自跋謂「嬰罪投裔，求蒙、段之故於《圖經》而不得。問其籍於舊家，有《白古通玄峰年運志》。其書用僰文，義兼象教，稍爲删正，令其可讀」云。僰文之名始此。第當作白，不應作僰。蓋僰既無中國文字，慎即博雅，何從而删正其辭乎？故知僰文即今滇西各屬之白文。其云義兼象教者，滇西本古之佛地，所言多象教。張道宗《紀古滇説》尚浮屠説，家無貧富，皆有佛堂，人無老壯，不失素珠。此白子族語言之大略也。

至若摩些語即納喜語所通行之地，亦占滇中之一大部份。羅羅語、擺夷語、摩些語，合之滇西白文，爲雲南四種語言。其餘土僚、花僚、怒人、扯蘇、山蘇、儂人、沙人、力些、古宗、西蕃、苗人、甘人、孟人、沙仲人、苦葱、喇烏、摩察、羅婺、蒲人、窩泥、糯比、㹀鷄、山車、龍人、峨昌、莽子、地羊、鬼戞、于臘、老撾等，就其大者已不下數十種，各有語言，間亦造有文字，然皆局於一隅，不如上四種之廣。今纂方言，以舊志所載列之於首，爲各族之比較語。白文、爨文、僰文、摩些文，以及怒子、古宗、栗粟語以次考録，而備參稽。

各族語之比較一

雲南各氏族中，創有文字者少，語言則互異。茲録舊志《方言》，分類比較各族語言之不同如次。

天文類

天　爨蠻謂之木。檀萃《農部爨雅》。東川夷亦謂之木。《東川府志》。儂人、擺夷謂之發。土僚謂之窩。《廣南府志》。阿成謂之女。《開化府志》。黑沙人謂之播奔。《師宗州志》。麗江夷謂之美。《麗江府志》。緬字作[illegible]，曰某。師範《滇繫》。

天晴　爨蠻謂之木撮。《農部爨雅》。東川夷謂之木族。《東川府志》。黑沙人謂之兩。《師宗州志》。麗江夷謂之每土。《麗江府志》。

天陰　爨蠻謂之木甲。《農部爨雅》。東川夷謂之木登。《東川府志》。黑沙人謂之嫩。《師宗州志》。麗江夷謂之每藏。《麗江府志》。

天雨　爨蠻謂之木呵。《農部爨雅》。

天明　爨蠻謂之姆梯。同上。黑沙人謂之弄。《師宗州志》。

天黑　爨蠻謂之姆祭。《農部爨雅》。

雲　爨蠻謂之呆。同上。儂人謂之朗磨。土僚謂之磨。擺夷謂之發。《廣南府志》。阿成謂之丹。《開化府志》。東川夷謂之木恕。《東川府志》。黑沙人謂之喇麼。《師宗州志》。麗江夷謂之吉。《麗江府志》。緬字作[illegible]，曰定。《滇繫》。

風　爨蠻謂之姆你。《農部爨雅》。儂人謂之朗。土僚謂之冷。擺夷謂之竜。《廣南府志》。阿成謂之米隙。《開化府志》。黑沙人謂之檽。《師宗州志》。東川夷謂之迷係。《東川府志》。麗江夷謂之海。《麗江府志》。

雷　爨蠻謂之更。《農部爨雅》。儂人謂之發轟。土僚謂之博恩。擺夷謂之法。《廣南府志》。阿成謂之米香。《開化府志》。黑沙人謂之得把。《師宗州志》。東川夷謂之木鷄。《東川府志》。麗江夷謂之每枯。《麗江府志》。緬字作[illegible]，曰某骨路。《滇繫》。

雨　爨蠻謂之呵。《農部爨雅》。儂人謂之泮。土僚謂之難。擺夷謂之紛。《廣南府志》。阿成謂之米。《開化府志》。黑沙人謂之文倒。《師宗州志》。東川夷謂之木合。《東州府志》。麗江夷謂之痕。《麗江府志》。緬字作[illegible]，曰某喇。《滇繫》。

霜　爨蠻謂之誣拈。《農部爨雅》。儂人謂之膩髮。土僚謂之內。擺夷謂之籠每。《廣南府志》。

阿成謂之阿多。《開化府志》。東川夷謂之聞凝。《東川府志》。麗江夷謂之你匍。《麗江府志》。

雪　爨蠻謂之誣。《農部爨雅》。儂人謂之美排。《廣南府志》。黑沙人謂之倒你。《師宗州志》。東川夷謂之文。《東川府志》。

冰　東川夷謂之烏梯。同上。

霧　爨蠻謂之姆内。《農部爨雅》。儂人謂之朗目。土僚謂之馬。擺夷謂之磨。《廣南府志》。阿成謂之糯非。《開化府志》。

露　爨蠻謂之至。《農部爨雅》。東川夷謂之志。《東川府志》。麗江夷謂之著匍。《麗江府志》。

雹　爨蠻謂之歹。《農部爨雅》。

虹　爨蠻謂之阿姆散移。同上。

瘴　爨蠻謂之亦其。同上。黑沙人謂之板箱。《師宗州志》。

氣　爨蠻謂之宜。《農部爨雅》。

日　爨蠻謂之你。同上。儂人謂之烈。土僚謂之駝宛。擺夷謂之紊。《廣南府志》。阿成謂之倮及。《開化府志》。東川夷謂之擬機。《東川府志》。麗江夷謂之你買。《麗江府志》。緬字作[illegible]，曰膩。《滇繫》。

月　爨蠻謂之農。《農部爨雅》。儂人謂之亥。土僚謂之論。擺夷謂之等。《廣南府志》。阿成謂之倮波。《開化府志》。東川夷謂之羅溥。《東川府志》。麗江夷謂之海買。《麗江府志》。緬字作[illegible]，曰刺。《滇繫》。

日出　爨蠻謂之你己奪。《農部爨雅》。

日中　爨蠻謂之你己愛。同上。

日入　爨蠻謂之你己歹。同上。

日蝕　爨蠻謂之你己押。同上。

月出　爨蠻謂之農博奪。同上。

月明　爨蠻謂之農件。同上。

月虧　爨蠻謂之農毛。同上。

月蝕　爨蠻謂之農博押。同上。按爨蠻以日爲你，你己云者，猶俗名日頭也。以月爲農，農博云者，猶俗名月亮也。

星　東川夷謂之鳩。《東川府志》。麗江夷謂之根。《麗江府志》。緬字作[illegible]，曰革來。《滇繫》。

斗　緬字作[illegible]，曰庫捏戰。同上。

歲時類

春　爨蠻謂之腦達。《農部爨雅》。東川夷謂之吻。《東川府志》。麗江夷謂之每你。《麗江府志》。

夏　爨蠻謂之睒更。《農部爨雅》。東川夷謂之施。《東川府志》。麗江夷謂之每緎。《麗江府志》。

秋　爨蠻謂之戳更。《農部爨雅》。東川夷謂之署。《東川府志》。麗江夷謂之每處。《麗江府志》。

冬　爨蠻謂之初。《農部爨雅》。東川夷亦謂之初。《東川府志》。麗江夷謂之每初。《麗江府志》。
年　爨蠻謂之他課。《農部爨雅》。
月　爨蠻謂之他農。同上。
日　爨蠻謂之他你。同上。
時　爨蠻謂之他更。同上。麗江夷謂之知。《麗江府志》。東川夷謂之兔。《東川府志》。
刻　爨蠻謂之他捏革。《農部爨雅》。
晝　爨蠻謂之姆你。同上。黑沙人謂之核完。《師宗州志》。
夜　爨蠻謂之姆氣。《農部爨雅》。
早　爨蠻謂之姆興。同上。黑沙人謂之羅麼。《師宗州志》。麗江夷謂之酻。《麗江府志》。東川夷謂之挽。《東川府志》。
晚　爨蠻謂之器。《農部爨雅》。麗江夷謂之何。《麗江府志》。東川夷謂之期。《東川府志》。黑沙人謂之杭。《師宗州志》。
遲　黑沙人謂之完。同上。
寒　爨蠻謂之賈革。《農部爨雅》。麗江夷謂之氣。《麗江府志》。
熱　爨蠻謂之撮。《農部爨雅》。麗江夷謂之此。《麗江府志》。
朔　爨蠻謂之達太。《農部爨雅》。

望　爨蠻謂之且俄。同上。

歲　麗江夷謂之庫。《麗江府志》。緬字作，曰揑。《滇繫》。

度歲　爨蠻謂之課隙。《農部爨雅》。

歲豐　麗江夷謂之巴埋。《麗江府志》。東川夷謂之峨恩。《東川府志》。

歲歉　麗江夷謂之巴誇。《麗江府志》。東川夷謂之峨我。《東川府志》。

古　麗江夷謂之阿邊是邊。《麗江府志》。東川夷謂之阿無。《東川府志》。

今　麗江夷謂之阿依。《麗江府志》。東川夷謂之阿額。《東川府志》。

節　緬字作，曰撒胖。《滇繫》。

陽　緬字作，曰阿太。同上。

陰　緬字作，曰阿噴。同上。

正月　爨蠻謂之課興農。《農部爨雅》。二月謂之補須農。三月謂之灑接農。四月謂之奚農。五月謂之俄農。六月謂之卻農。七月謂之係農。八月謂之恨農。九月謂之更農。十月謂之且農。十一月謂之且的農。十二月謂之昭農。

子曰寒你。丑曰你你。寅曰弄你。卯曰他灼你。辰曰嚕你。巳曰賖你。午曰姆你。未曰好你。申曰糯你。酉曰昂你。戌曰期你。亥曰萬你。並同上。案：爨人以十二辰計日，你者日也。寒爲鼠，你爲牛，寒你、你你者，謂鼠日、牛日也。

地理類

地　烏蠻謂之渘。樊綽《蠻書》。爨蠻謂之密。《農部爨雅》。儂人謂之南。土僚謂之稜。擺夷謂之頂。《廣南府志》。阿成謂之謎。《開化府志》。東川夷謂之謎。《東川府志》。黑沙人謂之喇。《師宗州志》。麗江夷謂之里甸。《麗江府志》。

田　儂人謂之恁那，土僚謂之儺。擺夷謂之那。《廣南府志》。阿成謂之當米。《開化府志》。黑沙人謂之捏納。《師宗州志》。東川夷謂之密。《東川府志》。麗江夷謂之里。《麗江府志》。

稻田　爨蠻謂之扯密。《農部爨雅》。

上則水田　爨蠻謂之矣輕作密。同上。

山田　爨蠻謂之姆腦。同上。

秧田　爨蠻謂之係五密。同上。

麥地　爨蠻謂之睬密。同上。

蕎地　爨蠻謂之戈密。同上。

荒地　爨蠻謂之密凳密。同上。

園　儂人謂之勒省。土僚謂之孫。擺夷謂之朗虎。《廣南府志》。阿成謂之介徹。《開化府志》。黑沙人謂之裹孫。《師宗州志》。東川夷謂之臥密。《東川府志》。麗江夷謂之可。《麗江府志》。

山　白蠻謂之和。《蠻書》。爨蠻謂之本。《農部爨雅》。儂人謂之南播。土僚謂之亂。擺夷謂之反。《廣南府志》。阿成謂之白。《開化府志》。東川夷亦謂之白。《東川府志》。黑沙人謂之迭當。《師宗州志》。麗江夷謂之匊。《麗江府志》。緬字作[illegible]，曰擋。《滇繫》。

山頂　白蠻謂之葱路。《蠻書》。

小團山　爨蠻謂之本臥嚕。《農部爨雅》。

岡　爨蠻謂之本耶令。同上。

嶺　爨蠻謂之簡念。同上。東川夷謂之白腳。《東川府志》。麗江夷謂之便呂。《麗江府志》。

谷　白蠻謂之浪。《蠻書》。

崖　爨蠻謂之放。《農部爨雅》。

凸　爨蠻謂之象更。同上。

隴　爨蠻謂之那芭。同上。

箐　東川夷謂之倣。《東川府志》。

石　爨蠻謂之落本。《農部爨雅》。黑沙人謂之革糯。《師宗州志》。

水　爨蠻謂之矣。《農部爨雅》。儂人謂之南。土僚、擺夷謂之難。《廣南府志》。阿成謂之一結。《開化府志》。黑沙人謂之攬。東川夷謂之以。《東川府志》。麗江夷謂之卓。《麗江府志》。

海　東川夷謂之恒。《東川府志》。麗江夷謂之憾。《麗江府志》。

江　爨蠻謂之南衣末。《農部爨雅》。黑沙人謂之温達。《師宗州志》。東川夷謂之那以。《東川府志》。

麗江夷謂之迤彼。《麗江府志》。緬字作[illegible]，曰麥列馬。《滇繫》。

河　黑沙人謂之卯達。《師宗州志》。東川夷謂之以莫。《東川府志》。麗江夷謂之濠。《麗江府志》。

大河　爨蠻謂之南衣。《農部爨雅》。

小河　爨蠻謂之矣查。同上。

川　白蠻謂之睒。《蠻書》。麗江夷謂之羅。《麗江府志》。

潭　爨蠻謂之矣奪海。《農部爨雅》。

港　爨蠻謂之菜。同上。

澗　爨蠻謂之矣老。同上。

池　爨蠻謂之海本莫。同上。

灣　爨蠻謂之過。同上。

岸　爨蠻謂之以節密。同上。

灘　爨蠻謂之冊白。同上。

渡　爨蠻謂之更輕。同上。

溝　爨蠻謂之矣灼。同上。東川夷謂之以輸。《東川府志》。麗江夷謂之開。《麗江府志》。

廠　爨蠻謂之都。《農部爨雅》。

道里類

東　爨蠻謂之幾奪米。《農部爨雅》。東川夷謂之肺。《東川府志》。麗江夷謂之你買土。《麗江府志》。

西　爨蠻謂之幾歹米。《農部爨雅》。東川夷謂之灼。《東川府志》。麗江夷謂之你買谷。《麗江府志》。

南　爨蠻謂之係烏米。《農部爨雅》。東川夷謂之務。《東川府志》。麗江夷謂之梅。《麗江府志》。

北　爨蠻謂之交祭米。《農部爨雅》。東川夷謂之克。《東川府志》。麗江夷謂之竿。《麗江府志》。

大路　爨蠻謂之腳莫。《農部爨雅》。儂人謂之卡落。土僚謂之禄。擺夷謂之丹。《廣南府志》。阿成謂之著底。《開化府志》。東川夷謂之覺莫。《東川府志》。麗江夷謂之汝股。《麗江府志》。

里數　爨蠻謂之可曉鳩密。《農部爨雅》。

坡　儂人謂之肯靠。土僚謂之短亂。擺夷謂之拉歹。《廣南府志》。阿成謂之迫。《開化府志》。東川夷謂之白撇。《東川府志》。

上坡　黑沙人謂之衝堆。《師宗州志》。

下坡　黑沙人謂之絨奈。同上。

墩臺　爨蠻謂之撥耳木。《農部爨雅》。

塘汛　爨蠻謂之博耳。同上。

關　東川夷謂之哈斯。《東川府志》。麗江夷謂之改。《麗江府志》。緬字作[illegible]，曰岡。《滇繫》。

津　緬字作[illegible]，曰戛豆。同上。
哨　東川夷謂之好趹。《東川府志》。麗江夷謂之莫。《麗江府志》。
旅店　爨蠻謂之應歹。《農部爨雅》。
村　爨蠻謂之卡更。同上。東川夷謂之卡。《東川府志》。
街市　爨蠻謂之裙。《農部爨雅》。麗江夷謂之知。《麗江府志》。
鄉　東川夷謂之塘普。《東川府志》。
船　麗江夷謂之離。《麗江府志》。
橋　麗江夷謂之晬。同上。東川夷謂之梯。《東川府志》。

人倫類

君　爨蠻謂之烏姆。《農部爨雅》。東川夷謂之翁母。《東川府志》。麗江夷謂之卡。《麗江府志》。
臣　爨蠻謂之達非。《農部爨雅》。東川夷謂之者，又謂之募卿。《東川府志》。麗江夷謂之喜公。《麗江府志》。
始祖　爨蠻謂之阿包。《農部爨雅》。
高祖　爨蠻謂之阿奔。同上。
曾祖　爨蠻謂之阿單。同上。
祖　爨蠻謂之阿卜。同上。儂人謂之不竭。土僚謂之布周。擺夷謂之布賀。《廣南府志》。

阿成謂之依坡。《開化府志》。黑沙人謂之老抱。《師宗州志》。東川夷謂之阿伯。《東川府志》。麗江夷謂之阿普。《麗江府志》。

祖母　東川夷謂之阿達。《東川府志》。麗江夷謂之阿曾。《麗江府志》。黑沙人謂之裹押。《師宗州志》。

父　爨蠻謂之阿爹。《農部爨雅》。儂人、土僚謂之博。擺夷謂之依博。《廣南府志》。阿成謂之依頗。《開化府志》。黑沙人謂之勒布。《師宗州志》。麗江夷謂之阿巴。《麗江府志》。緬字作[illegible]，曰阿帕。《滇繫》。

母　爨蠻謂之阿媽。《農部爨雅》。儂人謂之腊密。土僚謂之滅。擺夷謂之蔑。《廣南府志》。阿成謂之依麽。《開化府志》。黑沙人謂之勒滅。《師宗州志》。麗江夷謂之阿買。《麗江府志》。緬字作[illegible]，曰阿米。《滇繫》。

伯父　爨蠻謂之阿毛。《農部爨雅》。黑沙人謂之勒抱。《師宗州志》。

伯母　黑沙人謂之勒押。同上。爨蠻謂之阿窩。《農部爨雅》。

仲父　爨蠻謂之阿舊。同上。

二叔母　爨蠻謂之母舊。同上。

季父　爨蠻謂之阿虘。同上。

三叔母　爨蠻謂之姆虘。同上。

兄　南詔謂之容。阮元聲《南詔野史》。儂人謂之必。土僚謂之鮓〔一〕。擺夷謂之必農。《廣南府志》。阿成謂之依尾。《開化府志》。黑沙人謂之俾。《師宗州志》。東川夷謂之未秣。《東川府志》。麗江夷謂之阿補。《麗江府志》。

嫂　儂人謂之必南。土僚謂之比周。擺夷謂之倮。《廣南府志》。阿成謂之依迷。《開化府志》。黑沙人謂之俾囊。《師宗州志》。

伯兄　爨蠻謂之阿姆窩。《農部爨雅》。

長嫂　爨蠻謂之阿妹窩。同上。

二兄　爨蠻謂之阿姆舊〔二〕。同上。

二嫂　爨蠻謂之阿妹舊。同上。

三兄　爨蠻謂之阿母虐。同上。

三嫂　爨蠻謂之阿妹虐。同上。

弟　南詔謂之鍾。《南詔野史》。爨蠻謂之虐冒。《農部爨雅》。儂人謂之農。土僚謂之鸞。擺夷謂之農齊。《廣南府志》。阿成謂之阸左。《開化府志》。黑沙人謂之濃。《師宗州志》。東川夷謂之年目，又謂之卡阿侒。《東川府志》。麗江夷謂之跟生。《麗江府志》。

〔一〕僚：原脱。

〔二〕「阿」上原衍「謂」字。

弟婦　黑沙人謂之濃俾。《師宗州志》。

叔　儂人謂之不拗。土僚謂之布倮。擺夷謂之布襖。《廣南府志》。阿成謂之波浪。《開化府志》。

姑　爨蠻謂之阿泥。《農部爨雅》。東川夷謂之阿你。《東川府志》。

姊　爨蠻謂之阿你。《農部爨雅》。東川夷謂之目，又謂之阿佞。《東川府志》。麗江夷謂之妹買。《麗江府志》。

妹　爨蠻謂之虐冒。同弟稱。《農部爨雅》。東川夷謂之膩，又謂之佞虐。《東川府志》。麗江夷謂之姑買。《麗江府志》。

從兄　爨蠻謂之阿木。《農部爨雅》。

從弟　爨蠻謂之虐苴。同上。

夫　爨蠻謂之氣骰。同上。東川夷謂之墨。《東川府志》。麗江夷謂之阿該生。《麗江府志》。

妻　爨蠻謂之氣。《農部爨雅》。東川夷謂之咩，又謂之慾。《東川府志》。麗江夷謂之你奴。《麗江府志》。

妾　爨蠻謂之氣落。《農部爨雅》。

媵　爨蠻謂之阿咩氣。同上。

男　爨蠻謂之松胎。同上。東川夷謂之哺租，又謂之租吾。《東川府志》。麗江夷謂之左。《麗江府志》。

女　爨蠻謂之姆你。《農部爨雅》。東川夷謂之阿咩，又謂之母遮。《東川府志》。麗江夷謂之覓。《麗江府志》。

子　爨蠻謂之苴。《農部爨雅》。儂人謂之陸。土僚謂之勒。擺夷謂之樓。《廣南府志》。阿成謂之息左。《開化府志》。東川夷謂之租。《東川府志》。麗江夷謂之苴。《麗江府志》。

女子　爨蠻謂之阿咩。《農部爨雅》。

從子　爨蠻謂之苴都。同上。

孫　爨蠻謂之喜本。自中外曾元來，仍皆曰喜本。同上。儂人謂之郎。土僚、擺夷謂之浪。《廣南府志》。阿成謂之息里。《開化府志》。東川夷謂之希。《東川府志》。麗江夷謂之魯補。《麗江府志》。

孫女　麗江夷謂之魯買。同上。東川夷謂之希阿咩，又謂之把希。《東川府志》。

舅　爨蠻謂之阿恩。《農部爨雅》。黑沙人謂之筆濃。《師宗州志》。

舅母　黑沙人謂之俾滅。同上。

姨　爨蠻謂之阿恩末。《農部爨雅》。東川夷謂之莫虐，又謂之阿你咩。《東川府志》。

姨父　爨蠻謂之阿機。《農部爨雅》。

岳父　東川夷謂之阿五。《東川府志》。麗江夷謂之於扁。《麗江府志》。

岳母　東川夷謂之披煞。《東川府志》。

女壻　爨蠻謂之壻五。《農部爨雅》。東川夷謂之仕五。《東川府志》。麗江夷謂之茂恩。《麗江府志》。

姻家　爨蠻謂之五坐。《農部爨雅》。

姊妹夫　爨蠻謂之阿你苴。同上。

甥　爨蠻謂之壻五老。同上。

舅　爨蠻謂之亦坡。同上。

姑　爨蠻謂之阿泥。同上。

兄公　爨蠻謂之阿姆。同上。

師長　爨蠻謂之署朱。同上。東川夷謂之世朱。《東川府志》。麗江夷謂之熟朱。《麗江府志》。

徒弟　東川夷謂之蘇育烏奈。《東川府志》。麗江夷謂之的子。《麗江府志》。

朋友　爨蠻謂之苴抄。《農部爨雅》。東川夷謂之潛額。《東川府志》。麗江夷謂之阿黨。《麗江府志》。

主　爨蠻謂之所助。《農部爨雅》。東川夷謂之額色普，又謂之撤普。《東川府志》。麗江夷謂之黨哈。《麗江府志》。

僕　爨蠻謂之所者。《農部爨雅》。東川夷謂之僕遮。《東川府志》。麗江夷謂之吳。《麗江府志》。

小僕　爨蠻謂之者苴。《農部爨雅》。

小婢　爨蠻謂之頗苴。同上。

妳公　爨蠻謂之者。同上。

妳母　爨蠻謂之婆。同上。

僱工　爨蠻謂之所都。同上。

客人　東川夷謂之俗外，又謂之俗汪。《東川府志》。黑沙人謂之不夜。《師宗州志》。爨蠻謂之所尾。《農部爨雅》。

主人家　東川夷謂之雜色地。《東川府志》。黑沙人謂之抱蘇闌。《師宗州志》。麗江夷謂之卡巴。《麗江府志》。爨蠻謂之贊骰。《農部爨雅》。

主人家婆　黑沙人謂之押蘇闌。《師宗州志》。

形體類

頭　爨蠻謂之烏的。《農部爨雅》。東川夷謂之烏奔。《東川府志》。黑沙人謂之勒稿。《師宗州志》。麗江夷謂之古吕。《麗江府志》。緬字作[illegible]，曰康。《滇繫》。

面　爨蠻謂之套南。《農部爨雅》。東川夷謂之拖，又謂之業念。《東川府志》。黑沙人謂之布拿。《師宗州志》。麗江夷謂之爬買。《麗江府志》。緬字作[illegible]，曰媽那。《滇繫》。

髮　爨蠻謂之烏姐。《農部爨雅》。東川夷謂之烏切。《東川府志》。黑沙人謂之奔稿。《師宗州志》。麗江夷謂之古甫。《麗江府志》。

眉　爨蠻謂之補且。《農部爨雅》。黑沙人謂之保大。《師宗州志》。

鬚　爨蠻謂之補苴。《農部爨雅》。黑沙人謂之悶。《師宗州志》。

耳　爨蠻謂之農把。《農部爨雅》。東川夷謂之腦波。《東川府志》。黑沙人謂之木耳。《師宗州志》。麗江夷謂之海足。《麗江府志》。

目　爨蠻謂之難都。《農部爨雅》。東川夷謂之那都。《東川府志》。黑沙人謂之勒大。《師宗州志》。麗江夷謂之眠呂。《麗江府志》。

口　爨蠻謂之念補。《農部爨雅》。東川夷謂之業補。《東川府志》。黑沙人謂之純罷。《師宗州志》。麗江夷謂之供邊。《麗江府志》。

齒　爨蠻謂之者。《農部爨雅》。黑沙人謂之齩。《師宗州志》。

舌　黑沙人謂之布冷。同上。

鼻　東川夷謂之怒鼻。《東川府志》。黑沙人謂之布當。《師宗州志》。麗江夷謂之你埋。《麗江府志》。

頸　爨蠻謂之乃把。《農部爨雅》。

肩　爨蠻謂之萬迫。同上。黑沙人謂之含罷。《師宗州志》。

臂　爨蠻謂之歹那。《農部爨雅》。黑沙人謂之肩。《師宗州志》。

腕　爨蠻謂之過。《農部爨雅》。

手　爨蠻謂之喇巴。同上。東川夷謂之腊扒。《東川府志》。黑沙人謂之阿吻。《師宗州志》。麗江夷謂之拉。《麗江府志》。緬字作𡙸，曰剌。《滇繫》。

指　爨蠻謂之喇之。《農部爨雅》。黑沙人謂之吝吻。《師宗州志》。

背　爨蠻謂之干歹。《農部爨雅》。黑沙人謂之拜網。《師宗州志》。

膊　黑沙人謂之過娥。同上。

腰　爨蠻謂之住排。《農部爨雅》。黑沙人謂之固。《師宗州志》。

肚　黑沙人謂之立董。同上。

腹　爨蠻謂之臥卑。《農部爨雅》。

心　爨蠻謂之宜莫。同上。東川夷謂之你麽。《東川府志》。麗江夷謂之怒買。《麗江府志》。

肝　爨蠻謂之骰。《農部爨雅》。

肺　爨蠻謂之趣。同上。

腎　爨蠻謂之仔。同上。

腸　爨蠻謂之五。同上。

股　爨蠻謂之批則。同上。

膝　爨蠻謂之補進。同上。黑沙人謂之革窩。《師宗州志》。

臁　爨蠻謂之期昂額。《農部爨雅》。

腿　東川夷謂之哺，又謂之窩別。《東川府志》。黑沙人謂之戈哈。《師宗州志》。

腳　爨蠻謂之期扒。《農部爨雅》。東川夷亦謂之期扒。《東川府志》。黑沙人謂之務登。《師宗州志》。麗江夷謂之坑。《麗江府志》。緬字作ခြေ，曰克類。《滇繫》。

身　東川夷謂之叱迫。《東川府志》。麗江夷謂之古母。《麗江府志》。

汗　爨蠻謂之叫。《農部爨雅》。

淚　爨蠻謂之納的。同上。

瘡　爨蠻謂之波咩。同上。

疾　爨蠻謂之諾。同上。

聾者　爨蠻謂之諾包。同上。

啞者　爨蠻謂之所安。同上。

瞎者　爨蠻謂之難得。同上。

盲者　爨蠻謂之南姆。同上。

麻者　爨蠻謂之套哥。同上。

跛者　爨蠻謂之八刀。同上。

侏儒　爨蠻謂之巧乃。同上。

長身　爨蠻謂之巧姆。同上。

學問類

讀書　麗江夷謂之添恩索。《麗江府志》。東川夷謂之恩迫無。《東川府志》。

寫字　麗江夷謂之添恩布。《麗江府志》。東川夷謂之恩迫果。《東川府志》。

做官　麗江夷謂之選扁。《麗江府志》。東川夷謂之廈助没。《東川府志》。

教人　麗江夷謂之希面。《麗江府志》。東川夷謂之俗孟。《東川府志》。

學好　麗江夷謂之噶買索。《麗江府志》。東川夷謂之助所。《東川府志》。

説好　麗江夷謂之噶買社。《麗江府志》。東川夷謂之鳩助。《東川府志》。

孝　麗江夷謂之咻殊。《麗江府志》。東川夷謂之哺鳩莫捨。《東川府志》。

友　麗江夷謂之殊殊。《麗江府志》。東川夷謂之躧濯。《東川府志》。

忠　麗江夷謂之怒買都。《麗江府志》。東川夷謂之色都遞。《東川府志》。

信　麗江夷謂之根止日。《麗江府志》。東川夷謂之摺幄邊坑。《東川府志》。

禮　麗江夷謂之布苦思。《麗江府志》。東川夷謂之宜閈波俗。《東川府志》。

義　麗江夷謂之哦買邊。《麗江府志》。東川夷謂之鄧哭施呼。《東川府志》。

廉　麗江夷謂之馬芍期。《麗江府志》。東川夷謂之以腳扮争。《東川府志》。

恥　麗江夷謂之杜多思。《麗江府志》。東川夷謂之多波廈爨。《東川府志》。

智　麗江夷謂之希特。《麗江府志》。東川夷謂之遞藉色諾。《東川府志》。

仁　麗江夷謂之怒買噶。《麗江府志》。東川夷謂之時世補腳。《東川府志》。

人事類

睡　爨蠻謂之義裹。《農部爨雅》。東川夷謂之楫。《東川府志》。黑沙人謂之能。《師宗州志》。麗江夷謂之意。《麗江府志》。

醒　東川夷謂之膩。《東川府志》。黑沙人謂之細邦。《師宗州志》。麗江夷謂之鳥。《麗江府志》。

起　爨蠻謂之奪米。《農部爨雅》。

跌　爨蠻謂之記歹。同上。

行　儂人謂之夆陸。土僚謂之帕。擺夷謂之娘。《廣南府志》。阿成謂之都厄。《開化府志》。東川夷謂之疏。《東川府志》。黑沙人謂之擺。《師宗州志》。麗江夷謂之幾。《麗江府志》。

立　儂人謂之定。土僚謂之任。擺夷謂之鄧嫣。《廣南府志》。阿成謂之禾多。《開化府志》。

坐　儂人謂之南。土僚、擺夷謂之難。《廣南府志》。阿成謂之宜多。《開化府志》。東川夷謂之呢。《東川府志》。麗江夷謂之足。《麗州府志》。

跪　爨蠻謂之高古。《農部爨雅》。儂人、土僚謂之及。擺夷謂之拜。《廣南府志》。阿成謂之居。《開化府志》。東川夷謂之叱。《東川府志》。麗江夷謂之醋。《麗江府志》。

拜　爨蠻謂之一。《農部爨雅》。

叩頭　爨蠻謂之烏的大。同上。東川夷謂之拖吃。《東川府志》。麗江夷謂之落補對。《麗江府志》。

請坐　爨蠻謂之他古你今。《農部爨雅》。

命茶　爨蠻謂之弄今赫來。同上。東川夷謂之機都奪。《東川府志》。麗江夷謂之量提。《麗汀府志》。

請檳榔　爨蠻謂之果倮苴。《農部爨雅》。

煙　爨蠻謂之因得。同上。

吃煙　黑沙人謂之賡煙椀。《師宗州志》。

移薪　爨蠻謂之叫惜。《農部爨雅》。

燒火　爨蠻謂之嫫硐多。同上。

吹火　東川夷謂之熄都目。《東川府志》。麗江夷謂之弭母。《麗江府志》。

取火　東川夷謂之熄都擇。《東川府志》。麗江夷謂之弭子。《麗江府志》。

盛水　東川夷謂之以克赤。《東川府志》。黑沙人謂之得攬媽。《師宗州志》。麗江夷謂之戟。《麗江府志》。

飲水　爨蠻謂之以侈倒。《農部爨雅》。東川夷謂之以赤奪。《東川府志》。麗江夷謂之戟提。《麗江府志》。

飲酒　爨蠻謂之只只倒。《農部爨雅》。東川夷謂之植奪。《東川府志》。黑沙人謂之賡老。《師宗州志》。麗江夷謂之訒提。《麗江府志》。

食肉　爨蠻謂之萬呵。《農部爨雅》。黑沙人謂之賡誧。《師宗州志》。

作飯　爨蠻謂之左卑端。《農部爨雅》。

早飯　爨蠻謂之侈苴。同上。黑沙人謂之賡崖。《師宗州志》。

午飯　爨蠻謂之喳苴。《農部爨雅》。黑沙人謂之賡林。《師宗州志》。

晚飯　爨蠻謂之扯苴。《農部爨雅》。黑沙人謂之賡韶。《師宗州志》。

喫飯　東川夷謂之假苴。《東川府志》。麗江夷謂之哈魯。《麗江府志》。

喫藥　黑沙人謂之賡衣。《師宗州志》。

煮肉　黑沙人謂之隴訥。同上。

穿衣　東川夷謂之批願。《東川府志》。黑沙人謂之等布。《師宗州志》。麗江夷謂之巴拉母。《麗江府志》。

浣面　爨蠻謂之套妻。《農部爨雅》。

洗腳　黑沙人謂之瀉登。《師宗州志》。

出大恭　黑沙人謂之得崖。同上。

出小恭　黑沙人謂之得牛。同上。

點火把　黑沙人謂之根柱。同上。麗江夷謂之弭這。《麗江府志》。

過年　麗江夷謂之戟筋。同上。黑沙人謂之根箱。《師宗州志》。

飽　麗江夷謂之硬。《麗江府志》。緬字作，曰瓦撾。《滇繫》。

餓　麗江夷謂之戎。《麗江府志》。

醉　黑沙人謂之老肥。《師宗州志》。緬字作，曰也必。《滇繫》。

笑　東川夷謂之額。《東川府志》。黑沙人謂之攸。《師宗州志》。麗江夷謂之然。《麗江府志》。

哭　爨蠻謂之恩。《農部爨雅》。東川夷亦謂之恩。《東川府志》。黑沙人謂之歹。《師宗州志》。麗江夷謂之奴。《麗江府志》。

罵　爨蠻謂之遮博。《農部爨雅》。東川夷謂之觸。《東川府志》。黑沙人謂之納。《師宗州志》。麗江夷謂之揣片。《麗江府志》。

打　東川夷謂之獨。《東川府志》。麗江夷謂之拉。《麗江府志》。

唱　爨蠻謂之曲造。《農部爨雅》。黑沙人謂之温。《師宗州志》。

舞　白蠻謂之伽傍。《蠻書》。

稱謂類

帝　南詔謂之驃信。阮元聲《南詔野史》。

王　南詔謂之詔。同上。

朝廷　緬字作□□，曰烏爹垢。《滇繫》。

皇后　緬字作□，曰米普唰。同上。

朕　南詔謂之元。《南詔野史》。

漢人　爨蠻謂之廋破。《農部爨雅》。

夷人　爨蠻謂之南蘇。同上。

官　爨蠻謂之租冒。同上。麗江夷謂之牽選。《麗江府志》。

大官　黑沙人謂之老菩薩。《師宗州志》。

小官　黑沙人謂之小菩薩。同上。

知州　爨蠻謂之知租冒。《農部爨雅》。

知縣　爨蠻謂之海租冒。同上。

典史　爨蠻謂之力姆。同上。

長官　東川夷謂之沙祝額，又謂之俗助。《東川府志》。麗江夷謂之招蛾。《麗江府志》。

幕友　爨蠻謂之租冒署朱。《農部爨雅》。

典吏　爨蠻謂之尾老祖莫。同上。黑沙人謂之外郎。《師宗州志》。

徵差　黑沙人謂之田主。同上。

差頭　爨蠻謂之齋蘇祖莫。《農部爨雅》。

小差　爨蠻謂之齋蘇苴。同上。

甲頭　爨蠻謂之賣額。同上。

火頭　爨蠻謂之本骰。同上。

鋪卒　爨蠻謂之罵容。同上。

營卒　爨蠻謂之罵容破。同上。

兵　東川夷謂之麻郁。《東川府志》。
民　東川夷謂之魯者。同上。麗江夷謂之伴先。《麗江府志》。
練總　爨蠻謂之所栽祖莫。《農部爨雅》。
伴儅　爨蠻謂之刀唆。同上。
農　爨蠻謂之嚕者。同上。
工　爨蠻謂之爛更。同上。
木工　爨蠻謂之耳卑爛更。同上。
鑄工　爨蠻謂之顯刀爛更。同上。
商賈貿易　爨蠻謂之尾臘。同上。
母巫　爨蠻謂之南佞莫。同上。
師　爨蠻謂之大覡皤，又謂之大希博，又謂之拜楀，又謂之白馬。同上。
端公　爨蠻謂之難札破。同上。
醫師　爨蠻謂之署朱。同上。
卜人　爨蠻謂之農泊道。同上。
乞丐　爨蠻謂之左罵破。同上。
盜賊　爨蠻謂之栽。同上。
部長　爨蠻謂之撒頗。同上。

部長妻　爨蠻謂之耐德。同上。

死士　爨蠻謂之苴可。同上。

小管　麗江夷謂之犀寡。《麗江府志》。

分管地方頭目　爨蠻謂之曲覺。《農部爨雅》。

管理莊田頭目　爨蠻謂之遮古。同上。

管理剌倮頭目　爨蠻謂之更資。剌倮者，錢糧之畸零也。同上。

管理六班快手頭目　爨蠻謂之扯墨。同上。

管理莊田租穀頭目　爨蠻謂之管家。同上。

通漢夷語　爨蠻謂之通事，一曰把事，一曰目把總，一曰通把。同上。

人　東川夷謂之馬撮。《東川府志》。麗江夷謂之希。《開江府志》。

你　東川夷謂之那。《東川府志》。黑沙人謂之蒙。《師宗州志》。麗江夷謂之納。《麗江府志》。

我　東川夷謂之俄。《東川府志》。黑沙人謂之句。《師宗州志》。麗江夷謂之扼。《麗江府志》。

方言考二

各族語言之比較二

言語類

高　白蠻謂之閣。《蠻書》。爨蠻謂之巧毋。《農部爨雅》。

低　爨蠻謂之巧乃。同上。

中　爨蠻謂之高姑。同上。東川夷謂之燭。《東川府志》。麗江夷謂之慮谷。《麗江府志》。

正　爨蠻謂之只。《農部爨雅》。

平　爨蠻謂之過。同上。

上　爨蠻謂之本達。同上。東川夷謂之戛。《東川府志》。麗江夷謂之果墮。《麗江府志》。

下　南詔謂之裋。《南詔野史》。爨蠻謂之本的。《農部爨雅》。東川夷謂之叱。《東川府志》。麗江夷謂之梅苔。《麗江府志》。

前　爨蠻謂之見。《農部爨雅》。東川夷謂之結。《東川府志》。

後　爨蠻謂之杜。《農部爨雅》。東川夷謂之度。《東川府志》。

左　爨蠻謂之分照。《農部爨雅》。東川夷謂之方。《東川府志》。

右　爨蠻謂之謝照。《農部爨雅》。東川夷謂之細。《東川府志》。

長　爨蠻謂之賒。《農部爨雅》。東川夷謂之舍。《東川府志》。麗江夷謂之蟾。《麗江府志》。

短　爨蠻謂之犨。《農部爨雅》。東川夷謂之呢。《東川府志》。麗江夷謂之歹。《麗江府志》。

大　爨蠻謂之窩。《農部爨雅》。東川夷謂之厄。《東川府志》。黑沙人謂之牢。《師宗州志》。麗江夷謂之的。《麗江府志》。

小　爨蠻謂之鳥。《農部爨雅》。東川夷謂之虐。《東川府志》。黑沙人謂之愁。《師宗州志》。麗江夷謂之計。《麗江府志》。

多 爨蠻謂之那。《農部爨雅》。東川夷謂之努。《東川府志》。麗江夷謂之奔。《麗江府志》。

少 爨蠻謂之巧測。《農部爨雅》。東川夷謂之諾。《東川府志》。麗江夷謂之能。《麗江府志》。

繁 爨蠻謂之革。《農部爨雅》。

減 爨蠻謂之些。同上。

稀 爨蠻謂之波。同上。

密 爨蠻謂之土。同上。

輕 爨蠻謂之老。同上。東川夷謂之羅。《東川府志》。麗江夷謂之由。《麗江府志》。

重 爨蠻謂之裹。《農部爨雅》。東川夷謂之哩。《東川府志》。麗江夷謂之里。《麗江府志》。

方 爨蠻謂之溪期。《農部爨雅》。

圓 爨蠻謂之朵來。同上。

扁 爨蠻謂之達。同上。

稜 爨蠻謂之維。同上。

尖 爨蠻謂之念野。同上。

角 爨蠻謂之起。同上。

好 爨蠻謂之助。同上。

惡　爨蠻謂之務。同上。
善　麗江夷謂之喝。《麗江府志》。
惡　麗江夷謂之誇。同上。
香　爨蠻謂之僥。《農部爨雅》。
臭　爨蠻謂之貝乃。同上。
乾　爨蠻謂之浮。同上。
濕　爨蠻謂之栽。同上。
精　爨蠻謂之奪姐。同上。
麤　爨蠻謂之區。同上。
遠　爨蠻謂之尾刀。《農部爨雅》。
近　爨蠻謂之密那。同上。
老　爨蠻謂之所冒。同上。東川夷謂之暮。《東川府志》。
幼　東川夷謂之煞。同上。爨蠻謂之所上。《農部爨雅》。
病　爨蠻謂之諾。同上。
苦　爨蠻謂之替。同上。
富　白蠻謂之加。《蠻書》。爨蠻謂之冒。《農部爨雅》。儂人謂之灑。土僚謂之卒。擺夷謂之迷。《廣南府志》。阿成謂之索勒。《開化府志》。東川夷謂之菊。《東川府志》。

貴　爨蠻謂之鋪卡。《農部爨雅》。儂人謂之邊。土僚謂之那。擺夷謂之丙。《廣南府志》。阿成謂之鄙慊。《開化府志》。

貧　爨蠻謂之收。《農部爨雅》。儂人謂之樓。土僚謂之呀。擺夷謂之雅。《廣南府志》。阿成謂之書倮。《開化府志》。東川夷謂之舒。《東川府志》。

賤　爨蠻謂之鋪老。《農部爨雅》。儂人謂之拖。土僚謂之賴。擺夷謂之波。《廣南府志》。阿成謂之支羅。《開化府志》。

勤　爨蠻謂之臘。《農部爨雅》。

惰　爨蠻謂之倒。同上。

緩　爨蠻謂之多些。同上。

急　爨蠻謂之早革。同上。

肥　爨蠻謂之初。同上。

瘦　爨蠻謂之歹。同上。

升　爨蠻謂之施。同上。

降　爨蠻謂之的。同上。

呼　爨蠻謂之苦。同上。

吸　爨蠻謂之志。同上。

吞　爨蠻謂之倒。同上。

吐　爨蠻謂之屁。同上。

語　爨蠻謂之到拘。同上。

默　爨蠻謂之遞。同上。

厚　爨蠻謂之吐。同上。東川夷謂之土。《東川府志》。麗江夷謂之浪。《麗江府志》。

薄　東川夷謂之波。《東川府志》。麗江夷謂之邊。《麗江府志》。

深　白蠻謂之諾。《蠻書》。

俊　白蠻謂之苴。同上。

出　爨蠻謂之奪易。《農部爨雅》。

入　爨蠻謂之隔易。同上。

進　爨蠻謂之抵易。同上。

退　爨蠻謂之彼退。同上。

去　東川夷謂之領。《東川府志》。黑沙人謂之擺娘。《師宗州志》。麗江夷謂之甫。《麗江府志》。

來　爨蠻謂之達。《農部爨雅》。東川夷謂之列。《東川府志》。黑沙人謂之倒媽。《師宗州志》。麗江夷謂之籠。《麗江府志》。

過　東川夷謂之哭喜。《東川府志》。
請　烏蠻謂之數。《蠻書》。
會親　爨蠻謂之所尾包裹。《農部爨雅》。
招接　爨蠻謂之介黑。同上。
送出　爨蠻謂之賀火。同上。
慶賀　爨蠻謂之所你。同上。
弔唁　爨蠻謂之希所烏。同上。
熱鬧　爨蠻謂之抄我。同上。
冷淡　爨蠻謂之駕古。同上。
高興　爨蠻謂之窩些。同上。
無趣　爨蠻謂之卑馬末。同上。
吉利　爨蠻謂之見伐。同上。
凶險　爨蠻謂之窩今興。同上。
誠實　爨蠻謂之密你。同上。
刁詐　爨蠻謂之高送。
伶俐　爨蠻謂之所西。同上。

癡呆　爨蠻謂之所安。同上。
奇巧　爨蠻謂之卑栽。同上。
平常　爨蠻謂之可謝。同上。
强辯　爨蠻謂之可朵朵姆卑。同上。
拙訥　爨蠻謂之各栽。同上。
吵鬧　爨蠻謂之遮包。同上。
和洽　爨蠻謂之姆嚕助。同上。
怨恨　爨蠻謂之遮燒。同上。
喜笑　爨蠻謂之惡衣。同上。
誇獎　爨蠻謂之海哈。同上。
争鬭　爨蠻謂之遮賭。同上。
收斂　爨蠻謂之欲機。同上。
喊叫　爨蠻謂之輕經。同上。
懼怕　爨蠻謂之踢腳。同上。
驕暴　爨蠻謂之歹馬來。同上。
羞縮　爨蠻謂之上力臥稿。同上。

遺失　爨蠻謂之那。同上。
拾得　爨蠻謂之哥你。同上。
藏匿　爨蠻謂之發奪。同上。
搜尋　爨蠻謂之鏟歇。同上。
捆縛　爨蠻謂之抵渴。同上。
釋放　爨蠻謂之退結。同上。
破散　爨蠻謂之塔合。同上。
箍籠　爨蠻謂之十奪。同上。
告訴　爨蠻謂之所抵。同上。
和釋　爨蠻謂之鬧和。同上。
刁唆　爨蠻謂之所撮。同上。
訪聞　爨蠻謂之道鳩。同上。
伺候　爨蠻謂之所刀。同上。
奔走　爨蠻謂之腳須。同上。
努力　爨蠻謂之兀鐵。同上。
停歇　爨蠻謂之來來末雪。同上。

暴曬　爨蠻謂之高盛。同上。

炕焙　爨蠻謂之高高。同上。

烹煮　爨蠻謂之帳散。同上。

宰割　爨蠻謂之阿牽。同上。

淘洗　爨蠻謂之色妻。同上。

分派　爨蠻謂之飛多。同上。

積聚　爨蠻謂之臘腳。同上。

説話　東川夷謂之鳩奪。《東川府志》。麗江夷謂之根止。《麗江府志》。

做事　東川夷謂之諾玆。《東川府志》。麗江夷謂之賞扁。《麗江府志》。

上山　麗江夷謂之容鈔。同上。東川夷謂之自達。《東川府志》。

走路　東川夷謂之腳蘇。同上。麗江夷謂之忍今。《麗江府志》。黑沙人謂之擺闌。《師宗州志》。

快走　黑沙人謂之忙擺。同上。

放牛　東川夷謂之呢囑。《東川府志》。麗江夷謂之恩弄。《麗江府志》。

騎馬　麗江夷謂之繞齊。同上。東川夷謂之拇則。《東川府志》。黑沙人謂之鬼馬。《師宗州志》。

撒種　東川夷謂之扯世。《東川府志》。

栽種　東川夷謂之得世。同上。

收穫　東川夷謂之倚革。同上。
犁而畊　爨蠻謂之顆俄。《農部爨雅》。
鋤而掘　爨蠻謂之密祭。同上。
架牛犂田　爨蠻謂之臥你則。同上。
拔秧　爨蠻謂之傜。同上。
栽秧　爨蠻謂之密多。同上。
千歲　東川夷謂之都枯。《東川府志》。
萬歲　東川夷謂之捏枯。同上。
是不是　東川夷謂之厄馬厄。同上。
認不得　黑沙人謂之迷裸列。《師宗州志》。
好看　黑沙人謂之貌裹貌鮮。同上。
不好　黑沙人謂之牙娃。同上。

衣服類

帽　爨蠻謂之五祖。《農部爨雅》。東川夷謂之烏時，一作烏助。《東川府志》。黑沙人謂之羅帽。《師宗州志》。麗江夷謂之古蒙。《麗江府志》。
纓　東川夷謂之烏時妾。《東川府志》。麗江夷謂之補買。《麗江府志》。

衫　爨蠻謂之卑。《農部爨雅》。

衣　東川夷謂之賓。《東川府志》。　麗江夷謂之巴拉。《麗江府志》。

帕　爨蠻謂之臘昔。《農部爨雅》。　東川夷謂之烏是都，一作臘色。《東川府志》。　麗江夷謂之古魯。《麗江府志》。

帶　白蠻謂之佉苴。《蠻書》。　爨蠻謂之衆札。《農部爨雅》。　東川夷謂之祝是。《東川府志》。　黑沙人謂之撒腰。《師宗州志》。　麗江夷謂之本艮。《麗江府志》。

袿　爨蠻謂之卑的。《農部爨雅》。

裙　爨蠻謂之衆末。同上。　黑沙人謂之共不。《師宗州志》。　麗江夷謂之台。《麗江府志》。

褲　爨蠻謂之弄。《農部爨雅》。　東川夷謂之樹。《東川府志》。　黑沙人謂之供窪。《師宗州志》。　麗江夷謂之兩。《麗江府志》。

鞋　爨蠻謂之欠乃。《農部爨雅》。　東川夷謂之期乃。《東川府志》。　麗江夷謂之撒。《麗江府志》。

行纏　東川夷謂之期史。《東川府志》。

裹腳　麗江夷謂之苦魯。《麗江府志》。

氈　爨蠻謂之都書。《農部爨雅》。　黑沙人謂之新轄。《師宗州志》。

被　爨蠻謂之應卑。《農部爨雅》。　黑沙人謂之過毛。《師宗州志》。

枕　黑沙人謂之得齊。同上。

帳　黑沙人謂之利波。同上。
簪　黑沙人謂之莫兒。同上。
包頭布　黑沙人謂之布平。同上。
耳環　黑沙人謂之革遂。同上。爨蠻謂之腦脱。《農部爨雅》。
手釧　爨蠻謂之濫别。同上。
袋　爨蠻謂之頗世。同上。
手巾　爨蠻謂之套徐破。同上。
荷包　爨蠻謂之破耳。同上。
扇子　爨蠻謂之套曲。同上。
拐杖　爨蠻謂之把補。同上。
笠　東川夷謂之羅合。《東川府志》。麗江夷謂之馬喝剌。《麗江府志》。
蓑衣　麗江夷謂之戟祥。同上。東川夷謂之顧六。《東川府志》。爨蠻謂之革。《農部爨雅》。

房屋類

屋　爨蠻謂之耳。《農部爨雅》。東川夷謂之黑沽。《東川府志》。黑沙人謂之勒闌。《師宗州志》。麗江夷謂之戟。《麗江府志》。
板屋　爨蠻謂之屁耳。《農部爨雅》。

廳堂　爨蠻謂之力木古。同上。東川夷謂之黑歹。《東川府志》。麗江夷謂之頗羅。《麗江府志》。

房　緬字作[illegible]，曰印。《滇繫》。

樓　東川夷謂之戛，一作我何。《東川府志》。黑沙人謂之刺兜。《師宗州志》。麗江夷謂之磋。《麗江府志》。

樓板　黑沙人謂之達吽。《師宗州志》。

廂房　爨蠻謂之苦刀。《農部爨雅》。

臥房　黑沙人謂之婃落。《師宗州志》。

檐宇　爨蠻謂之我鳩念。《農部爨雅》。

柱　爨蠻謂之高栽。同上。

梁　爨蠻謂之睹來。同上。東川夷謂之睹列。《東川府志》。麗江夷謂之古魯。《麗江府志》。

畫梁　爨蠻謂之睹几。《農部爨雅》。

棟　東川夷謂之戈則，一作洗魯。《東川府志》。麗江夷謂之都而。《麗江府志》。

椽　爨蠻謂之而度。《農部爨雅》。

窗　爨蠻謂之卻納。同上。

門　爨蠻謂之阿果。同上。東川夷謂之角其。《東川府志》。麗江夷謂之孔。《麗江府志》。

門限　爨蠻謂之果的。《農部爨雅》。

大門　爨蠻謂之龍角。同上。
門環　爨蠻謂之阿哥幹。同上。
門杠　爨蠻謂之阿哥奪。同上。
門屈戍　爨蠻謂之割刀。同上。
壁　爨蠻謂之魯捕。同上。
板壁　黑沙人謂之布窪。《師宗州志》。
粉壁　爨蠻謂之分毋埋魯捕。《農部爨雅》。
墻　爨蠻謂之己奪倮果。同上。儂人謂之耐頃。土僚謂之本。擺夷謂之科。《廣南府志》。
阿成謂之膩己。《開化府志》。黑沙人謂之含神。《師宗州志》。
圍墻　爨蠻謂之魯補照。《農部爨雅》。
階　東川夷謂之櫓梯，一作達七屋。《東川府志》。麗江夷謂之拙補。《麗江府志》。
樓梯　黑沙人謂之綁賴。《師宗州志》。
廚　爨蠻謂之左卑耳。《農部爨雅》。
竈　爨蠻謂之米早。同上。東川夷謂之魯作。《東川府志》。麗江夷謂之寡。《麗江府志》。
井　爨蠻謂之以都。《農部爨雅》。東川夷謂之作都。《東川府志》。
天井　東川夷謂之視沽，一作雜咩。同上。麗江夷謂之戟改。《麗江府志》。

欄　爨蠻謂之遮紹。《農部爨雅》。

牛欄　爨蠻謂之你紹。同上。

馬房　爨蠻謂之姆耳。同上。

猪圈　爨蠻謂之萬本。同上。

鷄栅　爨蠻謂之昂本。同上。

土鑪　爨蠻謂之曲顯歹。同上。

廁圊　爨蠻謂之西都。同上。

糞　爨蠻謂之期白。同上。

石灰　爨蠻謂之飛毋。同上。東川夷謂之魯泥。《東川府志》。黑沙人謂之爾蒿。《師宗州志》。麗江夷謂之鞋。《麗江府志》。

土墼　爨蠻謂之念念。《農部爨雅》。東川夷謂之業旦。《東川府志》。

甎　爨蠻謂之顯價。《農部爨雅》。

瓦　爨蠻謂之我。同上。東川夷謂之莪。《東川府志》。黑沙人謂之同。《師宗州志》。麗江夷謂之完。《麗江府志》。

筒瓦　爨蠻謂之敖捕。《農部爨雅》。

板　麗江夷謂之多。《麗江府志》。

籬　黑沙人謂之額愛。《師宗州志》。

園林　爨蠻謂之敖簡。《農部爨雅》。

囤　爨蠻謂之發多。同上。

窖　爨蠻謂之妙都。同上。

公儀類

城　烏蠻謂之弄。《蠻書》。爨蠻謂之魯其。《農部爨雅》。儂人謂之咩景。土僚謂之稱。擺夷謂之科職。《廣南府志》。阿成謂之龍得。《開化府志》。緬字作[illegible]，曰某路。《滇繫》。

國　緬字作[illegible]，曰白列歹。同上。

京　緬字作[illegible]，曰歹都。同上。

都　緬字作[illegible]，曰然馬。同上。

宮　緬字作[illegible]，曰南到。同上。

殿　緬字作[illegible]〔一〕，曰塔到印。同上。

城門　爨蠻謂之魯。《農部爨雅》。

戈樓　爨蠻謂之呂。同上。

〔一〕緬字作：原脱。

倉廒　爨蠻謂之昭耳。同上。黑沙人謂之裹。《師宗州志》。
衙廳　爨蠻謂之力姆古。《農部爨雅》。
煖閣　爨蠻謂之毋魯。同上。
班房　爨蠻謂之齎蘇耳。同上。
書房　爨蠻謂之尾老耳。同上。
監獄　爨蠻謂之交耳。同上。
印　爨蠻謂之硬。同上。
鼓　爨蠻謂之早。同上。
點　爨蠻謂之點。同上。
梆　爨蠻謂之習我。同上。
行香　爨蠻謂之僥曲。同上。
排衙　爨蠻謂之比鼠祭鷄。同上。
放告　爨蠻謂之所抵你早。同上。
行牌　爨蠻謂之蘇數咱來。同上。
提攝　爨蠻謂之欲顯來。同上。
傳審　爨蠻謂之到那。同上。

詰問　爨蠻謂之所使剖。同上。
訴　爨蠻謂之到拘。同上。
判斷　爨蠻謂之蘇訟角。同上。
杖責　爨蠻謂之所賭。同上。
收禁　爨蠻謂之交耳增。同上。
討保　爨蠻謂之裹所兒保。同上。
納糧　爨蠻謂之扯幹繳。同上。
完課　爨蠻謂之撮葡繳。同上。
催收　爨蠻謂之鵲革。同上。
取票　爨蠻謂之王票欲。同上。

寺院類

寺院　爨蠻謂之補爾。《農部爨雅》。東川夷謂之自黑。《東川府志》。
廟宇　爨蠻謂之補耳。《農部爨雅》。東川夷謂之補黑。《東川府志》。
庵堂　爨蠻謂之補更。《農部爨雅》。
龍亭　爨蠻謂之烏姆魯今到。同上。
山門　爨蠻謂之阿哥。同上。

菩薩　爨蠻謂之補。同上。

聖賢　爨蠻亦謂之補。同上。

神仙　爨蠻謂之西苴。同上。

鬼怪　爨蠻謂之所那。同上。

僧　爨蠻謂之多的。同上。

道　爨蠻謂之卑冒。同上。黑沙人謂之五得謬。《師宗州志》。

尼　爨蠻謂之毋乃的多。《農部爨雅》。

飲食類

甜　爨蠻謂之癡。《農部爨雅》。

苦　爨蠻謂之栲。同上。

酸　烏蠻謂之制。《蠻書》。爨蠻謂之者歉。《農部爨雅》。

澀　爨蠻謂之趣。同上。

辣　爨蠻謂之俾。同上。

焦　爨蠻謂之納。同上。

鹹　爨蠻謂之聰垮。同上。

淡　爨蠻謂之得。同上。

濃　爨蠻謂之歹。同上。

香　爨蠻謂之僥。同上。

腐　爨蠻謂之貝乃。同上。

茶　爨蠻謂之弄今。同上。東川夷謂之機都。《東川府志》。麗江夷謂之量。《麗江府志》。

酒　爨蠻謂之只。《農部爨雅》。東川夷謂之計。《東川府志》。麗江夷謂之訒。《麗江府志》。緬字作[illegible]，曰細。《滇繫》。

燒酒　東川夷謂之扎汁。《東川府志》。黑沙人謂之老蔗。《師宗州志》。麗江夷謂之阿剌吉。《麗江府志》。

水酒　黑沙人謂之老蓋。《師宗州志》。

漿　爨蠻謂之卑祭賭。《農部爨雅》。

湯　爨蠻謂之教衣。同上。東川夷謂之何以，一作壃親。《東川府志》。麗江夷謂之訓。《麗江府志》。

膏油　爨蠻謂之庯衣，亦曰憂衣。《農部爨雅》。東川夷謂之挖測。《東川府志》。麗江夷謂之也巖。《麗江府志》。

麻油　爨蠻謂之毋憂衣。《農部爨雅》。

芥油　爨蠻謂之敖施憂衣。《農部爨雅》。

猪油　爨蠻謂之萬革。同上。

肉　東川夷謂之挖護。《東川府志》。麗江夷謂之施。《麗江府志》。

牛乳茶　東川夷謂呢你機都。《東川府志》。麗江夷謂之恩烏量。《麗江府志》。

飯　白蠻謂之喻。《蠻書》。東川夷謂之假。《東川府志》。麗江夷謂之哈。《麗江府志》。緬字作[illegible]，曰塔莽。《滇繫》。

粉　爨蠻謂之腑母。《農部爨雅》。

米欄　爨蠻謂之阿本。同上。

米餌　爨蠻謂之扯烏阿芭。同上。

蕎餌　爨蠻謂之鍋附芭。同上。

餈粑　黑沙人謂之蒿邪。《師宗州志》。

麪　黑沙人謂之阿悶。同上。

饅首　東川夷謂之是，一作饝饝。《東川府志》。麗江夷謂之奘都。《麗江府志》。

豆粉　麗江夷謂之很。同上。

豆腐　爨蠻謂之挪卓。《農部爨雅》。東川夷謂之努摺。《東川府志》。麗江夷謂之諸。《麗江府志》。

鹽　白蠻謂之賓。《蠻書》。烏蠻謂之眴。同上。爨蠻謂之初。《農部爨雅》。東川夷謂之籠。《東川府志》。黑沙人謂之姑。《師宗州志》。麗江夷謂之且。《麗江府志》。

醬　爨蠻謂之作。《農部爨雅》。東川夷謂之作枝。《東川府志》。麗江夷謂之疽。《麗江府志》。
醋　麗江夷謂之該雄。同上。東川夷謂之即醋。《東川府志》。
下飯菜　麗江夷謂之哈樹。《麗江府志》。
蜜　爨蠻謂之多衣。《農部爨雅》。
紅糖　爨蠻謂之是多。同上。
白糖　爨蠻謂之是多吐。同上。
火　東川夷謂之息度。《東川府志》。黑沙人謂之肥。《師宗州志》。麗江夷謂之弭。《麗江府志》。
檳榔　黑沙人謂之罵榔。《師宗州志》。
蘆子　黑沙人謂之戈喪。同上。

器用類

秤　爨蠻謂之幾。《農部爨雅》。儂人謂之展更。土僚謂之掌更。擺夷謂之掌敬。《廣南府志》。阿成謂之更奪。《開化府志》。東川夷謂之機。《東川府志》。黑沙人謂之常干。《師宗州志》。麗江夷謂之斤。《麗江府志》。
小秤　爨蠻謂之撒。《農部爨雅》。
戥　儂人謂之展。土僚、擺夷謂之掌。《廣南府志》。阿成謂之先奪。《開化府志》。東川夷謂之列。《東川府志》。黑沙人謂之勒常。《師宗州志》。麗江夷謂之加麻。《麗江府志》。

比子　爨蠻謂之倒都。《農部爨雅》。

法碼　爨蠻謂之止賭。同上。

升　爨蠻謂之施。同上。儂人謂之本。土僚謂之神。擺夷謂之成。阿成謂之鄙。《開化府志》。東川夷謂之施。《東川府志》。麗江夷謂之彪。《麗江府志》。

斗　爨蠻謂之的。《農部爨雅》。儂人謂之痛。土僚謂之桶。《開化府志》。東川夷謂之布。《東川府志》。麗江夷謂之都。《麗江府志》。

丈　爨蠻謂之你來。《農部爨雅》。

尺　爨蠻謂之戳。同上。

錐　爨蠻謂之顯勒。同上。

剪　爨蠻謂之顯上。同上。

鍼　爨蠻謂之額。同上。

紙　爨蠻謂之討衣。同上。儂人謂之灑。土僚謂之知。擺夷謂之哲。阿成謂之倬雨。《開化府志》。東川夷謂之拖衣。《東川府志》。黑沙人謂之薩。《師宗州志》。麗江夷謂之書樹。《麗江府志》。緬字作奚，曰乍庫。《滇繫》。

墨衣　儂人謂之媽。土僚謂之馬。擺夷謂之黑。阿成謂之捫。《開化府志》。東川夷謂之麻練。《東川府志》。麗江夷謂之昧掌。《麗江府志》。緬字作[illegible]，曰莽細。《滇繫》。

筆　爨蠻謂之蘇及。《農部爨雅》。儂人謂之並麻。土僚謂之比。擺夷謂之典則。阿成謂之果奪。《開化府志》。東川夷謂之麻奇。《東川府志》。黑沙人謂之兵墨。《師宗州志》。麗江夷謂之奔。《麗江府志》。緬字作[illegible]，曰竹丹。《滇繫》。

硯　爨蠻謂之墨烏拉。《農部爨雅》。東川夷謂之屋羅。《東川府志》。麗江夷謂之堆恩。《麗江府志》。緬字作[illegible]，曰繳便。《滇繫》。

書　儂人謂之士。土僚謂之事。擺夷謂之酸職。阿成謂之稜索。《開化府志》。東川夷謂之蘇迫。《東川府志》。麗江夷謂之添恩。《麗江府志》。

犂　爨蠻謂之惜過。《農部爨雅》。東川夷謂之密俄。《東川府志》。

犂花　爨蠻謂之弄輕。《農部爨雅》。

犂板　爨蠻謂之扒拉。同上。

犂達腦　爨蠻謂之遮姑。同上。

養芭　爨蠻謂之老熟怕。同上。

千斤　爨蠻謂之落照。同上。

耙　爨蠻謂之甲。同上。

耙程　爨蠻謂之甲照。同上。

鋤　爨蠻謂之祭。同上。東川夷謂之祭苦。《東川府志》。麗江夷謂之磋故。《麗江府志》。

斧　東川夷謂之傒，又曰苦鋤。《東川府志》。黑沙人謂之挖玩。《師宗州志》。麗江夷謂之邊邊。《麗江府志》。

刀　爨蠻謂之閉拖。《農部爨雅》。東川夷謂之壁土。《東川府志》。麗江夷謂之汝添。《麗江府志》。

環刀　黑沙人謂之槐衣。《師宗州志》。

鎗　爨蠻謂之動板。《農部爨稚》。緬字作𠂤，曰闌。《滇繫》。

鳥鎗　黑沙人謂之力順。《師宗州志》。

創　爨蠻謂之姆。《農部爨雅》。

鏢　爨蠻謂之卑宰。同上。

梭標　黑沙人謂之革樂。《師宗州志》。

弓　爨蠻謂之爛農。《農部爨雅》。

箭　爨蠻謂之那。同上。

弩　爨蠻謂之恰窩。同上。黑沙人謂之弄弩。《師宗州志》。

棍　爨蠻謂之朵莫。《農部爨雅》。

棒　爨蠻謂之比鼠祭鶏。同上。

繩索　爨蠻謂之扎且。同上。

舟　爨蠻謂之老。同上。

車　爨蠻謂之充。同上。

轎　爨蠻謂之臘力。同上。

鞍　爨蠻謂之鵝。同上。

鐙　爨蠻謂之期贊。同上。

盔　黑沙人謂之告汪。《師宗州志》。

甲　黑沙人謂之蓋。同上。

旗　爨蠻謂之坡。《農部爨雅》。緬字作[illegible]，曰丹。《滇繫》。

几　爨蠻謂之保的。《農部爨雅》。

桌　爨蠻謂之糊奭。同上。黑沙人謂之勒絨。《師宗州志》。麗江夷謂之篩米。《麗江府志》。

凳　麗江夷謂之母買。同上。

紡車　黑沙人謂之勒撤。《師宗州志》。

織機　黑沙人謂之到勒。同上。

碓　爨蠻謂之補且。《農部爨雅》。黑沙人謂之平。《師宗州志》。

磑　爨蠻謂之樂。《農部爨雅》。黑沙人謂之恩括。《師宗州志》。

杵　爨蠻謂之臘之。《農部爨雅》。

臼　爨蠻謂之且莫。同上。

桶　爨蠻謂之以土。同上。東川夷謂之以補。《東川府志》。黑沙人謂之董。《師宗州志》。麗江夷謂之圖。《麗江府志》。

鍋　東川夷謂之歇歪。《東川府志》。黑沙人謂之得麽，又名喇把鍋。《師宗州志》。麗江夷謂之補。《麗江府志》。

寬口鍋　黑沙人謂之哨。《師宗州志》。

土鍋　黑沙人謂之訥麽。同上。

甑　爨蠻謂之臘泥。《東川府志》。黑沙人謂之納賴。《師宗州志》。麗江夷謂之布。《麗江府志》。

杓　黑沙人謂之錫介。《師宗州志》。

筲箕　爨蠻謂之濫鳩。《農部爨雅》。東川夷謂之臘貼。《東川府志》。麗江夷謂之苦助。《麗江府志》。

刷把　爨蠻謂之左須。《農部爨雅》。

瓢　爨蠻謂之茂批。同上。

缸　爨蠻謂之以遭。同上。

盆　爨蠻謂之稿拉。同上。黑沙人謂之納慢。《師宗州志》。

脚盆　黑沙人謂之納味。同上。

甕　爨蠻謂之不高。《農部爨雅》。

瓶　東川夷謂之拖。《東川府志》。麗江夷謂之苴。《麗江府志》。

酒瓶　黑沙人謂之得哈。《師宗州志》。
墁　黑沙人謂之妳介。同上。
甑　麗江夷謂之硬生。《麗江府志》。
盂　爨蠻謂之亦麻。《農部爨雅》。
茶壺　爨蠻謂之菜版。同上。東川夷謂之擇白。《東川府志》。麗江夷謂之公彼。《麗江府志》。
酒壺　爨蠻謂之只卑。《農部爨雅》。
飯盌　爨蠻謂之臥八。同上。東川夷謂之拔。《東川府志》。黑沙人謂之立賡。《師宗州志》。麗江夷謂之證。《麗江府志》。
盤　爨蠻謂之繳。《農部爨雅》。東川夷謂之哈當。《東川府志》。麗江夷謂之核邊。《麗江府志》。
盞　爨蠻謂之盤子苴。《農部爨雅》。
鐘　東川夷謂之拔租。《東川府志》。麗江夷謂之改。《麗江府志》。
匙　爨蠻謂之著蒲。《農部爨雅》。
湯匙　爨蠻謂之臥八舊。同上。
筯　東川夷謂之主。《東川府志》。黑沙人謂之得。《師宗州志》。麗江夷謂之阿蟾。《麗江府志》。
鐵三腳　黑沙人謂之勒謹。《師宗州志》。
篩　爨蠻謂之夫今。《農部爨雅》。

箱　黑沙人謂之得責。《師宗州志》。

櫃　爨蠻謂之拉。《農部爨雅》。

籠　爨蠻謂之哈六。同上。

筐　爨蠻謂之考曲。同上。

竹籃　爨蠻謂之奔冷。同上。黑沙人謂之疊藏。《師宗州志》。

竹筒　爨蠻謂之姆捕。《農部爨雅》。

扁挑　爨蠻謂之幾。同上。黑沙人謂之安臉。《師宗州志》。

煙袋　爨蠻謂之因哥。《農部爨雅》。黑沙人謂之煙梡。《師宗州志》。

火鐮　爨蠻謂之姆歹。《農部爨雅》。

簸箕　東川夷謂之風莫。《東川府志》。麗江夷謂之母。《麗江府志》。

糞箕　東川夷謂之單扯。《東川府志》。麗江夷謂之拉也。《麗江府志》。

帚　黑沙人謂之牛罷。《師宗州志》。

燭　爨蠻謂之動賭。《農部爨雅》。

燈　爨蠻謂之庸衣動賭。同上。黑沙人謂之鄧機。《師宗州志》。

松脂　爨蠻謂之明子，又謂之樹邑。《農部爨雅》。東川夷謂之什補。《東川府志》。黑沙人謂之機。《師宗州志》。麗江夷謂之昧趨。《麗江府志》。

火把　爨蠻消之謂迫。《農部爨雅》。

柴　東川夷謂之息。《東川府志》。黑沙人謂之焚。《師宗州志》。麗江夷謂之私。《麗江府志》。

炭　東川夷謂之咩西。《東川府志》。黑沙人謂之留。《師宗州志》。麗江夷謂之坑憾。《麗江府志》。爨蠻謂之母念。《農部爨雅》。

灰　爨蠻謂之庫。同上。東川夷亦謂之庫。《東川府志》。麗江夷謂之硬。《麗江府志》。

音樂類

鐘　爨蠻謂之以莫把。《農部爨雅》。緬字作[illegible]，曰康浪。《滇繫》。

鼓　爨蠻謂之早。《農部爨雅》。黑沙人謂之隴工。《師宗州志》。緬字作[illegible]，曰摺。《滇繫》。

鑼　黑沙人謂之喇。《師宗州志》。爨蠻謂之交。《農部爨雅》。

嗩吶　爨蠻謂之嫫苴。同上。

簫　爨蠻謂之嫫西。同上。

號筒　爨蠻謂之老照。同上。

大銅　爨蠻謂之老卑。同上。

吹手　爨蠻謂之嫫門破。同上。

顏色類

青　爨蠻謂之女。《農部爨雅》。東川夷謂之納。《東川府志》。黑沙人謂之麽。《師宗州志》。麗江夷謂之邊拿。《麗江府志》。

紅　爨蠻謂之乃。《農部爨雅》。東川夷謂之你。《東川府志》。黑沙人謂之令。《師宗州志》。麗江夷謂之湖。《麗江府志》。

黄　爨蠻謂之賒。《農部爨雅》。東川夷謂之捨。《東川府志》。黑沙人謂之落。《師宗州志》。麗江夷謂之時。《麗江府志》。

白　爨蠻謂之土。《農部爨雅》。黑沙人謂之傲。《師宗州志》。麗江夷謂之匍。《麗江府志》。

黑　爨蠻謂之納。《農部爨雅》。東川夷謂之那。《東川府志》。黑沙人謂之晚。《師宗州志》。麗江夷謂之南。《麗江府志》。

緑　東川夷謂之賀。《東川府志》。黑沙人謂之腰。《師宗州志》。麗江夷謂之鞋。《麗江府志》。

藍　爨蠻謂之餓。《農部爨雅》。東川夷謂之務。《東川府志》。黑沙人謂之乖。《師宗州志》。麗江夷謂之邊。《麗江府志》。

靛　東川夷謂之枯。《東川府志》。黑沙人謂之奪。《師宗州志》。麗江夷謂之典。《麗江府志》。

數目類

一　爨蠻謂之塔。《農部爨雅》。儂人謂之滔。土僚謂之流。擺夷謂之冷。《廣南府志》。阿成謂之提磨。《開化府志》。東川夷謂之搭目。《東川府志》。黑沙人謂之么。《師宗州志》。麗江夷謂之的。《麗江府志》。

二　爨蠻謂之膩。《農部爨雅》。儂人、土僚謂之宋。擺夷謂之算。《廣南府志》。阿成謂之能任。《開化府志》。東川夷謂之膩目。《東川府志》。黑沙人謂之松。《師宗州志》。麗江夷謂之你。《麗江府志》。

三　爨蠻謂之洒。《農部爨雅》。儂人、土僚謂之散。擺夷謂之喪。《廣南府志》。阿成謂之思冷。《開化府志》。東川夷謂之色目。《東川府志》。黑沙人謂之三。《師宗州志》。麗江夷謂之續。《麗江府志》。

四　爨蠻謂之奚。《農部爨雅》。儂人、土僚、擺夷謂之細。《廣南府志》。阿成謂之奚冷。《開化府志》。東川夷謂之兮目。《東川府志》。黑沙人謂之西。《師宗州志》。麗江夷謂之籠。《麗江府志》。

五　爨蠻謂之俄。《農部爨雅》。儂人、擺夷謂之哈。土僚謂之阿。《廣南府志》。阿成謂之我冷。《開化府志》。東川夷謂之我目。《東川府志》。黑沙人謂之哈。《師宗州志》。麗江夷謂之瓦。《麗江府志》。

六　爨蠻謂之卻。《農部爨雅》。儂人謂之差。土僚謂之車。擺夷謂之火。《廣南府志》。阿成謂之忤冷。《開化府志》。東川夷謂之曲目。《東川府志》。黑沙人謂之六。《師宗州志》。麗江夷謂之鈔。《麗江府志》。

七　爨蠻謂之係。《農部爨雅》。儂人謂之拓。土僚謂之疽。擺夷謂之哲。《廣南府志》。阿成謂之始冷。《開化府志》。東川夷謂之係目。《東川府志》。黑沙人謂之歇。《師宗州志》。麗江夷謂之賞。《麗江府志》。

八　爨蠻謂之恨。《農部爨雅》。儂人、土僚、擺夷謂之別。《廣南府志》。阿成謂之喜冷。《開化府志》。東川夷謂之黑目。《東川府志》。黑沙人謂之別。《師宗州志》。麗江夷謂之貨。《麗江府志》。

九　爨蠻謂之根。《農部爨雅》。儂人、擺夷謂之苟。土僚謂之勾。《廣南府志》。阿成謂之居冷。《開化府志》。東川夷謂之吃目。《東川府志》。黑沙人謂之狗。《師宗州志》。麗江夷謂之姑。《麗江府志》。

十　爨蠻謂之且。《農部爨雅》。儂人、土僚謂之謝。擺夷謂之昔。《廣南府志》。阿成謂之錢冷。《開化府志》。東川夷謂之册目。《東川府志》。黑沙人謂之十。《師宗州志》。麗江夷謂之詳。《麗江府志》。

百　爨蠻謂之永。《農部爨雅》。東川夷謂之合。《東川府志》。黑沙人謂之罷。《師宗州志》。麗江夷謂之遠。《麗江府志》。

千　爨蠻謂之五。《農部爨雅》。東川夷謂之都。《東川府志》。黑沙人謂之襪。《師宗州志》。

萬　爨蠻謂之遭。《農部爨雅》。東川夷謂之業。《東川府志》。黑沙人謂之量。《師宗州志》。麗江夷謂之每。《麗江府志》。

億　東川夷謂之他都年。《東川府志》。麗江夷謂之昴。《麗江府志》。

錢文　爨蠻謂之嫫。塔嫫，一也。膩嫫，二也。洒嫫，三也。奚嫫，四也。俄嫫，五也。卻嫫，六也。係嫫，七也。根嫫，八也。根嫫，九也。且嫫，十也。十一曰且嫫。二十曰膩且嫫。三十曰洒且嫫。四十曰奚且嫫。五十曰俄且嫫。六十曰卻且嫫。七十曰係且嫫。八十曰恨且嫫。九十曰根且嫫。一百曰塔永。二百曰膩永。三百曰洒永。四百曰奚永。五西曰俄永。六百曰卻永。七百曰係永。八百曰恨永。九百曰根永。一千曰塔五。二千曰膩五。三千曰洒五。四千曰奚五。五千曰俄五。六千曰卻五。七千曰係五。八千曰恨五。九千曰根五。一萬曰塔趲。《農部爨雅》。

斤　爨蠻謂之已。同上。

兩　爨蠻謂之來。同上。

錢　爨蠻謂之撒。同上。

分　爨蠻謂之他分。同上。

貨幣類

金　爨蠻謂之賒。《農部爨雅》。東川夷謂之蛇。《東川府志》。麗江夷謂之含。《麗江府志》。緬字作[illegible]，曰稅。《滇繫》。

銀　爨蠻謂之土。《農部爨雅》。東川夷謂之兔。《東川府志》。黑沙人謂之昂。《師宗州志》。麗江夷謂之我。《麗江府志》。緬字作[illegible]，曰位。《滇繫》。

銅　爨蠻謂之幾。《農部爨雅》。東川夷謂之鷄。《東川府志》。黑沙人謂之龍。《師宗州志》。麗江夷謂之爾。《麗江府志》。

鐵　爨蠻謂之顯。《農部爨雅》。東川夷謂之歇。《東川府志》。黑沙人謂之挖。《師宗州志》。麗江夷謂之首。《麗江府志》。

錫　爨蠻謂之菜。《農部爨雅》。東川夷謂之搽。《東川府志》。黑沙人謂之利。《師宗州志》。麗江夷謂之序。《麗江府志》。

鉛　爨蠻謂之癡。《農部爨雅》。黑沙人謂之濃。《師宗州志》。

錢　爨蠻謂之鷄包。《農部爨雅》。東川夷謂之鷄落寶。《東川府志》。麗江夷謂之哥烏。《麗江府志》。緬字作□，曰撒白剌。《滇繫》。

玉　緬字作□，曰麥剌。同上。

硃砂　爨蠻謂之爹乃。《農部爨雅》。

水銀　爨蠻謂之上伊。同上。

硝　爨蠻謂之志。同上。

綾　緬字作□，曰賴。《滇繫》。

羅　緬字作□，曰阿革賴。同上。

紬　爨蠻謂之革。《農部爨雅》。

緞　爨蠻謂之撥。同上。

錦　緬字作□，曰都央。《滇繫》。

絲　爨蠻謂之補牽。《農部爨雅》。

綿　黑沙人謂之外。《師宗州志》。緬字作□，曰瓦保。《滇繫》。

線　爨蠻謂之遣。《農部爨雅》。黑沙人謂之埋。《師宗州志》。麗江夷謂之硜。《麗江府志》。

葛　爨蠻謂之拉。《農部爨雅》。

麻　爨蠻謂之母。同上。

布　黑沙人謂之崩。《師宗州志》。

五穀類

穀　爨蠻謂之扯。《農部爨雅》。東川夷謂之扯色。《東川府志》。黑沙人謂之蒿。《師宗州志》。麗江夷謂之形。《麗江府志》。

糯穀　爨蠻謂之扯虐。《農部爨雅》。

白穀　爨蠻謂之更登土。同上。

紅穀　爨蠻謂之扯乃苴。同上。

黑穀　爨蠻謂之扯納。同上。

旱穀　爨蠻謂之扯卡。同上。

米　爨蠻謂之扯土。同上。東川夷謂之作兔，又謂之扯兔。《東川府志》。黑沙人謂之蒿三。《師宗州志》。麗江夷謂之濯。《麗江府志》。

飯米　東川夷謂之兔，又謂之叚兔。《東川府志》。

糯米　黑沙人謂之蒿神。《師宗州志》。

大麥　爨蠻謂之租。《農部爨雅》。東川夷亦謂之租。《東川府志》。麗江夷謂之每獎。《麗江府志》。

小麥　爨蠻謂之倮歹扯灼，一曰唆。《農部爨雅》。東川夷謂之舒。《東川府志》。黑沙人謂之哈舒。《師宗州志》。麗江夷謂之奬。《麗江府志》。

燕麥　爨蠻謂之廈施。《農部爨雅》。東川夷謂之廈世。《東川府志》。麗江夷謂之梅習。《麗江府志》。

玉麥　爨蠻謂之灼莫，一曰玉粟，一曰包穀。《農部爨雅》。

白黍　爨蠻謂之玉𥢧。同上。

甜蕎　爨蠻謂之果癡。同上。東川夷謂之古癡。《東川府志》。麗江夷謂之阿根。《麗江府志》。

苦蕎　爨蠻謂之果拷。《農部爨雅》。東川夷謂之世古。《東川府志》。麗江夷謂之阿卡。《麗江府志》。

高粱　爨蠻謂之姆書。《農部爨雅》。黑沙人謂之高陽。《師宗州志》。

豆　爨蠻謂之農。《農部爨雅》。東川夷謂之努。《東川府志》。黑沙人謂之魯杜。《師宗州志》。麗江夷謂之奴。《麗江府志》。

南豆　爨蠻謂之農木代。《農部爨雅》。東川夷謂之努本，又謂之趕里。《東川府志》。麗江夷謂之打覩。《麗江府志》。

飯豆　爨蠻謂之詐農。《農部爨雅》。麗江夷謂之奴羨。《麗江府志》。

黑豆　爨蠻謂之農南。《農部爨雅》。

豌豆　爨蠻謂之賒農。同上。

稗　爨蠻謂之尾。同上。東川夷謂之微。《東川府志》。麗江夷謂之匍。《麗江府志》。

野稗　爨蠻謂之你。《農部爨雅》。

芝麻　爨蠻謂之毋是。同上。黑沙人謂之勒喇。《師宗州志》。

芥子　爨蠻謂之拗施。《農部爨雅》。

蔬果類

葱　爨蠻謂之初。《農部爨雅》。

韭　爨蠻謂之趣。同上。

薑　爨蠻謂之抄。同上。

蒜　爨蠻謂之會姆。同上。

胡荽　爨蠻謂之昂受。同上。

茴　爨蠻謂之羊受。同上。

椒　爨蠻謂之廈在。同上。

芹　爨蠻謂之書敖。同上。

芥　爨蠻謂之敖女。同上。東川夷謂之臥烏泥。《東川府志》。麗江夷謂之罵集。《麗江府志》。

菘　爨蠻謂之期土。《農部爨雅》。

蔓菁　爨蠻謂之拗莫，一曰敖咱。同上。麗江夷謂之阿抗。《麗江府志》。

萊菔　東川夷謂之臥莫。《東川府志》。黑沙人謂之勒八。《師宗州志》。麗江夷謂之兩卜。《麗江府志》。

青菜　東川夷謂之臥土。《東川府志》。麗江夷謂之暢波羅。《麗江府志》。

白菜　東川夷謂之臥土阿結。《東川府志》。麗江夷謂之匊匍。《麗江府志》。

菜　黑沙人謂之罷。《師宗州志》。

瓜　爨蠻謂之悞補。《農部爨雅》。

東瓜　東川夷謂之布里吐。《東川府志》。黑沙人謂之勒窪。《師宗州志》。

金瓜　爨蠻謂之烏鋪。《農部爨雅》。

南瓜　爨蠻謂之烏鋪。同上。東川夷謂之布里。《東川府志》。

王瓜　爨蠻謂之嫂今。《農部爨雅》。東川夷謂之色菊。《東川府志》。

苦瓜　爨蠻謂之嫂今拷。《農部爨雅》。

土瓜　麗江夷謂之多誇。《麗江府志》。

瓠　爨蠻謂之烏鋪是。《農部爨雅》。

葫蘆　爨蠻謂之布魯。同上。黑沙人謂之額謀。《師宗州志》。

茄　爨蠻謂之敖子。《農部爨雅》。東川夷謂之鳩則。《東川府志》。黑沙人謂之勒已。《師宗州志》。

麗江夷謂之竿。《麗江府志》。

扁豆　爨蠻謂之農達。《農部爨雅》。

豇豆　爨蠻謂之農簸咩。同上。

山藥　爨蠻謂之俄。同上。

茼蒿　爨蠻謂之阿栲吐。同上。

蕨　爨蠻謂之朵。同上。

茨菇　爨蠻謂之奔我。同上。

芋　爨蠻謂之歹。同上。

石花　爨蠻謂之樂敖。同上。

參菜　爨蠻謂之敖子。同上。

香蕈　爨蠻謂之哉姆。同上。

木耳　爨蠻謂之寒腦巴。同上。

白菜　爨蠻謂之姆些。同上。

鷄㙡　爨蠻謂之姆裹。同上。

菌　爨蠻謂之母。同上。

梅　爨蠻謂之洒過。同上。麗江夷謂之私卡。《麗江府志》。

杏　東川夷謂之色革。《東川府志》。麗江夷謂之僾。《麗江府志》。

桃　爨蠻謂之洒紊。《農部爨雅》。東川夷謂之色温。《東川府志》。麗江夷謂之補主。《麗江府志》。

李　爨蠻謂之洒鳩。《農部爨雅》。

梨　爨蠻謂之洒之。同上。

榴　爨蠻謂之細里。同上。

柿　爨蠻謂之你波。同上。

查　爨蠻謂之孔里。同上。

櫻桃　爨蠻謂之敖虐。同上。

楊梅　爨蠻謂之洒莫。同上。

林禽　爨蠻謂之魯几。同上。

橄欖　爨蠻謂之詞古。同上。

木瓜　爨蠻謂之莫烏鋪。同上。

核桃　爨蠻謂之洒免。同上。

榹桃　爨蠻謂之洒補。同上。

草木類

草　爨蠻謂之施。《農部爨雅》。儂人、擺夷謂之芳。土僚謂之若。《廣南府志》。阿成謂之奚。《開化府志》。東川夷謂之施。《東川府志》。黑沙人謂之吻。《師宗州志》。麗江夷謂之洗。《麗江府志》。

青草　爨蠻謂之施女。《農部爨雅》。

花　爨蠻謂之樂。同上。東川夷謂之尾魯。《東川府志》。麗江夷謂之罷田。《麗江府志》。緬字作□，曰阿唰。《滇繫》。

朵　緬字作□，曰阿榜。同上。

竹　烏蠻謂之剪。《蠻書》。爨蠻謂之姆。《農部爨雅》。黑沙人謂之哀歪。《師宗州志》。

山竹　東川夷謂之則目。《東川府志》。麗江夷謂之昧。《麗江府志》。

園竹　東川夷謂之呆目。《東川府志》。麗江夷謂之拉何。《麗江府志》。

芭蕉　爨蠻謂之昂帕。《農部爨雅》。

藥　東川夷謂之庫淒。《東川府志》。麗江夷謂之差恩。《麗江府志》。

樹　東川夷謂之洗。《東川府志》。黑沙人謂之過矮。《師宗州志》。麗江夷謂之字。《麗江府志》。

木　爨蠻謂之惜哉。《農部爨雅》。儂人、擺夷謂之美。土僚謂之崖。《廣南府志》。阿成謂之奚特。《開化府志》。東川夷謂之洗魯。《東川府志》。黑沙人謂之過歪。《師宗州志》。麗江夷謂之私。《麗江府志》。

松　爨蠻謂之滔。《農部爨雅》。東川夷謂之拖洗。《東川府志》。麗江夷謂之妥。《麗江府志》。

柏　爨蠻謂之受乃咩達〔一〕。《農部爨雅》。東川夷謂之東白。《東川府志》。麗江夷謂之咻。《麗江府志》。

〔一〕爨：原脱。

楊　爨蠻謂之以膩習。《農部爨雅》。

柳　爨蠻謂之矣泥。同上。東川夷謂之呢。《東川府志》。麗江夷謂之汝。《麗江府志》。

栗　爨蠻謂之洒知哉。《農部爨雅》。

麻栗　爨蠻謂之保癡哉。同上。

黄栗　爨蠻謂之保康哉。同上。

椿　爨蠻謂之樂習。同上。

樟　爨蠻謂之乃三習。同上。

桑　爨蠻謂之之習。同上。

杉　爨蠻謂之滔習。同上。

椶櫚　爨蠻謂之些。同上。

枝　緬字作[illegible]，曰阿苛。《滇繫》。

葉　緬字作[illegible]，曰板。同上。

禽獸類

孔雀　爨蠻謂之賒昂五猓。《農部爨雅》。

雁　爨蠻謂之歹往。同上。

燕　爨蠻謂之更。同上。

鸚武　爨蠻謂之阿昂。同上。
烏鴉　爨蠻謂之在大。同上。
喜鵲　爨蠻謂之阿汁。同上。
烏　爨蠻謂之古不郭公。同上。
杜鵑　爨蠻謂之臥。同上。
斑鳩　爨蠻謂之阿呢。同上。
畫眉　爨蠻謂之昂癡。同上。
鵪鶉　爨蠻謂之昂烏木。同上。
瓦雀　爨蠻謂之昂中。同上。
鷂　爨蠻謂之載女。同上。
鳧　爨蠻謂之報。同上。
雉　爨蠻謂之昂使補。同上。東川夷亦謂之昂。《東川府志》。儂人謂之寨。土僚謂之結。擺夷謂之蓋。《廣南府志》。阿成謂之焉。《開化府志》。黑沙人謂之得蓋。《師宗州志》。麗江夷謂之巖。《麗江府志》。
鴨　爨蠻謂之額。《農部爨雅》。儂人謂之貝。土僚謂之白。擺夷謂之別。《廣南府志》。阿成謂之也惡。《開化府志》。東川夷謂之鶂。《東川府志》。黑沙人謂之得布。《師宗州志》。麗江夷謂之阿。《麗江府志》。

鵝　爨蠻謂之奥。《農部爨雅》。儂人、擺夷謂之旱。土僚謂之寒。《廣南府志》。阿成謂之也別。《開化府志》。東川夷謂之俄。《東川府志》。黑沙人謂之得漢。《師宗州志》。麗江夷謂之我。《麗江府志》。

鳥　黑沙人謂之得落。《師宗州志》。

雄　爨蠻謂之補。《農部爨雅》。

雌　爨蠻謂之莫。同上。

虎　白蠻謂之波羅密，亦名學羅。《蠻書》。南詔謂之波盧，雲南蠻謂之羅羅。《虎薈》。爨蠻謂之弄。《農部爨雅》。儂人謂之土弄。土僚謂之丙介。擺夷謂之色弄。《廣南府志》。阿成謂之倮。《開化府志》。黑沙人謂之得過。《師宗州志》。緬字作[illegible]，曰賈。《滇繫》。

豹　爨蠻謂之祭。《農部爨雅》。儂人謂之土旅。土僚謂之丙膩。擺夷謂之色乃。《廣南府志》。阿成謂之洗。《開化府志》。緬字作[illegible]，曰謝。《滇繫》。

獅　爨蠻謂之多倮行蹤。《農部爨雅》。

犀　白蠻謂之矣。《蠻書》。

象　爨蠻謂之何。《農部爨雅》。緬字作[illegible]，曰唱。《滇繫》。

熊　爨蠻謂之冒。《農部爨雅》。

彪　爨蠻謂之苦開。同上。

狐　爨蠻謂之臥。同上。

貍　爨蠻謂之五。同上。

豺　爨蠻謂之尾。同上。黑沙人謂之得隨。《師宗州志》。

狼　爨蠻謂之亦倮。《農部爨雅》。

馬鹿　白蠻謂之識。《蠻書》。爨蠻謂之兕。《農部爨雅》。

獐　爨蠻謂之猓。同上。

麝　爨蠻謂之猓與。同上。

猴　爨蠻謂之阿糯。同上。

兔　爨蠻謂之阿灼。同上。

野猫　爨蠻謂之五。同上。

香猫　爨蠻謂之阿咩。同上。

野猪　爨蠻謂之萬你。同上。

豪猪　爨蠻謂之補萬。同上。

松鼠　爨蠻謂之寒昭補。同上。

鼠狼　爨蠻謂之易猓。同上。

馬　爨蠻謂之姆壯。同上。儂人謂之地麻。土僚謂之磨。擺夷謂之罵。《廣南府志》。阿成謂之摹。《開化府志》。東川夷謂之木。《東川府志》。麗江夷謂之繞。《麗江府志》。緬字作[illegible]，曰麥浪。《滇繫》。

劚馬　東川夷謂之拇督。《東川府志》。麗江夷謂之繞杜。《麗江府志》。

兒馬　麗江夷謂之繞公。同上。

騍馬　麗江夷謂之繞每。同上。東川夷謂之拇莫。《東川府志》。

驢　爨蠻謂之路姆。《農部爨雅》。東川夷謂之利拇。《東川府志》。麗江夷謂之篇繞。《麗江府志》。

騾　爨蠻謂之滔姆。《農部爨雅》。東川夷謂之拖拇。《東川府志》。麗江夷謂之歹。《麗江府志》。

駱駝　爨蠻謂之母奪器乃賒。《農部爨雅》。

牛　白蠻謂之舍。《蠻書》。爨蠻謂之你。《農部爨雅》。儂人謂之獨歪。土僚謂之瓦。擺夷謂之海。《廣南府志》。阿成謂之女。《開化府志》。東川夷謂之呢。《東川府志》。黑沙人謂之犢崖。《師宗州志》。麗江夷謂之恩。《麗江府志》。緬字作[illegible]，曰那。《滇繫》。

水牛　爨蠻謂之悞你。《農部爨雅》。東川夷謂之務你。《東川府志》。麗江夷謂之戟恩。《麗江府志》。

黄牛　東川夷謂之魯奔。《東川府志》。黑沙人謂之得時。《師宗州志》。麗江夷謂之掌恩。《麗江府志》。

羊　爨蠻謂之補。《農部爨雅》。儂人、擺夷謂之有。土僚謂之别。《廣南府志》。阿成謂之癡。《開化府志》。東川夷謂之赤。《東川府志》。黑沙人謂之的榮。《師宗州志》。麗江夷謂之由。《麗江府志》。緬字作[illegible]，曰赤。《滇繫》。

山羊　爨蠻謂之侈明。《農部爨雅》。

猪　爨蠻謂之萬。同上。儂人謂之獨暮。土僚謂之磨。擺夷謂之木奚。《廣南府志》。阿成謂之尾。《開化府志》。東川夷謂之挖。《東川府志》。黑沙人謂之得麼。《師宗州志》。麗江夷謂之蒲。《麗江府志》。

狗　爨蠻謂之期。《農部爨雅》。東川夷亦謂之期。《東川府志》。黑沙人謂之得媽。《師宗州志》。麗江夷謂之坑。《麗江府志》。

猫　爨蠻謂之阿咩。《農部爨雅》。

鼠　爨蠻謂之寒。同上。黑沙人謂之得柰。《師宗州志》。

蟲魚類

蟲　爨蠻謂之補臘。《農部爨雅》。東川夷謂之補。《東川府志》。黑沙人謂之得麻。《師宗州志》。麗江夷謂之彼丁。《麗江府志》。

蛇　爨蠻謂之波賒。《農部爨雅》。東川夷謂之補賒。《東川府志》。黑沙人謂之得能。《師宗州志》。麗江夷謂之日。《麗江府志》。緬字作[illegible]，曰米類。《滇繫》。

蜈蚣　爨蠻謂之賒輿。《農部爨雅》。

蜘蛛　爨蠻謂之阿烏。同上。

螘　爨蠻謂之備憂。同上。

馬蟥　爨蠻謂之波末。同上。

蝦蟆　爨蠻謂之臥波。同上。

蝙蝠　爨蠻謂之寒那。同上。

蒼蠅　爨蠻謂之皺母。同上。東川夷謂之合末。《東川府志》。黑沙人謂之得娘。《師宗州志》。麗江夷謂之補弄。《麗江府志》。

蚊　爨蠻謂之鼈賒。《農部爨雅》。

魚　爨蠻謂之龍俄。同上。東川夷謂之俄。《東川府志》。黑沙人謂之得巴。《師宗州志》。麗江夷謂之你。《麗江府志》。

龍　緬字作[illegible]，曰那戛。《滇繫》。

鰍　爨蠻謂之果知。《農部爨雅》。

螺螄　爨蠻謂之必古。同上。

螃蟹　爨蠻謂之阿甲郎。同上。

方言考三

白文一

案：劍川趙式銘撰有《白文考》二卷，於白文著録甚詳。兹六十八、九兩卷《白文》，即録趙書。其書首有周鍾嶽《序》，於書之旨趣有所闡發，並録如次。

《白文考序》曰：滇西種族既繁，語言殊異，僰、爨諸種則並有文字流傳。樊綽《蠻書》多載夷語，楊升庵《滇載記》譯自僰文《白古通》，檀默齋作《爨雅》所記甚詳，師荔扉《滇繫》附載緬文，至今尚爲沿邊土民所習用。而舊志載方言，僅猓人、擺夷、土獠、阿成、黑沙等，輯采未周。最近楊成志到滇調查，又得羅羅散民文字所著之書數十種，考其語系，間有相同者。如東川夷語，多同爨蠻，猓人、擺夷亦複相近，然與漢語則迥不同。惟劍川方言，往往與雅記故書相合，即其音稍有舛異，然以雙聲疊韻求之，則可以盡通其閡。近頃，吾同門友趙君弢甫著《劍川白文考》，予得悉心讀之，乃知劍川方言多本故訓，苟能察其聲音條貫，幾無一字無來歷者。

弢甫淹通典籍，博綜羣言，其所詮釋，皆有依據，非嚮壁虚造，穿鑿附會者可比。予既服弢甫是書之精審，因以思古來文字之變，約有兩途：一則同一語系而字音遞變者。此中復分爲二，其因地殊時異言語分歧者，則更造一字以通其變，如《爾雅》及揚雄《方言》等所載是也；其有常言諺語沿用古音，因輾轉涸謁茫然不識其意，及審其音變，稽諸古書，爲之疏通證明，遂敫焉如折符之復合，如毛奇齡《越語肯綮録》、胡文英《吴下方言考》，及近人章炳麟《新方言》等是也。一則非同一語系而因乙種人民濡染甲種文化，名物之語强半相同，如朝鮮、日本、緬甸、越南，採用漢文漢語是也。劍川方言乃介乎二者之間，蓋其承用漢語名詞與後者無異，而其詞多依古訓則又與前者相同也。

嘗考劍川口語，稱爲白文，迤西各縣方言大都相近，至其與漢文古語相通之故，疑莫能明。予意商周之時，産里百濮，列於王會，或習漢語以歸，教其鄉人；或自漢通西南夷，中原士夫漸入荒裔，邊民亦遂習其言辭。此雖於載籍無徵，然其理固可推想而得。今劍川居民，考其籍貫，類自腹省移徙而來，土著之人百無一二，而居常言語悉操土音，舊俗相仍習焉不察。弢甫乃於街談俚語，一字一句，皆證之經史諸書，以參其離合，使人知遠徼方言，皆通雅訓，未可以侏㒧夷語同類而共視之。而習方言者，亦因此審其源流，矯其舛誤，則於研窮古籍，統一語言，亦大有裨矣。劍川周鍾嶽。

天文類

風曰颷颸。 颷，卑腰反。颸，寒支反。颷，《説文》：「扶摇風也。」《爾雅·釋天》曰：「扶摇謂之猋。」颸，亦訓疾風，見《説文》颷字注。沈約《詩聲論》「動風颷」，左思賦「翼颸風之飀飀」，古樂府「秋風肅肅晨風颸」，謝靈運「晨裝摶曾颸」，陶淵明詩「清朝起威颸」。白文謂近卑司。凡稱謂近某字者，以白文之謂者有音而無其字，故就其音之所近者而言之耳，非謂颷颸即卑司也。餘皆仿此。

霧氣曰霿霚。　霿，模紅切。霚，無附切。《爾雅·釋天》曰：「天氣下地不應曰霿。地氣發天不應曰霧。」《説文注》引：「《開元占經》郗萌曰：『在天爲濛，在人爲霧。日月不見爲濛，前後不相見爲霧。』案霧與霿之別，以郗所言爲確。大氏雪下霿上，霚下霿上，霚濕霿乾。霚讀如務，霿讀如蒙。不可亂也。經史雺霿霧三者往往淆譌，故分疏之。」白文通稱霿霚，而音近門舞。

早曰朝。　朝，知妖切。《説文》：「旦也。」《書·牧誓》：「時甲子昧爽，王朝至於商郊牧野。」《周禮》「春見曰朝」注：「猶早也。欲其來之早。」《左傳》：「吾姑翦滅此而後朝食。」白文音譌近租。

遲曰暮。　暮，姥誤切。古文作莫。《説文》：「日且冥也。」屈子《楚辭》曰：「忽忽其將暮。」又：「恐美人之遲暮。」白文音近上聲。暮，篆作𦱤，從日在茻中。近時羅振玉《殷商貞卜文字考》：「莫，今卜辭作𣋒，從日在𣡕中。杲字從日在木上。杳字從日在木下。故莫從日在𣡕中。字均從木。從茻者，殆由𣡕省，金文已作𦱤，與篆文同矣。」羅氏考甚當，並録之。

冷曰寒。　寒，何難切。《易》：「日月運行，一寒一暑。」白文稱乏，亦曰寒。《史記》：「范叔一寒至此哉。」音俱近罕。

煖曰温。　温，烏昏切。温本水名。《水經注·延江》篇：「温水，一曰煖水，出犍爲符縣。」今以温爲煖字。《論語》：「温故而知新。」王褒文：「襲狐貉之温者，不憂至寒之悽慘。」白文音近慍。

天陰曰天氣慘。　天，梯焉切。氣，起毅切。慘，此坎切。天〔一〕，《説文》：「顛也，至高無上。」氣，《説文》作气，「雲氣也」。慘，《説文》：「毒也。」

天晴曰天氣舒。　舒，束於切。《説文》：「緩也。」張平子《二京賦》：「夫人在陽時則舒，在陰時則慘，此牽乎天者也。」韓昌黎詩：「陽施見夸麗，陰閉感凄慘。」此白文慘舒二字所本，而音皆稍譌。

天氣炎熱曰日炙。　日，仁逸切。炙，至夜切。《詩・瓠葉》傳：「炕火曰炙，從肉，在火上。」《史記・荀卿傳》：「炙轂過髡。」又《唐語林》：「會昌中語曰：鄭楊段薛，炙手可熱。」昌黎詩：「雨淋日炙野火燎。」白文音近炎鲊。又凡油煎之物，白文曰炙。《禮記》：「膾炙處外。」《南史》：「傳酒行炙，悉皆内伎。」

苦熱曰煴炎。　煴，於云切。《説文》：「欝煙也。」炎，于廉切。《説文》：「火光上也。」又，白子文謂火然曰炎。《洪範》曰：「火曰炎上。」音皆不譌。

雨晴曰殅。　殅，即晴字也。白文音近星。

風霜大曰寒飈虐霜。　飈，卑腰切。虐，逆略切。霜，師央切。昌黎文：「歲檄寒凶，雪虐

〔一〕天：原脱。

風饕。」白文音近戞卑虐松。

年曰歲。　歲，須鋭切。《爾雅》：「商曰祀，唐虞曰載，周曰年，夏曰歲。」《莊子》：「八千歲爲春，八千歲爲秋。」白文歲音近霜。《説文》「霜」注：「歲功以雪始，以霜終。」李白詩：「陛下之壽三千霜。」

月初曰月生。　月，玉掘切。生，師亨切。《尚書》「哉生明」注：「哉，始也。謂曆之初三日也。」杜甫詩：「月生初學扇，雲細不成衣。」白文初一至初十，皆謂之月生，而音俱稍譌。

正月曰陬月。　陬，諮謳切。《爾雅·釋天》：「正月爲陬。」《楚辭》：「攝提貞於孟陬兮，惟庚寅吾以降。」白文音近諮月。

二月曰如月。　如，縟魚切。《爾雅》：「二月爲如。」白文音近汝月。考三苗九黎之亂，曆數失序，閏餘乖次。《史記》曆書稱：「孟陬殄滅，攝提無方。」《爾雅·釋天》猶存歲陽、歲陰名稱。其月陽曰：「正月爲陬，二月爲如，三月爲寎，孚柏切。四月爲余，五月爲皋，六月爲且，七月爲相，八月爲壯，九月爲玄，十月爲陽，十一月爲辜，十二月爲涂。」然郭璞注《爾雅》，亦未詳其事義。惟屈原《離騷》「攝提貞於孟陬」，賈誼《服賦》「單閼之歲四月孟夏」等篇沿用之耳。劍川越在天南，至今尚以《爾雅》所記爲紀年，亦可以知其文化之遠矣。　又，白文稱十二月爲陽月，然考之《爾雅》「十月爲陽」，《詩》「歲亦陽止」注：「陽月，陰曆十月之别名。」《後漢書》：「至於陽月，陰慝害作。」《西京雜記》：「十月，陰辰用事而陰不孤立，此月純陰，疑於無陽，故謂之陽月。」不知白文何以稱此，俟再考。

通宵曰徹夜。　徹，敕揭切。《説文》：「通也。」夜，異謝切。《説文》：「舍也。」「天下休舍」注謂：「與天下休息也。」《列子》：「眠中噑囈呻呼，徹旦息焉。」《文選》：「徹夜不眠。」白文音近扎雅。

忽然間曰俄頃間。　俄，五何切。頃，去營切。《説文》：「俄，頃也。」謂須臾之間也。有假爲蛾者，如《漢書》：「始爲少使，蛾而大幸。」單言之或曰俄、曰頃，絫言之曰俄頃。《晉書・郗超傳》：「謝安嘗與王文度共詣超，日旰未得前，文度便欲去〔一〕，安曰：『不能爲性命忍俄頃耶？』」杜詩：「乘陵惜俄頃。」蘇軾詩：「一彈指頃去來今。」白文音近兀幾改。

入夜曰冥。　冥，迷形切。《説文》：「窈也。」《詩・小雅》：「噦噦其冥。」《楚辭》：「雷田田兮雨冥冥。」《前漢書》：「是時雷電晦冥。」《史記》：「大風揚沙晝冥。」白文音稍譌。

雲起曰雲滃起。　滃，烏孔切。《説文》：「气起也。」《易林》：「潼滃蔚薈。」《江賦》：「气滃渤以霧杳。」白文音不譌。

地理類

山曰崧。　崧，胥邕切。《詩・大雅》：「崧高維嶽。」《釋山》、毛傳皆曰：「山大而高曰

〔一〕欲：原脱，據《晉書》補。

崧。」疏云：「今中岳嵩山，蓋依此名。」案，古代惟有四嶽，崧爲泛指山之高大皃，後乃以之專名中岳耳。崧與嵩同。《河東賦》：「瞰帝唐之嵩高，脈隆周之大寧。」嵩高即崇高也。白文音近冗如二音。

江曰工。　江韻古與東通。屈原《哀郢》篇：「將運舟而下浮兮，上洞庭而下江。去終古之所居兮，今逍遥而來東。」陶潛詩：「停雲靄靄，時雨濛濛。八表同昏，平陸成江。」皆合用東江二韻。江讀若工。江、河皆象形與諧聲字。許氏《説文·叙》所謂：「形聲者，以事爲名，取譬相成，江河是也。」白文江讀工，與古韻合。又考桂未谷《札樸》十：「吴才老謂滇呼江爲公，故名江魚曰公魚。」案，公當爲工，江從工得聲也。顧寧人《唐韻正》亦引楊升庵之説曰：「今滇人讀江爲工，是前人已言之也。」

小山曰丘。　《爾雅·釋丘》曰：丘，「非人爲之丘」。《廣雅》曰：「小陵曰丘。」《説文解字》曰：「丘，土之高也，非人所爲也。」劍川東鄉有小陵，白文謂之丘，而音近鳩，州志稱之爲建和山。考《爾雅》「如覆敦者，敦丘」郭注：「敦，盂也。」劍川之丘狀如敦，亦宜稱敦丘，或單稱丘亦可。建和之名，殊無謂也。

郊外曰黨。　《周官》：「黨有正。」《論語》：「達巷黨人。」白文音不譌。

田埂曰陌。　《漢書》阡陌作千陌，古今字也。白文音不譌。

瀦水曰澤。　《左傳》：「深山大澤。」白文音不譌。

山坡曰培塿。　培，蒲回切。塿，羅耦切。《説文》：「小土山也。」《左傳》：「部婁，無松柏。」《文選》注引作培塿。《唐書》：「不意培塿，而松柏爲林也。」白文音近崧薄縷。

山箐曰萺。　萺，音莫風反，又音莫鳳反。《漢書·叙傳》：「子文初生，棄於萺中。」顔師古曰：「萺與夢同。」白文音從莫風反，而音近拱。　又幽深之澗，白文稱爲深澗冥萺。

巖室曰巖堂巖紀。　堂，駝昂切。紀，居理切。《詩》：「終南何有，有紀有堂。」注：「紀，山之廉角；堂，山之寬平。」白文音不譌。

土曰土塊。　土，禿五切。塊，庫誨切。《左傳》：「乞食於野人，野人與之塊。」《莊子》：「大塊載我以形，勞我以生，逸我以老，息我以死。」白文音近平聲。

路曰塗。　塗，同吾切。《爾雅·釋詁》：「路，旅塗也。」《孟子》：「行旅皆欲出於王之塗。」潘岳《耤田賦》：「啓四塗之廣阡。」白文音不譌。

街曰市。　市，時止切。《説文》：「買賣之所也。」《易·繫辭》：「日中爲市。」《國語》：「争利者於市。」白文上街貿易曰作市，即「日中爲市」之意，音不譌。

村落曰邑屋。　邑，衣吸切。屋，烏角切。《説文》：「邑，國也。」《周禮》：「四井爲邑。」《左傳》：「凡稱人曰大國，自稱曰敝邑。」屋，《説文》：「居也。」《玉篇》：「舍也。」《詩·秦風》：「在其板屋。」《史記·郭解傳》：「居邑屋不使人敬，是吾德不修也。」陶詩：「邑屋或時非。」白文音不譌。

大村曰大邑。　大，鐸餓切。邑，衣吸切。《説文》「邑」注：「國也，從口。先王之制，尊卑有大小，從卪。」〔一〕《左傳》：「大官大邑，身之所庇也。」白文大讀若杜，與鐸餓切合。

郭外曰鄉邑。　鄉，希央切。《説文》：「國離邑，民所封鄉也，嗇夫別治。封圻之内六鄉，六卿治之。」《莊子》：「治邑屋州閭鄉曲者，曷嘗不法聖人哉。」白文音不譌。

家曰户。　户，胡五切。《説文》：「護也，半門曰户，象形。」《四書》：「誰能出不由户。」《禮記》：「户外有二屨。」又白文謂家内爲户庭。　庭，𢓜形切。《説文》：「宫中也。」《易》：「不出户庭。」陶詩：「户庭無塵雜。」音皆不譌。

牆曰屋堵。　堵，都五切。《詩》：「百堵皆興。」《家語》：「孔子射於矍相之圃，蓋觀者如堵墻。」《陶淵明傳》：「環堵蕭然，不蔽風日。」白文音不譌。

粉牆曰堊壁。　堊，於故切。《爾雅》注「牆謂之堊」謂：「白飾牆也。」《莊子》：「郢人堊墁其鼻，若蟬翼，使匠石斲之。」白文音不甚譌。

聚水堰曰波。　波，普何切，即陂也。班書陂皆作波。《後漢書・光武帝紀》「無爲山陵陂池」注陂音普何反。　案，劍川舊有永豐堰，白文呼永安波，又呼盈瀾波，用蓄山溪之水以溉附郭田畝者。《詩》：「彼澤之陂，有蒲與荷。」陂、荷相叶。　白文讀若波，從《詩》讀。

〔一〕卪：原誤作「阝」。

墳曰墓。　墓，姥誤切。《周禮》有「墓大夫」，又：「虚墓之間，未施哀於民而民哀。」《禮記》：「防墓崩，孔子泫然流涕。」《詩》：「墓門有棘。」白文音近上聲。

橋曰河橋。　橋，巨嬌切。《説文》：「水梁也。」《夏令》：「九月除道，十月成梁。」《詩・大雅》：「造舟爲梁。」《孟子》：「十一月，輿梁成。」凡見於經傳者，言梁不言橋也。《史記》秦始皇「作河橋」。白文蓋本於此，而音近谷嬌。

祠廟曰社。　社，常者切。《説文》：「地主也。」《五經異義》：「今《孝經説》曰：『社者土地之主，土地廣博，不可偏敬，封五土以爲社。』」《春秋傳》曰：「共工之子句龍爲社神。」《周禮》：「二十五家爲社。」今時里社是也。白文所稱社者，兼道觀佛寺而言，失社之本義矣。其音近善。恒以社寺並稱，可知善即社之譌。其下寺字，始專指佛舍，而鄉俗通指爲寺，殊非。

昆明曰善闡。　善，侍彦反；闡，齒演反。《新五代史・四夷附録》：「唐僖宗以李龜年等使南詔，南詔居苴咩城，龜年不至苴咩。至善闡，得其要領，約爲甥舅。」案，苴咩，今之大理，南詔西都。善闡，今之昆明，省會，南詔東都。白文音近矢産。

永昌曰金齒。　金，居音切。齒，醜止切。唐樊綽《蠻書》及宋祁《南蠻列傳》金齒蠻、銀齒蠻等，並在永昌、開南，以金縷片裹齒，見人則以此爲飾，食則去之。白文音近際馳。考張南園《漫録》，其辨永昌非金齒極詳。然金齒即永昌之稱由來已久，今仍從諸家説。

回子曰花回。　花，呼窊切。回，胡雷切。回，《唐書》稱回紇，又稱花門。杜詩「回紇餧肉蒲桃宫」,又「花門剺面請雪恥」。白文稱花回,蓋合回紇、花門而言,音近後恢。

西藏子曰西番子。劍川所屬有西番村,其人曰西番子,其言曰番文,格磔不可曉。相傳元時從世祖入滇,流落於此。邑人張現《西番村懷古》詩有「宿衛來蒙古,論功受大元」之句。又地名西番菁,明張翥有詩。今其人猶操番文,與白文迥異。

摩些曰摩娑。《元史·世祖紀》作摩娑,《麗江府志》「蒙古降摩荻」注:「一名摩沙,亦作摩些。」白子文從《元史》稱作摩娑,音不譌。

劍川古曰義督。劍川在南詔,爲義督瞼。宋祁《新唐書》及《一統志》《南詔野史》皆因之。瞼者,南詔稱州名之詞也。今劍川俚曲有義督古詞一曲,而音譌近九冬固止,又或譌爲帝都古詞,皆不知義督二字之本音也。

廣人曰廣馬。廣,古慌反。馬,姥雅反。《後漢書》:「馬援征交阯,還,留兵戍守,故謂之馬留人。」韓昌黎《送人之南海》詩:「衙時龍户集,上日馬人來。」白文稱爲廣馬者,當是兩廣馬留人之省文耳,音不譌。

四川人曰世外子。世外子之名不知所出。清雲貴總督吴振棫《雜感》詩注:「客籍佔種侵擾,邊夷有世外人之稱。」則此名通行已久。然詩注亦不詳其何義,竢考。

大理曰桂。桂,古惠切。阮元聲《南詔野史》:「大理,古桂香國。」白文單稱桂,音不譌。

人倫類

大父曰爹。　爹，屠可切，又待可切。《廣韻》：「父也。」《南史・梁始興王憺傳》：「詔徵還朝，人歌之曰：『始興王，人之爹。赴人急，如水火，何時復來乳哺我。』」南土方言謂父爲爹，故云。吴樹聲《歌麻古韻考》謂：「此亦用後世韻，然吴人呼爹若低，今蘇、常人猶然。火古音毁，我古音若委，民間歌謠矢口而成，未必無古音也。」吴氏蓋混爹𤕓爲一音，不知爹入哿韻，𤕓入麻韻。今韻書皆收入麻韻，蓋誤以簸爲巴也。劍川白文自始祖至大父皆稱爹，父亦可稱爹，音近波，其詳在余《爹字解》。案，舊《雲南通志》方言類云「始祖，爨蠻謂之阿包，祖謂之阿卜。黑沙人謂之老抱。東川夷謂之老伯。麗江夷謂之阿普」「父，爨蠻謂之阿爹。猓人、土獠謂之博。夷謂之依博。阿成謂之依頗。黑沙人謂之勒布。麗江夷謂之阿巴。緬字曰阿怕」等名，皆即爹字之轉音，纂方言者遂有種種歧出。又《通志》云：「師長，爨蠻謂之署朱。東川夷謂之世朱。麗江夷謂之熟朱。」皆即儒宗二字之譌。

父曰𤕓。　𤕓，正奢切。《玉篇》：「父。」《白虎通》：「父，矩也，以度教子也。」吴人呼父曰𤕓。白文音近低。

母曰母。　母，模耦切。《説文》：「母，牧也。言會養子也。」《易・繫辭》：「坤爲母。」《詩》：「母也天只。」白文音近平聲。

老婦曰嫗。　嫗，衣遇切，又居侯切。《説文》：「嫗，母也。」《前漢書》：「嚴延年兄弟皆大官，母號萬石嫗。」《晉書》：「何物老嫗，生此寧馨兒。」白文稱人之母曰嫗，音從居侯切讀若尤。

夫曰伯。　伯，補赫切。《説文》：「凡爲長者皆曰伯。」《士冠禮》曰：「伯某甫。」《詩》：「伯也執殳。」又：「自伯之東。」杜詩：「郎伯殊方鎮。」皆婦稱人夫之詞。白文音近褒。

男初婚曰新郎。　新，西茵切。郎，勒昂切。《晉書》：「不意天壤間乃有王郎。」李白詩：「郎騎竹馬來。」白文稱新郎公，音不謁。

女初嫁曰新婦。　婦，房缶反。《説文》：「婦，服也。」注謂：「婦主服事人者也。」《梁書》：「曹景宗云：『閉置車中如三日，新婦令人無氣力。』」白文音近西舞。

男媳曰子婦。　子，咨此切。《爾雅·釋親》：「子之妻爲婦。」《禮記》：「子婦無私貨無私蓄。」白文音近平聲。

妾曰小婦。　小，洗夭切。《前漢書》：「王鳳知其小婦弟已嘗適人。」白文音近平聲。

妹曰女弟。　女，你語切。弟，迪禮切。《説文》：「妹，女弟也。」《史記》：「李延年女弟善舞。」又：「江充有女弟，善鼓琴歌舞。」白文音近平聲。

姊曰大姊。　姊，將几切。《説文》：「女兄。」《漢書》：「武帝曰：『大姊何藏之深也。』」白文又稱阿大。

女子曰女郎。　古詩：「不知木蘭是女郎。」王維詩：「山木女郎祠。」白文又稱女郎子。

夫之妹曰小姑。　姑，谷烏切。唐人詩：「先遣小姑嘗。」李商隱詩：「小姑居處本無郎。」

又《樂府》有小姑曲。《異苑》曰：「蔣侯第三女也。」白文音近捨姑。

孫曰孫子。　孫，蘇温切。《爾雅·釋親》「子之子爲孫」注：「孫猶後也。」杜詩：「吾宗老孫子，質樸古人風。」白文音不譌。

孫女曰女孫。　《漢書》：「其女孫爲霍氏外屬婦，當相坐。」師古曰：「女孫，即今所謂孫女也。」白文音不譌。

孫媳曰孫婦。　《儀禮·喪服》「適孫」傳：「何以期也，不敢降其嫡也〔一〕。孫婦亦如之。」白文音不譌。

姪女曰女姪。　姪，直逸切。《柳毅傳》：「女侄不幸爲頑童所辱。」白文音稍譌。

霜婦曰寡婦。　寡，古瓦切。古詩：「寡婦念此兮，泣下數行。」《詩》：「伊寡婦之利。」白文音不譌。

初生子曰赤子。　赤，蚩益切。《四書》：「如保赤子。」《漢書》：「使陛下赤子盜弄兵於潢池之上。」又：「臥赤子於堂殿之上而安。」白文音稍譌。

小孩曰孺子。　孺，而遇切。《四書》：「今人乍見孺子將入於井。」《史記·留侯傳》：「孺子爲我取履。」又：「孺子可教也。」白文音近書咨。

〔一〕嫡：原誤作「姑」，據《儀禮注疏》改。

師曰儒宗。儒，縟于切。宗，租翁切。《史記》：「叔孫通卒爲漢儒宗。」注謂：「儒者之宗師也。」白文音近書朱，詳見《爨文》第二。

徒弟曰弟子。《四書》：「弟子入則孝。」又：「弟子服其勞。」《史記》：「弟子籍出孔氏。」古文近是，白文音不譌。

君曰君人。君，居氳切。人，日寅切。《左傳》：「君人者，豈以其口食社稷是主。」白文音近君寅。

官曰官人。官，枯剜切。《尚書》：「知人則哲，能官人。」杜詩：「劍外官人冷。」白文音稍譌。

僕人曰奴子。奴，訥吾切。《古樂府》：「平頭奴子擎履箱。」《漢書》：「衛青曰：『人奴之生，得毋笞罵即足也。』」白文稱奴子婢女。

偷物曰盜。盜，徒到切，又上聲。㳄，古涎字，從欠從水。皿者，器也。欲皿而垂㳄也。《說文》：「私利物也。」《左傳》：「竊賄爲盜。」又：「竊人之財，猶謂之盜。」白文從上聲，音近打。

乞兒曰匄食子。匄，箇艾切，俗作丐。食，舌弋切。《說文》：「匄，气也。」注：「气者，雲气也，用其聲假借爲乞求。」《西域傳》：「气匄亡所得。」《左傳》：「公子棄疾不强匄。」《史記·竇太后傳》：「丐沐沐我。」白文如討火討物之類皆曰匄，音不譌。

不大方曰小家子。《漢書·霍光傳》：「使樂成小家子得幸將軍，至九卿封侯。」白文音不謌。

雇工曰役人。《説文》：「役，使也。」白文音稍謌。

女曰媛。媛，於眷切。《爾雅》：「美女爲媛。」白文音不謌。

稱人曰彦。《爾雅》：「美士爲彦。」《詩》：「邦之彦兮。」白文音不謌。或又曰伊。彦伊聲相近，二者必有一似。

賓朋曰人客。客，可赫切。《三國志》：「王修守高密令，高密孫氏素豪俠，人客數犯法。」杜詩：「問知人客姓。」白文音不謌。

僧曰頭陀。頭，駝侯切。陀，徒莪切。《釋氏稽古録》：「宗一禪師往開元寺受具，雪峯以其苦行，呼爲頭陀。」白文音近頭婆。

稱人曰伊，又曰儂。伊，於宜切。《釋詁》、毛《傳》皆曰「伊，維也」，爲發語辭。鄭《箋》曰：「當爲緊。緊猶是也。」《詩》：「所謂伊人，在水一方。」又：「自貽伊戚。」又：「伊誰云從。」白文稱伊有尊敬之意。儂，奴宗切。吴人自呼爲儂。白文稱人又曰儂，與今松江語同，而口氣含輕狎，與稱伊稍別，音近上聲。

你曰迺。迺，儺海切。《史記》：「陳嬰母謂子曰：『自吾爲乃家婦。』」又漢高帝曰：「豎儒幾敗迺公事。」白文音稍謌。

總角交曰俌儕。　俌，芳武切。《説文》：「輔也。」注謂：「人之俌猶車之輔也。」儕，仕皆切。《説文》：「等輩也。」《樂記》：「先王之喜怒，皆得其儕焉。」《春秋傳》：「吾儕大小。」白文俌儕者，猶今俗稱契兄弟也。又，同伴亦曰儕偶，音皆稍譌。

婦女自稱曰姎。　姎，烏浪切。《説文》：「女人自稱姎我也。」《後漢書・西夷傳》注、《廣韻》三十三蕩皆引「女人自稱姎我」。白文單稱姎，音不譌。又，男人自稱卬。卬，五剛切。《詩・邶風》：「人涉卬否。」《爾雅》：「卬，我也。」郭璞注：「卬，猶姎也，語之轉耳。」白文音近安。

身體類

人始生曰首。　首，始九切。《説文》：「頭也。」揚子《方言》：「人之初生謂之首。」白文婦人免身謂之首，亦謂之首子女，音不譌。

頭曰頭皮。　皮，貧宜切，又蒲何切。楊朴妻詩：「今日捉將官裹去，這回斷送老頭皮。」《詩》：「羔羊之皮，素絲五紽。」《左傳》：「縱其有皮，丹漆若何。」皆从蒲何切。白文頭皮讀若頭波，从蒲何切，與《詩》《傳》合。

面曰容。　容，餘龍切。《説文》：「顔皃也。」今之容字。《漢書》：「徐生善爲容。」凡容，言其内；皃，言其外。《論語》：「動容貌。」《孟子》：「其容有蹙。」白文不譌。

髮曰頭毛。　毛，模敖切。《啓顔録》：「僧法軌形容短小，李榮嘲之曰：『身長三尺半，頭毛猶未生。』」杜詩：「壯士短衣頭虎毛。」白文音稍譌。

須頿清疏曰之而。　之，止而切。《説文》：「出也。」而，如之切。《説文》：「須也。」注「而」字：「首畫象鼻耑，次象人中，次象口上之頾，次象承漿及頤下者，蓋而爲口上口下之總名，故而之訓曰須。《周禮》『作其鱗之而』，戴震曰『鱗屬頰側，上出者曰之，下垂者曰而』。」白文凡物行列齊整亦曰阿而之，亦曰之而子，音不譌。

肩曰髆。　髆，補各切。《説文》：「肩甲也。」白文稱爲髆頭，音不譌。

兩股曰髖髀。　髖，胡官切。髀，並弭切。《説文》：「髖，髀上也。」「髀，股外也。」〔一〕注：「其骨最寬大也。」賈誼《治安策》：「至於髖髀之際，非斤則斧。」白文音不譌。

口曰㭰頦。　《漢書·東方朔傳》：「函牙齒，樹頰頦。」白文音不譌。

膝蓋曰髕。　髕，丘媿切。《説文》：「厀脛間骨也。」白文音不譌。

腳桿曰骹。　骹，户皆切。《説文》：「脛骨也。」白文音稍譌。

骨曰髂。　髂，器亞切，又古覈切。揚子雲《解嘲》：「折脅拉髂。」昌黎詩：「朝食不盈腸，冬衣裁掩髂。投荒誠職分，領邑幸寬赦。」髂與赦叶，从器亞切。白文亦从器亞切，稱髂頭。

肚曰腹。　腹，夫屋切。《左傳》：「雖鞭之長不及馬腹。」又：「河魚腹疾，奈何？」白文音

〔一〕髀股：原脱，據《説文解字》補。

不謌。

蹉跌傷手足曰踦。　踦，音移。《漢書・段會宗傳》：「亦足以復鴈門之踦。」應劭曰：「踦，隻也。會宗從沛郡下爲鴈門太守，又坐法免，爲踦隻不偶也。」案，踦，猶蹶也。谷永之意，勸會宗因循舊貫，毋求奇功，則鴈門之蹶尚可復振也。白文音不謌。

屁股曰尻。　尻，音高。《説文注》：「近穢處。」《莊子》：「浸假而化予之尻以爲輪。」《東方朔傳》：「口無毛，聲謷謷，尻益高。」又：「結股腳，連脽尻。」白文單稱尻，又稱尻股，音近尻府。

閉眼曰瞑。　瞑，迷形切，又密硯切。《説文》：「翕目也。」《莊子》：「據槁梧而瞑。」《漢書》「甘心瞑目」注：「人死眼閉也。」白文从密硯切。

眼不見曰蔑。　蔑，莫結切。《説文》：「勞目無精也。」《左傳》：「躨蔑字然明。」此以相反爲名字也。白文音稍謌。

手足凍僵曰龜。　龜，姑追切。《莊子》：「宋人有善爲不龜手之藥者，世世以洴澼絖爲事。」注：「龜，坼裂也。」白文音不謌。

立腳曰企腳。　企，乞義切。《説文》：「舉踵也。」與跂同。《世説》：「謝仁祖企腳北窗下彈琵琶。」韓昌黎《送窮文》：「企足以竢，置我仇怨。」白文音近尖腳。

邪視曰眄。　眄，密硯切，又上聲。《説文》：「一曰衺視也。」注：「自關而西，秦晉之間曰眄。」薛綜曰：「流眄，轉眼皃也。」古詩：「眄睞以適意。」又：「語卿且勿眄，水清石自見。」白文從上聲。

手捍曰手掣。　掣，所角切。《説文》：「人臂皃。」《考工記・輪人》曰：「望其輻，欲其掣爾而纖也。」注云：「掣，纖殺小皃。」白文稱手掣子，亦謂其纖小也，而音近去聲。

小兒毁齒曰齔。　齔，恥問切。《説文》：「毁齒也。男八月生齒，八歲而齔。女七月生齒，七歲而齔。」白文音近限。

癩曰疥癰。　疥，皆械切。《説文》：「痂也。」癰，紆匃切。《説文》：「腫也。」《史記》：「如以千鈞之弩決潰癰也。」《南史》：「劉邕嗜瘡痂，謂有鰒魚味。」白文音不譌。

身體麻木曰痺。　痺，筆漪切。《説文》：「濕病也。」《玄晏先生傳》：「晚年手足病痺，猶手不釋卷。」《嵇康書》：「危坐一時，痺不得摇。」白文音近比。

口曰谷。　谷，其虐切。口上阿也。從口，仌象其文理。白文音近阿。

視曰瞰。　瞰，渴濫切。《論語》：「楊貨瞰孔子之亡。」〔一〕揚子雲：「高明之家，鬼瞰其室。」白文音不譌。

老人面有小點曰耆。　耆，丁念切。《説文》：「老人面如點也。」〔二〕注：「老人面有黑癥

〔一〕楊：《論語》作「陽」。

〔二〕也：原誤作「處」，據《説文解字》改。

之處也。點者，小黑也。」白文稱者子，音若占。

揹物曰負。　負，扶缶切。《孟子》：「班白者不負戴於道路也。」《莊子》：「夜半有力者負之而趨。」白文音近巫。

立曰佇。　佇，逐語切。《詩》：「佇立以泣。」白文音稍譌。

大聲曰嚇。　嚇，呵格切，又去聲。《莊子》：「鴟得腐鼠，鵷鸞過之，仰而視之曰：『嚇。』」鮑照《蕪城賦》：「飢鷹厲胳，寒鴟嚇雛。」昌黎詩「鼠雀得驅嚇」，叶以「村酒時邀迓」，嚇作去聲讀。白文从去聲。

罵曰詈。　詈，里義切。《尚書》：「小人怨汝，詈汝。」《楚辭》：「女嬃之嬋媛兮，申申其詈余。」白文音稍譌。

大便曰遺矢。　遺，逸其切。矢，式視切。《史記》：「廉將軍一飯三遺矢。」《漢書》：「王孫死，燕啄矢。」白文音近衣施。

小便曰溲。　溲，史有切。《漢書》：「遺矢溲便。」昌黎文：「牛溲馬渤。」白文音不譌。

喜曰歡。　歡，呼官切。《説文》：「喜，樂也。」《孟子》借驩爲歡。《禮記》：「君子不盡人之歡。」《易林》：「舞蹈歡躍。」白文音近荒。

憂曰戚。　戚，切激切。《尚書》：「未可以戚我先王。」白文音近去聲。

想飲食曰嗜。　嗜，石肆切。《説文》：「喜欲之也。」《尚書》：「甘酒嗜音。」《四書》：「曾晳嗜羊棗。」《列子》：「文王嗜菖蒲。」《漢書》作耆。白文音近平聲。

物照眼曰明人眼。杜詩：「今日明人眼，臨池好驛亭。」白文明讀若茫。《詩》：「東方未明，顛倒衣裳。」以明韻裳也。

喉曰胡。胡，户孤切。《説文》：「牛頷垂也。」《正字通》：「喉也。頷肉下垂者曰胡。」《詩》：「狼跋其胡。」《漢書》：「龍垂胡。」《金日磾傳》：「日磾捽胡投何羅殿下。」白文稱鬍子蔕，音稍訛。

手足不仁曰躄。躄，或作躃。《説文》：「跛也。」《史記》：「平原君家樓臨民家，民家有躄者，槃散行汲。」白文稱躄手躄腳，音不譌。

人已老曰耇。耇，音苟。《爾雅》：「黄髮、齯齒、鮐背、耇老，壽也。」《説文》：「老人面凍黎若垢。」揚子《方言》：「東齊曰眉，燕代之北郊曰梨，秦晉之郊、陳兖之會曰耇。」《詩》：「遐不黄耇。」白文音近平聲。

人半老曰中。中，朱弓切。《晉書》：「王羲之曰：中年哀樂情甚，正賴絲竹陶寫。」又：「中年與親故别，輒作數日惡。」白文稱老年人與中年人爲耇人、中人，音稍譌。

動物類

狗曰尨。尨，模旁切。《説文》：「犬之多毛者。」《釋畜》、毛《傳》皆曰：「尨，狗也。」引伸爲雜亂之稱。《詩》：「毋使尨也吠。」白文音近匡。

猪曰豸。豸，音弟，羊至切，「修豪獸也」。又：「河内呼豕爲豸。」白文音不譌。

鳥雀曰隹。隹，職追切，短尾禽之總名。白文音不譌。

鼃曰鼃黽。《説文》：「黽，蝦蟆也。」鋭首大腹，籀文加足。白文謂鼃爲鼃黽，猶謂兔爲兔[illegible]也。《國策》：「鼃黽之與同游。」白文音不譌。

羊鳴曰芈。芈，亡婢切，羊鳴也，與牟同意。案，南詔有城曰羊苴芈，意滇在戰國時屬楚，楚之祖鬻熊爲芈姓，故謂之米熊。名城之意或以此歟？

蛇曰它。它，託何切，音佗，古蛇字。《説文》：「虫也。」詘尾謂之虫，垂尾謂之它。上古草居慮蛇，故相問無它乎。又曰：「天地之性，廣肩無雄，龜鼈之類，以它爲雄。」白文音近科。

蜂曰范。范，附覽切。《廣雅》〔一〕：「范，蜂也。」古歌：「范則冠而蟬有緌。」白文音不譌。

鴉曰黑烏。黑，呵刻切。烏，屋呼切。《詩》：「莫赤匪狐，莫黑匪烏。」《小爾雅》：「純黑返哺，謂之慈烏；小而腹下白，不返哺者，謂之雅烏。」白文稱黑烏，即純黑也，音不譌。

猴曰胡孫。胡，滑吾切。孫，蘇温切。《世説》：「胡孫處袋。」杜老有《從人求胡孫》詩。諺云：「樹倒胡孫散。」白文音近胡雙。

〔一〕廣：原誤作「爾」。

猫曰猧貍。　猧，音窩。　貍，力怡切。《莊子》：「捕鼠不如貍鼪。」李玉溪詩：「鴛鴦瓦上貍奴睡。」白文音近阿黎。

喜鵲曰白項烏。　項，諧講切。丁仙芝詩：「紫幘紅襟燕，春城白項烏。」白文音近白夏烏。案，白項烏，當即喜鵲。其性好晴，晴則群噪簷間樹上，故古曰乾鵲。《淮南子》：「乾鵲，知來而不知往。」《説文》：「鷽，山鵲，知來事鳥。」〔一〕不知即此白項烏也。

燕曰鷾鴯。　鷾鴯，《説文》：「燕燕，玄鳥也。」〔二〕「齊魯謂之乙，取其名自謼，象形也。或從鳥作鳦。」《莊子》：「莫知於鷾鴯，目之所不宜處，不給視，雖落其實，棄之而走。其畏人也，而襲諸人間。」此燕安之道也，故其字又爲燕安之燕。　白文音不譌。

母雞曰牝雞。　牝，毗忍切。　雞，吉醫切。《説文》：「畜母也。」《易》曰：『畜牝牛，吉。』」注：「牝爲凡畜母之稱。」《尚書》：「牝雞司晨。」白文音近辟雞。白文又稱公雞曰鳴雞。《漢書》：「昌邑王求長鳴雞。」又《西京雜記》：「漢成帝時，交阯、越巂獻長鳴雞。」音稍譌。

鳥息曰棲。　棲，息醫切。《詩》：「雞棲于塒。」白文音不譌。　案，白文雞棲西三音皆與韻合，與粵東西音同。此外賄讀若毀、市讀若紙、婦讀若缶之類，亦多合正韻。

牛羊相觸曰觲。　觲，息營切，「用角低昂便也。從牛羊角」。楷作觲。　白文音近登。

〔一〕鳥：原誤作「烏」，據《説文解字》改。

〔二〕玄：原作「乙」。

鳥羽新生曰㐱。　㐱，音之忍切。鳥新生羽而飛也，从短羽之几，從彡。白子文分爲一箇㐱 二箇㐱 三箇㐱，言其生羽之次第也。音不譌。

麃曰麌。　《説文》：「牝麕也。」《爾雅》作麔。白文音近無。

兔曰兔㲋。　《説文》㲋，丑略切，「似兔，青色而大」。白文謂兔曰兔㲋，統稱之詞也，音不譌。

嘼始生曰鼻。　鼻，弼肄切。揚子《方言》：「鼻，始也。嘼之初生謂之鼻。」白文凡嘼類之小者，謂之阿鼻子，讀若敝。

野鷄曰鷮鷄。　鷮，音驕。《埤雅》：「雉之健者爲鷮。」《詩》「有集維鷮」，又「二矛重鷮」，傳：「四足之美有麃，兩足之美有鷮。」《説文》：「雉十四種，一爲鷮雉。」《爾雅注》：「即鷮鷄也，長尾，走且鳴。」白文音近鳩鷄。

蟻曰蚍蜉。　蚍，貧宜切。蜉，扶尤切。《爾雅》：「蚍蜉，大螘。」昌黎文：「外無蚍蜉蟻子之援。」又《調張籍》詩：「蚍蜉撼大樹，可笑不自量。」白文音近比薄。

雀曰㲉。　㲉，口豆切。《説文》：「鳥子生哺者。」揚子《方言》：「北燕朝鮮洌水之間，爵子及鷄雛皆謂之㲉。」〔一〕白文音近奏。

〔一〕子：原脱，據《方言》補。

虎曰羅。　羅，勒莪切。《天中記》謂「雲南蠻人呼虎爲羅羅」，考《山海經》謂「羅爲獸名，壯如虎，色青」云。白文單名羅，而音近樓，義蓋本《山海經》《天中記》，未深考耳。

蝦蟆曰科斗。　《爾雅》：「科斗，活東。」郭注：「蝦蟆子。」郝疏：「科斗，一名活東，頭圓大而尾細，古文似之，故孔安國云皆科斗文字是也。」《莊子》：「丁子有尾。」注：「楚人呼蝦蟆爲丁子。」白文音稍譌。

醃魚曰鮝魚。　鮝，今作鮓，藏魚也。白文音不譌。

牛角曰𠂔。　𠂔，工瓦切。《説文》：「羊角也。」省羊之下半，但存角也。白文牛角曰牛角𠂔，似不獨呼羊角也。白文𠂔讀若寡，與工瓦切音近。

鱗甲曰介。　介，皆械切。《説文》：「蟲之生於海者。」《周禮》：「其動物宜介物。」白文水陸動物之鱗甲及人手足指甲皆曰介，音不譌。

牛羊之屬曰特。　特，徒得切。《説文》：「特，牛也。」注：「特牛，牛父也。」特本訓牡。《説文》：「牡，畜父也。」白文稱畜幾頭曰幾特，音近得。考今大理屬之喜州一帶，稱父母兄弟等曰特，操白音者多非之，謂爲儗不於倫。據經傳，特字皆有特立獨行之義。《詩》「實惟我特」「求爾新特」「百夫之特」，毛云：「特，匹也。」特本畜父，引伸爲人之稱，於六書之例不倍，而人多以牛羊父母譏之，此不治小學之過也。又，白文凡物大小亦謂之特，如香爐特、研瓦特之類，不可枚舉。考《涇縣志·風俗》云：「風箏曰鷂得，虎曰陷猛得，瘧疾曰半週得，婦人曰老相得，奴曰做活得，詰問何物曰什麽得。」得者，皆統人物之稱，與白文適合，惟鄙意得皆特音之轉，録之以質方聞之士。

馬慢走曰款段。款，苦椀切。段，渡玩切。《後漢書・馬援傳》：「乘下澤車，御款段馬，爲郡掾吏，守墳墓。」白文音不譌。

馬行快曰駇。《説文》：「馬疾行也。」白文音近灑。

馬脱銜曰駘。駘，徒哀切，亦徒亥切。《説文》：「馬銜脱也。」崔實《政論》曰：「馬駘其銜。」銜脱則行遲鈍。《廣雅》曰「駑，駘」是也。白文从徒亥切，音不譌。

鳥高飛曰戾。戾，里詣切。《四書》：「鳶飛戾天。」《莊子》：「夢爲鳥而戾乎天。」白文不譌。

植物類

大麥曰牟朿。牟，莫浮切。《詩》「詒我來牟」，又「於皇來牟」，注：「大麥也。」亦作麰。《廣雅》及趙岐《孟子注》同。朿，書旭切〔一〕。《説文》：「朿，木芒也。」揚子《方言》：「凡草木刺人，北燕、朝鮮之間謂之茦。」牟有刺芒，白文牟朿或本於此。又案，《植物名實圖考》：「朿，木芒也。象形，朿从一冂，來从二人，來之人，即朿之冂也。以朿而从二冂成來，故云一朿二夆。

〔一〕「書旭切」與「朿」字音似不合。

《説文》：『夆，牾也。讀若縫。』以其刺人爲牾故云夆。冂，一夆也。从，二夆也。一夆在木爲束，麥之芒刺衆多，從二夆，以象之，故曰一束二夆，象芒刺之形也。」白文音稍譌。

松明曰樠。　樠，音武元反，讀若門。《漢書·烏孫傳》：「山多松樠。」顔師古注：「樠，木名，其心似松。」徐松曰樠有二訓，一曰松心，一曰木名。言松心者，《莊子》所謂「液樠」。言木名者，《左傳》「卒於樠木之下」，馬融《廣成頌》「履修樠」也。予謂樠即吾鄉方言之松明。其松歲久則心赤出膏液，謂之松香，然以爲炬，明如晝，人家常用之。考鄉音，樠讀若門，不讀若明，其爲樠字無疑。後人不解其義，改爲松明，音與義俱失也。松、樠本一物，注家分爲二，殊非。予作《樠》字詩云：「昏黑初無燭，逢迎自有樠。古風存白子，此物盛烏孫。絶勝燈花暈，還如爉淚痕。賦詩兼解詁，亦足廣《方言》。」

穀秆曰稭。　稭，基埃切。亦作藒。《説文》：「禾藁去其皮。」《史記·封禪書》：「席用葅稭。」白文稱穀稭，音不譌。又，白文豆秆亦曰豆稭。《孫子兵法》：「萁秆一石，當吾二十石。」曹操注：「萁音忌，豆稭也。」萁即其字。潘岳《馬汧督誄》：「其秆空虚。」蘇詩：「上天飛下豆稭灰。」音亦不譌。又案，《植物名實圖考》：「稭，禾稾去其皮，祭天以爲席也。」《禮器》曰：『筦簟之安而藁鞂之設。』鄭注：『穗去實曰鞂。』引《禹貢》『三百里納鞂服』〔一〕。《禹貢》釋文：

〔一〕 里：原脱，據《禹貢》補。

『秸，本作稭。』然則稭秸鞂三者形同。又或作藒，亦同，謂禾莖既刈，上去其穗，下去其皮，存是淨莖，是曰稭。」所考尤明晰。

穀敗曰秕。　秕，筆旨切。《説文》：「穀不熟曰秕。」《尚書》：「若粟之有秕。」《左傳》：「若其不具，用秕稗也。」秕，俗作癟，白文不譌。又案，《植物名實圖考》：「《吕覽》云：『凡禾之患，不俱生而俱死，是以先生者美米，後生者多秕。是故其耨也，長其兄而去其弟。』今俗評穀之不充者曰癟，補結切，即秕之俗字，引伸之凡敗者曰秕。《漢書》：『秕我王度。』」

穀熟曰滿。　滿，姥椀切。《史記・滑稽傳》：「區婁滿篝，汙邪滿車，五穀蕃熟，穰穰滿家。」白文當本此，而音近美。

秧曰漬子。　漬，《韻會》疾智切，音齒。《説文》〔一〕：「漚也。」又浸漬也。白文稱秧爲漬子者，謂以穀種浸漬成秧，而分其蔆於他田也。故劍川以栽秧爲分蔆，義蓋如此。又如泡豆芽之類曰漬芽，泡物於水亦皆曰漬，故知漬子即秧子，而音稍譌。

椒曰茱。　《文字蒙求》云：「茱，椒之本字。」白文音不譌。

種子曰種，栽穜曰穜。　種，之隴切。穜〔二〕，之用切。種，子粒也。穜，栽插也。《史記》：「深耕概種，立苗欲疏。非其種者，鋤而去之。」上種字宜作穜，下種字宜作之隴切讀。

〔一〕音齒説文：原誤作「文音説齒」。
〔二〕穜：原誤作「種」。

《漢書》不別，概作種。白文種穜二字音別而字義未析，故分疏於此。

菌曰㮕。　㮕，而兖切。《説文注》〔一〕：「地生者爲菌，木生者爲㮕，㮕與萸同。許云：『蕈，桑萸也。』」蕈，慈衽切。㮕，《説文》曰「木耳」。白文概稱菌爲㮕，音近軟。

毒草曰萴。　萴，阻力切。《説文》：「烏喙也。」《廣雅》：「奚毒，附子也。一歲爲萴子，二歲爲烏喙，三歲爲附子，四歲爲烏頭，五歲爲天雄。」白文音稍譌。又案，《癸辛雜識》云：「三建陽湯，初不曉其義，比見一老醫云：『川烏建上，頭目之虚風者主之；附子建中，脾胃寒者主之；天雄建下，腰腎虚者主之。』謝靈運《山居賦》：『三建異形而同出。』古藥命名皆有本也。」

根曰蔕。　蔕，都計切，同蒂。《説文》：「瓜當也。」《聲類》曰〔二〕：「蔕，果鼻也。」瓜當、果鼻正同類。《老子》「深根固柢」，亦作蔕。昌黎詩：「浮雲柳絮無根蔕。」白文音近帶。

大竹曰籠竹。　籠，盧紅切。竹，猪郁切。杜詩：「籠竹和煙滴露梢。」山谷《别集》：「蜀人名大竹曰籠竹。」朱注：「節間空八九寸者曰籠竹，一尺者曰苦竹，弱梢垂地者曰釣絲竹。」《南園漫録》：「杜詩『籠竹和煙滴露梢』，籠，吐蕃地名也。《舊唐書·吐蕃傳》有『籠官』『大籠官』，又《韋皋傳》『擒籠官四十五人』，因以名竹耳。」説甚新，並録之。

豆曰荅。　荅，都合切。《説文》：「小尗也。」《廣雅》：「小豆，荅也。」叚借爲酬荅。白文

〔一〕注：原脱。

〔二〕「聲」上原衍「字」字。

音稍譌。又案，《植物名實圖考》：「蠶豆，蠶時熟，故名。滇南種於稻田，冬暖即熟。貧者食以代穀。李時珍謂蜀中收以備荒，豆大而肥，易以果腹。冬隙廢田，尤省工作。米穀視其豐歉以定價。」又云：「《益州方物記》有佛豆，粒甚大而堅。《雲南通志》謂即蠶豆，以種自雲南來者絶大而佳。滇爲佛國，名曰佛豆，其以此歟？」二説皆未言豆爲小赤，與《廣雅》亦異，存之以竢知者。又考，《爾雅》：「戎叔謂之荏菽。」郭注：「即胡豆也。」郝疏引孫炎云：「大豆也。」《詩·大雅·生民》：「蓺之荏菽，荏菽旆旆。」鄭箋亦以爲大豆，樊光、舍人、李巡、郭氏皆云：「今以爲胡豆。」郭又云：「《春秋》『齊侯來獻戎捷』，《穀梁傳》曰『戎菽』也，《管子》亦云『北伐山戎，出冬葱及戎菽，布之天下』。今之胡豆是也。」郭氏等以戎胡俱是夷名，故以戎菽爲胡豆也。據此，則李時珍謂大豆爲佛豆之説殊未確，蓋佛與胡爲一音之轉。白文大豆音近扶豆，扶與胡同一轉音也。

柴曰薪。薪，西茵切。《詩》：「析薪如之何。」《孟子》：「有採薪之憂。」白文音不譌。

草曰芻。芻，楚烏切。《詩》：「生芻一束。」《周禮》：「芻秣之式。」白文音不譌。

乾草曰莽。揚子《方言》曰：「草，南楚謂之莽。」白文音近平聲。

禾熟穗垂曰𥟖。𥟖，丁果切。《説文》：「禾垂皃。」讀端。禾采必垂，采重則秆垂。采，徐醉切。《説文》：「禾成秀，人所收也。」白文𥟖音近專，采音近帥。

細竹曰篠子。篠，洗曉切，古文筱。《禹貢》「篠簜既敷」，又「瑶琨篠簜」。《説文》：「筱，小竹。」「簜，大竹。」杜詩：「風含翠篠娟娟淨。」白文音近平聲。

草牽附曰蔓。　蔓，務飯反，又暮玩反。《左傳》：「毋使滋蔓。」杜詩：「引蔓固不長。」白文音从暮玩反。

草滿道曰茀。　茀，分勿切。《説文》：「道多草，不可行。」《周語》：「道茀不可行也。」白文不甚譌。

刺曰棘。　棘，基億切。《詩》：「墓門有棘。」《左傳》：「翦除其荆棘。」白文音近上聲。

一樹曰一株。　株，竹紆切。《易》：「臀困于株木。」《蜀志》：「成都有桑八百株。」白文音近上聲。

梅曰枏。　枏，汝閻切。《説文》：「梅也。」《爾雅》「梅，枏」郭注：「似杏，實酢。」孫炎曰：「荆州曰梅，揚州曰枏。」《詩·秦風》「有條有梅」是也。《夏小正》曰：「梅杏杝桃則華。」注：「梅，一名枏，杏類也。」白文稱梅爲枏，當本此，音讀若堅，與汝閻切合。又考段玉裁「梅」字下曰：「《毛詩·召南》『摽有梅』、《曹風》『其子在梅』之『梅』，與《爾雅·釋木》之『梅』及《秦風》《陳風》之『梅』判然二物。《召南》之『梅』，今之酸果也。《秦》《陳》之『梅』，今之楠樹也。」據此，則枏梅係二物。並録之。

李子曰覈子。　《説文》：「覈，實也。」與核同。《周禮》：「其植物宜覈物。」注：「核物，梅李之屬。」白文稱李爲覈，當本此，音稍譌。

掃帚曰篲。　篲，叙鋭切，音槥。《爾雅》：「荓，王篲。」郭注：「王帚也。似藜，其樹可爲掃篲。」《説文》「篲」注：「凡帚，柔者用葪，施於净處；剛者用竹，施於蕆處。」《史記》：「太公擁篲迎門。」《漢書》作彗。白文音近墜。

蔆角曰薢茩。　薢，胡買切。茩，胡口切。《説文》：「蔆，芰也。楚謂之芰，秦謂之薢茩。」《爾雅》：「蔆，蕨攈。」郭注：「蔆，今水中芰。」又：「薢茩，英茪。」〔一〕郭注：「英明也，葉黄鋭〔二〕，赤華，實如山茱萸，或曰蔆也。」《楚辭》：「製芰荷以爲衣。」王逸注：「芰，菱也。」是蔆名薢茩，相承自古，蓋同實而異名耳。白文音稍譌。

蒿曰水蔞蒿。　《爾雅》〔三〕：「蔞，蒿也。」生水邊，可食。白文音不譌。

菠稜菜曰菠羅菜。　《劉禹錫嘉話録》：「菠稜本出西國中，有自彼將其子來，如苜蓿、葡桃，因張騫而至也。本是頗稜國，將來語譌耳。」考《唐會要》，太宗時，尼波羅國獻菠稜菜，即《嘉話録》所云「頗陵國」。白文稱菠羅菜，蓋本《唐會要》也。又考《植物名實圖考》：「菠稜色味皆佳，以早春初冬時嫩美。蘇軾詩：『北方苦寒今未已，雪底菠稜如鐵甲。豈知吾蜀富冬蔬，霜葉露芽寒更茁。』大抵江以南皆富冬蔬，而北地之窖生者，色尤碧，味尤脆也。」滇西菠羅

〔一〕英茪：原誤作「英光」，據《爾雅注》改。
〔二〕英：原誤作「英」。葉黄鋭：原作「葉鋭黄」。據《爾雅注》改。
〔三〕爾雅：原誤作「説文」。

菜亦以早春初冬時爲佳，與《名實圖考》合。

菊花曰精菊。　《爾雅》：「蘜，治蘠。」郭注：「今之秋華菊。」《説文繫傳》：「《本草》菊有十名，不言治蘠。」又云：「《本草》蘜，即九月黄華者也，一名日精。」郝氏《爾雅義疏》：「《説文》：『蘜，治蘠也。』『蘜[一]，日精也，以秋華。』郭云『秋華菊』，乃日精，非治墻。」滇中通稱菊花，惟白文稱精菊，當即本《繫傳》及郭、郝兩説。確否，竢再考。

飲食類

早飯曰餐。　餐，雌安切。《漢書·韓信傳》：「令裨將傳餐，曰：『破趙後會食。』」昌黎詩：「有時未朝餐，得米日已晏。」皆謂餐爲早食之證。《詩》：「還予授子之粲兮。」《釋言》：「粲，餐也。」漢刑法有「鬼薪白粲」，白粲謂舂也。　粲米最白，故爲鮮好之稱。《穀梁》「粲然皆笑」，謂見齒也。白文音不譌。

新鮮肉曰鮮膳。　《詩》：「絜爾鮮膳。」[二]白文音不譌。

喝曰飲。　飲，倚錦切。《孟子》：「渴者易爲飲。」《國策》：「仰承甘露而飲之。」《漢書》：「食甘露，飲榮泉。」又白文稱喫乳曰飲哺，音若步。《前漢書》：「漢王輟食吐哺。」師古曰：「哺，口中所含食也。」白文音皆稍譌。

[一] 蘜：原作「鞠」，據《説文解字》改。

[二] 《詩經》未見此句。

吃曰噉。　噉，惰懶切。《隋書》：「此二人惟堪噉飯，何耶？」昌黎詩：「兩舉快一噉。」白文噉有疾遽貪食之意，音不譌。

小吸曰嘰。　嘰，居衣切。《説文》：「小食也。」《大人賦》：「嘰瓊華。」與既字同。皀部：「既，小食也。」白文如骨髓、菁華之類始稱嘰，音不譌。

生喫曰嘬。　嘬，楚快切。《禮記》：「無嘬炙。」《孟子》：「蠅蚋姑嘬之。」先師段先生説。音不譌。

腊肉曰乾脯。　《前漢書・東方朔傳》：「朔曰：生肉爲膾，乾肉爲脯；著樹爲寄生，盆下爲寠數。」白文音不譌。

含酒曰呷。　呷，呼甲切。《説文》：「吸而飲也。」蘇詩：「把酒對花容一呷。」白文爲入口未吞之辭，音不譌。

酒曰酎。　酎，除柳切，又除穷切，音冑。《説文》：「三重醇酒也。」《明堂月令》：「孟秋天子飲酎。」鄭注：「酎之言醇也，謂重釀之酒也。」〔一〕白文从除柳切，音微近種。

食物熟曰飪。　飪，日飲切。《論語》：「失飪，不食。」《廣韻》：「飪，熟食。」烹飪也。俗作餁，非。白文近很、亨二音。

〔一〕酒：原脱，據鄭注補。

午飯曰饐餖。饐，烏困切。餖，五困切。《説文》：「秦人謂相謁而食麥曰饐餖。」白文專指爲午飯，讀若隱等，與烏困、五困切音尚合。

湯味曰液。液，羊益切。《字林》：「液，汁也。」《史記・扁鵲倉公列傳》：「上古之時，醫有俞跗，治病不以湯液醴灑。」左思《蜀都賦》：「雖星畢之滂沱〔一〕，曾未齊其膏液。」白文音近上聲。

早點曰小餐。《史記》：「令裨將傳餐。」注：「蓋小餐也。」如淳曰：「小飯曰餐。」小餐對正餐而言，故知前説早飯爲餐之不謬。餐，古飡字，音亦不譌。

每食上供曰歆。歆，虚金切。《説文》：「神食氣也。」《詩・大雅》：「上帝居歆。」又：「履帝武敏歆。」引伸爲憙悦之意。《詩・皇矣》：「無然歆羨。」《左傳》：「神不歆非類。」劍川舊俗，朝夕供飯，口頭微祝曰歆，音不譌。

食物熟重蒸曰饙。饙，音分。《爾雅》：「饙、餾，稔也。」邢疏：「稔，熟也。」孫炎曰：「蒸之曰饙。」《詩・大雅》：「可以餴饎。」饙、餴音義同。白文饙讀若分，而義與孫氏説稍別。

吐物曰呞。呞，丑之切。《説文》：「吐而噍。」《爾雅》：「牛曰齝，羊曰齛。」牛食已久復出嚼之曰齝，與呞同。《楞嚴經》：「橋梵鉢提有牛呞病。」音癡。昌黎《齒落》詩：「合口軟嚼如

〔一〕畢：原誤作「華」，據《蜀都賦》改。

牛呞。」白文讀若癡，音不譌。

以鼻聞曰齅。　齅，同嗅。《説文》：「以鼻取氣也。」《漢書·楊王孫傳》：「不齅驕君之餌。」昌黎文：「鼻齅臭香。」白文音稍譌。

煮米不熟曰冟食。　冟，施隻切，讀若適。食，乘力切。《説文》「剛柔不調相箸」謂之冟。注：「冟者，謂不純堅，不純柔。柔者與堅兩相附箸〔一〕。飯之不美者也。」白文冟讀若適，食音近上聲。

醃菜曰菹菜。　菹，側魚切。菜，倉代切。《説文》：「菹，酢菜也。」又醃也。《周禮》：「七菹：韭、菁、茆、葵、芹、䈘、筍也。」白文音不譌。

穀食之粉曰䊮。　䊮，楚芮切。《廣雅》「舂也」，又「謝也」。《説文》䊮，「讀若舂麥爲䊮之䊮」。白文音譌近取。

物汁熬稠曰滒。　滒，古俄切。《説文》：「多汁也。」《淮南·原道訓》曰：「甚淖而滒。」高云：「饘粥多瀋曰滒。」注：「今江蘇俗謂之稠也。」白文稀飯煮稠曰滒，音近孤。

畜類之膏曰脂。　脂，職伊切。《内則》注：「肥凝者爲脂。」《詩》：「載脂載舝。」《楚詞》：「如脂如韋。」白文音不譌。

〔一〕柔者：原脱。「箸」下原衍「之」。均據《説文解字注》改。

渣滓曰粕。粕，普郝切。《莊子》：「子所言者，其人與骨皆已朽矣，獨糟粕耳。」《晉書》：「名位爲糟粕。」白文單稱粕，音不譌。

酒醉曰酑。酑，況務切，讀如句。《漢書》：「陳湯數醉陳湯數醉羌人，羌人反叛，卒如充國言。」注：「酑，即酗字也。醉怒曰酑。」白文不曰醉而曰酑，本《漢書》也，音不譌。

設食留客曰䬳。䬳，作代切。《說文》：「設飪也。」讀若載。《釋言》：「䬳，設也。」又《釋詁》：「飢，詞也。」錢氏大昕定飢爲䬳之誤，古用爲發語之載也。白文䬳爲留客便飯之辭，音若載。

衣服類

布一匹曰端。端，都翫反。古詩：「客從遠方來，遺我一端綺。」白文音不譌。

粗布曰綌。綌，欺隙切。《說文》：「粗葛也。」《詩》：「爲絺爲綌。」注：「精曰絺，麤曰綌。」又陶詩：「御冬足大布，麤絺以應陽。」則絺亦有精粗之別。白文音稍譌。

衾曰被。被，皮義切。《說文》曰：「寢衣，長一身有半。」孔安國曰：「今被也。」古詩：「裁爲合歡被。」《漢書·王章傳》：「章疾病，無被，臥牛衣中。」白文稱被子，亦曰氈被。王褒《頌》：「荷氈被毳。」又白文披衣亦曰被。《楚詞》：「蘭皋被徑兮斯路漸。」〔一〕皮日休詩：「赤

〔一〕斯路漸：原誤作「路漸漸」，據《楚辭》改。

戴何妨被。」音皆不譌。

穿戴曰衣著。　衣，乙希切。　著，竹豫切。《桃花源記》：「男女衣著，悉如外人。」《南史》：「吾所衣著，只是麻布。」白文音近移奏。

草鞋曰屐。　屐，忌逆切。《説文》：「屩也。」《釋名》：「屐，搘也。爲兩足搘以踐泥也。」《臣瓚曰》：「以繩爲屩。」徐廣曰：「屩，草履也。」《世説》阮遥集云：「未知一生當著幾兩屐。」白文音近去聲。

蓑衣曰襏襫。　襏，補豁切，音撥。　襫，詩益切，音釋。　雨衣也，一云粗堅之衣，勞力者所服。《國語》：「首戴茅蒲，身衣襏襫。」《詩韻釋要》注蓑衣，又「短衣」。　白文音近必失。

大袷曰衣衽〔一〕。　衽，如甚切。《説文》：「衣襟也。」《喪服記》：「衽二尺有五寸。」《玉藻》：「衽當旁。」鄭注：「衽，所以掩裳際也。」《四書》：「微管仲，吾其披髮左衽矣。」《漢書》：「斂衽而朝。」白文音不甚譌。

半節裙曰蔽前。　《説文》：「韠曰蔽也。」鄭注：「《禮》曰：古者佃漁而食，衣其皮，先知蔽前，後知蔽後。後王易以布帛，而獨存蔽前者，不忘本也。」劍川各屬婦女至今尚有此製。　音不譌。

〔一〕袷：原誤作「袷」。

一幅曰帉。　帉，撫文切。揚子《方言》：「大巾謂之帉。」《内則》：「左佩紛帨。」鄭云：「拭物之佩巾。」帉與紛同。白文音不譌。

袴曰褌。　褌，古渾切。或作褌。《釋名》：「褌，貫也。貫兩脚，上繫腰間也。」謂之犢鼻褌。李義山《雜纂》：「清泉濯足，花上晒裩。」裩即褌也。白文音稍譌。

衣前縫曰衣袥衸。　袥，他各切。衸，胡介切。《説文》：「袥，衣衸也。」袥之，言開拓也。亦謂之衸，言其中分也。白文音不譌。

物不洗曰垢。　垢，古厚切，音苟。《莊子》：「仿偟乎塵垢之外。」《華嚴經》：「國名無垢，琉璃爲地。」蘇洵文：「面垢不忘洗，衣垢不忘澣。」白文音不譌。

敝衣曰緶衣。　緶，古隘切。《莊子》：「挫鍼治緶。」注：「故衣也。」白文音近泰。又稱衣破濫曰緶壞。音不甚譌。

穿衣曰衣衣。　上衣字倚既切。《史記·韓信傳》：「漢王解衣衣我，推食食我。」下衣字作去聲讀。白文衣衣，上衣字讀若異，蓋本《韓信傳》也。

衣敗曰襤褸。　襤，羅談切。褸，閭羽切，又羅侯切。《説文》「襤」字注：「揚子《方言》『裯謂之襤』郭注：『祗裯，敝衣也。亦謂襤褸。』」又，衣被醜弊或謂之褸裂，或謂之襤褸。《左傳》：「篳路藍縷，以啓山林。」白文音近拉縷。

方言考四

白文二

名物類

書卷曰書册。　書，束於切；册，差厄切。《説文》：「書者，如也。」注：「謂如其事物之狀也。」「古者用竹木，大事書之於簡，小事簡牘。」《後山叢談》：「古書皆卷。而唐始有葉子，今稱書册。」又白文稱契約曰書契。《易・繫辭》：「上古結繩而治，後世聖人易之以書契。」白文音皆不謁。考蔣善國所著《中國文字源始及其構造》一書謂：「較結繩稍進之紀事方法則爲質契或信簽。《九家易》曰：『夬者，決也。取百官以書治職〔一〕，萬民以契明其事。』蓋書自書，契自契，而易結繩以書契，與造字了無干涉。惟學者多以書契與文字相混，重其書而忽其契，以爲伏羲造字，而不知契在書先也。」又羅振玉《殷商貞卜文字考》：「考簡字，卜辭皆作[illegible]，古今文略同，無從竹者。」並録之。

筆曰弗。　弗，分勿切。《説文注》〔二〕：「毛者，聿也。亦謂之不律，亦謂之弗，亦謂之筆〔三〕，所以畫者也。」《爾雅・釋器》：「不律謂之筆。」注：「蜀人呼筆爲不律也。」蓋楚謂之聿，

〔一〕書：原脱，據《周易集解》引《九家易》補。
〔二〕注：原脱。
〔三〕筆：原作「聿」，據《説文解字》改。

吳蜀謂之不律，燕謂之弗，皆一語，而聲與字各異。白文稱弗，本燕語也，而音近賦。

硯曰聚墨。　聚，絶羽切。墨，暮劾切。陸游詩：「古研微窪聚墨多。」白文蓋本此，他處不多見，竢再考。

撫字曰臨書。　臨，離淫切。《晉書》：「王逸少臨池學書，池水盡墨。」昌黎詩：「紙是臨池後，分從起草餘。」白文音不譌。

楷字曰真書。　《法書苑》：「晉世以來，工書者多以行書著名，兼真者謂之真行，帶草者謂之行草。」蘇詩：「真書小低猶抗行。」又：「細書千紙雜真行。」白文音譌近正書。

稱曰權。　權，渠員切。《孟子》：「權，然後知輕重。」又：「謹權量。」白文音不譌。

皮曰革。　革，歌厄切。《説文》：「獸皮治去其毛曰革。革，更之。」〔一〕引伸爲更新之用。《周禮》：「以法式頒皮革於百工。」《左傳》：「如杞梓皮革，自楚往也。」《史記·大宛列傳》：「畫革旁行，以爲書記。」〔二〕白文音不譌。

口袋曰囊。　囊，儺昂切。《史記·韓信傳》：「信夜使人以萬餘囊盛沙壅水上流。」《平原君傳》：「錐處囊中，其末立見。」白文音不譌。

竹筐曰簣。　簣，巨位切，又庫怪切。《尚書·旅獒》：「功虧一簣。」疏云：「織竹爲器，所

〔一〕之：原作「也」，據《説文解字》改。
〔二〕以：原脱，據《史記》補。

以盛土。」白文近庫怪切。

篋籠曰筐。　筐，府尾切。《説文》：「器似竹匧。」《漢書》作棐。　應劭曰：「棐，竹器也。與匪同。」《逸周書》：「實玄黄於匪。」白文音不譌。

罐曰鋗。　鋗，火玄反。《漢書·李廣傳》：「不擊刁斗自衛。」蘇林曰：「形如鋗，無緣。」白文音不譌。

背負曰籯。　《漢書·韋賢傳》：「遺子黄金滿籯，不如一經。」蔡謨曰：「滿籯者，言其多也。」如淳謂之「竹器」，非也。案，蔡説是，滿籯猶言滿一背也。白文音不譌。

鋸曰鈇。　《漢書·尹翁歸傳》：「極者至，以鈇自剄而死。」顔師古曰：「鈇，斫莝刀也。」〔一〕白文音不譌。其他謂斧曰錛，謂鉋曰鋇，音皆不譌。

箕曰簸米箕。　簸，補火切。米，蜜禮切。箕，吉衣切。《詩》：「維南有箕，不可以簸揚。」白文音近波母箕。

飯甑底曰簋箅基。　簋，居洧切。《説文》：「黍稷方器也。」考《周禮·舍人》注曰：「方曰簠，圓曰簋。」鄭注云：「簋圜簠方。」又《考工記》：「陶人爲甑。」甑，瓦器也。今世甑多以竹木爲之，無用瓦者，而猶呼之爲甑，名與實不相符也。　白文稱甑曰簋，簋爲圜體，與《舍人》注「圓

〔一〕刀：《説文解字》同，《漢書》顔師古注作「刃」。

曰簋」合，音讀若委，亦與居洧切近。其製以竹木爲之，與簋字形義亦符，故愚意甑即古簠簋之簋也。箅，必至切。《説文》：「蔽也，所以蔽甑底。」注：「蒸飯之器，底有七穿，必以竹席蔽之，米乃不漏。《雷公炮炙論》云〔一〕：『常用之甑中箅，能淡鹽味。』《哀江南賦》云：『敝箅不能救鹽池之鹹。』」基，《説文》：「牆始築也。」《爾雅》：「初、哉、首、基。」合而名之曰簋箅基，音皆不譌。又，吾友順德蔡守發掘東山猫兒岡漢冢報告書，其論陶簠云：「《説文》：『簠，黍稷圜器也。』『簋，黍稷方器也。』《周禮·舍人》：『凡祭祀共簠簋。』鄭注：『方曰簠，圜曰簋。』兩説互異。金錫齡《釋簠簋》論之甚詳，且所見簠之鑄銘，本名曰簠者，皆方無圜，可證鄭注是而許説非。吾粤發見明器未嘗見有簠，此特有之，亦可證其爲王者之冢也。」蔡氏説與予合，並録之。

五穀去芒末曰皾。　皾，初桊切。《説文》：「小舂也。」注：「小舂，謂稍舂之。」白文音近揣。

火曰燬。　燬，許偉切。《説文》：「火也。」《釋文》曰：「燬音毁，齊人謂火曰燬。」白文音近平聲。

筯曰箸。　箸，逐御切。《曲禮》謂之梜。《禮記》：「飯黍毋以箸。」《商紂紀》：「彼爲象箸，必爲玉杯。」《史記·留侯傳》：「請借箸爲君籌之。」白文音近上聲。

〔一〕炮：原作「泡」。

水開曰沸。　沸，付畏切。《後漢書》：「猶以小雪投沸湯。」王子年《拾遺記》：「蓬萊有沸水，飲者千歲。」物理學謂流質受熱至發氣泡時爲沸。　白文音稍譌。

卵壞曰毈。　毈，渡玩切。《説文》：「卵不孚也。」《淮南子》：「鳥卵不毈。」《吕氏春秋》：「鷄卵毈。」白文音稍譌。

物舊曰故。　故，古誤切。《説文》：「故，使爲之也。」《墨子・經上》：「故所得而後成也。」古詩：「故衣誰當補。」又：「故人雖故昔經新。」白文音不譌。

銀錢曰財賄。　賄，火腿反，音悔。　財，昨哉切。《周禮・天官》：「大宰以九賦斂財賄。」《左傳》：「凡而器用，財賄無置於許。」又白文有餘錢曰賢財、賢賄。　賢，胡田切。《説文》：「多財也。」注：「賢本多財之稱，引伸之凡多皆曰賢。」《詩・小雅》：「我從事獨賢。」《投壺》：「某賢於某若干純。」言多也。　又白文稱財曰貝。《説文》：「貝，海介蟲也。古者貨貝而寶龜。」貝，博介切。　音皆不譌。

蠭刺人曰螫。　螫，詩益切。《説文》：「蟲行毒也。」《詩》：「莫予荓蜂，自求辛螫。」《史記・魏其傳》〔一〕：「有如兩宮螫將軍。」一作奭。　白文音稍譌。

門杙曰門樞。　樞，出紆反。《説文》：「户樞也。」注：「所以轉動開閉之樞機也。」《莊

〔一〕史記：原誤作「漢書」。

子》：「户樞不蠹。」白文音不譌。

門檻曰門閾。　閾，音棫。《爾雅》：「閾，門限。」《曲禮》：「不履閾。」又：「牀笫之言不踰閾。」白文音不甚譌。

馬曰鞍馬。　鞍，阿干切。馬，姥雅切。杜詩：「國初以來畫鞍馬。」又：「遥知簇鞍馬。」白文多兼稱鞍馬，音不譌。

器模曰鎔。　鎔，餘龍切，音容。《説文》：「鑄器之模型也。」《漢書》：「上之化下，下之從上，猶金之在鎔。」白文稱爲鎔子，音不譌。

欠帳曰負債。　債，滓隘切，與責同。《周禮·小宰》：「聽稱責以傅别。」稱責即今之舉債。《漢書》：「鄧通家尚負債，數鉅萬。」白文音皆近平聲。

私蓄曰私房。　私，塞支切。房，扶亡切。《北周書》：「所得俸禄，不入私房。」白文不譌。

動植物繁盛曰掛。　掛，子入切，音蟄。《説文》：「掛掛，盛也。」汝南名蠶盛曰掛。」白文音不譌。

舌食曰𦧇。　𦧇，神旨切。《説文》：「以舌取食也。」白文音不譌。

物蒙首曰囊頭。　囊，儺昂切。頭，度侯切。《後漢書·范滂傳》：「滂等皆三木囊頭，暴於階下。」白文音不譌。

獄曰牢户。　牢，勒豪切。户，胡五切。《漢書》：「死填牢户。」《焦氏易林》：「牢户之冤，脱免無患。」白文音不譌。

挑曰儋。儋，德庵切，俗作擔。《説文》：「何也。」與荷同。韋昭《齊語》注：「背曰負，肩曰儋。」《貨殖傳》：「漿千儋。」白文音不譌。

繩索曰徽。徽，呼威切。《説文》：「三股曰徽，兩股曰纆。」《易》：「係用徽纆。」《太史公書》：「其次徽縲索。」揚子雲文：「免於徽索。」又樂器絃曰徽絃。昌黎詩：「有琴具徽絃。」白文音不譌。

翦刀曰劑刀。劑，即隨切。《爾雅》：「劑、翦，齊也。」郭注：「南方人呼剪刀爲劑刀。」白文音不譌。

承魚具曰笱。笱，注與苟同。《詩》：「毋發我笱。」注：「以竹具承梁之空而取魚也。」《莊子》：「鉤餌笱網之智多，則魚亂於澤也。」白文音不譌。

大椀曰盋。盋，北末切，音撥。程大昌《演繁露》：「盂，食器，若盋而大。」白文音不譌。

大釜曰鬵。音岑，大釜也。从鬲兓聲。白文譌近稱。或曰爨，措玩反。《左傳》：「漱邑易子以食，析骸以爨。」注：「炊鼎也。」似釜亦可謂之爨，其説亦通。鬵爨音相近，姑兩存之。

小兒剪髮爲鬌曰髦。髦音萏。《詩》：「髦彼兩髦。」注：「髮垂兒。蓋以髮兩綹下垂至肩，像嬰兒夾囟之角髮下垂，父母在不失其嬰兒之素也。」〔二〕白文音近黨。

〔二〕 注文出《説文解字注》。垂兒：《説文注》作「至眉」。至肩：《説文注》作「至眉」。

鳥獸窠曰窟。　窟，枯忽切。《國語》：「狡兔有三窟。」郭景純詩：「京華豪俠窟。」白文音不譌。

犂頭曰錧。　錧，固玩切，音貫，田器也。自江而南呼犂刀爲錧，見《爾雅・釋樂》疏引。《字林》：「《孟子》：『雖有鎡基，不如待時。』」鎡基，田器耒耜之屬。《漢書》作兹基，《玉篇》作鎡錤。白文稱基錧者，蓋合《爾雅》《孟子》《玉篇》而名之也。音不甚譌。

田多少曰幾稜。　稜，勒恒切，又勒鄧切。農人指田多少曰幾稜。白文稜音近登。

賭錢曰簺簙。　簺，先代切。《説文》：「行棊相塞謂之簺。」注：「格五，見《吾丘壽王傳》。劉德曰：『格五，棊行塞法曰：簺自乘五，至五格不行，故云格五。』」簙，補各切。《説文》：「局戲也〔一〕。六箸十二棋也。」注：「古戲，今不得其實。」《莊子》：「問臧奚事，則挾筴讀書；問穀奚事，則博塞而娱。」博塞即簺簙也。白文音近在八。

馬牛羊之圈曰圄。　圄，音牛呂反。《漢書》：「囹圄空虚四十餘年。」蔡邕《章句》曰：「圄，牢也，所以止出入。」此囹圄爲守禦之通稱，後乃專以名獄耳。白文音不譌。

馬轡頭曰羈。　羈，吉漪切。《説文》：「馬落頭也。」一作絡。《左傳》：「臣負羈紲，從君行於天下。」《莊子》：「貫以羈馽。」曹植詩：「白馬黄金羈。」白文音稍譌。

〔一〕局戲：原作「戲局」，據《説文解字》改。

箧巴曰葭薄。葭，基鴉切。薄，步咢切。《詩》：「八月萑葦。」注：「即蒹葭也。言八月萑葦既成之後而收蓄之，以爲來歲治蠶之曲薄也。」《史記·周勃世家》：「勃以治曲薄爲生。」白文蓋渾括《詩注》稱爲葭薄也。音不甚譌。

炙脂與青蒿以將迎鬼神曰脂火。《漢書·禮樂志》云：「焫膋蕭延四方。」李奇曰：「膋，腸間脂也；蕭，青蒿也。」白文火讀爲燬。《爾雅·釋言》：「燬，火也。」

五穀曰五種。《漢書·食貨志》云：「種穀必雜五種，以備災害。」顔師古曰：「謂黍稷麻麥豆也。」白文音稍譌。

有稜曰觚圓、曰圜。觚，攻乎切，音孤，角也，又方也。圜，于權切。《周禮·冬官·考工記》：「輿人爲車，圜者中規，方者中矩。」《太史公書》：「漢興，破觚而爲圜。」白文音不譌。

糞塘曰圊塘。圊，七情切，音清。《急就篇》曰圊與清通。《説文》：「廁清也。」古謂之清者，言汙穢常常清除也。《史記·萬石君傳》：「取親中裙廁牏，身自浣滌。」注：「建自洗蕩廁竇。廁竇，瀉除穢惡之穴也。」孟康曰：「廁，行清；窬，行中受糞者也。」白文指糞爲圊，故挑糞謂之儋圊，音近去聲。

大倉曰大窖。窖，音工孝反。《前漢書·蘇武傳》：「單于愈益欲降之，迺幽武置大窖中。」師古曰：「舊米粟之窖而空其中者也。」白文音不甚譌。

貼金曰契金。《漢書·食貨志》云：「又造契刀、錯刀。契刀，其環如大錢，身形如刀，長二寸，文曰『契刀五百』。錯刀，以黄金錯其文，『曰一刀直五千』。」案，契刀之制，正文不言其質若何，諸家亦無注。私意契刀者，蓋以黄金塗刀，故其直低於金錯刀也。白子文謂貼金爲契金，音讀若恰，故疑契刀爲塗金刀也。

栰曰楗。楗，音其偃反。《漢書·溝洫志》：「是時東郡燒草，以故柴薪少，而下淇園之竹以爲揵。」案，揵當作楗，即栰也。《河渠書》作楗。一謂之樁。白文音不謁。

箭一條曰桰。桰，古活切。《説文》：「檃也，从木昏聲。一曰矢桰，築弦處。」杜詩：「箭桰通天有一門。」白文音不謁。

誘鳥之鳥曰䍃。䍃，音由，一曰囮，讀若謁。《説文》：「率鳥者繫生鳥以來之，名曰囮。」《廣雅·釋言》：「囮，䍃也。」潘岳《射雉賦》：「恐吾游之晏起。」又：「良游呃喔，引之規裹。」徐爰：「雉媒，江淮間謂之游。」唐吕温有《游鹿賦》，游與由皆即䍃字也。白文稱䍃子，音不謁。

馬槽曰皁。皁，昨早切，上聲。《漢書音義》：「食牛馬器，以木作如槽。」揚子《方言》：「梁宋齊楚北燕之間謂槽爲皁。」蘇詩：「宦遊歸無時，身若馬繫皁。」又：「華堂不見人，瘦馬空戀皁。」白文音稍謁。

梳曰疏比。比，音毗，頻寐反。比、篦，古今字。比，密也，引伸爲櫛髮之比。《釋名》曰：「梳，言其齒疏也。數言比，比於梳，其齒差數也，比言細相比也。」木部曰：「櫛者，梳比之總名也。」《史記》遺單于錦袷袍一、比余一，《漢書》作「比疎一」。余疎皆即梳字。徐廣曰：比余或作疏比也。白文合徐氏説，而音近疏鄙。

案，舊《雲南通志・方言類》云：「笠，麗江夷謂之馬喝刺。醋謂之該雄，東川夷謂之即醋。牛，麗江夷謂之恩特。」以上三言，與劍川方言同，譯之全無義意，當是劍川與麗江摩些爲界，故間有習其語耳，此與「鹽謂之賓」同一混合諸部語而然，非純粹之白文也。

動作類

送物與人曰投畀。投，駝侯切。畀，筆肄切。《詩》：「投畀有北。」又：「投畀有昊。」又把持之物曰秉畀。秉，彼影切。《詩》：「秉畀炎火。」《爾雅》：「畀、予、貺，賜也。」白文音皆不譌。

燒鐵入水曰焠。焠，千内反。《前漢書・王褒傳》：「及至巧冶鑄干將之樸，清水焠其鋒。」師古注：「焠，謂内水中以堅之也。」白文音不甚譌。

物交换曰貿。貿，暮候切。《説文》：「易財也。」《尚書・益稷》〔一〕：「貿遷有無化居。」《詩》：「抱布貿絲。」白文音近平聲。

獨身而走曰跳。跳，音徒彫反。《漢書》：「漢王跳。」晉灼曰：「獨出意也。」白文音不譌。

〔一〕益稷：原誤作「咎繇謨」。

手扯物曰搴。搴，欺焉切。《説文》：「拔取也。」作㩉。《楚辭》：「朝㩉阰之木蘭。」《漢武帝歌》：「搴長茇兮湛美玉。」搴又通攓。《莊子》：「攓蓬而指之。」揚子《方言》：「攓，取也。」白文音不甚譌。

覆述人言曰臚。《漢書・叔孫通傳》：「大行設九賓，臚句傳。」蘇林曰：「上傳語告下爲臚，下告上爲句也。」白文音不譌。

事閣起曰丘。《漢書・楚元王傳》：「時時與賓客過其丘嫂食。」孟康曰：「西方謂亡女壻爲丘壻。丘，空也，兄亡空有嫂也。」案，《息夫躬傳》：「寄居丘亭。」與此丘字同。白文音不譌。

抛去曰棄。棄，乙肄切。《左傳》：「貨惡，其棄於地也。」《史記・貨殖傳》：「人棄我取。」白文又稱撥棄。曹子建詩：「撥棄不擬道。」杜詩：「撥棄潭州百斛酒。」白文音皆不譌。

跌倒曰墜。墜，逐位切，古作隊。《説文》：「從高隊也。」《爾雅》：「墜，落也。」《左傳》：「弗敢失墜。」《莊子》：「夫醉者之墜車，雖疾不死，骨節與人同，而犯害與人異，其神全也。」白文又曰墜仆，亦曰墜翻，音不譌。

鬱結不解曰鬱怫懘薊。薊，音介。《漢書・賈誼傳》：「細故蔕芥，何足以疑。」顔師古曰：「蔕芥，小鯁也。」《史記》作懘薊。白文音不譌。

脚踏曰蹈。蹈，惰傲切。《尚書》：「心之憂危，若蹈虎尾。」《國策》：「惟有蹈東海而死耳。」白文音不譌。

歎息之聲曰誒。　誒，許其反。《漢書・韋賢傳》：「在予小子，勤誒厥生。」顏師古曰：「誒，歎聲。」白文音不譌。

藏儲曰置。　置，知異切。《左傳》：「凡而器用財賄毋置於許。」又：「姬置諸宮六日。」白文音近平聲。

鋭利曰蜂氣之剡。　《漢書・趙廣漢傳》：「專厲彊壯蠭氣。」顏師古曰：「蠭與鋒同。」案，《漢書》蠭字或作𧖅，蓋以蜂蠆爲比也。蛇之螫人，蜂之螫人，皆其氣有以使之，故曰蠭氣。剡，亦利也。《易》：「剡木爲矢。」〔一〕白文音不譌。

揩抹曰拭。　拭，詩弋切。韓詩有「淚不可拭」，又「洗粧拭面著冠帔」。白文音近色。

直立曰端。　端，都剜切。《禮》：「目容端。」又，白文稱兩頭亦曰端。《論語》：「執其兩端。」又：「我叩其兩端。」《禮》：「君子問更端。」音皆不譌。

抓曰搔。　搔，思鏖切。《詩》：「搔首踟躕。」《麻姑仙壇記》：「得此爪，癢時搔背當佳。」白文音近搜。

遮曰蔽。　蔽，筆詣切。《禮記》：「則罪無有掩蔽。」《左傳》：「蔽賢之罪大。」白文音稍譌。

〔一〕矢：原作「未」，據《周易・繫辭》改。

開始曰初。　初，楚於切。《説文》：「始也。从刀衣。裁衣之始也。」引伸爲凡始之稱。《禮記》：「凡禮之初，始諸飲食。」《爾雅·釋詁第一》：「初、哉、首、基、肇、祖、元、胎、俶、落、權輿，始也。」白文音不譌。

吝嗇曰慳。　慳，欺艱切。昌黎詩：「獨於數子懷偏慳。」蘇賦：「幸公子之破慳。」朱子詩：「倒盡詩囊未許慳。」白文音不譌。

置物曰褚。　褚，張呂反。《説文》：「裝也。」又：「鄭賈人將置荀罃褚中以出。」此謂衣裝也。褚之者，裝衣也。」《王莽傳》：「以毳裝衣。」師古曰：「毛之强曲者曰毳，以褚衣令其張起也。」白文音近暑。

對證曰質。　質，之乙切。《四書》：「質諸鬼神而無疑。」《詩》：「虞芮質厥成。」《漢書·汲黯傳》：「黯質責湯於上前。」白文音不譌。

蜚語曰毀讒。　毀，虎委切。讒，岑咸切。《詩》：「讒人罔極。」鄒陽《書》：「積毀銷骨。」白文音不譌。

來曰格。　格，歌赫切。《尚書》：「格爾衆庶。」又：「七旬有苗格。」《詩》：「神之格思。」《爾雅》：「格，至也。」揚子《方言》：「邠唐冀兖之間曰假〔一〕，或曰格。」亦作佫，古格字。白文

〔一〕假：原作「假」，據《方言》改。

音稍譌。

鳥獸叫曰鳴。　鳴，迷迎切。《禮記・月令》：「鳴鳩拂其羽。」《四書》：「其鳴也哀。」白文音稍譌。

取物曰探。　探，他含切。《説文》：「遠取之也。」《易》：「探賾索隱。」《莊子》：「將爲胠篋探囊發匱之盜，而爲守備。」白文音不譌。

矮曰卑。　卑，筆猗切。《四書》：「譬如登高必自卑。」《漢書》：「卑之無甚高論。」白文音不譌。

牢實曰堅。　堅，基煙切。《説文》：「土剛也。」《四書》：「不曰堅乎，磨而不磷。」又：「鑽之彌堅。」白文音稍譌。

剥其皮曰皮厥皮。　皮，符羈切。厥，居月切。《説文》：「剥取獸革者謂之皮。」注：「剥，裂也。謂使革與肉分裂也。　引伸之凡物之表皆曰皮。　凡去物之表亦皆曰皮。《國策》言『皮面抉眼』，王褒《僮約》言『落桑皮椶』，《釋名》言『皮瓠以爲蓄』皆是。」厥，《爾雅・釋言》：「其也。」《禹貢》：「厥貢璆鐵，銀鏤砮磬。」又：「厥田惟上上。」〔一〕白文上皮字謂剥，下皮字謂革也，音皆稍譌。

〔一〕田：原誤作「土」，據《禹貢》改。

記曰志。　志，職吏切。《周禮·保章氏》注曰：「志，古文識，識記也。」惠定宇曰：「《論語》『賢者識其大者』，蔡邕《石經》作『志』；『多見而識之』，《白虎通》作『志』；《左傳》『以志吾過』，又『歲聘以志業』，皆用志爲記。」白文音不譌。

讀書曰誦。　誦，叙用切。《説文》：「諷也。」《大司樂》：「以樂語教國子：興，道，諷，誦，言，語。」注：「倍文曰諷，以聲節之曰誦。」倍同背，謂不開讀也，誦則非直倍文。又爲吟詠，以聲節之。《四書》：「誦其詩，讀其書。」《文選》：「誦先人之清芬。」今白子文謂塾師講書後令弟子復講曰諷書，長吟朗誦曰誦書，背書而讀曰倍書。《漢書·藝文志》云：「太史試，學童能諷書九千字，乃得爲史。」諷書者，即弟子復講之謂也。

走曰北。　《前漢書》：「項羽追北。」注：「韋昭曰：古背字也，背去而走也。」白文音不譌。

逃曰亡。　亡，武方切。《説文》：「逃也。」注：「引伸之則謂失爲亡，亦謂死爲亡。」白文音近無。《説文》「亡」亦假爲有無之「無」，則讀無亦通。

物解散曰委。　委，烏詭切。《左傳》：「是委君惠於草莽也。」《四書》：「委而去之。」《莊子》：「謋然已解，如土委地。」白文音不譌。

稱好曰佳。　佳，基埃切。《世説》：「小時了了，大未必佳。」又：「羊叔子自復佳耳，然亦何與人事。」《晉書》：「此子長大，必爲佳品。」又司馬德操曰：「卿言亦佳。」白文音近去聲。

火不明曰莧。　莧，音蔑。火不明也，從苜從火，苜亦聲。

舂米曰鑿。　《左傳》桓公二年：「臧哀伯曰：太羹不致，粢食不鑿，昭其儉也。」致即緻字，精也。鑿，猶舂也。不鑿，不精舂也。白子文鑿字讀若照。粟之舂精曰鑿白。

閉門曰鍵。　鍵，音件。《爾雅注》：「涉六藝之鈐鍵。」〔一〕《説文》：「鈐，鏁也。」〔二〕《方言》云：「户鑰，自關之東陳楚之間謂之鍵。」白文音稍譌。

雕琢曰刳。　刳，酷烏切。《説文》注：「謂空其腹。」《易》：「刳木爲舟。」《尚書》：「刳剔孕婦。」白文音不譌。

使犬作勢曰嗾。　嗾，思歐切。又去聲，穌奏切。《説文》：「使犬聲。」《左傳》：「公嗾夫獒焉，明搏而殺之。」揚子《方言》：「自冀隴而西使犬曰哨。」郭音騷。《公羊疏》：「今呼犬謂之屬。」白文近首、受二音。

果落曰墮。　墮，杜夥反。杜詩：「花妥鶯梢蝶。」注：「妥即墮也。」昌黎詩：「語誤悲齒墮。」白文音近妥。

欺人曰譎。　譎，菊血切，音決。《説文》：「權詐也，益梁曰謬欺，天下曰譎。」《憲

〔一〕鈐：原誤作「鈴」，據郭璞《爾雅注序》改。
〔二〕《説文解字》未見此訓。

問》〔一〕：「晉文公譎而不正。」白文音近菊。

致敬曰禮。　禮，力米切。《禮記》：「聘名士，禮賢者。」《左傳》：「晉公子重耳過衛，衛文公不禮焉。」歐陽修文：「昔季子不禮於其嫂。」白文敬人曰禮，慢人曰不禮，音不譌。

牽引曰關。　《史記・呂不韋列傳》：「不韋使大陰人嫪毐以陰關桐輪而行，令太后聞之，欲以啗太后。」白文音不譌。

放曰縱。　縱，足用切。《説文》：「緩也。捨也。」《詩》：「無縱詭隨。」《史記》：「乃陰求大陰人嫪毐使縱倡樂。」白文凡放生、赦犯等皆曰縱。　音稍譌。

閑曰暇。　暇，系亞切。《孟子》：「壯者以暇日修其孝弟忠信。」《國語》〔二〕：「暇豫之吾吾，不如烏烏。」馬融賦：「游閑公子，暇豫王孫。」白文音譌近象。

弄水曰翫水。　翫，誤換切。水，式揆切。《左傳》：「水懦弱，民狎而翫之，故多死焉。」白文音近枉虛。

借曰假。　假，皆啞反。《禮記》：「大夫祭器不假。」《左傳》：「惟名與器不可以假人。」《文選》：「仲尼不假蓋於子路。」白文音稍譌。

〔一〕憲問：原誤作「孟子」。

〔二〕語：原誤作「策」。

相遇曰鬭。　鬭，都豆切。《説文》：「遇也。」《周語》：「穀雒鬭，將毁王宫。」謂二水本不相接而忽合爲一也。與門異，凡鬭接用鬭字，鬥争用鬥字。白文又稱遇鬭。争鬥則稱敵鬥。音皆不譌。

連日連夜曰排日排夜。　排，蒲崖切。日，仁逸切。夜，異謝切。陸放翁詩：「排日醉過梅落後，終宵吟到雪殘時。」白文音稍譌。

飢容曰顑頷。　顑，呵坎切。頷，荷坎切。《説文》：「食不飽，面黄起行也。」《楚辭》：「長顑頷亦何傷。」昌黎詩：「舉室長顑頷。」白文音近希罕。

澆水曰漚。　漚，一構反，又一侯反。《説文》：「久漬也。」《詩·陳風》：「可以漚麻。」《左傳》：「鄭人漚菅者。」揚子雲《反離騷》：「赴江海而漚之。」蘇詩：「緑渠漚麻水。」白文音從一構反。

睡曰寢。　寢，七飲切。《説文》：「臥也。」《論語》：「宰予晝寢。」引伸爲息。《漢書》：「事遂寢。」白文不譌。

以言觸人曰拄。　拄，竹庾切。《漢書·朱雲傳》：「既論難，連拄五鹿君。」注：「拄，刺也，距也。」白文音近杵。

愚曰騃。　騃，吾駭反。揚子《方言》：「癡，騃也。」白文音不甚譌。

只曰第。　第，迪詣切。《史記》：「陛下第遊雲夢。」又：「第忍之，此不過汙丞相茵耳。」

白文如只想、只望、只圖、只願之類，只皆作第，音不譌。

結局曰終後。　終，朱弓切。後，荷耦切。揚雄《法言》：「終後誕章詭離，諸子圖微。」白文音不譌。

燒物曰火。　火，虎果切。昌黎文：「人其人，火其書，廬其居。」白文音近平聲。

打落曰摽。　摽，平小切，音殍。《詩》：「摽有梅。」注：「落也。」又：「擊也。」白文音不譌。

洗刷曰雪。　雪，粟噦切。《月令》：「仲夏之月，以黍雪桃。」《國策》：「一雪此恥。」《史記》沛公雪足杖矛延客入。白文音不甚譌。

急忙曰驟。　驟，助宥切。《說文》：「馬疾步也。」《左傳》：「宣子驟諫。」又：「公子商人驟施於國。」白文音近平聲。

扶正斜屋曰牮。　牮，《字彙》：「作甸切，音薦。屋斜用牮。以土石遮水亦曰牮。」白文音不譌。

休息曰呬。　呬，許四切。《爾雅》：「呬，息也。」郭注：「呬，氣息貌。今東齊呼息爲呬也。」白文凡人於勞苦時一休息，口頭曰呬，與郭注合，音亦不譌。

絆倒曰亢。　亢，可浪切。《左傳》：「及輔氏之役，顆見老人結草以亢杜回，杜回躓而顛。」白文音不譌。

牽曳曰掎。　掎，居蟻反。《春秋傳》：「晉人角之，諸戎掎之。」班彪《王命論》：「昔秦失其鹿，劉季逐而掎之。」顔師古曰：「掎，偏持其足也。」白文音近機。

心不一曰貳心。　貳，耳肄切。《左傳》：「委質爲臣而求弒之，是貳心也。」白文音不譌。

直曰徑直。　徑，記罄切。《漢書·大宛傳》：「從蜀宜徑，又無寇。」如淳曰：「徑，疾也。」或曰徑直。陶詩：「頹然徑醉。」杜詩：「徑須相就飲一斗。」白文音不譌。

惡曰憎。　憎，咨登切。《四書》：「屢憎於人。」《陰符經》：「憎其人者，憎及儲胥。」杜詩：「生憎柳絮白於棉。」白文稱心憎，音不譌。

飄曰泊。　泊，旁各切。《楚辭》：「朝泊枉渚兮，夕宿衡陽。」又：「獻歲發春兮，泊吾南征。」蘇詩：「不知飄泊在彭城。」白文音不譌。

思想曰緬。　緬，米演切。《説文》：「散絲也。」注：「引伸爲凡綿邈之稱。」故思久遠事曰緬想，蓋追憶之意。杜詩：「緬思桃源内。」蘇詩：「緬懷異姓王。」白文思亦曰緬想，音皆近平聲。

水滿曰盈。　盈，移名切。《四書》：「盈科而後進。」揚子雲文：「福不盈眥，禍將溢世。」白文音稍譌。

導水入田曰瀧水。　瀧，與潨同，音宗。毛萇曰：「瀧，水會也。」謝靈運詩：「仰聆大壑瀧。」白文音不譌。

渾曰濁。　濁，直岳切。《詩》：「涇以渭濁。」《漢書》：「澄之不清，激之不濁。」又：「此輩清流可投濁流。」白文音稍譌。

物加重曰枕。　枕，止飲反。《論語》：「曲肱而枕之。」《左傳》：「枕尸股而哭。」《國策》：「死者相枕藉。」《史記》：「上獨枕一宦者臥。」白文多以枕作虚用，而音近展。

學一藝曰務。　務，無附切。《説文》：「趣也。」注：「務者，言其促疾於事也。」《論語》：「君子務本。」《左傳》：「樹德務滋。」蘇詩：「飽食良先務。」音不譌。

相愛曰相媾。　媾，古厚切。《易》：「男女媾精。」注：「寵也。」白文音稍譌。

掃曰騷。　騷，穌遭切。《漢書》：「竈上騷除。」注：「騷，掃也。」白文音不譌。

束髮曰揥。　揥，敕帝反。《詩》：「象之揥也。」又：「佩其象揥。」注：「以象骨摘髮也。」白文結亦曰締。　賈生《過秦論》：「合從締交。」顔師古曰：「締，結也。」音大系反。　白文音近帶。

洗澡曰洗漏。　洗，穌典切。漏，筆力切，音逼。《禮·内則》：「内外不共漏浴。」白文音不譌。

善騎馬曰馬癖。　馬，莫下切。　癖，披益切。　晉王濟嘗乘一馬，著連乾障泥，前有水，終不肯渡。濟云：「此必惜障泥。」解去，便渡。　故杜預謂濟有馬癖。　杜詩：「鄧公馬癖人共知。」白文指爲善騎，失本義也，音亦稍譌。

告訴曰白。　白，音帛。《釋名》：「啓也。」古人啓事多用某白。《後漢書·馬援傳》：「諸曹時白外事。輒曰：『此丞掾之事，何足相煩。』」《向平子傳》：「敕斷家事，勿復關白。」白文亂説曰瞎白，枉説曰乾白，音稍譌。

禍首曰禍魁。　禍，胡果切。魁，苦回切。《釋文》：「首也。又大也。」《毛詩傳》曰：「魁，大斗長三尺。」引伸之，凡物之大者皆曰魁。《檀弓》：「不爲魁。」《游俠傳》：「閭里之俠原涉爲魁。」白文又稱罪首曰罪魁，罪讀若錐。《大戴記》：「子曰：可人也，吾任其過；不可人也，吾辭其罪。」《韓詩外傳》：「多殺人而必當其罪，多罰人而必當其過。」罪，古音若錐。過，古音若乖。白文音不譌。《左傳》：「功之首，罪之魁。」又稱一枚曰一魁。《漢書·翟方進傳》：「飯我豆食羹芋魁。」音皆不譌。

朗誦曰揚。　揚，移彊切。《禮記》：「將上堂，聲必揚。」白文稱高聲講書亦曰揚，音不譌。

相似曰相類。　相，息良切。類，力遂切，音戾。《法言》〔一〕：「螟蛉之子，殪而逢蠃。蠃祝之曰：『類我類我。』」則似之也。又厲夜生子，惡其類己也，火而視之。白文又稱生子類舅，生女類姑。音皆稍譌。

心安曰心便。　心，息林切。便，房連切，亦去聲。《説文》：「安也。人有不便，更之。」故

〔一〕法言：原誤作「莊子」。

從人更。杜詩：「臥痾隨所便。」蘇詩：「寂寞山棲老漸便。」白文音從房連切，不甚譌。

塵灰迷目曰坌。坌，蒲悶切。《説文注》〔一〕：「塵也。」《史記》：「季氏與郈氏鬥鷄，季氏芥鷄羽，郈氏金距。」服虔曰：「搗芥子播其鷄羽，可以坌郈氏鷄目。」白文音近上聲。

以粉灑物曰傅。傅，方遇切。《周禮》：「傅於餌餈之上。」《齊民要術》有傅面粉。白文音稍譌。

紅曰赤。赤，昌石切。《説文》：「南方色也。」注：「火者，南方之行，故赤爲南方之色。」揚雄《解嘲》：「客徒欲朱丹吾轂，而不知一跌將赤吾之族。」白文音不譌。

從高至下曰隤。隤，杜回切。《説文》：「下隊也。」《易・繫辭》：「夫坤隤然，示人簡矣。」白文音不譌。

燒土爲田曰墾畬。墾，康很切。畬，詩遮切。《農書》：「荊楚多畬田。」杜田曰：「楚俗燒榛種田曰畬。先以刀芟治林木曰斫畬〔二〕，其刀以木爲柄，刃向曲，謂之畬刀。」白文稱火墾畬，音不甚譌。

捕捉曰格。格，古柏切。《史記・李將軍列傳》：「嘗從行，有所衝陷折關及格猛獸。」左思賦：「巂巂笑而被格。」白文音不甚譌。

〔一〕「説文」二字據下文釋義補。

〔二〕木：原脱。曰：原誤作「田」。據杜田《杜詩補遺》改。

縫衽曰補綴。　補，博古切。　綴，陟衛切。《禮記・内則》：「紉箴請補綴。」蘇詩：「君能收拾爲補綴。」白文音不譌。

息曰宿。　宿，息逐切。《説文》：「止也。」《論語》：「止子路宿。」《左傳》：「命女三宿。」《史記》：「酈生留宿臥，夜半時，斬陳留令首。」白文音稍譌。

力相敵曰偶。　偶，五口切。《左傳》：「齊大非吾偶。」又：「晉人謂之二五偶。」白文音不譌。

蠱曰螙。　同蠹，從蚰在木中。《莊子》：「流水不腐，户樞不蠹。」白文音近斗。

帶領曰從。　從，疾容切，又慈用切。《説文》：「隨行也。」《詩・齊風》：「並驅從兩肩兮。」《史記・韓信列傳》：「吾昔從江東子弟八千人，渡江而西。」又：「陸生常安車駟馬，從歌舞，鼓琴瑟。」《鬼谷子》：「若蚨母之從其子也，出無間，入無朕。」白文音從慈用切。

婦順舅姑曰如意。　如，人諸切。　意，於記切。《説文》：「如，從隨也。」女子從人者也。《史記》：「賈生盡爲之對，人人各如其意所欲出。」白文女子適人曰如意，謂如舅姑意也，不得於舅姑曰難如意，音不譌。　又《爾雅疏》〔一〕：「女，如也。」《白虎通》曰：「『言如人也。』」如意、如人義通。

〔一〕疏：原脱。

刀磨快曰厲。　厲，力制切。《左傳》：「磨厲以須，王出，吾刃將斬也。」《史記》：「梁刺客來殺袁盎，劍著身，視其劍新治，問長安削厲工。」白文音近上聲，音若剡亦通。《詩》：「以我剡耜。」《爾雅》：「剡，利也。」剡，羊冉切。

平生節儉曰素嗇。　素，桑故切。嗇，所力切。《説文》：「嗇，愛濇也。」《廣韻》引作澀。澀與濇皆不滑也。田夫務蓋藏，故謂之嗇夫。《老子》：「治人事天，莫若嗇。」《史記·貨殖傳》：「地小人衆，儉嗇，畏罪遠邪。」〔一〕白文音不譌。

過一生曰已已。　已，養里切，音以。《玉篇》：「止也。畢也。訖也。」晉王羲之書：「俯仰悲咽，實無已已。」杜詩：「浮名尋已已。」白文音不譌。

小事掛懷曰蔕葪。　《史記》：「《服鳥賦》：細故蔕葪兮，何足以疑。」索隱：「葪音介。」《漢書》作芥。張揖云：「蔕介，鯁刺也。」言細微事不足蔕介我心也。白文又稱拘泥不釋曰逆拂蔕葪。音皆稍譌。

習慣曰忕〔二〕。　忕，食孽切。《説文》：「犬性忕也。」心部作怈，即忕之譌。《後漢書》：「忸忕小利。」注謂：「慣習前事而復爲之。」又音逝，白文亦讀若逝。又白子俗語「尨忕米湯盆」，與《説文》同義。

〔一〕遠邪：原脱，據《史記》補。

〔二〕忕：原誤作「忲」。下同。

孔穴曰窸。　窸，紆喧切，音鴛。《周禮・函人》：「爲甲，眡其鑽空，欲其窸也。」注謂「小孔」也。白文音與鴛近。

打死生物曰殺死。　殺，音督，擊物也。《漢書・景帝紀》：「都國或磽陿，無所農桑毄畜。」顔師古曰：「毄謂食養之。畜謂牧放也。」毄，古繫字，愚謂毄當是殺字之譌。毄畜，疑即殺畜，猶後世言打生也。顔説未當。畜宜放不宜毄，凡畜牧家皆然。白文音近都死。

助語類

這樣曰乃者。　乃，奴亥切。《説文》：「曳辭之難也。」注：「曳其言而轉之，若而若乃皆是也。乃則其曳之難者也。」《春秋傳》：「乃克葬。」「乃許鄭平。」此乃字之例也。者，之也切。《説文》：「别事詞也。」注：「言主於别事，則言者以别之。《喪服經》：『斬衰裳，苴絰杖絞帶，冠繩纓，菅屨者。』注曰：『者者，明爲下出也。』此者字爲别字之例也。」白文音不譌。又白子文謂汝曰乃，謂人父母兄弟曰乃父乃母乃兄乃弟。

意不足曰耳。　耳，而止切。《説文注》「是不足之詞」，與爾字音義絶不容相混。《論語》謹爾、鏗爾、率爾，猶然也；吾無隱乎爾、一日長乎爾，猶汝也。《魏志・崔琰傳》：「有白琰此書怨謗者。太祖怒曰：『諺言生女耳，耳非佳語。』於是罰琰爲徒隸。」又《世説》：「阮嗣宗云：『未能免俗，聊復爾耳。』」皆謂如此而已也。劍川諺語，問人生男則喜曰男子哉，生女則曰女子耳。語本《魏志》，惟多未求其故耳。音稍譌。

商量之詞曰邪。　邪，以遮切。隸書作耶。《説文注》：「疑辭。」《易》：「乾坤其易之門邪？」「乾坤其易之緼邪？」《漢書・龔遂傳》：「今欲使臣勝之邪，將安之也？」昌黎文：「其真無馬邪，其真不知馬也？」白文爲兩相商略之詞，音不譌。

決詞曰則。　則，子黑切。《説文》：「等畫物也。」注：「定其等差而各爲介畫也。今俗云科則是也。假借爲語詞。」《史記》：「莊則入爲壽。」又：「酈生至則長揖不拜。」又：「軍法，十則圍之，倍則戰之。」白文如既然、那麽、就是等斷決口吻皆用則，音不譌。

知道此事曰商。　商，式陽切。《説文》：「從外知内也。」《白虎通》説商賈云：「商之爲言章也。章其遠近，度其有無，通四方之物，故曰商也。」白文音不譌。

驚訝曰乃。　《文字蒙求》：「乃，曳詞之難也。」白文音近耐。

心之所是出語應人曰讎。　讎，市流切。《説文》：「猶譍也。」心部曰：「應，當也，讎者，以言對之。」《詩》：「無言不讎。」白文音近周。

夾於中間曰介。　介，古拜切。《説文》：「畫也。」與畍同。分介則必有間，故介又訓間。《左傳》：「鄭介居二大國之間。」〔一〕《史記・張耳陳餘列傳》：「今以三千人下趙數十城，獨介居河北。」又《鄒陽傳》：「介於羊勝、公孫詭之間。」師古曰：「介謂間廁也。」白文音不譌。

〔一〕二大國：原作「兩大」，據《左傳》改。

稱謂發端曰阿。　阿，厄歌切，又入聲。晉宋人呼人小名曰阿如、阿咸、阿戎、阿連等是，王衍呼錢爲阿堵。顧長康言：「傳神寫照正在阿堵中。」《唐書》：「不癡不聾，不作阿姑阿翁。」白文稱人曰阿某，稱物曰阿盤、阿碟之類，皆古稱也。音作入聲。

凡物中間介詞曰之。　之，職醫切。古文㞢字。《説文》：「出也。象艸過屮，枝莖益大，有所之。一者，地也。」又是也、往也、此也，引伸之爲助詞。《詩》「夏之日」「冬之夜」，又「三之日」「四之日」，皆助語也。白文稱物以之字介中，如書一卷曰書之册，筆一枝曰弗之管，弗字解已見前。花一盆曰花之盆等皆是也，音不譌。又案，羅振玉《殷商貞卜文字考》：「卜辭之作㞢，從止一。之，往也，止於所往之地，故從止一。許説紆固，不可通也。」此考簡明，並録之。

呼痛聲曰阿謈。　謈，步高切。《説文》：「大嘑自冤也。」又蒲角切。《漢書·東方朔傳》：「上令倡監榜舍人，舍人不勝痛，呼『謈』。朔笑之曰：『咄！口無毛，聲謷謷，尻益高。』」注云：「今人呼痛，則稱阿謈。」蓋朔因舍人呼謈，故爲韻語以嘲之，取謈與毛、謷、高相韻也。白文謈讀如幺，從步高切。

也曰亦。　亦，羊益切。《説文》：「人之臂亦也。」今别作腋，而用亦爲語詞，有兩相須之意。《論語》：「不亦説乎。」「亦可宗也。」「亦可以弗畔。」「亦可以爲成人矣。」皆申重贊美之詞。白文如也要、也想、也可之類，皆以也作亦，音稍譌。

轉語曰抑。　抑，衣亟切。《論語》：「求之歟？抑與之歟？」白文音與亦字同，而義各别。

形容類

斫木聲曰所所然。　所，疏舉切。《説文》：「伐木聲也。」《詩》：「伐木所所。」白文音稍譌。

足聲曰跫跫然。　跫，渠容切，又欺江切。《莊子》：「聞人足音跫然而喜矣。」蘇詩：「跫跫深徑馬蹏響。」白文音從渠容切。

鳥飛聲曰几几然。　几音殊。鳥短羽飛几几也。省飛爲凡，省凡爲几。白文音不譌。

睡熟曰栩栩然。　栩，虚羽切。《莊子》：「莊周夢爲蝴蝶，栩栩然胡蝶也。」〔一〕白文音不譌。

鳥嗁曰恰恰然。　恰，乞夾切。杜詩：「自在嬌鶯恰恰啼。」白文音不譌。

白曰翯翯然。　《説文》：「鳥羽肥澤也。」白文音近滑。

風疾曰弗弗然。　弗，夫物切。《詩》：「飄風弗弗。」白文音不譌。

花開曰冥冥然。　冥，迷形切。唐人詩：「冥冥花正開。」蘇詩：「芙蓉城中花冥冥。」白文音不譌。

漸漸曰寑寑。　寑，咨林切，又子鴆切。《漢書》：「策賢良制，寑明寑昌。」白文音不甚譌。

〔一〕胡：原脱，據《莊子》補。

餘如雲起曰蓬蓬，日烈曰赫赫，月圓曰漉漉，水流曰汩汩，火燄曰䀏䀏之類，皆有所本，不可悉數也。

雜類

肉腐臭曰胆。　胆，七余切。《説文》：「蠅乳肉中也。」注：「《三蒼》曰：蠅乳肉中曰胆。」白文音近上聲。

物壞曰朽。　《論語》：「朽木不可雕也。」白文音稍譌。

夢語曰寱夢。　寱，莫禮切。《説文》：「寐而厭也。」古多假眯爲之。《莊子》：「彼不得夢，必且數眯焉。」《通鑑》：「劉曄曰：臣得與聞大謀，常恐眯夢漏泄，以益臣罪。」白文音不譌。

打稻之桿曰擊枷。　擊，古歷切。枷，古牙切。《説文》：「拂，擊禾連枷也。」《釋名》〔一〕：「枷，加也。加杖於柄頭，以撾穗而出穀也。」又白文收麥器曰杷。《説文》：「收麥器。」《急就章》：「捃穫秉杷插捌杷。」顔注：「無齒爲捌，有齒爲杷。」白文音不譌。

斬頭曰県。　県，即梟字，從倒首。白文音不譌。

福曰福禄。　福，方六切。禄，盧谷切。《説文解字注》：「《詩》言福、禄多不别。《商頌》五篇兩言福，三言禄，大恉不殊。《釋詁》、《毛詩傳》皆曰『福，禄也』，此古義也。」白文音不譌。

〔一〕名：原誤作「文」。

以血瀝鐘鼓曰釁。　釁，虚振切，血祭也，從爨省〔一〕，從酉。酉者，飽也。白子文以血灑物曰釁，音近行。

渡江曰濟江。　濟，即啓切，又即詣切。《尚書》：「若濟巨川。」《左傳》：「濟河焚舟。」白文從即詣切。

心閑曰寬應。　應，苦謗切，廣大也。白子文音不譌。

從人所求之詞曰欸。　欸，烏戒切，又烏開切。《項羽本紀》：「亞父受玉斗，拔劍撞而破之。曰：『唉！孺子不足與謀。奪將軍天下者，必沛公也。』」唉當作欸。揚子《方言》：「欸，然也。南楚凡言然曰欸。」白文音從烏戒切。

鏨金石曰鏨。　鏨，藏濫切，小鏨也。　白文音不譌。

美食曰羞。　羞，進獻也。《左傳》：「可羞於王公。」白文有好食曰羞，音近。

錢曰貝。　《説文》：「古者貨貝而寶龜。」《元史·贍思丁傳》：「滇用鈔不便，請仍用貝。」《滇繫》：「貝一索值六釐，俗作⿰貝八、⿰貝巴。」明雲南蕩山寺僧無極朝太祖，奉敕撰《貝生賦》，有云：「居陸名睒，在水曰螁，八十成索，廿索爲袋。」可見當時用貝之法。　白文音不譌。

耳聾曰聳。　聳，息拱切。《説文》：「生而聾曰聳。」注：「揚子《方言》：『聳，聾也。』」白

〔一〕爨：原誤作「釁」。

文音不譌。

一串曰一糸。　糸，莫狄切。《説文》：「細絲也，象束絲之形。」白文銅錢一串亦曰一糸，音不譌。

家境困曰臲卼。　《秦誓》「邦之杌隉」，《易》作臲卼，《廣韻》：「不安也。」通作臬兀。杜詩：「生涯臨臬兀。」昌黎詩：「所存十餘皆兀臬。」蓋臬兀、兀臬，如鹵莽、莽鹵等，可顛倒用之也。白文音近捏古。

稉米曰秫米。　秫，食聿切。《説文》：「稷之粘者。」崔豹《古今注》云：「秫爲粘稻。」《急就章注》：「杜康作秫酒。」陶詩：「春秫作美酒。」白文音近蘇米。

粗劣曰麤觕。　麤同粗。觕，《廣韻》徂古切，又才古切。《公羊》隱元年注：「用心尚麤觕。」《漢・藝文志》：「庶得麤觕。」皆二字連文。今人或以觕爲麤，非是。白文觕字從徂古切，讀如魯，音不譌。

祭曰祭祀。　祭，子例切。《説文》：「祭，祀也。」祀，詳里切。《説文》：「祭無已也。祀或從禩。」白文音稍譌。

賒曰貰。　貰，神夜切，又時夜切，音勢。《説文》：「貸也。」《漢・高祖本紀》：「常從武負王媪貰酒。」韋昭曰：「貰，賒也。」白文音近既。

圖瓦曰瓦甎。　《玉篇》：「⿰面瓦，牡瓦也。」《廣雅》作甎。《説文》「戊」字注曰：「今俗猶以圓而上覆之瓦曰瓸。」瓸即《廣雅》之甀也。白文稱瓦甀子，音不謅。

大話曰誇。　誇，苦瓜切。《説文》：「譀也。」《東觀漢記》曰：「雖誇譀，猶令人熱。」《長楊賦》：「上將大誇胡人以多禽獸。」白文音近狂。

火氣上騰曰昈昈。　昈，音户，上聲。《西京賦》：「赫昈昈以宏敞。」李善注：「《埤蒼》：昈，赤文也。」又：「《廣韻》：明也。」杜詩：「崩凍嵐陰昈。」白文音不謅。

一曰奇。　奇，吉漪切。《易》：「陽卦奇，陰卦耦。」《史記》：「李廣老，數奇，毋令當單於。」如淳曰：「言廣爲匈奴所敗。奇爲不耦也。」白文音稍謅。

二曰耦。　耦，我茍切。《禮記》：「鼎俎奇而籩豆耦。」《論語》：「耦而耕。」《説文》奇耦，單雙數也。白文音稍謅。　考白文一二作奇耦。如正月、二月作陬月、如月，餘則無之意者，自三至萬，古皆有别文。如奇耦之類，後世漸廢而不用，獨存此陬、如、奇、耦等少數之名，以示不忘古訓乎？故附於闕疑之列，以竢博聞之君子。

畏懼曰戁。　戁，女板切。《詩·商頌》：「不戁不竦。」《爾雅·釋詁》曰：「戰、慄、震、驚、戁、竦、恐、慴，懼也。」白文音近改，與女板切尚合。

雷殛曰丨。　丨，思二切。《説文》：「下上通也，引而上行讀若囟，引而下行讀若退。」白文音近思二切，音若泰。考鄭樵《通志》：「衡爲一，從爲丨。」音衮。而近人蔣國善《中國文字之源始及其構造》一書謂：「上引之則爲丨，下引之則爲丨。」是知白文稱雷殛曰丨，當作上粗下鋭，略如錐形，與丨字形義俱别。玩《説文》丨字解，雖無雷殛之説，然以理推之，所謂「下上通」者，可與此義相通，非鑿空之辭也。白文無一字無來歷，第慚荒陋，未盡得其解耳，存之竢再考。

小丘可居曰垞。　垞，《集韻》：「直加切，小丘名。」揚子《方言》：「兖人呼實城中曰垞。」又地名，垞城，在徐州北。王維詩有南垞、北垞，注：入聲，讀若茶。劍川城中有地名故垞，愚意昔本小丘，後漸夷爲平地，爲人所居，故以故垞名之，取義甚當，音亦不謬。淺人無識，改稱舊寨，馴至公家志乘、私人譜牒，亦書舊寨，而故垞之名轉晦，音與義俱失之遠矣。又城外向湖邨一名水垞，有南北之别，取義與故垞同，後人亦謁爲水寨。此關於地理變遷，一失本訓，後世無所徵引，故爲更定如此。

以食餧人物曰飤。　飤，音寺。《説文》：「糧也。」《玉篇》：「食也。與飼同。」東方朔《七諫》：「子推自割而飤君兮，德日忘而怨深。」白文音近上聲，不謬。又白文稱湯曰醢。《家語》：「醢之矣。」《漢書》：「漢誅梁王彭越，盛其醢以徧賜諸侯。」《刑法志》「菹其骨肉」是也。白文羹者曰醢，粗者曰粕，醢讀若海。

偷吃曰竊食。　竊，七殪切。食，舌弋切。《淮南子》：「羿請不死之藥於王母，姮娥竊食以奔月。」白文音近上聲。

瘋狗銜衣曰檝。　檝，音戟。《漢書·五行志》：「高后八年三月，祓霸上，還過枳道〔一〕，見物如蒼狗，檝高后腋，忽而不見。卜之，趙王如意爲祟，遂病腋傷而崩。」白文音近上聲。

滇西方言曰白文。　楊升庵《滇載記》作僰文。白與僰原二種，後混爲一。舊《雲南通志》：「白人段思平爲通海節度。」《一統志》：「段信苴福，大理僰人思平之孫。」此可見白與僰混一也。白文亦曰民家話，説詳「方言總考」中。

多，讀若祇。　《論語》：「多見其不知量也。」疏：「古人多祇同音。」《詩·閟宫》：「享以騂犧，是饗是宜，降福孔多。」吴子《應變》：「守以强弩，退如山移，進如風雨，糧食又多。」《越絶書·記軍氣》：「青氣在左，將少兵多，兵少軍罷。此音疲。」《韓詩外傳》：「授衣以最，授食以多；法下易由〔二〕，事寡易爲。」《鴻烈解·説山》：「遺人馬而解其羈，遺人車而脱其較轙，所愛者少而所亡者多。」《列女傳》：「鄧曼曰：『王德薄而禄厚，施鮮而得多，物盛必衰，日中必移。』」《説苑》〔三〕：「虎豹爲猛，人尚食其肉，寢其皮。譽人者少，惡人者多。」詳見《歌麻古韻考》，兹不具舉。　白文稱多爲祇，音近基，或亦古音之遺歟？

岳父曰同是爹，岳母曰同是母。　案，岳父、岳母之名本不經，然相沿已久，少有稱外父、

〔一〕還：原誤作「遂」，據《漢書》改。
〔二〕下：原誤作「不」，據《韓詩外傳》改。
〔三〕苑：原誤作「文」。

外母者。白子文稱同是爹、同是母，亦未見經傳，姑存之。

白文古音解

天，白文音若汀。《詩・綢繆》章：「綢繆束薪，三星在天。今夕何夕，見此良人。」《詩・巷伯》章：「蒼天蒼天，視彼驕人，矜此勞人。」《何人斯》章：「彼何人斯，胡逝我陳。我聞其聲，不見其身。不愧于人，不畏于天。」《小宛》章：「宛彼鳴鳩，翰飛戾天。我心憂傷，念昔先人。明發不寐，有懷二人。」《十月》章：「下民之孽，匪降自天。噂沓背憎，職競由人。」《北山》章：「率土之濱，莫非王臣。大夫不均，我從事獨賢。」《鳲鳩》章：「鳲鳩在桑，其子在榛。淑人君子，正是國人。正是國人，胡不萬年。」《黍離》章：「悠悠蒼天，此何人哉。」顧炎武《易本音》謂天、淵二字，古與真、諄同韻。

近，白文音若記。《詩・杕杜》章：「卜筮偕止，會言近止，征夫邇止。」顧炎武《詩本音》近，古音記。《崧高》箋曰：「近，辭也，聲如『彼記之子』之記。」古近字，多與幾同，後人誤入十九隱、二十四焮韻。

陂，白文音若波。《詩・澤陂》章：「彼澤之陂，有蒲與荷。有美一人，傷如之何。寤寐無爲，涕泗滂沱。」顧氏《詩本音》陂，古音波。後人誤入五支韻。

蝦，白文音若胡。《詩・狼跋》章：「狼疐其尾，載跋其胡。公孫碩膚，德音不瑕。」顧氏《詩本音》瑕，古音胡。考瑕字，《詩》一見，《左傳》二見，並同，後人誤入九麻韻。《駉》四章：

「薄言駉者，有駰有騢，有驔有魚，以車祛祛。思無邪，思馬斯徂。」《詩本音》騢，古音胡。後人誤入九麻韻。

夢，白文音若門。《詩·正月》章：「瞻彼中林，侯薪侯蒸。民今方殆，視天夢夢。既克有定，靡人弗勝。有皇上帝，伊誰云憎。」《鷄鳴》章：「蟲飛薨薨，甘與子同夢。會且歸矣，無庶予子憎。」顧氏《詩本音》夢，古音莫滕反。後人誤入一東，又轉入一送韻。

聽，白文音若青。《詩·蕩》八章：「雖無老成人，尚有典刑。曾是莫聽，大命以傾。」《詩本音》刑聽，皆十五青。

頭皮，白文音若徒婆。《史記·龜策傳》：「今寡人夢見一丈夫，延頸而長頭，衣玄繡之衣，而乘輜車。」顧氏謂此古人讀頭爲徒之證。《詩·羔羊》章：「羔羊之皮，素絲五紽。退食自公，委蛇委蛇。」《詩本音》皮，古音婆。考皮字，《詩》凡三見，《左傳》二見，並同，後人誤入五支韻。

後，白文音若户。《詩》：「予曰有疏附，予曰有先後，予曰有奔奏，予曰有禦侮。」顧氏謂此古人讀後爲户之證。楊雄《趙充國頌》：「在漢中興，充國作武，赳赳桓桓，亦紹厥後。」

下，白文音若户。《詩》：「于以奠之，宗室牖下。誰其尸之，有齊季女。」顧氏謂此古人讀下爲户之證。

迎，白文音若昂。《史記·龜策傳》：「雷電將之，風雨迎之，流水行之，侯王有德，乃得當之。」顧氏謂此古人讀迎爲昂，正與將爲韻。《莊子》：「不將不迎，應而不藏，故能勝物而不傷。」又曰：「無有所將，無有所迎。」此古人讀迎爲昂之證。

明，白文音若茫。《詩》：「東方未明，顛倒衣裳。」又：「牧野洋洋，檀車煌煌。駟騵彭彭，音旁。維師尚父。時維鷹揚，涼彼武王。肆伐大商，會朝清明。音彌郎反。」又：「既醉以酒，爾殽既將。君子萬年，介爾昭明。」又：「昊天曰明，及爾出王。」又：「匪東則明，月出之光。」

白晝，白文音若白注。顧氏《音論》云：「《雜卦》傳：『晉，晝也。』《明夷》『誅也』，孫奕改誅爲昧，而不知古人讀晝爲注，正與誅爲韻。張衡《西京賦》：『徼道外周，千廬内附。衛尉八屯，巡夜警晝。』則古人讀晝爲注之證。」

蝱，白文音若芒。《詩・載馳》章：「陟彼阿丘，言采其蝱。女子善懷，亦各有行。許人尤之，衆稺且狂。」顧氏《詩本音》蝱，古音芒。後人誤入十二庚韻。

雨，白文音若侮。《詩・蝃蝀》章：「朝隮于西，崇朝其雨。女子有行，遠兄弟父母。」顧氏《詩本音》雨，九麌。

馬，白文音若姥。《詩・擊鼓》章：「爰居爰處，八語。爰喪其馬。音姥。于以求之，于林之下。」音户。

火，白文音若燬。《詩・汝墳》章：「魴魚赬尾，王室如燬。雖則如燬，父母孔邇。」《詩本音》「七月流火」下注：「火，古音毁。」考火字，《詩》凡四見，《左傳》一見，並同，後人誤入三十四果韻。

兵，白文音若光。　《詩・擊鼓》章：「擊鼓其鏜，踴躍用兵。土國成漕，我獨南行。」顧氏《詩本音》兵，古音必良反。考兵字，《詩》凡三見，《左傳》一見，並同，後人混入十二庚韻。

木瓜，白文音若麥孤。　《詩・木瓜》章：「投我以木瓜，報之以瓊琚。」顧氏《詩本音》瓜，古音孤。考瓜字，《詩》凡三見，《左傳》一見，並同，後人誤入九麻韻。

餐，白文音若粲。　《詩・緇衣》章：「適子之館二十九换兮，還予授子之粲二十八翰兮。」

雙，白文音若松。　《詩・南山》章：「葛屨五兩，冠緌雙止。魯道有蕩，齊子庸止。既曰庸止，曷又從止。」顧氏《詩本音》雙，古音書容反。後人分四江韻。

夏，白文音若户。　《詩・宛丘》章：「坎其擊鼓，宛丘之下。音户。無冬無夏，值其鷺羽。」顧氏《詩本音》夏，古音户。考夏字，《詩》凡三見，《書》一見，《禮記》一見，並同，後人混入三十五馬、四十禡二韻。

陰，白文音若滃。　《詩・七月》章：「二之日鑿冰冲冲，三之日納于陵陰。」顧氏《詩本音》：「侵韻字與東同用者三見：此章之陰，《蕩》首章之諶，《雲漢》二章之臨，《易》四見：《屯》《比》《恒》象傳之禽、深，《艮》象傳之心，若此者蓋出于方音耳。又宋吴棫《韻補》陰，於容切，引《太玄經》『日飛懸陰，萬物融融』。」

華，白文音若呼。《詩・出車》章：「昔我往矣，黍稷方華。今我來思，雨雪載塗。王事多難，不遑啓居。豈不懷歸，畏此簡書。」顧氏《詩本音》華音敷，與下塗、居、書爲韻。案，白文眼花則稱花，樹木開花則稱開華，兩字有别。

除，白文音若處。《詩・天保》章：「天保定爾，亦孔之固，俾爾單厚。古音户。」後人誤分四十五厚韻。「何福不除，俾爾多益，以莫不庶。」顧氏《詩本音》除音處。九魚、九御二韻。

漏，白文音若路。《詩・抑抑》章：「相在爾室，尚不愧于屋漏。無曰不顯，莫予云覯。」顧氏《詩本音》漏，古音路。考漏字，《詩》一見，《易》一見，並同，後人混入五十候韻。《易》：「井谷射鮒，甕敝漏。音古魯故反。」

沙，白文音若莎。《詩・鳧鷖》章：「鳧鷖在沙，九麻。公尸來宜。魚何反。爾酒既多，七歌。爾殽既嘉。九麻。公尸燕飲，福禄來爲。音譌。」

慶，白文音若羌。《詩》：「黍稷稻粱，農夫之慶。報以介福，萬壽無疆。」《易》：「積善之家，必有餘慶。積不善之家，必有餘殃。」

威儀，白文音若威俄。《詩》：「汎彼柏舟，在彼中河。髧彼兩髦，實惟我儀，之死矢靡他。」顧氏謂古人讀儀爲俄之證。

告，白文音若鵠。《易・彖辭・蒙》：「初筮告，再三瀆，瀆則不告。」《詩》：「考槃在陸，碩人之軸。獨寐寤宿，永失弗告。」

吹，白文音若磋。《詩・蘀兮》章：「蘀兮蘀兮，風其吹女。叔兮伯兮，倡予和女。」顧氏《詩本音》吹，古音昌戈反。後人誤入五支韻。

盟，白文音若芒。《詩・巧言》章：「君子屢盟，亂是用長。」顧氏《詩本音》盟，古音彌郎反。後人混入十二庚韻。

口，白文音若苦。《詩・正月》章：「父母生我，胡俾我瘉。十虞、九麌二韻。不自我先，不自我後。音户。好言自口，莠言自口。憂心愈愈，九麌。是以有侮。」顧氏《詩本音》口，古音苦。考口字，《詩》凡二見，《左傳》一見，並同，後人混入四十五厚韻。

牙，白文音若吾。《詩・祈父》章：「祈父，予王之爪牙。音吾。胡轉予于恤，靡所止居。」《行露》章：「誰謂鼠無牙，何以穿我墉。誰謂女無家，音姑。何以速我訟。雖速我訟，亦不女從。」

破，白文音若坡。《詩・車攻》章：「四黄既駕，四十禡。兩驂不猗，於戈反。不失其馳。古音陀。」考馳字，《詩》凡二見，《楚辭》二見，並同，後人誤入五支韻。「舍矢如破。三十九過。」

彭，白文音若旁。《詩・清人》章：「清人在彭，駟介旁旁。二矛重央，河上乎翱翔。」顧氏《詩本音》彭，古音旁。考彭字，《詩》凡八見，並同，後人誤入十二庚韻。

餱，白文音若胡。《詩・無羊》章：「爾牧來思，何蓑何笠，或負其餱。古音胡。」《載馳》章：「載馳載驅，歸唁衛侯。」顧氏《詩本音》侯，古音胡。考侯字，《詩》凡二見，《左傳》一見。餱字、鏃字，《詩》各一見，並同，後人誤分十九矦韻。

户，白文音若虎。《詩》：「迨天之未陰雨，徹彼桑土，綢繆牖户，今此下民，莫敢予侮。」

飽，白文音若哺。《詩·苕之華》章：「牂羊墳首，三星在罶。四十四有。人可以食，鮮可以飽。三十一巧。」

附《劍川白文考説》

今之滇西，其人爲白子，其言爲白文。白子、白文之名，其稱蓋久。凡滇西人相接，一操白文，輒曰「我白子一家也」，則皆喜若故交者。其遠而益親如此。

《周·王會》云：「白人貢乘黄。」注：「即白子國。」顧亭林先生《肇域志》云：「漢武時，白崖有天竺白飯王之裔名仁果者，稱白王，爲衆所戴，天子策爲滇王，仍治白崖，莊蹻之世乃絶。」白人之名始此。

楊升庵先生《滇載記》云：「予以罪戍滇，求蒙段之故迹而不可得，後得《白古通》及《玄峰年運志》二書於舊家，其詞皆僰文，義兼象教，稍加删潤成《滇載記》。」白文之名始此。

考白崖，即今之紅崖，本白王舊治。諸葛武侯南征，於此立銅柱紀功。至唐初仁果之後，張樂進求修之，至蒙氏又修之，今名鐵柱廟。王述庵《滇南金石録》謂滇人喜附會武侯故蹟，非也。又考僰爲擺夷，地毗緬，無文字，有公事則以緬文爲字。清初，昆垣設有緬字館，通貢譯，即其證也。白人則散居滇中，而以迤西爲尤多。前志稱「白人家有佛堂，人手素珠」，又稱「白人喜讀書，知禮義」。升庵所云「詞皆僰文，義兼象教」者，當指白人而言。若僰人，則居卑濕，蠢如鹿豕，本無文字之可言，升庵又何從而潤色之乎？僰與白，原二種，後人以其音同，乃混而爲一耳。

劍川方言亦白文也。式銘弱歲受經於先君，頗疑吾邑方音通於典訓。比長，問學所及，我之所謂土語者，無一不通於故訓，則益大憙過望，祇以四聲輕重之間，寖失本義，遂至不可究詰。每欲鉛槧紀録，以衣食四方，卒卒未暇。曩歲里居，始分類覃索，日疏數字，其所疑難，爲終夜不寐，一經省豁，即篝燈檢校，必得一當乃已。其去本音甚近者，無待解釋，則略而不收，即郭璞注《爾雅》所謂「其所易了，闕而勿論」之義也；其去本音甚遠者，不敢彊爲牽附，則置而弗辨，即邢昺疏《爾雅》所謂「郭氏未詳者，略而勿論」之義也。故今所考證，適介可解不可解之間，一加說明，本音自見。凡爲類十四，綜目四百四十三，注二萬五千言，名曰《劍川白文考》。其不曰白語、白話、白言，而曰白文者，從升庵僰文之稱且明其爲古文而非通俗之方言也。

白文昉於何時，志乘無可徵。唐樊綽《蠻書》稱言語僰蠻最正，蒙舍蠻次之，他部落不如也，但名物或與漢不同，及四聲譌重。綽此書號精審，其鏖斷方言數語，雖使生斯土者不能摘其指要。第所云僰蠻即是白子，其失與升庵《滇載記》同。由綽之說，是白文不止始於唐時，或創自漢儒張叔、盛覽輩，甚且前乎漢而有之。試以白文音韻與顧氏《易本音》《詩本音》兩相校勘，若符節之相合，乃知三代言語尚在人間。視商鼎周盤，尤爲瑋異，而惜乎千數百年來，罔有搜討及此者也。

第白文淵雅，與漢語迥異，故行之未遠，習之易誤。今之民家話即白子文，僅居滇西什之三四。而此三四之數，又復展轉訛緟，互有異同。鄉之士大夫不深維其旨趣，或且自疑爲夷語而諱言之。迄於今日，即白子與白子語，亦幾不可通矣。

案：《清職貢圖》云：「白人其先居大理白崖川，後居雲南景東府地，而雲南臨安、曲靖、開化、大理、楚雄、姚安、永昌、永北、麗江等府俱有之。」予嘗考今之昆明民家，分布於滇池西岸大小鼓浪、陽臨谷及北鄉沙朗堡諸村，其人皆操白文，而音稍别，問其世系，則皆來自大理鶴慶者。其餘各屬，亦間有之。始信《職貢圖》説之非妄，是白文不獨行于迤西，且施及於全省。而此書獨稱引劍川方言者，以式銘爲劍川人，幼習劍川語，故其所解詁限於本邑，持以較他屬之操白文者，有以異乎？無以異乎？均不可知。然當其初，皆根於訓故之學，則固可斷言者。

或問，太史公傳西南夷不言有白國，《唐書·南蠻傳》亦無之，《白古通》之言疑不足據。式銘謂漢興以來，漢使王然于、柏始昌、吕越人數輩至滇，指求身毒國，皆爲昆明夷所閉道，不得要領而還，史公與相如亦何獨不然？昆明夷者，今大理、麗江、永北等域是也。以鄙意度之，史公雖南略邛筰、昆明，按其使節，不出越嶲，無由知有白國，故傳以西南夷賅之。宋祁傳南蠻亦承《史記》，不復别有甄采。自明以後，國人始知有白國者，實賴《白古通》及《年運志》二書。始起既湮之，白國於千數百年之後，而予亦得因升庵《滇載記》，以鈎求白文顯晦之迹，不可謂非滇乘絶續之關鍵也。如以《白古通》爲不足信，則《周·王會》、楊終《哀牢傳》、楊慎《滇載記》、李元陽《通志》、阮元聲《南詔野史》、顧炎武《肇域志》、毛奇齡《蠻司志》、顧祖禹《方輿紀要》、邵遠平《續宏簡編》、倪蜕《滇雲歷年傳》、師範《滇繫》、王崧《備徵志》諸書，可悉廢也。其無乃爲通者之蔽乎？《爾雅》疏以「故書雅記，俗語不失其方，而後人不知，故爲作釋，是曰《釋言》」。《白文考》之作，亦猶是《釋言》之例云爾。

抑白文音義與班氏《漢書》檃合。蓋《漢書》多當時方言，其自叙所云函雅故通古今者，即義晐方言之謂也。予初爲《白文考》時，引《漢書》以證白文，繼爲《漢書》注補，又引白文以證《漢書》，二者交勘，竊喜有淄澠之合，此亦足以證方言之失，而雪千數百年蠻語之譏者也。既釐定爲四卷，别仿顧氏《易本音》《詩本音》之體，成《白文古音解》附於後。吾滇學者苟能逐字推尋，補其所不足，而糾其所未逮，又予之所企望者矣。己卯夏六月劍川趙式銘。

附《白文即白言解》

文者，言也。筆之於書爲文，出之於口爲言。白文者，猶白言云耳。升庵《滇載記》謂其書譯自僰文，義兼象教，僰文之名始此。第當作白，不作僰，前已言之矣。而或者疑滇中文字若《韙書》、若摩些、若苗、若回外，當别有一種白文，惜其年遠失傳，庸詎知升庵所謂僰文即以白子之言爲文，祇以四聲譌重之故，詞多脱漏，升庵從而删正之，令其可讀，非别有隱文祕籍也。如使僰文爲蠻語，升庵雖淹博，亦何從而删正之耶？其所云僰文「義兼象教」者，滇西本古之天竺國，故所紀多佛事，如稱阿育王縱金馬及不尚色染、不茹葷腥等皆是也。不然，滇中文字若《𧨊書》，若摩些文，若苗、回等，時歷千餘年至今未盡失墜，況白文根柢經史，通行甚遠，何遽泯焉無聞，轉不得與《𧨊書》等並存乎？故知白文即白言者，此也。

附《白蠻即白子解》

考唐樊綽《蠻書》云：語音，白蠻最正，蒙舍蠻次之，他部落不如也，但名物或與漢不同及四聲譌重。所云白蠻者，即白子也。奚以知其然也？南詔至閣羅鳳，始由蒙舍徙居太和，所云南詔語即蒙舍語，其環太和而居者，如鶴慶、劍川、洱源、雲龍、鄧川、賓川、鳳儀等，自有一種雅言，號曰白文，與南詔語迥別。今考《南詔野史》云：帝，南詔謂之驃信；王，南詔謂之詔；朕，南詔謂之元；弟，南詔謂之容。又《蠻書》云：高，白蠻謂之閣；富，白蠻謂之加；深，白蠻謂之諾；俊，白蠻謂之苴；帶，白蠻謂之佉苴；飯，白蠻謂之喻；鹽，白蠻謂之賓；虎，白蠻謂之波羅密，亦名草羅；犀，白蠻謂之矣；牛，白蠻謂之舍；谷，白蠻謂之浪；川，白蠻謂之賧；山，白蠻謂之和；舞，白蠻謂之伽傍云云。證以今之白文，音義皆別，其間有同者，如稱鹽爲賓，稱虎爲羅之類，不過少數。蓋因白子與他部錯處既久，間雜其語，即《蠻書》所云「名物或與漢不同」者是也。又白文至唐時漸失故訓，自非好學深思，尠有心知其故，即《蠻書》所云「四聲譌重」者是也。樊綽既知南詔與白蠻爲兩種，然猶未知白蠻即白子，有獨立不同之白文，其間有非雅言者，如高謂之閣、富謂之加等，則因雜有他部方言，未可以此而概其餘矣。綽此書號爲精審，其論語音尤當，惜未知滇中民族别有白子一種，故統稱之爲白蠻云爾。讀《蠻書》者，求白蠻之地而不得，遂疑白蠻爲僰夷，後知僰夷無文字，並疑綽書爲失實，不其傎歟？今滇中人種尚可考見，《蠻書》稱「語音白蠻最正」一語，非白子之文，無一足以當之。故曰白蠻即白子者，以此也。

附《緬文亦通白文解》

緬甸，其語單音，與諸夏同原，如呼二曰膩，母曰阿每，兄曰阿哥，日曰尼，馬曰蔑，鷄曰解，與白文無大異。章太炎謂：「諸夏之起，本自氐羌。」緬甸亦吾同氣，信哉！

附《儒宗解》

考《通志·方言》云：「師長，爨蠻謂之署宗，東川夷謂之世朱，麗江夷謂之熟朱。」皆即儒宗之譌。劍川白文亦譌爲書主。案「儒宗」二字，本《史記·叔孫通傳》，其詳在《白文考正·人倫類》。

附《爹字解》

考《通志·方言》云「始祖，爨蠻謂之阿包。祖謂之阿卜，黑沙人謂之老拋，東川夷謂之阿伯，麗江夷謂之阿普。父，爨蠻謂之阿爹，儂人、土僚謂之博，擺夷謂之依博，阿成謂之依頗，黑沙人謂之勒布，麗江夷謂之阿巴」等。凡名包、卜、布、坡、拋、伯、普、博、巴、波者，皆即爹字之譌。案，爹音屠可切，又待可切，《廣韻》曰「父也」。見《南史·梁始興王憺傳》。其詳在《白文考正・人倫類》。

附《隖穌波解》

考倪蜕翁《滇小記》云：「滇人春時栽種時，祭田公田母與天下同，而成熟收刈時，則祭隖穌波，至稻穇合尖時亦祭，方刈穫饁餉則每食必祭之，謂不如是，隖穌波不喜也。或有一青色尖頭之蟲登場，則舉手加額曰隖穌波來矣。」後又云：「按，隖，村也。把取禾把取草皆謂之穌，云部斂之也，與樵蘇之蘇同。滇蜀稱長老曰波，故滇稱老巫曰大覡波，其曰隖穌波者，亦大抵主收刈之神耳。」近據昆明縣蒐輯通志資料，稱爲五梭婆，此波字、婆字，皆即爹字之譌。音爹，讀若簸上聲。滇人呼爹音在巴波、布婆之間。凡稱鬼神官吏，亦尊之曰爹，非必施之祖父輩也。其云隖者五也，穌者熟也，波者爹也，合而名之隖穌波者，即五穀皆熟之神也，此即詩人祭田祖之遺義。蜕翁亦知波者爲長老之稱，而不能引《廣韻》《南史》之爹字以釋其辭，乃臆解隖穌波三字，殊近牽彊。翁客滇久，終老是邦，又能博洽方聞，而猶未達其指，無怪滇中諸載記於波、巴、布、博等字各成一説。今閱者如墮五里霧中，故詳加解釋，以祛談滇事者之惑云爾。又考《植物名實圖考》云，穌，杷取禾若也。杷，各本作把，今正。禾若散亂，杷而取之，不當言把也。《離騷》：「蘇糞壤以充幃兮，謂申椒其不芳。」王逸曰：「蘇，取也。」《韓信傳》曰：「樵蘇後爨，師不宿飽。」《漢書音義》曰：「樵，取薪也。蘇，取草也。」此皆假蘇爲穌也。據此，則把字之義謂刈穀時禾若散亂，把而取之也。今滇人祭田祖正當稻穇合尖之時，去收穫時尚遠，蜕翁所引「杷取禾把」云云，證以《名實圖考》，愈知其説之非矣。又考《正字通》爸字云夷語稱老者爲八八或巴巴，後人因加父作爸字。蜀謂老爲波，宋景文謂波當作皤，黄山谷貶涪，號涪皤。皆不知别有爹字，故作八八、巴巴、波、皤等解也。吴樹聲《歌麻古韻考》謂爸乃後世字，故音亦後世之音。信然，然吴氏亦不知有爹字義也。

附《覡皤希博解》

舊志「方言」云：師，爨蠻謂之大覡皤，又謂之大希博，皤、博皆爹字之轉音，説見前。又拜禡、白馬，一稱畢摩，一稱白毛，其字作中ㄇ，係爨種，見《西南民族調查報告書》。爲巴布、凉山獨立羅羅中之祭師，專司禳禱，與麗江麼些中之東寶最相似。東寶一稱多寶，又稱多巴。所謂大覡皤與畢摩者，蓋即唐宋時兩爨大鬼主之遺也。又署朱即儒宗之謁，惟白人爲塾師之稱，爨人則凡師長統稱曰署朱，此其異耳。

〔乾隆〕恩安縣志稿

【解題】汪炳謙纂修。恩安縣，今雲南省昭通市昭陽區。「夷人方音」見卷五《人事類·户口》中。録文據宣統三年（一九一一）鈔本《恩安縣志稿》。

夷人方音

漢則本省徵、雲、臨、曲等府之人，外則吴、楚、川、廣、蜀、黔、閩越，各從其風土方音，未盡能一。惟夷人乃土著者，其語言略載於篇。

天，米。日，擬機。月，哈罷。星，彌璣。風，佹恓。雲，你勒。雷，木古。雨，木合。露，[illegible]大。雪，挖大。霜，你。冰，挖業。地，蜜。山，白。水，以。坡，不疊。[illegible]，做。江，業以。海，黑。河，以莫。溝，以他。田，扯蜜。園，勁蜜。街，者局。城，陸。路，夷媽。村，的魯。橋，戛米。火，蜜鋒。春，女哆。夏，施化。秋，淖峨。冬，母初。

正月，鼠項。二月，木項。三月，哈項。四月，懦項。五月，葉項。六月，期項。七月，列項。八月，海項。九月，你項。十月，拉項。十一月，搨項。十二月，路項。

天晴，米撮。天陰，米特。歲豐，些持。歲歉，烏酌。父。母。兄，爲暮。弟，澤巴。姊，阿恕。妹，木質。夫，咱哇。婦，莫凹。姨，未錯。姑，阿你。子，咱布。孫，哩布。岳父，吾你。岳母，吾披。壻，吾披撒五。

客人，俗烏。奴，僕者。兵，麻葉。民，陸皮。衣，補。褲，下仉。裙，着吾。鞋，[illegible]捏。米，渣免。穀，撤。燕麥，廈世。豆，鴉。大麥，租。小麥，廈。甜莜，廈碾。苦莜，廈翅。青菜，猓的。韭，暴持。萊菔，吾租。蒜，爪新。油，呼足。鹽，擦。醋，都夷。茶，机都。酒，汁刀必塔。豆腐，糯汁。斧，亥嗟。柴，西。炭，泗。灰，户。線，曲。犂，生各。

頭，吾囮。面，你膩。耳，那白。目，業覩。口，那不。鼻，那別。身，補鋪。髮，五志。手，列。足，他期。腿，他市。心，你莫。

老，暮宿。幼，何戛。哭，[illegible]。笑，頤。睡，逸。醒，以[illegible]。

喫飯，飭自。穿衣，補戛。飲水，以未朵。飲酒，汁朵。飲茶，机都朵。上山，不疊。騎馬，栂則。放牛，女活。

鷄，昂。鵝，古。黃牛，列布。水牛，[illegible]。鴨，歪。馬，木。驢，利目。騾，他目。羊，黑。豕，哇。犬，[illegible]。魚，[illegible]。蛇，補賍。松，特[illegible]。竹，馬綀。花，布露。桃，生馮。柳，一我。

〔民國〕昭通縣志稿

【解題】盧金錫總纂，楊履乾等編輯。昭通縣，今雲南省昭通市昭陽區。「方言」見卷六《氏族》中。録文據民國二十七年（一九三八）鉛印本《昭通縣志稿》。

方言

人生世界，逞其聰明才力，建一國則有一國之文字，聚一族則有一族之語言。微論地球列邦，各有其國之語言文字。即以吾華言，書同文矣，而各省之聲音不同，即一省中，各地之土語尤不同。楊升庵《南詔野史》謂滇有百種，則其族亦甚複雜，其語言亦不相類。昭處東陲，僅有夷、苗二族，皆各有其土語。至改土時，奉撥之漢人惟雲、曲二府人最多，其籍皆來自大江南北，盡屬官話，悉無異也。但今之設學者有外國語一科，豈以土語而竟漠視耶？爰考舊志及

《東川志》，照列之，以備習繙譯者之資。志方言。

夷語

音濁而拙。族本土著，當改土時，全縣人民漢少夷多，故所言大半夷語。其族與外人交際，則習漢話。與同類言，則操夷語，外人聞之，瞠目而不知也。其方言，前志載之綦詳，係照舊本轉録，年湮代遠，傳聞錯訛，但試與彼族言，已覺少差，即証之邊遠之音，尤爲不合，况今彼族之人多進學校，語文盡屬漢字，故彼語不復再列。

苗人

僻處山陬，知識淺陋，與漢人往來習用漢語，自聚談仍用夷話。其音短而突，有文字。分三十七字母，有音者十，無音者二十七。讀分五音，有尖高平上長之别。一字數音，或數字同音。半起象形、會意、諧聲，及作各種記號，以志别者。計度以兩擘伸直時其兩指尖之距爲一羅。分時以支屬，例如猪年、羊月、猴日。如漢人問人之歲，則答曰屬龍或屬虎等，蓋沿用夷習耳。

回人

音清而尖。舊有文字曰天方字，習之者阿吽而已。回文字母二十有八，有古字母、今字母之分。古字母造法起於圓點，今字母造法起於圓圈，變化錯綜。萬字以出音母，念法與漢文注音字母相近，標示四聲亦同。書法横衍右行，習用刀筆，如木板竹籤等，猶存古制耳。

〔民國〕巧家縣志稿

【解題】陸崇仁修，湯祚纂。巧家縣，今雲南省昭通市巧家縣。「方言」見卷八。録文據民國三十一年（一九四二）鉛印本《巧家縣志稿》。

方言

巧家民族複雜，言語各異，但普通言詞仍以漢語爲主。兹將漢夷回苗蠻民族之獨立語，擇其切於日常應用者，列爲兩表。以資對照。

漢夷回語對照表

天，木，色嗎雨〔一〕。日，擬機，曬木思。月，羅溥，改買爾。星，鳩，努朱米。雷，木鷄，萊耳堵。雨，木合，屠衣利。露，志，色羅補。雪，文，賽來只。風，迷係，利哈。雲，木恕，色哈比。地，迷，艾耳咀。山，白，寨白里。水，以，嗎以。江，那以，哈里着。海，桓，敗哈耳。河，以莫，乃河耳。溝，以輸，賣台敗耳。冰，烏梯，敗耳底。霜，聞寧，印只嗎地。田，密，愛耳咀。街，曲覺，蘇格。路，覺莫，色碧里。城，魯，擺來地。村，卡，艾耳羅比。

〔一〕原爲表格形式，今改。「天，木，色嗎雨」三詞依次爲漢語、夷語、回語。本節同。原書詞語排列混亂，今按以類相從原則，略作調整。全篇同。

橋，梯，柱思耳。火，熄度，啫耳。

春，叻，茉只耳。夏，施，蘇艾衣府。秋，署，海里府。冬，初，使他以。

正月，□〔一〕，囉黑露來艾哈地。二月，□，囉黑露來雨思啫尼。三月，□，囉黑輪色拉蓑尼。四月，□，囉黑路來艾耳擺耳。五月，□，囉黑路來哈木色。六月，□，囉黑侖西臺體。七月，□，囉黑侖色補耳。八月，□，囉黑侖色馬尼葉。九月，□，囉黑侖梯思耳。十月，□，囉黑□荗耳使來。十一月，□，囉黑路來佞哈歹耳使來。十二月，□，囉黑路來玉思啫耳使萊。

早，挽，布客萊臺。晚，期，賣思里比。房屋，黑沽，吴耳肥臺。樓，戛，一作我何。色特哈。門，角其，波比。井，作都，避衣里。寺，自黑，賣色只底。

祖，阿伯，占堵。祖母，阿達，占歹體。父母，□，艾補愠母。兄，末秣，艾胡來凱比魯。姊，目，一作阿佞。吴胡土。妹，膩，一作佞虐。艾海羅體。夫，墨，繞只。婦，咩，一作慾。繞者土。男，哺租，一作租吾。萊只里。女，阿咩，一作母遮。尼梭雨。子，祖，玉補努。

兵，麻郁，耳梭凱里。民，魯者，萊二葉體。我，餓，矮乃。你，那，按臺。弟，年，一作卡目阿佞。艾胡。孫，希，玉補努來玉補尼。朋友，瀦額，哈里魯。家主，額色作撒，浪白土來白衣體。客人，俗外，一作俗汪。蘇艾衣非。家奴，僕遮，二補堵。師父，世朱，吴思拖德。徒弟，蘇育烏

〔一〕□：指原書此處爲空格，未記音。下同。

奈，兔來米數。

褲，樹，以若魯。鞋，期乃，臺耳里。飯，假，愠魯加賣特布只。衣，賓，里波思。帽，烏時，一作烏助。拖只。帕，烏是都，一作蠟色。命里里。油，挖測，在雨體。鹽，粗，米來哈。醬，作技，買魯哈體。醋，即醋，□。茶，機都，沙雨。酒，汁，亥木里。湯，何以，一作壝親。買來格。米，作兒扯，一作兒。愠魯祖來故施里。穀，扯色，五侖祖。大麥，□，曬爾里。豆，努，波格幺雨。肉，挖護，萊哈米。

金，蛇，兒衣尼。銀，兒，份祖矮體。銅，鷄，努哈數。鐵，歇，哈低底。錫，搽，里梭數。錢，鷄落竇，府魯司。板，洗皮，牢哈。炭，咩西，肥哈門。

頭，烏奔，萊衣思。面，拖，一作業念。外支孩。耳，腦波，五祖尼。目，那都，二雨尼。口，業補，肥米。鼻，恕鼻，按肥。身，叱迫，塞色底。手，腊扒，雨底。足，期扒，里支里。心，你麽，格來補。

一，搭目，矮哈底。二，膩目，玉思喏尼。三，色目，色拉塞。四，丐目，艾耳擺爾。五，我目，亥木色。六，曲目，西臺臺。七，係目，色補耳。八，黑目，色嗎尼矮。九，叱目，梯思耳。十，册目，耳舍來。百，合，米葉體。千，都，艾來府。萬，業，耳舍來米葉體。億，他都年，凱里米。

東，肺，賣施里格。西，灼，賣兒里擺。

漢苗蠻語對照表

天，更上們平，梯〔一〕。雲，朗木平，摸烏。冰，啊路平，武匕及。江，阿大，孜蔣。街，耐惹上，丁子。火，革尾，莫多。日，登完，蒙蔪。月，領班，勺波猓。雨，討晤，母匕及。地，崗浪，朦得。河，阿大，日戞。城，阿姐，池雨。星，能平勞平，□。風，哀人，母思朵。雨，討昏，□。露，飯敖，母衣烏。雪，討來平，武及。山，啊丙上，敵捕。水，啊，崖痴。海，米敖三，□。河，阿大，□。溝，哀普往，日嘎。田，哀納，體。村，哀丙上，啊思加。路，革平山〔二〕，戞。早，革海平，母體。晚，哀屋，母尸。人，堵文，舍。

春，令平木平，同漢語。夏，令平納，同漢語。秋，令平蔣，同漢語。冬，令平冷，同漢語。

正月，令平老，□。二月，令平艾，□。三月，令平三，□。四月，令平塞入，□。五月，令平好，□。六月，令平霜平，□。七月，令平則平，□。八月，令平別平，□。九月，令平口，□。十月，令平則入，□。十一月，令平一，□。十二月，令平贈艾，□。

一，一商，慈馬。二，兩商，業馬。三，三商，所馬。四，塞平商，耳馬。五，哈上商，硬馬。六，耍平商，呵馬。八，別上商，補馬。九，口商，害馬。十，則個老商，起馬。百，蒿，慈哈。千，萬，慈堵。萬，木度平，□。

〔一〕原爲表格形式，今改。「天，更們，梯」三詞依次爲漢語、苗語、蠻語。本節同。
〔二〕原書「革」的「平」字標在上聲處，今依平聲處理。

祖父，啊褒，啊普。祖母，啊媽，啊媽。父，啊壩，啊打。母，啊咪，啊母。兄，啊謀平，日武。弟，思暖，衣雨。夫，老釣，不子。婦，買，莫季。我，蒙平，瓦。你，蒿平，能。他，勾，能阿子馬。衣，革平布，衣土。褲，克發平，拉。帽，矮平毛，貓子。

〔民國〕中甸縣志稿

【解題】段綬滋纂修。中甸縣，今雲南省迪慶藏族自治州香格里拉縣。「語言文字」見下卷《社會狀況》中。録文據民國二十八年（一九三九）稿本《中甸縣志稿》。

語言文字

一、語言

中甸有漢、藏、回、苗、摩些、力些、猓玀七種民族，而語言僅有六種，因回族與漢族同爲一种語言也。今將各民族語言之發言與構造詳言之。

〔一〕漢（回）語

漢語與内地同，最爲清晰。因中甸漢回民衆原籍多不相同，蓋自雍正歸版以後，始有漢人蹤迹，其來歷不外遊學、隨營、貿易、開墾四種。其原籍多係沿金沙江上下遊各省人民，但以少數漢回聚居一隅，其語言自漸同化。復因中甸孤懸江外，接近寧遠八屬，故其語音清晰。

〔二〕藏語

藏語多舌音、彈舌音、顎音、喉音、唇音、齒音，而鼻音最少。其音節語氣極爲明晰清朗，惟言詞多婉轉譬喻，頗有外交家之態調。至造句，多動詞在後，名詞在前，與文字相同。據言中甸藏族語言發音稍土，有不能與拉薩標準藏語完全相合者。

〔三〕摩些語

摩些語多唇音、喉音、顎音，其次則爲舌音，最少鼻音或齒音。其音節語氣極短促，而言詞亦粗鄙無文。其造句，多名詞在前，形容詞在後，動詞又在後。

〔四〕猓玀語

猓玀語多係鼻音，次爲唇音，再次爲喉音，最少顎音或齒音。音節長，語直無文，惟音聲最柔細，如隔一毳幕而聽，少年男女之則有不能分辨者，亦可見其婉膩也。

〔五〕力些語

力些語多顎音、喉音，而唇音、舌音最少，鼻音、齒音更少。語音粗澀，言詞簡單。

〔六〕苗語

苗語多唇音、舌音、顎音、喉音，而鼻音最少，齒音絶無。語音細短，言詞簡單。

二、文字

中甸雖有七種民族，而文字僅有五種，即漢文、藏文、回文、摩些文、猓玀文，其力些、苗子二種，僅有言語而無文字。漢文通行於縣城及第三區，惟縣城内之純藏族人民仍以藏文爲標準，絶不學習漢文，即第三區之三堤鄉摩些民族及散住各鄉之猓玀族，亦必以摩些文字或猓玀文字爲準，甚識漢文者不及千分之一。至於回文，識者尤寡，不甚通行，無有記載價值。今將藏文、摩些文、猓玀文三種，分別論列，漢回文則從略焉。

〔一〕藏文

藏文爲中甸五種文字中最美術、最規矩、最完備之一種文字。原有字母三十字，而每一字母又加以四種陽母音符號，即能發四種變音，是以每一字母均有五音，其五音之音節、音階純與日本文平假名各無異，不過日文平假名則必以五字爲一句，而藏文一字能發五音，此其優劣之比較耳。如字母第一字爲ཀ，音噶。加以四種符號則爲ཀི、皆。ཀུ、音孤。ཀེ、蓋。ཀོ。谷。又如字母第二字爲ཁ。音卡。加以四種符號則爲ཁི、開。ཁུ、庫。ཁེ、間。ཁོ，苦。餘類推。復有ཡ、ར、ལ三字能拼合其他一定之字，而發出四十九音，計已有一百九十九音。此發音之規則與豐富也。

上述一百九十九音外，又有ག、ད、བ、མ、འ五字，可以在任何字之或前或後；ང、ན、ར、ལ、ས五字，可以在任何字之後，而別出一音義。其餘拼音，千變萬化，然皆有一定之規律，不能任意亂拼。此拼音之規則也。

此外極講究八品名詞，而尤注意於陽性、陰性、多數單數及過去、現在、未來、你我他之類，頗似英文或法文之嚴密。故論單字雖僅有五千餘字，即連徘徊、秘密、恐懼、歡喜等類之名詞而統計之，亦不過一萬數千字，但因其發音規矩，文法完備，故雖甚深意趣與曲理論亦能委婉傳達，而不能移易。此又文法之緊密也。

藏文有大楷小楷、大草小草，但皆自左自右旁行斜上，而又多横直筆畫。故自有藏文以來，無論繕寫何種字體，均以竹筆爲標準，其筆極似破唇之鴨嘴。近因中甸接近内地，藏族文化漸次進步，故亦有用鋼筆、毛筆、鉛筆者，然欲求其規矩完善，實不如竹筆之美術也。其寫字時，席地盤坐，左手捧紙，懸空而寫，不用棹櫈。兹舉數字以見中甸藏文之美術規矩焉。

天 [illegible] 地 [illegible] 日 [illegible] 月 [illegible] 山 [illegible] 水 [illegible] 土 [illegible] 木 [illegible] 父 [illegible] 母 [illegible] 子 [illegible] 女 [illegible] 山 [illegible] 河 [illegible] 田 [illegible] 宅 [illegible]

〔二〕麼些文

麼些文亦稱東跋字，即東跋薩拉所造，凡麼些民族多用此種文字。惟東跋經則較爲艱深，非東跋教徒莫能解也。其實此種文字，但能稱爲麼些字或東跋字，絶不能稱之爲文。因此種文字僅有單字之連續，而並無八品名詞或任何文法也。

麼些字多象形、指事，亦有借物名之音而造成字，頗似形聲或假借者，然絶無一定規律，故寫法每有不同，必視其上下之字始能識别，實原始民族之文字，不過較結繩、木刻稍進一步耳。

摩些字無一定之音，質言之，即係本漢語之音意轉爲摩些語，又由摩些語之音意而生造此種符號。其繕寫仍用竹筆，亦有用毛筆者。其寫法多係下行直行，但每行寫三字或二字，甚至筆畫多者僅寫一字，復又必向右提寫第二行，頗似新聞報紙之排印法，將整篇紙幅揢爲數段。不過其寫法係由左端而至右端，迨上格寫完後再由第二格之左端起，而開手必有一符號，又多於每句之後劃一直線，以爲前後兩句之區分。舉如下：

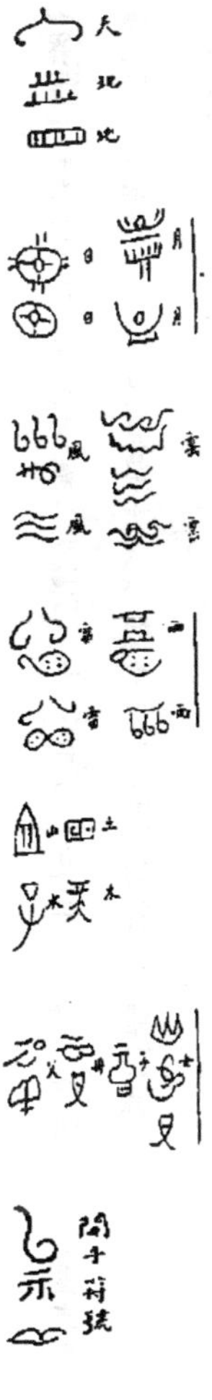

〔三〕猓玀文

猓玀文，普通稱爲夷字，原有一定字母，但無任何變音符號及母音、子音之拼法與陰性陽性、多數少數之限制，故無論將二字以上之若干字母拼合爲一字，亦必須遍讀其音其意如顯。顧其造句，似有動詞、名詞、介詞之分，故雖不能闡發其深義理，而一般之單純事象尚能顯現。是以論其價值，雖不及藏文之完備，然較之摩些文實已高出數倍，可稱爲中甸之第三種文字焉。學習此種文字者多爲猓玀教之掌教及其教徒，其繕寫用木筆，亦可用毛筆，其寫法係向左横行，與藏文相反。

猓玀文字母多係鼻音，又僅有拼字法，而無拼音法，故拼音法偶有不同，但須觀其前後拼合之字母，則其字之意義即已大定，再讀其上下文，則其意義與範圍遂確定而不可移也。其性質與擺夷文字相近，舉例如下：

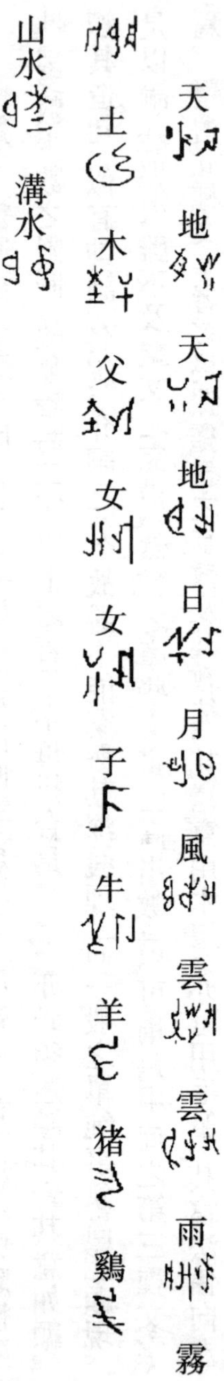

〔民國〕維西縣志

【解題】李炳臣修，李翰湘纂。民國二十一年（一九三二）修。維西縣，今雲南省迪慶藏族自治州維西傈僳族自治縣。「方言」見第十六。録文據民國時期鈔本《維西縣志》。

方言

各地方言

縣屬各地方言，有：阿爹，父也。阿媽，母也。阿哥，兄也。爺、耶，祖父也。阿奶，祖母也。屁股吃人參，謂受人恩惠，無力圖報，期諸異日也。詈人死蟹，謂人死也。土頭土腦，謂鄉愚也。吃猪頭，欺着鄉下人也。家主婆，謂正式之妻也。老子，謂自大也。戮千刀，婦女詈人之口頭禪也。

語系

夷類雜處，語言龐雜，各有語系。

如麽些也，謂天爲母，地爲你，日爲女美，月爲很美，星爲梅，雨爲恒，山爲舉，水爲吉，木爲師。一爲直，二爲你，三爲叔，四爲盧，五爲瓦，六爲岔，七爲使，八爲哄，九爲姑，十爲才，百爲丁喜，千古爲丁讀〔一〕。呼父爲阿普，呼母爲阿蔑，呼哥爲不，呼弟爲宜鷄，呼祖父爲阿普，呼祖母爲阿仔。

如栗粟也，謂天爲木吾，地爲每能，日爲明末，月爲好色，星爲苦牛汝，雨爲木好，山爲聚聚，水爲阿加，木爲四。一爲提，二爲疑，三爲三，四爲里，五爲襪，六爲從，七爲十，八爲黑，九爲古，十爲此，百爲提恒，千爲提羅。呼父爲阿八，呼母爲阿馬，呼兄爲阿一，呼弟爲宜雜，呼祖父爲八，呼祖母爲阿獲。

如古宗也，謂天爲糯，地爲少，日爲疑罵，月爲打凹，雨爲茶窮，星爲高馬，山爲日，水爲知，木爲心。一爲金，二爲疑，三爲松，四爲日，五爲襖，六爲東，七爲等，八爲寄，九爲句，十爲九，百爲加，千爲東他。呼父爲阿攀，呼母爲阿媽，呼弟爲阿奔，呼祖父爲阿覓，呼祖母爲阿底是也。

〔一〕古：字疑爲衍文。

其他人⿰犭怒人、⿰犭求人亦各有語系。

語言

漢人多用尖音，往往讀緑爲盧、米爲迷、福讀爲扶，然與普通官語不甚縣殊。土人多用土音，謂人爲神，謂鷄爲幾，謂李爲你諸類是也。

土音

麼些、栗些、古宗各有土音，不相同。惟栗些與⿰犭怒人、⿰犭求人所有同者〔一〕，爲⿰犭栗人土音類⿰犭怒人，⿰犭怒人土音又類⿰犭求人也。

〔民國〕瀘水志

【解題】 段成鈞纂修。瀘水，雲南省怒江傈僳族自治州瀘水市。「方言」見第十六章。録文據民國二十一年（一九三二）石印本《瀘水志》。

方言

各地方言

無。

〔一〕所有：似當作「有所」。

語系

語系有四種：猓玀話、漢話、猓猓話、氏家話。

語音

瀘水一區語音俱係低平音。

土音

低平而緩。

〔乾隆〕麗江府志略

【解題】管學宣修，萬咸燕纂。乾隆八年（一七四三）修成。麗江府，轄境包括麗江、鶴慶、劍川、中甸、維西等縣、州、廳，府治在今雲南省麗江市古城區。「方言」見卷下《禮俗略》中。録文據傳鈔本《麗江府志略》。

方言

天，夷語曰美。地，里甸。日，你買。月，海買。星，根。風，海。雲，吉。雷，每枯。雨，痕。霜，你甪。露，着甪。寒，氣。熱，此。是，酬。晚，荷。

山，匊。水，卓。嶺，瓦便吕。關，改。哨，熐。江，迤彼。川，羅。河，濠。海，憾。溝，開。船，離。橋，晬。

春，每你。夏，每緘。秋，每處。冬，每初。歲，庫。時，知。東，你買土。南，梅。西，你買谷。北，竿。上，果墮。下，梅臺。中，慮谷。古，阿邊是邊。今，阿侫。

皇帝，卡。臣，喜公。官，率選。民，伴先。父，阿巴。母，阿買。祖，阿普。祖母，阿曾。兄，阿補。弟，跟生。姊，蛛買。妹，姑買。夫，阿該生。婦，你奴。男，左。女，食。子，苴。孫，魯補。孫女，魯買。長官，招蟻。小管，犀寡。家主，黨哈。主人家，卡巴。家奴，吴。岳父，於扁。女壻，茂恩。師父，熟朱。徒弟，的子。朋友，阿黨。你，納。我，扼。人，希。頭，古吕。面，爬買。髮，古南。鼻，你埋。眼，眠吕。口，供邊。耳，海足。身，古毋。手，拉。腳，坑。心，怒買。哭，奴。笑，然。坐，足。走，幾。睡，意。醒，烏。去，甫。來，籠。罵，揣片。打，拉。跪，醋。善，唱。惡，誇。大，的。小，計。

房屋，戟。廳，頗羅。樓，磋。天井，戟改。樑，古魯。棟，都而。階，挫補。門，孔。竈，寡。園，可。田，甲。街市，知。路，汝股。板，多。瓦，完。

衣，巴拉。帕，古魯。帽，古蒙。纓，補買。繫腰，木艮。褲，雨。裙，臺。裹腳，苦魯。鞋，撒。笠，馬喝刺。簑衣，戟祥。紅，湖。青，邊拿。緑，鞋。白，甸。黄，時。藍，邊。黑，南。靛，典。

殺，哈。湯，訓。下飯菜，哈樹。米，濯。穀，形。大麥，每獎。小麥，獎。豆，奴。飲豆，奴羨。蠶豆，打靚。甜莜，阿根。苦莜，阿干。燕麥，梅習。稗，甸。酒，訒。茶，量。藥，差恩。

蔓菁，阿坑。蘿蔔，兩卜。茄，竿。王瓜，多謗。白菜，匊匍。青菜，暢波羅。豆腐，諸。豆粉，狠。油，池巖。芥，罵集。燒酒，阿拉吉。醋，該雄。醬，疽。鹽，且。肉，施。

金，含。銀，我。銅，爾。鐵，首。錫，序。錢，寄馬。貧，洗。富，恒。

鍋，補。甑，布。碗，誇。鐘，改。盤，核邊。瓶，苴。壺，公彼。罐，硬生。筯，阿蟾。刀，汝添。斧，邊邊。鋤，磋故。桶，圖。簸箕，毋。筲箕，苦助。糞箕，拉也。棹，篩來。橙，母買。戥子，加麻。秤，斤。升，彪。斗，都。筆，弄。墨，麻拿。硯，雄恩。紙，書樹。書，添恩。火，弭。柴，私。棚，味趨。炭，坑憾。灰，硬。線，硜。石灰，艳〔一〕。

樹，字。木，私。梅，私卡。松，妥。柏，咻。桃，補王。杏，傻。柳，汶。花，罷巴。山竹，味。圓竹，布何。草，洗。

馬，繞。騾馬，繞每。兒馬，繞公。騸馬，繞杜。驢，篇繞。騾，反。牛，恩。羊，由。豬，蒲。狗，坑。鷄，巖。鵝，我。鴨，阿。黃牛，拿恩。水牛，載恩。魚，你。蟲，彼丁。蛇，日。蠅，補弄。

一，的。二，你。三，續。四，籠。五，瓦。六，鈔。七，賞。八，貨。九，姑。十，詳。百，喜。萬，每。億，昂。飽，硬。餓，戎。輕，由。重，里。長，蟾。短，歹。多，奔。少，能。厚，

〔一〕艳：疑爲「鞋」之誤。

浪。薄，邊。

吃飯，哈魯。穿衣，巴拉母。飲水，戟提。吃酒，詡提。吃茶，量提。吹火，弭母。取火，弭子。盛水，潛吾。牛乳茶，思烏量。上山，容鈔。走路，忍今。

叩頭，落補對。是不是，哦買哦。讀書，添思索。寫字，添恩布。做官，選扁。教人，布而。租田，恩里。麥饅首，獎都。撒種，剌布。栽種，都。收穫，拓。天陰，每藏。天晴，每土。歲豐，巴址。歲歉，巴誇。學好，喝買索。説好，噶買社。説話，根止。做事，賞。騎馬，繞。放牛，恩弄。拈火把，弭造。萬歲，每庫。千歲，部庫。過年，戟飭。孝，琳殊。友，殊殊。

忠，怒買都。信，根止日。禮，布苦思。義，哦買邊。廉，馬芍期。恥，杜多思。智，希特。仁，怒買噶。

〔乾隆〕永北府志

【解題】陳奇典修，劉慥纂。永北府，轄境包括今雲南省麗江市永勝縣、華坪縣及寧蒗彝族自治縣等地，府志在今永勝縣。「方言」見卷二六。録文據乾隆三十年（一七六五）刻本《永北府志》。

方言

《王制》云：「五方之民，言語不通，嗜慾不同。達其志，通其欲，東方曰寄，南方曰象，西方曰狄鞮，北方曰譯。」後儒釋之曰：「寄，傳寄内外言語也。象者，倣象内外之言。狄鞮者，知也。譯者，陳也。」皆立此傳語之人，以通其志。故《周官》大行人之職以「屬象胥、諭語言、協辭命」爲重。自楊子雲作《方言》，後世國史往往附載方音。如遼、金二史及《元史·八師巴傳》所附録是已。國朝陸清獻公作令靈壽手勒邑志，獨另立方音一門。論者謂公留心民事，獨得體要。是後省郡志往往倣之。永北郡治，附郭皆吴楚遷氓，言語易曉。至四鄉與土司所屬夷猓，侏儺殆不可詰。其有聲無字者不可録，採其稍可通者，附入志乘，訪民隱而達下情，其或不廢乎此也。志方言。

夷猓方音

天，母斡喇。地，密靚庫。日，母以。月，荷波。星，降麽。風，母杳。雲，計統。雷，母騰。雨，賀哥。露，整以。雪，禾坎。冰，呢片。霜，呢哥。山，舞庫。水，一佳。嶺，白諾。坡，荅。箐，腊苦。江，納一。海，恨麽。河，近麽。溝，一可。田，密。園，養米。街，知。路，腳摩。關，即關。哨，即哨。城，拆。村，客。橋，格則。火，阿倒。春，即春。夏，即夏。秋，即秋。冬，即冬。正月，考時呼。二月，你呼麽。三月，所呼麽。四月，里呼麽。五月，我呼麽。六月，瞧呼麽。七月，始呼麽。八月，海呼麽。九月，古呼麽。十月，次呼麽。十一月，次底阿。十二月，次你呼。歲，考。時，值。古，阿嫩。今，阿悶。早，仰多。晚，母恥。天晴，母得。天陰，母地。歲豐，考糯。歲歉，考擦。皇帝，我主。臣，紫滿歹。官，阿育。祖，阿播。祖母，阿岳。父，阿爹。母，阿麽。兄，阿達。弟，捏苴。姊，阿姨。妹，捏麽。夫，阿布馬。婦，阿容馬。姨，阿娘。姑，阿呢。男，苴。女，苴墨。孫，禮苴。孫女，禮麽。岳父，阿務。岳母，阿呢。女婿，馬屋。朋友，哥常。家主，思頗。家奴，正保。師傅，撥支。徒弟，撥支作。兵，麻抒。百姓，白色。你，匿。我，鄂。人，措。米，稱卜。穀，稱撒。大麥，斯。小麥，碩。豆，那。甜莜〔一〕，菓處。苦莜，菓磨。燕麥，矢可。牛，阿扭。馬，阿喇母。猪，阿。羊，恥。鷄，鴉。鵝，烘。鴨，擺。金，射。銀，卜。銅，革。鐵，憾。錫，撒。錢，革皮。鹽，挫。茶，魯。酒，阿喇計。柴，斯。草，支。松，擔子。柏，削巴。竹子，末鐸。房屋，棲。天井，腳格麽。

〔康熙〕師宗州志

【解題】管掄纂修。康熙五十六年（一七一七）修，雍正七年（一七二九）增修。師宗州，轄境與今雲南省曲靖市師宗縣相當。「黑沙人方言」見卷上《九圖・下六嘈》中。録文據雍正七年增修刻本《師宗州志》。

黑沙人方言

天文

天，播奔。雲，喇麽。下雨，文倒。下雪，倒奶。打雷，得把。風。天明，弄〔二〕。陰，嫩。

〔一〕甜：原誤作「酣」。

〔二〕原文作「風天明弄」。

晴，兩。晚，抗。晝，槓完。

地利山川

地，令。山，迭當。水，攬。江，温達。河，達。上坡，衝堆。下坡，絨奈。田，提納。菜園，裡孫。石頭，革。火，肥。

衣服冠帶

帶帽，羅帽。穿衣，等布。褲，供。腰帶，撒腰。布，崩。棉，舛。被，毛。毡，新轄。枕，得齊。桶裙，共不。簪，莫見。包頭布，布。耳環〔一〕。帳，利波。

人倫

祖，老抱。祖母，裡。父，勒布。母，勒滅。伯父，勒抱。伯母，勒。兄，俾。嫂，俾囊。弟，濃。弟婦，濃俾。母，筆濃。母，俾滅。

身體

頭，勒稿。臉，布拿。鼻，布當。眼，勒大。眉，保大。嘴，純罷。舌，布。牙，咬。手，阿吻。指，吝吻。手幹，肩。肩，含罷。膊，過娥。肚，立董。腿，戈哈。腳，務登。腰，固。膝，革窩。頭髮，奔稿。鬍鬚，悶。背，拜網。耳，木耳。

〔一〕「耳環」下無譯音詞，下「碗、鍋、一」同。

飲食

吃早飯，賡崖。午飯，賡林。晚飯，賡韶。吃酒，賡老。吃肉，賡訥。吃烟，賡烟碗。吃藥，賡衣。煮肉，隴訥。鹽，姑。水酒，老蓋。燒酒，老。檳榔，罵榔。蘆子，戈喪。

草木

樹，過矮。木，過歪。竹，哀歪。明子，機。草，吻。柴，焚。

五穀

穀，蒿。米，蒿三。高粱〔一〕，高陽。豆，魯杜。麥，哈舒。麪，阿悶。糯米，蒿神。糍粑，蒿邪。芝蔴，勒喇。

瓜菜

菜，罷。東瓜，勒漥。蘿蔔，勒八。茄子，勒已。葫蘆，額謀。

五金

銀，昂。銅，龍。鐵，圪。錫，利。鉛，濃。

器用

炊鍋，得麽，又名喇把鍋。酒瓶，得哈。鐵三脚，勒謹。甑，納賴。碗。筯，得。杓，錫介。

〔一〕粱：原作「粱」。

桶，董。竹筐籃，疊藏。壜子，奶介、寬口。鍋。匾挑，安。臉盆，納昧。桌，勒絨。碓，平。磨，思括。紡車，勒撒。織機，到勒。戥，勒常。秤，常干。斧，坨玩。烟筒。烟碗。土鍋，納麽。坨田，那。鑼，喇。鼓，隴工。箱，得。帚，牛罷。燈，鄧機。

軍器〔一〕

鳥鎗，防順。環刀，挽衣。

房屋

房子，勒闌。樓，喇兜。樓板，達蚌。倉，裡。樓梯，賴。臥房，婃落。墻，含神。板壁，布窪。籬，額受，瓦同。

顔色

紅，令。青，麽。緑，腰。白，傲。黄，落。藍，乖。黑，晚。靛，奪。

數目

一。二，松。三，三。四，西。五，哈。六，六。七，歇。八，別。九，狗。十，十。百，罷。千，穖。萬，量。

稱呼

大官，老菩薩。書吏，外朗。徵差，田主。小官，小菩薩。道士，五得謬。客人，不夜。主

〔一〕此條原文有多處空白。

人家，抱闌。主人家婁，揮闌。

鳥獸

虎，得過。牛，犢崖。黄牛，得時。猪，得麽。羊，得榮。狗，得媽。豹，得隨。鼠，得奈。鳥，得落。鷄，得蓋。鴨，得布。鵝，得漢。

魚蟲

魚，得巴。蟲，得麻。蛇，得能。蠅，得娘。

雜物

石灰，爾高。線，埋。炭，留。

文房

筆，兵墨。硯，硯瓦。紙，蓙。

人事雜語

拿水，得攬媽。洗腳，瀉登。走，擺。快走，忙擺。去，擺娘。回來，倒媽。醉，老肥。走路，擺闌。遲，完。早，羅麽。夢，能冒。睡，能。醒，細那。認不得，迷裸列。你，蒙。我，勾。大，牢。小，恝。笑，攸。哭，歹。罵，納。唱，温。好看，貌裡、貌鮮。不好，迓娃。瘴，板箱。騎馬，鬼馬。出大恭，得崖。出小恭，得牛。點大把，根柱，六月二十四日滇土節。過年，根箱。

〔乾隆〕東川府志

【解題】方桂修，胡蔚纂。東川府，府治會澤，轄會澤縣與巧家廳。「夷人方音」見卷八《風俗》中。有乾隆二十六年（一七六一）刻本。録文據光緒三十四年（一九〇八）刻本《東川府志》。

夷人方音

漢人，本省多曲靖，外省多江廣，各從其風土，方音亦不畫一，惟夷人乃土著者，其語言略載於篇。

天，木。日，擬機。月，羅溥。星，鳩。風，迷係。雲，木恕。雷，木鷄。雨，木合。露，志。雪，文。冰，烏梯。霜，聞寧。

地，迷。山，白。水，以。嶺，白腳。坡，白撇。箐，做。江，那以。海，桓。河，以莫。溝，以輸。田，密。園，臥密。街，曲覺。路，覺莫。關，哈期。哨，好跌。城，魯。村，卡。橋，梯。鄉，塘普。火，熄度。

春，吻。夏，施。秋，署。冬，初。正月〔一〕。二月。三月。四月。五月。六月。七月。八月。九月。十月。十一月。十二月。歲，哭。時，鬼。古，阿無。今，阿額。早，挽。晚，期。

〔一〕「正月」至「十二月」下無譯音詞，下「窗、父、母」同。

天晴，木族。天陰，木登。歲豐，峨恩。歲歉，峨我。

房屋，黑沽。廳，黑歹。樓，戞，一作我何。寺，自黑。廟，補黑。樑，賭列。棟，戈則，一作洗魯。門，角其。階，櫓梯，一作達七屋。井，作都。竈，魯作。窗。天井，視沽，一作雜咩。

皇帝，翁母。臣，者，一作募卿。官，廈助。祖，阿伯。祖母，阿達。父。母。兄，未秣。弟，年目，一作卡阿侫。姊，目，一作阿侫。妹，膩，一作侫虐。夫，墨。婦，咩，一作慾。姨，莫虐，一作阿你咩。姑，阿你。男，哺租，一作租吾。女，阿咩，一作母遮。子，租。孫，希。孫女，希阿咩，一作把希。岳父，阿五。岳母，披煞。女壻，仕吾。朋友，潛額。長官，沙祝額，一作俗助。家主，額色普，一作撒普。主人家，雜色地。客人，俗外，一作俗汪。家奴，僕遮。師父，世朱。徒弟，蘇育烏奈。兵，麻郁。民，魯者。你，那。我，俄。人，烏撮。

衣，賓。帽，烏時，一作烏助。帕，烏是都，一作蜡色。纓，烏時妾。繫腰，祝是。褲，樹。行纏，期史。鞋，期乃。襪，布襪。笠，羅合。簑，顧六。飯，假。飯米，假兔，一作兔。米，作兔，一作扯兔。穀，扯色。大麥，租。小麥，舒，一作十作。豆，努。蠶豆，努本，一作提里。甜莜，古癡。苦莜，世古。稗，微。燕麥，廈世。王瓜，色菊。東瓜，布里吐。南瓜，步哩。白菜，臥土阿結。青菜，臥土。萊菔，臥莫。茄，鳩則。芥，一作臥烏泥。油，挖測。鹽，粗。醬，作枝。醋，即醋。茶，機都。酒，汁。燒酒，扎汁。豆腐，努摺。湯，何以，一作壜親。麥饅首，是，一作鏴鏴。牛乳茶，呢你機都。肉，挖護。紙，拖衣。墨，麻練。筆，麻奇。硯，屋羅。書，蘇迫。金，蛇。銀，兔。銅，鶏。鐵，歇。錫，搽。錢，鶏落寶。鍋，歇歪。甑，蜡泥。碗，拔。筯，主。鐘，拔租。盤，哈當。瓶，拖。壺，擇白。罐，即罐子。刀，壁土。斧，係，一作苦鋤。鋤，祭苦。桶，以補。簸箕，風莫。筲，蜡貼。糞箕，單扯。棹，即棹子。櫈，即板櫈。板，洗皮。瓦，莪。土坯，業旦。戥子，列。秤，機。升，施。斗，布。柴，息。松明，什補。炭，咩西。灰，庫。線，卻。石灰，魯呢。靛，枯。犁，密俄。

頭，烏奔。面，拖，一作業念。耳，腦波。目，那都。口，業補。鼻，怒鼻。身，吃迫。髮，烏切。手，腊扒。足，期扒。腿，哺，一作窩別。心，你麼。

善，謳，一作助。惡，馬諾，一作馬助。老，暮。少，煞。大，厄。小，虐。去，領。來，列。笑，額。哭，嗯。坐，呢。走，踈。睡，楫。醒，膩。罵，觸。打，獨。跪，吃。貧，舒。富，菊。紅，你。綠，賀。青，納。黄，捨。藍，務。黑，那。一，搭目。二，膩目。三，色目。四，兮目。五，我目。六，曲目。七，係目。八，黑目。九，吃目。十，册目。百，合。萬，業。千，都。億，他都年。東，肺。西，灼。南，務。北，克。上，戛。下，吃。中，燭。前，結。後，度。左，方。右，細。多，努。少，諾。輕，羅。重，哩。長，舍。短，呢。厚，土。薄，波。孝，哺鳩莫捨。友，跴濯。忠，色都遞。信，摺喔邊坑。禮，宜間波俗。義，鄧哭施呼。廉，以腳扮争。恥，多波戛簸。智，遞藉色諾。仁，時世補腳。讀，思迫無。寫字，思迫果。做官，戛助没。教人，俗盂。學好，助所。説好，鳩助。説話，鳩奪。做事，諾兹。喫飯，假租。穿衣，□□〔一〕。飲水，以赤

〔一〕□□：二字殘缺。

奪。飲酒，植奪。飲茶，機都奪。吹火，熄都目。取火，熄都擇。盛水，以克赤。上山，白達。走路，腳蘇。叩頭，拖吃。是不是，厄馬厄。過，哭喜。撒種，扯世。栽種，得世。收穫，倚革。點火炬，都是督。騎馬，悔則。放牛，呢囑。千歲，都枯。萬歲，捏枯。鷄，昂。鵝，俄。鴨，鴉。黄牛，魯奔。水牛，務呢。馬，木。騍馬，拇莫。騸馬，拇督。驢，利拇。騾，拖拇。牛，呢。羊，赤。豕，挖。犬，期。魚，俄。蛇，補睬。蟲，補。蠅，合目。樹，洗。木，洗魯。松，拖洗。柏，束白。山竹，則目。園竹，呆目。桃，色温。杏，色革。柳，呢。花，尾魯。藥，庫淒。草，蒁。

〔民國〕宣威縣志

【解題】王鈞圖等修，繆果章纂。宣威縣，今雲南省曲靖市宣威市。「語言」「文字」見卷八《民族志》中。録文據民國二十三年（一九三四）鉛印本《宣威縣志》。

語言

世界語言，各有統系，非我同族，所操必異。古者象胥主聯情意，一譯再譯，惟其所至。

漢族

本境漢人操南京腔，惟以居山國，故其音平而緩，間亦雜入土話。今姑就關於地理者言之。平原曰壩子，有水者曰海壩，亦曰田壩，沙泥多不成田地者曰沙壩。湖泊大者曰海子，小者曰水塘，亦曰塘子。荒山曰梁子。山下有平地曰坪子，稍低凹者曰窪子。住場在兩山之間，淺者曰沖，深者曰漕子。平地有邱陵接近大山曰腦包，山半有窪塘接近平地曰山嘴。梯形而上俯臨平地曰臺子。山梁可通車馬處曰丫口，亦曰山口。有市集處曰街子。有堡處曰營、曰城，亦曰堡。永安一里，舊有三十六卡、七十二戛，卡與戛皆夷語也，約皆表示其地荒僻褊狹，不通冠蓋之意。今俗對於鄉僻之處亦曰山卡卡。（沛澤等里地名亦多卡戛。）

黑夷

音濁而拙，與漢人語則通用漢話，其族互相問對則仍用夷話。大概如：天謂之米。地謂之迷。日謂之擬機。月謂之羅博。山謂之白。水謂之雨。江謂之那雨。海謂之黑。正月謂之衆項。二月謂之水項。三月謂之哈項。四月謂之懦項。天晴曰米族。天陰曰米登。房産曰黑古。樓曰戛。門曰留基。官曰廈助。祖曰阿伯。祖母曰阿達。父曰阿日。母曰阿姆。子曰租。孫曰希。夫曰咱哇。婦曰咩。衣曰賓。帽曰烏時。鞋曰期乃。褲曰樹。金曰蛇。銀曰兔。銅曰鷄。鐵曰血。米曰扯鬼。穀曰扯色。大麥曰租。小麥曰舒。飯曰假。湯曰阿以。肉曰挖護。頭曰烏奔。面曰業念。耳曰腦波。目曰那都。口曰業補。手曰臘扒。足曰期扒。善曰助。惡曰馬助。孝曰補鳩莫捨。友曰跴耀。廉曰以腳粉争。恥曰多波撒簸。老曰暮。少曰殺。大曰厄。小曰虐。去曰領。來曰列。笑曰額。哭曰恩。一曰榕目。二曰膩目。三曰色目。四曰須目。寫字曰思迫果。做官曰廈的没。騎馬曰母則。做事曰諸兹。

白夷、乾夷、黑乾夷

與黑夷同。

苗子

其音短而突，與漢人往來習用漢話，自相聚談則仍用苗語。如：父曰罷。母曰業。兄曰磨。嫂曰比保。二叔曰幾崗。小叔曰幾的。雷曰英則。走路曰拜。給物曰走。早飯曰羹到。晚飯曰羹崖。睡曰寧。房子曰然。碗曰阿五。筷曰阿竹。磨石曰松白。篩子曰巴蘇。錐曰虜都。富曰白惡。長曰喜愛。牛曰直斗。馬曰母。羊曰尢。鷄曰矣阿。

回子

音清而尖，所操言語同化漢人，失其原有之舊矣。

文字

文字之用，代表語言，素不相研，若舌之捫，不解所謂，何縱討論，勿輕天下謂我獨尊。

爨文

夷族舊用爨字。爨字形如蝌蚪，凡字母一千八百四十號，曰《韙書》，納垢酋之後阿呵所撰，事見《馬龍州志》。本境夷族惟必磨習之，餘凡有志上進者類皆習用漢文也。又查《滇繫》，乾夷種類在曲、尋二郡，凡哨隘設兵多以其種，「官府文書，必爲書爨字於後，乃知遵信」等語，是爨文之行使在乾嘉時諸夷中猶甚普遍也。其種日弱，語言文字隨而消滅，可不懼哉。兹於銷滅殆盡之餘，録存梗概，備稽合方志，論撰言文者之參考焉。必磨，一作畢穆。

個平聲 㯄 勒上聲 額上聲 惹上聲 額平聲 資 瞞

古 惹 書 方 麻 呢 惹上聲 哭 使 也

音 吐 火 欺 書 熱 山 也 鎖 密平聲 朱

獨 柯 帖 苦 寫 勒 也 鎖 策 泥 厄

上聲

右爨文直書横看，係由亡友董貫之先生諱一道，玉溪人所著《古滇土人圖志》中臨摹而來，惜原著中未叙來歷使人得作更進一步之研究。然吉光片羽，《䟽書》賴以不朽，可寶也。

〔康熙〕平彝縣志

【解題】任中宜纂修。平彝縣，今雲南省曲靖市富源縣。「地理」見卷三。録文據康熙四十四年（一七〇五）刻本《平彝縣志》。

地理

滇俗瀦水處皆稱海子，高山峻巔謂之坡，呼雲爲雲彩，初生月曰月牙，晝角爲晝曉，松苣爲松明，高田爲雷鳴田，謂雷鳴雨沛始得播種也。

〔咸豐〕南寧縣志

【解題】毛玉成修，張翊辰等纂。南寧縣，在今雲南省曲靖市麒麟區和沾益區。「稱名」見卷一《地理志·風俗》中。録文據咸豐二年（一八五二）刻本《南寧縣志》。

稱名

南寧之人，名物多有不同。如凡瀦水處，不論大小皆曰海子。山崖岡嶺，不論高下皆曰坡。平洋地皆曰川壩。雲曰雲彩。新月曰月牙。松炬曰明子。此類頗多，不能盡述。

〔民國〕禄勸縣志

【解題】金奐澤修，許實纂。禄勸縣，今雲南省昆明市禄勸彝族苗族自治縣。「爨蠻方言」見卷三《風土志》中。録文據民國十七年（一九二八）鉛印本《禄勸縣志》。

爨蠻方言

《周禮》有象胥之掌，傳王言於蠻夷戎狄之國，即後世通事之職。此方言之權輿也。應劭《風俗通》謂周秦常以歲八月，遣輶軒之使，求異代方言。其見諸傳記者始此。滇爲古要荒之域，蠻夷種類繁多，語言龐雜，罄竹難書。禄勸夷多漢少，兹僅就爨蠻方言，分類記之，俾採風者知其梗概焉。

天文類

天，謂之木。天晴，謂之木撮。天陰，謂之木巾。天雨，謂之水呵。天明，謂之姆梯。天黑，謂之姆祭。雲，謂之呆。風，謂之姆你。雷，謂之更。雨，謂之呵。霜，謂之誣拈。雪，謂之誣。霧，謂之姆内。露，謂之至。雹，謂之歹。虹，謂之阿姆散移。瘴，謂之亦其。氣，謂之宜。日，謂之你。月，謂之農。日出，謂之你已奪。日中，謂之你已愛。日入，謂之你已歹。日蝕，謂之你已押。月出，謂之農博奪。月明，謂之農件。月虧，謂之農毛。月蝕，謂之農博押。

謹按，爨蠻以日爲你，你已云者，猶俗名日頭也。以月爲農，農博云者，猶俗名月亮也。

歲時類

春，謂之腦達。夏，謂之賒更。秋，謂之戮更。冬，謂之初。年，謂之他課。月，謂之他農。日，謂之他你。時，謂之他更。刻，謂之他捏革。晝，謂之姆你。夜，謂之姆氣。早，謂之姆興。晚，謂之器。寒，謂之賈革。熱，謂之撮。朔，謂之達太。望，謂之且俄。度歲，謂之課隙。正月，謂之課興農。二月，謂之補須農。三月，謂之洒接農。四月，謂之奚農。五月，謂之俄農。六月，謂之郤農。七月，謂之係農。八月，謂之恨農。九月，謂之更農。十月，謂之且農。十一月，謂之且的農。十二月，謂之昭農。子，謂之寒你。丑，謂之你你。寅，謂之弄你。卯，謂之他灼你。辰，謂之嚕你。巳，謂之賒你。午，謂之姆你。未，謂之好你。申，謂之糯你。酉，謂之昂你。戌，謂之期你。亥，謂之萬你。

謹按，爨人以十二辰計日，你者，日也。寒爲鼠，你爲牛，寒你、你你者，謂鼠日、牛日也。

地理類

地，謂之密。稻田，謂之扯密。上則水田，謂之矣輕作密。山田，謂之姆腦。秧田，謂之係五密。麥地，謂之賒密。蕎地，謂之勒肯。山，謂之本。小團山，謂之木臥嚕。岡，謂之本耶令。嶺，謂之箇念。凸，謂之象更。隴，謂之那芭。石，謂之落本。水，謂之矣。江，謂之南衣末。大河，謂之南衣。小河，謂之矣查。潭，謂之矣奪海。港，謂之菜。澗，謂之矣老。池，謂之海本。塘，謂之海本莫。灣，謂之過。岸，謂之矣節密。灘，謂之册白。渡，謂之更輕。溝，謂之矣灼。廠，謂之都。

道里類

東，謂之幾奪米。西，謂之幾歹米。南，謂之係烏米。北，謂之交際米。大路，謂之腳莫。里數，謂之可曉怙鳩密。墩臺，謂之撥耳米。塘汛，謂之博耳。旅店，謂之應歹。街市，謂之裙。

人倫類

君，謂之烏。臣，謂之達非。始祖，謂之阿包。高祖，謂之阿奔。曾祖，謂之阿單。祖，謂之阿卜。父，謂之阿爹。母，謂之阿媽。伯父，謂之阿毛。伯母，謂之阿窩。仲父，謂之阿舊。二叔母，謂之姆舅。季文，謂之阿虐。三叔母，謂之阿虐。伯兄，謂之阿姆窩。長嫂，謂之阿妹窩。兄，謂之阿姆舊。二嫂，謂之阿妹舊。三兄，謂之阿姆虐。三嫂，謂之阿妹虐。弟，謂之虐冒。姑，謂之阿泥。姊，謂之阿妳。妹，謂之虐冒，同弟稱。從兄，謂之阿木。從弟，謂之虐苴。夫，謂之氣骰。妻，謂之氣。妾，謂之氣落。媵，謂之阿咩氣。男，謂之松胎。女，謂之姆妳。子，謂之苴。女子，謂之阿咩。從子，謂之苴都。孫，謂之喜本。舅，謂之阿恩。姨，謂之阿恩末。姨父，謂之阿機。女壻，謂之壻五。姻家，謂之五坐。姊妹夫，謂之阿你苴。甥，謂之壻五老。舅，謂之亦坡。姑，謂之阿泥。兄公，謂之阿姆。師長，謂之署朱。朋友，謂之苴抄。主，謂之所助。僕，謂之所者。小僕，謂之者苴。小婢，謂之頗苴。傭工，謂之所都。客人，謂之所尾。主人家，謂之贊骰。

形體類

頭，謂之烏的。面，謂之套南。髮，謂之烏姐。眉，謂之補且。鬚，謂之補苴。目，謂之南都。口，謂之念補。齒，謂之者。頸，謂之乃把。肩，謂之萬迫。臂，謂之高歹那。腕，謂之過。手，謂之喇巴。指，謂之喇之。背，謂之干歹。腰，謂之柱排。腹，謂之臥卑。心，謂之宜莫。肝，謂之骰。肺，謂之越。腎，謂之仔。腸，謂之五。股，謂之批則。膝，謂之補進。臁，謂之朗昂額。腳，謂之期扒。汗，謂之□〔一〕。淚，謂之納的。瘡，謂之波咩。疾，謂之諾。聾者，謂之

〔一〕□：此字殘缺，僅可見右旁爲「斗」。

諸包。啞者，謂之所安。瞎者，謂之南得。盲者，謂之南姆。麻者，謂之套歌。跛者，謂之八刀。侏儒，謂之巧乃。長身，謂之巧姆。

人事類

睡，謂之義裏。起，謂之奪來。跌，謂之記歹。跪，謂之高古。拜，謂之一。叩頭，謂之烏的大。請坐，謂之他古你今。命茶，謂之弄今赫來。喫檳榔，謂之果粿苴。煙，謂之因得。喫煙，謂之賡烟椀。移薪，謂之叫惜。燒火，謂之嫫硐多。飲水，謂之以侈倒。飲酒，謂之只倒。食肉，謂之萬呵。作飲，謂之左卑端。早飯，謂之侈苴。午飯，謂之喳苴。晚飯，謂之扯苴。浣面，謂之套妻。哭，謂之恩。罵，謂之遮博。唱，謂之曲造。

稱呼類

漢人，謂之廈破。夷人，謂之南蘇。知州，謂之知租冒。知縣，謂之海租冒。典史，謂之力姆。幕友，謂之租冒署朱。差頭，謂之齎蘇租母。小差，謂之齎蘇苴。甲頭，謂之賣額。火頭，謂之本骰。鋪卒，謂之駡容。營卒，謂之駡容破。練總，謂之所栽祖莫。工，謂之爛更。木工，謂之耳卑爛更。鑄工，謂之顯刀爛更。商賈貿易，謂之尾蠟。母巫，謂之南□莫〔一〕。師，謂之大覡蟠，又謂之大希博，又謂之拜禡，又謂之白馬。端公，謂之南扎破。醫師，謂之署朱。小

〔一〕□：此字不清晰，似爲「儀」字。

人，謂之農泊道。乞丐，謂之左罵破。盜賊，謂之栽。部長，謂之撒破。部長妻，謂之耐德。死士，謂之苴可。分管地方頭目，謂之曲覺。管理莊田頭目，謂之遮古。管理剌倮頭目，謂之更資。剌倮者，錢糧之畸零也。管理六班快手頭目，謂之扯墨。管理莊田租穀頭目，謂之管家。通漢夷語，謂之通事，一曰把事，一曰把總，一曰通把。

言語類

高，謂之巧毋。低，謂之巧乃。中，謂之高姑。正，謂之止。平，謂之倒。歪，謂之過。上，謂之本達。下，謂之木的。前，謂之見。後，謂之度。左，謂之分照。右，謂之謝照。長，謂之賒。短，謂之聳。大，謂之窩。小，謂之鳥。多，謂之那。少，謂之巧測。繁，謂之革。減，謂之些。稀，謂之波。密，謂之土。輕，謂之老。重，謂之裏。方，謂之溪期。圓，謂之朵來。扁，謂之達。稜，謂之維。尖，謂之念野。角，謂之起。好，謂之助。惡，謂之務。香，謂之僥。臭，謂之貝乃。乾，謂之浮。濕，謂之栽。精，謂之奪姐。麤，謂之區。遠，謂之尾刀。近，謂之密那。老，謂之所冒。幼，謂之所上。病，謂之諾。苦，謂之替。富，謂之冒。貴，謂之鋪卡。貧，謂之收。賤，謂之鋪老。勤，謂之腊。惰，謂之倒。緩，謂之多些。急，謂之早革。肥，謂之初。瘦，謂之歹。升，謂之施。降，謂之的。呼，謂之苦。吸，謂之志。吞，謂之例。吐，謂之屁。語，謂之到拘。默，謂之遞。厚，謂之吐。薄，謂之波。出，謂之奪易。入，謂之隔易。進，謂之抵易。退。謂之彼退。去，謂之領。來，謂之達。會親，謂之所尾包裹。擡接，謂之介黑。送出，謂之賀火。慶賀，謂之所你。弔唁，謂之希所烏。熱鬧，謂之抄我。冷淡，謂之駕古。高興，謂之窩些。無趣，謂之啤馬末。吉利，謂之見伐。凶險，謂之窩今興。誠實，謂之密孏。刁詐，謂之高送。伶俐，謂之所西。癡呆，謂之所安。奇巧，謂之卑栽。平常，謂之可謝。强辯，謂之可朵朵姆卑。拙納，謂之各栽。吵鬧，謂之遮包。和恰，謂之姆嚕助。怨恨，謂之遮燒。喜笑，謂之惡衣。誇奬，謂之海恰。争鬬，謂之遮賭。收斂，謂之欲機。喊叫，謂之輕經。懼怕，謂之踢腳。驕暴，謂之歹馬來。羞縮，謂之上方臥稿。遺失，謂之那。拾得，謂之哥何。藏匿，謂之發奪。搜尋，謂之鋅歇。綑縛，謂之抵渴。釋放，謂之退結。破散，謂之塔合。箍籠，謂之十奪。告訴，謂之所抵。和繹，謂之鬧和。刁唆，謂之所撮。訪聞，謂之道鳩。伺候，謂之所刀。奔走，謂之腳須。努力，謂之兀鐵。停歇，謂之來來末雪。暴曬，謂之高盛。炕焙，謂之高高。烹煮，謂之帳散。宰割，謂之阿牽。淘洗，謂之色妻。分派，謂之飛多。積聚，謂之醋腳。犂而耕，謂之顆俄。鋤而掘，謂之密祭。駕牛犂田，謂之臥你則。拔秧，謂之祭。栽秧，謂之密多。

衣服類

帽，謂之五祖。衫，謂之卑。帕，謂之腊昔。帶，謂之衆扎。褂，謂之卑的。裙，謂之衆末。褲，謂之弄。鞋，謂之欠仍。氈，謂之都書。被，謂之應卑。耳環，謂之腦脱。手釧，謂之濫别。袋，謂之頗世。手巾，謂之套徐破。荷包，謂之破耳。扇子，謂之套曲。拐杖，謂之把補。簑，謂之革。

房屋類

屋，謂之耳。板屋，謂之屁耳。廳堂，謂之力木古。廂房，謂之苦力。檐宇，謂之我鳩念。柱，謂之高栽。梁，謂之睹來。畫梁，謂之睹几。椽，謂之而度。窗，謂之卻納。門，謂之阿果。門限，謂之果的。大門，謂之龍角。門環，謂之阿哥幹。門杠，謂之阿哥奪。門掘戍，謂之劄刀。壁，謂之魯捕。粉壁，謂之分母埋母魯。牆，謂之已奪猓果。圍牆，謂之嚕補照。井，謂之以都。欄，謂之遮紹。牛欄，謂之你紹。馬房，謂之姆耳。猪圈，謂之萬本。鷄栅，謂之昂本。土鑪，謂之曲顯歹。廁圊，謂之西都。糞，謂之期白。石灰，謂之飛母。土基，謂之念之。磚，謂之顯價。瓦，謂之我。筒瓦，謂之敖捕。園林，謂之敖簡。囤，謂之發多。窖，謂之妙都。

公儀類

城，謂之魯其。城門，謂之魯。戈樓，謂之吕。倉廒，謂之昭耳。衙廳，謂之力母古。煖閣，謂之母嚕。班房，謂之齎蘇耳。書房，謂之尾老耳。監獄，謂之交耳。印，謂之硬。鼓，謂之早。點，謂之點。梆，謂之習我。行香，謂之侁曲。排衙，謂之比鼠祭鷄。放告，謂之所抵你早。行牌，謂之蘇數咱來。提攝，謂之欲顯來。傳審，謂之苦到那。詰門，謂之所使剖。訴，謂之到拘。判斷，謂之蘇訟角。杖責，謂之所賭。收禁，謂之交耳增。討保，謂之所兒保。納糧，謂之扯幹繳。完課，謂之撮卜繳。催收，謂之鵲革。取票，謂之王票欲。

寺院類

寺院，謂之補你。廟宇，謂之補耳。庵堂，謂之補更。龍亭，謂之烏姆嚕到今。山門，謂之阿哥。菩薩，謂之補。聖賢，亦謂之補。神仙，謂之西苴。鬼怪，謂之所那。僧，謂之多的。道，謂之卑冒。尼，謂之毋乃的多。

飲食類

甜，謂之癡。苦，謂之拷。酸，謂之者歉。澀，謂之趣。辣，謂之俾。焦，謂之納。鹹，謂之聰拷。淡，謂之得。濃，謂之歹。腐，謂之貝乃。茶，謂之弄今。酒，謂之東。漿，謂之卑祭賭。湯，謂之敖衣。膏油，謂之庸衣，亦曰憂衣。麻油，謂之母憂衣。芥，謂之敖施憂衣。猪油，謂之萬革。粉，謂之肺母。米團，謂之阿木。米餌，謂之扯烏阿芭。蕎餌，謂之鍋窩芭。豆腐，謂之挪卓。鹽，謂之初。醬，謂之作。蜜，謂之多衣。紅糖，謂之是多。白糖，謂之是多吐。

器用類

秤，謂之幾。小秤，謂之撒。比子，謂之倒都。法碼，謂之止賭。升，謂之施。斗，謂之的。丈，謂之來。尺，謂之戳。錐，謂之顯勒。翦，謂之顯上。鉞，謂之額。紙，謂之討衣。筆，謂之蘇及。硯，謂之墨烏拉。犂，謂之惜過。犂花，謂之弄輕。犂板，謂之扒拉。犂達腦，謂之遮姑。養巴，謂之老熟怕。千斤，謂之落照。耙，謂之甲。耙桯，謂之甲照。鋤，謂之祭。刀，謂之閉拖。鎗，謂之動枚。劍，謂之姆。鏢，謂之卑宰。棍，謂之朵莫。弩，謂之恰窩。棒，謂之比鼠祭鷄。繩索，謂之扎且。舟，謂之老。車，謂之充。轎，謂之蠟力。鞍，謂之鵝。鐙，謂之期贊。旗，謂之坡。几，謂之保的。桌，謂之糊奭。碓，謂之補且。磑，謂之樂。杵，謂之蠟之。

臼，謂之日莫。桶，謂之以土。甑，謂之蠟泥。筲箕，謂之濫鳩。刷把，謂之左須。瓢，謂之茂批。缸，謂之以遭。盆，謂之稿拉。甕，謂之不高。盂，謂之亦麻。茶壺，謂之菜版。酒壺，謂之只卑。飯碗，謂之臥八。盤，謂之繳。盞，謂之盤子苴。匙，謂之著蒲。湯匙，謂之臥八舊。篩，謂之夫今。櫃，謂之拉。籠，謂之哈六。筐，謂之考曲。竹籃，謂之奔冷。竹筒，謂之姆捕。扁挑，謂之幾。煙袋，謂之因哥。火鐮，謂之姆歹。燭，謂之動賭。燈，謂之庯衣動賭。松脂，謂之明子，又謂之樹邑。火把，謂之説迫。

音樂類

鐘，謂之以莫把。鼓，謂之早。鑼，謂之交。哨吶，謂之嫫苴。簫，謂之嫫西。號筒，謂之老照。大銅，謂之老卑。吹手，謂之嫫門破。

顏色類

青，謂之女。紅，謂之乃。黃，謂之賒。白，謂之土。黑，謂之納。藍，謂之餓。

數目類

一，謂之塔嫫。二，謂之膩嫫。三，謂之灑嫫。四，謂之奚嫫。五，謂之俄嫫。六，謂之卻嫫。七，謂之係嫫。八，謂之恨嫫。九，謂之根嫫。十，謂之且嫫。一十，謂之塔且嫫。二十，謂之膩且嫫。三十，謂之灑且嫫。四十，謂之奚且嫫。五十，謂之俄且嫫。六十，謂之卻且嫫。七十，謂之係且嫫。八十，謂之恨且嫫。九十，謂之根且嫫。一百，謂之塔永。二百，謂之膩永。三百，謂之灑永。四百，謂之奚永。五百，謂之俄永。六百，謂之卻永。七百，謂之係永。八百，謂之恨永。九百，謂之根永。一千，謂之塔五。二千，謂之膩五。三千，謂之灑五。四千，謂之奚五。五千，謂之俄五。六千，謂之卻五。七千，謂之係五。八千，謂之恨五。九千，謂之根五。一萬，謂之塔趲。錢文，謂之嫫。觔，謂之已。兩，謂之米。錢，謂之撒。分，謂之他分。

貨幣類

金，謂之賒。銀，謂之土。銅，謂之幾。鐵，謂之顯。錫，謂之菜。鉛，謂之癡。錢，謂之鷄包。朱砂，謂之爹乃。水銀，謂之上伊。硝，謂之志。綢，謂之革。緞，謂之撥。絲，謂之補牽。綫，謂之遣。葛，謂之拉。麻，謂之母。

五穀類

穀，謂之扯。糯穀，謂之扯虐。紅穀，謂之扯乃苴。黑穀，謂之扯納。旱穀，謂之扯卡。米，謂之扯土。大麥，謂之租。小麥，謂之猓歹扯灼，又謂之唆。燕麥，謂之厦施。玉麥，謂之灼莫，一曰玉粟，一曰包穀。白黍，謂之玉穮。甜蕎，謂之果癡。苦蕎，謂之果拷。膏粱，謂之姆書。豆，謂之農。南豆，謂之農木代。飯豆，謂之詐農。黑豆，謂之農南。豌豆，謂之賒農。稗，謂之尾。野稗，謂之你。芝麻，謂之母是。芥子，謂之拗拖。

蔬菜類

葱，謂之初。韭，謂之趣。薑，謂之抄。蒜，謂之會姆。胡荽，謂之昂受。茴，謂之羊受。

椒，謂之廈在。芹，謂之書敖。芥，謂之敖女。松，謂之期土。蔓菁，謂之拗莫，一曰敖咱。瓜，謂之俣補。金瓜，謂之烏鋪。南瓜，亦謂之烏鋪。王瓜，謂之嫂今。苦瓜，謂之嫂今拷。瓠，謂之烏鋪是。葫蘆，謂之布嚕。茄，謂之敖子。扁豆，謂之農達。豇，謂之農播咩。山藥，謂之俄。茼蒿，謂之阿拷吐。蕨，謂之朵。茨菇，謂之奔我。芋，謂之歹。石花，謂之樂敖。參菜，謂之敖。樹頭菜，謂之敖子。香蕈，謂之栽姆。木耳，謂之寒腦巴。白森，謂之姆些。鷄㙡，謂之姆裏。菌，謂之母。

果品類

梅子，謂之灑過。桃，謂之灑紊。李，謂之灑。梨，謂之灑之。栗，謂之咱。榴，謂之細李。櫻桃，謂之敖虐。楊梅，謂之灑莫。山楂，謂之孔裏。林檎，謂之魯几。橄欖，謂之詞古。木瓜，謂之黄烏鋪。核桃，謂之灑免。多槺，謂之灑補。

草木類

草，謂之施。青草，謂之施女。竹，謂之姆。芭蕉，謂之昂怕。木，謂之惜哉。松，謂之滔。柏，謂之受乃咩達。楊，謂之膩習。柳，謂之矣泥。栗〔一〕，謂之灑知哉。麻栗，謂之保癡哉。黄栗，謂之保康哉。椿，謂之樂習。樟，謂之三習。桑，謂之之習。杉，謂之滔習。椶櫚，謂

〔一〕栗：原作「粟」。

之些。

禽獸類

孔雀，謂之賒昂五猓。雁，謂之歹往。燕，謂之更。鸚鵡，謂之阿昂。烏鴉，謂之在大。喜鵲，謂之阿汁。鳥，謂之古古郭公。杜鵑，謂之臥。斑鳩，謂之的泥。畫眉，謂之昂癡。鵪鶉，謂之昂烏木。瓦雀，謂之昂中。鷂，謂之載女。梟，謂之報。雉，謂之昂使補。箐鷄，謂之鉛鉛。鷄，謂之昂。鴨，謂之額。鵝，謂之奥。雄，謂之補。雌，謂之莫。虎，謂之弄。豹，謂之祭。獅，謂之多猓行蹤。象，謂之何。熊，謂之冒。彪，謂之苦開。狐，謂之臥。貍，謂之五。豺，謂之尾。狼，謂之亦猓。馬鹿，謂之兇。獐，謂之猓。麝，謂之猓興。猴，謂之阿糯。兔，謂之阿灼。野猫，謂之五。香猫，謂之阿咩。野猪，謂之萬你。豪猪，謂之補萬。松鼠，謂之寒昭補。鼠狼，謂之易猓。馬姆，謂之姆壯。驢，謂之路姆。騾，謂之滔姆。駱駝，謂之母奪器乃賒。牛，謂之你。水牛，謂之悞你。羊，謂之補。山羊，謂之侈明。猪，謂之萬。狗，謂之期。猫，謂之阿咩。鼠，謂之寒。

蟲魚類

蟲，謂之補臘。蛇，謂之波賒。蜈蚣，謂之賒興。蜘蛛，謂之阿鳥。蟻，謂之備憂。螞蝗，謂之波末。蝦蟆，謂之臥波。蝙蝠，謂之寒那。蒼蠅，謂之哎姆。蚊，謂之鼇。魚，謂之龍俄。鰍，謂之果知。螺螄，謂之必古。螃蟹，謂之阿甲郎。

〔民國〕嵩明縣志

【解題】陳詒孫修，楊思誠纂。嵩明縣，今雲南省昆明市嵩明縣。「方言」見卷十八。録文據民國三十四年（一九四五）鉛印本《嵩明縣志》。

方言

文字者，載文化之權輿也。語言者，又文字之緣起也。故各方之語言不同，而文字亦因之而異。欲知其國之文化，必識其國之文字。欲學其國之文字，必通其國之語言。此方言學之所以當重也。顧語言之不同，非僅國與國爲然也，即一國之内，省與省異，縣與縣又異，區與區亦不能純然無異。關心文化者，外國之方言尚不可不學，況在境内之方言而可不知之乎？苟不知之，將何以通情愫，結團體，而求其合羣進化適於生存之道乎？故學方言者，不可不究各地語言之異，又不可不由知異而求其同。此又國語運動之所由興也。茲將本屬各區各族之語言，别其同異，紀其統系，以備輶軒之採擇焉。志方言。

各地方言

本屬地面遼闊，山川修阻，各地風俗、語言不無稍異。本屬民族漢雜苗回，苗人之語言，所謂南蠻鴃舌者是也。回人語言，其本來面目既已失去，而同化於漢人。其間稍有差别者，漢人多呼父爲爹，呼祖爲老爹，回人呼父爲ㄉㄚ陰平，呼祖爲把；漢人呼豕爲猪，回人呼豕爲亥等是也。苗人雖受漢族同化，然尚保其原有語言，間有習漢話者，兩口話是也。邵甸人於近指則云這點，於遠指則云那點，楊林人於近指則云這小ㄉ一ㄜ，於遠指則云那小ㄉ一ㄜ是也。又同族之中亦間有不同者，如通常呼母爲媖，而縣城人呼爲媖堯、媖猫之類是也。又有各族雜處難以方向區別者，如呼父之代名詞有爹爹、爸爸、ㄉㄚㄉㄚ等之稱，母有媽媽、嬷嬷、ㄇㄠㄇㄠ等之稱；呼小孩子則有宀ㄟ宀ㄟ、乖乖、娃娃、ㄬㄜㄬㄜ等之稱；呼長上則有你ㄌㄢ、你老人家、你ㄌ一ㄣ、你ㄤ、你ㄐ一ㄝ等；夫稱妻則有你嬷、ㄬㄝ嬷等，妻呼夫則有你爹、你ㄉ一等；姑呼媳曰你姐姐或你嫂等。以上你字多讀陰平，亦有讀上聲音。又凡陽平之讀陰平者，如客人、黄牛之人、牛等字。

語系

官話居多，土語居少。就形聲之大別之言，可分爲漢苗兩系。然漢語可通行統一各族，而爲一大系；苗語則僅爲歧出之一小部分而已。若析而言之，漢語又腔調之抑揚及發音之清輕重濁分爲三系：揚林、白龍、邵甸三區均因鄰近昆明，受其同化影響，腔調相近，而發音則揚林、白龍較爲清輕，邵甸較爲重濁，故各自成一系。縣城附近名鄉腔調稍平，而發音亦較濁重，亦自爲一系。

語音

嵩人語音之異同，於上方言、語系所述，已可知其大概。欲詳言之，則俗有九板十三腔之稱，殊難分辨。然究其所以異同之故，不外風氣接壤之影響及山川形勢之變易有以致之。本屬西南與昆、宜、富民接壤，西北與尋、甸毗連，因環境之異，故人類發音不無輕重之殊。如楊林地近昆明，其發音有似於昆明而稍重，較宜良而稍輕。如邵甸南近昆明，西近富民，其發音有似於昆、富而較重，北似尋、甸而較輕。如崇月、日效、白龍等鄉地近尋屬，其發音亦近似而較輕。此皆由於山川之變易，土地之相接壤，影響於發音之同異者也。

土音

土音與國音稍有出入，如國字讀爲ㄍㄨㄜ，牛字讀爲ㄋㄧㄡ，首字ㄛ訛爲ㄜ，次字陽平誤爲陰平。篌讀爲ㄎㄨㄜ；又兩字之詞，口音漸轉，如保望訛爲ㄅㄤㄤ等是，諸如此類，不一而足。其與官話亦不純出一致，如官話説我家，土音有言歪家或我干，官話言你家，土音你啦之類。又如祭祀、祭猓，祭祀是官話，祭猓是方言。通常呼母爲嫫，又有呼爲嫫堯、嫫猫之類。又如人言拏起來，内中多帶張字，多言拿張起來，擱張下去，帶張字，語意覺其累贅，言者不自覺也。

〔民國〕昆明市志

【解題】張維翰修，童振藻纂修。昆明市，在今雲南省昆明市五華區。「方言」見《人民》中。録文據民國十三年（一九二四）鉛印本《昆明市志》。

方言

就最普通者考之。父曰爹，母曰媽。舅姑曰公婆。祖父曰老爹，祖母曰奶奶。外祖曰外公，外祖母曰外婆。姻婭曰親家。長者曰你家。房主曰房東。仲買商曰牙子。介紹不動産之買賣者曰房牙子。外商曰客人。商業使用人稱業主曰東家。顧客稱商業主人曰掌櫃。店鋪中之掌事者曰先生。又教學者及醫士亦稱先生。僧道曰師兄。稱尼僧曰師姊。同夥曰夥計，亦曰夥伴。學徒曰小夥計。有名人曰闊老。做官人曰老官。做顯官人曰大腦殼，亦曰大人物。軍人曰紅邊邊。勞動者曰苦力〔一〕。

稱人女子曰小姐，稱人男子曰少爺。稱貴男人曰老爺，稱貴婦人曰太太。夫稱妻曰家中，妻稱夫曰當家。無業浮浪之人曰流氓。乞丐曰告花子。轎夫曰大幫。土匪曰老棒。竊盜曰小偷。稱村人曰鄉大爹，稱村婦曰鄉大媽。稱外縣或外鄉之人曰鄉老。小兒曰娃娃。物件曰東西。空地曰地皮。遷居曰搬家。競買曰奪標，競賣曰投標。開始營業曰開張。商號中歇曰倒號。經營商業曰做生意。入店作學徒曰學事。盈餘曰賺錢，虧折曰貼本。兒從命曰乖。人得志曰歪。人才好曰標。事遂意曰對。婦人有娠曰有喜，分娩未彌月曰坐月。僥倖成事曰運氣。代人做事曰幫忙。商人常住販賣曰坐地，露天販賣曰擺攤。重利盤剥之小質庫曰小押

〔一〕動：原誤作「働」。

當。小氣謂吝惜財物。氣慨謂見義勇爲。頑疲謂泄沓玩事。呆板謂冥玩不靈。狡猾謂詭譎不誠。老實謂篤信不欺。滑頭謂狡詐不肯負責。厲害謂兇惡足使人畏。佔勢謂狐假虎威。欺人謂恃强凌弱。背時謂事事失敗。抑鬱不得志亦曰背霉，或倒霉。慢請爲送行口氣。坐坐爲留客口氣。肘架子謂自高聲價。抖聲口謂裝腔作勢。混賬，糊塗也。混天董，糊塗之至也。糊鬧，不講理也。出風頭，出所長以炫人也。討便宜，求自己便利也。道謝，受人嘉惠而感謝也。吃醋，訐人陰私使暴露也。倒鬼，奸人同謀以害人也。穿逗，狼狽爲奸以作假也。神經，詈人言行無倫次也。二氣，詈人言行不循理也。機器，詈人板滯不知變通也。飯桶，詈人不能作事但能吃飯也。肥料機器，與飯桶同。猪頭，謂人不明世情事事吃虧也。吃黄糕，謂人不明事理做事發言皆不中肯也。渣襟，謂人之人品最劣事事累人也。不照閑，不管閑事也。懶散怠惰，懶做事也。轄子，詈人不明利害也。嚼蛆，詈人言語狂妄也。糟糕，做事不佳使人失望也。鷄蛋，謂圓滑過度也。吃猪，用詐術誘取財物使人不覺也。吃空子，與吃猪同。拉肥猪，謂盜匪劫人索錢贖取也。不要臉，不顧廉恥也。吹牛拍馬，謂阿諛逢迎作過分之鼓吹也。老廢物，謂人年老無用也。醬油鴇，詈人縱婦爲娼也。死不開通，詈人泥古不化不能隨時代轉移也。走狗，爲人奔走也。鑽幹，奔走權勢以謀事也。有眼水，知人辦事至明也。小孔明，先知事之利害得失也。燒料，充抵也。堅鋼，真實也。聒聒叫，形容好也。牛頭飯，謂濫飯成團似牛頭也。狗嘴無象牙，喻人無好言也。拈骨頭，駁短也。蹌叫，與拈骨頭同。逛街，閑暇無事遨遊街市以自娱樂也。

〔民國〕路南縣志

【解題】馬標修，楊中潤纂。路南縣，今雲南省昆明市石林彝族自治縣。「撒尼語言」「撒尼文字」「阿細語言」見卷一《地理志》中。録文據民國六年（一九一七）鉛印本《路南縣志》。

撒尼語言

房屋，黑。陽平。吃飯，渣雜。衣，梳白。陽平。父，依八。母，依媽。男人，然濡。女人，阿麥能。水，日。陽平。讀書，思索。

撒尼文字

房屋，。吃飯，。衣，。父，。母，。男人，。女人，。水，。

阿細語言無文字

父，阿八。母，阿麽。男人，然白。女人，罵渣媽。水，日。陽平。讀書，所索。衣，高被。吃飯，左雜。房屋，海。陽平。

〔光緒〕姚州志

【解題】陸宗鄭修，甘雨纂。姚州，今雲南省楚雄彝族自治州姚安縣。「言語」見第一卷《地理志・風俗》中。録文據光緒十一年(一八八五)刻本《姚州志》。

言語

雨按,州人呼虹从岡字去聲,與《廣韻》古絳切者合。呼斷虹曰雨椿,月曰月亮,殘月、新月曰月牙,雲曰雲彩,堋堰曰海子,嶺曰坡子,燈曰亮子,松炬曰明子,硯曰硯瓦,市曰街子,山田曰雷響田,謂雷雨交作而後可灌溉也。巫曰相通,謂使人鬼相通也。大抵多以子字、頭字歇腳。以子字歇腳者,如海子、坡子之類。以頭字歇腳者,如家頭、山頭之類,皆方言也。彝人亦能爲漢語,若彝語則不可曉云。

〔民國〕姚安縣志

【解題】霍士廉等修,由雲龍等纂。姚安縣,今雲南省楚雄彝族自治州姚安縣。「方言」見卷五四《禮俗志》中。録文據民國三十七年(一九四八)鉛印本《姚安縣志》。

方言

樊綽《蠻書》有云:「言語音,白蠻最正,諸部落不如。名物或與漢不同,及四聲訛重。」姚安自漢初設縣,開闢較先,僰及撒都摩早已漢化。見《甘志》。惟因種族、地理關係,漢人籍貫差别,同屬漢語猶有遲疾、輕重之不同。至少數山居夷民,尚未同化,語言殊難統一。兹就方言及語系、語音之較著者,載於篇云。

方言

《甘志》：州人呼虹從岡字去聲，與《廣韻》古絳切者合。呼斷虹曰雨樁，月曰月亮，殘月、新月曰月牙，雲曰雲彩，堋堰曰海子，嶺曰坡子，燈曰亮子，松炬曰明子，硯曰硯瓦，市曰街子，山田曰雷響田，謂雷雨交作而後可灌溉也。巫曰相通，謂使人鬼相通也。大抵多以子字、頭字歇腳，以子字歇腳者，如海子、坡子之類。以頭字歇腳者，如家頭、山頭之類，皆方言也。彝人亦能爲漢語，若彝語則不可曉云。按鄧漢萬曆中巡按雲南詩云：「峯頭半起雲彩，江曲初生月牙。」又云：「風遞一聲畫曉，星殘幾點松明。」又云：「日出高原烟水，雷鳴初澍田疇。」注：「畫曉，即畫角。」姚中方言殆與全滇相同云。

《採訪》：姚人示處代詞多云這刻、那刻，形容詞多以「非」字作「最」字解，如最多曰非多之類。此爲鄉居少數人語病，極應矯正。山居夸人雖有語言，而無文字，名詞概在動詞前。如米苴、火苴，即漢語喫飯、喫肉。近年新增事物則用漢語攙入，或全用漢語，漢語漸有替代夷語之勢。茲就通常名物，附表以資對照。

漢、夷語對照表

天，迷老博，門〔一〕。日，明你，陽平。同〔二〕。月，屑陽平波，同。星，格，陽平。同。雲，底彴，

〔一〕原爲表格形式，今改。「天，迷老博，門」三詞依次爲漢語、一般夷語、馬油坪夷語。本節同。
〔二〕「同」指馬油坪夷語與一般夷語相同。

同。雷，迷格泥，阿妹宅。雨，阿迷和，陽平。同。風，迷西，門上聲西。霜，略上聲披，同。霧，墨上聲克，墨黑。露，指露，陽平。之。雪，俄，成餓羅。餓爵。陽平。

春，肋尼，奶。陽平。冬至，果底子，果底租。過年，可喜各，同。寒，擠，同。暑，撮，同。正月，苦喜屑，陽平。同。二月，白事屑，同。三月，傘拉上聲屑陽平，三阿屑。

地，米勒陽平博，謎度。田，得陽平迷，同。山，餓基，同。水，阿擠，同。路，奪嚼，陽平。嚼摸。園，窊謎，萬謎。石，猓摸，同。土，里鵝，你呵。入聲。溝，牙肩，或撈屑。拉屑。塘，白陽平摸或褒，毆碑。海，白陽平摸，碑。坡，得上聲博，斗簸。一里，赤勒，陽平。阿里。十里，疵勒，陽平。拆陽平里。百里，擢勒，陽平。屑陽平里。

父，阿博，去聲。同。母，阿媽，讀摸。同。兄，阿哥，同。弟，你馬，同。伯，阿博巖，阿薄媽。叔，阿汪，阿薄耶。祖父，阿皤，同。祖母，阿奶，同。子，弱，同。孫，里簸，同。夫，操婁，同。妻，操麼，或埋基。默弱。壻，數上聲而陽平，你耶。岳父，岳婁，同。岳母，岳媽，讀摸。同。男人，弱勒，陽平。同。女人，弱埋，同。頭，我得，陽平。我的。眼，默睹，同。耳，裸包，裸巴。鼻，裸別，同。舌，裸，陽平。同。嘴，默枯，同。齒，色，瘦。眉，默里押，默押。髮，我髭，五髭。手，勒拍，陽平。同。足，起杯，過杯。背，拍茲，乃擠。胸，里摸着，陽平。酣默。

讀書，數上聲遭，數陽平ㄇㄨ。寫字，數歪，去聲。數文。上聲。做官，子麻麼，子麻ㄇㄨ。教人，怎麼得了，昌ㄇㄨ。孝，瓜期，按即窒念之訛。學子。禮，勒讀賽，上聲。勒讀。恥，喜ㄉㄚ大，陽平。色大。陽平。睡，夷裸，移覩。上聲。起，好多，呵都。行，哟色，夷都。立，愛都，或侯得。屑上聲都。坐，立都，的得。陽平。跪，即都，或子得。齊子擠。生，果得色，同。死，喜囉，西止。按或係歇止之訛。燒火，阿去聲朶子，同。點燈，得多，同。飲酒，日上聲拜多，同。吃飯，阿麥苴，同。飽，若簸朶，若飽。餓，黑簸默，黑奔默。笑，呃，同。哭，兒，同。唱，抄，同。打，勒，同。拿，挾衣，威。殺，色，叉色。陽平。官，子麻，同。民，百姓，同。兵，默，同。農，ㄇㄧㄚ去聲麼，苗麼蘇。工，ㄇㄧㄚ入聲麼，基ㄇㄨ。商，万上聲勒麼，同。乞丐，如陽平默蘇，同。匪，惹婁，賊婁。

你，你，同。我，我，同。他，牙，同。高，嗎，大嗎ㄇㄨ。低，ㄇㄧㄚ，入聲。描。陽平。前，赫上聲麥，同。後，格陽平得，同。左，万上聲拜入聲，同。右，右上聲拜入聲，同。大，万ㄧㄌ，同。小，耶，同。遠，咪萬，同。近，ㄌㄧㄌ，奶。上聲。輕，撈，同。重，力，同。方，方，同。圓，万ㄠ，万ㄚ。香，屑，陽平。喉的。臭，白尼，陽平。白能。陽平。

帽，ㄎㄚ去聲圖，卡去聲都。衣，飄，同。褲，魯獨，同。鞋，千勤，陽平。同。被，默裸簸，同。毡，赫裸簸，同。袋，課陽平得，們巳。笠，臘火，同。簑衣，基白，陽平。同。房，嚇，陽平。曬。樓，勒麥，樓陽平。嘍簸。梯，勒陽平得上聲子，同。門，阿堵，同。牆，裸陽平白，或路不（陽平）。同。竈，爐租，左。井，衣堵，甌奔。爐，火拍，同。茶，羅，同。酒，止擺，同。猪油，万拆，陽平。拆。陽平。鹽，皵，同。糖，燒叨，施表。甜，吃吁，或稱欺。同。苦，卡，入聲。同。酸，ㄗㄝ，同。辣，拍，陽平。同。火，阿多，同。針，額，同。剪，摘刀，同。紙，塔子，同。書，蘇白，同。刀，阿托，同。犂，司各，同。耙耙，節，同。桌，遮子，同。凳，八凳，同。鍋，而車，上聲。同。甑，麻尼，陽平。同。桶，圖，同。飯碗，叭喇，角幾。筷，阿箸，同。茶壺，即白，同。柴，撕，同。炭，賽入聲尼，同。紅，尼，陽平。同。黄，奢，同。藍，魯，或稱藍。同。白，披，同。黑，勒，上聲。同。緑，虐，陽平。或稱緑。同。

一，赤勒，石白。陽平。二，尼勒，ㄇㄨ白。陽平。三，梭勒，梭白。陽平。四，里勒，伊白。陽平。五，烏勒，我白。陽平。六，卻勒，卻白。陽平。七，息勒，息白。陽平。八，黑上聲勒，黑白。陽平。九，格勒，基白。陽平。十，拆陽平麽，拆白。陽平。百，赤喝，屑白。千，赤都，都。萬，赤墨，一萬。

金，奢，同。銀，披，同。銅，吉，同。鐵，赫，同。錫，那，同。布，嗎，飄。錢，即皮，同。

穀，拆陽平賽，同。麥，ㄕ，去聲。梭。稗，万，陽平。淤。蕎，鵝，同。高粱〔一〕，木勒，陽平。魯。南豆，裸陽平黑得，同。黄豆，裸舍麽，同。葱，喜，同。韭，粗格，陽平。額陽平拆。蒜，舒，格奢。薑，查，同。瓜〔二〕，我拍，同。芋，必，同。白菜，娃拍陽平披，同。青菜，娃拍陽平勒陽平，娃拍陽平女陽平。萊菔，娃麽，同。茨菇，拜去聲密，同。山藥，買，同。香蕈，則上聲嗎，同。木耳，哈裸包，們奶。鷄葼，嗎勒，陽平。同。梅，腮牌，同。杏，腮牌密，同。桃，腮陽平而，同。李，腮腳，同。棃，腮尼，陽平。同。柹，略陽平白陽平，同。栗子，ㄗㄝ，者遮們。胡桃，腮嗎，塞們。木瓜，腮白，

〔一〕粱：原作「梁」。
〔二〕瓜：原作「爪」。

陽平。同。草，使，同。花，万緑，同。竹，麽，同。松，塔則，陽平。同。柏，樹不陽平子，同。柳，雅迷子，同。桑，色薄白，色黑陽平則陽平。

鷄，衣，同。馬，木，同。牛，略，同。山羊，阿齒，同。猪，尾，同。猫，阿咪，同。犬，阿弄，同。狼，危，危麻。鼠，呵，同。豹，日麽馬，同。虎，渴，嚯。去聲。蟲，白的，同。蚊，夭奢，同。蠅，夭迷，同。蛇，奢，淤阿麽。魚，窩，同。螃蟹，阿夾拉，同。

謹按，各山居一般夷語，與馬油坪、左門扣夷語固大同小異，此由地理或種類演變所致。詳考《通志》，又多與爨蠻、阿成夷、東川夷、麗江夷、儂人、土獠語亦多相同。據此則夷族其爲爨蠻之苗裔歟？

語系

漢語系，章炳麟《檢論·方言》篇其第九種謂：「四川上下與秦楚接，而雲南、貴州、廣西三部最爲僻左，然音皆大類湖北〔一〕，爲一種。滇黔則沐英以兵力略定，脅從中聲。」又黎錦熙依江湖流域，將四川、雲南、貴州、廣西北部、湖南西部爲金沙系。姚安爲雲南一部，且漢人多吴、贛、楚籍人，明初隨征入籍，言語清晰，大類中州。章氏謂「脅從中聲」，亦自可信。故縣屬漢語當屬金沙系。惟其後漸受地理環境與土著語音之影響，轉爲平直，不復如現今吴、贛、楚人之輕疾流利矣。昭通儒士蕭瑞麟嘗謂昭通一部分人民言語與姚安極相似，殆亦金沙系耶？

至於夷語系，據英人台維斯謂漢族外當分爲蒙高語系、撣語系、藏緬語系，縣屬語系除漢

〔一〕湖北：《檢論·方言》作「關中」。

語外，當屬蒙高語系。

語音

漢人語音重而緩、平而直，全縣相同。惟光禄鎮懷遠鄉、鎖北鄉，普淜鎮一部分村居人民，每將先韻字讀爲真、青韻字，白井尤甚。如錢讀若秦，田讀若亭，賢讀若行，先讀若心，千讀若清，堅讀若經，煙讀若因，眠讀若民，年讀若寧，天讀若聽平聲，鹽讀若銀，眼讀若引，麪讀若命。故有「眼引睛眼引睛塞，肩經膀肩經膀疼，錢秦是錢秦不有，鹽銀是鹽銀巴鹹行」之諺。此殆《寰宇記》云「楊、李、趙、董爲名家，自云其先本漢人，言語雖小訛舛，大略與中夏同」乎？其特徵一爲讀此等字時，微帶鼻音，長而微揚，頗近鹽豐語音。二爲將古切法中之下一字讀若上一字，如亭田、秦前、經堅、民眠、寧年等不知分曉。至夷人語音，多平少入，多鼻音和齒唇音，按此音爲漢字所無，相當於注音符號聲母之「万」音，發音時將上齒接於下唇，然後開之，始得其音也。是其特徵，故譯爲漢文實難逼真也。又各地水土不同，語音亦具其地特質，而山居之人尤顯著，蓋已屬夷人語音矣。

論曰：古今哲賢研究方言，意在識五方言語之差別，以推本於文字。吾國文字根於語言，及其成用，有形以別之，有音以系之，有義以定之。無論盈千累萬，盡此三端之指。雖古今之嬗變，風土之區分，語音或有不同，及乎誦讀書寫，無不齊轍合符，彼此一致。近儒所以有連結不若獨立、拼母不若形聲之相益孳生之論也。中文獨立，以形聲相益，西字則拼母連結，運用有時而窮。古書、古字，但諳小學、識通轉者，無不能讀之。而時人不察，乃創爲萬國新語注音字母，襲外人之皮毛，轉滯礙而難通，是以不能通行，旋即停廢。章氏炳麟《新方言》及駁用新語之説，意即在合語言、文字而一之也。姚邑僻處遐陬，或疑言語繁雜，鈎輈莫辨，及鐵路工興，四方之人戾止，乃悉姚人不但概用官話，且多數語音準確。今但以官話矯正少數四聲訛重之語，以國語普及山居夷民，則出辭氣自可遠於鄙倍矣。

〔光緒〕鎮南州志略

【解題】李毓蘭修，甘孟賢纂。鎮南州，今雲南省楚雄彝族自治州南華縣。「言語」見卷二《地理略・風俗》中。録文據光緒十八年（一八九二）刻本《鎮南州志略》。

言語

聲音清和，字眼分明。話頭、語尾與楚雄稍近，與兩姚微别。至四山夷人，則喃喃不可曉矣。

〔宣統〕楚雄縣志

【解題】崇謙修，沈宗舜纂。楚雄縣，今雲南省楚雄彝族自治州楚雄市。「言語」見卷二《地理述輯・風俗》中。録文據宣統二年（一九一〇）稿本《楚雄縣志》。

言語

聲音平正，字韻分明。但話頭、話尾不免佶倔聱牙，夾以土音，然究非若四山夷人之咿啞莫解者。

〔光緒〕浪穹縣志略

【解題】周沆纂修。浪穹縣，今雲南省大理州洱源縣。「方言」見卷十三《雜志》中。録文據光緒二十九年（一九〇三）刻本《浪穹縣志略》。

方言

僰子語，皆方言也。浪穹寧湖以西，迄黑惠江，比比皆然，大同小異，兼嫻漢語。惟僻邑荒村，距城窵遠，噂沓侏㒧，有終身不解漢語者矣。至寧湖以東，中前六所以及勳莊大小官營、三營等處，一例漢語，復有終身不解方音者矣。其中犬牙交錯，相距咫尺，問答不通，吐囑互異，此誠不可以常情測。蓋工漢語者，皆舊時屯田軍籍或外來客籍；操土音者，皆土籍，謂之民家，即白人，古白國之支流也。在浪穹者，多六詔趙氏、楊氏、段氏裔。按《皇朝職貢圖》《伯麟圖說》、舊《雲南通志》，均謂之民家子，俗呼其語爲民家語。

〔光緒〕永昌府志

【解題】劉毓珂等修纂。永昌府,轄境包括雲南保山、潞西二市和永平、龍陵、騰沖、耿馬、昌寧、鎮康、永德、盈江、隴川、梁河等市縣及緬甸八莫、景棟等地區,府治在今雲南省保山市。録文據光緒十一年(一八八五)刻本《永昌府志》。「方言」見卷五八《羣蠻志》中。

方言

嘗考《周官》有象胥之掌,即今之所謂通事也。通事云者,周知别國之風俗語言,傳其語,以使其事之得以通曉也。雲南壤接外夷,其間言語不通、嗜欲不同者,非止一國,故有時納賮獻琛,重譯即不可缺〔一〕。永郡則尤界極邊,凡緬甸、南掌諸國均相毗連,苟能素悉其方言,則象胥可以不設。兼之内地所轄土司玀夷即有多種,若習其語音文字,皆爲有用之學,非徒以博雅見長也。志方言。

天文類

緬人:天曰某,字作。雲曰定,字作。雷曰某骨路,字作。雨曰某唰,字作。日曰膩,字作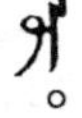。月曰剌,字作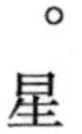。星曰革來,字作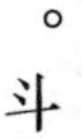。斗曰庫捏戰,字作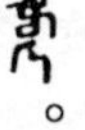。

〔一〕不可:原誤作「可不」。

以上俱師範《滇繫》〔一〕。

玀夷：天曰發。雲曰發。風曰龍。雷曰法。雨曰紛。霜曰籠每。霧曰磨。日曰紊。月曰等。

歲時類

緬人：歲曰捏，字作。節曰撒胖，字作。陽曰阿太，字作。陰曰阿噴，字作。以上俱師範《滇繫》。

地輿類

緬人：山曰擋，字作。江曰麥列馬，字作。以上俱師範《滇繫》。

玀夷：地曰頂。田曰那。園曰朗虎。山曰反。水曰難。

道理類

緬人：關曰罔，字作。津曰戛豆，字作。以上俱師範《滇繫》。

玀夷：大路曰丹。坡曰拉歹。

人倫類

緬人：父曰阿帕，字作。母曰阿米，字作。以上俱師範《滇繫》。

玀夷：曾祖曰布賀。父曰依博。母曰蔑。兄曰必農。嫂曰猓。弟曰農齊。叔曰布襖。

〔一〕上：原誤作「古」。

子曰樓。孫曰浪。

形體類

緬人：頭曰康，字作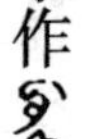。面曰媽那，字作。手曰刺，字作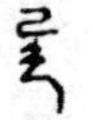。脚曰克類，字作。以上俱師範《滇繫》。

人事類

緬人：飽曰龙撾，字作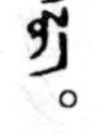。餓曰也必，字作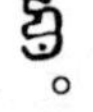。以上俱師範《滇繫》。

玀夷：行曰娘。立曰鄧媽。坐曰難。跪曰拜。

稱呼類

緬人：朝廷曰烏爹垢，字作。以上師範《滇繫》。

言語類

玀夷：富曰迷。貴曰丙。貧曰雅。賤曰波。

房屋類

緬人：房曰印，字作。師範《滇繫》。

玀夷：牆曰科。

公儀類

緬人：城曰某路，字作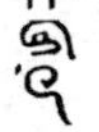。國曰白列歹，字作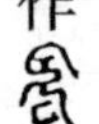。京曰歹都，字作。都曰然馬，

字作。宮曰南到，字作。殿曰塔到印，字作。以上俱師範《滇繫》。

飲食類

緬人：酒曰細，字作。飯曰塔莽，字作。以上俱師範《滇繫》。

器用類

緬人：紙曰乍庫，字作。墨曰莽細，字作。筆曰竹丹，字作。硯曰繳便，字作。鎗曰闌，字作。旗曰丹，字作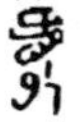。以上俱師範《滇繫》。

玀夷：戥曰掌。升曰成。斗曰通。紙曰哲。墨曰黑。筆曰典哲。書曰酸職。

音樂類

緬人：鐘曰康浪，字作。鼓曰摺，字作。以上俱師範《滇繫》。

數目類

玀夷：一曰冷。二曰算。三曰喪。四曰細。五曰哈。六曰火。七曰哲。八曰別。九曰荷。十曰昔。

貨幣類

緬人：金曰稅，字作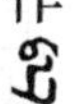。銀曰位，字作。錢曰撒白剌，字作。玉曰麥剌，字作。綾曰賴，字作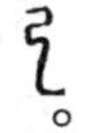。羅曰阿革剌，字作。錦曰都央，字作。絲曰龙保，字作。

草木類

緬人：花曰阿唰，字作。朵曰阿榜，字作。枝曰阿苛，字作。葉曰板，字作。

玀夷：草曰芳。木曰美。

禽獸類

緬人：虎曰賈，字作。豹曰謝，字作。獅曰唱，字作。馬曰麥浪，字作。牛曰那，字作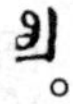。羊曰赤，字作。

玀夷：鴨曰別。鵝曰旱。虎曰色弄。豹曰色乃。馬曰罵。牛曰海。羊曰有。猪曰木奚。

蟲魚類

緬人：蛇曰麥類，字作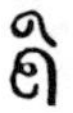。龍曰那戛，字作。以上俱師範《滇繫》。

〔光緒〕騰越廳志

【解題】陳宗海修，趙端禮纂。騰越廳，今雲南省保山市騰沖縣。「方言」見卷十五《諸夷志三》中。錄文據光緒十三年（一八八七）刻本《騰越廳志》。

方言

昔越裳之獻雉也，重譯而入貢周京。蓋以遠在一方，其語言文字各限於方域而不能通，非熟習其詞者，無由達遠人之情，通使臣之命。此象胥有掌王會，所以賴方言也。騰壤接蠻夷，人非一類，地非一區，言語聲音最難詳辨。矧緬甸舊爲我朝臣屬，納款輸誠、獻琛貢象者非一日，其言説文書屢上達九重之聽。雖設有通事，隨時解其語言文字，究不若方言之載，可徧覽而周知。則方言又勤邊者所不可忽也。

擺夷方言並夷字

天文類

天曰發，字作。雲曰暮，字作。雷曰法朗，平聲。字作。霜曰每，平聲。字作。雨曰紛，字作。露曰磨，字作。日曰晚，字作。月曰冷，平聲。字作。風曰竜，字作。

地理類

地曰嶺，平聲。字作。山曰〇，雷乖切。字作。田曰那，字作。園曰孫，字作。路曰黨，字作。水曰南，字作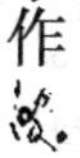。

城市類

城曰允[一]，字作。河曰南洗，字作。江曰南糾，字作。衙曰哈，字作。街曰戛，字作。房曰亨，上聲。字作。堂曰活弄，字作。

[一] 允：民國《龍陵縣志》作「充」。

飲食類

穀曰考入聲白，字作[illegible]。米曰考入聲山，字作[illegible]。飯曰考入聲數上聲，字作[illegible]。吃曰經，字作[illegible]。酒曰勞，字作[illegible]。菜曰帕，字作[illegible]。肉曰肋，字作[illegible]。湯曰南帕，字作[illegible]。

衣服類

衣曰色，字作[illegible]。服曰肱，字作[illegible]。帽曰幕活，字作[illegible]。鞋曰借丁，字作[illegible]。靴曰靴，字作[illegible]。帶曰賽，字作[illegible]。

器用類

刀曰筏，字作[illegible]。剪曰緊，字作[illegible]。盌曰玩毫，字作[illegible]。桶曰桶，字作[illegible]。壺曰道，入聲。字作[illegible]。凳曰儅，字作[illegible]。棹曰嘖，去聲。字作[illegible]。紙曰即，字作[illegible]。書曰賴，上聲。字作[illegible]。買曰斯，入聲。字作[illegible]。賣曰亥，字作[illegible]。

人倫類

君曰哈項，字作[illegible]。臣曰捧捫，上聲。字作[illegible]。朋友曰歹各，字作[illegible]。父曰波，去聲。字作[illegible]。母曰媽，字作[illegible]。兄曰宰，字作[illegible]。弟曰龍宰，字作[illegible]。姊曰姐，字作[illegible]。妹曰龍騷，字作[illegible]。夫曰坡，字作[illegible]。妻曰滅，上聲。字作[illegible]。老曰桃，字作[illegible]。小曰玩，字作[illegible]。

珍寶類

金曰罕，字作[illegible]。銀曰哏，字作[illegible]。銅曰董，字作[illegible]。鐵曰列，去聲。字作[illegible]。錫曰替，字作[illegible]。鉛曰準，字作[illegible]。玉石曰幸修，字作[illegible]。寶石曰線攣，字作[illegible]。

五色

青曰頌，字作[illegible]。紅曰攣，字作[illegible]。白曰帛，去聲。字作[illegible]。黑曰藍，平聲。字作[illegible]。黄曰棱，去聲。字作[illegible]。藍曰漫，字作[illegible]。緑曰秀，字作[illegible]。

五味

甜曰玩，字作[illegible]。苦曰烘，去聲。字作[illegible]。酸曰宋〔一〕，字作[illegible]。辛曰小，字作[illegible]。

數目

一曰冷，平聲。字作[illegible]。二曰頌，字作[illegible]。三曰散，字作[illegible]。四曰細，字作[illegible]。五曰哈，字作[illegible]。六曰烘，字作[illegible]。七曰借，字作[illegible]。八曰別，平聲。字作[illegible]。九曰高，入聲。字作[illegible]。十曰須，字作[illegible]。百曰八，字作[illegible]。千曰幸，字作[illegible]。萬曰悶，字作[illegible]。

花木類

花曰暮，字作[illegible]。荷花曰暮摸，字作[illegible]。菊花曰暮品，字作[illegible]。桃花曰暮罵悶，

〔一〕宋：民國《龍陵縣志》作「宗」。

字作[illegible]。李花曰暮罵門，字作[illegible]。椿木曰昧勇，字作[illegible]。楠木曰昧亳，字作[illegible]。核桃曰罵代，字作[illegible]。松木曰昧便，字作[illegible]。鳳尾果曰罵哈拉，字作[illegible]。竹曰昧竹，字作[illegible]。芭蕉果曰貴，入聲。字作[illegible]。甘蔗曰外，入聲。字作[illegible]。石榴曰罵章，字作[illegible]。梨曰罵角，字作[illegible]。梅子曰罵風，字作[illegible]。

獸類

馬曰麻，字作[illegible]。水牛曰海，字作[illegible]。羊曰滅，字作[illegible]。鷄曰介，字作[illegible]。犬曰罵，字作[illegible]。豕曰牧，字作[illegible]。麒麟曰滅平聲閒，字作[illegible]。虎曰色上聲弄，字作[illegible]。豹曰色上聲靄，字作[illegible]。獅曰項昔，字作[illegible]。象曰章，入聲。字作[illegible]。豺狗曰罵乃，字作[illegible]。狐狸曰罵嶺，平聲。字作[illegible]。犀曰海騰，去聲。字作[illegible]。鹿曰剛，字作[illegible]。麞曰滅平聲烘，字作[illegible]。

禽類

鴉曰恝平聲榔，字作[illegible]。鵲曰睢睫，字作[illegible]。烏曰魯，平聲。字作[illegible]。鳩曰魯毒，字作[illegible]。鸚哥曰魯修，字作[illegible]。八哥曰魯舅，字作[illegible]。野鷄曰介疼，去聲。字作[illegible]。野鴨曰別南，[illegible]。鷹曰哄，字作[illegible]。燕曰魯那念，字作[illegible]。

鱗介類

龍曰〇，恩而切。字作[illegible]。蛇曰牡，字作[illegible]。魚曰把，字作[illegible]。鱔魚曰把映，字作[illegible]。

鰍魚曰把郎，字作。鰕曰貢，字作。螺曰壞，字作。蟲曰免，字作。

〔民國〕龍陵縣志

【解題】張鑑安修，寸曉亭等纂。民國三年修。龍陵縣，今雲南省保山市龍陵縣。「方言」見卷十三《諸夷志》中。録文據民國六年（一九一七）刻本《龍陵縣志》。

方言

《周禮》：「職方氏掌辨四夷、八蠻、七閩、九貉、五戎、六狄之人民。」有象胥以達言，有舌人以體委，蓋以人居荒裔，語屬侏㒧，非有通事不能悉其詞而達其悃，此越裳所以重九譯也。龍漢夷雜居，語言不一，况昔年緬王臣服，貢道所經，捧來金葉表文，半係蟲形之字；報到朱波使命，猶操鴃舌之音。則設譒譯於臨時，固當幾立解，究不若載方言於簡策可偏覽周知也。

擺夷方言並夷字

天文類

天曰發，字作。雲曰暮，字作。雷曰法朗，平聲。字作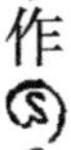。霜曰每，平聲。字作。雨曰紛，字作。露曰磨，字作。日曰晚，字作。月曰冷，平聲。字作。

風曰龍，字作。

地理類

地曰嶺，平聲。字作[illegible]。山曰○〔一〕，雷乖切。字作[illegible]。田曰那，字作[illegible]。園曰孫，字作[illegible]。路曰黨，字作[illegible]。水曰南，字作[illegible]。

城市類

城曰充，字作[illegible]。河曰南洗，字作[illegible]。江曰南糾，字作[illegible]。衙曰哈，字作[illegible]。街曰戛，字作[illegible]。房曰亨，上聲。字作[illegible]。堂曰活弄，字作[illegible]。

飲食類

穀曰考入聲白，字作[illegible]。米曰考入聲山，字作[illegible]。飲曰考入聲數上聲，字作[illegible]。吃曰經，字作[illegible]。酒曰勞，字作[illegible]。菜曰帕，字作[illegible]。肉曰肋，字作[illegible]。湯曰南帕，字作[illegible]。

衣服類

衣曰色，字作[illegible]。服曰肱，字作[illegible]。帽曰暮活，字作[illegible]。鞋曰借丁，字作[illegible]。靴曰靴，字作[illegible]。帶曰賽，字作[illegible]。

器用類

刀曰筏，字作[illegible]。剪曰緊，字作[illegible]。盌曰玩毫，字作[illegible]。桶曰桶，字作[illegible]。壺曰

〔一〕○：表示有音無字。

道，入聲。字作[illegible]。凳曰儅，字作[illegible]。棹曰嘖，入聲。字作[illegible]。紙曰即，字作[illegible]。書曰賴，上聲。字作[illegible]。買曰斯，入聲。字作[illegible]。賣曰亥，字作[illegible]。

人倫類

君曰哈項，字作[illegible]。臣曰捧捫，入聲。字作[illegible]。朋友曰歹各，字作[illegible]。父曰波，去聲。字作[illegible]。母曰嫣，字作[illegible]。兄曰宰，字作[illegible]。弟曰龍宰，字作[illegible]。姊曰姐，字作[illegible]。妹曰龍騷，字作[illegible]。夫曰坡，字作[illegible]。妻曰滅，上聲。字作[illegible]。老曰桃，字作[illegible]。小曰玩，字作[illegible]。

珍寶類

金曰罕，字作[illegible]。銀曰哏，字作[illegible]。銅曰董，字作[illegible]。鐵曰列，去聲。字作[illegible]。錫曰替，字作[illegible]。鉛曰準，字作[illegible]。玉石曰幸修，字作[illegible]。寶石曰線攣，字作[illegible]。

五色

青曰頌，字作[illegible]。紅曰攣，字作[illegible]。白曰帛，去聲。字作[illegible]。黑曰藍，平聲。字作[illegible]。黄曰棱，去聲。字作[illegible]。藍曰漫，字作[illegible]。緑曰秀，字作[illegible]。

五味

甜曰玩，字作[illegible]。苦曰烘，去聲。字作[illegible]。酸曰宗，字作[illegible]。辛曰小，字作[illegible]。

數目

一曰冷，平聲。字作[illegible]。二曰頌，字作[illegible]。三曰散，字作[illegible]。四曰細，字作[illegible]。五曰哈，字作[illegible]。六曰烘，字作[illegible]。七曰借，字作[illegible]。八曰別，平聲。字作[illegible]。九曰高，入聲。字作[illegible]。十曰須，字作[illegible]。百曰八，字作[illegible]。千曰幸，字作[illegible]。萬曰悶，字作[illegible]。

花木類

花曰暮，字作[illegible]。荷花曰暮摸，字作[illegible]。菊花曰暮品，字作[illegible]。桃花曰暮罵悶，字作[illegible]。李花曰暮罵門，字作[illegible]。椿木曰昧勇，字作[illegible]。楠木曰昧毫，字作[illegible]。核桃曰罵代，字作[illegible]。松木曰昧便，字作[illegible]。鳳尾果曰罵哈拉，字作[illegible]。竹曰昧竹，字作[illegible]。芭蕉果曰貴，入聲。字作[illegible]。甘蔗曰外，入聲。字作[illegible]。石榴曰罵章，字作[illegible]。梨曰罵角，字作[illegible]。梅子曰罵風，字作[illegible]。

獸類

馬曰麻，字作[illegible]。水牛曰海，字作[illegible]。羊曰滅，字作[illegible]。雞曰介，字作[illegible]。犬曰罵，字作[illegible]。豕曰牧，字作[illegible]。麒麟曰滅平聲閒，字作[illegible]。虎曰色入聲弄，字作[illegible]。豹曰色上聲靄，字作[illegible]。獅曰項昔，字作[illegible]。象曰章，入聲。字作[illegible]。豺狗曰罵乃，字作[illegible]。狐狸曰罵嶺，字作[illegible]。犀曰海騰，去聲。字作[illegible]。鹿曰剛，字作[illegible]。麞曰滅平聲烘，字作[illegible]。

禽類

鴉曰㧾平聲榔，字作[illegible]。鵲曰睢睫，字作[illegible]。鳥曰魯，平聲。字作[illegible]。鳩曰魯毒，字作[illegible]。鸚哥曰魯脩，字作[illegible]。八哥曰魯舅，字作[illegible]。野雞曰介疼，去聲。字作[illegible]。野鴨曰別南，字作[illegible]。鷹曰哄，字作[illegible]。燕曰魯那念，字作[illegible]。

鱗介類

龍曰〇，恩而切。字作[illegible]。蛇曰牡，字作[illegible]。魚曰把，字作[illegible]。鱔魚曰把映，字作[illegible]。鰍魚曰把郎，字作[illegible]。蝦曰貢，字作[illegible]。螺曰壞，字作[illegible]。蟲曰免，字作[illegible]。

緬人方言

天文類

天曰摩，上聲。字作[illegible]。雲曰登，字作[illegible]。雷曰摩上聲久，字作[illegible]。雪曰摩上聲擠，字作[illegible]。雨曰摩上聲呀平聲，字作[illegible]。風曰列，平聲。字作[illegible]。日曰呢，平聲。字作[illegible]。月曰腊，字作[illegible]。星曰幾，字作[illegible]。

地理類

地曰滅，平聲。字作[illegible]。山曰鐺，字作[illegible]。路曰覧，字作[illegible]。水曰夜，字作[illegible]。

城市類

城曰矛，字作[illegible]。城墻曰矛偶，字作[illegible]。江曰迷紀，字作[illegible]。河曰强，上聲。字作[illegible]。

街曰姐，字作。君殿曰難上聲惰，字作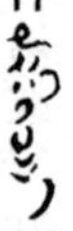。衙門曰捫恩，字作。房曰恩，字作。

食物類

穀曰自入聲把，字作。米曰粲，字作。飯曰特門，上聲。字作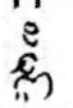。吃曰雜，上聲。字作。飲曰掃，字作。酒曰阿月，字作。肉曰洒，字作。

衣服類

衣曰思上聲居，字作。帶曰擠糾，字作。鞋曰怕挐，字作。裙曰特們，字作。

器用類

刀曰打，字作。剪曰恝己，字作。盌曰不幹，字作。筷曰都，字作。桌曰空去聲，字作。凳曰炭躬，字作。

人倫類

君王曰斗不陰，字作。大臣曰們上聲己，字作。父曰阿配，平聲。字作。母曰阿美，平聲。字作。兄曰阿哥，字作。弟曰呢，字作。妻曰木啞，字作。夫曰令，字作。妹曰呢麻，字作。姐曰麻麻，字作。女曰自米，字作。子曰灑，字作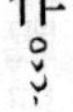。

身體類

頭曰拱，字作。腳曰氣，字作。身曰歌，字作。手曰勒，上聲。字作。心曰那

籠，字作[illegible]。眼曰免即，字作[illegible]。耳曰拏，上聲。字作[illegible]。鼻曰那孔，字作[illegible]。

珍寶類

金曰稅，字作[illegible]。銀曰未，字作[illegible]。銅曰己，字作[illegible]。鐵曰散，字作[illegible]。錫曰克，上聲。字作[illegible]。鉛曰散彪，去聲。字作[illegible]。玉石曰絞争，上聲。字作[illegible]。寶石曰絞膩，字作[illegible]。

五色類

青曰阿墨，上聲。字作[illegible]。紅曰阿吝，字作[illegible]。白曰阿彪，去聲。字作[illegible]。黑曰阿那，入聲。字作[illegible]。黄曰阿抡，字作[illegible]。藍曰阿卡，平聲。字作[illegible]。緑曰阿怎，字作[illegible]。

五味類

甜曰邱，去聲。字作[illegible]。苦曰卡，字作[illegible]。酸曰慶，字作[illegible]。辛曰雜，字作[illegible]。

數目類

一曰疊，上聲。字作[illegible]。二曰蘖，上聲。字作[illegible]。三曰竦，字作[illegible]。四曰列，上聲。字作[illegible]。五曰○，古寡切。字作[illegible]。六曰巧，字作[illegible]。七曰苦揑，字作[illegible]〔一〕。八曰喜，字作[illegible]。九曰果，字作[illegible]。十曰得擇，去聲。字作[illegible]。百曰得鴉，字作[illegible]。千曰得痛，字作[illegible]。萬曰得顙，字作[illegible]。買曰外，字作[illegible]。賣曰永，字作[illegible]。

〔一〕作：據文例補。

花木類

花曰板，字作[illegible]。茉蔾花曰兹白板，字作[illegible]。荷花曰駕賁，字作[illegible]。菊花曰幹得馬，字作[illegible]。木曰挺，字作[illegible]。松木曰挺欲，上聲。字作[illegible]。竹曰瓦，字作[illegible]。芭蕉果曰那標擠，字作[illegible]。石榴曰兹勒擠，字作[illegible]。核桃曰舍加擠，字作[illegible]。

獸類

馬曰免，字作[illegible]。水牛曰拙，字作[illegible]。犬曰窺，上聲。字作[illegible]。雞曰潔，上聲。字作[illegible]。虎曰假，字作[illegible]。豹曰邪，字作〔一〕。獅曰慶賊，字作[illegible]。象曰邪，字作[illegible]。豺狗曰朵窺，上聲。字作[illegible]。狐狸曰行，字作[illegible]。鹿曰薩，入聲。字作[illegible]。麞曰得夜，字作[illegible]。

禽類

鴉曰舉敢，字作[illegible]。鳥曰領達，字作[illegible]。鳩曰九，字作[illegible]。鸚哥曰竭上聲都蘂，字作[illegible]。八哥曰咱離戛，平聲。字作[illegible]。鴨曰穩白，上聲。字作[illegible]。小燕曰咱各列，上聲。字作[illegible]。孔雀曰黨，字作[illegible]。鶉曰科，字作[illegible]。鷹曰尊，字作[illegible]。

鱗介類

龍曰那戛，平聲。字作[illegible]。蛇曰妹，平聲。字作[illegible]。魚曰〇，古寡切。字作[illegible]。鱔魚曰那行，

〔一〕原文未出字形。

字作[illegible]。鰍魚曰那自勒斗，字作[illegible]。蝦曰貢不尊，字作[illegible]。螺曰客欲，字作[illegible]。蟲曰簸，字作[illegible]。

〔民國〕新平縣志

【解題】王志高修，馬太元等纂。新平縣，今雲南省玉溪市新平縣。「方言」見第十六。録文據民國二十二年（一九三三）石印本《新平縣志》。

方言

天地生人，種類各殊，言語亦異。生於南者，未必能諳北語；生於北者，亦未必能通南語也。新邑地處南荒，夷多於漢，又囿於方隅，所操語言各有土音，扞格難通，間有大同小異，亦往往詰屈聱牙，不易辨析。茲僅就各區所有語系、語音，分類記載，庶爲籌備統一語音之一助云。志方言。

各地方言

新邑夷民散處各區，風土既殊，言語自異。猓玀土音與玀夷迥殊〔一〕，窩泥土音又與山蘇絕異。其餘如卡惰、喇魯、喇烏、卜拉、車蘇、羅武、苦葱、苗子、糯比等，無一不各有各之土語，以爲傳達思想情感利器。茲將各種方言分列如左：

〔一〕迥：原誤作「逈」。

天　猓玀謂之母，玀夷謂之發，窩泥謂之哦，卡惰謂之迷。

地　猓玀謂之密1〔一〕，玀夷謂之領，窩泥謂之乜茶，卡惰謂之米朝。

日　猓玀謂之阿出，玀夷謂之紊，窩泥謂之諾嗎，卡惰謂之呢。

月　猓玀謂之活潑，玀夷謂之等，窩泥謂之巴拉，卡惰謂之蒿。

風　猓玀謂之密1吼1，玀夷謂之龍，窩泥謂之哦ㄌㄝ，卡惰謂之雜西。

雲　猓玀謂之阿1努1，玀夷謂之發汞，窩泥謂之哦ㄆㄆ，卡惰謂之業ㄎㄧ2。

雷　猓玀謂之母1毒，玀夷謂之法冷1，窩泥謂之哦之，卡惰謂之戳。

雨　猓玀謂之阿窩，玀夷謂之紛，窩泥謂之阿ㄚ火，卡惰謂之惡呵。

霜　猓玀謂之哲，玀夷謂之奶，窩泥謂之尼「普」，卡惰謂之白厄1。

霧　猓玀謂之阿努，玀夷謂之片發，窩泥謂之汁黑，卡惰謂之業ㄎㄧ2。

田　猓玀謂之呢，玀夷謂之那，窩泥謂之哈魯，卡惰謂之蒿。

園　猓玀謂之沃切，玀夷謂之生發，窩泥謂之哈科，卡惰謂之哈口1。

山　猓玀謂之白，玀夷謂之了1，窩泥謂之古主，卡惰謂之比得1。

水　猓玀謂之魚結，玀夷謂之難，窩泥謂之玉出，卡惰謂之阿戳。

〔一〕原書用加點法表示聲調，現改用數字表示，左下角黑點用1表示，右下角黑點用2表示。

大路　猓玀謂之作木，擺夷謂之昏攩籠，窩泥謂之戛嗎，卡惰謂之哈柯。
坡　猓玀謂之白陡，擺夷謂之料整，窩泥謂之戛打，卡惰謂之打^{1}猫。
祖　猓玀謂之媽麻，擺夷謂之阿布，窩泥謂之玉皮，卡惰謂之阿皮^{1}。
父　猓玀謂之阿巴，擺夷謂之阿爹，窩泥謂之「阿爸」，卡惰謂之阿保。
母　猓玀謂之阿嫫，擺夷謂之阿謬，窩泥謂之阿嫫，卡惰謂之阿媽。
叔　猓玀謂之阿勒，擺夷謂之布襖，窩泥謂之阿爸勒ㄌㄝ，卡惰謂之阿窩。
兄　猓玀謂之摩，擺夷謂之阿大，窩泥謂之阿哥，卡惰謂之阿高。
嫂　猓玀謂之面，擺夷謂之必囊，窩泥謂之阿初，卡惰謂之阿樞。
弟　猓玀謂之奶^{2}秋，擺夷謂之阿農，窩泥謂之阿你，卡惰謂之呢及。
子　猓玀謂之惹^{1}，擺夷謂之羅崽，窩泥謂之ㄖㄚ^{2}ㄖㄨ^{2}，卡惰謂之狎喲。
孫　猓玀謂之兮惹^{1}，擺夷謂之浪崽，窩泥謂之禮節，卡惰謂之立及。
行　猓玀謂之婼，擺夷謂之仰，窩泥謂之熱，卡惰謂之約。
立　猓玀謂之黑，擺夷謂之鄧嫣，窩泥謂之「河」，卡惰謂之土老^{1}。
坐　猓玀謂之宜，擺夷謂之難，窩泥謂之「ㄓㄛㄔㄛ」，卡惰謂之呢咱。
跪　猓玀謂之格，擺夷謂之號，窩泥謂之無獨土，卡惰謂之惡拖。
富　猓玀謂之拔，擺夷謂之米，窩泥謂之革巴ㄓㄚ，卡惰謂之思波。

貴　猓玀謂之咩，擺夷謂之立，窩泥謂之哶ㄉㄝ黑，卡惰謂之阿皮波。
貧　猓玀謂之灼，擺夷謂之達，窩泥謂之洒，卡惰謂之千麻咱。
賤　猓玀謂之咩出，擺夷謂之波，窩泥謂之ㄌㄝ所，卡惰謂之阿皮麻波。
秤　猓玀謂之枝，擺夷謂之掌敬，窩泥謂之拿合，卡惰謂之今。
戥　猓玀謂之鸖獨，擺夷謂之掌，窩泥謂之鷄，卡惰謂之蕯㲉。
升　猓玀謂之賒批，擺夷謂之配，窩泥謂之欶，卡惰謂之升。
斗　猓玀謂之得，擺夷謂之朵，窩泥謂之得ㄧ，卡惰謂之得ㄧ。
紙　猓玀謂之踏衣，擺夷謂之藉，窩泥謂之贖戛拉，卡惰謂之及。
墨　猓玀謂之墨，擺夷謂之墨，窩泥謂之墨，卡惰謂之墨。
筆　猓玀謂之筆，擺夷謂之筆，窩泥謂之筆，卡惰謂之筆。
書　猓玀謂之書熟，擺夷謂之厥，窩泥謂之熟，卡惰謂之阿剥。
柴　猓玀謂之兮，擺夷謂之粉，窩泥謂之米雜，卡惰謂之迷卓。
炭　猓玀謂之咩絲ㄧ，擺夷謂之炭，窩泥謂之米鷄，卡惰謂之迷鷄。
油　猓玀謂之婼魚，擺夷謂之滿，窩泥謂之若窩，卡惰謂之阿樞。
鹽　猓玀謂之鹺，擺夷謂之格，窩泥謂之「插得」，卡惰謂之茶及。
醬　猓玀謂之啄，擺夷謂之醬，窩泥謂之醬，卡惰謂之醬。

醋　猓玀謂之卡梭，㹢夷謂之農米[1]，窩泥謂之戛梭，卡惰謂之醋。
草　猓玀謂之白，㹢夷謂之芽，窩泥謂之渣革，卡惰謂之咱告[2]。
木　猓玀謂之兮，㹢夷謂之蔑，窩泥謂之敗作，卡惰謂之爹殼。
鷄　猓玀謂之耶，㹢夷謂之蓋，窩泥謂之哈，卡惰謂之哈[1]。
鴨　猓玀謂之厄[1]，㹢夷謂之別，窩泥謂之ㄚ[2]抔，卡惰謂之阿。
鵝　猓玀謂之厄[1]落，㹢夷謂之旱，窩泥謂之厄，卡惰謂之阿ㄟㄠ。
猪　猓玀謂之亹，㹢夷謂之母，窩泥謂之ㄎㄚ，卡惰謂之襪。
狗　猓玀謂之期，㹢夷謂之媽，窩泥謂之「刻」，卡惰謂之克。
猫　猓玀謂之阿奶，㹢夷謂之矛，窩泥謂之阿尼，卡惰謂之阿迷。
馬　猓玀謂之嫫，㹢夷謂之麻，窩泥謂之莫，卡惰謂之莫。
牛　猓玀謂之呢，㹢夷謂之海，窩泥謂之奴，卡惰謂之米奴。
羊　猓玀謂之哈，㹢夷謂之挨很，窩泥謂之七，卡惰謂之七。
虎　猓玀謂之落漠，㹢夷謂之色籠，窩泥謂之哈拉，卡惰謂之月老。
豹　猓玀謂之于漠，㹢夷謂之色刀，窩泥謂之哈目，卡惰謂之月老。
一　猓玀謂之提，㹢夷謂之冷，窩泥謂之塔，卡惰謂之特。
二　猓玀謂之宜，㹢夷謂之酸，窩泥謂之宜，卡惰謂之業。

三　猓玀謂之沙，玀夷謂之喪，窩泥謂之梭，卡惰謂之些。

四　猓玀謂之西，玀夷謂之細，窩泥謂之李，卡惰謂之立。

五　猓玀謂之窩，玀夷謂之哈，窩泥謂之ㄫㄚ，卡惰謂之鰲。

六　猓玀謂之出，玀夷謂之火，窩泥謂之哭，卡惰謂之殼。

七　猓玀謂之石，玀夷謂之哲，窩泥謂之死，卡惰謂之昔。

八　猓玀謂之衡，夷謂之別，窩泥謂之ㄏㄝ[2]，卡惰謂之雪。

九　猓玀謂之格[1]，玀夷謂之高，窩泥謂之ㄍㄝ，卡惰謂之及。

十　猓玀謂之擇，玀夷謂之昔，窩泥謂之且，卡惰謂之擇[1]。

飲酒　猓玀謂之直達，玀夷謂之津醪，窩泥謂之居八多，卡惰謂之居遥多。

食飯　猓玀謂之作着，玀夷謂之津烤，窩泥謂之合雜，卡惰謂之合覓[2]。

燒火　猓玀謂之咩毒丢，玀夷謂之松斐，窩泥謂之咩雜鳩，卡惰謂之迷覓[2]的。

點燈　猓玀謂之咩毒毒，玀夷謂之點燈，窩泥謂之燈刻，卡惰謂之燈託。

關門　猓玀謂之落角必，玀夷謂之賽佛都，窩泥謂之落哥低皮，卡惰謂之猓哥皮。

啓户　猓玀謂之落角卡，玀夷謂之開佛都，窩泥謂之落哥坡皮，卡惰謂之猓哥坡。

行路　猓玀謂之作絲，玀夷謂之仰膽，窩泥謂之戛嗎熱，卡惰謂之哈柯喲。

讀書　猓玀謂之書薩，玀夷謂之案厥，窩泥謂之書諸，卡惰謂之阿刺薩。

寫字　猓玀謂之書熟谷，玀夷謂之喀厥，窩泥謂之字ㄉㄝ，卡惰謂之阿波。
説話　猓玀謂之達厄，玀夷謂之阿罕，窩泥謂之奪八八，卡惰謂之奪帖1。
做事　猓玀謂之奶没，玀夷謂之侯尾，窩泥謂之莫窩，卡惰謂之納迷。
做官　猓玀謂之咨咩，玀夷謂之難照，窩泥謂之職嗎窩，卡惰謂之即猫米1。
放牛　猓玀謂之呢特，玀夷謂之菸海，窩泥謂之奴烏，卡惰謂之米1奴合。
栽秧　猓玀謂之呢呆，玀夷謂之送那，窩泥謂之ㄏㄚ爹，卡惰謂之厄1蒿搓。
穿衣　猓玀謂之踏亹，玀夷謂之能2色，窩泥謂之哈魯多，卡惰謂之戛七爹。
蓋屋　猓玀謂之侯必，玀夷謂之甕1恩，窩泥謂之火古，卡惰謂之曰敲搓。
出去　猓玀謂之魯婼，玀夷謂之阿街，窩泥謂之都夜，卡惰謂之多耶。
回來　猓玀謂之谷烈，玀夷謂之大滿，窩泥謂之古拉，卡惰謂之爹坡老1。

語系

《禮記·王制》篇云：「五方之民，言語不通。」然各地言語雖云不通，而總不出單音語系及複合語系二種。以新邑而論，任何猓玀、玀夷、窩泥、山蘇等夷類，其發音口腔雖殊，要皆一字一音，屬於單音語系，無變化，亦無連結，間有一字兩音者，亦無非湊合單音而成也。

語音

在昔漢人，多操江南話，歷久改易，漸失其真。例如間字，皆山切，應讀爲干，邑多讀爲堅。

魚字，玉居切，應讀爲迂，邑多讀爲一是也。然音韻雖未全叶，而發音只屬半濁，且徐緩直率，聽者易曉。

土音

土人發音，難以言宣，其音濁而粗。使人易曉者，爲猓玀一種。此外，如羅夷、如山蘇等，其發音或帶鼻，或夾舌音，低而快，殊不易曉。

〔民國〕元江志稿

【解題】黄元直修，劉達武纂。元江，今雲南省玉溪市元江哈尼族彝族傣族自治縣。「方言文字」見卷十一《教育志》中。録文據民國十一年（一九二二）鉛印本《元江志稿》。

方言文字

元屬夷族，多至十數種，語言亦各不同，且有語言而無文字。其有文字者，惟猓玀一種，其語言亦間有近古者，如呼鹽曰鹺，義與古合，而因遠之。僰人雖無文字，其語言仍與文義相通。此外如僰夷謂喫飯曰矜梈，喫酒曰矜撈，猓羅謂喫飯曰作左咧，窩泥曰阿合咱，亦只能表示普通之事物。至電報、輪舟及外洋貨物之類，夷人即無名詞，須仍學漢語也。至城鄉之漢人，率多來自南京，至今皆係官話。漢人之與夷人比隣者，亦熟習夷語。欲謀語言之統一，其惟從教育入手乎？

〔民國〕順寧縣志初稿

【解題】張問德修，楊香池纂。順寧縣，今雲南省臨滄市鳳慶縣。「語言」見卷九。録文據民國三十六年（一九四七）石印本《順寧縣志初稿》。

語言

順寧古爲夷蠻地，村落自聚，氏族各别，語言亦因而不同。溯其淵源，有蒲蠻、擺夷、倮倮、苗子、利米等族。元泰定間内附，設土知府以統之。明末置流官，始漸開化。又因明初黔寧王沐英鎮滇，明末桂王由榔逃緬，清初平西王吴三桂封雲南，及歷代遣戍移民，遂有漢人雜居，久而繁衍，其勢寖盛。蠻夷受其同化，多習漢俗漢語，其有未盡同化者，散處邊境。近以學校林立，國語通行，夷語亦歸淘汰，甚有以保存土語爲恥者。惟地區遼闊，交通梗塞，同一漢語，其發音語尾，仍有歧異。兹據調查所得，分通行及特殊地帶，列表志之。

順寧方言調查表〔一〕

祖父，阿老。老老。祖母，阿奶。奶奶。伯父，阿大。大爹。伯母，大媽。叔父，阿爺。出俗祖輩，師公。出俗父輩，師父、師伯、師叔。出俗平輩，師兄。丈夫，老公、漢子。男人。叔母，阿

〔一〕原爲列表形式，分「名詞、方言、地帶」和「短語、方言、地帶」兩類，今以通行地帶爲分類標準，合名詞與短語爲一類編排。「，」之上爲名詞或短語，之下爲方言。

嬸。妻，老太、婆娘。女人。兒，小漢子。女兒，囡广ㄩせ、小姑娘。天，月。老摩摩。太陽，熱頭。虹，桿。去聲。飯，忙慢。水，吴悮。瓢，水半頭。蠑螈，娃娃蛇。蝦蟆，癩黑媽。或癩漿包。肉，阿入聲阿去聲。被，鋪蓋。米酒，白酒。波羅，打鑼錘。橘橙柑等，黄果。刀，插子。溜子。槍，噴筒子。子彈，逼馬。銀圓，花錢。鴉片，老薰。鋏子，鋏捻。陽平。頭巾，包頭或繞去聲子。喇叭，鼓吹。傻子，韶包。孟浪者，混頭神。煙袋，煙鍋。笨伯，老罕包。鴇母，老掮掮、皮挑頭。天井，院場。家奴，ㄨㄚ入聲子。松脂柴，明子、「肥柴」。火柴，洋發燭。地方首長，頭人。隨從，伴當。大碗，鉢陰平頭。霧，霧露或照子。稻，穀子。餌，粑粑。玉蜀黍，玉麥。甘薯，黄薯或白薯。梨，列。湯餅，麪湯。便溺，解手。動，扭。去聲。給你物品，給你東西。你到那裡，你趆奶。陰平。「快活」或「舒適」又「幸災樂禍」之喜樂聲，自哉。作事悖謬，孟浪之意。無意成。圍爐，向火。做事，整。倒霉，背時。痛之呼聲，阿拉。奉承或「恭維」「幫助」，湊陰平合。慳吝，夾吝。驕傲或「俏皮」，二氣。裝腔作勢，肘架子。一式無二、「毫無輕重」，半斤八兩。大媽就是老太婆、老太婆就是大媽。行爲不軌，胡鬧二百八。不負責任，滑頭。罵濫人，濫場人。説話重複，嘮叨。不出頭者，褲襠包、濃包。居間周旋，和事老。聚餐，打平伙。雙方湊好，和合欒。大話唬人，抖羊皮。罵人無禮節，草包。權宜之計又「力不濟事」，拉蓑衣唬熊。

以上通行語。

啊呀，阿嗎喟。「是了」「是的」，外ㄕ。麽，也惡。ㄨ去聲。一樣都不懂，阿嘿嘿得。細細緻緻，口撕格漏。我們，阿悶。陰平。我底媽媽，阿入聲默陰平媽媽。好耍呀，好耍呢陰平背。你是怎樣的，你是將去聲有陽平。合的，合的是下。你去那裏，你赿那入聲ㄏㄝ陽平。「冷」「熱」，阿ㄗㄧㄚ入聲ㄗㄧㄚ入聲或阿唧唧。驚訝之聲。髒汙的，驚訝聲。阿ㄉㄧㄚ入聲ㄉㄧㄚ。請飯來了，飯吃來好。你要到那裏，你阿赿那入聲了ㄧㄝ。起來了，爬起囉。很好看啊，扎實陰平好入聲望呢陰平外嘞。底下，阿ㄉㄧㄚ。入聲。上面，阿高ㄉㄡ。去聲。可怕的驚訝，阿ㄅㄟ ㄅㄟ。你那裏去，你要那裏去惡。背他呢或是挑他呢〔一〕，阿背啦默是挑啦。鬥爭失敗，輸了。阿美輸、輸。

以上局部使用語。

剛纔，纔最。「終久」或「到底」，「共行」或「取宗」。快些二，「流些二」或「雷些二」。怎麼呢，「贜入聲些二」或「贜呢」。

以上各地一部語。

附説：

一、本表所列方言，不論名詞或短語，悉以漢字注之，如漢字不能注時，又以注音符號注之。

二、漢字只取其音，不究其義，且於讀音，特以五聲注明。

三、所舉方言，均係根據調查材料及平日耳熟者，并限於順寧獨用，其與他處相同者，概不攔入。

四、名詞或短語，有係根本歧異，有係轉音者。如女兒之轉爲ㄏㄩㄝ、走去之轉爲赿、怎麼

〔一〕 他：原誤作「地」。

樣之轉爲贓是。

五、短語之中又有帶語尾者，如外徠、外嘞之類是。

六、注音點聲係陰平不點，陽平在左下角，上聲在左上角，去聲在右上角，入聲在右下角。下表倣此。

語系

順寧語系，民國十年前，約分五類。以圖表之，并分析舉例如下。

圖例：

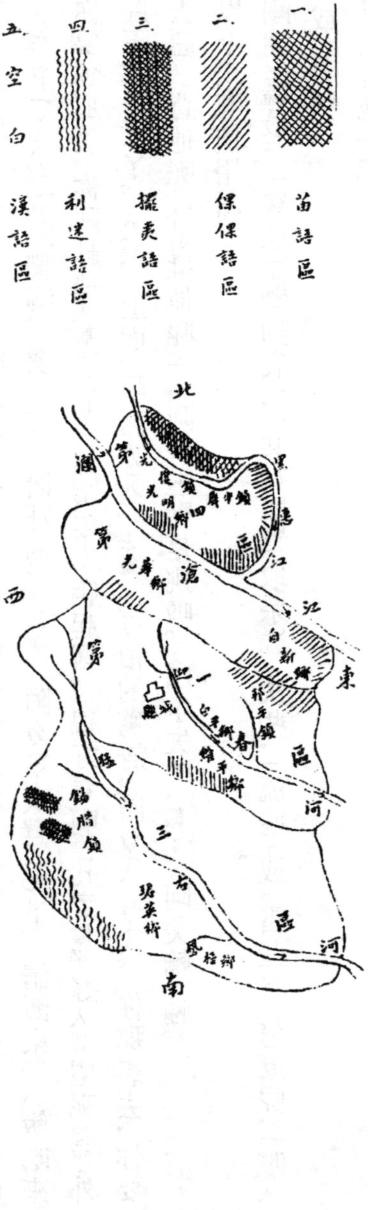

各種語言調查表

倮倮語

「ㄦㄚ ㄓㄨ」「ㄓㄨ」「ㄨ入聲ㄓㄨ」，漢譯：「筷子」「有」「不有」。地帶：昔時自新鄉、維平鄉一部，瓦屋鎮、犀牛鎮一部，現改説漢語。

「ㄚㄇㄨ」「ㄚㄔ」「ㄚㄋㄜ」「ㄚㄎ」，漢譯：「馬」「羊」「牛」「狗」。地帶：仝右。

「ㄌㄧ」「ㄖㄨㄌ去聲」「ㄖㄨㄌ去聲ㄧㄏㄨㄛ」，漢譯：「去」「快去」「快去了」。地帶：仝右。

「ㄚㄌㄛㄇㄨㄛㄓㄨㄎㄨㄍㄚㄌㄚ」，漢譯：火不有快拿來。地帶：仝右。

「ㄗㄜ去聲ㄗㄜㄌㄧ去聲」，漢譯：吃飯了。地帶：仝右。

「墨賊墨賊」，漢譯：□〔一〕。地帶：仝右。

「ㄋㄜㄦㄌ去聲ㄨ去聲ㄧ去聲」，漢譯：你到何處去。地帶：仝右。

「ㄉㄧ去聲ㄍㄧ陽平ㄟ去聲ㄌㄧㄝ」，漢譯：打架。地帶：仝右。

率買，漢譯：女子。地帶：昔日光華鄉少數人語，現改説漢語。

率利，漢譯：男子。地帶：仝右。

阿滅作，漢譯：吃飯。地帶：仝右。

依，漢譯：鷄。地帶：仝右。

〔一〕□：原表漢譯爲空格。

阿尼，漢譯：牛。地帶：仝右。
阿翅，漢譯：羊。地帶：仝右。
阿磨，漢譯：馬。地帶：仝右。
阿封得，漢譯：身。地帶：仝右。
哈度，漢譯：站起。地帶：仝右。
衣度，漢譯：睡起。地帶：仝右。
阿多度，漢譯：向火。地帶：仝右。
阿滅結，漢譯：煮飯。地帶：仝右。
衣釵，漢譯：挑水。地帶：仝右。
些夥，漢譯：斫柴。地帶：仝右。
衣比，漢譯：桶。地帶：仝右。
阿諸，漢譯：筷子。地帶：仝右。
阿麥，漢譯：天。地帶：仝右。
阿面，漢譯：地。地帶：仝右。
惡巴，漢譯：碗。地帶：仝右。
阿馱，漢譯：刀。地帶：仝右。
伊哩哈，漢譯：去來。地帶：昔日光明鄉一部，現亦改説漢語。

地處利，漢譯：同我去。地帶：仝右。

嗚他處利，漢譯：同他去。地帶：仝右。

舍母，漢譯：玉麥。地帶：仝右。

棄奴，漢譯：糯米。地帶：仝右。

苗語

慈不ㄌㄟ，漢譯：穀子。倒，漢譯：布。倒鎊，漢譯：麻布。倒紗，漢譯：棉布。遮，漢譯：房子。母ㄍㄟ，漢譯：走路。ㄍㄚ，漢譯：鷄。腦差，漢譯：吃早飯。腦説，漢譯：吃午飯。腦摩，漢譯：吃晚飯。耗茶，漢譯：喝茶。母拉，漢譯：走了。不，漢譯：睡覺。壽，漢譯：起來。堵，漢譯：水牛。嘎唎嚕，漢譯：快來。嘎母，漢譯：快去。

擺夷語

冷，陽平。漢譯：一。送，漢譯：二。傘，漢譯：三。細，漢譯：四。哈，漢譯：五。胡，漢譯：六。厥，漢譯：七。別，去聲。漢譯：八。高，入聲。漢譯：九。吸，漢譯：十。戛的勞，漢譯：去那點。馬君壕，漢譯：來吃飯。又黨千，漢譯：在中間。摹戛安黨，漢譯：你上前。戛搞戛，漢譯：趕街去。南各暮米，漢譯：水不有。摹哼ㄚㄛ，漢譯：你殺牛麼。哦寨歹搖，漢譯：唉阿公死了麼。豪散摹因地高一能，漢譯：把你的米借我一點。波，漢譯：父親。芉，漢譯：母親。照磨，漢譯：先生、老師、師父。戛，漢譯：去。馬，漢譯：來。今，漢譯：吃。ㄎㄠ，入聲。漢譯：米。飯。很力，漢譯：讀書。顛木李，漢譯：寫字。高，漢譯：我。你：漢譯：猫。滿，漢譯：他。没米，漢譯：不有。没胡，漢譯：不知道。没ㄅㄧㄝ，上聲。漢譯：不是。勞，漢譯：酒。照反，漢譯：新爺。弄，漢譯：大爹。芊籠，漢譯：大媽。比鷄，漢譯：嫂。隆引，漢譯：妹子。暖，漢譯：睡。的散，漢譯：什麽。

擺夷文字調查表

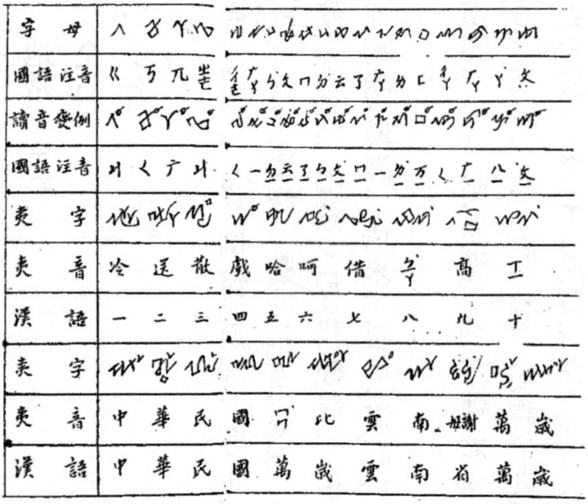

字母
國語注音　ㄍ ㄎ ㄤ ㄓ ㄔ ㄗ ㄅ ㄆ ㄇ ㄉ ㄊ ㄋ ㄘ ㄌ ㄈ ㄙ ㄘ ㄚ ㄆ
讀音變例
國語注音　ㄐ ㄑ ㄏ ㄐ ㄑ ㄧ ㄉ ㄊ ㄋ ㄅ ㄆ ㄇ ㄧ ㄌ ㄎ ㄑ ㄏ ㄒ ㄆ
夷字
夷音　冷 送 散 戲 哈 呵 借 ㄅㄚ 高 工
漢語　一 二 三 四 五 六 七 八 九 十
夷字
夷音　中 華 民 國 ㄇ 比 雲 南 擺謝 萬 歲
漢語　中 華 民 國 萬 歲 雲 南 省 萬 歲

附説：

夷文字母於右上角加注符號讀音即變，而一字五音，即成五字。其分别處僅於上下左右角或撇或鈎或點，字音高者撇向上，字音低者鈎於下，音平者平書，拼法亦同。至其語法、語系，與英語無異。

利迷語

阿窩，漢譯：爸爸。阿摸，漢譯：媽媽。阿悠，漢譯：哥哥。阿臍摸，漢譯：姐姐。ㄎㄛ波，漢譯：耳。咩都，漢譯：目。目ㄎㄨ，漢譯：口。怒ㄎㄨ，漢譯：鼻。列ㄆㄝ，漢譯：手。氣背，漢譯：足。耳底撒，漢譯：頭。皮木，漢譯：臉。撒ㄇㄝ，漢譯：油。擦波，漢譯：鹽。西，漢譯：柴。作苛，漢譯：米。阿克，漢譯：煙。羅婆，漢譯：茶。直，漢譯：酒。呵，漢譯：肉。ㄅㄧㄢ去聲了，漢譯：猫。阿怒，漢譯：狗。阿以，漢譯：鷄。阿ㄎㄝ，漢譯：猪。路子，漢譯：騾。阿母，漢譯：馬。阿直，漢譯：黄牛。ㄛ呢，漢譯：水牛。阿奇，漢譯：羊。炸，漢譯：有。宜炸，漢譯：不有。那敵，漢譯：好。那宜敵，漢譯：不好。作宜作，漢譯：吃不吃。你ㄙㄚ宜ㄙㄚ，漢譯：知不知。戛扒馱，漢譯：成。戛扒宜馱，漢譯：不成。阿慕一羅，漢譯：那裏去了。二ㄍㄟ角利，漢譯：回家去。這益，漢譯：這宿。阿目希，漢譯：吹風。阿目呵，漢譯：下雨。阿母奇，漢譯：天黑。做的，漢譯：煮飯。阿以作，漢譯：吃水。阿杜哥，漢譯：向火。你我幺給，漢譯：説給我。打咩，漢譯：田。樹薄，漢譯：草。五，漢譯：

賣。没五，漢譯：不賣。鷄皮，漢譯：銀幣。普鷄皮，漢譯：紙幣。

回語

布客來台，漢譯：祖。賣思里比，漢譯：祖母。吴耳肥台，漢譯：父母。色特哈，漢譯：兄。賣色只底，漢譯：弟。吴胡土，漢譯：孫。艾海羅體，漢譯：朋友。繞只，漢譯：家主。繞者土，漢譯：客人。萊只里，漢譯：家奴。尼梭雨，漢譯：師父。王補努，漢譯：徒弟。耳梭凱里，漢譯：褲。萊二葉體，漢譯：鞋。按台，漢譯：飯。矮乃，漢譯：米。命里里，漢譯：豆。米來哈，漢譯：金。沙雨，漢譯：鐵。買米格，漢譯：錢。哈里著，漢譯：城。敗哈耳，漢譯：村。賣台敗耳，漢譯：火。曬木思，漢譯：雨。艾耳咀，漢譯：田。乃河耳，漢譯：橋。嗎以，漢譯：路。努朱米，漢譯：雪。

局部語及土音

順寧語音重濁，語勢緊急，腔調直率，少輕清抑揚婉和之美。發音部位雖唇齒舌鼻兼用或單用，但多與國音出入，而於喉音用時尤少。如：

「國」讀如馘ㄍㄨㄜ，不讀ㄍㄨㄛ。「緑」讀如六ㄌㄨ，不讀ㄌㄧㄡ。「元」讀如ㄩㄢ，不讀ㄩㄣ。「日本」讀如日ㄅㄣ，不讀ㄛㄅㄣ。

又有別音，如：

菸、鹽、麪、綫、錢、天，讀如陰、銀、命、信、晴、廳。又「紅」讀作「横」，「横」讀作「紅」。「龍」

讀作「輪」，「輪」讀作「龍」。

其在字典未能注出之土音，如：

「去」作ㄎㄟ，「去來」作ㄎㄟ，「去阿」作ㄎㄟ，「莫拿」作ㄇㄚ去聲ㄋㄚ。

又發音應有一舌根音韻母在「ㄟ、ㄡ」二韻之間始可讀出，如：

「給」ㄍㄟ，「去」ㄎㄟ，均屬土音。

順寧語言情況大概如此，然亦有與京音聲調相協者，如土語中「滿」讀如「忙」，「馬」讀如「麻」，「有」讀如「由」，「你」讀如「泥」，係上聲讀作陽平。「麻」讀如「媽」，「娘」讀如「孃」，「年」讀如「拈」，陽平讀作陰平。與京腔之去聲讀作上聲、上聲讀作陽平者近。蔡元培謂滇西語言有與京音相似，殆即此類之聲調也。惜調查材料闕如，舉例甚少，殆一憾事。

〔道光〕開化府志

【解題】何懷道修，萬重箕纂。開化府，府治文山，轄今文山州文山、邱北、硯山、馬關、西疇、麻栗坡等市縣。「方言」見卷九《風俗》中。録文據道光九年（一八二九）刻本《開化府志》。

方言

儂人

天，發。地，南。日，烈。月，亥。風，朗。雲，朗磨。雷，發轟。雨，泮。霜，膩髮。霧，朗目。山，南播。水，南。田，恁那。園，勒省。城，蚌景。牆，耐頃。坡，肯靠。路，卡洛。草，雅。木，美。

祖，不竭。孫，浪。父，博。子，陸。兄，必。弟，農。嫂，畢南。叔，不拗。娘，腊密。

行，挐陸。立，定。坐，南。跪，及。貧，樓。富，洒。貴，邊。賤，拖。

虎，土弄。豹，土旅。馬，底麻。牛，獨歪。羊，有。猪，獨暮。鷄，寨。鵝，旱。鴨，貝。

升，幸。斗，痛。戥，展。秤，展更。筆，並麻。墨，媽。書，士。紙，洒。

一，溜。二，宋。三，散。四，細。五，哈。六，差。七，拓。八，別。九，苟。十，謝。

土獠

天，窩。地，稜。日，駝宛。月，論。風，泠。雲，磨。雷，搏恩。雨，難。霜，内。霧，馬。山，亂。水，難。田，儺。園，孫。城，稱。牆，本。坡，短亂。路，禄。草，若。木，崖。

祖，布周。孫，濫。父，博。子，勒。兄，鮓。弟，鸞。嫂，比周。叔，布猓。娘，滅。

行，怕。立，任。坐，難。跪，及。貧，呀。富，率。貴，那。賤，賴。

虎，丙介。豹，丙膩。馬，磨。牛，瓦。羊，別。猪，磨。鷄，結。鵝，寒。鴨，白。

升，神。斗，桶。戥，掌。秤，掌更。筆，此。墨，馬。書，事。紙，知。

一，流。二，送。三，散。四，四。五，呵。六，車。七，疸。八，別。九，勾。十，謝。

玀夷

天，發。地，頂。日，紊。月，等。風，龍。雲，法。雷，法。雨，紛。霜，籠每。霧，磨。山，反。水，難。田，那。園，郎虎。城，科職。牆，科。坡，拉歹。路，丹。草，方。木，美。

祖，布賀。孫，浪。父，依博。子，樓。兄，必農。弟，農齋。嫂，猓。叔，布襖。娘，莨。

行，娘。立，鄧嗎。坐，難。跪，拜。貧，雅。富，迷。貴，丙。賤，波。

虎，色弄。豹，色乃。馬，罵。牛，海。羊，有。豬，木奚。鷄，蓋。鵝，早。鴨，別。

升，成。斗，通。戥，掌敬。筆，典哲。墨，黑。書，酸職。紙，哲。

一，冷。二，箅。三，喪。四，細。五，哈。六，火。七，哲。八，別。九，苟。十，昔。

阿成

天，女。地，謎。日，猓及。月，猓波。風，米隙。雲，丹。雷，米香。雨，米。霜，阿多。霧，糯非。山，白。水，一結。田，當米。園，介徹。城，龍得。牆，膩巳。坡，迫。路，着底。草，奚。木，奚特。

祖，依坡。孫，息里。父，依頗。子，息左。兄，依尾。弟，陁左。嫂，依迷。叔，波娘。娘，依麽。

行，都厄。立，禾多。坐，宜多。跪，居。富，索勒。貴，鄙慊。貧，書猓。賤，支羅。

虎，猓。豹，洗。馬，摹。牛，女。羊，癡。豬，尾。鷄，焉。鵝，也別。鴨，也惡。

升，鄙。斗，桶。戥，先奪。秤，更奪。筆，果奪。墨，捫。書，棱索。紙，倬雨。一，提磨。二，能任。三，思冷。四，奚冷。五，我冷。六，忤冷。七，始冷。八，喜冷。九，居冷。十，錢冷。

〔光緒〕廣南府志

【解題】李熙齡纂修。廣南府，轄境包括今文山壯族苗族自治州廣南縣以及硯山縣、富寧縣部分地區。府治在今廣南縣。「方言」見卷二《風俗》中。該志是在道光二十八年（一八四八）刻本基礎上增補而成的。録文據光緒三十一年（一九〇五）刻本《廣南府志》。

方言

獽人

天，發。地，南。日，烈。月，亥。風，朗。雲，朗磨。雷，發轟。雨，泮。霜，膩髮〔一〕。霧，朗目。雪，美排。

山，南播。水，南。田，恁那。園，勤省。城，蚌景。牆，耐傾。坡，肯靠。路，卡落。草，芳。木，美。

〔一〕膩：原誤作「賦」。

祖，不竭。孫，郎。父，博。子，陸。兄，必。弟，農。嫂，必南。叔，不拗。行，𢪏陸。立，定。坐，南。跪，及。

貴，邊。賤，拖。貧，樓。富，灑。

虎，土弄。豹，土旅。馬，地麻。牛，獨歪。猪，獨暮。鷄，寨。鴨，貝〔一〕。

一，溜。二，宋。三，散。四，細。五，哈。六，差。七，拓。八，別。九，苟。十，謝。

土獠

天，窩。地，稜。日，駝宛。月，論。風，冷。雲，磨。雷，博恩。雨，難。霜，内。霧，馬。

山，亂。水，難。田，儺。園，孫。城，稱。牆，本。坡，短亂。路，禄。草，若。木，崖。

祖，布周。孫，浪。父，博。子，勒。兄，鮓。弟，鸞。嫂，比周。叔，布猓。行，帕。立，任。坐，難。跪，及。

貴，那。賤，賴。貧，呀。富，率。

虎，丙介。豹，内膩〔二〕。馬，磨。牛，瓦。羊，別。猪，磨。鷄，結。鴨，白。

一，流。二，宋。三，散。四，細。五，呵。六，車。七，疽。八，別。九，勾。十，謝。

〔一〕貝：原誤作「具」。

〔二〕膩：原誤作「賦」。

猓夷

天，發。地，頂。日，紊。月，等。風，龍。雲，法。雨，紛。霜，籠每。霧，磨。

山，反。水，難。田，那。園，郎虎。城，科織。牆，科。坡，拉歹。路，丹。草，芳。水，美。

祖，布賀。孫，浪。父，依博。子，樓。兄，必農。弟，農齋〔一〕。嫂，猓。叔，布襖。行，娘。

立，鄧媽。坐，難。跪，拜。

貴，丙。賤，波。貧，雅。富，迷。

虎，色弄。豹，色乃。馬，罵。牛，海。羊，有。猪，木奚。鷄，蓋。鴨，別。

一，冷〔二〕。二，算。三，喪。四，細。五，哈。六，火。七，哲。八，別。九，苟。十，昔。

夷類不一，即方言亦難悉詳。姑舉一二端以見其概云。以上見《志略》。

〔民國〕富州縣志

【解題】陳肇基纂。富州縣，今雲南省文山壯族苗族自治州富寧縣。「方言」見第十六。録文據民國二十一年（一九三二）鈔本《富州縣志》。

〔一〕齋：原誤作「齊」。

〔二〕冷：原誤作「冶」。

方言

富州縣各種人類方言表

夷人

天,們。地,領。日,文恩。月,亥。風,哄。雲,惑。雷,屢。霜,内結。霧,漠。雪,内。

山,坡岜。水,淋。田,那。園,損。城,緊。牆,槍。坡,屢。路,混。草,夜。木,眉。

祖,措。孫,濫。父,頗。子,革。兄,必。弟,農。嫂,必抱。叔,頗構。行,拜。立,蕊。坐,南。跪,鬼。貴,邊。賤,淺。貧,賀。富,迷。

虎,估。豹,韻。馬,罵。牛,歪。羊,雍。猪,暮。鷄,蓋。鴨,比。

一,了。二,送。三,散。四,昔。五,亞。六,猓。七,淺。八,别。九,故。十,啓。百,叭。千,硯。萬,反。

花猓玀

天,莫。地,⿰口迷。日,莫批。月,拉叭。風,哩臘。雲,莫波。雷,通們。雨,迂到。霜,完迂列。霧,莫波。雪,等列。

山,奔通。水,哩。田,那。園,困。城,王卡錦。牆,⿰口迷稱。坡,咧那田。路,洌馬。草,月。木,洗鑾。

祖,鋪。孫,列。父,叭。子,啞。兄,與。弟,容。嫂,米。行,衣。立,楚大。坐,苦了。

跪,枯滚。

貴,滥柄哪。賤,拉險呢。貧,拉下哪。富,所灑呢。

虎,臘。豹,臘啞。馬,木。牛,迂努。羊,洗。猪,瓦。鷄,哈。鴨,臘比。

一,腾罵。二,宜罵。三,松媽。四,月媽。五,牙媽。六,苦媽。七,迂媽。八,使媽。九,國媽。十,西媽。百,得吓。千,得條。萬,得完汪。

藍靛猺

天,轟。地,膩。日,莫内。月,拉。風,夭。雲,温。雷,布貢。雨,萌。霜,送。霧,盃疊。雪,婆。

山,建。水,緼。田,烟。園,耳雲。城,輛。牆,槍。坡,部。路,巧。草,蔴。木,秧。祖,數送。孫,孱。父,發。子,水。兄,噠。弟,穠。嫂,梁。叔,由。行,央。立,叟。坐,髓。跪,葵。貴,篩。賤,傘。貧,愁。富,黽。

虎,染。豹,染苗。馬,蔴。牛,框。羊,雍。猪,同。鷄,醉。鴨,押。

一,啞。二,意。三,布。四,貝。五,霸。六,過。七,宜。八,印。九,枯。十,叟〔一〕。百,别。千,聘。萬,盤。

〔一〕叟:原書空格,據雲南大學出版社二〇〇七年《富州縣志點注及資料輯录》補。

猫人

天，奪。地，跌。日，參讀。月，哩。風，抓。雲，華。雷，掃。雨，落雷。霜，兜爹。霧，霸火。雪，臘屢。

山，腫。水，咧。田，連。園，哈環。城，藍。牆，且。坡，腫。路，嘩。草，梗。木，冬。

祖，優。孫，笄。父，烏鷄。子，雜。兄，底婁。弟，勾。嫂，念底。叔，京綢。行，目嘩。立，抽住。坐，又周。跪，記周。

貴，計。賤，想影。貧，波。富，波濃。

虎，豹師。豹，抄豹。馬，咯。牛，肚。羊，期。猪，巴。鷄，改。鴨，呵。

一，以。二，哦。三，有。四，表。五，烏。六，週。七，香。八，易。九，鳩。十，構。百，以波。千，以淺。萬，以灣。

黑衣人

天，發。地，的。日，他昏。月，隆海。風，聾。雲，温筏。雷，屢。雨，噴。霜，妹。霧，暮。雪，内。

山，沙。水，冷。田，那。園，線。城，星。牆，升。坡，破。路，落。草，芽。木，美。

祖，坐。孫，濫。父，博。子，緑。兄，必。弟，儂。嫂，必囊。叔，博構。行，篩。立，論。坐，能。跪，葵。

貴，邊。賤，前。貧，哈。富，迷。

虎，都司。豹，都訓。馬，馬。牛，歪。羊，曰。猪，暮。鷄，蓋。鴨，筆。

一，廖。二，送。三，散。四，序。五，亞。六，落。七，只。八，變。九，購。十，習。百，叭。千，淺。萬，凡。

天保人

天，話。地，堆。日，踏文。月，朧孩。風，輪。雲，旻怕。雷，雷。雨，盆。霜，美。霧，漠。雪，疊。

山，筱。水，嫩。田，那。園，損。城，成。牆，迹。坡，頗。路，猓。草，壓。木，妹。

祖，坐。孫，懶。父，博。子，緑。兄，背。弟，用。嫂，被囊。叔，博傲。行，革。立，仁。坐，能。跪，葵。

貴，邊。賤，踐。富，眉。貧，賀。

虎，都此。豹，都恒。馬，罵。牛，懷。羊，曰。猪，某。鷄，該。鴨，比。

一，廖。二，悪。三，傘。四，腮。五，亞。六，括〔一〕。七，尖。八，邊。九，够。十，習。百，叭。千，城。萬，泛。

〔一〕括：原書空格，據《富州縣志點注及資料輯录》補。

〔民國〕景東縣志稿

【解題】周汝釗修，侯應中等纂。景東縣，今雲南省普洱市景東彝族自治縣。「語音」見卷二《地理志·風俗》中。録文據民國十二年（一九二三）石印本《景東縣志稿》。

語音

縣屬川，居者大半皆江西、江南籍貫，其次則湖廣、四川、貴州各省移居，故男女皆官語。山居者皆土著夷人，種類不同，語音各别。然常入城市貿易，工作往來，固能説官語，亦有讀書畢業者。漢人不與結親。

〔民國〕鎮越縣志

【解題】趙思治修，單鏡泉纂。鎮越縣，今雲南省西雙版納傣族自治州勐腊縣。「語文」見第十八章。録文據民國二十七年（一九三八）油印本《鎮越縣志》。

語文

本縣民族複雜，語言各異，有漢語、僰語、傜人語、阿卡語、本人語、響堂語等。除漢語外，以僰語最爲通行。内中水擺夷與漢擺夷略異，沙人與花腰擺夷接近。阿卡與傜人語法相似，動詞、形容詞皆在名詞之後。近因各民族隨時接觸，有一人通數種語言者。而爲頭人者多習用漢語，漸有同化之趨向。

本縣行政上之困難，莫如文字不通行。除第一區有少數漢人略知淺近國語外，其餘概屬文盲。內中如傜人使用文字，一如漢文，惟讀音稍異。阿卡、本人、響堂諸民族同化最遲，尚無文字。獨僰人乃西南之特別民族，具有文字，文化之高，實足驚人，茲專述之。

查僰文重拼音，由聲母與韻母組合而成，其書法橫行、右行，與歐西文字同一體系，而與緬文尤近。故一般且有誤爲緬文者。僰文字母四十有一，加於合母十五文，共五十六文。有正音，單獨用時讀變音，與符號拼綴時讀正音。符號計廿一，可衍化至百餘文。讀法簡易，能認識字母符號拼音者，即可閱讀。茲將其字母符號錄如下：

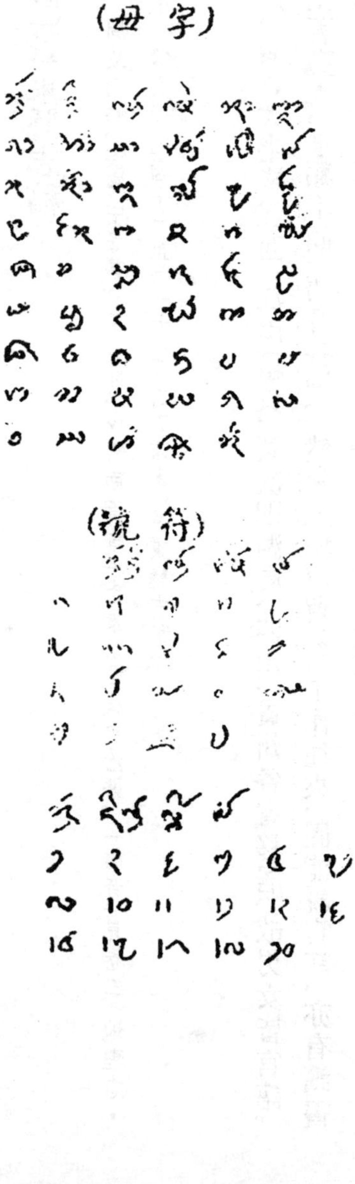

阿卡無文字，交易記數恒恃木刻，其法用木板或竹片一塊，一端刻元數、幣。夫數、度。斤數，衡。一端刻角數、寸數、兩數。前者痕大而後者小，中剖爲二，各執一半，至期則合符清數。其效用可達數十年或數世之悠久。尚存太古之遺風也。

西藏自治區　凡一種

〔乾隆〕西藏見聞録

【解題】蕭騰麟纂。約乾隆八年(一七四三)修。「方語」見卷下中。有乾隆二十四年(一七五九)刻本、清鈔本。録文據中央民族大學圖書館一九七八年吴豐培校訂油印本乾隆《西藏見聞録》。

方語

祖父曰阿呢,祖母曰阿歪。父親曰阿八,母親曰阿媽。叔叔曰阿庫。姑娘曰阿奶。娘舅曰阿嚷。哥哥曰兵兵,弟弟曰瞓瞓。兒子曰布,女兒曰薄慕。外甥曰捺汙。孩童曰壓牛。男子曰眉蝦,婦人曰納慕。朋友曰殺呢。客商曰葱巴。兵丁曰麻媚。百姓曰滅些。頭目曰千波。瞽者曰隆瓦。瘸子曰押窩。啞子曰姑巴。醫生曰惡木氣。畫工曰拉若。木匠曰奪戈。鐵匠曰額哇。男僧曰喇嘛,女尼曰覺慕。巫師曰垂仲。年老曰格布,幼小曰窮窮。人曰媚,你曰雀浪,我曰俄浪。

陝西省 凡三十五種

〔雍正〕陝西通志

【解題】劉於義修，沈青崖纂。「方言」見卷四五《風俗》中。録文據雍正十三年（一七三五）刻本《陝西通志》。

方言

三輔謂日出清濟爲宴。《史記·孝武本紀》注〔一〕。

關中俗人謂桑榆蘖生爲葆。《天官書》注。

京師人謂贏屑爲紇頭。《陳平列傳》注。

秦隴間謂父曰翁。《漢書·高帝本紀》注。

馮翊呼葵音如誰。《武帝本紀》注。

〔一〕 孝武：原誤作「武帝」。

三輔謂山阪間爲衍。娣姒，關中爲先後。《郊祀志》注。

極，屋梁也，三輔間名爲極。或曰極，棟也。三輔間名棟爲極。《天文志》注。

西方謂亡女壻爲邱壻。邱，空也。《楚元王傳》注。

梁益之間所愛謂其肥〔一〕。《鄒陽傳》注。

關西俗謂得杖呼及小兒啼呼爲呼㕮。《灌夫傳》注。

尊章，猶言舅姑。今關中俗婦呼舅姑爲鍾鍾者，章聲之轉也。《廣川王傳》注。

關西人謂補滿爲適。《黄霸傳》注。

三輔謂憂愁面省瘦曰嫶冥。以漆漆物謂之髹，今關西俗云黑髹盤、朱髹盤。《外戚傳》注。

秦俗呼人爲黔首，謂奴爲蒼頭。《後漢書·光武帝本紀》注。

長安市人語各不同，有胡蘆語、鏁子語、紐語、練語、三摺語，通名市語。《西京雜記》。

虔、儇，惠也。謂慧了。秦謂之謾。言謾訑。娥，好也。秦曰娥，言娥娥也。秦晉之間，凡好而輕者謂之娥，今關西人呼好爲媌。自關而西，秦晉之故都曰妍。秦舊都，今扶風雍邱也，其俗通呼好爲妍。

列，餘也，秦晉之間曰肄。《傳》曰：「夏肄是屏。」或曰烈。

陶，養也，秦或曰陶。

〔一〕《漢書·鄒陽傳》注作：「晉灼曰：『揚雄《方言》：梁益之間，所愛謂其肥盛曰壤。』」

矜、悼，哀也。秦晉之間或曰矜，或曰悼。

自關而西，秦晉之間凡大人、小兒泣而不止謂之唴，哭極音絶亦謂之唴。

悼，傷也，秦謂之悼。

惄、濕，憂也。自關而西，秦晉之間凡志而不得、欲而不獲、高而有墜、得而中亡謂之濕，濕者，失意潛沮之名〔一〕。沮，一作阻。或謂之惄。

惄、慎，思也。秦晉或曰慎，凡思之貌亦曰慎，謂感思者之容。或曰惄。

嘏、奘，大也。秦晉之間凡物壯大謂之嘏，或曰夏。秦晉之間凡人之大謂之奘，或謂之壯。

假、佫，至也。邠唐之間曰假，或曰佫。邠在今始平縣。

嫁、逝，往也。自家而出謂之嫁，由女而出爲嫁也。逝，秦晉語也。

劉、㧕，殺也。今關西人呼打爲㧕。秦晉之間謂殺曰劉，秦晉之北鄙謂賊爲虔。

亟，愛也。自關而西，秦晉之間凡相敬愛謂之亟。

鮐，老也。秦晉之郊曰耇鮐。言背皮如鮐魚。

尋，長也。自關而西，秦晉梁益之間凡物長謂之尋。《周官》之法，度廣爲尋，幅廣爲充。

衆信曰諒。《周南》《召南》之語也。

〔一〕沮：原誤作「阻」。

自關而西，秦晉之間凡人語而過謂之𨕥，或曰僉。自關而西，秦晉之間凡物之壯大者而愛偉之謂之夏。

秖、觸秖也。傚，會也。雍梁之間曰秖，秦晉亦曰秖，凡會物謂之傚。

踏，古蹋字。跳也。自關而西秦晉之間曰跳，或曰踏。

躡、佫，佫亦訓來。登也。自關而西，秦晉之間曰躡，梁益之間曰佫，或曰跂。

逢，迎也。自關而西或曰迎，或曰逢。

自關而西，秦晉之間凡取物而逆謂之篡。

相謁而飧，晝飯爲飧。謁，請也。秦晉之際，河陰之間今馮翊合陽是其處也曰𩜹餖。此秦語也。今關西人呼食欲飽爲𩜹餖。

釗、薄，勉也。秦晉曰釗，或曰薄，故其鄙語曰薄努，猶勉努也。如今人言努力也。

朦、厖，豐也。自關而西，秦晉之間凡大貌謂之朦，或謂之厖。豐，其通語也。

窕，美也。自關而西，秦晉之間凡美色或謂之好，或謂之窕。秦晉之間美貌謂之娥，美狀爲窕，言閑都也。美色爲豔，言光豔也。美心爲窈。言幽静也。

奕、僷，容也。自關而西凡美容謂之奕，或謂之僷。奕、僷皆輕麗之貌。

魏、笙、揫、摻，細也。自關而西，秦晉之間凡細而有容謂之魏，魏魏，小成貌。或曰徥。言徥偕也。凡細貌謂之笙，斂物而細謂之揫，或曰摻。

傀、言瓌瑋也。渾、們渾，肥滿也。膞、膞咽，充壯也。驤、僇、泡，盛也。自關而西，秦晉之間語也。秦晉或曰驤，梁益之間凡人言盛及其所愛諱其肥腻謂之驤〔一〕。肥驤，多肉。

私、纖、葂、穉、古稚字。杪，小也。自關而西，秦晉之郊、梁益之間凡物小者謂之私〔二〕，或曰纖，繒帛之細者謂之纖，布帛之細者秦晉曰靡。靡，細好也。凡草生而初達謂之葂。鋒萌始出。穉，年小也。木細枝謂之杪。言杪梢也。

殗殜，微也。自關而西，秦晉之間凡病而不甚曰殗殜。病半臥半起也。

自關而西，秦晉之間凡物力同者謂之臺敵。

倚、踦，奇也。自關而西，秦晉之間凡全物而體不具謂之倚，雍梁之西郊凡嘼支體不具者謂之踦。

逴，驚也。自關而西，秦晉之間凡蹇者或謂之逴，行略逴也。體而偏長短亦謂之逴。

了，快也。秦曰了。

赧，愧也。秦晉之間凡愧而見上謂之赧。《小雅》曰：「面赤愧曰赧。」

憡、剌，痛也。懨憡，小痛也。自關而西，秦晉之間或曰憡。

撟捎，選也。此妙擇積聚者也。自關而西，秦晉之間凡取物之上謂之撟捎。

〔一〕「諱」字上衍「曰」字，據《方言》删。

〔二〕「私」字下衍「小」字，據《方言》删。

瞷、睇、睎、略，眄也。自關而西，秦晉之間曰眄。

餽、消息。喙，口喙。息也。自關而西，秦晉之間或曰喙，或曰餽。

鋠、劈歷。撌，裁。梁益之間裁木爲器曰鋠，裂帛爲衣曰撌。鋠，又斲也。皆折破之名也。

鍇，堅也。自關而西，秦晉之間曰鍇。

蓋，餘也。謂遺餘。自關而西，秦晉之間炊薪不盡曰蓋。

幢，翳也。儛者所以自蔽翳也。關西曰幢。

捘、略，求也。秦晉之間曰捘，就室曰捘，於道曰略。略，强取也。

矜，遽也。謂遽矜也。秦晉或曰矜，或曰遽。

賴，讎也。秦晉曰讎。

剿、蹶，獪也。古狡狭字。秦晉之間曰獪。

凡人、嘼乳而雙産，秦晉之間謂之健子。

侮，奴婢賤稱也。秦晉之間駡奴婢曰侮。言爲人所輕弄。

斟、協，汁也。謂和協也，或曰瀋汁，所未能詳。關西曰汁。

蘇、芥，草也。《漢書》曰：「樵蘇而爨。」蘇猶蘆，語轉也。自關而西或曰草，或曰芥，或言菜也。關之東西或謂之蘇，或謂之荏。

凡草木刺人，自關而西謂之刺。

凡飲藥、傅藥而毒，自關而西謂之毒。
逞、曉、恔、苦，快也。恔即狡〔一〕，狡戲亦快事也。自關而西曰快。
膠、譎，詐也。自關而西或曰譎，或曰膠。
擢，拔也。自關而西或曰拔，或曰擢。
遝，及也。關之東西曰遝，或曰及。
瘼、瘼，病也。謂勞復也。秦曰瘎。
襌衣，關之東西謂之襌衣。
襜褕，自關而西謂之襜褕，其短者謂之短褕，以布而無緣，敝而紩之，謂之襤褸，自關而西謂之統裾，俗名裾掖。其敝者謂之緻。緻，縫納敝，故名之也。
汗襦，自關而西或謂之袛裯。亦呼爲掩汀也。
蔽厀，自關東西謂之蔽厀。
袴，關西謂之袴。
絡頭，帞頭也〔二〕。自關而西，秦晉之郊曰絡頭。
屨，麤履也。自關而西謂之屨，中有木者謂之複舄，梁益之間或謂之屐，或謂之𡩬。履，其

〔一〕恔：原誤作「快」，據《方言注》改。
〔二〕帞：原誤作「陌」，據《方言》改。

通語也。

緉、緛，絞也。謂履中絞也。關之東西或謂之緉，或謂之緛。絞，通語也。

釜，自關而西或謂之釜，或謂之鍑。鍑亦釜之總名。

㼜，桮也。秦晉之郊謂之㼜。所謂伯㼜者也。

案，自關東西謂之案。

桮落，盛桮器籠也。自關東西謂之桮落。

箸筩，自關而西謂之桶檧。今俗亦通呼小籠爲桶檧。

甖，秦之舊都謂之甀，自關而西其大者謂之甀，其中者謂之瓿甊。

罃甈謂之盎。案《爾雅》「甈，康壺」，而《方言》以爲盆，未詳也。自關而西或謂之盆，或謂之盎，其小者謂之升甌。

甂，自關而西謂之甂，其木者謂之𥩟。

籠，自關而西謂之注箕。

扇，自關而西謂之扇。

繘，汲水索也。關西謂之繘綆。

飲馬橐，自關而西謂之裺囊，或謂之裺篼，或謂之慺篼。

鉤，懸物者。自關而西謂之鉤，或謂之鐵。

僉，今連架，所以打穀者。自關而西謂之棓，或謂之柫。

刈，鉤。自關而西或謂之鉤，或謂之鐮，或謂之鍥。

薄，自關而西謂之薄。

槌，縣蠶薄柱也[一]。自關而西謂之槌，其横，關西曰概。亦名校。胡以縣𢹃，關西謂之𦅾。

箄，自關而西謂之箄，或謂之𦼮，今云𦼮篾蓬也。其麤者謂之籧篨。

筕篖，似籧篨，直文而麤，江東呼笪。自關而西謂之筕篖。

牀，其杠，自關而西，秦晉之間謂之杠。

户鑰，自關而西謂之鑰。

篖謂之蔽，或謂之箘，秦晉之間謂之篖。

聳、獎[二]，欲也。皆强欲也。山項反[三]。自關而西，秦晉之間相勸曰聳，或曰獎，中心不欲而由旁人之勸語亦曰聳，凡相被飾亦曰獎。

聹，聾也。半聾，梁益之間謂之聹。言胎聹煩憒也。秦晉之間聽而不聰、聞而不達謂之聹。

[一] 縣：原誤作「絲」，據《方言注》改。

[二] 獎：原誤作「骰」，據《方言》改。下同。

[三] 項反：原誤作「頂也」，據《方言注》改。

聾之甚者，秦晉之間謂之䫫。言聉無所聞知也〔一〕。

恧，慙也。若梁益秦晉之間言心内慙矣。

謇〔二〕、展，難也。若秦晉之言相憚矣。

鈐、龕，受也。猶秦晉言容盛也。

矔，轉目也。梁益之間瞋目曰矔，轉目顧視亦曰矔。

嗌，噎也。皆謂咽痛也。秦晉或曰嗌，又曰噎。

誣，譇与也。猶秦晉言阿与。相阿與者，所以致誣譇也。

索，取也。自關而西曰索，或曰狙〔三〕。

蹇、妯，擾也。謂躁擾也。人不静曰妯，秦晉曰蹇。

挈，持也。秦曰挈。

稟，敬也。秦晉之間曰稟。

鋪頒，索也。猶秦晉言抖藪也。謂斗藪舉索物也。

參、蠡，分也。謂分割也。秦晉曰離。

〔一〕聉：原誤作「口」，據《方言》改。

〔二〕謇：原誤作「蹇」，據《方言》改。

〔三〕狙：原誤作「狚」，據《方言》改。

㾷，散也。秦晉聲變曰㾷，器破而不殊其音亦謂之㾷，器破而未離謂之璺。
緍，施也。秦曰緍。
紕，理也。秦晉之間曰紕。
𧭈，審也。秦晉曰𧭈。
錯，滅也。周秦曰錯。
秦晉凡物樹稼早成熟謂之旋。
絙，竟也。秦晉或曰絙，或曰竟。
擱、剿，續也。秦晉續折謂之擱，繩索謂之剿。
嗳，恚也。謂悲恚也。秦晉曰嗳，皆不欲譍而强畣之意也。
凡尊老，秦隴謂之公，或謂之翁。
諄憎，所疾也。若秦晉言可惡矣。
肖、類，法也。秦晉之西鄙使犬曰肖〔一〕，西南梁益之間凡言相類者亦謂之肖。肖者，似也。
自關而西，秦晉之間凡言相責讓曰譙讓。
皮傅，强也。謂强語也。秦晉言非其事謂之皮傅。

〔一〕肖：原作「哨」，據《方言》改。

膊、曬，暴也。秦之西鄙言相暴僇爲膊。暴僇，謂相暴磔惡事。暴五穀之類，秦晉之間謂之曬。

凡以火而乾五穀之類，關西謂之㷶〔一〕，秦晉之間或謂之焣，凡有汁而乾謂之煎。

胹，熟也。自關而西，秦晉之郊曰胹。

賀，儋也。自關而西謂之賀，凡以驢馬馲駝載物者謂之負他，亦謂之賀。

凡戟而無刃，秦晉之間謂之釨，或謂之鏔，謂其大者曰鏝胡，泥鏝。其曲者謂之鉤釨鏝胡。

三刃枝，今戟中有小孑刺者，所謂雄戟也。其柄自關而西謂之柲，或謂之殳。

即今鷄鳴句孑戟也。

箭，關西曰箭。箭者竹名，因以爲號。

劍削，自關而西謂之鞞。

盾，關西謂之盾。

車枸簍，即車弓也。秦晉之間，自關而西謂之枸簍。

輪，關西謂之輚。

車紂，自關而西謂之紂。

輨，關之東西曰輨。

〔一〕㷶：原作「憊」，據《方言》改。

車釭，自關而西謂之釭，盛膏者乃謂之鍋。

舟，自關而西謂之船。

泭謂之篺，篺謂之筏。筏，秦晉之通語也。

屑屑，不安也。往來之貌也。秦晉謂之屑屑，或謂之塞塞，或謂之省省，不安之語也。

頷、頤，頜也。謂頜車也。秦晉謂之頜。頤，其通語也。

築娌，匹也。今關西兄弟婦相呼爲築里。

水中可居爲洲，三輔謂之淤。《上林賦》曰「行乎洲淤之浦」也。

鼻，始也。梁益之間謂鼻爲初，或謂之祖。祖，居也。鼻、祖皆始之别名也，轉復訓以爲居所。代語者也。

篪古筥字小者，自關而西，秦晉之間謂之箄。

鍪，麴也。自關而西秦豳之間曰鍪。

冢，秦晉之間謂之墳。取名於大防也。或謂之培，或謂之堬，或謂之采，古者，卿大夫有采地，死葬之，因名也。或謂之埌，淚浪。或謂之壠。有界埒，似耕壟，因名之。以上漢楊雄《方言》、晉郭璞注。

關中謂天爲祆。《説文》。

關中下俚人言音渭水爲霸〔一〕。《啓顔録》。

〔一〕「音」字似爲衍文。渭：原誤作「謂」。

中尚書，本秦官，尚音上，今謂之常書者，秦人音也。至今秦人謂尚爲常。沈括《補筆談》。

潘邠老云「花妥鶯捎蝶」，妥音墮乃韻，不知秦音以落爲妥上聲，如曰兩妥、花妥之類。少陵，秦人也。《邵博聞見録》。

秦訛青字，則謂青爲萋，謂經爲稽。《老學庵筆記》。

八米，關中語，歲以六米、七米、八米分上中下，言在穀取八米，取數之多也。《西溪叢語》。

酒肆曰務。酒罎曰瓫。取物曰刁。水滚曰尖。渾者，全也。遹者，長也。促者，短也。頁者，横也。眼黑者，憎惡也。圪喇者，言不順理也。囊囊突突者，背地短人也。阿跌多者，怪嘆聲也。這搭，此處也。兀搭，彼處也。吃扎塡，早飯前食餅也。開繫，袍也。生活，筆也。頗煩者，厭棄不耐也。虎淡者，其人大不才也。收拾幾下者，管教子弟也。廉恥幾句者，呵叱子弟也。晳者，美也。駭者，醜也。哥憎者，可愛也。乒乓者，快也。胡基者，土坯也。矢巴牛，蜣蜋也。打捶者，厮打也。鎮早晚者，這時節也。言喘者，説話也。稜呑者，老大也。不接撐者，羞見人也。其四鄉或以俺爲嗳，以咱爲才，以父爲達，以大爲垛，以地爲剃，以了爲老。謂祖母爲阿婆，伯母爲阿姆，嬸母爲姨。朋友中之長者稱爲某師。子曰娃，小女曰女娃，及笄者曰客人。妻曰屋裡的。山峪爲幽〔一〕。韋姓爲御，惠姓爲戲，睢姓爲徐。岳丈爲姨父，岳母爲姨。

〔一〕幽：原誤作「豳」，據乾隆《臨潼縣志》改。

《臨潼縣志》。

汞，音鑽去聲。水入土也。

坔，與漫同。水冒土上而流也。

卡，音嗄。食在喉中上不上下不下也，今伏路兵亦謂之卡。

屳，與覷同。三人不出頭也。

丼，瞎同。人入井也。

閄，鑽同。身入門中也。

圡，磣同。土入口也。

炛，音迸。火炒豆則迸也。

䏭，音掙。能自立身也。劉䏭，人名，見《宋史》。

斌，音班。俗以爲文武全才也，因有取以爲名者。

峁，音卯。山之岡坡皆謂之峁。魚河堡有魚兒峁者是。

㳳，音蛙。山之汙下也。

㘅，音煙。兩山中臨溪之小徑也。綏德州有一步㘅者是。

坰，晌同。牛之耕地曰幾坰也。

墁，音尋。山之田不能畝計者曰幾墁。

⿱士冂，縫同。土開口也。

埜。野同。

⿰米凡，音參。莜麥仁也。

鉩。釘同。

冇。無同。

梁，俗呼山脊爲梁。

冄，俗呼器具爲家使，作此字。

吃噠，亂説也。

圪⿰土勞，音格勞去聲。山之窩處也。

圪墶，小山相連峯起之名。長樂浦東二十里有一湖，傍起五沙峯，俗名五圪墶。

⿱士冂⿱士凵，音格喇。亦縫也。

猪猪，音客婁。小猪也。

虸⿰虫敖，神名，即虸蚄。

遲⿺辶⿱日艮，音先生。俗人呼瞽者之能巫卜也。

喓嶮，山之過峽處也。

嚞，喜同。俗以二吉爲喜。

碼，俗以碼碯之碼爲法馬之馬。又騙人曰碼驢，是馬扁之訛。

變，音便。急走也。

䅖，然字去聲。俗以麥稭和泥塗壁謂之䅖草。《延綏鎮志·方言字義》。

雨霑足曰爛雨。《同州志》。

〔道光〕榆林府志

【解題】李熙齡纂修。榆林府，府治在今陝西省榆林市，轄境包括榆林、神木、府谷、懷遠四縣和葭州。「方言」見卷二四《風俗志》中。録文據道光二十一年（一八四一）刻本《榆林府志》。

方言

汞，音鑽，水入土也。　坔，與漫同，水冒土上而流也。　㐺，與覰同，三人不出頭也。

丼，瞎同，人入井也。　𨳿，鑽同，身入門中也。　圡，磣同，土入口也。　炅，音迸，火炒豆則迸也。　𡑞，音尋，山之田不能畝計者曰幾𡑞。　竧，音掙，能自立身也。　劉竧，人名，見《宋史》。　塶，音蛙，山之汙下也。　垧，晌同，牛之耕地曰幾垧也。　𡐨，音班，俗謂文武全也，因有取以爲名者。　𠮷，縫同，土開口也。　埜，野同。　籸，音參，莜麥仁也。　鈢，釘同。

冇，無同。　𠮷𠮷，音格喇，亦縫也。　梁，俗呼山脊爲梁。　刄，俗呼器具爲家使，作此字。　猪，音客婁，小猪也。　吃嗟，亂説也。　圪塄，音格勞去聲，山之窩處也。　虸蠍，神名，虸蚄也。　嶁嶮，山之過峽處也。　喜，喜同，俗以二吉爲喜。　變，音便，急走也。　暹遢，音先生，俗呼瞽者之能巫卜也。　碼，俗以碼碯之碼爲法馬之馬，又騙人曰碼驢，是馬扁之訛。　圪塔，小山相連峯起之名，長樂浦東二十里有一湖傍起五沙峯，俗名五圪塔。　穮，然字去聲，俗以麥稭和泥塗壁謂之穮草。　峁，音卯，山之岡坡皆謂之峁，魚河堡有魚兒峁者是。　墕，音煙，兩山中臨溪之小徑也。　卡，音嗄，食在喉中上不上下不下也。今伏路兵亦謂之卡。

以上並見《鎮志》。

圪凸，山間小阜曰圪凸。　壥，讀如戰，山障水爲大曲曰壥，見《宋史》。　俗作占，舊志作纏，非。　圪陀，地中大凹曰圪陀。　俗作圪坨，非。　磧，黃河中水石相擊，波浪洶涌之處曰磧。　圪塄，小崖曰圪塄。　圪嘴，山橫如鳥喙者曰嘴，小者曰圪嘴。　圪峁，山岡之小者曰圪峁。　塔，阪地之平者曰塔。　坪，山地之平者曰坪。　暑退，俗謂處暑爲暑退。　立凍，俗謂立冬爲立凍。　堬，冢謂之堬，見揚子《方言》。　俗作榆，非。

以上並見《續府谷志》。

〔民國〕府谷縣志

【解題】王俊讓修，王九皋纂。府谷縣，今陝西省榆林市府谷縣。「方言」見卷二《民社志》中。録文據民國三十三年（一九四四）石印本《府谷縣志》。

方言

徐沛以大嫂爲邱嫂，楚以乳爲穀，虎爲於兔，方言也。齊以得爲登，郴以猪爲都，土音也。一地方各有一地方之土語，不能强同。土語不明，不但語言不通，應對爲難，且地方官聽斷訟獄，最易誤人要事而興冤獄，胥吏因此亦得藉端生事，顛倒黑白，故邑乘之立方言一門，亦要事耳。

一、土語

日出曰陽坡上。日落曰陽坡落，又曰天爺爺回宫。日未出時曰黑地明。日曰老天爺爺。月曰月爺爺。黄昏曰昏黄。下雨曰嗄雨。天半陰晴曰麻花子。久雨曰爛雨。下雹曰冷子，又曰瘌雨、冷雨。雷聲曰嚮雷。震驚曰好硬雷。雲滿布曰雲磨光。雪小曰圪生生。虹曰水貫。起大風曰狂風。風不息曰肯刮。昨日曰夜裏。早起曰黑早。上年曰年事。山崗曰梁。山坡下垂曰峁。山灣曰墕。圓山起尖頂曰圪墶。山窩曰圪塄。山有凹處曰圪坨〔一〕。山麓曰根底。平地曰川地，又曰塔地。問地之畝數曰幾垧。園内分界曰畦塄。水入土曰汞。鑽去聲。山崖曰崖頭。山小邊曰畔。地兩高中低曰坬。兩山峽道曰渠子。水流土上曰坌。與漫同。土入口曰㘝。磣同。火炒豆曰炗。音迸。能自立曰踭。音掙。小崖路狹曰嶮嶁。音鮮要。

〔一〕凹：原誤作「凸」。

稱父家曰爹，又箸箸。母曰媽媽。祖父母曰爺爺、娘娘。曾祖父母曰老爺爺、老娘娘。高祖父母曰老老爺爺、老老娘娘。伯父母曰大爺、大娘。叔父曰大二老子。叔母曰大二嬸子，又曰大二媽媽。男人曰老漢。女人曰婆姨。嫂稱叔曰兄弟。兄稱弟婦曰兄弟家。小孩子曰猴小子，又曰猴兒子。岳父母曰外父、外母。妻兄弟曰大兄哥、小舅子。妻之姊夫妹夫曰連衿〔一〕。外祖父母曰老爺、老娘。

嫁女曰出嫁。出嫁之女曰某家。王家、李家。表兄弟曰姑舅。女人歸寧曰住娘家。同族曰家人。人外出曰不在。駝背曰背鍋子。人多來曰圪六六。以强加人曰欺負。駡奸人曰葛渣。無物曰甚也没。病曰難過。病將不起曰管够好。受風寒曰撇著。敗家業曰踢踏，又曰弄了。稱汗曰出水。駡人擾人曰直竭。打人至死曰折割了。自誓曰刮地。稱好物或美人曰克希。稱小物曰猴猴。物堅固曰磁耐。衣有破縫子曰吉吉〔二〕。音格拉。器具曰家具。稱物之上下曰浮頭與根底。事知與不知曰省得、省不得。傭工人曰受苦人。匠工曰作營生。算命瞎子曰瞎先生。怕冷、怕羞曰害冷、害羞。無菜、無鹽佐食曰甜飯、甜食。説話多曰麻煩。知辦不到而求之曰海倒。不説話曰不言傳。才具平常曰没出洗。辦壞事的曰不正經。人不習正曰没胎氣，又曰爛皮丁。慳吝曰不出好錢。奸巧曰滑頭。借銀錢曰設闊。路滑有水曰擦。庥榖好歹曰

〔一〕衿：原誤作「矜」。
〔二〕吉吉：原誤作「吉吉」。

冇有。音比伯。虎曰老怕子。鷹曰餓狼鴟。小牛曰牛乜子。小猪、小鷄曰鷄兒子、猪兒子。

二、俗字及語音變通考略

諾𣡕。東東。フく。水聲。言言〔一〕。乒乓。冃見。忐忑。

學習音：則子、縱總，皆一音。又秦曰曾、程曰池之類，音胥岐出。大抵秦地水深土厚，聲氣亢濁，而邊境尤甚，寧獨平仄各反，亦須習聞而後悉之耳。

三、邊外鄂爾多斯蒙語 録舊志

天曰帖哥立。風曰洒立𢡟。雲曰五榔。雷曰帖哥世刀㡿兒。雨曰波羅。霧曰補當。露曰蘇的兒。雪曰啤素。霜曰圪塄。雹曰圪立罷。雹曰猛獨兒。虹曰速龍。日曰拿兒。月曰沙兒。星曰啲度。北斗星曰刀老補刀漢。日蝕曰把立。陰曰吞哥立捕立庫。晴曰波樂垓。地曰嘎家立。路曰將明。岔路曰洒暀户將。大山曰五浪。小山梁曰十里。東曰中太。西曰把龍大。南曰嗳麥奈。北曰立蘆商。上曰爹古兒。下曰刀古兒。高曰言獨兒。低曰飽高尼。坡曰打罷。沙曰嗳立素。橋曰可立良。黄河曰合通。小河曰五藍抹立。冰曰木速。井曰斛獨。成曰合叨。房曰板身。後曰灰砮。前曰五兒當。遠、熱曰合澇。近曰嗳立恨。海、江曰打賴。田曰他立。石曰哈達。黄甫山曰十拉急太。邊上曰圪靈、圪立明。牆曰秃拉漢。

〔一〕言言：原誤作「言言」。

年曰几兒。月曰三兒。日子曰五獨兒。今年曰以溺几兒。明年曰灰頭几兒。後年曰頭灰頭几兒。上年曰以刀男。前年曰五令男。正月曰嗹漢三兒。二月曰池布三兒。三月曰主立漢三兒。四月曰刀勒三兒。五月曰乃麻三兒。六月曰以素三兒。七月曰言立半三兒。八月曰以愬可流兒。九月曰把漢可流兒。十月曰虎拍三兒。十一月曰哈拉虎几兒。十二月曰嗳令三兒。多餘閏月曰以流三兒。

早晨曰而列姑兒。前晌曰把漢五爹。晌午曰五爹都。後晌曰五爹十。黃昏曰十拉捕驢。黑夜曰宿明。半夜曰宿明哈哈色。初幾曰十膩。三十曰必頭。春曰瞎波兒。夏曰中。秋曰那魔兒。冬曰而卑兒。長曰長兒兔。短曰言呼兒。今日曰言獨兒。明日曰馬兒哈他。夜來曰丑圪獨兒。

紅曰五藍。白曰嗹漢。藍曰可可。黃曰十拉。綠曰腦高。杏黃曰拉嘛十拉。黑曰哈拉。乾草黃曰葫蘆素十拉。紫曰包而五藍。灰曰五泥素。花的曰超斛兒。顏色曰主速言艮。

金曰言塔。銀曰猛骨。錢曰早素。緞曰討立號。紬曰胖子。絹手巾曰散班哈達。布手巾曰唵超兒。布曰也樓。梭布曰補梭。府梭曰那靈灰頭。府捫青梭曰有高。帽盒茶曰包兒討合才。磚茶曰討合才。帽盒散茶曰可可才。黃茶曰十拉才。珠子曰速不。珊瑚曰書蘆。素珠曰嗳立慨。鹹曰周。線曰五塔素。絲線曰叨立烘五塔素。扣子曰討不氣。花扣曰嗳靈。香牛皮曰不拉漢。牛皮靴曰肯斛禿兒。耳墜子曰綏慨。本錢大曰而的哥以愬。貴重曰孔獨。

賤曰耿達。輕曰坑愬。涼帽曰喜而素。纓子曰假拉。帶子曰不色。火燫曰圪帖。火石曰啤克兒。秋帽曰速蘇兒馬拉漢。鎚子曰十不艮。鏡兒曰叨棃。銅鐘子曰七七哥。假的曰好而馬十。鉛曰禿拉漢。鐵曰帖木兒。焇曰瑞。熿曰可可立。火藥曰打立。鎗曰包。弓曰弩木。箭曰速木。馬尾曰蘇兒。馬鬃曰的列。袍子曰爹立。有面皮襖曰主不啤。衫子曰媢木啤。褂子曰苦立漫。袴子曰呀木獨。襪子曰呀以木速。領子曰何磊不。袖子曰土蘆。鞋曰施鞋。

十曰言立半。二十曰合令。三十曰古慶。四十曰爹慶。五十曰他被。六十曰急拉。七十曰打拉。八十曰乃烟。九十曰以立。百曰招。千曰明按。萬曰土昧。

大曰以愬。小曰彼只漢。愈小曰假立恨。多曰呀浪。少曰把漢。四方曰爹立半。圓曰都貴。托人曰暾達。幾個曰可痛。

乾酒曰好賴言兒慨。大米曰禿禿立漢。蓛米曰啤漢哺達。穀米曰斛鬧哺達。蓛子曰哈拉哺達。挂麪曰苦計哺達。白麪曰哺代古離而。蕎麪曰酒黑代古離而。黃酒曰打拉素、十拉言兒慨。酥油曰十拉叨素。

鼠曰斛大户囊。牛曰五克立。虎曰巴兒。兔曰叨賴。龍曰祿。蛇曰蟒蓋。馬曰抹兒。羊曰合膩也嘛。猴曰乜氣、酒立馬氣。鷄曰他嘎。犬曰惱害。猪曰嘎害。鹿曰哺高。黃羊曰几兒呀惱。狼曰超惱開兒惱害。虱子曰不連。跳蚤曰哈拉十兒慨。蟣子曰啤漢十而慨。羊羔子曰五溺故。小羊曰以蓋十。兒馬曰哈家兒漢。騍馬曰勾。騸馬曰噯立。青馬曰五藍抹兒。羝羊羔皮曰斛拉漢。大毛皮、二毛皮曰省省。羝羊皮曰溺慨。狐皮曰五捻蓋〔一〕。

毛繩曰爹素。麻繩曰㖏老素。馱子曰言喠。櫃子曰言不達兒。鍋蓋曰哈不瞎。毛口袋曰鎖木狼。小叉子曰紹代。小布袋曰獺兒純。盤子曰拍斂。鍾子曰渾塔漢。火爐子曰秃拉漢。瓶子曰老合。鍬曰苦立計。斧曰速慨。門曰哈拉漢。門簾曰五爹。新曰十膩。舊曰號慶。糞曰言立嘎立。柴曰秃列。

佛曰捕而漢。鬼怪曰七時哥兒。菩薩曰宏聖波啼沙馱。皇帝曰夯。王子曰王。父曰嗳七蓋。自稱父曰言布，母曰嗳計，兒曰言合，弟曰丢。親戚曰五蘆。餓曰必嗳立速罷。渴曰必汶達速罷。飯飽曰必娼獨罷。茶飽曰必夯罷。過日之法曰言明周。認曰他溺户。能做曰吃他户。停一停兒曰叨叨户。可惜曰孩立。剪曰海氣拉。跌倒曰五納。扶起曰五立故。蓋曰斛車。罰銀曰哈拉。欒曰擺瑪兒拉。惱曰稿木達。婊子曰刀氣也乜。輸物曰阿兒達只。羸物曰袄兒計以世斂。

〔民國〕葭縣志

【解題】陳琯修，趙思明等纂。葭縣，今陝西省榆林市佳縣。「方言」見卷二《風俗志》中。録文據民國二十二年（一九三三）石印本《葭縣志》。

〔一〕狐：原誤作「孤」。

方言

葭人呼父曰達達，爹爹之轉音也。或曰爸爸，母曰媽媽。伯父曰伯伯，伯母曰大娘，又曰大大。叔父曰叔叔，或曰老老，叔母曰嬸子，又行幾曰幾媽。祖父曰爺爺，祖母曰娘娘。外祖父曰𡣕爺，外祖母曰𡣕婆。舅父母曰舅舅、妗子。表兄弟曰姑舅，姨兄弟曰兩姨，室兄曰妻哥，室弟曰小舅子。妻曰婆姨。子曰小子，又曰孩兒。兩壻相謂曰挑擔，娣姒相呼曰妯娌，又曰先去聲後子。子婦曰叟平聲，媳婦之轉音也子，孫婦曰孫子叟。盟兄弟曰拜石。完婚曰引迎也叟子。嫁女曰出女子。人死曰老，又曰失吉。葬親曰埋老人。承服曰戴號。孝字之轉音也。親戚之往來者曰行走〔一〕，不往來者曰不行走。酬酢曰行門户。言人之懦者曰善，又曰難。懦字之轉音也。愍强者曰惡，又曰利害。忠厚者曰結實。不振作曰倒塌。病曰難活。疾曰不散恬。儉曰仔細。奢曰霍托。其他土語之不可索解者，大抵有其音而無其字，姑切合而録之於左。

俫，讀作米平聲，們字之轉音也。今謂我們也。聶，平聲，烏賒切，你字之轉音也。今謂你們。努，那字之轉音也。今謂他也、彼也。那去聲家讀作吉，他家也。拉平聲，雷麻切迭陰平聲，斗蛇切，怎麽也。這讀作執迭，這麽也。兀挖乙切迭，那麽也。拉打兒，何處也。這打兒，此處也。兀打兒，彼處也。拉努，怎個也。這讀作肘努，這個也。兀努，那個也。甚會兒，何時也。耐會兒，待一時也。罷些

〔一〕曰：原脱。

兒，遲一時也。没拉，没有也。停讀作題罷，遲一時也。散恬，快活也。夜日，昨日也。腦，平聲。頭也。仰，烏仰切。偃臥也。舍，石田切，平聲。居住也。促，上聲，情忍切。暑熱也。熬，勞字之轉音。困乏也。汞，音鑽。水入土也。拉去聲，雷罵切話，談話也。坔，與浸同。水冒土上而流也。黑地，夜晚也。圪塄，音格勞，去聲。山之窩處也。來，與覷同。三人不出頭也。丼，瞎同。人入井也。坰，晌同。牛之耕地曰幾坰也。闖，鑽同。身入門中也。𡈽，磣同。土入口也。㚈，音迸。火炒豆則迸也。坬，音蛙。山之汙下也。吉，縫同。土開口也。刖，俗呼器具爲家使，作此字。埊。野同。粈，音參。麥仁也。吉吉，音格喇。亦縫也。鉢。釘同。梁，俗呼山脊爲梁。猪猪，音客婁。小猪也。有無同。吃嗟，亂説也。暑退，俗謂處暑爲暑退。蚜螆，神名，即蚜蚄也。䢪，音便。急走也。圪塔，小山相連峯起之名。峁，音卯。山之岡坡皆謂之峁。圪凸，山間小阜曰圪凸。塬，音煙。兩山中臨溪之小徑也。圪塄，小崖曰圪塄。塔，阪地之平者曰塔。圪峁，山岡之小者曰圪峁。立凍，俗謂立冬爲立凍。坪，山地之平者曰坪。克克祿切罷，去罷也，又算了也。竴，音挣。能自立身也。劉竴，人名，見《宋史》。暹退，音先生。俗呼瞽者之能巫卜也。穓，然字去聲。俗以麥稭和泥塗壁謂之穓草。磧，黃河中水石相擊波洶湧之處曰磧。圪陀，地中大凹曰圪陀，俗作圪坨，非。圪嘴，山横如鳥喙者曰嘴，小者曰圪嘴。碼，俗以碼碯之碼爲法馬之馬，又騙人曰碼驢，是馬扁之訛。卡，音嗄。食在喉中上不上下不下也，今伏兵亦謂之卡。壥，讀如戰。山障水爲大曲曰壥，見《宋史》。俗作占、舊作辿，非。

〔乾隆〕綏德州直隸州志

【解題】吴忠誥修，李繼嶠纂。綏德州直隸州，轄境包括今陝西省米脂、子洲、綏德、吴堡、清澗等地，州治在今陝西省榆林市綏德縣。「方言」見卷三《風俗》中。録文據乾隆四十九年（一七八四）刻本《綏德州直隸州志》。

方言

綏德語言類太原、代州等處，與汾陽、永寧雖接壤，卻不相似也。

〔光緒〕綏德直隸州志

【解題】孔繁樸修，高維岳纂。綏德州直隸州，轄境包括今陝西省米脂、子洲、綏德、吴堡、清澗等地，州治在今陝西省榆林市綏德縣。「方言」見卷四《學校志・風俗》中。録文據光緒三十一年（一九〇五）刻本《綏德直隸州志》。

方言

舊志：綏德語言類太原、代州等處，與汾陽、永寧雖接攘，卻不相似也。

按，綏德方言多宫商之音，而少脣齒輕音，故口語稍緩，與榆林語言相近，與長安口音不同也。

〔光緒〕米脂縣志

【解題】高照煦纂，高增融校訂。米脂縣，今陝西省榆林市米脂縣。「諺語」「方言」見卷六《風俗志》中。録文據光緒三十三年（一九〇七）刻本《米脂縣志》。

諺語

米脂語言類直隸之宣化，山西之大同、代州等處，與汾州、永寧雖接壤，卻不相似也。

日落烏雲帳，半夜裏聽雨響。謂晚間烏雲捧日，當有雨也。

日日丹，不出三。縣俗以日暈爲日日丹，謂三日内有雨也。

夏甲子，赤地千里；秋甲子，就地擎船；冬甲子，凍死牛馬。

西北風主晴，東南風主雨，晚間星宿稠主旱。

雨打白地天年收。謂禾苗未出時有雹雨，則秋成豐收也。

八月雷，不空回。謂多雹雨也。

門縫去聲裏的日頭，縣俗呼太陽曰日頭。有得一溜子，没得一溜子。喻人奢儉無度也。

東風大了順東風，西風大了順西風。喻人辦事無把握也。

各掃門前雪。喻人自顧不暇，無力助人也。

爲人不做虧心事，半夜裏扣門心不驚。

山牆背後的柱子。喻凡事在暗中主持，代人出力也。

牛過來看不見，蠓子過來拔一條腿。喻顧小失大也。

前門裏走了虎，後門裏進來狼。喻去一害，又來一害也。

前婆婆養兒，後婆婆福。喻因人成事，吃現成飯也。

棉羊尾巴大，各人扇了各家罷。喻自己可恥可笑者甚多，無庸恥笑别人也。

白露不出，寒露不熟。謂禾稼白露時不出穗，則寒露時不能成熟也。

好雨下在沙灘裏。謂代人竭力扶助，而其人不用於事，無濟也。

賊不撕打，驢不出來。喻小人反覆無常，則陰謀敗露也。

前怕狐子後怕狼。喻凡事多顧忌也。

餓老鴟窄楞飛。喻人貪得無厭也。

又要吃肉，又怕油口。喻人圖利而又欲沽名也。

高山上添土。喻幫助富家斂財也。

跌倒要自緣起。喻人貴自立，不可倚靠别人也。

平地下起圪堆。喻人無所憑藉而當身富貴也。

打倒大樹有柴燒。喻富家有事，則人之獲利者衆也。

説了個八米二糠。喻人好自誇張，言不顧行也。

走了三天三夜，不够咱一早起趕。音輦，言自己才具過人也。

没窟窿着泛蛆兒。喻人之造謠生事也。

瞌睡等個枕頭兒。喻人不肯作事，藉詞推卸也。

三個和尚没水吃。喻人多則互相推諉也。

當街裹蓋不起猪窩。言彼此牽掣，不能成事也。

一個老鼠壞了一鍋湯。言君子雖多，有一小人，即能害事也。

站起説話腰不疼。喻局外人不知局中有艱苦也。

死猫兒扶不上樹。喻人之庸懦無能也。

以上諺語。

方言

冷雨 俗呼雹雨爲冷雨，亦曰冷子。 山現 晚間雲影作山川草木或樓臺殿閣形，曰山現。主雨。

圪塄 山之窩處也。 圪陀 地中大凹曰圪陀。 圪塄 小崖曰圪塄。 圪塔 小山之圓者曰圪塔，亦曰塔。凡物凸起者皆曰圪塔。 圪峁 山岡之小者。 坪 山地之平者。 墕 音煙。兩山中臨溪之小徑。 坬 音蛙去聲。山之低下處也。 砭 臨河兩岸高處之石路曰砭。 岔 兩山之分處也。 塿 背山面水之村舍也。 窨 甃甎石爲洞以居曰窨。

即陶復陶穴之遺制也。炕 砌土石爲牀能燒火者曰炕。圪臺 俗呼階隅曰圪臺。圪梁 俗呼山脊曰圪梁。物之凸起而長者亦曰圪梁。崾嶮 山之過峽處也。礨 音羅去聲。壘石方丈爲一礨〔一〕，物加物亦曰礨。垧 俗以四畝爲一垧。

爺 俗呼祖父曰爺爺。嬭 俗人呼祖母曰嬭嬭，音泥。爸 俗呼父曰爸爸，音巴。媽 俗呼母曰媽，音罵平聲。婆 婦人稱姑曰婆婆。外祖母亦曰婆婆。嬷 俗呼伯母曰嬷嬷，音抹。爹 音打平聲。俗呼叔父曰爹。娃 小兒之稱。髱髤 音琶怪。俗呼大女曰髱髤。挑擔 去聲。兩壻相謂爲挑擔。拜身 盟兄弟之稱也。先後 兄弟之妻俗呼曰先後。姨 俗呼母之姊妹曰姨。妻之妹曰小姨。奶 音乃。俗稱親戚家之長輩婦人曰奶。哥 呼兄曰哥哥。

牸牢 音不勢。小牛也。克𤞞 小猪之稱。按猪性多淫，去其淫具而後肥碩，故俗名小猪之初去淫具而尚未肥碩者曰克𤞞。亦會意之名詞也。俗作猪猪，非。戥 音等。俗謂等稱之戥。鏵 音花。俗謂犁曰鏵。耩 音講。俗稱耒耜曰耩子。鐵銑 俗稱鐵鍬曰鐵銑。叵籮 俗稱栲栳曰叵籮。甑片 編木作圓式置鍋内蒸食物者也。晌 俗稱午時曰晌和。午前曰前晌，午後曰後晌。籸 音生。莜麥仁也。稴 然字去聲。俗以麥稭和泥謂之稴。圪拉 音格喇。物有裂縫也。吃嗟 亂説也。言喘 説話也。這搭 言此處也。殑吞 老大不才也。頗煩 厭棄不耐也。刁 强取物也。卡 食在喉中上不上下不下也。汆 音鑽去聲。水入土也。扯 以手分擘物件曰扯。拉 音洛。以手牽牲畜曰拉。捏 音聶。以手握物曰捏。拴 以繩繫牲畜曰拴。掏 音叨。從衣袋中取物曰掏。揣 手揣物也。

〔一〕礨：原作「磊」。下同。

搥 音鍾。擊物也。　撈 水中取物也。　扑扐 音不喇。以手捫物而舒展之也。　踼 脚擊物也。　踹 脚踏物也。音才上聲。　什麽 疑而問之詞也。　悄悄 不言語也。　俊俏 謂女人之美麗者也。

以上方言。

〔民國〕米脂縣志

【解題】嚴建章修，高照初纂。米脂縣，今陝西省榆林市米脂縣。「諺語」「方言」見卷四中。録文據民國三十三年(一九四四)鉛印本《米脂縣志》。

諺語　方言

日落烏雲帳，半夜聽雨響。謂傍晚烏雲捧日，至夜必有雨聲。

日日丹，不出三。以日暈爲日日丹，謂三日内有雨。

夏甲子，赤地千里；秋甲子，就地撐船；冬甲子，凍死牛馬。

西北風主晴，東南風主雨，晚上星宿稠主旱。

雨打白地天年收。禾苗未出時下雹，秋成自可豐收。

八月雷，不空回。謂下雹。

門縫裏的日頭，有一溜子，没一溜子。喻人做事無常度。

東風大了順東風，西風大了順西風。喻人辦事莫把握。
各掃門前雪。喻人爲自了漢也。
爲人不做虧心事，半夜裹敲門心不驚。勸人不可以作負心事，自然毫無恐懼。
山牆裹的柱子。喻爲人暗中幫忙主持。
牛過來看不見，蚊子過來拔一條腿。喻人顧小失大也。
前門裹走了虎，後門裹來了狼。喻去一害，又來一害。
前婆婆養兒，後婆婆福。喻自然得福，不領人情，不出己力。
棉羊尾巴大，各人苫了各家吧。喻人自己可恥笑處甚多，反要恥笑人家。
白露不出，寒露不熟。謂禾苗白露尚不出穗，則至寒露必不能成熟。
好雨下在水灘裹。謂人爲人忠告忠謀，而人不用實，無濟於事。
賊不撕打，驢不出來。喻同黨相争，真像畢露。
前怕狐子後怕狼。喻顧忌太多。
餓老鴟窄楞飛。喻貪婪無厭。
又要吃肉，又怕油口。喻圖利不擔名。
高山上添土。喻幫助富家斂人財産。
跌倒要自緣起。勸人自立，勿依賴他人。

平地下起圪堆。喻毫無憑藉得起家富貴。
打倒大樹有柴燒。喻富家有事，大衆得利益。
説了個八米二糠。喻人自信太甚，反過其實。
走了三天三夜，不够吾一早上趕。言自己才具過人。
没窟窿著泛蛆兒。喻人憑空造言生事。
瞌睡等個枕頭兒。喻人不想做事，正想推卸，適遇機會。
三個和尚没水吃。喻人多互相推諉。
當街上蓋不起猪窩。言彼此牽掣，不能成事。
一個老鼠壞一鍋湯。言正人雖多，有一邪人，聲名全壞。
站起説話腰不疼。謂自己不出，好説便宜話。
死猫兒扶不上樹。謂庸懦之輩，不堪輔助。
右諺語。下方言。略舉一二，不勝詳記。
冷子　呼雹雨、冷雨，又曰冷子。　圪塄　山崖之拐角處。　山現　傍晚雲影作峯巒樹木樓閣形像，現此則主雨。
圪陀　地中大凹處。　圪塄　山坡多有之，狀如臺階。　圪墶　山峯之圓者，亦曰圪塔。又凡物凸起皆稱圪墶。　圪峁　山岡之小者。　坪　山下臨河處之平地，故曰河坪。　墕　兩山相接連處，每有小徑相通。　坬　山之低下處或坡度，即窪字。
砭　臨河兩岸之高處。土曰土砭，石曰石砭。　岔　兩山之分處。　塽　背山面水之村舍。　窨　甃磚石作洞曰窨，亦有依山作土窨者。陶穴之遺也。**炕** 砌土石爲牀〔一〕，中有洞可引煙火，故又曰炕。**圪臺** 即臺階。有土，有石，亦有磚砌成者。**圪梁** 山脊之長者，又物之凸起而長者亦云然。**要嶮** 山之過峽處。**磘** 音羅去聲。壘石方丈高五尺爲一磘，物加物亦曰磘。**垧** 地三畝爲一垧。又曰晌，耕牛犂地自晨至午爲一晌。

爺 呼祖父曰爺爺。**嬭** 音泥。呼祖母曰嬭嬭。**爸** 音巴。呼父曰爸爸。**媽** 音罵平聲。呼母曰媽。**婆** 婦人呼姑着婆婆〔二〕。又外孫呼外祖母亦曰婆婆。**姆** 音抹，呼伯母曰姆姆。**爹** 音打。呼叔父曰爹。又音點。父輩之稱也。**娃** 呼小兒女曰娃娃。**⿱髟巴⿱髟介** 音琶怪。女之成年者。**挑擔** 兩壻相稱〔三〕。**拜身** 盟兄弟之俗稱。或又曰拜石。**先後** 兄弟妻之同稱，即妯娌之謂。**姨** 呼母之姊妹。妻之姊妹曰小姨子。**奶** 音乃。親戚家長輩婦人呼奶奶。又岳母亦呼奶奶。**哥** 呼兄也。

挬牢 音不勞。小牛也。**克貗** 小猪已膳其淫具尚未至其豐碩時之稱也。**戥** 音等。知物輕重之小具也。

鏵 音鏵。犂之小者。**耩** 音講。耒耜之具，爲鏵之後柄。**鐵銑** 即鐵鍬，俗呼此。**叵籮** 即杯棬，俗呼此。**甑片** 編木作圓式置鍋中間蒸食物，高粱杆亦可爲。**晌** 正午曰晌。有前晌後晌之稱。**籸** 音生。蕎麥仁。**⿰米兼** 然去聲。以麥稭切碎和泥泥牆壁謂之⿰米兼。**圪鏬** 音格喇。物有裂縫者呼此。**吃噠** 亂說，未足憑信之謂。**言喘** 說話之語音。

〔一〕牀：原誤作「狀」。
〔二〕着：似爲「曰」之誤。
〔三〕壻：原誤作「媳」。

這搭　言此地或此處。　殘吞　言老大不才也。　頗煩　即麻煩不耐也。　刁　强取物也。　卡　食在咽喉上不上下不下也。　汆　音鑽去聲。水入土穴去他處也。　扯　以手擘物分裂曰扯。　拉　以手牽牲畜車輛物件皆曰拉。　捏　以手握物皆曰捏。　拴　以繩繫牲畜物件皆曰拴。　揣　以手捫物也。　捶　以拳擊物也。　撈　水中取物也。　扑拉　音不喇。以手捫物而使之舒展。　踢　腳擊物也。　掏　音叨。從衣袋中取物曰掏〔一〕。又用力取物者皆曰掏。　踹　音才上聲。腳踏物也。　什麽　人有疑而問人之詞。　悄悄　無聲息之詞。　俊俏　女人之美稱。　餡　音汗。食物内所包之物。　婆伊　本夫稱妻之詞。　解不開　解讀如亥。不知之詞。　楦　物之模範，在所作之物之内，如鞋楦、窰楦。　扁食　即餃子，又名水餃兒。　血口噴人　喻誣陷善良之言也。　好肉上凋蛆胚　扁讒害人之言也。

女猫　猫之牡者曰兒猫，牝者則曰女猫。　草驢　牡者曰叫驢，因善鳴。既騸曰騸驢。牝者曰草驢。　課馬　牝者曰課，牡者曰兒。既去淫具曰騸馬。　羯羊　牡之閹割者。未割者曰圪羝，生羔者曰母子。　植　讀如直。農夫呼下種之早者。　穉　讀如至。呼下種之遲者。　哈叭　犬之小者，另是一種。

遲退　稱説書、算命者之瞎子即此二字。音若先生。　煺　以熱湯渥去鳥獸毛。　瘸　音若全。跛者之稱。　㨮　音如扯，車之上聲。謂裂紙、裂布匹也。　舀　摇之上聲。以杓取水取飲曰舀。　貨郎子　貨讀如霍。稱沿街摇鼗鼓以賣貨物者。　抓晬　小兒周歲晬以玩物列於前，任其所取曰抓晬。　拈鬮　讀如拈瓦。造者不使拈者見，憑所取以定甲乙。　攮　以椎以刀刺人刺物。　敹　音聊。以線縫衣服之破綻處。　打夯　音杭。以木爲之，四人并舉同落地，以壓地基。

〔一〕袋：原誤作「帶」。

战敠 上玷之平聲，下度之入聲。以手稱量物之輕重。 井裏蛤蟆 喻見小兒。 大家搬柴火焰高 喻衆撑易舉。 大家賭氣鍋竈倒 喻各懷意見事難成。 傍大樹草不沾霜 喻得人庇蔭。

按方言土語，各處爲有，窮鄉僻壤尤甚。習焉不察，遂成風俗之一者。往往音太鄙，意尤晦，雖鄰封接境，尚多不解，甚爲交際上之障礙。且相沿既久，相習成風，即言之皆亦莫名意義之所在，殊堪失笑。茲列邑人之最習慣者，逐一解明，俾言者聽者不至齟齬誤會也。

〔道光〕安定縣志

【解題】姚國齡修，米毓章纂。安定縣，今陝西省延安市子長縣。「方言」見卷一《輿地志》中。録文據道光二十六年（一八四六）刻本《安定縣志》。

方言

坔 漫同。水冒土上而流也。 汞 音鑽。水入土也。 𠮛 縫同。土開口也。 圡 磣同。土入口也。 旲 音迸。火炒豆則迸也。 閄 鑽同。身入門中也。 𠮛吉 音格喇。土縫也。 猪猪 音客婁。小猪也。以上十字本《榆林府志》。

堔 《集韻》音尋。田三畝爲堔。 垧 《字典》晌同。謂牛一晌時所耕得之地爲一垧。 峁 《字典》音卯。山之岡坡謂之峁。紅石峁、常和峁皆是。 梁 山脊爲梁。走馬梁、土地梁皆是。 砭 《字典》音窆。山之沿邊路曰砭。石家砭、李家砭皆是。 墕 《字典》音煙。兩山中臨溪小徑。朱家墕、南家墕皆是。 嘴 山横出一小尖如鳥喙曰嘴。柳條嘴、白家石嘴皆是。坪《正韻》音平。亦作⿱平土。山地之平者。水溝坪、欒家坪皆是。凹 窊也。如劉家圪凹是。楊慎《丹鉛録》：「土窪曰凹，土高曰凸。」凸《韻會》高也。石圪凸、吴家圪凸皆是。垎⿰土勞 音格勞去聲。山之窩處。吴家垎⿰土勞、郝家垎⿰土勞皆是。⿰土要⿰土僉 山之過峽處。閻家⿰土要⿰土僉、史家⿰土要⿰土僉皆是。坬《字典》音窪。山坡地近溝處謂之溝坬，省作坬。侯家坬、張家坬皆是。岔《字彙補》音姹。三分路也。水路曰汊，山路曰岔。南溝岔、三郎岔皆是。塔《字典》音塌。阪地之平者。西河塔、槐樹塔皆是。坮《字典》臺同。累土爲坮。高家坮、趙家坮皆是。圪塔 音客荅。小山相連峯起之名。如黑圪塔是。圪坮 音客台。山間小阜曰圪坮。如楊家圪坮是。竧 音掙。能自立身掙錢也。劉竧，人名，見《宋史》。咀《正韻》音沮。土人謂喫飯爲咀。《廣韻》：「咀，嚼。」一云舉箸也，作舉字。喇話《集韻》音辣。土人謂説話爲喇話，剌剌不休意。《玉篇》：「喝喇，言也。」吃噠 音圪達，亂説也。《集韻》：「噠，語不正。」俗云七噠噠、八噠噠。

〔民國〕安塞縣志

【解題】安慶豐修，郭永清纂。安塞縣，今陝西省延安市安塞區。「方言」見卷六《風俗志》中。録文據民國三年（一九一四）鉛印本《安塞縣志》。

方言

稱父曰達，稱母曰媽。稱伯父曰大達，稱伯母曰大媽。稱叔父曰二達三達，稱叔母曰二媽三媽。稱祖父曰爺爺，稱祖母曰嬝嬝。稱伯叔祖父曰大爺爺二爺爺，稱伯叔祖母曰大嬝嬝二嬝嬝。稱外祖父曰外爺，稱外祖母曰外嬝。呼母兄弟曰舅舅，母兄弟之妻曰舅母。呼妻曰婆姨。呼妻兄曰妻哥，妻之弟曰小舅子。呼姊之夫曰姐夫，妹之夫曰妹夫，兄之妻曰嫂嫂，弟之妻曰弟媳婦。呼兒女曰娃娃。呼妻父曰老爹，呼妻母曰奶奶。

謂此曰這搭，謂彼曰那搭。謂廝打曰打捶。謂説話曰言喘。乒乓者，快也。眼黑者，憎惡也。頁者，横也。窵者，長也。促者，短也。汞，音鑽。水入土也。坔，音漫。水冒土而上流也。閩，音竄。身入門中也。圡，音磣。土入口也。炅，音迸。火炒豆則迸也。𥪕，音撐。能自立身也。峁，音卯。山之岡顛也。坬，山之汙下也。埽，山田不能畝計也。𠮷，同縫。土開口也。籸，音生。蕎麥仁也。謂筆曰生活。呼器具曰家使。圪撈，山之窩處也。圪嗟，胡説也。圪塔，小山相連峯起之名也。𠮷吉，音圪拉。亦縫之轉詞也。克㺏，小猪也。㟧嶮，山之過狹處也。穲，然字去聲。俗以麥稭和土泥壁謂之穲草。以上方言。

〔乾隆〕延長縣志

【解題】王崇禮纂修。延長縣，今陝西省延安市延長縣。「男女」見卷五《風俗志》中。有乾隆二十七年（一七六二）刻本。録文據民國補鈔本《延長縣志》。

男女

婿依妻呼岳父爲爹，岳母姆爲媽媽〔一〕。呼妻伯叔及姑亦如之。妻兄爲哥，弟依行爲弟，對人稱曰小舅。妻姊妹依行呼姐。聯襟爲姊夫，對人稱曰挑担。婦呼翁依夫爲爺爺，姑爲媽媽。夫之伯叔姊妹如之。夫兄爲哥〔二〕，夫弟依行爲弟，對人呼爲小叔。夫姊妹亦呼姐，夫姊妹之夫爲姑爺。餘爲夫婦俱無異。

〔道光〕重修延川縣志

【解題】謝長清纂修。延川縣，今陝西省延安市延川縣。「風俗」見卷三《政事志》中。録文據道光十一年（一八三一）刻本《重修延川縣志》。

風俗

各處土音，聽民辭者所當辨也。今採《通志·方言》合於延川者並耳聞者録之。

水滚曰尖。渾者，全也。䆳者，長也。促者，短也。頁者，横也。眼黑者，慊惡也。囊囊突

〔一〕「姆」字疑爲衍文。

〔二〕夫：據體例補。

突者，背地短人也。圪喇者，言不順理也。這搭，此處也。兀搭，彼處也。乒乓者，快也。胡基者，土坯也。矢巴牛者，蜣蜋也。言端者，説話也。卡，音嗄。食在喉中上不上下不下也。汞，音鑽去聲。水入土也。坣，與漫同。水冒土上流也。閺，鑽同。身入門中也。旲，音迸。火炒豆則迸也。訓近上聲搭一頓，呵叱子弟也。收拾幾下，責打子弟也。悉呀不悉，知不知也。惡口，罵也。咦猛，緊也。乖角，好也。峁，音卯。山之岡坡皆謂之峁。埦，音蛙。山之汙下也。垧，晌同。牛之耕地曰幾垧也。墷，音尋。山之田不能畝計曰幾墷。粈，音參。莜麥仁也。吃嗻，亂説也。圪塔，小山相連峯起之名。圪塄，音格勞去聲。山之窩處也。𠮧吉，音格喇。縫也。猪猪，音客婁。小猪也。雇工人年幼者亦呼客婁子。嘤嶮，山之過峽處也。暹退，音先生。呼瞽者之能巫卜也。穜，然字去聲。俗以麥稭和泥塗壁謂之穜草，凡物潮濕亦謂穜穜的。呼大爲垛。呼地爲剁。呼毛爲謀。近入聲。呼社爲廈。近去聲。呼夜爲呀。近去聲。呼孩爲息。呼兄弟皆上聲。近雪梯音。凡七陽韻字皆撮口呼近入聲，如呼羊近約音，呼牆近雀音，呼娘近瘧音之類。呼祖曰爺爺。呼祖母曰娘娘。入聲近瘧音。呼父曰爹，又呼老子。呼母曰媽媽。呼伯父曰大爹。呼伯母曰大娘。次皆依行呼。呼叔父曰阿叔。呼叔母曰阿嬸。呼兄曰哥哥。或依行呼。呼嫂曰阿嫂。呼弟曰第幾的。依行。呼子曰息兒。呼小女曰女兒。呼大女曰居社。廈音。呼女壻曰某姐夫，對人稱女息。呼舅父曰阿舅。呼舅母曰妗慶音子。呼妻曰屋裡的，或稱屋息。呼岳父母皆曰老人家，間有呼爹媽者。連襟爲姐夫，對人稱挑担。婦呼翁依夫爲爹，姑爲媽媽，夫之伯叔如之。其他土語多有音無字，惟在咨詢而意會之。

〔民國〕宜川縣志

【解題】余正東修，黎錦熙纂。宜川縣，今陝西省延安市宜川縣。「方言志」見卷二四。録文據民國三十三年（一九四四）鉛印本《宜川縣志》。

方言志

目録

（三）虚助

小序

宜川位於洛川、同官之東北，方言與洛、同二縣，大同小異；惟棍、鬼不分，門、煤無別，爲此方言之特徵。今以城郊爲準，參以東北鄉之方音，譜其音讀，彙其詞類；三區七縣，此居東北，陝北方言，於此可見矣。

一、方音譜

（一）聲韻表 一名宜川注音符號發音表

表例：一、以本地方音需用之注音符號爲主。二、注音符號亦名國音字母，故稱「聲母」「韻母」，分爲二表。（聲母古稱「紐」，即子音，語音學上名輔音；韻母即古之所謂「韻」，今母音，語音學上名元音，但國音字母之鼻聲韻母不純爲母音元音。）三、每字母下注「國際音標」，此爲發音之定準。凡習語音學者，讀之皆能脗合，本表列此備查，不加説明。四、又其下注一國字，即是本字母之讀法。最好照國音讀，如照方音讀亦可；但聲母下所注字其韻母不合國音，韻母下所注字則上有聲母，本表皆加（）爲記。五、韻母中有不用以拼音者，則加（）爲記。六、附注一欄，頗關重要，凡發音方法、方國比較、轉變來源等，皆略有説明，本地方音之特徵，此欄中已精爲提要矣。

甲、聲母 二十三個，比國音二十四個，少万一個。

方法		兩脣	脣齒	舌尖：平舌尖	舌尖：正舌尖
塞爆聲	不送氣	ㄅ[p]玻			ㄉ[t](得)
塞爆聲	送氣	ㄆ[pʻ]坡			ㄊ[tʻ](特)
塞擦聲	不送氣			ㄗ[ts]資	
塞擦聲	送氣			ㄘ[tsʻ]此	
鼻聲		ㄇ[m]摩			ㄋ[n](訥)
摩擦聲	不帶音		ㄈ[f]佛	ㄙ[s]思	
摩擦聲	帶音				
附注		此行同國音，惟送氣較國音爲濁，其他聲母送氣音亦同此。ㄅ母所拼之字有少數轉入ㄆ。如勃、步、部、拔。（多爲並母字。）	國音ㄈ下有万，但不用。惟ㄞㄟㄢㄤㄥ等韻與ㄨ拼時，ㄨ母恒爲不帶音之万，上齒輕叩下脣，如外、危、温、彎、網、翁皆是也，以其只在此數韻中出現，故仍以ㄨ代，不另立方符。	國音ㄓㄔㄕ一部分之字轉入此，如志、債、豺、茶、尸、時（多爲舊屬莊、初、牀、山諸紐者）。ㄗ母字少數轉ㄘ，如自、字、在。又宜川東北鄉於ㄐㄑ諸字原屬「見溪羣」，原屬「曉、匣」者，不似國音之與「精、清、從（ㄗ、ㄘ）」及「心（ㄙ）」相混。在近代戲曲上亦謂之分「尖音」與「團音」也，而城内音則尖團音不分，此亦城鄉方音之大别。	此行音值同國音，ㄋ之齊齒呼全改爲广，如泥、牛；合口呼多變爲ㄌ之合口呼，如内、暖，ㄉ母字亦少數轉ㄊ，如蛋、稻。

續表

部位＼方法	塞爆聲 不送氣	塞爆聲 送氣	塞擦聲 不送氣	塞擦聲 送氣	鼻聲	摩擦聲 不帶音	摩擦聲 帶音	附注
舌邊							ㄌ[l]（勒）	撮口呼諸字，消失ㄌ聲母而爲ㄩ，如驢、律、慮。
尖腭（翹舌尖）			ㄓ[tʂ]知	ㄔ[tʂʻ]池		ㄕ[ʂ]十	ㄖ[ʐ]日	ㄓ母字亦少數轉ㄔ，如直、住（此下各行例推不備舉）。「尖腭」謂舌尖翹起與上腭相觸。
舌面			ㄐ[tɕ]基	ㄑ[tɕʻ]欺	ㄬ[ȵ]你	ㄒ[ɕ]希		ㄐㄑㄒ同國音，ㄬ國音不用，此以拼ㄋ之齊齒呼，又拼一部分「ㄧ」母字，如銀、疑。
舌根	ㄍ[k]（格）	ㄎ[kʻ]（客）			ㄫ[ŋ]（額）	ㄪ[x]（黑）		ㄫ較國音似帶有塞擦性質，惟ㄫ國音不用，此以拼一部分國音無聲母之字，如我、安、歐。ㄍ、ㄎ後隨有齊齒呼韻ㄧㄢ，此爲腭化之趨勢，如甘、看。

乙、韻母　十五個(連ㄭ計)，比國音少ㄛㄣ二個。其結合韻母十九個，比國音少ㄧㄣ　ㄨㄣ　ㄩㄣ三個，多ㄇㄛ一個。

類　法		韻母 開口呼（ㄧㄨㄩ各如其韻）	韻母（「舌位」及脣鼻）	結合韻母 齊齒呼（「ㄧ」起）	結合韻母 合口呼（「ㄨ」起）	結合韻母 撮口呼（「ㄩ」起）	附注（「舌位」分前、中、後三部位，皆就舌面而言，不涉舌尖；又分上升、半升、半降、下降四形式，升即關，降即開。）
單韻母	開口韻母	ㄚ[a]啊	舌前下降，口開	ㄧㄚ[ia]鴉	ㄨㄚ[ua]蛙		全同國音。
		ㄜ[ɤ]痾	舌後半升，脣不圓		ㄨㄜ[uɤ]窩	ㄩㄜ[yɤ]約	國音ㄛ韻皆轉入此韻，方音ㄜ較國音舌位稍低。
		ㄝ[ɛ]誒	舌前近中半降，脣平	ㄧㄝ[iɛ]葉		ㄩㄝ[yɛ]月〔一〕	ㄝ比國音舌位稍移後，似帶舌中之ㄜ爲尾音。
	聲化韻母	(ㄭ[ʅ]知 [ɿ]資)	舌尖上升，脣平				此母國音方音皆不用以拼音，但表示皆有此韻耳。此兩行名「聲化」者，謂作用皆在舌尖，爲舌尖聲母所同化。
		ㄦ[ər]兒	舌中，捲尖				國音方音皆獨用不拼聲母，亦皆富於此種捲舌韻尾。
	齊齒韻母	ㄧ[i]衣	舌前上升，脣扁				國音ㄟ韻少數字轉入此，如碑、被。
	合口韻母	ㄨ[u]烏	舌後上升，脣緊圓				方音比國音脣較圓。國音ㄡ韻少數字轉入此，如謀。其與ㄓㄔㄕㄖ拼時近似舌尖元音ʮ。
	撮脣韻母	ㄩ[y]迂	舌前上升脣圓				ㄩ較國音鬆緩〔二〕。

〔一〕y：原誤作「r」。
〔二〕ㄩ：原誤作「ㄇ」。

續表

類	法	韻母		結合韻母			附注
		開口呼（ㄧㄨㄩ各如其韻）	（「舌位」及脣鼻）	齊齒呼（「ㄧ」起）	合口呼（「ㄨ」起）	撮口呼（「ㄩ」起）	（「舌位」分前、中、後三部位，皆就舌面而言，不涉舌尖；又分上升、半升、半降、下降四形式，升即闢，降即開。）
複韻母	齊齒韻母收	ㄞ[ai]（哀）	前ㄚ加ㄧ	ㄧㄞ[iai]崖	ㄨㄞ[uai]歪	（ㄩㄞ[yai]）	ㄞ較國音略闢。
		ㄟ[ei]欸	闢ㄝ加ㄧ		ㄨㄟ[uei]威	（ㄩㄟ[yei]）	ㄟ比國音舌位較前，國音ㄜ韻拼ㄉ、ㄍ、ㄗ三組之舊入聲字皆轉入此；又方音無ㄣ韻，國音ㄣ韻字皆與此韻混，故昏與灰，門與煤，分與飛，盆與賠無別。
	合口韻母收	ㄠ[au]（熬）	後ㄚ加ㄨ（近ㄛ）	ㄧㄠ[iau]妖			ㄠ比國音舌位深後。
		ㄡ[ɤ u]（歐）	ㄜ後加ㄨ	ㄧㄡ[iɤ u]憂			ㄡ比國音弛而脣不甚圓，起音之ㄛ爲國音之後ㄜ。
鼻聲韻母	鼻聲化	ㄢ[æ̃]（安）	前ㄚ稍闢帶鼻音	ㄧㄢ[iæ̃]烟	ㄨㄢ[uæ̃]灣	ㄩㄢ[yæ̃]寃	ㄢ不以舌尖收鼻音，但於ㄚ同時發鼻音，故曰鼻聲化，ㄧㄢ與ㄍㄎ拼，此爲腭化之趨勢。
	鼻聲隨	ㄤ[aŋ]（昂）	後ㄚ收ㄫ鼻音	ㄧㄤ[inŋ]央	ㄨㄤ[uaŋ]汪	（ㄩㄤ[yaŋ]）	ㄤ同國音。
		ㄥ[ɤŋ]鞥	後ㄜ收ㄫ鼻音	ㄧㄥ[iɤŋ]英	ㄨㄥ[uɤŋ]翁	ㄩㄥ[yɤŋ]雍	比國音略緊。

丙、聲調

表示調值，須用「五線譜」，以印刷不便，簡譜又易滋誤會，故只於左表中以「一般之調值圖線記號」說明之，驗諸脣吻，不難肖也。

<table>
<tr><th rowspan="2">調類</th><th colspan="2">調值</th><th rowspan="2">調號</th><th rowspan="2">例字</th><th rowspan="2">變調</th></tr>
<tr><th>國音</th><th>宜川方音</th></tr>
<tr><td>陰平</td><td>高平</td><td>低降</td><td>無號。必要時可作一（橫）。</td><td>媽坡翻湯
三深中諸</td><td rowspan="5">如複合詞，國音：兩上聲相連，則上一字變陽平；上聲字下連他字，則成「半上」（即低升而不降）。凡雙字緊連，下一字多成輕聲（低平）。方音：雙字緊連，上一字陰多變上（高平易聽清故），下一字皆似陰平（低平同輕聲故）。凡陰平字於語時欲提高者，多變上聲。又二字相連成詞，後一字若爲去聲，除在陽平後不變調，在陰上去後則變陰平，如「豆」爲去聲，「黄」「白」爲陽平，「黄豆」「白豆」之豆仍爲去聲，「黑豆」「江豆」「小豆」「大豆」之「豆」調變爲陰平。方音「樹」讀如「播」去聲，「楊播」「槐播」之「播」，調不變；「松播」「柳播」「杏播」之「播」調悉變陰平；又十個數目字後所隨之量詞如爲上去二調，除一、二方音讀陽平，其後所隨之量詞不變調，在其他數字後，悉變陰平（例詳方言分類詞彙(3)虛助名物量詞中）。凡此變調諸例，以時間限制，未遑悉究，僅就所見，發端於此而已。</td></tr>
<tr><td>陽平</td><td>中升</td><td>中升</td><td>ˊ（挑）</td><td>麻婆凡糖
民謀華如</td></tr>
<tr><td>上聲</td><td>低降升</td><td>高平</td><td>ˇ（拐）</td><td>馬叵反倘
主遠語此</td></tr>
<tr><td>去聲</td><td>高降</td><td>中平</td><td>ˋ（捺）</td><td>罵破飯燙
義慮調類</td></tr>
<tr><td>四聲，同國音。（調類謂一切字共分爲若干聲調，某字應屬某聲，各歸其類。除入聲爲國音所無外，凡字之分配平上去者，千餘年來，全國大體一致。）</td><td colspan="2">陰平調值低降，陽平近似國音，惟所升高度較國音略低；上聲高平，與國音陰平對比，則較低一度；去聲中平，與上聲比較，高低微殊，故本地人讀上去二調，間或不分，聽之則上聲終較去聲爲高昂。（調值謂各調類在口頭上之實際音值，某字雖同屬某聲，兩地一致，而讀時之高低升降，則兩地可以大異。故書本上之調類爲最統一者，口頭上之調值爲最分歧者，不可不知。）</td><td>全照國音，加於韻母之右上角。（只分調類，不表調值。）〔一〕</td><td>此行四字，同音異調。
此行四字，拆配成句。</td></tr>
</table>

〔一〕下文中調號多數模糊不清，故整理時未予標出。

（二）同音常用字彙 即名宜川方音字譜

譜例：一、依教育部公布「國音常用字彙」之體裁，以本地方音所有之聲母紐韻母韻爲綱，順序排列諸同音字，再別四聲調，藉便檢尋。二、凡方音與國音讀法相同之字，概無記號。其拼音即紐韻及調類即四聲皆與國音異者，左旁作⊙；音異而調尚同者作○；音同而僅調異者作•；皆注明國音讀法，藉資比較而便糾正。三、凡同字而異讀者，注明其音義；其較重要者，則分標(1)(2)等數碼以醒眉目。四、國音及本地四聲調類，皆爲陰平、陽平、上聲、去聲，而無入聲，譜中凡舊屬入聲之字，概聚列某聲之下，上加横線，用資識别，藉便研習舊體詩詞者分辨平仄。陰陽爲平，上去入皆仄，故凡陰陽平中之入聲字皆屬仄。五、以三千五百常用字之普通意義爲範圍，凡俗詞土語，另見「方言分類詞彙」，譜中概不闌入；因此譜之目的，一在就單字以辨方國音讀之異同，一在藉比較以利國語教學之矯正也。邑中各級學校，於教學國語、國文，以及其他科目時，只須注意此譜中字旁有記號者，皆照字下所注國音改讀，即讀音統一矣。

【ㄅ】

【ㄚ】陰平：巴芭笆籬笆疤吧啞吧八 上聲：把(1)一把刀；把持靶 去聲：霸罷罷免爸把(2)刀把

【ㄛ國音ㄅㄛ】陰平：⊙博國音陽平（以後簡稱國陽） 去聲：○播○簸動詞用則上聲 ⊙撥國音陰平（以後簡稱國陰）下同 ⊙剝

【ㄞ】上聲：擺襬 去聲：拜

【ㄟ】奔國陰ㄅㄣ(下同)本國音上聲(以後簡稱國上)下同笨北國上百國上ㄅㄞ柏國陽ㄅㄛ(下同)伯　去聲：輩貝背

【ㄠ】陰平：包　上聲：寶保飽　去聲：報豹抱暴雹國陽

【ㄢ】陰平：般搬班扳斑扮國音去聲(以後簡稱國去)　去聲：半

【ㄤ】陰平：幫邦　上聲：榜膀綁　去聲：磅

【ㄧ】陰平：卑國ㄅㄟ陰(下同)碑婢國去逼筆國上必國去(下同)壁畢璧　上聲：比彼　去聲：敝蔽弊幣臂備國ㄅㄟ去

【ㄧㄝ】陰平：鱉　陽平：別

【ㄧㄟ】陰平：賓國ㄅㄧㄣ陰(下同)濱姘國ㄅㄧㄣ陰　去聲：殯

【ㄧㄠ】陰平：標　上聲：表錶婊

【ㄧㄢ】陰平：編鞭邊　上聲：扁匾　去聲：遍偏辨辯便變

【ㄧㄥ】陰平：兵冰　上聲：丙柄秉　去聲：并併餅國上

【ㄨ】陽平：不國去　上聲：補　去聲：布佈怖

【ㄆ】

【ㄚ】陽平：爬|拔國ㄚㄅ陽　去聲：怕琶國陰

【ㄛ】陰平：坡國ㄆㄛ陰波（國ㄆㄛ陰）脬國ㄆㄠ陰　陽平：婆國ㄆㄛ陽|勃國ㄅㄛ陰頻國ㄅㄛ陽　去聲：破國ㄆㄛ去頗國ㄆㄛ上|薄國ㄅㄛ陽泊國ㄆㄛ陽

【ㄞ】陽平：牌排　去聲：派敗國ㄅㄞ去

【ㄟ】陰平：杯國ㄅㄟ陰坯|魄國ㄆㄛ去拍國ㄆㄞ陰　陽平：賠培陪盆國ㄆㄣ陽|白國ㄅㄞ陽帛國ㄅㄛ陽　去聲：配佩

【ㄠ】陰平：泡國去　陽平：胞國ㄅㄠ陰袍跑國ㄅㄠ上　去聲：炮拋國陰

【ㄢ】潘盤國陽盼國去　陽平：攀國陰　去聲：判叛辦國ㄅㄢ去（下同）瓣

【ㄤ】陽平：旁傍龐　去聲：胖棒國ㄅㄤ去

【ㄥ】陽平：棚彭蓬篷膨　上聲：捧烹國陰

【ㄧ】陰平：批披　陽平：皮疲琵脾|鼻國ㄅㄧ陽　上聲：鄙國ㄅㄧ上匹|劈僻　去聲：屁避國ㄅㄧ去被國ㄅㄟ去譬

【ㄧㄝ】陰平：撇

【ㄧㄟ國音ㄆㄧㄣ】陽平：貧頻　去聲：聘

【ㄧㄠ】陰平：飄漂　陽平：瓢嫖　去聲：票

【ㄧㄢ】陰平：篇偏　去聲：片辯國ㄆㄧㄢ去

【ㄧㄥ】陽平：平萍屏瓶　去聲：病國ㄅㄧㄥ去

【ㄨ】陰平：鋪　陽平：葡蒲菩僕國上　上聲：譜普　去聲：鋪部國ㄅㄨ去（下同）步捕國上

【ㄇ】

【ㄚ】陰平：媽　陽平：麻痲　上聲：馬　去聲：罵

【ㄛ】陰平：莫國ㄇㄛ去（下同）漠寞　陽平：魔國ㄇㄛ陽　上聲：抹國ㄇㄛ上　去聲：模國ㄇㄛ陽

【ㄞ】陽平：埋　上聲：買　去聲：賣

【ㄟ】陽平：煤梅玫枚門國ㄇㄣ陽　上聲：每美　去聲：妹悶國ㄇㄣ去

【ㄠ】陽平：毛矛茅猫國陰　上聲：卯　去聲：冒帽茂貿

【ㄢ】陰平：饅國陽瞞國陽　陽平：蠻　去聲：漫慢滿國上

【ㄤ】陰平：茫國陽　陽平：盲忙

【ㄥ】陽平：蒙盟　上聲：猛　去聲：孟夢

【ㄧ】陰平：秘國去（下同）泌　陽平：糜靡國上迷謎眉國ㄇㄟ陽蜜國去（下同）密　上聲：米

【ㄧㄝ】陰平：滅國去

【ㄧㄟ國音ㄇㄧㄣ】陽平：民　上聲：敏憫閩

【ㄧㄠ】陽平：苗描　上聲：秒藐　去聲：廟妙

【ㄧㄢ】陽平：眠綿棉　上聲：免勉　去聲：麵緬國上

【ㄧㄥ】陽平：明鳴名　上聲：冥國陽（下同）銘　去聲：命

【ㄨ】陰平：木國去（下同）沐目睦　陽平：謀國ㄇㄡ陽　上聲：母　去聲：暮墓

【ㄈ】

【ㄚ】陰平：發法國上（下同）髮　陽平：乏閥罰伐國陰

【ㄟ】陰平：非飛紛國ㄈㄣ陰（下同）分（1）分開　陽平：肥墳國ㄈㄣ陽（下同）焚　上聲：粉國ㄈㄣ上　去聲：費廢肺分國ㄈㄣ去（2）本分（下同）奮糞

【ㄢ】陰平：番翻藩國陽　陽平：凡煩繁　上聲：反返　去聲：飯販范犯

【ㄤ】陰平：方　陽平：房防妨肪　上聲：紡訪　去聲：放

【ㄥ】陰平：封風豐蜂　陽平：馮逢縫（1）縫衣　去聲：鳳奉縫（2）門縫兒

【ㄨ】陰平：夫婦國去福國陽（下同）幅蝠伏　陽平：扶孚浮俘　上聲：府俯甫斧國去付附父富副賦

【ㄉ】

【ㄚ】陽平：答達　上聲：打　去聲：大

【ㄜ】陰平：多國ㄉㄨㄛ陰

【ㄞ】陰平：獃　去聲：代貸帶戴

【ㄟ】陰平：得國ㄉㄜ陽(下同)，亦ㄉㄟ上德

【ㄠ】陰平：刀　上聲：倒(1)倒下島禱　去聲：到倒(2)倒出導盜

【ㄡ】陰平：都皆也，與都市音同兜　上聲：斗門國去賭國ㄉㄨ上(下同)堵　去聲：豆逗度國ㄉㄨ去

【ㄢ】陰平：丹單担躭　上聲：膽　去聲：旦但

【ㄤ】陰平：當(1)應當　上聲：黨蕩　去聲：當(2)典當，上當

【ㄥ】陰平：登燈　上聲：等　去聲：凳瞪

【ㄧ】陰平：低的國去　陽平：敵　上聲：抵底　去聲：帝第弟

【ㄧㄝ】陰平：滴國ㄉㄧ陰(下同)嫡　陽平：爹國陰敵國ㄉㄧ陽　去聲：跌國陽(下同)迭

【ㄧㄠ】陰平：刁貂雕　去聲：弔釣

【ㄧㄡ】陰平：丢

【ㄧㄢ】上聲：點典　去聲：電殿店顛國陰

【ㄧㄥ】陰平：丁釘　上聲：頂鼎　去聲：定錠訂
【ㄨㄛ】上聲：朵國ㄉㄨㄛ上　去聲：剁國ㄉㄨㄛ去
【ㄨㄟ】陰平：堆敦國ㄉㄨㄣ陰（下同）墩　去聲：對兑隊頓國ㄉㄨㄣ去（下同）遁盾
【ㄨㄥ】陰平：東冬　上聲：董懂　去聲：棟動洞
【ㄨㄢ】陰平：端　上聲：短　去聲：斷

【ㄊ】

【ㄚ】陰平：他塌塔國上　陽平：踏國去
【ㄞ】陰平：胎　陽平：台臺　去聲：待國ㄉㄞ去太泰
【ㄟ】陰平：特國ㄊㄜ去
【ㄠ】陰平：滔　陽平：桃萄陶　上聲：討稻國ㄉㄠ去　去聲：套盜國ㄉㄠ去
【ㄡ】陰平：偷　陽平：頭投　去聲：透
【ㄢ】陰平：灘攤貪毯國上　陽平：談覃壇檀彈（1）動詞彈琴　上聲：坦　去聲：炭歎探蛋國ㄉㄢ去彈（2）名詞炸彈
【ㄤ】陰平：湯亦讀ㄊㄜ陰　陽平：唐糖堂　上聲：倘　去聲：趟
【ㄥ】陰平：騰國陽呑國ㄊㄨㄣ陰　陽平：謄籐

【ㄧ】陰平：梯踢　陽平：題提笛國ㄉㄧ陽　上聲：體遞國ㄉㄧ去　去聲：涕剃替地國ㄉㄧ去

【ㄧㄝ】陰平：貼帖蝶國ㄉㄧㄝ陽　陽平：牒疊　上聲：鐵

【ㄧㄠ】陽平：條調(1)調和跳國去　去聲：調(2)調查，國ㄉㄧㄠ去

【ㄧㄢ】陰平：天　陽平：添國陰甜田填　去聲：墊舐國上

【ㄧㄥ】陰平：聽廳　陽平：亭

【ㄨㄛ】陰平：脱國ㄊㄨㄛ陰　陽平：奪國ㄉㄨㄛ陽　上聲：妥國ㄊㄨㄛ上　去聲：唾國ㄊㄨㄛ去

【ㄨㄟ】陰平：推　上聲：腿　去聲：退

【ㄨㄢ】陽平：團　去聲：段國ㄉㄨㄢ去（下同）緞

【ㄨㄥ】陰平：通　陽平：同痛國ㄊㄨㄥ去銅桐童　上聲：桶統

【ㄨ】陰平：禿突國陽　陽平：途屠圖讀國ㄉㄨ陽獨國ㄉㄨ陽（下同）毒犢　上聲：土吐國去兔國去杜國ㄉㄨ（下同）

【ㄋ】

【ㄚ】陰平：納國去　陽平：拿

【ㄞ】上聲：乃奶　去聲：奈耐

【ㄠ】陽平：撓　上聲：腦惱　去聲：鬧

【ㄨ】陽平：奴　上聲：努　去聲：怒

【ㄢ】陽平：南難(1)難易男　去聲：難(2)災難

【ㄤ】陰平：囊國陽

【ㄥ】陽平：能

【ㄨㄛ】陽平：○挪國ㄋㄨㄛ陽　上聲：諾國ㄋㄨㄛ上

【ㄨㄥㄋㄨㄥ轉入ㄌㄨㄥ】

【ㄌ】

【ㄚ】陰平：拉·辣國去·蠟·臘

【ㄞ】陽平：來　去聲：賴

【ㄟ】陰平：勒國正音ㄌㄜ去⊙肋國ㄌㄜ去

【ㄠ】陽平：勞撈牢　上聲：老　去聲：澇

【ㄡ】陰平：⊙鹿國ㄌㄨ去(下同)⊙禄⊙録⊙緑　陽平：樓○摟國亦讀上○盧國ㄌㄨ陽(下同)○廬○爐　上聲：○簍○魯國ㄌㄨ上(下同)○虜○擄　去聲：漏陋○路國ㄌㄨ去(下同)○露露水，露出來

【ㄢ】陽平：蘭籃藍　上聲：覽攬懶　去聲：爛

【ㄤ】陽平：狼郎廊　上聲：朗　去聲：浪

【ㄥ】上聲：冷

【ㄧ】陰平：力國去　陽平：犂梨黎蠡歷國去　上聲：禮里李裡裏　去聲：利痢吏隸麗勵例

【ㄧㄝ】陰平：獵國去　去聲：劣

【ㄧㄟ國ㄌㄧㄣ】陽平：林臨燐鄰鱗　去聲：吝賃

【ㄧㄠ】陽平：燎聊遼　上聲：了瞭　去聲：料

【ㄧㄡ】陰平：六國去　陽平：流劉留　上聲：柳

【ㄧㄢ】陽平：連蓮簾憐廉　上聲：臉　去聲：煉鍊練斂殮

【ㄧㄤ】陽平：良涼量糧梁　上聲：兩　去聲：諒亮

【ㄧㄥ】陽平：伶零凌陵綾靈鈴菱　上聲：領嶺令國去

【ㄨㄛ】陰平：洛國ㄌㄨㄛ去（下同）落駱樂（1）快樂，國ㄌㄜ去烙國ㄌㄠ去　陽平：羅國ㄌㄨㄛ陽（下同）鑼騾國ㄌㄛ陽

【ㄨㄟ國音ㄌㄟ】陽平：雷倫國ㄌㄨㄣ陽（下同）輪論（1）《論語》　上聲：儡累累積壘　去聲：內國ㄋㄟ去類淚嫩國ㄋㄣ去論國ㄌㄨㄣ去，（2）議論

【ㄨㄢ】陽平：鸞聯國ㄌㄧㄢ陽　去聲：亂卵國上暖國ㄋㄨㄢ上　戀國ㄌㄧㄢ陽

【ㄨㄥ】陽平：隆龍籠聾農國ㄋㄨㄥ陽（下同）膿濃　上聲：弄國去

【ㄩ國音ㄌㄩ轉ㄩ音】

【ㄍ】

【ㄜ】陰平：哥歌|割鴿各國陽或去閣葛國陽　去聲：個

【ㄞ】陰平：該　上聲：改　去聲：蓋丐概漑

【ㄟ】陰平：根國ㄍㄣ陽（下同）跟|格國ㄍㄜ陽（下同）革隔

【ㄠ】陰平：羔糕高膏　上聲：稿　去聲：告

【ㄡ】陰平：鉤溝購國去够國去　上聲：狗苟垢國去

【ㄤ】陰平：鋼綱剛　上聲：港

【ㄥ】陰平：更（1）打更耕庚羹　去聲：更（2）更加

【ㄧㄢ】陰平：干國音ㄍㄢ（下同）竿乾甘柑　上聲：敢赶感　去聲：幹

【ㄨ】陰平：孤姑辜箍|骨國上（下同）穀谷　上聲：古鼓股估國陰　去聲：故固雇顧

【ㄨㄚ】陰平：瓜　上聲：寡剮　去聲：卦褂掛

【ㄨㄜ】鍋國ㄍㄨㄜ陰|郭　上聲：果裹菓　去聲：過

【ㄨㄞ】陰平：乖　上聲：拐　去聲：怪

【ㄨㄟ】陰平：閨歸龜|國國ㄍㄨㄜ陽　上聲：軌鬼詭癸　去聲：桂貴瑰棍國ㄍㄨㄣ去（下同）滾國上

【ㄨㄢ】陰平：官關觀棺冠　上聲：管館　去聲：貫鑵灌慣

【ㄨㄤ】陰平：光逛國去　上聲：廣

【ㄨㄥ】陰平：工功攻公弓躬宮　上聲：鞏　去聲：共貢

【ㄎ】

【ㄜ】陰平：渴國上磕　上聲：可

【ㄞ】陰平：開　上聲：凱慨楷

【ㄟ】陰平：客國ㄎㄜ去（下同）克

【ㄠ】上聲：考烤　去聲：靠

【ㄣ】上聲：肯

【ㄤ】陰平：康糠抗國去坑國去

【ㄧㄢ】陰平：堪國音ㄎㄢ（下同）　上聲：砍　去聲：看

【ㄨ】陰平：枯窟哭　上聲：苦　去聲：庫袴

【ㄨㄚ】陰平：誇　去聲：跨

【ㄨㄜ】陰平：科國ㄎㄜ陰闊國ㄎㄨㄛ去（下同）擴顆國ㄎㄜ陰　去聲：課國ㄎㄜ去

【ㄨㄞ】去聲：塊快筷會會計

【ㄨㄟ】陰平：虧窺規國ㄍㄨㄟ陰傀國上昆國ㄎㄨㄣ陰（下同）崐坤　陽平：魁齦國ㄎㄣ上　上聲：捆

國ㄎㄨㄣ上　去聲：愧潰困國ㄎㄨㄣ去

【ㄨㄢ】陰平：寬　上聲：款

【ㄨㄤ】陰平：匡筐　陽平：狂　去聲：況鑛

【ㄨㄥ】陰平：空　上聲：孔恐　去聲：控

【兀】國音各韻母不加聲母者

【ㄜ】陰平：惡國ㄜ去　陽平：俄國ㄜ陽（下同）蛾鵝　上聲：我國ㄨㄛ、又ㄜ上　去聲：餓國ㄜ去

【ㄞ】陰平：哀國ㄞ陰，以下皆準此挨　去聲：愛艾礙

【ㄟ】陰平：額國ㄜ陽

【ㄠ】陰平：熬　上聲：襖　去聲：傲奥澳

【ㄡ】陰平：歐嘔國上　陽平：牛國ㄋㄧㄡ陽　上聲：偶藕

【ㄢ】陰平：安鞍庵　去聲：案岸按暗

【ㄣ】陰平：恩

【ㄤ】陰平：骯昂國陽

【ㄏ】

【ㄚ】陰平：瞎ㄒㄧㄚ陰　陽平：匣國ㄒㄧㄚ陽　去聲：下國ㄒㄧㄚ去（下同）嚇

【ㄜ】陰平：喝　陽平：何河荷合盒盍鶴國陰

【ㄞ】陰平：|核國ㄏㄜ陽，又ㄏㄨ陽　陽平：孩鞋國ㄒㄧㄝ陽　上聲：海　去聲：亥害蟹國ㄒㄧㄝ去

【ㄟ】陰平：黑　陽平：痕國ㄏㄣ陽　上聲：很國ㄏㄣ(下同)狠　去聲：恨國ㄏㄣ去

【ㄠ】陽平：毫豪　上聲：好(1)好壞　去聲：號好(2)喜好

【ㄡ】陽平：喉猴侯　上聲：吼　去聲：候後厚

【ㄢ】陽平：寒函韓　上聲：喊罕　去聲：漢汗旱

【ㄤ】陽平：杭行(1)銀行航　去聲：巷國ㄒㄧㄤ(下同)項

【ㄥ】陽平：恒亨國陰

【ㄨ】陰平：|忽乎國陽　陽平：胡湖狐壺　上聲：虎　去聲：户滬護互

【ㄨㄚ】陰平：花　陽平：華　去聲：化畫話|滑國陽

【ㄨㄜ國音ㄏㄨㄛ】陽平：|禾國ㄏㄜ陽活國ㄏㄨㄛ去和和睦、和温　上聲：火伙禍國去(下同)貨

【ㄨㄞ】陽平：懷槐淮　去聲：壞

【ㄨㄟ】陰平：灰恢揮輝徽毀國上昏國ㄏㄨㄣ陰(下同)葷魂國陽(下同)餛渾　陽平：|或國ㄏㄨㄛ去(下同)惑　上聲：悔　去聲：惠賄會(2)聚會慧穢

【ㄨㄢ】陰平：歡　陽平：還環　上聲：緩　去聲：換喚患焕宦

【ㄨㄤ】陰平：荒慌　上聲：黄磺皇惶

【ㄨㄥ】陰平：烘　陽平：紅洪鴻宏衡國ㄏㄥ陽　去聲：鬨

【ㄐ】

【ㄧ】陰平：基姬箕鷄几飢績激及國陽（下同）即脊鯽國去（下同）稷級吉擊極　陽平：給國上急

寂　上聲：幾己　去聲：季技記忌寄計繼祭濟

【ㄧㄚ】陰平：加家嘉佳夾甲國上　上聲：假賈　去聲：架駕嫁價

【ㄧㄝ】陽平：潔　上聲：姐借國去

【ㄧㄞ國音皆ㄐㄧㄝ】陰平：皆階街　去聲：介芥屆戒疥

【ㄧㄟ國音ㄐㄧㄣ，下準此】陰平：巾斤筋　上聲：謹僅緊　去聲：近進晉津

【ㄧㄠ】陰平：交郊膠教教書驕澆　上聲：絞餃狡攪　去聲：叫教覺（1）睡覺

【ㄧㄡ】陰平：糾樞國去　上聲：九久韭　去聲：究救

【ㄧㄢ】陰平：肩間尖兼艱堅姦奸煎　上聲：檢儉鹼繭減剪簡　去聲：見劍建健鑑艦賤箭

【ㄧㄤ】陰平：江姜疆薑僵　上聲：講蔣獎　去聲：降虹土语將醬漿國陰匠

【ㄧㄥ】陰平：京經耕品精鯨睛　上聲：景警井　去聲：鏡敬竟競徑静

【ㄩ】國陽：居菊國陽橘國陽　上聲：舉巨國去（下同）拒句具據矩國上

【ㄨㄛ國音ㄩㄛ】陰平：｜角覺

【ㄩㄝ】陰平：｜掘國陽　陽平：｜絕

【ㄩㄟ國音ㄩㄣ】陰平：君均軍　上聲：俊國去

【ㄩㄢ】陰平：捐　上聲：捲　去聲：卷倦眷

【ㄑ】

【ㄧ】陰平：欺｜漆七戚妻淒　陽平：其旗棋集國ㄐㄧ陽（下同）疾奇騎歧祈齊臍｜泣國去　上聲：啓起豈　去聲：契器棄

【ㄧㄚ】陰平：掐恰國去　陽平：茄國ㄑㄧㄝ陽

【ㄧㄝ】陰平：｜切　上聲：且　去聲：｜妾怯

【ㄧㄟ國音ㄧㄣ】陰平〔一〕：親　陽平：衾欽國陰琴禽擒勤芹　上聲：寢　去聲：盡國ㄐㄧㄣ去（下同）近

【ㄧㄠ】陰平：敲　陽平：喬橋　上聲：巧悄國去　去聲：轎國ㄐㄧㄠ去

【ㄧㄡ】陰平：丘秋求國陽（下同）球臼國ㄐㄧㄡ陰　去聲：舅國ㄐㄧㄡ去（下同）舊就

【ㄧㄢ】陰平：牽謙遷千遣國上　陽平：乾前錢鉛國陰　去聲：件國ㄐㄧㄢ去欠踐國ㄐㄧㄢ上淺國上

〔一〕陰平：原脱。

【ㄧㄤ】陰平：羌槍　陽平：强牆　上聲：搶

【ㄧㄥ】陰平：輕青蜻清　陽平：情　上聲：請　去聲：慶罄頃國上

【ㄩ】陰平：蛆曲屈　陽平：渠聚國ㄐㄩ去驅國ㄑㄩ陰（下同）區局國ㄐㄩ陽　上聲：取　去聲：娶國ㄑㄩ上

【ㄩㄛ】陰平：腳國ㄐㄩㄛ陽，又語音ㄐㄧㄠ上卻國去ㄑㄩㄝ（下同）確殼　陽平：嚼國ㄐㄩㄝ陽，語音ㄐㄧㄠ陽　去聲：雀國ㄑㄩㄝ去（下同）鵲

【ㄩㄟ國音ㄩㄣ】陽平：羣裙

【ㄩㄢ】陰平：圈　陽平：權拳全痊泉　上聲：犬　去聲：勸

【ㄩㄥ】陽平：窮

【ㄬ】

【ㄧ國ㄋㄧ】陰平：擬國ㄋㄧ上　陽平：泥尼疑國ㄋㄧ陽（下同）宜逆國ㄧ陰（下同）溺　上聲：你國ㄋㄧ上椅國ㄧ上

【ㄧㄚ】陰平：押國ㄧㄚ陰（下同）壓鴨　陽平：牙芽　去聲：亞

【ㄧㄝ】陰平：業國ㄧㄝ

【ㄧㄟ國音ㄧㄣ】陽平：銀

【ㄧㄠ】上聲：鳥國ㄋㄧㄠ上咬國ㄧㄠ上　去聲：尿國ㄋㄧㄠ去

【ㄧㄡ】上聲：紐國ㄋㄧㄡ上

【一ㄢ】陽平：年國ㄋ一ㄢ陽（下同）拈　上聲：撚國ㄋ一ㄢ上眼國一ㄢ上　去聲：念國ㄋ一ㄢ去

【一ㄤ】陽平：娘國ㄋ一ㄤ陽

【一ㄥ】陽平：寧國ㄋ一ㄥ陽　去聲：硬國一ㄥ去

【ㄩ】上聲：女國ㄋㄩ上

【ㄒ】

【一】陰平：希犧稀溪嘻嬉禧熙西犀吸悉膝昔國陽夕國去襲國陽（下同）錫　陽平：席　上聲：喜洗　去聲：戲系係細

【一ㄚ】陰平：蝦　陽平：霞狹洽俠　去聲：夏

【一ㄛ】陽平：學國ㄒㄩㄝ陽

【一ㄝ】陰平：些歇蝎血國上　陽平：協脅穴國ㄒㄩㄝ去　上聲：寫　去聲：謝瀉泄薛國ㄒㄩㄝ陰

【一ㄞ】去聲：懈國ㄒ一ㄝ去

【ㄟ國音一ㄣ】陰平：欣辛新薪心　陽平：尋國ㄒㄩㄣ陽　去聲：信迅國ㄒㄩㄣ去（下同）訊

【一ㄠ】陰平：宵消霄簫蕭　上聲：曉小　去聲：效孝校笑嘯

【一ㄡ】陰平：休修羞　陽平：囚國ㄒ一ㄡ陽　上聲：朽　去聲：嗅袖秀繡

【一ㄢ】陰平：掀先仙鮮嫌國陽　陽平：賢鹹銜閑　上聲：顯險　去聲：縣現憲限獻

【ㄧㄤ】陰平：香鄉相箱襄湘　陽平：祥詳　上聲：餉享響　去聲：向象想國上

【ㄧㄥ】陰平：興星腥　陽平：行(2)行動刑形　上聲：醒　去聲：幸倖性姓

【ㄩ】陰平：虛噓須鬚需戌宿國ㄙㄨ去(下同)俗國ㄙㄨ陽粟　陽平：徐　上聲：許　去聲：序叙絮緒續

【ㄩㄛ】陰平：削國去，語音ㄒㄧㄠ音

【ㄩㄝ】陰平：靴雪國ㄒㄩㄝ上

【ㄩㄟ國音ㄒㄩㄣ】陽平：勳國陰旬詢荀巡　上聲：筍國ㄙㄨㄣ上　去聲：訓

【ㄩㄢ】陽平：軒國ㄒㄩㄢ陰弦國ㄒㄧㄢ陽懸玄宣國ㄙㄨㄢ陰　上聲：選

【ㄨㄥ國音ㄩㄥ】陰平：兄凶兇胸　陽平：熊雄

【ㄓ】

陰平：知蜘隻汁織執國陽(下同)職質秩國去　去聲：智致制製稚治置

【ㄜ】陰平：遮　陽平：折或讀ㄕㄜ陽　上聲：者

【ㄟ國音ㄓㄣ】陰平：珍真針貞偵禎斟　上聲：枕診疹　去聲：振賑鎮

【ㄠ】陰平：招朝　去聲：召兆照

【ㄡ】陰平：洲州舟周週　去聲：宙晝胄咒

【ㄢ】陰平：粘沾占瞻　上聲：展　去聲：佔戰顫國ㄔㄢ去

【ㄤ】陰平：張章　上聲：掌長(1)生長　去聲：漲帳賬障瘴

【ㄥ】陰平：征徵蒸　上聲：整拯　去聲：正政症證

【ㄨ】陰平：諸朱蛛株硃珠　上聲：主煮　去聲：注著駐

【ㄨㄛ國音ㄓㄨㄛ】陰平：桌捉酌國陽(下同)啄琢　陽平：濯鐲濁着着落

【ㄨㄟ】陰平：追錐　上聲：准國ㄓㄨㄣ上(下同)準

【ㄨㄢ】陰平：專磚　上聲：轉　去聲：傳(1)傳記

【ㄨㄤ】陰平：莊裝　去聲：壯

【ㄨㄥ】陰平：中忠盅衷鐘　上聲：腫種(1)種子　去聲：衆仲種(2)種地

【ㄔ】

陰平：吃尺國上　陽平：池遲持斥國去(下同)赤直國ㄓ陽(下同)植殖姪　上聲：恥侈

【ㄜ】陽平：輒國ㄓㄜ陽

【ㄟ國音ㄔㄣ】陽平：沉塵陳臣　去聲：趁

【ㄠ】陰平：超　陽平：潮　去聲：趙國ㄓㄠ去

【ㄡ】陰平：抽　陽平：酬綢籌稠仇　上聲：丑醜

【ㄢ】陰平：纏

【ㄤ】陰平：昌娼裳國陽　陽平：腸長(2)長短常　上聲：廠氅　去聲：唱倡丈

【ㄥ】陰平：稱(1)稱呼　陽平：丞城呈程成誠承　上聲：逞　去聲：秤乘國陽

【ㄨ】陰平：出　陽平：除廚　上聲：處(1)處理　去聲〔一〕：處(2)處所住國ㄓㄨ去(下同)柱

【ㄨㄟ】陰平：春國ㄔㄨㄣ陰(下同)蠢國上　陽平：純國ㄔㄨㄣ陽　去聲：墜國ㄓㄨㄟ去垂國去

【ㄨㄢ】陰平：川穿　陽平：傳(2)傳說　上聲：喘　去聲：串纂國ㄗㄨㄢ上

【ㄨㄤ】陰平：窗瘡　陽平：牀　去聲：創

【ㄨㄥ】陰平：沖充舂　陽平：蟲重(1)重複崇　上聲：寵　去聲：重(2)輕重，國ㄓㄨㄥ去

【ㄕ】

陰平：失濕式國去(下同)室釋識適　陽平：十什拾石食實　去聲：世誓勢逝

【ㄚ】陰平：賒國ㄕㄜ陰　上聲：傻蛇

【ㄜ】陰平：舌　上聲：所國ㄙㄨㄛ上　去聲：射

【ㄟ國音ㄕㄣ】陰平：身深申伸　陽平：神　上聲：沈審嬸　去聲：甚慎

【ㄠ】陰平：燒　陽平：紹國去　上聲：少(1)多少　去聲：少老少

〔一〕去：原誤作「上」。

【ㄡ】陰平：收　上聲：手守首　去聲：受授壽售

【ㄢ】陰平：羶搧　陽平：蟬國ㄔㄢ陽　上聲：閃陝　去聲：扇善膳繕

【ㄤ】陰平：商傷　上聲：賞　去聲：上尚償國ㄔㄤ陽

【ㄥ】陰平：升聲　陽平：繩　去聲：勝聖盛

【ㄨ】書舒輸梳蔬疏　陽平：贖　上聲：暑鼠黍薯水國ㄕㄨㄟ　去聲：樹恕庶述術

【ㄨㄚ】陰平：刷　上聲：耍

【ㄨㄞ】陰平：衰　去聲：帥率

【ㄨㄟ】陽平：誰國口語ㄕㄟ陽脣國ㄔㄨㄣ陽　去聲：睡稅瑞國ㄖㄨㄟ去順國ㄕㄨㄣ去（下同）舜

【ㄨㄢ】陽平：船國ㄔㄨㄢ陽

【ㄨㄤ】陰平〔一〕：雙霜孀　上聲：爽

【ㄖ】

去聲：日

【ㄜ】陰平：熱國去

【ㄟ國音ㄖㄣ】陽平：人仁壬　上聲：忍　去聲：認任

〔一〕陰平：原脫。

【ㄠ】上聲：擾繞國去

【ㄡ】陰平：柔國陽（下同）揉　去聲：褥國ㄖㄨ去

【ㄢ】陽平：然燃　上聲：染

【ㄤ】上聲：壤　去聲：讓

【ㄨ】去聲：入　陽平：如儒　上聲：汝乳

【ㄨㄜ】陰平：若國去（下同）弱

【ㄨㄟ】上聲：蕊　去聲：閏國ㄖㄨㄣ去（下同）潤

【ㄨㄥ】陽平：絨茸仍國ㄖㄥ上

【ㄗ】

陰平：資姿茲滋輜之國ㄓ陰（下同）芝支肢枝旨國ㄓ上（下同）指趾　上聲：子姊紫止國ㄓ上（下同）址

去聲：志國ㄓ去（下同）誌痣至

【ㄚ】陰平：渣國ㄓㄚ陰｜紮國正讀ㄓㄚ陽扎國ㄓㄚ陰札國ㄓㄚ陽（下同）

【ㄞ】陰平：栽災齋　上聲：宰載　去聲：再

【ㄟ】陰平：債國ㄓㄞ去則國ㄗㄜ陽（下同）責摘國ㄓㄞ陰或ㄓㄠ陽窄國ㄞ上或ㄗㄛ去臻國ㄓㄣ陰

【ㄠ】陰平：糟遭　上聲：早棗爪國ㄓㄠ上　去聲：竈皂罩國ㄓㄠ去

【ㄡ】陰平：鄒|築國ㄓㄨ陽(下同)竹燭祝國ㄓㄨ去　去聲：皺國ㄓㄨ去

【ㄢ】陰平：簪國ㄓㄚ上　上聲：斬國ㄓㄢ上(下同)盞　去聲：贊讚站國ㄓㄢ去(下同)棧暫蘸

【ㄤ】陰平：贓臧　去聲：葬藏(1)西藏髒國陰

【ㄥ】陰平：增曾爭國ㄓㄥ陰(下同)箏　去聲：贈

【ㄨ】陰平：租組國上　上聲：走祖奏國去

【ㄨㄛ】陰平：|昨國陽作國去　上聲：左佐

【ㄨㄟ】去聲：最醉

【ㄨㄥ】陰平：宗棕踪　上聲：總　去聲：縱蹤粽

【ㄘ】

陰平：痴國ㄔ陰(下同)嗤　陽平：慈磁瓷雌國陰　上聲：此齒國ㄔ上　去聲：次刺字國ㄗ去(下同)自翅國ㄔ去

【ㄚ】陰平：差國ㄔㄚ陰(下同)叉|插國ㄔㄚ陰察國ㄔㄚ陽　陽平：茶國ㄔㄚ陽(下同)查雜國ㄗㄚ陽　上聲：咱國ㄗㄚ陽

【ㄞ】陰平：猜釵國ㄔㄞ陰　陽平：柴國ㄔㄞ陽(下同)豺　上聲：採綵　去聲：采蔡在國ㄗㄞ去(下同)寨

【ㄟ】陰平：擇國ㄗㄜ陽（下同）澤宅側國ㄘㄜ去（下同）測册策　陽平：賊國ㄗㄟ陽，國讀音ㄗㄜ陽　去聲：襯國ㄔㄣ去

【ㄠ】操抄國ㄔㄠ陰（下同）　陽平：曹巢國ㄔㄠ陽　上聲：草炒國ㄔㄠ上（下同）吵澡國ㄗㄠ上　去聲：鈔國ㄔㄠ陽

【ㄡ】陰平：粗國ㄘㄨ陰初國ㄔㄨ陰　陽平：愁國ㄔㄡ陽鋤國ㄔㄨ陽猝國ㄘㄨ去　上聲：楚國ㄔㄨ上礎　去聲：助國ㄓㄨ去

【ㄢ】陰平：攙國ㄔㄢ陰　陽平：蠶殘饞國ㄔㄢ陽（下同）讒　上聲：慘産國ㄔㄢ上（下同）剷　去聲：燦纏國ㄔㄢ陽

【ㄣ】去聲：襯國ㄔㄣ去

【ㄤ】陰平：倉蒼　陽平：藏（2）收藏

【ㄥ】陽平：層曾

【ㄨㄛ國音ㄘㄨㄛ】陰平：搓鑿國ㄗㄨㄛ陽　去聲：錯挫坐國ㄗㄨㄛ去（下同）座

【ㄨㄟ】陰平：崔催摧　去聲：罪國ㄗㄨㄟ去翠脆

【ㄨㄥ】陰平：聰葱匆　陽平：從叢

【ㄙ】

陰平：思司私絲斯師國ㄕ陰（下同）獅詩尸　陽平：嗣國去時國ㄕ陽匙國ㄔ陽詞國ㄘ陽（下同）辭

上聲：死始國ㄕ去(下同)屎史使　去聲：四肆似寺市國ㄕ去(下同)是氏士柿事賜國ㄘ去

【ㄚ】陰平：沙國ㄕㄚ陰(下同)紗砂|殺

【ㄞ】陰平：腮　上聲：篩國ㄕㄞ陰灑國ㄙㄚ上　去聲：賽曬國ㄕㄞ去

【ㄟ】陰平：森國ㄙㄣ陰參國ㄕㄣ陰，海參|塞國讀音ㄙㄜ去色國ㄙㄜ去(下同)或ㄕㄞ上澀　去聲：滲國ㄕㄣ去

【ㄠ】陰平：臊梢國ㄕㄠ陰(下同)捎　上聲：掃嫂　去聲：哨

【ㄡ】陰平：蜀國ㄕㄨ陽蘇國ㄙㄨ陰(下同)酥颼　陽平：速國ㄙㄨ去熟國ㄕㄡ陽或ㄕㄨ陽　去聲：嗽素國ㄙㄨ去(下同)訴塑嗽國ㄕㄨ去

【ㄢ】陰平：三山國ㄕㄢ陰(下同)衫刪　上聲：傘　去聲：散

【ㄤ】陰平：桑喪(1)弔喪　去聲：喪(2)喪失

【ㄥ】陰平：僧生國ㄕㄥ陰(下同)笙　上聲：省國ㄕㄥ上

【ㄨ】陰平：|宿國去(下同)夙

【ㄨㄜ國音ㄙㄨㄛ】陰平：嗦囉嗦　上聲：鎖瑣

【ㄨㄟ】陽平：雖國陰綏隨　去聲：遂歲碎

【ㄨㄥ】陰平：松鬆　去聲：宋送頌誦

【ㄦ】

陽平：而兒　上聲：耳爾　去聲：二貳

【ㄧ】

陰平：衣依醫夷國陽姨國陽亦國去（下同）役疫　陽平：移遺怡易國去譯國去一國陽　上聲：以倚椅已蟻　去聲：意異肄義議誼億憶翼邑

【ㄚ】陰平：鴉丫　陽平：衙

【ㄝ】陰平：葉國去　陽平：耶爺頁國去　上聲：也野　去聲：夜

【乁國音ㄧㄣ】陰平：因姻音陰　陽平：寅淫　上聲：引印國去隱癮　去聲：蔭

【ㄠ】陰平：腰邀妖　陽平：搖遙謠窑　上聲：舀　去聲：要耀躍鷂

【ㄡ】陰平：憂優幽　陽平：由油尤猶遊郵　上聲：有友酉　去聲：又幼祐誘

【ㄢ】陰平：烟焉淵國ㄩㄢ陰　陽平：延顏沿炎研言閻鹽緣國ㄩㄢ陽　上聲：演掩　去聲：燕雁宴厭驗

【ㄤ】陰平：央柍殃　陽平：羊洋楊陽揚　上聲：養癢　去聲：恙樣映國ㄧㄥ去

【ㄥ】陰平：英應鷹　陽平：迎營螢蠅　上聲：影　去聲：應（1）答應

【ㄨ】

陰平：烏污沃　陽平：吳誣國陰吾無梧屋國陰（下同）　上聲：五伍午武　去聲：霧悟襪務

【ㄚ】陰平：蛙誤國去　陽平：娃　上聲：瓦　去聲：窪國陰

【ㄛ】陰平：窩國ㄨㄛ陰

【ㄞ】陰平：歪　去聲：外

【ㄟ】陰平：威厄國陽僞國去温國ㄨㄣ陰（下同）瘟　陽平：圍違微爲薇維惟文國ㄨㄣ陽（下同）蚊

上聲：偉葦委尾委　去聲：畏餵胃蝟謂位未味衛

【ㄢ】陰平：彎灣豌　陽平：完丸頑　上聲：晚挽腕碗　去聲：萬

【ㄣ】陰平：温瘟　陽平：文蚊　上聲：穩　去聲：問

【ㄤ】陰平：汪　陽平：王亡　上聲：往枉網　去聲：望妄忘

【ㄥ】陰平：翁　去聲：甕

按右譜中「ㄨㄞ」「ㄨㄟ」「ㄨㄢ」「ㄨㄤ」「ㄨㄥ」五組之拼音，「ㄨ」音近「ㄪ」，上齒與下脣微碰，但在口語中並不甚穩，有時發音人間亦逕讀「ㄨ」，此種現象爲漸入國音化之趨向，且只在ㄞㄟㄢㄤㄥ五韻母之前，故未另列，讀者心知其意可也。

【ㄩ】國音ㄩ作聲母者入此

陰平：玉欲律國ㄌㄩ去（下同）率　陽平：魚漁愚虞餘驢國ㄌㄩ陽　上聲：於國陽雨羽禹語呂國ㄌㄩ上（下同）旅　去聲：遇寓喻譽預愈慮國ㄌㄩ去（下同）濾育

【ㄜ國音ㄩㄛ】陰平：嶽國去(下同)岳樂(ㄌ)音樂，國去約樂國語音ㄧㄠ去(下同)鑰

【ㄝ】陰平：曰月悦閲粤

【ㄟ國ㄩㄣ】陽平：雲云　上聲：允　去聲：運韻

【ㄢ】陰平：冤　陽平：元原圓員園　上聲：遠　去聲：院願怨

【ㄥ】陰平：擁　陽平：榮國ㄖㄨㄥ陽(下同)融容　上聲：勇湧永泳　去聲：用

二、方言分類詞彙 一名《宜川方雅》

略例：一、分類準照《詞類大系》，(即《方言調查表目》，乃將《新著國語文法》之五類九品變通而成。)大別爲(一)名物(二)動静(三)虚助三類，每類再分子目。二、所採之詞，以本地民衆通行，而異於標準國語及大區域之普通方言者爲限。三、每一方言特有之詞，均爲釋以國語或文言所用之詞，釋法貌似《爾雅》，但實爲叙述上之清楚便利起見，故不用對照列表之體裁。四、方言之詞，用字雖或平常，但本地音讀之異於國音者，必須按照《方音字譜》查注其方音讀之，否則全非本地風光矣。其字或音爲《方音字譜》所未收者，本篇特注其音及調於下，已收者除因特須注明之字音外，不再複注。五、爲欲明瞭詞彙在方言中之用法，故於詞彙下附列例語，此種例語，多由後附之長篇故事、俗諺及歌謡中舉例，於每例語下分別注以參看「故事舉例」「俗諺」「歌謡」等目，便於讀者按圖索驥，益可明瞭詞彙在上下文中之性質及方言語法組織等。六、本詞彙非索引式之詞典，旨在認識地方語詞之特徵，與《方言字譜》用法不同，蓋檢尋

矯正之用較小，而比較研究之用較大也。七、本詞彙僅以述明事實爲主，尚未遑推衍源流，其方言之音，一時無從考得本字者，即借音近之字甚或逕注注音符號，故但名「詞彙」，不能目爲「方言考」。如能藉此資料，再就《古今文字聲義通表》以求之，則本地之土語俚言，無字可表者，皆於《說文》《廣韻》諸書中躍然而出矣。

（一）名物

（甲）人類

子、親族及品類

父曰達，ㄉㄚ陽平，即爹字古音。母曰媽。後母亦呼媽，或稱姨娘。祖父曰爺，祖母曰嫭。ㄋㄨㄛ陽平，或稱嫭。曾祖父母曰老爺、老嫭。外祖父母曰外爺、外婆。婦呼翁姑亦曰達、媽，對人則稱阿達、阿媽。伯父曰大達，伯母曰大媽。叔父母亦曰達、媽，而冠以行序。如二達、二媽，三達、三媽。兄曰哥。妻稱夫兄，夫稱妻兄同此。弟曰兄弟。岳父母曰叔叔、ㄙㄡㄙㄡ去聲。嬸嬸，ㄕㄟ去聲ㄕㄟ陰平。對人則稱丈人、丈母。舅父母曰舅舅、妗子。ㄑㄟ去聲ㄗ陰平。妻曰婆姨。妯娌曰先去聲後們。此指旁人稱呼。連襟曰担子。對人則妻稱己夫曰掌櫃，夫稱己妻爲我屋裏人。幼小者通稱曰小娃。未嫁之長女曰奓ㄊㄜ去聲女子，已嫁者曰客人。壯年男子曰小夥子，老年曰老漢。學徒曰相公。匠人曰把師。兵曰糧子。富人曰財東。窮人曰窮漢。乞丐曰爛乾ㄍㄧㄢ陰平手ㄕㄜ陰平。常工曰熬活的。短工曰短工子。流氓曰逛蕩鬼。貪食者曰嗓眼鬼。釘鍋者曰箍漏鍋。

丑、身體

面孔曰眉眼。眼曰眼窩。肩曰胛子。脖子曰脖項。臍曰脖臍窩兒。臀曰尻蛋子。男陰曰㞗。ㄑㄧㄡ陽平。女陰曰屄。大便曰巴，陽平。小便曰尿尿。

（乙）生活政俗

子、食

包穀饃曰窩窩。花捲饃曰捲捲。烙餅曰薄饃。餃子曰結兒。菜捲曰捲乾。ㄍㄧㄢ陰平。蒸小米飯曰撈飯。煮小米飯曰米飯。用器特製之麵條曰壓麵。或曰餄餎，其器木製。鐵底鑽孔，置麵其內，上壓以木心，麵從孔下入鍋。湯食乾食皆宜。菜合米麵豆煮曰菜飯。麵包豆棗者曰豆子饃。包穀麵下於開水中煮曰饃糊子。早飯曰早起飯。午飯曰晌午飯。晚飯曰黑了ㄌㄠ陰平飯。零食曰吃零碎。包穀或蕎麵打糊爲食曰攪團。

丑、衣

短褂曰衫兒。棉短衣曰褂褂兒。護肚布曰裹肚。女護膝曰膝袴。裹腳布曰纏子。

寅、住

土坯曰土墼。或曰胡（ㄏㄨ陽平）墼（ㄐㄧ陰平）。房簷下橫木曰遼簷。橫樑曰裹（檩）子。門框曰門抓ㄗㄨㄚ上聲兒。貓洞曰貓兒眼。牆洞曰矮ㄋㄞ上聲窰兒。房內曰屋裏。外邊曰外前。炕曰坏。ㄆㄟ去聲。房後曰背前。廁所曰毛子。房地下曰腳基。庭中曰院兒。

卯、用具

犂曰欒。ㄐㄧㄤ去聲。犂前鐵頭曰鏵。平犂溝之器曰耱。ㄇㄜ陰平，棗條橫編，人立其上，平地用，二畜曳。播種用之器曰耬。ㄌㄡ陽平。大筐曰蒲ㄆㄨ陽平籮。木筐曰木函。ㄏㄢ去聲。磨曰碨ㄨㄟ陰平子。牲畜磨碨時所戴之遮眼物曰眼可(殼)可。ㄎㄜ陰平。平底淺鍋曰鏉兒。盛酒大器曰酒巷(缸)ㄏㄤ陽平兒。

辰、政俗

歲歉曰遭年成。負債曰饑荒。或曰爛子。行賄曰納黑錢。祭祀所焚之黃紙曰表。訴訟曰跌ㄉㄧㄝ陰平官司。

(丙)生物

子、動物〔一〕

馬驢騾之小者皆曰駒。猪狗猫鷄鴨之小者皆曰兒子。小羊曰羊羔子。小牛曰牛犢兒。傳種羊曰隔ㄍㄜ陰平跌ㄉㄧㄝ陰平。公羊去卵曰羯子。母羊曰母子。牛曰歐。ㄫㄡ陽平。公牛去卵曰犍牛。傳種牛曰㹀ㄆㄨㄜ陰平牛。牡驢能生殖者曰叫驢，不能生殖者曰閹ㄗㄢ去聲驢。牝驢曰草驢。不能生殖之公猪曰牙猪，能生殖之公猪曰羯猪子。中等猪曰喀郎子。長成的猪曰喜

〔一〕動物：原脱。

(肥)猪。公狗曰牙狗。公猫曰狼猫。母猫曰女猫。母鷄曰鷄婆。獾曰狛。ㄊㄨㄞ陰平。松鼠曰猫貉ㄍㄜ陰平狸兒。鴞曰杏侯。蟻曰蚍蜉馬兒。

丑、植物

高粱曰稻黍。大蔴子曰老蔴。油可點燈。甜瓜曰小瓜子。樹曰波。包穀曰玉麥。

（丁）自然界

子、天象及時間

雹子曰冷ㄌㄟ陰平雨。冷曰凍冽。黎明曰漏明。午前曰前晌。午後曰後晌。薄暮曰擦黑兒。或謂烏ㄎㄨ(上聲)眼兒。昨日曰夜ㄧㄚㄦ陰平日。今日曰今ㄐㄧㄜ陰平日。明天曰明ㄇㄧㄥ陰平日。後日曰後日。去年曰年時。

丑、地理及方所

山之過峽曰崾嶮。窩處曰圪塄兒。凸出曰圪塔，ㄉㄚ去聲。或曰梁梁兒。高平地曰原。無水之溝曰渠，有水曰溝。處所曰達。這裏、那裏曰這ㄓ陰平達、兀ㄨ去聲達。疑問之那裏(何地)曰阿達，如你由(ㄍㄟ去聲)阿達來？即你從那裏來？與兀達只表方所有別。邊曰岸，東邊、西邊曰東岸、西岸。裏邊曰後裏，外邊曰外前。上頭曰頭起。如姑娘你在頭起摇，即在上頭摇。下頭曰底下。ㄏㄚ陰平。往那裏走曰走阿達去。

（二）動静　動静詞各帶熟語（即成語），不再解剖。

（甲）動詞。

子、内動（不及物）

説話曰言ㄬㄧㄢ陽平喘ㄔㄨㄢ上聲。言喘一詞若作第一身我或我們之謂語，只用於否定疑問及回答語，如我不願言喘，我言喘了麽？我言喘啦！此限於答語式；但不能用於直述式，如我來言喘，我們言喘。第二身、第三身不受此限。按言喘一詞，相當於北平語之言語，故其用法亦同。活動曰動彈。ㄊㄢ陰平。食言曰拉溝兒。蹲曰後陽平下ㄏㄚ去聲。行路拉後曰倆ㄌㄧㄚ陽平下ㄏㄚ去聲。發怒曰扯氣。心虚恐人説短曰叫虚兒。如賊家娃子叫虚兒。命令或祈使之去曰卡。ㄑㄧㄚ調值先揚後抑。

丑、外動（及物）

拏曰摸。ㄏㄢ去聲。如這十兩銀子摸上。又摸有用意，如摸手就給他摇。奪曰刁。失掉曰撩。ㄌㄧㄠ陰平。丢開曰撒上聲拉。抱起曰搯上。抗物曰掂ㄌㄧㄢ陰平上。收拾曰打摺。量穀曰捋。ㄌㄨㄛ陰平。耕地曰揭地。伐樹曰打波。ㄌㄜ陰平。樹曰波。呼喊曰吶喊。ㄏㄢ陰平。分娩曰養娃。貼膏藥曰ㄅㄧㄚ陽平膏藥。掉下曰栽。如没老牙倒栽啦！替曰頂。如三碗湯頂一碗麵。

（乙）形容詞

長曰窵。ㄉㄧㄠ陰平。短曰屈。ㄑㄩ陰平。大曰奓。ㄊㄜ陰平。小曰碎。全曰渾。壞曰下。ㄏㄚ陰平。舒適曰散坦。偷懶曰柴ㄔㄞ去聲活。不要急曰消停。ㄊㄧㄥ陰平。快快曰刻ㄎㄜ陰平利馬擦ㄘㄚ去聲。不振作曰死去聲黏隔ㄍㄜ去聲褥ㄖㄨ陰平或曰死去聲氣陰平賴害ㄏㄞ去聲。討厭曰歇黑。可憐曰惜陰平惶陰平。危險曰險忽。乾浄曰且(潔)。ㄑㄧㄜ去聲。不整潔曰垃陰平塌陰平。水滚曰煎。怒曰毛ㄇㄠ去聲啦。挑釁曰尋欺頭。

(丙)狀事詞 即客觀副詞,舊稱狀詞及成語

事完成曰罷。ㄆㄚ上聲。不要緊曰不子嗎。不大注意過曰不來過。ㄍㄨ去聲。突然曰忽兒一下。ㄏㄚ去聲。趨炎赴勢曰瞅ㄘㄡ陰平紅滅黑。害怕曰扯ㄔㄜ陰平揭ㄐㄧㄝ陰平。急忙苦工曰斷ㄉㄨㄢ去聲死斷活。如斷死斷活熬長工。合算曰化着。ㄔㄜ去聲。或曰能化着,詢問合算與否用化得來或化得着,如問這鷄買的化得着嗎?答曰化着,或能化着。擠眉合眼的搗鬼曰擠眉ㄇㄧ陽平搔去聲眼。紅堂堂兒的。鮮紅。白咚咚的。黑糾糾兒的。黑古瞅瞅兒的。指黑夜。青刷刷兒的。黄盧盧兒的。藍瑩瑩兒的。清炎炎兒的。明朗朗兒的。

(三)虚助 凡與標準國語及普通方言相同者,不列入。

(甲)代替

子、人稱

第一人稱單數自稱曰我。ㄫㄜ去聲。主有位爲我(去聲)的;第一身多數曰ㄫㄜ陰平。主有位爲ㄫㄜ(陰平)的,即我們的,故多數與單數之别,只由調値區分。又咱(ㄘㄚ上聲)兼自方、對方而言,與ㄫㄜ(我們)不兼對方有别。第二身單數稱你,(ㄏㄧ去聲),主有位爲你(去聲)的,多數爲你(ㄏㄧ陰平)的,即你們的,與第一身之變化同。第三身單數多數均爲他

ㄊㄚ陰平。他有時稱ㄬㄧㄜ（陽平），此爲夫妻互相指稱或旁人背地談稱也。

丑、指示

那曰兀。ㄨ去聲。那一個曰ㄪ一咥（ㄪㄞ去聲）。又唻（ㄋㄞ去聲）亦指那一個。前者係指目力所達，如兀是一咥賣柿子的，後者則不必見物之叙述，如唻咥柿子是要明白一二三四……的人才能吃上。這讀如致。ㄓ去聲。

（乙）衡量

子、名物量詞

數物一個曰一咥，二個曰兩ㄌㄧㄠ陰平咥。在此方言中十個數字後所隨之量詞，如爲上去二調，除一、二讀陽平，其後所隨之量詞不變調，在其他數字後，悉變陰平，如一兩（上聲）銀子，二兩（陰平）銀子，十兩（上聲）銀子；一面（去聲）窑，兩面（陰平）窑……十面（陰平）窑。　窑曰一面。或曰一孔。　幾個，不定數曰個兒。如把你咥柿子給我買上個兒。

丑、數量副詞

動作一度曰一下。ㄏㄚ去聲。如云打一下。　勉强可以曰幫間。如云：這碗子嗎説？（詢人這碗好否？）答曰：幫間。（意即還可以）。幫間一詞與北平語不大離兒近似。　大約曰大約摸兒。　也許曰哈吧。　酌量曰摸量。摸量與哈吧不同，哈吧爲武斷無據之推測，如云買這碗哈吧太貴啦？此爲無據之推測。摸量則爲根據事實之推斷，如云摸量要下雨啦！此或因天陰之事實，而加以推斷。　幾乎曰倏ㄒㄧ陰平乎兒。　稍曰些微兒。　後附之很亦曰太。如云痛的太，加重則曰太太。

寅、時間副詞

過去曰以前，現在曰這ㄓ去聲會兒。將來曰以陰平後。當初曰當初意ㄧ陰平兒。後來曰後背。

事初曰起頭兒。臨畢曰拉把意（尾）ㄧ陽平兒。如云事情起頭兒作的好，拉把意兒就壞了。

（丙）疑問

怎麼曰子去聲嗎。如云子嗎説一、二、三、四……幾時曰多回ㄏㄨㄟ去聲兒。如云多回兒去，即幾時去。疑問語助用麼。ㄇㄨㄛ陰平。應答肯定多曰對，調值高降。

（丁）輔佐

着。ㄔㄛ陰平。在動詞後表示有所感觸，如聽着、看着、打着、摸着。表現行式於動詞前加正、後附哩些。如正吃飯哩些（輕聲）他來啦！或只加正於動詞前，如正説的時候。了。表示完畢音讀ㄌㄧㄠ去聲，如摸不了（即拿不完）。表示完成式音讀ㄌㄞ陰平，如有錢的就走了。承上起下，表前事方完，後事開始音讀ㄌㄠ陰平，如説了（ㄌㄠ）窮漢就走了（ㄌㄧㄠ）。表方可曰好、去聲。如你給咱買上些，咱倆好吃。可。ㄎㄜ去聲。（1）表示又的意思，如他可説（即他又説）。（2）轉折詞，如你願意，我可不願意。表雖然曰看着。ㄔㄜ陰平。如看着我窮，我可不偷人。到底兒曰到把兒。如説到把兒還得去。準備曰打去聲劃陰平。如我打劃來，即準備來。老早曰趕ㄍㄧㄢ去聲幾時。如趕幾時就吃完了，即早就吃完了。特地曰單故意兒。如云單故意兒來看你。横豎曰斜ㄒㄧㄝ陽平順ㄕㄨㄟ去聲。如云斜順不成，我也不作了。居然曰總去聲然。如云他總然好了。固定曰住。ㄐㄨ去聲。如摸住。

（戊）關係（聯結作用）

子、介詞

給。ㄍㄟ上聲。一如北平語中之跟及對。如云有錢的給窮漢説，即有錢的對窮漢説。一北平語中之爲、替，如云你給咱買上些。 給ㄍㄟ去聲與沿ㄧㄢ去聲。給與沿意皆爲從，前者用於問話時，後者用於答語或直述語。如云你給阿達（何地）來？答曰我沿兀達（那裏）來，沿有時也用趕ㄍㄧㄢ去聲。 及到曰躡ㄏㄧㄢ去聲到。如云躡到月底才娶婆姨。

丑、連接詞

和曰漢。ㄏㄢ去聲。如云我漢你兩個。 或者曰或管。如云明兒你來，或管他來。 否則曰再邁。ㄇㄞ去聲。如云要好好念書，再邁先生要打你哩！ 那麼曰㖠ㄋㄞ去聲了ㄌㄧㄠ陰平兒。如云這樣你不吃，那樣你不吃，㖠了兒你吃這兒吧。

（己）聲態

子、助語詞

表語氣完結曰啦。ㄌㄞ去聲。如云有錢的買不下柿子，就跑回來啦。有時故作問語之語尾亦用啦，其調先揚後降，如云你在這裏看柿子啦？ 表明決曰哩。ㄌㄧ陰平。如云親戚盼有哩！窮漢說：是哩！ 表推斷語氣曰呀吧。如云你摸筷子來要吃飯呀吧？天陰了，下雨呀吧？ 表假設語氣於動詞後加了ㄌㄠ去聲且ㄑㄧㄝ陰平。如云來了且給我把書摸上（若來即把書帶來），亦或於動詞後加些或哩些，如云今日不下雨些我就來。

丑、感嘆詞

召呼用欸。ㄟ去聲。 嘆氣曰唉。 趕牲口曰帶其。 呼狗曰丢兒丢兒。或曰ㄛㄛㄛ陽平。 驅狗曰起欸。 呼猪曰潦潦……ㄌㄠ去聲。 驅猪曰噢。ㄠ。調先升後降。 喚猫曰咪咪…… 喚鷄曰咕咕……呼羊曰阿ㄚ上聲欸。 呼牛曰米兒……

〔嘉慶〕洛川縣志

【解題】劉毓秀修，賈構纂。洛川縣，今陝西省延安市洛川縣。「方言」見卷十四《風俗》中。録文據嘉慶十一年（一八〇六）刻本《洛川縣志》。

方言

斟曰汁。揚雄《方言》。

尚爲常。沈括《補筆談》。

水滚曰尖。

渾者，全也。遛者，長也。促者，短也。

説話曰言喘。圪喇，言不順理也。頗煩者，厭棄不耐也。眼黑，憎惡也。廝打曰打捶。

山脊爲梁。山山相連峯起名曰圪塔。

山之岡坡皆謂之峁。汙下爲坬。圪塝，山窩也。

山之峽曰嶁嶮。

吉吉，音格喇。縫也。猪猪，音客婁。或轉作可郎。小猪也。

土坯曰胡基。

女及笄者曰客人。

生活，筆也。以上並採《通志》及各縣志。

〔民國〕洛川縣志

【解題】余正東主修，黎錦熙等纂。洛川縣，今陝西省延安市洛川縣。「方言志」見卷二四。録文據民國三十三年（一九四四）鉛印本《洛川縣志》。

方言志

目録

小序

洛川方言，未能代表陝北，然大端固在是矣。不復如關中一帶之讀水如匪，讀棍爲貢，而天仍同千，亂且爲怨，此在北方官話區中，皆河西秦隴方音之特徵也。俗詞土語，纂爲方雅，未能細按詞類，逐項調查。作方言志。

一、方音譜

（一）紐韻表 一名洛川注音符號發音表

表例：一、以本地方音需用之注音符號爲主。其音爲國音所無者，則按照相當音位，增列方音注音符號於表中，簡稱「方符」。（方符係採用民國三十二年教育部國語推行委員會之修訂草案所定，凡已習國音注音符號者，讀之自喻。）二、注音符號亦名國音字母，故稱「聲母」「韻母」，分爲二表。（聲母古稱紐，即子音，語音學上名輔音；韻母即古之所謂韻，今母音，語音學上名元音，但國音字母之鼻聲韻母不純爲母音元音。）三、每字母下注「國際音標」，此爲發音之定準，凡習語音學者，讀之皆能脗合，本表列此備查，不加説明。四、又其下注一國字，即是本字母之讀法，除方符外，最好照國音讀，如照方音讀亦可；但聲母下所注字其韻母不合國音，韻母下所注字則上有聲母，本表皆加（）爲記。五、韻母中有不用以拼音者，加（）爲記。六、附注一欄，頗關重要，凡發音方法、方國比較、轉變來源等，皆略有説明，本地方音之特徵，此欄中已精爲提要矣。

（甲）聲母

三十個，比國音二十四個，少万一個，多ㄓㄔㄕ日ㄗㄘㄙ七個。

部位＼方法	塞爆聲 不送氣	塞爆聲 送氣	塞擦聲 不送氣	塞擦聲 送氣	鼻聲	摩擦聲 不帶音	摩擦聲 帶音	附注
兩脣	ㄅ[p]玻	ㄆ[p']坡			ㄇ[m]摩			此行同國音，惟ㄅ母所拼之字或轉入ㄆ，如步、别。
脣齒						ㄈ[f]佛		國音ㄈ下有万，但不用；今以方音爲主，亦不用，遂不列。音位曰「脣齒」者，謂下脣與上齒相觸而發音也。下如「尖腭」亦倣此。
尖舌 尖舌平			ㄗ[ʦ]資	ㄘ[ʦ']此		ㄙ[s]思		國音ㄓㄔㄕ一部分之字轉入此，如之、乍、柴、詩（多數爲舊屬莊、初、牀、山諸紐者）。此行合口呼有轉入ㄐㄑㄒ之撮脣呼者，如鑽、存、孫與捐、羣、熏不分；有混於撮脣尖面音者，如宗混中。ㄗ母字亦或轉ㄘ，如字、坐、在。
尖舌 尖舌正	ㄉ[t]（得）	ㄊ[t']（特）			ㄋ[n]（訥）			ㄉㄊ之齊齒呼全轉爲平舌尖面音，如雕、天與焦、千不分。ㄋ之齊齒呼全改爲广，如泥、牛；合撮兩呼多消失聲母，如暖、嫩與遠、運不分。ㄉ母字亦或轉ㄊ，如杜、豆。
舌邊							ㄌ[l]（勒）	與ㄋ分别最清。惟合撮兩呼亦或消失聲母，如亂、呂與怨、雨不分。

續表

方法＼部位		尖腭（翹舌尖）	尖面：平舌尖面	尖面：撮脣尖面	舌面	舌根
塞爆聲	不送氣					ㄍ[k]（格）
	送氣					ㄎ[k‘]（客）
塞擦聲	不送氣	ㄓ[tʂ]知	ㄗ[ʧs]績低	ㄓ[ʧ]朱	ㄐ[tɕ]基	
	送氣	ㄔ[tʂ‘]池	ㄘ[ʧs‘]妻梯	ㄔ[ʧ‘]廚	ㄑ[tɕ‘]欺	
鼻聲					ㄬ[ȵ]你	ㄫ[ŋ]（額）
摩擦聲	不帶音	ㄕ[ʂ]十	ㄙ[ʃs]西	ㄕ[ʃ]書	ㄒ[ɕ]希	ㄏ[x]（黑）
	帶音	ㄖ[ʐ]日		ㄖ[ʒ]如		
附注		合口呼全轉爲撮脣尖面音，如猪、川、水、入。ㄓ母字亦或轉ㄔ，如趙、丈。（此下各行例推，不備舉，大都去聲字，舊屬濁音者。）「尖腭」謂舌尖翹起與上腭相觸，上腭俗名天花板。	此三母爲方音符號，其字有二來源：一爲ㄉ、ㄊ之齊齒呼，如低、梯、丁、廳；二爲ㄐ、ㄑ、ㄒ齊齒呼之「尖音」，如績、妻、精、清（與上四字不分，而與「團音」之基、欺、經、輕有別）及西、星（與「團音」之希、興有別）。	此四母亦方符。其字皆翹舌尖音之合口呼所變，如展、轉，上字ㄓ母，下字即此ㄓ也。拼音時，其下不必再用ㄨ或ㄩ。此兩行曰「尖面」者，謂舌尖與舌面之前部，同時並用以發音也（本行乃前行之圓脣化，與合口呼稍別，故分之）。	ㄐㄑㄒ同國音，惟以「團音」字（即舊屬見、溪、羣、曉、匣者）爲限，而「尖音」字（即舊屬精、清、從、心、邪者）則皆仍讀平舌尖面音。ㄬ國音不用，此以拼ㄋ之齊齒呼，又拼一部分「一」音字，如疑、衣（俗）。	同國音。惟ㄫ國音不用，此以拼一部分國音無聲母之字，如我、安、歐。

(乙)韻母　十六個，比國音十七個(連ㄦ計)，少ㄜ一個。其結合韻母二十二個，比國音二十一個(除ㄧㄛ不計)，多ㄩㄛ一個。

類	法	韻母：開口呼(ㄧㄨㄩ各如其韻)	韻母：(「舌位」及脣鼻)	結合韻母：齊齒呼(「ㄧ」起)	結合韻母：合口呼(「ㄨ」起)	結合韻母：撮脣呼(「ㄩ」)	附注((「舌位」分前、中、後三部位，皆就舌面而言，不涉舌尖；又分上升、半升、半降、下降四形式，升即闔，降即開。))
單韻母	開口韻母	ㄚ[a]阿	舌前下降，口開	ㄧㄚ[ia]鴉[一]	ㄨㄚ[ua]蛙[二]		全同國音。
		(ㄛ[o]哦)	舌後半升，脣圓		ㄨㄛ[uo]窩	ㄩㄛ[yo]約	ㄛ上皆帶ㄨ，故ㄛ不單拼，但便宜上一律用ㄛ亦可。國音ㄜ韻拼ㄍ組者皆入此，如哥、科、何。國音無ㄧㄛ，只一唷字，方音雖有，亦從省。ㄩㄛ國音無，此以拼ㄩㄝ音一部分字，如約、略、學。
		ㄝ[ɛ ⊤]誒	舌前近中半降，脣平	ㄧㄝ[iɛ ⊤]葉		ㄩㄝ[yɛ ⊤]月	方音ㄝ比國音舌位稍移後，近舌中央之ㄛ，一律用ㄜ亦可。國音ㄜ韻拼ㄓ組者亦多如此，如者、車、舍、熱。ㄧㄝ偶見吳語之入聲尾，如滴(ㄉㄧㄝ)與跌同音。

〔一〕ia：原誤作「ai」。
〔二〕ua：原誤作「au」。

續表

類／法		韻母		結合韻母			附注
		開口呼（ㄧㄨㄩ各如其韻）	（「舌位」及脣鼻）	齊齒呼（「ㄧ」起）	合口呼（「ㄨ」起）	撮脣呼（「ㄩ」）	（「舌位」分前、中、後三部位，皆就舌面而言，不涉舌尖；又分上升、半升、半降、下降四形式，升即關，降即開。）
單韻母	聲化韻母	（帀［ʅ］知）（［ɿ］資）	舌尖上升，脣平				此母國音方音皆不用以拼音，但表示皆有此韻耳。此兩行名「聲化」者，謂作用皆在舌尖，爲舌尖聲母所同化。
		ㄦ［ər］兒	舌中，捲尖				國音方音皆獨用不拼聲母，亦皆富於此種捲舌韻尾。日字俗讀此音。
	齊齒韻母	ㄧ［i］衣	舌前上升，脣扁				國音ㄟ韻少數字轉入此，如碑、被。
	合口韻母	ㄨ［u］烏	舌後上升，脣緊圓				方音比國音脣較開。國音ㄡ韻少數字轉入此，如謀、否。但方音拼ㄉㄗ兩組之字又概轉ㄡ，如篤、土、奴、爐。
	撮脣韻母	ㄩ［y］迂	舌前上升，脣緊圓				時有消失聲母ㄌ之字，如驢、呂。
複韻母	齊齒韻母收	ㄞ［ɛɪ］（哀）	開ㄝ加ㄧ	ㄧㄞ［iɛɪ］崖	ㄨㄞ［uɛɪ］歪	（ㄩㄞ［yɛɪ］）	ㄞ之發音，比國音平，口不大開而舌位較高（收音之ㄧ亦較不顯），本宜用ㄝㄧ，因方音中另無正式之ㄞ，故即以ㄞ代之。ㄧㄞ有國音ㄧㄝ韻之字，如皆、鞋（文）。ㄩㄞ不用以拼音，說詳下欄。
		ㄟ［ei］欸	關ㄝ加ㄧ		ㄨㄟ［uei］威	（ㄩㄟ［yei］）	ㄟ比國音小，舌位較前較升。國音ㄜ韻拼ㄉ、ㄍ、ㄗ三組之舊入聲字皆轉入此。ㄩㄟ與ㄩㄞ同，不以拼音，乃表示撮脣尖面四個聲母下拼ㄞ、ㄟ者，係此結合韻耳。

續表

類 / 法		韻母		結合韻母			附注
		開口呼（ㄧㄨㄩ各如其韻）	（「舌位」及脣鼻）	齊齒呼（「ㄧ」起）	合口呼（「ㄨ」起）	撮脣呼（「ㄩ」）	（「舌位」分前、中、後三部位，皆就舌面而言，不涉舌尖；又分上升、半升、半降、下降四形式，升即關，降即開。）
複韻母	合口韻母收	ㄠ[ao]（熬）	後ㄚ加ㄨ（近ㄛ）	ㄧㄠ[iao]			ㄠ比國音深，舌位較後，收音之ㄨ亦較不顯而近ㄛ。
		ㄡ[ou]（歐）	ㄛ後加ㄨ	ㄧㄡ[iou]			ㄡ比國音圓，收音之ㄨ甚不顯，故整個似ㄛ。國音ㄨ韻拼ㄘㄗ兩組之字入此，又拼ㄓ組一部分轉ㄗ組後亦入此，如阻、初、鋤、疏。
鼻聲韻母	鼻聲化	ㄢ[æ̃]（安）	前ㄚ稍關帶鼻音	ㄧㄢ[iæ̃]烟	ㄨㄢ[uæ̃]灣	ㄩㄢ[yæ̃]冤	ㄢ與ㄣ皆不以舌尖收鼻音，但於ㄚ（稍關）與ㄝ同時發鼻音，故曰鼻聲化，與國音稍異。ㄧㄢ國音較關而方音仍開。ㄨㄢ拼ㄋㄌ之字有消失聲母而變ㄩㄢ者，如暖、亂。又拼ㄗ組之字皆轉入ㄩㄢ，如纂、竄、酸與捲、勸、宣不分。
		ㄣ[ɛ̃]（恩）	前ㄝ帶鼻音	ㄧㄣ[iɛ̃]因	ㄨㄣ[uɛ̃]温	ㄩㄣ[yɛ̃]云	參照前注。ㄧㄣ與ㄩㄣ，國音只於ㄧ與ㄩ後加鼻尾，方音仍存鼻化之ㄝ（稍關）。ㄨㄣ亦如前例轉ㄩㄣ，如嫩、輪（消失聲母）。又如尊、存、孫與君、羣、勳不分。
	鼻聲隨	ㄤ[aŋ]（昂）	後ㄚ收兀鼻聲	ㄧㄤ[i aŋ]央	ㄨㄤ[u aŋ]汪	（ㄩㄤ[yaŋ]）	ㄤ比國音，舌位較後。ㄩㄤ不以拼音，同ㄩㄞ、ㄩㄟ之例，參看ㄟ欄。
		ㄥ[əŋ]鞥	中ㄜ收兀鼻聲	ㄧㄥ[iŋ]英	ㄨㄥ[uŋ]翁	ㄩㄥ[yŋ]雍	全同國音，惟ㄨㄥ比國音脣更緊圓，ㄩㄥ確係ㄩ起。ㄨㄥ拼ㄗ組之字不轉ㄩㄥ；拼ㄓ組之字不可省ㄨ。（因ㄨㄥ實已離ㄥ另成一韻，國音新韻十七庚外另爲十八東也。）

（附）聲調譜

說明：表示調值，須用「五線譜」，以印刷不便，簡譜又易滋誤會，故只於左表中，以一般之「調值記號」圖綫說明之，驗諸脣吻，不難肖也。

調類	陰平	陽平	上聲	去聲	四聲，同國音。（調類謂一切字其分爲若干聲調，某字應屬某聲，各歸其類。除入聲爲國音所無外，凡字之分配平上去者，千餘年來，全國大體一致。）
調值 國音	高平	中升	低降升	高降	陰平調值與國音正相反；陽平則全相同；上聲高低有殊；去聲升降異勢。習國音之標準調值者，一比較即了然。（調值謂各調類在口頭上之實際音值，某字雖同屬某聲，兩地一致，而讀時之高低升降則兩地可以大異。故書本上之調類爲最統一者，口頭上之調值爲最紛歧者，不可不知。）
調值 洛川方音	低平降（高 中 低）	中升（高 中 低）	高平微降（高 中 低）	高升（高 中 低）	
調號	無號。必要時，可作一（橫）。	ˊ（挑）	ˇ（拐）	ˋ（捺）	全照國音，加於韻母之右上角。（只分調類，不表調值。）〔一〕
例字	媽坡翻湯 三深中諸	麻婆凡糖 民謀華如	馬頗反倘 主遠語此	罵破飯盪 義慮調類	此行四字，同音異調。 此行四字，拆配成句。

〔一〕下文中調號多數模糊不清，故整理時未予標出。

變調	如複合詞，國音兩上聲相連，則上一字變陽平；上聲字下連他字，則成「半上」（即低降而不升）。凡雙字緊連，下一字多成輕聲（低平）。方音：雙字緊連，上一字陰多變上（高平易聽清故），下一字皆似陰平（低平同輕聲故）。不悉述，可自詳。

（二）同音常用字彙 即名洛川方音字譜

譜例：一、依教育部公布「國音常用字彙」之體裁，以本地方音所有之聲母紐韻母韻爲綱，順序排列諸同音字，再別四聲調，藉便檢尋。二、凡方音與國音讀法相同之字，概無記號。其拼音即紐韻及調類即四聲皆與國音異者，左旁作⊙；音異而調尚同者作○；音同而僅調異者作・；皆注明國音讀法，藉資比較而便糾改。三、凡同字而異讀者，注明其音義；其較重要者，則分標(1)(2)等數碼以醒眉目。四、國音及本地四聲調類，皆爲陰平、陽平、上聲、去聲，而無入聲，譜中凡舊屬入聲之字，概聚列某聲之下，上加横線，用資識别，藉便研習舊體詩詞者分辨平仄。陰陽爲平，上去入皆仄，故凡陰陽平中之入聲字皆屬仄。五、以三千五百常用字之普通意義爲範圍，凡俗詞土語，另見「方言分類詞彙」，譜中概不闌入；因此譜之目的，一在就單字以辨方國音讀之異同，一在藉比較以利國語教學之矯正也。邑中各級學校，於教學國語、國文，以及其他科目時，只須注意此譜中字旁有記號者，皆照字下所注國音改讀，即讀音統一矣。

【ㄅ】

【ㄚ】陰平：巴芭疤吧啞吧；不用爲助詞，如你來吧 叭 ・把(1)介詞，如把頭抬起，國音上聲（以後簡稱國上）與(2)

同八　陽平：爸國音去聲（以後簡稱國去）　上聲：把(2)一把刀；把持靶　去聲：霸罷不用爲助詞

【ㄛ】陰平：玻菠缽撥剝博國音陽平（以後簡稱國陽）駁國陽卜國音（以後簡稱國）ㄅㄨ上　上聲：跛

去聲：播簸

【ㄞ】上聲：擺襬　去聲：拜

【ㄟ】陰平：北國上伯國ㄅㄛ陽百國ㄅㄞ上（下同）柏　上聲：悲國音陰平（以後簡稱國陰）　去聲：背

名動同，國名詞陰，如「背東西」；洛川如「背地裏」則又音ㄆㄟ去聲貝輩迫國ㄆㄛ去

【ㄠ】陰平：包苞鮑國去　陽平：瀑國ㄆㄨ去　上聲：寶保飽　去聲：報豹抱暴

【ㄢ】陰平：般搬班斑頒扳扮國去　上聲：板版扁國ㄅㄧㄢ上；洛扁豆作板豆　去聲：半

【ㄣ】陰平：奔　上聲：本

【ㄤ】陰平：幫邦梆膀(1)肩膀，國上　上聲：榜綁　去聲：蚌謗鎊磅

【ㄥ】陰平：崩

【ㄧ】陰平：卑國ㄅㄟ陰（下同）碑婢國去（下同）臂逼荸荸薺，國陽筆國上必國去（下同）壁璧畢嗶愎　上聲：比彼　去聲：敝蔽幣弊斃閉備國ㄅㄟ去

【ㄧㄝ】陰平：鼈

【ㄧㄠ】陰平：標瞟（膔）肥大也彪　上聲：表婊裱

【ㄧㄢ】陰平：邊編鞭　上聲：匾貶卞國去　去聲：遍徧辨辯便（1）便利變

【ㄧㄣ】陰平：賓濱　去聲：殯鬢

【ㄧㄥ】陰平：冰兵檳國ㄅㄧㄣ陰，檳榔　上聲：丙柄餅禀拼（1）拼湊，國ㄆㄧㄣ陰　去聲：并併並

【ㄨ】陰平：不國去　上聲：補堡國ㄅㄠ上　去聲：布佈怖

【ㄆ】

【ㄚ】陰平：帞國去　陽平：趴趴在地下休息，國陰爬爬行耙杷琶拔國ㄅㄚ陽　去聲：怕

【ㄛ】陰平：坡波國正讀ㄅㄛ陰潑潑水，活潑，ㄆㄛ勃國ㄅㄛ陽（下同）渤　陽平：婆脖國ㄅㄛ陽（下同）薄

上聲：頗樸國ㄆㄨ陽　去聲：破

【ㄞ】陽平：排牌　去聲：派敗國ㄅㄞ去魄國ㄆㄛ去

【ㄟ】陰平：杯國ㄅㄟ陰拍國ㄆㄞ陰　陽平：培陪賠白國ㄅㄞ陽〔一〕　上聲：呸唾罵聲，國陰　去

〔一〕國：原誤作「陽」。

聲：配佩倍國ㄅㄟ去（下同）焙

【ㄠ】陰平：拋脬眼脬，尿脬剖國ㄆㄡ上或陰　陽平：袍胞國ㄅㄠ陰跑國上　去聲：砲泡雹國ㄅㄠ陽

鉋鉋子，平木器，國ㄅㄠ去爆爆竹，國ㄅㄠ去；但爆炸、爆發洛同國音

【ㄢ】陰平：潘攀絆國ㄅㄢ去盼國去　陽平：盤蟠　去聲：判叛伴國ㄅㄢ去（下同）拌辦瓣

【ㄣ】陰平：噴　陽平：盆　去聲：笨國ㄅㄣ去

【ㄤ】陽平：旁螃膀（2）膀胱　去聲：胖棒國ㄅㄤ去（下同）傍

【ㄥ】陽平：朋棚硼彭膨篷篷　上聲：捧烹國陰　去聲：碰

【ㄧ】陰平：批披　陽平：皮疲脾枇琵痞國上鼻國ㄅㄧ陽　上聲：鄙國ㄅㄧ上劈匹疋布疋僻國去

去聲：屁譬被國ㄅㄟ去，但洛如「被動」「被告」則音ㄅㄧ去庇國ㄅㄧ去（下同）篦避闢辟復辟（君也）國ㄅㄧ去，洛與辟除不分

【ㄧㄝ】陽平：別國ㄅㄧㄝ陽，洛不用爲否定詞　上聲：撇撇開，國陰；洛與撇捺不分

【ㄧㄠ】陰平：漂（1）漂浮飄　陽平：瓢嫖　上聲：漂（2）漂白　去聲：票漂（3）漂亮

【ㄧㄢ】陰平：偏騙國去　陽平：便（2）便宜　上聲：篇國陰片國去　去聲：辨國ㄅㄧㄢ去

【ㄧㄣ】陽平：貧頻憑國ㄆㄧㄥ陽　上聲：品拼(2)拼音，國陰拼拼命，國陰正讀ㄆㄢ去　去聲：牝聘

【ㄧㄥ】陽平：平坪評萍屏瓶　去聲：病國ㄅㄧㄥ去

【ㄨ】陰平：鋪仆撲　陽平：葡蒲菩圃國上僕蔔俗作蘿蔔，國ㄅㄛ陽　上聲：浦埔普譜捕國ㄅㄨ上（下同）哺　去聲：舖步國ㄅㄨ去（下同）部簿

二、方言分類詞彙 一名《洛川方雅》

略例：一、分類準照《詞類大系》，（即《方言調查表目》），乃將《新著國語文法》之五類九品變通而成。）大别爲（一）名物（二）動静（三）虚助三類，每類再分子目。二、所採之詞，以本地民衆通行，而異於標準國語及大區域之普通方言者爲限。三、每一方言特有之詞，均釋以國語或文言所用之詞，釋法貌似《爾雅》，但實爲叙述上之清楚便利起見，故不用對照列表之體裁。四、方言之詞，用字雖或平常，但本地音讀之異於國音者，必須用注音符號拼注方音，兹以左旁注音，印刷困難，故改注於字下。五、凡用法舉例、詞義引申、本地異稱、古字通轉等，皆隨宜附加小注。六、本詞彙僅以述明事實爲主，尚未遑推衍源流，故但名詞彙，不能目爲方言考。如能藉此資料，再就《古今文字聲義通表》以求之，則本地之土語俚言，無字句表者，皆於《説文》《廣韻》諸書中躍然而出矣。

（一）名物

（甲）人類

（子）親族及品類

呼父曰達，ㄉㄚ陽平，即爹字古音。或稱達達，對家族自稱其父用。爸爸偶用之。用者率城市中外路人或文人。呼母曰媽，或稱媽媽。用例同上。後母曰後姨娘。一般稱繼母不親其兒女者曰後呟婆。祖父曰爺。ㄧㄝ陽平（近ㄧㄜ）。祖母曰⿰女虐。ㄏㄩㄜ陽平，即娘字音轉。（失鼻尾，撮口。）曾祖父母曰老爺、老⿰女虐。高祖以上，疊加老字。外祖父母曰外ㄨㄟ去聲爺、外⿰女虐。婦呼翁姑亦曰達、媽，對人示別於生父母，則曰公家我達媽，娘家我達媽。對人則稱阿公、阿家。人稱其翁姑亦曰你阿公、你阿家。伯父曰爹ㄊㄨㄛ去聲，大字之中古音達。凡平輩年長者稱老爹。呼岳父母曰叔、嬸，對人則稱丈ㄔㄤ去聲人、丈母。凡年長輩高者亦通稱叔、嬸。兄曰哥，婦稱夫弟亦曰哥。弟曰兄弟，ㄊㄧ去聲。但不呼，呼弟以其名。謂人妻，少曰媳ㄙㄧ陽平子，中年曰老婆，太太，舊限稱官長之妻。老曰老太婆，老太太，文人稱人母用，不通行。鄉間敬稱通呼嬸子。通稱婆娘。或婆娘家。夫妻無互稱，相呼以欸（ㄟ上）或你字代之。對人則妻稱己夫爲我的人，夫稱己妻曰我屋裏的。猶云室人、內人。幼小者通曰娃，呼某娃子。幼男曰小子，幼女曰女子。或女娃。女子未嫁人者曰在室的，亦曰毛頭女子；例不剃額髮也。出嫁者曰客ㄎㄟ陰平人，劉志《方言》云：「女及笄曰客人。」實則女生即以客人目之也。未嫁而夫死者曰斬門妻。老年男子曰老漢。猶老頭兒。

一份土，一族也；份或作鍁（ㄒㄧㄣ陰）。土蓋謂祖墓也。同族亦曰同户。亦曰一家子。同鄉曰鄉黨。

學生家長曰學東。伴ㄆㄢ去聲當，伴侶也。糧子，兵也。

凡勞力者曰受苦的，有技術者曰把式。農人曰莊稼漢，農户曰莊户人家。流動受雇收麥者曰麥客子。短工曰打短兒的。燒磚瓦者曰瓦匠。非指泥木工人。劁牲蹄者曰掌匠。治破器者曰銲ㄏㄢ去聲匠。箍ㄍㄨ陰平漏鍋者曰小爐匠。作錫器者曰白鐵匠。挑賣京貨担者曰貨郎子。他方來賣猪羊者曰猪客、羊客。餘例是。

舊世家曰勢耀家。富人曰財東家。或富漢家。貧人曰窮寒家。乞丐曰瓜鉢ㄆㄨㄛ陽平子。小兒語。盜賊曰賊ㄘㄟ陽平娃子。扒手曰綹ㄌ一ㄡ上聲娃子。流氓曰八不像。下等者曰泥腿子。

乖歹貨，壞人。又謂小兒玩皮者。倒竈鬼，倒霉者。倒材子，敗家子也。瓜[甚犬]ㄉㄞ陰平子、憨ㄏㄢ陰平[甚犬]子、奋ㄒ一ㄥ去聲憨、痴[疒青]，ㄙㄨㄥ陽平，國字作㞞。皆痴傻者。串通子、一作醋桶子。唆ㄘㄨㄛ陰平角ㄐㄩㄛ陽平鬼，挑撥是非者。冷家兒、生坯子、半斤麵，皆有勇無謀、任性逕行者。裝化鬼，虛逞能者。搗蛋鬼，好事者。囂潑頭，囂浮者。張子，荒唐者。冶容豔装之女子曰妖魔鬼。

（丑）身體及疾病

頭曰腦。陽平。面曰臉蛋ㄊㄢ去聲兒。後頸窩曰項ㄏㄤ去聲兒窩窩。一曰絞加窩。肩膀曰甲ㄐ一ㄚ陰平，即肩字消失鼻尾音。骨子。臂曰胳ㄍㄜ陰平膊ㄅㄛ輕，小兒稱爲膊膊。上字ㄅㄚ去聲，下字輕聲。故「爸爸」以同音不用，且讀陽平矣。胳肢窩曰胳髏。臀部中央曰尻ㄍㄡ陰平子，兩旁曰尻台子。或尻蛋子，即屁股也。肛門曰尻門子。胯骨曰腿板。女陰曰板溝兒。兒陰曰雀ㄘ一ㄠ上聲兒。亦曰溝兒，或曰鷄兒。膝曰㲉膝蓋兒，膝後曰腿肢窪子。

矢屎曰巴，ㄅㄚ上聲。溲尿曰溺，ㄋㄧㄠ去聲。大便曰巴去，ㄙㄧ去聲〔一〕。小便曰溺去。小兒病曰有過失。諱言病也。大腿有疾曰立立着。疝氣曰偏子兒風。睪丸偏墜。瘡疤曰疤疤子。疙瘩，大者曰顆ㄎㄨㄛ上聲顆子，小者曰頂ㄉㄧㄥ上聲頂子。口吃者曰嘰咯ㄍㄜ陰平子。背駝者曰背鍋子。

（乙）生活政俗

（子）食

饅頭曰饃。ㄇㄨㄛ去聲，此西北通語。舊亦作饝（陽平）。其種類甚多，茲不備詳。蒸食者尚有紙捲子，薄小麥麵皮，墊紙捲餡。糜麵饃，包小豆餡。黃黃子，糜麵發酵，蒸塊切食。甑ㄉㄧㄥ去聲糕，糯米和棗。油葱捲。即蕎麵捲兒。捏麵煮食者曰煮窩窩，一曰猴頭，又曰老烏（ㄨㄚ）譊（ㄙㄚ）。捻用大拇指而上捲者曰麻食子，不成塊者曰絞團。用器壓蕎麥麵成圓條入鍋者曰餄ㄏㄨㄛ陽平餎ㄌㄨㄛ輕聲。一作活絡。其器特製，名活絡牀子。較擀麵爲便利。水餃曰扁ㄅㄢ上聲食，其圓者曰飥ㄍㄜ陰平饄ㄉㄚ輕聲子，邊起而曲者曰猴耳朵。研末作粥曰糁ㄕㄣ上聲兒。如云包穀糁兒。

豆腐乾絲曰豆腐絲兒，此稱洛川特產，色暗而硬。亦名千章絲子。商店標題。

〔一〕ㄙ：原誤作「ㄥ」。

水果點心曰吃喝。作名詞用。油鹽醬醋曰調和。花椒、茴香之類研末者，曰調和麵兒。年食子，過年時食品也。一品碗，筵席所用大碗也。包飯會食曰幫飯。臭惡曰屄氣。一作屎氣。

（丑）衣

衣俗讀如吴音之膩。ㄬㄧ陰平。布自織者曰家生布。

入廚圍裙蔽胸至膝者曰遮裙子。小兒頸下用者以隔涎水曰帘帘子。或云哈水帘帘子。半裏肚曰摟肚子。只下半圍腰者。衣袋曰衩ㄘㄚ陰平衩子。一曰摸（ㄇㄠ陰平）手子。禦寒有套褲。有腿無腰，套於褲外，形如古代弓衣，上半缺後。衣被中棉片曰套子。巾，揩洗用曰手巾，女用者曰汗巾，惟新婚後攜之。裹頭用曰包巾。女用者曰首帕（ㄆㄚ陽平）。

風帽曰腦包。小兒煖帽曰帽帘子。瓜皮小帽曰帽瓢。草帽曰涼帽。煖耳曰耳套。女髮曰髻ㄐㄩㄛ陽平兒。頂門髮曰咪（ㄇㄧ）咪髻兒。鬏下翹曰馬尾ㄧ陽平捲架子。老嫗用者較短，曰殼殼子。飾以銀具曰後鈎兒，一曰撑撑子。

（寅）住

前後全簷曰房，單簷曰廈ㄙㄚ上聲子。一曰廈房。廊有柱曰穿廊，無柱曰穿簷。大房爲四椽ㄑㄩㄢ陽平房，每椽約五六尺，具五檩。次爲鞍ㄫㄢ陰平間房。具二長椽。府第曰府司。家主所住曰上房。亦曰堂屋。

築房基曰地功。土坯壘牆用者曰毄ㄏㄨ陽平墼ㄐㄧ陰平。劉志《方言》云：「十坯曰胡基。」蓋俗作。薄土坯和麥稭鋪炕用者曰泥墼子。

窰，有土窰，胡基窰，一曰泥基子窰，以泥草抹其頂邊。磚窰。石窰甚少。木窰板壁，更不易見。上窰頂之階曰窰背台台。住窰皆穴土崖而成，故室壁亦曰崖，其外即崖畔（ㄆㄢ去）。

廁曰灰圈去聲子，亦曰後園。一曰毛房，則通稱。圈牲畜處曰頭牯或係口字音轉圈，亦曰馬房。草棚曰窩棚子。圍垣曰曲陰平欄ㄌㄧㄢ陽平。無籬笆。小城堡通稱寨子。小寨曰堡ㄅㄨ上聲子。狹巷曰夾巷ㄏㄤ去聲巷。

（卯）行及器用

騾驢所舁曰架窩子。挽車時項間夾板曰套項。騎時鞍上所鋪曰被套。

炊具曰傢事。ㄙ去輕聲。舀水大瓢曰馬勺。ㄕㄨㄛ陰平。鍋鏟曰鏟鍋匙。湯勺曰調和兒（猶云調羹）。一把去聲曰切麵刀，窄而長者。二把曰剁麵刀，切蕎麵用。上加背曰犂麵刀。不帶背者曰刃兒。切菜者短而寬曰鍘ㄗㄚ陽平刀子。斫骨者（寬而厚）曰砍刀。割涼粉者曰涼粉刺（ㄌㄚ陽平）兒。割麥者曰禾鐮刀兒。軍刀，舊曰馬刀，今用者曰鬼頭刀。犂曰鏵，ㄏㄨㄚ陽平。辟土者曰鏵頭。翻土用，在鏵後。

酒器，大者大耳大口曰觥，ㄏㄤ陽平。小者曰酒川。一曰酒墩，酡（ㄍㄜ陰平）酪子。煖酒用曰執壺。帶把，有火洞。飲用曰咂ㄗㄚ陰平壺子。形如小兒用之奶壺。劈柴成塊者曰鍘ㄗㄚ上聲柴，或破柴。竈炕接連通火處曰喉咽ㄧㄢ陰平兒。

井上轆轤橫梁曰井擔子。井口石曰井厭石（或井厭口）。

抽屜曰抽匣子。一曰抽斗，抽抽。又商店小口錢櫃曰錢闖(用時須開鎖，有「撲滿」意)。長凳曰板頭，短凳曰牀兒，方凳曰杌ㄨ陰平子。

篦曰篦ㄆㄧ去梳子。筆曰生ㄙㄥ上聲活ㄏㄨㄛ輕聲。舊志《方言》作此，或「花」字音轉。凡不端正之物曰彎彎子。

(辰)政制風俗

鄉鎮公所曰局裏。官倉曰廒裏。住廟者曰廟官。大墓曰冢子。磚壙曰堂子，土壙曰墓窑。家産稱爲山板地座。ㄘㄨㄛ去聲。債曰亂ㄩㄢ去聲子。或爛子。契據曰契契子。完糧收據曰糧鈔子。所蓋章紋曰印ㄩㄣ去聲印子。高利貸曰印ㄧㄣ去聲或ㄩㄣ去聲子賬。使放賬入錢曰揭(ㄐㄧㄝ陰平)錢。行賄曰入黑拐。路劫曰刁兒搶。

邪魔曰夜狐子。或迷狐子。傀儡戲曰肘ㄓㄡ去聲葫蘆子。

(丙)生物

(子)動物 以畜爲例，餘略見物産志。

公牛小者曰㹀ㄆㄛ陰平牛，已騸者曰犍ㄐㄧㄢ陰平牛，母牛曰牸ㄙㄥ上聲牛。亦曰乳(ㄖ上)牛。小牛不分公母曰牛犢。ㄊㄡ陰平。公羊通曰羖ㄐㄧㄝ上聲子，傳種者曰騷ㄙㄠ上聲虎。限於山羊。母羊曰奶子。小羊曰羊羔兒。公馬曰兒馬，母馬曰騍ㄎㄨㄛ去聲馬。小馬曰馬駒兒。騾準此。公驢ㄩ陽曰叫驢，母驢曰草驢。小驢曰驢駒子。公猪曰牙猪，母猪曰草猪。小猪曰猪娃，或再帶兒或子。中歲曰喀

ㄎㄝ上聲郎，舊志：猪猪（音客婁，或轉作可郎），小猪也。大者始曰猪。公犬曰牙ㄬㄧㄚ陽平狗。公猫曰郎猫，母猫曰女猫。

（丑）植物　經濟方面諸植物俗名見物産志。兹但任舉數例。

樹幹曰樹身子，分出者曰樹股子，再分出者曰樹枝。掃天本地産，似苜蓿而較高束爲帚曰天掃帚，ㄔ陰。開黄花者曰馬天。杉ㄕㄚ上聲杉，瓦松。屋瓦上所長草。二丑花，牽牛花也。

（丁）自然界

（子）時間及天象

昨日曰夜兒。土語讀ㄧㄚㄦ。去年曰年時。午前午後曰前晌ㄕㄤ陽平後晌。昨日下午曰夜兒後晌。午前雨霽曰亮晌午。半晌、一晌，皆暫也，亦久也。

時令節氣曰時頭八節。寒季曰十（或作冷）冬臘月。月杪曰月盡。ㄘㄧㄣ去聲。除日曰月盡兒。

呼天曰天爺。響雷曰唬ㄏㄨ去聲，或作呼，當是轟字音轉也雷。薄冰曰麻浮子。

（丑）地理及方所

舊志《方言》：山脊爲梁。山山相連峯起名曰圪ㄍㄝ陽平塔ㄉㄚ輕聲。按實以名土阜，不必山峯也。山之岡坡皆謂之峁。ㄇㄠ上聲。按指岡陵高處，或即圪塔，或即梁也。恒疊其字言之。汙下爲坬。ㄨㄚ去聲，字一作坬，俗借用娃。圪ㄎㄝ上聲塝ㄌㄠ輕聲，山窩也。山之峽曰嶢ㄧㄠ去聲嶮。字一作要險，謂兩山之間，懸崖相對也。山溝曰峪。ㄧㄡ陽平。深山無人處曰古山峪裏。山谷回音曰崖娃娃。山洞曰山窑窠子。

平地曰原或塬上。對溝川而言。自原至溝曰溝坡。其不陡者曰一抹兒坡，較陡者曰坬坡子；狀坡陡曰立陡洪巖。溝地平坦者曰平川。

紅黑肥土曰壚土地。優於黃土地。田間界域曰䀯ㄒㄧㄝ上聲㮺ㄕㄢ陰平。打禾之地曰場。故農事曰場活。

處所曰搭。ㄉㄚ上聲，俗字作打。一搭裏，一處也。如云一搭裏共事。這搭、那搭詳後。邊曰岸ㄫㄢ去聲子。如東邊曰東岸子。四岸子，四周也。外岸子，外邊也。上岸子，北邊也。就地勢言，北爲上，南爲下。這邊亦曰這岸，詳後。內曰夥裏。上曰頭起，下曰底下。ㄏㄚ去聲。角落如牆縫等曰圪裏圪塄。即「角裏角落」之聲轉也。舊志：「吉吉（音格喇），縫也。」

山底下，謂黃龍山以南地；北草地裏，謂長城外也。

（戊）其他無形名詞　此類僅舉數例。但抽象名詞，意象既玄，程度較高，故亦鮮特具地方性者。

原因曰因頭。事未竣者曰尾ㄧ上尾。故事曰古經。如講故事曰説古經。

（二）動静

（甲）動詞

説話曰言ㄏㄧㄢ陽平傳ㄔㄢ陽輕。舊志作言喘。語多曰嘴長。不應説曰多嘴。自誇曰説嘴。叮嚀吩咐曰安頓。成語太多曰説幹話。人云亦云曰順口溜。無稽之談曰天話。説亮話曰咬破乾濕。不順耳曰没味氣。瞎説曰胡云。又冒吼、冒撩、胡絆（ㄆㄢ去聲）、胡圪（ㄍㄜ）搭（ㄉㄚ），或含打攪意。舊志：「圪喇ㄉㄚ輕聲，言不順理也。」按與胡圪塔略同。稍歇曰⿰贊欠。ㄗㄢ陰平。如云由我⿰贊欠一⿰贊欠。躺臥曰仰（ㄬ一ㄤ上聲）躺子。搖擺曰不唻。皆陰平。仆曰栽倒。呻吟曰聲上聲喚。小兒哭曰吱（ㄗ陰）哇，或亦謂人乾喚。不注意曰没在ㄘㄞ去聲乎。游玩曰串。ㄔㄢ去聲，一作竄。

營生曰務活。做一般工作亦云。冬息於家曰臥冬。計事曰尺量。盼ㄆㄢ陰平不得ㄉㄟ陰平，巴不得也。生意賠本曰貼。ㄊ一ㄝ陰平。兄弟分家曰另。生兒女曰得喜。私通曰鑽。ㄐㄩㄢ陰平。

求人曰央。一曰央起。嫌人曰嗔。如云我嗔你不聽話。舊志：「頗煩者，厭棄不耐也。眼黑，憎惡也。」迫人曰綁脅。計誘人曰套籠。領帶人曰成攜。連累曰帶攜。訓斥人曰飾刷。本整治意。體貼人曰切磨。諂媚人曰舔ㄊ一ㄢ上聲磨。猶拍馬也。止人勿言曰噤斷。物塞喉曰嗓（一作搡）住。看守曰⿰彳厷。ㄒㄩㄥ陽平。如云「把我⿰彳厷住不離」。意見不合曰打徇。ㄒㄩㄣ去聲。戰争曰打仗。吵鬥曰罵仗。一曰唾仗，曰嚷仗。廝打曰打捶。ㄔㄟ陽平，此見舊志。斥人滚開曰起求過。巴他的，罵人語。猴形，奚倭（或曰肥娃音轉）形，奚總（ㄗㄨㄥ上聲）兒，皆女罵男語。

取物來去曰搣，ㄏㄢ上聲，如云把茶壺搣來。一曰抲。ㄉ一ㄚ陰平，實提字古韻而方音聲轉，如云抲來（ㄉㄚ）。合置曰併。如云併到一搭，謂放在一塊兒也。停放曰掇。ㄋㄡ上聲，如云先掇下（ㄏㄚ去），暫擱也。收拾曰打折。如云打折净（ㄘ一ㄥ去），收拾乾净也。折、疊古同紐，義亦通，猶打疊、打點也。烤木而曲之曰焙。ㄆㄟ去。扳物而圓之曰弓。如云弓的圓圓的。刨土曰掏。钁頭挖生地也。買繩類曰割。如云割三尺頭繩。束物於牲以備運曰勒馱子。畜以足抵人，馬曰踢，牛曰彈。閉門，寨門曰上，城門曰封，宅門曰關或閉。

（乙）形容詞 舊稱静詞

長曰窵。ㄉㄧㄠ去聲。窵遠，古義。舊志字加辵旁，云：長也。短曰屈。陰平。舊志作促，義通。但方音非是。短亦曰窄（ㄗㄝ上聲），如云壽窄。屈長，短長也。大曰奓。ㄊㄨㄛ去聲，如云奓人、奓事、奓達（伯父）。粗肥皆曰壯。可虚用，如云地壯，土肥也。壯細，粗細也。全曰渾。舊志：渾者，全也。好曰嫽。ㄌㄧㄠ去聲，如云嫽貨頭，頂好的也。好亦曰呱（ㄍㄨㄚ陰平）呱叫，南方語同。開曰展。有才具開展意，如拉得展，猶云辦得了也；拉不展，拘束也。展拓（ㄊㄨㄛ陰平），大方也。静曰寧。ㄬㄧㄥ陽平，如云你寧寧兒的，謂其静也。和氣曰和道。圓通曰圓泛。一曰四面光。至於不可靠，則曰有光有滑的。自己明白曰肚ㄊㄡ去聲子亮。一曰内明。有權威時曰當值。ㄔ陽。好世事，ㄙ去。無世累也。如云這些娃好世事。又納福過甚曰福納。從容曰消停。如送客出門曰你消停走。客氣語。停當合式曰蔵ㄔㄢ上聲和ㄏㄨㄛ陽輕。或單言蔵，如居室大小適宜之類，俗亦曰沃（ㄨㄛ陽平）耶（輕聲）的。享受舒適曰受和。確實曰實確。妥帖曰到路，如云事情辦到路了，猶云入軌。亦曰就ㄘㄧㄡ去聲符。合算曰值估。如云這件事值估不值估。熱鬧曰驩。ㄏㄨㄢ陰平，如云市上驩的很。詫ㄘㄚ去聲樣，異樣也。如云這不是詫樣事，謂非特異之事也。

傻曰瓜。如云瓜子、瓜獃子。不振作曰倒塌。小不成器曰不像景。大不成材曰没向。一無所能曰八岸没向。作事不中規曰没下ㄏㄚ去聲數。不達人情世故曰不通脾。一成不變曰呆ㄫㄞ陽平礙ㄫㄞ去聲。一曰礙定。没量力，無力量也。捨不得曰吝。如云吝死哩。言談態度不好亦曰吝。不明曰不忖。ㄑㄩㄣ上聲，一曰不忖誠。麻煩曰冗纏。ㄕㄢ陽平。鹵莽曰冒闖。誇張曰囂。如云不要囂哩。强直曰厲氣。擺臭架子曰汙ㄨ去的。如穿着富服之類。以物炫人曰佻ㄊㄧㄠ上聲吝。有可憎意。一曰囂興，有抑人意。没信行，無信用也。心不公曰偏上聲偏子。無人格曰不够人。可憐曰惜陰平惶。亦曰下(ㄏㄚ去)不得的。不遇幸，不幸也。

物壞惡曰哈。ㄏㄚ陰平。毀壞曰弄。ㄌㄨㄥ去聲。破棄曰踢蹋。皆陰平。髒曰駑。ㄋㄡ陽平，如云駑死哩，謂髒的很。沸熱曰煎。舊志云：「水滾曰尖。」按，不限於水，尖字亦無義。

(丙)狀事詞 即副詞，舊稱狀詞及成語 詞語皆以客觀的描寫性態者爲主，其主觀的輔佐語意者則分入虚助

事完曰畢。如吃畢了飯。所行緊穩曰住ㄔ去住的。如云站的住住的，謂立得穩也。此皆後附於動詞。又一鼓作氣曰一個勁兒，如云一個勁兒往前跑，此則前附之例。紅格ㄍㄜ輕聲噹噹的。鮮紅也，一曰紅拉拉的。最紅則曰紅哈哈的。白ㄆㄟ上聲咚咚的。黑烏烏的。最白、最黑皆曰咕咚咚的。緑ㄌㄧㄡ上聲蔭陰平蔭的。亮陽平藍亮藍的。此多後附於形容詞。其前附者可例推。

小兒敏慧曰仃仃伶伶的。服整見稜曰硬ㄏㄧㄣ去聲格ㄍㄜ輕聲瞅ㄗㄡ陰平瞅的。器物嶄新曰明光彩亮的。分别清楚曰各另各另的。匀整曰均之匀之的。乾脆曰乾之廉之的。守時過嚴曰子午不挪。立即辦理曰定ㄉㄧㄥ去聲解ㄍㄞ上聲無挪。毫無妨礙曰百ㄅㄟ陰平不咂ㄗㄚ或ㄗㄝ上聲，即怎字，音轉。均佳曰一像一。或一賽一。

七零八散的，零亂也。番三次俗作四五的，重複也。聽三不聽四的，聽言不審也。三丈高兩丈低的，出語無倫也。言語不真曰嗚嗚嚷嚷的。精神昏倦曰洋洋昏昏的。主意不定曰心上

心下的。意見紛岐曰東扯西裂。遲疑不決曰澀ㄙㄟ陰平澀痿痿的。氣忿之至曰咕ㄍㄨ陽平嘟嘟的。如云氣得咕嘟嘟的，謂氣得很。糊塗隨便曰糊斯麻搭的。急促慌忙曰日幾三慌的。慌亂亦曰亂動（ㄊㄨㄥ去聲）動的，亦曰亂里亂慌的。衣冠不整曰鋪其來孩的。什物凌雜曰生ㄍㄚ上聲搭嗎稀的。催人快些曰喀ㄎㄝ上聲里麻擦。止人得啦曰有咖ㄗㄧㄚ輕聲咧ㄌㄧㄝ輕。語助。意謂請止住，猶云好了、算了。認可之辭曰就ㄑㄧㄡ去聲得ㄉㄟ輕兀ㄨ去樣ㄏㄧㄤ去輕好ㄏㄚ上輕，猶云對，可也。亦曰使ㄙ上得、得ㄉㄟ陽平成。

（三）虛助 不盡爲從前所謂虛字，如代名詞、數量詞等皆入此，以其體虛，故與語助詞爲類。兹但擇要舉例，未周徧也。

（甲）代替

（子）人稱

我、ㄫㄨㄛ上聲。咱，ㄘㄚ陽平。皆單數；我的、ㄗㄧ輕聲。咱的，爲複數。故的，們也；我的、你的，即我們、你們。乃，輕聲。的也。領位不用的而用乃，如我乃、你乃，即我的、你的。但亦謂我自己、你自己。

（丑）指示

這讀如智。那曰兀。ㄨ去。這搭，ㄉㄚ輕聲。此處也。猶云這兒。兀搭，彼處也。猶云那兒。阿ㄚ上搭，何處也。猶云哪兒、哪裏。搭，或作不沙。ㄅㄨㄙㄚ，如云在（ㄘㄞ）兀不沙，謂在彼處也。那個亦曰那ㄋㄞ去聲唏ㄍㄨㄞ輕聲。這般前後，如此情形也。如云弄到這般前後。

（乙）衡量

（子）名物量詞

數物一個曰一哇，ㄨㄜ輕聲。或一唏。ㄍㄨㄞ輕聲。單用數字，則一讀爲ㄧㄝ。尿一次曰一脬。ㄆㄠ陰平。裙子曰一腰。屋曰一頂。窰曰一孔或一眼。ㄏㄧㄢ上聲。物一提曰一弔子。如云一弔子肉。一塊或曰一圪塔。如云一圪塔饃，饃之一塊也。

（丑）數量副詞

一周曰一匝ㄗㄚ陰平兒。如云轉了一匝。一下ㄏㄚ去聲亦謂一點兒。如快一點兒曰快一下。亭半，一半；亭分，均分也。亭者，平也。古義。總共曰一併。幾乎曰蹊ㄒㄧ上聲乎兒。差不多曰幫陽平間。大約相近曰大宿ㄒㄧㄡ上聲兒，一作大宿模。一曰哈吧。如云哈吧是哩，大約不錯也。稍曰些微間，曰微自。ㄘ去。後附之很、甚亦曰太。太以得（的）領，……的太，猶……得很也。如好的太，謂好的很；親的太，謂甚相得也。加重曰太太。如云好的太太，至佳至佳也。

（寅）時間副詞

過去曰往年間、往日。將來曰向後來。或到後來。以後曰久後。到底曰究底。猶云究竟。常常曰常行。久遠曰一老會。或曰古道。許久曰半會。即半晌意。一會兒頃刻之間曰一下。ㄏㄚ去聲。或疊下字，如云一下下工夫。或云一下子。驟曰乍。ㄘㄚ去聲。一云乍乍的，驟然間也。

（丙）疑問　如欲分辨其代、形、副等詞類，須舉例句便知。

什麼曰啥，ㄙㄚ或ㄙㄜ（ㄝ）去聲。即甚字聲轉而失鼻尾，或即寫作甚。此代名詞或形容詞。　一曰啥介。ㄐㄧㄝ輕聲。怎麼曰咂，ㄗㄚ或ㄗㄜ（ㄝ）上聲。即怎字失鼻尾，可即寫作怎。此副詞。問何故也。何爲曰害怎，ㄏㄞ（去）ㄗㄜ，猶云幹嗎。可作句之述語。或亦曰咂。如云ㄗ去，做什麼去也。何用曰準ㄓㄣ上聲啥。意謂有何用處，無所頂當也。哪那上聲亦曰阿。ㄚ上聲，如阿搭，即哪裏。

（丁）否定

不可曰叵，ㄆㄨㄛ陰平，此古音義。但叵測字另音ㄆㄛ上聲。禁戒詞。猶北平語之别。不有，無須也。此南鄉語。

（戊）輔佐　即助動詞及主觀的性態副詞。自此以下三目，因未填表，各舉數例而已。

着，輕曰着，ㄓㄨㄛ陽平。重曰住。ㄔ去聲，如云把他綁脅住了，謂迫之使然也。勢近而進曰上，如云請你把我成攜上，謂帶上也。遠而畢曰下。ㄏㄚ去。如云這是往日讀下的，謂讀過之文也。

（己）關係　即介詞與連接詞

一面曰一畔。如一畔走一畔説，謂邊走邊説，同時行之。無論如何曰隨ㄘㄨㄟ陽平咂。即隨管怎樣之省，有儘管如何之意。不如曰不照。

（庚）聲態

（子）語助詞

決定語助多用哩。ㄌㄧ或ㄌㄧㄝ，字一作咧。更示警確則用嚜。ㄇㄛ，字或亦作麼。商榷語助甚少。吧

（罷）極少用，故辭氣突兀而少宛轉。應諾之詞曰嗯ㄣ陰囔。ㄋㄤ陽平。猶云是、是的。

（丑）感嘆詞

喟ㄎㄨㄟ或ㄍㄨㄟ去聲呀，哎呀也。表驚訝。

呼猪曰咯咯。ㄌㄨㄛ，一作嘮嘮。羊曰咩。ㄇㄧㄢ，一作嘸（ㄇㄢ）。狗曰吆。ㄧㄠ。猫曰咪。ㄇㄧ。鷄曰呴。ㄍㄡ三疊。

〔咸豐〕澄城縣志

【解題】金玉麟修，韓亞熊纂。澄城縣，今陝西省渭南市澄城縣。方言見卷五《風俗》中。録文據咸豐元年（一八五一）刻本《澄城縣志》。

風俗

其鄉語謂又明日曰後日，再後一日曰外後日，昨日曰夜日，昨晚曰夜黑了，又曰夜晚。夕雨沾足曰爛雨，又曰透雨。謂酒肆曰酒務。取物曰刁。水滚曰尖。渾者，全也。寫者，長也。促者，短也。頁者，横也。眼黑者，憎惡也。圪喇者，言不順理也。阿跌多者，怪歎聲也。這搭，此處也。兀搭，彼處也。頗煩者，厭棄不耐也。收拾幾下者，管教子弟也。廉恥幾句者，呵叱子弟也。晢者〔一〕，美也。哥憎者，可愛也。矢巴牛，蜣蜋也。打捶者，厮打也。鎮早晚者，

〔一〕晢：原誤作「晳」。

這時節也。言喘者，説話也。子曰娃。小女曰女娃，及笄者曰客人，亦曰蠢佳。夫稱妻曰屋裡的，妻稱夫曰外前的。韋姓爲余，惠姓爲戲。呼山脊爲梁。呼器具爲家使，亦曰家活，又曰受使。吃嗟，亂説也。圪塄，山之窩處也。圪塔，小山連起之名。崾嶮，山之過峽處也。

〔民國〕澄城縣附志

【解題】王懷斌修，趙邦楹等纂。澄城縣，今陝西省渭南市澄城縣。「方言」見卷三《經政》中。録文據民國十五年（一九二六）鉛印本《澄城縣附志》。

方言

牆，音如嚼。長、場，音如ㄔㄛ。狼，音如羅。揚，音如岳。莊，音如卓。像，音如□ㄧㄛ〔一〕。强，音如ㄑㄧㄛ。量，音如ㄌㄧㄛ。上，音如ㄕㄛ。聽，音如鐵。冷，音如□。星，音如屑。晴，音如ㄊㄧㄝ。明，音如ㄇㄧㄝ。横，音如頁。杏，音如ㄒㄧㄝ。説，音如□。水，音如暑。錘，音如杵。吹，音如出。北，音如不。黑，音如□。喂，音御。葦，音羽。韋圍，音餘。惠，音戲。三，南鄉音如單，北鄉音如當。四，音如□。掃嫂，音如倒。隨，音如ㄌ□。碎，音如對。牛，音如□。大，音如ㄊ。

〔一〕原文爲紅筆手寫的注音字母，多漫漶不清。本篇同。

後日者，又明日也。外後日者，再後一日也。昨日曰夜日。昨晚曰夜黑了，又夜晚夕。雨沾足曰透雨。眼黑者，憎惡也。圪喇者，言不順理也。這搭，此處也。兀搭，彼處也。頗煩，厭棄不耐煩也。收拾幾下者，管教子弟也。廉恥幾句者，呵叱子弟也。晳，美也。窵，長也。打捶者，廝打也。鎮早晚者，這時候也。言喘者，説話也。槐垣者，巷也。矢巴牛者，蜣蜋也。煎者，水滚也。雅達者，那裏也。子曰娃。小女曰女娃。夫稱妻曰屋裏的。妻稱夫曰外前的。呼器具曰家活，亦曰家使，亦曰受使。山脊爲梁。山之窩處爲圪塄。圪搭，小山連起之名。嶁嶮，山之過峽處。呼人進來曰裹來。不知恥曰莫耳心。

〔乾隆〕華陰縣志

【解題】許光基等修，李天秀纂。華陰縣，今陝西省渭南市華陰縣。「風俗」見卷二《封域》中。有乾隆五十九年（一七九四）刻本、民國十七年（一九二八）鉛印本。録文據民國十七年鉛印本《華陰縣志》。

風俗

方言，一方之言也。

稱曾祖曰老爺。牙音。曾祖母曰老奶。祖曰爺爺。《淳化閣帖》唐太宗書《不見奴表》：「耶耶忌欲恒死。」又《耶耶敕》：「今日已後，但頭風發，信便即報耶耶。」《韻會》爺本作耶。俗謂父爲爺。邑俗不以稱父而稱祖。祖母曰奶奶，又曰婆婆。父曰大，亦曰爹。《韻會》謂羌人呼父也。《韻藻》荆土方言謂父爲爹。又曰爹。《韻會》謂吴人呼父爲爹。今邑人稱父兼有數呼。母曰媽，亦曰娘。兄曰哥。嫂曰嫂。伯曰阿伯。叔曰叔。婦人稱翁曰公公，亦曰阿公。姑曰婆婆，亦曰阿家。按阿公、阿家之呼，見於《宋書》《唐書》，俗沿如故。夫之兄曰阿伯子，弟曰小叔子。妯娌曰先去聲後。妯娌一作築里。《方言》：「築娌〔一〕，匹也。」關西兄弟婦相呼爲築里。按先後二字本於《詩》「予曰有先後」，傳云：「相導前後曰先後。」《史記・封禪書》：「神君者，長陵女子，以子死，見神於先後宛若。」注：「兄弟妻相謂先後。」《後漢書・郊祀志》注：「姊姒，關中爲先後。」母之兄弟曰舅舅。舅之妻曰妗子。妻之父曰丈人，母曰丈母。妻之兄弟曰舅子。餘與他邑略同，而音或異。

暴風曰黄風，以其色也。大風曰潮風，以其聲也。大雨曰白雨。《羯鼓録》：「頭如青山峯，手如白雨點。」杜甫詩：「青山萬里静散地，白雨一洗空垂蘿。」楊巨源詩：「定愛紅雲然楚色，應看白雨大江聲。」焦茂孝《説楛》「關中謂雹曰白雨」，妄談也。雹俗云冷子，曰硬雨，曰冷雨。《軒渠録》：「有一村人多爲不善者，夜中行，人聞神過曰：『付硬雨施行。』次日雨雹，大損禾稼。」

見人持弄腥血厭見之物，則嗔之曰：顛吝音不剌辣音的，何不棄置。《西廂記》「顛不剌的見了萬千」即此語。蓋元曲多用西北鄉村土語，解者乃或妄引曲説。

〔一〕娌：原誤作「妯」，據《方言》改。

覆髮姣好之女子，人艷稱之則曰好可憎層音模樣兒〔一〕。解者未悉其音，遂至如字歧誤。

凡牽扯沈重之物，衆人併力爲之，先約曰叫號子，遂齊呼曰曳落河、曳落河。其號本於拉舡之夫，迄今猶然，蓋齊心合力之謂也。安禄山劫同羅之兵，號曳落河，解者謂猶言健兒，是又一説也。

遇人争持，而不知其緣由，則詰之曰爲底事。杜牧《桃花夫人》詩：「至今息亡緣底事。」即此語。解者多不知其音。

《左傳》「周子有兄無慧」，注：「不慧，蓋世所謂白癡。」今邑人遇人之不曉事而語言輕突多犯者，則斥笑之曰白癡子，固有所本，但其義小别。雷淵詩：「齒頰荊棘真白癡。」

謂孩童之不訓者曰刁厥。元李冶《古今黈》：「陶穀詩：『尖簷帽子卑凡廝，短靿鞾兒末厥兵。』蓋俗語也，猶今俚語俗言刁厥云耳。木厥者，木强刁厥之謂。」其解猶未確也。刁厥亦曰劣厥。蔡邕《短人賦》：「劣厥僂窶。」

〔民國〕華陰縣續志

【解題】米登嶽修，張崇善等編。華陰縣，今陜西省渭南市華陰縣。「方言」見卷三《風土志》中。録文

〔一〕「憎」上原衍「音」字。

據民國二十一年（一九三二）鉛印本《華陰縣續志》。

方言

稱曾祖曰老爺。牙音。曾祖母曰老奶。祖曰爺爺。《淳化閣帖》唐太宗書《不見奴表》：「耶耶忌欲恒死。」又《耶耶敕》：「今日已後，但頭風發，信便即報耶耶。」《韻會》爺本作耶。俗謂父爲爺。邑俗不以稱父而稱祖。祖母曰奶奶，又曰婆婆。父曰大，亦曰爹。《韻會》謂羌人呼父也。《韻藻》荆土方言謂父爲爹。又曰箸。《韻會》謂吴人呼父爲箸。今邑人稱父兼有數呼。母曰媽，亦曰娘。兄曰哥。嫂曰嫂。伯曰阿伯。叔曰叔。婦人稱翁曰公公，亦曰阿公。姑曰婆婆，亦曰阿家。按阿公、阿家之呼，見於《宋書》《唐書》，俗沿如故。夫之兄曰阿伯子，弟曰小叔子。妯娌曰先去聲後。妯娌一作築里。《方言》：「築娌〔一〕，匹也。」關西兄弟婦相呼爲築里。按先後二字本於《詩》「予曰有先後」，傳云：「相導前後曰先後。」《史記·封禪書》：「神君者，長陵女子，以子死，見神於先後宛若。」注：「兄弟妻相謂先後。」《後漢書·郊祀志》注：「姊姒，關中爲先後。」母之兄弟曰舅舅。舅之妻曰妗子。妻之父曰丈人，母曰丈母。妻之兄弟曰舅子。餘與他邑略同，而音或異。

暴風曰黄風，以其色也。大風曰潮風，以其聲也。大雨曰白雨。《羯鼓録》：「頭如青山

〔一〕娌：原誤作「妯」，據《方言》改。

峯，手如白雨點。」杜甫詩：「青山萬里静散地，白雨一洗空垂蘿。」楊巨源詩：「定愛紅雲然楚色，應看白雨大江聲。」焦茂孝《説楛》：「關中謂雹曰白雨。」妄談也。雹俗云冷子，曰硬雨，曰冷雨。《軒渠録》：「有一村人多爲不善者，夜中行，人聞神過曰：『付硬雨施行。』次日雨雹，大損禾稼。」

見人持弄腥血厭見之物，則嗔之曰：顛舌音不剌辣音的〔一〕，何不棄置。《西廂記》「顛不剌的見了萬千」即此語。蓋元曲多用西北鄉村土語，解者乃或妄引曲説。

覆髮姣好之女子，人艷稱之則曰好可憎層音模樣兒〔二〕。解者未悉其音，遂至如字歧誤。

凡牽扯沈重之物，衆人併力爲之，先約曰叫號子，遂齊呼曰曳落河、曳落河。其號本於拉舡之夫，迄今猶然，蓋齊心合力之謂也。安禄山刼同羅之兵，號曳落河，解者謂猶言健兒，是又一説也。

遇人争持，而不知其緣由，則詰之曰爲底事。杜牧《桃花夫人》詩：「至今息亡緣底事。」即此語。解者多不知其音。

《左傳》「周子有兄無慧」，注：「不慧，蓋世所謂白痴。」今邑人遇人之不曉事而語言輕突多犯者，則斥笑之曰白痴子，固有所本，但其義小别。雷淵詩：「齒頰荆棘真白痴。」

〔一〕舌：乾隆《華陰縣志》作「吝」。
〔二〕「憎」上原衍「音」字。

謂孩童之不訓者曰刁厥。元李治《古今黈》：「陶穀詩：『尖簷帽子卑凡厮，短勒鞾兒末厥兵。』蓋俗語也，猶今俚語俗言刁厥云耳。木厥者，木强刁厥之謂。」其解猶未確也。刁厥亦曰劣厥。蔡邕《短人賦》：「劣厥僂窶。」

〔民國〕潼關縣新志

【解題】羅傳甲修，趙鵬超纂。潼關縣，今陜西省渭南市潼關縣。「方言」見《地理志》中。録文據民國二十年（一九三一）鉛印本《潼關縣新志》。

方言

潼關俗語多存古音。謂疾捷曰獧，即《葩經》「揖我謂我獧兮」是〔一〕。謂妯娌曰先後，即《史記》「長陵女子，降神於先後宛若」是。

謂衣物之汙曰涴讀若臥，濁水之濁讀若稠，門讀若蠻，如此類者甚夥，蓋地處周秦漢唐之舊，猶有先民之遺風焉。

〔一〕獧：《詩經》作「儇」。

〔乾隆〕同官縣志

【解題】 袁文觀纂修。同官縣，今陝西省銅川市王益區等地。「方言」見卷四《風土》中。録文據乾隆三十年（一七六五）刻本《同官縣志》。

方言

半晴陰曰搭陰子。雲遮月曰籠月子。雹曰冷雨。霰曰地由子。冰曰冬輪。月大小曰大盡、小盡。昨日曰夜裡。去年曰年時。午飯曰晌飯。下午曰後晌。早起曰打齊鷄。諸神皆曰爺。官亦謂之爺。父謂之爹爹，亦曰達達。母曰媽媽。祖曰爺爺。祖母曰婆婆。曾祖父母曰老爺、老婆。高祖父母曰祖爺、祖阿婆。伯叔祖父母亦曰爺、婆而冠以行。伯父母曰阿伯、阿姆。叔、嬸亦冠以行而謂之爹、媽。嫂呼小叔亦曰弟。婦呼夫兄亦曰哥。妻父母曰姨夫、姨姨。妯娌曰先後。夫少曰夫壻，長曰當家人。妻少曰媳婦子，中年以後曰婆娘。兒曰娃。女曰女娃，及笄者曰客人。稱秀才曰相公。吏亦曰師。各匠亦稱師。役謂之班長。兵謂之將爺。剃頭曰待詔。巫曰筮婆。覡曰神官。婦人見官自呼小女子。富翁曰買主。窮人曰緊漢。

那邊曰務搭。這邊曰這搭。東邊、西邊曰東岸、西岸。上邊、下邊曰頭起、底下。怎麽曰詐。上聲。甚麽曰沙。入聲。幾人曰幾塊。

說話曰言喘。爭鬧曰嚷、曰遭孽、曰惹氣、曰牽强。糧價曰斗頭。量穀曰按較。戥曰弔，亦曰制。不足曰接不上。不滿曰破斗子。耕地曰結地。掃地曰綽地。伐木曰打樹。土坯曰胡基。食言曰拉溝。謊言曰誑皮袋。慶賀曰追往。赴席曰喫湯水。水滚曰煎。餘曰殘的。拏曰攤。奪物曰刁。

腦後曰腦杓子。髮辮曰髽角子。腮曰牙叉骨。顴曰臉喀才。臍曰脖臍窩。肩曰胛子骨。項骨曰鎖子骨。腹股間曰膁窩。

快速曰花的。呼少者曰小夥子。初起曰打頭子。事畢曰落尾子。亡命曰硬郎兒。欺人曰把兒客。游手曰轂轆子。一事不能曰二家郎。幾時曰糟番哩。這會兒曰鎮藏番。連襟曰挑担。儉歲曰年程。祭畢會族曰喫節坐。

鳶曰餓老鵰。鳩曰班子。瓦鵲曰速子。蝙蝠曰夜別。呼蟻曰蚍蜉馬。小猪曰猪猪。袍曰開繫。筆曰生活。管教子弟曰收拾幾下。呵叱子弟曰廉恥幾句。羞見人曰不接撑。山之過峽處曰嘤崳。山之窩處曰圪塄。山之高處曰圪塔。去曰棄。惠曰喜。

按，邑多西北官話，無難解者。然鄉村鄙俚之語，不通其音則下情不透。今止就聽審時所聞記之，亦初筮者之須知也。夫聲音之道與性情通，孔子曰「民以君爲心，君以民爲體」，然則官民之相通，蓋可識矣。

〔民國〕同官縣志

【解題】余正東修，黎錦熙纂。同官縣，今陝西省銅川市王益區等地。「方言志」見卷二七。録文據民國三十三年（一九四四）鉛印本《同官縣志》。

方言志

目録

緒言

同官地雖褊小，而方言較複雜。東區近蒲富，舌音多入淺喉；南區混耀而北羼宜君，耀音富唇齒，而宜君則讀棍爲貢，而人爲絨者也。今以城郊爲準，譜其音讀，彙其詞類；三區七縣，此爲最南，密邇秦川，舊志所謂「多西北官話，無難解者」是矣。

一、方音譜

（一）紐韻表 一名同官注音符號發音表

表例：一、以本地方音需用之注音符號爲主。其音爲國音所無者，則按照相當音位，增列方音注音符號於表中，簡稱「方符」。（方符係三十二年教育部國語會之修訂草案，凡已習國音注音符號者，讀之自喻。）二、注音符號亦名國音字母，故稱「聲母」「韻母」，分爲二表。（聲母古稱紐，即子音，語音學上名輔音；韻母即古之所謂韻，今母音，語音學上名元音，但國音字母之鼻聲韻母不純爲母音元音。）三、每字母下注「國際音標」，此爲發音之定準，凡習語音學者，讀之皆能脗合，本表列此備查，不加説明。四、又其下注一國字，即是本字母之讀法。除方符外，最好照國音讀；如照方音讀，亦可；但聲母下所注字其韻母不合國音，韻母下所注字則上有聲母，本表皆加（）爲記。五、韻母中有不用以拼音者，加（）爲記。六、附注一欄，頗關重要，凡發音方法、方國比較、轉變來源等，皆略有説明，本地方音之特徵，此欄中已精爲提要矣。

（甲）聲母　三十一個，比國音二十四個，少万一個。多ㄓㄔㄕㄖㄅㄎㄙㄙ八個。

部位＼方法	兩脣	脣齒	舌尖：舌尖平	舌尖：舌尖正	舌邊
塞爆聲：不送氣	ㄅ〔p〕玻			ㄉ〔t〕（得）	
塞爆聲：送氣	ㄆ〔p'〕坡			ㄊ〔t'〕（特）	
塞擦聲：不送氣			ㄗ〔ts〕資		
塞擦聲：送氣			ㄘ〔ts'〕此		
鼻聲	ㄇ〔m〕摩			ㄋ〔n〕（訥）	
摩擦聲：不帶音		ㄈ〔f〕佛	ㄙ〔s〕思		
摩擦聲：帶音			ㄙ〔z〕兒		ㄌ〔l〕（勒）
附注	此行同國音，惟ㄅ母所拼之字有少數轉入ㄆ，如步、敗。	國音ㄈ下有万，但不用；實則常用不帶音之万，歪，威、彎、温、汪、翁皆是也；方音同，亦同以ㄨ代，遂不列。音位曰「脣齒」者，謂下脣與上齒，相觸而發音也。	國音ㄓㄔㄕ一部分之字轉入此，如之、乍、柴、詩（多數爲舊屬莊、初、牀、山諸紐者）。此行合口呼有轉入ㄐㄑㄒ之撮脣呼者，如鑽、存、孫與捐、羣、熏不分。ㄗ母字亦少數轉ㄘ，如字、造。ㄙ爲方符，ㄖ母字轉，如肉、仍。	ㄊ之齊齒呼全轉爲平舌尖面音，如提、天與齊、千不分。ㄋ之齊齒呼全改爲广，如泥、牛；合口呼多變爲ㄌ之撮脣，如暖、嫩。ㄉ母字亦少數轉ㄊ，如杜、蛋。	與ㄋ分別最清。惟合口呼亦多變爲撮脣，如亂、輪。

續表

部位＼方法		塞爆聲·不送氣	塞爆聲·送氣	塞擦聲·不送氣	塞擦聲·送氣	鼻聲	摩擦聲·不帶音	摩擦聲·帶音	附注
尖腭（翹舌尖）				ㄓ[tʂ]知	ㄔ[tʂ']池		ㄕ[ʂ]十	ㄖ[ʐ]日	合口呼全轉爲撮脣尖面音，如猪、川、水、入。ㄓ母字亦少數轉ㄔ，如趙、鄭。（此下各行例推，不備舉，大都去聲字，舊屬濁音者。）「尖腭」謂舌尖翹起與上腭相觸，上腭俗名天花板。（ㄖ下日字，方音讀ㄦ，此依國音注。）
尖面	平舌尖面			ㄗ[ʧs]績	ㄘ[ʧs']妻梯		ㄙ[ʃs]西		此三母爲方音符號，其字有二來源：一爲ㄊ之齊齒呼，如梯、廳；二爲ㄐ、ㄑ、ㄒ齊齒呼之「尖音」，如績、精、妻、清、西、星（與「團音」之基、經、欺、輕、希、興有別，而妻、清則與梯、廳不分）。
尖面	撮脣尖面			ㄓ[ʧɕ]朱	ㄔ[ʧ'ɕ]廚		ㄕ[ʃɕ]書	ㄖ[ʒɕ]如	此四母亦方符。其字皆翹舌尖音之合口呼所變，如展、轉，上字ㄓ母，下字即此ㄓ也。拼音時，其下不必再用ㄨ。此兩行曰「尖面」者，謂舌尖與舌面之前部，同時並用以發音也（本行乃前行之圓脣化。與合口呼稍別，故分之）。
舌面				ㄐ[tɕ]基	ㄑ[tɕ']欺	ㄬ[ȵ]你	ㄒ[ɕ]希		ㄐㄑㄒ同國音，惟以「團音」字（即舊屬見、溪、羣、曉、匣者）爲限，而「尖音」字（即舊屬精、清、從、心、邪者）則皆另爲平舌尖面音。ㄬ國音不用，此以拼一部分「ㄧ」母字，如疑、業。
舌根		ㄍ[k]（格）	ㄎ[k']（客）			ㄫ[ŋ]（額）	ㄏ[x]（黑）		同國音。惟ㄫ國音不用，此以拼一部分國音無聲母之字，如我、安、歐。

（乙）韻母 十七個（連ㄭ計），與國音同，惟ㄢㄣ發音略異。其結合韻母二十二個，比國音二十一個（除ㄧㄛ不計），多ㄩㄛ一個。

類法	韻母 開口呼（ㄧㄨㄩ各如其韻）	韻母（「舌位」及脣鼻）	結合韻母 齊齒呼（「ㄧ」起）	結合韻母 合口呼（「ㄨ」起）	結合韻母 撮脣呼（「ㄩ」）	附注（「舌位」分前、中、後三部位，皆就舌面而言，不涉舌尖；又分上升、半升、半降、下降四形式，升即闔，降即開。）
單韻母 開口韻母	ㄚ[a]阿	舌前下降，口開	ㄧㄚ[ia]鴉	ㄨㄚ[ua]蛙		全同國音。
	（ㄛ[o]哦）	舌後半升，脣圓		ㄨㄛ[uo]窩	ㄩㄛ[yo]約	ㄛ上皆帶ㄨ，故ㄛ不單拼，但便宜上一律用ㄛ亦可。國音ㄜ韻拼ㄎㄏ者多入此，如科、何。國音無ㄧㄛ，只一唷字，方音雖有，亦從省。ㄩㄛ國音無，此以拼ㄩㄝ音一部分字，如約、略、學。
	ㄜ[ɤ]痾	舌後半升，脣不圓；或舌中不升不降				國音拼ㄍ母者，方音同，如哥、個；拼ㄎ則少，如可；ㄏ殆全入ㄨㄛ。拼ㄉ、ㄗ兩組者，皆轉他韻。故此韻用之甚少；亦如國音例，兼以表語言中「舌中不升不降」之音。
	ㄝ[ɛ ⊢]誒	舌前近中半降脣平	ㄧㄝ[iɛ ⊢]葉		ㄩㄝ[yɛ ⊢]月	方音ㄝ比國音舌位稍移後，似帶舌中之ㄛ爲尾音。國音ㄜ韻拼ㄓ組者多入此，如者、車、舍、熱。

續表

類＼法		韻母：開口呼（ㄧㄨㄩ各如其韻）	韻母：（「舌位」及脣鼻）	結合韻母：齊齒呼（「ㄧ」起）	結合韻母：合口呼（「ㄨ」起）	結合韻母：撮脣呼（「ㄩ」）	附注
							（「舌位」分前、中、後三部位，皆就舌面而言，不涉舌尖；又分上升、半升、半降、下降四形式，升即闔，降即開。）
單韻母	聲化韻母	（帀 ʅ知 ɿ資）	舌尖上升，脣平				此母國音方音皆不用以拼音，但表示皆有此韻耳。此兩行名「聲化」者，謂作用皆在舌尖，爲舌尖聲母所同化。
	聲化韻母	儿[ər]兒	舌中，捲尖				國音方音皆獨用不拼聲母，亦皆富於此種捲舌韻尾。日字俗讀此音。
	齊齒韻母	ㄧ[i]衣	舌前上升，脣扁				國音ㄟ韻少數字轉入此，如碑、被。
	合口韻母	ㄨ[u]烏	舌後上升，脣緊圓				方音比國音脣較開。國音ㄡ韻少數字轉入此，如謀、否。但方音拼ㄉ、ㄗ兩組之字又概轉ㄡ，如篤、土、奴、爐。
	撮脣韻母	ㄩ[y]迂	舌前上升，脣緊圓				
複韻母	齊齒韻母收	ㄞ[ai]哀	前ㄚ加ㄧ	ㄧㄞ[iai]崖	ㄨㄞ[uai]歪	（ㄩㄞ[yai]）	ㄞ同國音，ㄧㄞ有國音ㄧㄝ韻之字，如皆、街。ㄩㄞ及後欄之ㄩㄟ、ㄩㄤ，皆不用以拼音，乃表示撮脣尖面四個聲母下拼ㄞ及ㄟ、ㄤ者，實皆係此結合韻耳。
		ㄟ[ei]欸	關ㄝ加ㄧ		ㄨㄟ[uei]威	（ㄩㄟ[yei]）	ㄟ比國音小，舌位較前，且較升。國音ㄜ韻拼ㄉ、ㄍ、ㄗ三組之舊入聲字皆轉入此。ㄩㄟ與ㄩㄞ同，不以拼音，説詳上欄。

類	法	韻母：開口呼（ㄧㄨㄩ各如其韻）	韻母：（「舌位」及脣鼻）	結合韻母：齊齒呼（「ㄧ」起）	結合韻母：合口呼（「ㄨ」起）	結合韻母：撮脣呼（「ㄩ」）	附注
							（「舌位」分前、中、後三部位，皆就舌面而言，不涉舌尖；又分上升、半升、半降、下降四形式，升即闔，降即開。）
複韻母	合口韻母收	ㄠ[ao]（熬）	後ㄚ加ㄨ（近ㄛ）	ㄧㄠ[iao]妖			ㄠ比國音深，舌位較後，收音之ㄨ亦較不顯而近ㄛ。
		ㄡ[ou]（歐）	ㄛ後加ㄨ	ㄧㄡ[iou]憂			ㄡ比國音圓，收音之ㄨ甚不顯，故整個似ㄛ。國音ㄨ韻拼ㄉㄗ兩組之字入此，又拼ㄓ組一部分轉ㄗ組後亦入此，如阻、初、鋤、疏。
鼻聲韻母	鼻聲化	ㄢ[iã]（安）	前ㄚ稍闢帶鼻音	ㄧㄢ[iã]烟	ㄨㄢ[uã]灣	ㄩㄢ[yã]寃	ㄢ與ㄣ皆不以舌尖收鼻音，但於ㄚ（稍闢）與ㄝ同時發鼻音，故曰鼻聲化，與國音稍異。ㄧㄢ國音較闔而方音仍開。ㄨㄢ拼ㄋㄌ之字有消失聲母而變ㄩㄢ者，如暖、亂。又拼ㄗ組之字皆轉入ㄩㄢ，如纂、竄、酸與捲、勸、宣不分。
		ㄣ[ɛ̃]（恩）	前ㄝ帶鼻音	ㄧㄣ[iɛ̃]因	ㄨㄣ[uɛ̃]温	ㄩㄣ[yɛ̃]云	參照前注。ㄧㄣ與ㄩㄣ，國音只於ㄧ與ㄩ後加鼻尾，方音仍存鼻化之ㄝ（稍闢）。ㄨㄣ亦如前例轉ㄩㄣ，如嫩、輪（消失聲母）。又如尊、存、孫與君、羣、勳不分。
	鼻聲隨	ㄤ[aŋ]（昂）	後ㄚ收ㄫ鼻聲	ㄧㄤ[iaŋ]央	ㄨㄤ[uaŋ]汪	（ㄩㄨ[yaŋ]）	ㄤ比國音，舌位較後。ㄩㄤ不以拼音，同ㄩㄞ、ㄩㄟ之例，參看ㄟ欄。
		ㄥ[əŋ]鞥	中ㄜ收ㄫ鼻聲	ㄧㄥ[iŋ]英	ㄨㄥ[uŋ]翁	ㄩㄥ[yŋ]雍	全同國音，惟ㄨㄥ比國音脣更緊圓，ㄩㄥ確係ㄩ起。ㄨㄥ拼ㄗ組之字不轉ㄩㄥ；拼ㄐ組之字不可省ㄨ。（因ㄨㄥ實已離ㄥ另成一韻，國音新韻十七庚外另爲十八東也。）

（附）聲調譜

説明：表示調值，須用「五線譜」，以印刷不便，簡譜又易滋誤會，故只於左表中，以一般之「調值圖綫記號」説明之，驗諸脣吻，不難肖也。

調類	調值·國音	調值·洛川方音	調號	例字
陰平	高平	低平降（高中低）	無號。必要時，可作一（橫）。	媽坡翻湯 三深中諸
陽平	中升	中升（高中低）	ˊ（挑）	麻婆凡糖 民謀華如
上聲	低降升	高平微降（高中低）	ˇ（拐）	馬頗反倘 主遠語此
去聲	高降	高升（高中低）	ˋ（捺）	罵破飯盪 義慮調類
四聲，同國音。（調類謂一切字其分爲若干聲調，某字應屬某聲，各歸其類。除入聲爲國音所無外，凡字之分配平上去者，千餘年來，全國大體一致。）	陰平調值與國音正相反；陽平則全相同；上聲高低有殊；去聲升降異勢。習國音之標準調值者，一比較即了然。（調值謂各調類在口頭上之實際音值，某字雖同屬某聲，兩地一致，而讀時之高低升降則兩地可以大異。故書本上之調類爲最統一者，口頭上之調值爲最紛歧者，不可不知。）		全照國音，加於韻母之右上角。（只分調類，不表調值。）〔一〕	此行四字，同音異調。此行四字，拆配成句。

〔一〕下文中調號多數模糊不清，故整理時未予標出。

調變	如複合詞，國音兩上聲相連，則上一字變陽平；上聲字下連他字，則成「半上」（即低降而不升）。凡雙字緊連，下一字多成輕聲（低平）。方音：雙字緊連，上一字陰多變上（高平易聽清故），下一字皆似陰平（低平同輕聲故）。又凡陰平字於語時欲提高音，多變上聲。不悉述，可自詳。

（二）同音常用字彙 即名同官方音字譜

譜例：一、依教育部公布「國音常用字彙」之體裁，以本地方音所有之聲母組韻母韻爲綱，順序排列諸同音字，再別四聲調，藉便檢尋。二、凡方音與國音讀法相同之字，概無記號。其拼音即組韻及調類即四聲皆與國音異者，左旁作⊙；音異而調尚同者作○；音同而僅調異者作•；皆注明國音讀法，藉資比較而便糾改。三、凡同字而異讀者，注明其音義；其較重要者，則分標(1)(2)等數碼以醒眉目。四、國音及本地四聲調類，皆爲陰平、陽平、上聲、去聲，而無入聲，譜中凡舊屬入聲之字，概聚列某聲之下，上加橫線，用資識別，藉便研習舊體詩詞者分辨平仄。陰陽爲平，上去入皆仄，故凡陰陽平中之入聲字皆屬仄。五、以三千五百常用字之普通意義爲範圍，凡俗詞土語，另見「方言分類詞彙」，譜中概不闌入；因此譜之目的，一在就單字以辨方國音讀之異同，一在藉比較以利國語教學之矯正也。邑中各級學校，於教學國語、國文，以及其他科目時，只須注意此譜中字旁有記號者，皆照字下所注國音改讀，即讀音統一矣。

【ㄅ】

【ㄚ】陰平：巴芭疤吧啞吧；助詞，如你來吧叭•把(1)介詞，如把頭抬起，國音上聲（以後簡稱國上），與(2)同一八

上聲：把(2)一把刀，把持靶　去聲：爸霸罷

【ㄛ】陰平：玻菠鉢撥剥博國音陽平(以後簡稱國陽)駁國陽膊胳膊，國陽輕聲(以後簡稱輕)卜國音(以後簡稱國)ㄅㄨ上　上聲：跛播國音去聲(以後簡稱國去)　去聲：簸動詞用則上聲

【ㄞ】上聲：擺襬　去聲：拜

【ㄟ】陰平：北國上百國ㄅㄞ上(下同)柏柏樹，特變上迫國ㄆㄛ去　陽平：伯國ㄅㄛ陽　上聲：悲國音陰平(以後簡稱國陰)　去聲：背名動同，國名詞陰，如「背東西」；同官如「背地裏」則又音ㄆㄟ去聲貝輩

【ㄠ】陰平：包苞鮑國去刨手挖，國ㄆㄠ陽　上聲：寶保飽　去聲：報豹抱暴

【ㄢ】陰平：般搬班斑頒扳　上聲：板版扮打扮，扮演則陰(混搬字)，國去扁國ㄅㄧㄢ上　去聲：半

【ㄣ】陰平：奔　上聲：本

【ㄤ】陰平：幫邦膀(1)肩膀，國上，同(2)　上聲：榜膀(2)手膀綁梆國陰　去聲：蚌謗傍鎊磅

【ㄥ】陰平：崩

【ㄧ】陰平：卑國ㄅㄟ陰(下同)碑婢國去(下同)臂逼荸荸薺，國陽筆國上必國去(下同)壁璧辟畢嗶愎

上聲：比彼　去聲：敝蔽幣弊斃閉篦備國ㄅㄟ去(下同)被

【ㄧㄝ】陰平：鼈　陽平：別

【ㄧㄠ】陰平：標瞟（臕）肥大也彪　上聲：表婊褾

【ㄧㄢ】陰平：邊編鞭　上聲：匾貶·下國去　去聲：遍徧辨辯便(1)便利變

【ㄧㄣ】陰平：賓濱　去聲：殯鬢

【ㄧㄥ】陰平：冰兵○檳國ㄅㄧㄣ陰，檳榔　上聲：丙柄餅稟　去聲：并併並病土音或亦ㄆㄧㄥ去

【ㄨ】陰平：·不國去　上聲：補○堡國ㄅㄠ上　去聲：布佈怖

【ㄆ】

【ㄚ】陰平：·帕國去　陽平：·趴趴在地下休息，國陰爬爬行杷琶○拔國ㄅㄚ陽　去聲：·怕耙國陽

【ㄛ】陰平：坡波國正讀ㄅㄛ陰潑潑水，活潑，音ㄅㄛ⊙勃國ㄅㄛ陽（下同）⊙渤　陽平：婆⊙脖國ㄅㄛ陽（下同）○薄讀音仍ㄅㄛ陽　上聲：頗⊙樸國ㄆㄨ陽　去聲：破

【ㄞ】陽平：排牌　去聲：派⊙敗國ㄅㄞ去⊙魄國ㄆㄛ去

【ㄟ】陰平：坯○杯國ㄅㄟ陰○拍國ㄆㄞ陰　陽平：培陪賠○白國ㄅㄞ陽　上聲：·呸唾罵聲，國陰○胚國陰

去聲：配佩○倍國ㄅㄟ去（下同）○焙

【ㄠ】陰平：拋脬眼脬，尿脬⊙剖國ㄆㄡ上或陰　陽平：袍○胞國ㄅㄠ陰·跑國上　去聲：砲泡⊙雹國ㄅㄠ陽

○鉋鉋子，平木器，國ㄅㄠ去○爆爆竹，國ㄅㄠ去；但爆炸、爆發同國音

【ㄢ】陰平：潘攀•盼國去○絆國ㄅㄢ去　陽平：盤蟠　去聲：判叛○伴國ㄅㄢ去（下同）○拌○辦○瓣

【ㄣ】陰平：噴（1）噴水　陽平：盆　去聲：○笨國ㄅㄣ去噴（2）噴嚏，國ㄈㄣ去

【ㄤ】陽平：旁螃膀（3）膀胱　去聲：○胖棒國ㄅㄤ去

【ㄥ】陰平：烹　陽平：朋棚硼彭膨篷篷　上聲：捧•碰國去

【ㄧ】陰平：批披　陽平：皮疲脾枇琵•痞國上，讀音同國音○鼻國ㄅㄧ陽　上聲：○鄙國ㄅㄧ上•譬國去○庇國ㄅㄧ去（下同）○避•劈僻國去（下同）•闢　去聲：•屁匹國上（下同）•疋布疋

【ㄧㄝ】陰平：瞥撇撇捺，國上

【ㄧㄠ】陰平：漂（1）漂浮飄　陽平：瓢嫖　去聲：票漂（2）漂白，漂亮

【ㄧㄢ】陰平：偏　陽平：便（2）便宜　上聲：•篇國陰•片國去　去聲：○騙辯國ㄅㄧㄢ去

【ㄧㄣ】陽平：貧頻　上聲：品　去聲：牝聘•拼（2）拼音，國陰•拚拚命，國陰正讀ㄆㄢ去

【ㄧㄥ】陽平：平坪評萍屏瓶憑

【ㄨ】陰平：鋪撲　陽平：葡蒲菩•圃國上僕　上聲：浦埔普譜○捕國ㄅㄨ上（下同）○哺•扑國陰○匍俗

作蘿蔔，國ㄅㄛ陽　去聲：鋪步國ㄅㄨ去（下同）部簿孵國ㄈㄨ陰

【ㄇ】

【ㄚ】陰平：媽抹（1）抹布，國ㄇㄛ上，同（2）　陽平：麻蔴痲蟆　上聲：馬螞碼　去聲：罵

【ㄛ】陰平：末國去（下同）沫莫寞漠膜没歿　陽平：麽疑問語助，輕摩磨魔　上聲：抹（2）抹灰　去聲：饃國無，作餓，陽

【ㄞ】陽平：埋　上聲：買　去聲：賣邁

【ㄟ】陰平：默國ㄇㄛ去麥國ㄇㄞ或ㄇㄛ去（下同）脈　陽平：煤媒梅霉玫枚墨國ㄇㄛ去　上聲：美每　去聲：妹

【ㄠ】陰平：摸國又音ㄇㄛ陰　陽平：毛矛矛盾，長矛則音ㄇㄧㄠ陽茅猫國陰蘑國ㄇㄛ陽　上聲：卯　去聲：冒帽貌貿茂

【ㄢ】陽平：瞞饅饅頭，蒸饃蠻　上聲：滿　去聲：慢漫

【ㄣ】陰平：燜煎也，國去　陽平：門們　去聲：悶

【ㄤ】陽平：忙盲氓芒茫　上聲：莽蟒

【ㄥ】陽平：蒙矇矇盟萌懵國上　上聲：猛蜢　去聲：孟夢

【ㄧ】陰平：祕國去（下同）密蜜　陽平：迷謎瞇國陰，同官形容讀去靡國上眉國ㄇㄟ陽覓國去　上聲：米

【ㄧㄝ】陰平：滅國去（下同）蔑

【ㄧㄠ】陽平：苗描　上聲：杪秒渺　去聲：妙廟

【ㄧㄢ】陽平：綿棉眠　上聲：免勉冕娩　去聲：面麵

【ㄧㄣ】陽平：民　上聲：敏憫皿閩國陽

【ㄧㄥ】陽平：明鳴名銘　上聲：冥國陽　去聲：命

【ㄨ】陰平：木國去（下同）目牧睦　陽平：模模樣，但國音「模範」音ㄇㄛ陽摹摹仿，國ㄇㄛ陽〔一〕謀國ㄇㄡ陽　上聲：畝母牡牡丹；但牝牡則讀陰某國ㄇㄡ上　去聲：暮墓募慕幕

【ㄈ】

【ㄚ】陰平：發法國上（下同）髮　陽平：乏閥罰伐國陰

【ㄛ】陰平：佛縛國去，同官讀音上　上聲：拂國ㄈㄨ陽（下同）佛

【ㄢ】陰平：番翻繙　陽平；凡煩繁礬　上聲：反返　去聲：飯販汎犯范範泛

〔一〕ㄇ：原誤作「ㄩ」。

【ㄣ】陰平：分(1)分開紛吩吩咐漸變上　陽平：墳坟焚　上聲：粉　去聲分(2)本分份忿奮糞

【ㄤ】陰平：方芳坊　陽平：房防妨　上聲：仿紡訪彷　去聲：放

【ㄥ】陰平：封豐蜂風瘋　陽平：馮逢縫(1)裁縫峯國陰(下同)鋒　上聲：諷國去　去聲：奉俸鳳縫(2)門縫

【ㄧ國音ㄈㄟ】陰平：非飛　陽平：肥　上聲：匪妃國去　去聲：肺費吠廢

【ㄨ】陰平：夫麩|袱國陽(下同)福幅蝠復國去(下同)，但同官「復興」讀陽複覆　陽平：扶芙符乎浮俘|伏服服裝、服從，但衣服、佩服則讀陰訃國去　上聲：府俯腐斧甫輔膚國陰赴國去否國ㄈㄡ上|腹國去　去聲：付附咐囑咐，但吩咐讀陰父婦負副富賦敷國陰，同官讀音又陽

【ㄉ】

【ㄚ】陰平：|搭答國陽　陽平：|達　上聲：打　去聲：大

【ㄢ】陰平：獃　上聲：歹逮逮住，但逮捕讀去　去聲：代袋貸待怠帶戴

【ㄟ】陰平：得國ㄉㄜ陽(下同)；亦ㄉㄟ上，應當意，同官無德

【ㄠ】陰平：刀刀子，近上　上聲：倒(1)倒下島搗禱導蹈國去(下同)悼　去聲：到倒(2)倒出道盜

【ㄡ國音ㄉㄨ併入】陰平：都皆也，都市，國ㄉㄨ陰，同官不分兜|督國ㄉㄨ陰篤國ㄉㄨ上　陽平：|獨國ㄉㄨ陽

(下同)讀　上聲：斗抖抖陡睹國ㄉㄨ上(下同)堵肚(1)指胃，如豬肚〔一〕　去聲：豆痘逗鬬度(1)度日，度量，國ㄉㄨ去(下同)渡鍍

【ㄢ】陰平：丹單擔(担)(1)動詞，担任躭　上聲：膽誕國去　去聲：旦但擔(1)名詞，担子

【ㄤ】陰平：當(1)應當檔　上聲：黨　去聲：蕩當(1)典當，上當檔擋國上党姓，國上

【ㄥ】陰平：登燈　上聲：等　去聲：凳瞪鐙鞍鐙

【ㄧ】陰平：低滴嫡國陽(下同)的　陽平：敵　上聲：底抵詆　去聲：第帝

【ㄧㄝ】陰平：爹蝶國陽(下同)跌迭

【ㄧㄠ】陰平：刁貂凋雕鵰　去聲：弔釣掉

【ㄧㄡ】陰平：丢

【ㄧㄢ】陰平：顛巔癲滇惦念也，國也　上聲：典點　去聲：店電殿澱奠

【ㄧㄥ】陰平〔二〕：丁釘叮疔　上聲：頂鼎　去聲：定錠訂

【ㄨ】皆轉入ㄉㄨ韻

〔一〕重一「抖」字。

〔二〕「一」：原脱。

【ㄨㄛ】陰平：多疑問，同　陽平：奪度(2)揣度，國去　上聲：朵躲　去聲：惰墮

【ㄨㄟ】陰平：堆　去聲：對兑碓碓窩隊

【ㄨㄥ】陰平：東冬鼕　上聲：董懂　去聲：棟凍動動彈則音ㄊㄨㄥ去

【ㄩㄢ國音ㄉㄨㄢ】陰平：端　上聲：短　去聲：段緞斷

【ㄩㄣ國音ㄉㄨㄣ】陰平：蹲燉(炖)國去　上聲：躉盹國去鈍餛飩，或亦音ㄉㄨㄣ去；國ㄊㄨㄣ陽　去聲：鈍頓噸盾

【ㄊ】

【ㄚ】陰平：他塌搨(拓)國去塔國上　陽平：踏國去(下同)榻獺

【ㄞ】陰平：胎苔　陽平：台臺擡(抬)檯　去聲：太泰態大大夫，國ㄉㄢ去

【ㄟ】陽平：特國ㄊㄜ去

【ㄠ】陰平：滔叨掏縚(縧)縧子，近上濤　陽平：桃逃萄淘陶　上聲：討稻國ㄉㄠ去　去聲：套

【ㄡ國音ㄊㄨ併入】陰平：偷禿國ㄊㄨ陰突國ㄊㄨ陽　陽平：頭投途國ㄊㄨ陽(下同)塗屠徒圖牘國ㄉㄨ陽(下同)毒　上聲：土國ㄊㄨ上(下同)吐　去聲：透兔國ㄊㄨ去杜國ㄉㄨ去(下同)肚(2)肚腹

【ㄢ】陰平：攤灘貪　陽平：談痰譚彈(1)動詞，彈琴，動彈壇檀鐔(罈)　上聲：坦袒毯癱國陰撢撢子，國音ㄉㄢ上；同官動詞用，音ㄉㄢ去　去聲：歎炭探淡國ㄉㄢ去蛋彈(2)名詞，彈子，炸彈

【ㄤ】陰平：湯　陽平：唐塘糖搪堂膛螳棠　上聲：儻(倘)躺　去聲：燙

【ㄥ】陰平：騰國陽吞國ㄊㄨㄣ陰　陽平：疼藤滕謄

【ㄧ】ㄊㄧ及ㄊㄧㄝ、ㄊㄧㄠ、ㄊㄧㄢ、ㄊㄧㄥ，其聲母均轉「ㄘ」，詳後。

【ㄨ】ㄊㄨ韻母轉「ㄡ」

【ㄨㄛ】陰平：拖脱　陽平：駝馱舵國ㄉㄨㄛ去　上聲：妥橢扁圓托國陰(下同)託　去聲：唾

【ㄨㄟ】陰平：推　陽平：頹　上聲：腿　去聲：退蜕

【ㄨㄢ】陽平：團

【ㄨㄥ】陰平：通　陽平：同銅桐童僮潼瞳　上聲：桶統筒國正讀陽衕國去　去聲：痛洞國ㄉㄨㄥ去

【ㄋ】

【ㄚ】陰平：納國去(下同)吶捺　陽平：拿　上聲：哪(那)　去聲：那或音ㄋㄞ去

【ㄞ】上聲：乃奶　去聲：奈耐

【ㄠ】上聲：腦惱　去聲：鬧

【ㄡ國音ㄋㄨ轉韻】陽平：奴　上聲：努弩　去聲：怒

【ㄢ】陽平：南難(1)難易男　去聲：難(2)災難

【ㄤ】陽平：囊

【ㄥ】陽平：能聾國ㄌㄨㄥ陽

【ㄨ】ㄋㄨ韻音轉ㄡ

【ㄨㄛ】陽平：挪　上聲：諾國去　去聲：懦糯

【ㄨㄟ】去聲：內國ㄋㄟ去

【ㄨㄥ】陽平：農濃膿　去聲：弄

【ㄩ】ㄋㄩ聲母轉ㄬ

【ㄌ】

【ㄚ】陰平：拉啦語助辣國去蠟臘(腊)　上聲：喇

【ㄞ】陽平：來萊　去聲：賴癩

【ㄟ】陰平：勒國正音ㄌㄜ去肋國ㄌㄜ去

【ㄠ】陽平：勞癆撈國語音陰，同官語音或去牢　上聲：老　去聲：澇

【ㄡ國音ㄌㄨ併入】陰平：⊙鹿國ㄌㄨ去（下同）⊙轆⊙祿⊙録　陽平：樓○摟國亦讀上○盧國ㄌㄨ陽（下同）○爐○廬○蘆○髗　上聲：簍或陽○魯國ㄌㄨ上（下同）○虜○擄○鹵○滷　去聲：漏○陋路國ㄌㄨ去（下同）○露

【ㄢ】陽平：蘭攔欄瀾藍籃　上聲：覽攬懶　去聲：爛

【ㄤ】陽平：狼郎螂廊　上聲：朗　去聲：浪

【ㄥ】上聲：冷

【ㄧ】陰平：哩語助・荔國去・履國ㄌㄩ上・力國去（下同）・立・粒・粟・曆歷　陽平：離籬笊籬璃梨犂黎釐（厘）

上聲：李里理俚娌鯉裏禮・狸國陽　去聲：利俐痢例厲癘勵麗吏隸

【ㄧㄝ】陰平：列國去（下同）・烈・裂・獵　上聲：咧咧嘴，語助讀輕

【ㄧㄠ】陽聲：遼撩瞭聊・廖國去　上聲：了嘹　去聲：料撂□開〔一〕，俗作撩

【ㄧㄡ】陰平：⊙六國去⊙綠國ㄌㄩ去（下同）⊙菉　陽平：流琉硫留榴瘤劉　上聲：柳　去聲：・綹國上

【ㄧㄢ】陽平：連蓮廉簾鐮奩憐　上聲：臉　去聲：練鍊煉殮斂

【ㄧㄣ】陽平：林淋燐鄰麟鱗臨　去聲：吝賃

〔一〕□：此字殘缺。

【一ㄤ】陽平：良涼量(1)商量糧(粮)梁粱　上聲：兩倆輛陽去　去聲：晾諒亮量(2)度量

【一ㄥ】陽平：伶零齡鈴翎凌陵綾靈　上聲：領嶺　去聲：令另

【ㄨ】ㄌㄨ韻轉ㄡ

【ㄨㄛ】陰平：洛國去(下同)絡駱落樂(1)快樂，國ㄌㄜ去烙國ㄌㄠ去(下同)酪　陽平：騾螺羅鑼籮蘿邏

【ㄨㄟ國音ㄌㄟ】陽平：雷　上聲：累積累，但走累讀去儡壘　去聲：類淚

【ㄨㄥ】陽平：隆窿窟窿龍嚨朧籠　上聲：攏隴

【ㄩ】陰平：律國去率(2)效率　陽平：驢(馿)　上聲：旅縷　去聲：慮濾屢國上

【ㄩㄛ】去聲：略國ㄌㄩㄝ去(下同)掠裸國ㄌㄨㄛ上

【ㄩㄝ】陰平：劣國ㄌㄧㄝ去

【ㄩㄢ】陽平：鸞國ㄌㄨㄢ陽聯國ㄌㄧㄢ陽戀國ㄌㄧㄢ去　上聲：暖國ㄋㄨㄢ上　去聲：亂國ㄌㄨㄢ去卵國ㄌㄨㄢ下〔一〕

〔一〕下：似爲「上」字之誤。

【ㄩㄣ】陽平：○倫國ㄌㄨㄣ陽（下同）○輪○淪○崙　去聲：○論國ㄌㄨㄣ去○嫩國ㄋㄣ去

【ㄍ】

【ㄜ】陰平：哥歌戈|擱割鴿鴿子近上，布鴿如ㄍㄠ輕·各國陽或去·閣國陽（下同）·葛·蛤　上聲：|·胳胳膊，臂也，國陰，字一作肐·圪圪塔，山峯；國紇噠、疙瘩皆陰　去聲：個

【ㄞ】陰平：該　上聲：改　去聲：蓋丐

【ㄟ】陰平：|⊙格國ㄍㄜ陽（下同）⊙革⊙隔　去聲：·給（1）單用國上

【ㄠ】陰平：羔糕高膏　上聲：槁稿　去聲：告

【ㄡ】陰平：鉤勾溝　上聲：狗苟　去聲：垢够（彀）購○蠹國ㄉㄨ去（下同）○妒

【ㄢ】陰平：干肝竿甘柑乾（1）乾燥　上聲：趕稈敢感·杆混桿，國陰　去聲：幹贛俗誤讀貢或戇（ㄓㄤ去）

【ㄣ】陰平：根跟

【ㄤ】陰平：缸肛岡崗國又上剛鋼綱　上聲：港　去聲：槓

【ㄥ】陰平：更（1）打更，變更耕俗讀ㄐㄧㄥ陰庚羹○粳國ㄐㄧㄥ陰　上聲：梗哽耿　去聲：更（2）更加

【ㄨ】陰平：孤沽菇辜箍|·骨國上（下同）·轂·谷　上聲：古鼓股·姑國陰（下同）·估國估衣則讀去　去聲：故固雇顧

【ㄨㄚ】陰平：瓜蝸刮　上聲：寡剮　去聲：卦掛（挂）褂

【ㄨㄛ】陰平：鍋郭槨國上　上聲：果餜餜子，油條裹　去聲：過

【ㄨㄞ】陰平：乖　上聲：拐　去聲：怪

【ㄨㄟ】陰平：閨歸龜國國ㄍㄨㄛ陽　去聲：軌鬼詭癸　去聲：桂貴瑰玫瑰，國陰劊國ㄎㄨㄞ去

【ㄨㄢ】陰平：官棺觀鰥關冠閂門閂，國ㄕㄨㄢ陰　上聲：管館　去聲：灌罐貫

【ㄨㄣ】上聲〔一〕：　去聲：棍

【ㄨㄤ】陰平：光　上聲：廣　去聲：逛

【ㄨㄥ】陰平：工功攻公蚣弓躬供單讀；供給上，上供去恭宮　上聲：拱鞏　去聲：共貢

【ㄎ】

【ㄜ】陰平：苛瞌瞌睡，近上渴國上咳咳嗽，近上，國陽刻國去　上聲：可

【ㄞ】陰平：開　上聲：凱楷揩國陰慨國上概國ㄍㄞ去（下同）溉

【ㄟ】陰平：客國ㄎㄜ去（下同）克

【ㄠ】上聲：考（攷）拷烤　去聲：靠犒

〔一〕原書無例字。

【ㄡ】陰平：摳捐，挖　上聲：口　去聲：扣

【ㄢ】陰平：刊堪勘校勘，國查勘讀去，此不分龕　上聲：砍　去聲：看看守，讀陰同國

【ㄣ】陰平：·懇國上（下同）·墾　上聲：肯

【ㄤ】陰平：康糠慷　去聲：抗炕

【ㄥ】陰平：坑

【ㄨ】陰平：枯窟·哭酷國去　陽平：○衚國ㄏㄨ陽　上聲：苦　去聲：褲（袴）庫

【ㄨㄚ】陰平：誇　去聲：跨

【ㄨㄛ】陰平：○科國ㄎㄜ陰〔一〕·闊國去（下同）·括·擴　上聲：⊙顆國ㄎㄜ陰　去聲：·課國ㄎㄜ去

【ㄨㄞ】上聲：·塊國去快筷會(2)會計獪

【ㄨㄟ】陰平：虧窺○規國ㄍㄟ陰　陽平：葵魁　上聲：傀　去聲：愧潰饋○櫃國ㄍㄨㄟ去（下同），同官讀書音同國○跪

【ㄨㄢ】陰平：寬　上聲：款（欵）⊙嵌ㄑㄧㄢ陰

〔一〕ㄎ：原誤作「ㄛ」。

【ㄨㄣ】陰平：昆崐　上聲：捆啃國ㄎㄣ上　去聲：困

【ㄨㄤ】陰平：匡筐眶國去　陽平：狂　上聲：况曠礦（鑛卝）

【ㄨㄥ】陰平：空（1）空虛　上聲：孔恐　去聲：空（2）閑空控

【ㄫ】國音各韻母不加聲母者

【ㄞ】陰平：○哀國ㄞ陰（以下皆準此）○挨　陽平：○呆俗作騃，呆用爲獃　上聲：○矮　去聲：○愛○艾○礙（碍）

【ㄟ】陰平：⊙額國ㄜ陽

【ㄠ】陰平：○熬（1）熬菜　陽平：○熬（2）煎熬　上聲：○襖　去聲：○傲○奥○澳○懊

【ㄡ】○歐○毆○嘔國正讀上⊙漚國去　上聲：○偶○藕

【ㄢ】陰平：○安○鞍○庵　去聲：○岸○案○按○暗

【ㄣ】陰平：○恩

【ㄤ】陰平：○骯骯髒⊙昂國陽

【ㄨㄛ】陰平：⊙惡國ㄜ去　陽平：○俄國ㄜ陽（下同）○蛾○鵝○哦哦吟⊙鄂國ㄜ去（下同）⊙鱷　上聲：○我國ㄨㄛ又ㄜ上　去聲：○餓國ㄜ去

【ㄏ】

【ㄚ】陰平：哈笑聲｜⊙瞎國ㄒㄧㄚ陰　去聲：○下(2)語音，國ㄒㄧㄚ去(下同)｜○嚇

【ㄞ】陰平：·骸國陽駭國去｜·核國ㄏㄜ陽，又ㄏㄨ陽，此同⊙劾國ㄏㄜ陽　陽平：孩○鞋國ㄒㄧㄝ陽　上聲：海

⊙蟹國ㄒㄧㄝ去　去聲：亥害

【ㄟ】陰平：｜黑　上聲：·嘿驚訝聲，國陰

【ㄠ】陰平：蒿　陽平：豪毫號(2)號哭　上聲：好(1)好歹　去聲：號(1)記號好(2)喜好

【ㄡ】陰平：侯喉猴　上聲：吼　去聲：候后後厚

【ㄢ】陰平：酣憨　陽平：寒函涵含韓⊙鹹國ㄒㄧㄢ陽　上聲：喊罕·鼾國陰　去聲：漢汗旱悍憾

【ㄣ】陽平：痕　上聲：很狠　去聲：恨

【ㄤ】陽平：杭航行(2)銀行　去聲：○巷國ㄒㄧㄤ(下同)○項

【ㄥ】陰平：亨哼　陽平：恒⊙莖國ㄐㄧㄥ陰　去聲：○杏國ㄒㄧㄥ去

【ㄨ】陰平：呼｜忽惚　陽平：胡湖蝴葫糊鬍狐壺乎｜斛　上聲：虎唬　去聲：户滬護互

【ㄨㄚ】陰平：花　陽平：華譁嘩嘩啦，國陰划划拳，讀去｜滑猾　去聲：化畫話｜劃

【ㄨㄛ】陰平：·呵國ㄏㄜ陰｜·活·穫國去(下同)·霍·豁○喝國ㄏㄜ陰○鶴國ㄏㄜ去　陽平：○禾國ㄏㄜ陽(下皆同)○和

何河荷合盒闔(閤)　上聲：火伙夥　去聲：禍貨賀國ㄏㄜ去

【ㄨㄞ】陽平：懷槐淮　去聲：壞

【ㄨㄟ】陰平：灰恢詼揮輝徽彙國去　陽平〔一〕：回迴蛔或國ㄏㄨㄛ去(下同)惑　上聲：毁悔誨國去(下同)晦　去聲：惠賄匯會(1)聚會繪彗慧穢諱

【ㄨㄢ】陰平：歡　陽平：還環　上聲：緩皖國ㄨㄢ上　去聲：換喚患幻

【ㄨㄣ】陰平：昏婚葷　陽平：魂餛渾渾全；渾水陰，渾濁去，渾蛋則上　去聲：混國上，惟混帳亦去

【ㄨㄤ】陰平：荒慌　陽平：黄磺簧　上聲：恍謊晃胱膀胱，國ㄍㄨㄤ陰誆國ㄎㄨㄤ陰，此混謊

【ㄨㄥ】陰平：烘轟　陽平：紅鴻洪宏橫國ㄏㄥ陽(下同)衡　上聲：哄　去聲：閧

【ㄐ】

【ㄧ】陰平：基箕肌几飢幾(1)幾乎機譏雞羈稽髻國去激及國陽(下同)級吉急擊給國上屐國陰　陽平：極　上聲：己幾　去聲：季技妓記紀忌寄既計繼冀

【ㄧㄚ】陰平：加枷痂嘉家佳夾甲國上　上聲：假賈　去聲：架駕稼莊稼，輕嫁價

〔一〕陽平：原脱。

【ㄧㄝ】陰平：揭結國陽（下同）詰劫　陽平：潔傑竭孑

【ㄧㄞ國音皆ㄐㄧㄝ】陰平：皆階街　上聲：解押解，讀去　去聲：介芥界疥戒誡屆

【ㄧㄠ】陰平：交郊嬌驕膠澆　上聲：餃絞狡皎繳僥僥倖，俗ㄧㄠ陰攪矯　去聲：叫教教使之意讀陰校（2）校對，校尉較覺（2）睡覺

【ㄧㄡ】陰平：鳩糾究國去（下同）柩　上聲：九久韭　去聲：舅俗或ㄑㄧㄡ去臼救

【ㄧㄢ】陰平：肩堅兼間（1）中間姦奸監艱　上聲：檢儉瞼（城）繭減揀簡澗國去　去聲：見劍建健鍵鑑間（2）間隔莧國ㄒㄧㄢ去賺國ㄓㄨㄢ去

【ㄧㄣ】陰平：今矜巾斤金筋襟　上聲：謹僅緊錦　去聲：近禁勁

【ㄧㄤ】陰平：江豇疆薑韁僵姜　上聲：講　去聲：降（1）降落虹讀音ㄏㄨㄥ陽

【ㄧㄥ】陰平：京鯨經驚荊兢　上聲：景警竟國去（下同）境　去聲：鏡敬競徑逕頸國上

【ㄩ】陰平：居拘俱俗作傢俱，讀去足國ㄗㄨ陽　陽平：局菊鞠橘　上聲：舉娶國ㄑㄩ上　上聲：巨拒距句具颶鋸據懼劇矩國上齣國ㄔㄨ陰聚趣國ㄑㄩ去

【ㄩㄛ國音皆ㄐㄩㄝ】陰平：腳國陽，又語音ㄐㄧㄠ上（下同）角覺（1）覺悟

【ㄩㄝ】陰平：決國陽（下同）訣掘　陽平：絶

【ㄩㄢ】陰平：捐鑽國ㄗㄨㄢ陰，鑽子，去　上聲：捲　去聲：卷倦攥眷絹國ㄗㄨㄢ去

【ㄩㄣ】陰平：君均軍尊國ㄗㄨㄣ陰（下同）遵　去聲：郡菌俊峻

【ㄩㄥ】上聲：窘

【ㄑ】

【ㄧ】陰平：欺期國陽，又期年ㄐㄧ陰，同官不分乞國上訖國去　陽平：其旗棋奇騎岐歧祈　上聲：起豈啓　去聲：氣汽契器棄去國ㄑㄩ去，同官讀音同泣

【ㄧㄚ】陰平：掐恰國去　上聲：卡

【ㄧㄝ】陰平：怯國去歉國ㄑㄧㄢ去　陽平：茄

【ㄧㄠ】陰平：敲蹺　陽平：喬僑橋蕎翹　上聲：巧　去聲：竅轎國ㄐㄧㄠ去

【ㄧㄡ】陰平：丘　陽平：求球毬　去聲：舊國ㄐㄧㄡ去

【ㄧㄢ】陰平：牽謙鉛　陽平：黔鉗（箝）虔乾（1）乾坤緘國ㄐㄧㄢ陰　上聲：遣　去聲：欠件國ㄐㄧㄢ去

【ㄧㄣ】陰平：欽　陽平：琴勤懃禽擒芹

【ㄧㄤ】陰平：腔　陽平：强(1)强弱　上聲：强(2)勉强

【ㄧㄥ】陰平：輕卿傾　上聲：頃　去聲：慶磬罄

【ㄩ】陰平：區驅嶇趨蛆曲彎曲；國歌曲，上，但同官不分屈麯國陽　陽平：渠　上聲：取

【ㄩㄛ】陰平：却國ㄑㄩㄝ去(下同)確殼國又讀ㄎㄜ陽〔一〕鵲雀(1)讀音嚼國ㄐㄩㄝ陽，語音ㄐㄧㄠ陽

【ㄩㄝ】陰平：缺

【ㄩㄢ】陰平：圈　陽平：權拳全泉　上聲：犬　去聲：勸券竄國ㄘㄨㄢ去

【ㄩㄣ】陰平：村國ㄘㄨㄣ陰　陽平：羣裙屯國ㄊㄨㄣ陽存國ㄘㄨㄣ陽　上聲：忖國ㄘㄨㄣ上　去聲：囤國ㄊㄨㄣ去寸國ㄘㄨㄣ去

【ㄩㄥ】陽平：窮

【ㄬ】

【ㄧ國ㄋㄧ或ㄧ】陰平：匿國ㄋㄧ去(下準此)溺逆　陽平：尼呢毛呢，又疑助泥(1)泥土宜國ㄧ陽(下同)疑儀

上聲：你國ㄋㄧ上(下準此)擬　去聲：膩泥(2)拘泥

【ㄧㄚ】陰平：押國ㄧㄚ陰(下準此)鴨壓　陽平：牙芽　上聲：啞

〔一〕ㄎ：原誤作「ㄛ」。

【ㄧㄝ】陰平：⊙捏國ㄋㄧㄝ陰（下同）⊙孽國去⊙業國ㄧㄝ去

【ㄧㄠ】陽平：○淆國ㄧㄠ陽坳國ㄠ陰或去　上聲：○鳥國ㄋㄧㄠ上○咬國ㄧㄠ上　去聲：○尿國ㄋㄧㄠ去

【ㄧㄡ】陽平：○牛國ㄋㄧㄡ陽（下準此）　上聲：○扭○紐○鈕　去聲：○謬國正讀ㄇㄧㄡ去○拗國ㄠ去

【ㄧㄢ】陰平：○淹國ㄧㄢ陰（下準此）○醃　陽平：○年國ㄋㄧㄢ陽（下同）○拈○嚴國ㄧㄢ陽（下同）○巖○研　上聲：○攆國ㄋㄧㄢ上（下同）○撚（捻）○碾動詞，碾子名詞讀去○眼國ㄧㄢ上　去聲：○念國ㄤㄧㄢ去（下同）〔一〕○廿

【ㄧㄣ】陽平：○銀國ㄧㄣ陽　去聲：○□〔二〕地□子，國ㄧㄣ去

【ㄧㄤ】陽平：○娘國ㄋㄧㄤ陽　上聲：○仰國ㄧㄤ上

【ㄧㄥ】陽平：○寧（甯）國ㄋㄧㄥ陽（下同），甯姓讀去○嚀○擰扭也○凝　去聲：○硬國ㄧㄥ去

【ㄩ】上聲：○女國ㄋㄩ上

【ㄩㄛ】陰平：⊙握國ㄨㄛ去（下同）⊙齷

【ㄒ】

〔一〕ㄤ：疑當作「ㄋ」。

〔二〕□：原爲空格，似爲有音無字。

【ㄒ】陰平：希稀溪嬉犧兮畦國ㄑㄧ陽吸　陽平：攜國陰　上聲：喜禧國正讀陰　去聲：系係繫戲

【ㄒㄧㄚ】陰平：蝦　陽平：霞暇國去俠狹峽匣轄洽國ㄡㄑㄧㄚ去　去聲：夏下（1）讀音

【ㄒㄧㄝ】陰平：歇蠍血國上　陽平：協脅挾國ㄡㄒㄧㄚ陽穴國ㄒㄩㄝ去

【ㄒㄧㄞ國音ㄒㄧㄝ】陽平：偕諧　去聲：械懈

【ㄒㄧㄠ】陰平：囂梟　上聲：曉　去聲：效効校（2）學校孝酵

【ㄒㄧㄡ】陰平：休　上聲：朽嗅國去臭國ㄔㄡ去

【ㄒㄧㄢ】陰平：掀　陽平：賢嫌閑閒銜　上聲：顯險　去聲：現憲縣獻限陷

【ㄒㄧㄣ】陰平：欣　去聲：釁（衅）

【ㄒㄧㄤ】陰平：香鄉　陽平：降（2）降服　上聲：餉享響　去聲：向

【ㄒㄧㄥ】陰平：興（1）興起　陽平：形刑型行（1）行動　去聲：幸倖興（2）興趣

【ㄒㄩ】陰平：虛噓畜（1）養畜，國去（下同）蓄須鬚需戌恤國去（下同）卹肅國ㄙㄨ去（下同）宿粟　陽平：徐俗國ㄙㄨ陽　上聲：許　去聲：序嶼國ㄩ去敘絮緒穗國ㄙㄨㄟ去續

【ㄒㄩㄛ國音ㄒㄩㄝ】陰平：削國去，語音ㄒㄧㄠ陰　陽平：學國動詞讀ㄒㄧㄠ陽

【ㄩㄝ】陰平：靴·雪國上

【ㄩㄢ】陰平：軒宣○酸國ㄙㄨㄢ陰　陽平：懸·眩國去○弦國ㄒㄧㄢ陽旋　上聲：選　去聲：○餡國ㄒㄧㄢ去○算國ㄙㄨㄢ去（下同）○蒜

【ㄩㄣ】陰平：燻勳（勛）○孫國ㄙㄨㄣ陰　陽平：旬詢循巡馴　上聲：○筍國ㄙㄨㄣ上（下同）○損　去聲：訓遜

【ㄩㄥ】陰平：兄凶兇胸洶⊙酗國ㄒㄩ去　陽平：熊雄

【ㄗ】

【ㄧ國音ㄐㄧ】陰平：○積○績○迹⊙即國陽（下同）⊙唧⊙籍⊙輯⊙寂⊙脊國上○鯽國去（下同）⊙稷⊙緝國ㄑㄧ去　陽平：○疾○嫉　上聲：○擠　去聲：○祭○際○濟○劑○薺荸薺，陰輕

【ㄧㄝ】陰平：○接⊙節國陽　陽平：截○睫　上聲：○姐　去聲：○借○藉

【ㄧㄠ】陰平：○焦○蕉椒　上聲：○勦國、語音ㄔㄠ陰

【ㄧㄡ】陰平：○揪○租國ㄗㄨ陰　上聲：○酒

【ㄧㄢ】陰平：○煎○尖○箋　上聲：○翦○踐國去　去聲：○箭○賤○錢○漸○薦

【ㄧㄣ】陰平：○津⊙浸國去⊙侵國ㄑㄧㄣ陰　上聲：○儘　去聲：○盡○燼○進○晉

【ㄧㄤ】陰平：○將(1)將來○漿⊙槳國上　上聲：○獎○蔣　去聲：⊙將(2)將士○醬○匠

【ㄧㄥ】陰平：○精○睛○晶　上聲：○井　去聲：○浄○靜○甑國ㄗㄥ去

【ㄊㄧ】

【ㄧ國音ㄊㄧ或ㄑㄧ】陰平：○梯國ㄊㄧ陰(下同)○踢○妻國ㄑㄧ陰(下同)○悽○七○漆○戚○膝國ㄒㄧ陰，同官讀音同　陽平：○提國ㄊㄧ陽(下同)○隄(○堤)○題○啼○蹄⊙蒂國ㄉㄧ去○笛國ㄉㄧ陽(下同)○糴○齊國ㄑㄧ陽　上聲：○體國ㄊㄧ上　去聲：○涕國ㄊㄧ去(下同)○剃○替○嚏○屜○弟國ㄉㄧ去(下同)○締○遞○地讀音ㄉㄧ去，同國音○砌國ㄑㄧ去⊙臍國ㄑㄧ陽⊙集國ㄐㄧ陽

【ㄧㄝ】陰平：○貼國ㄊㄧㄝ陰(下同)○帖妥帖，但柬帖國上，碑帖國去，同官不分⊙鐵國ㄊㄧㄝ上○切國ㄑㄧㄝ陰，但一切讀去⊙妾國ㄑㄧㄝ去　陽平：○碟國ㄉㄧㄝ陽(下同)○疊　上聲：○且國ㄑㄧㄝ上

【ㄧㄠ】陰平：○挑但肩挑、挑夫讀上；國ㄊㄧㄠ陰　陽平：○條國ㄊㄧㄠ陽(下同)○調(1)調和○樵國ㄑㄧㄠ陽(下同)　上聲：⊙雀(2)語音ㄑㄧㄠ陽　去聲：○跳國ㄊㄧㄠ去(下同)○糶○調(2)調查，調換，國ㄉㄧㄠ去，同官讀「音調」同國音○俏國ㄑㄧㄠ去

【ㄧㄡ】陰平：○秋國ㄑㄧㄡ陰(下同)○鞦○鰍　去聲：○就國ㄐㄧㄡ去

【ㄧㄢ】陰平：○天國ㄊㄧㄢ陰(下同)○添○千國ㄑㄧㄢ陰(下同)○遷○韆○簽○籤　陽平：○田國ㄊㄧㄢ陽(下同)○甜○填○前

國ㄑㄧㄢ陽（下同）○錢○潛　上聲：○舔國ㄊㄧㄢ上○淺國ㄑㄧㄢ上　去聲：○佃國ㄉㄧㄢ去（下同）○墊

【ㄧㄣ】陰平：○親國ㄑㄧㄣ陰　陽平：○秦國ㄑㄧㄣ陽　上聲：○寢國ㄑㄧㄣ上

【ㄧㄤ】陰平：○鎗國ㄑㄧㄤ陰　陽平：○牆國ㄑㄧㄤ陽（下同）○薔　上聲：○搶國ㄑㄧㄤ上

【ㄧㄥ】陰平：○聽（1）耳聽，國ㄊㄧㄥ陰（下同）○廳○青國ㄑㄧㄥ陰（下同）○清○蜻　陽平：○廷國ㄊㄧㄥ陽（下同）○庭○蜓○亭○停○情國ㄑㄧㄥ陽○晴　上聲：○挺國ㄊㄧㄥ上（下同）○艇○請國ㄑㄧㄥ上　去聲：○聽（2）聽其自然，國ㄊㄧㄥ去

【ㄙ】

【ㄧ國音ㄒㄧ】陰平：○西○犀○悉○蟋○析○昔國陽（下同）○惜○息○媳○熄○襲○錫⊙壻國ㄒㄩ去　陽平：○習○席○蓆　上聲：○洗　去聲：○細

【ㄧㄝ】陰平：○些○泄國去（下同）○屑○薛國ㄒㄩㄝ陰　陽平：○斜○邪　上聲：○寫　去聲：○謝○卸○瀉

【ㄧㄠ】陰平：○宵○消○銷○逍○簫○蕭　上聲：○小　去聲：○笑

【ㄧㄡ】陰平：○修○羞　去聲：○袖○秀○繡○鏽

【ㄧㄢ】陰平：○先○仙○鮮鮮少，讀上　陽平：○涎讀音ㄧㄢ　上聲：○蘇○癬國ㄒㄩㄢ上〔一〕　去聲：○線（綫）

〔一〕ㄩ：原誤作「ㄇ」。

腺羨

【ㄧㄣ】陰平：新辛薪心　陽平：尋國ㄒㄩㄣ陽〔一〕　去聲：信迅國ㄒㄩㄣ去（下同）訊

【ㄧㄤ】陰平：相(1)互相箱廂湘襄鑲　陽平：祥詳　上聲：想　去聲：象像橡相(2)宰相

【ㄧㄥ】陰平：星腥猩　上聲：醒　去聲：性姓

按右ㄗㄘㄙ三母所屬之字，大都由ㄐㄑㄒ分出，故以次之。此種分別，合於舊音，即ㄐㄑ諸字原屬「見、溪、羣」，ㄒ原屬「曉、匣」者，同官不似國音之與「精、清、從（ㄗ、ㄘ）」及「心、邪（ㄙ）」相混（在近代戲曲上亦謂之分「尖音」與「團音」也。其ㄐㄑㄒ所屬各字，照此標準應分而未分者，譜中概用「…」以隔之，以便研究）。惟ㄘ母之字，有從ㄊ母來者，則此間方音之特徵（ㄘ母譜中，亦用此「…」以隔其下之尖音），然如洛川及關中一帶，多併ㄉㄊ兩母之齊齒呼皆讀入ㄗㄘ或ㄐㄑ，同官則「ㄉㄧ」已國音化矣；且撮口呼（ㄩ）亦不復分尖音，概同國語；惟ㄗㄘㄙ之合口呼復多轉入。要之本地此三尖音，因其爲齊齒呼，發音連帶舌面，異於ㄗㄘㄙ，仍近ㄐㄑㄒ，習國音時，任其存留亦可；惟如ㄊㄧ之轉ㄑㄧ以及其他距國音太遠者，則當注意字下所注，依國音矯正之，以資統一。

〔一〕ㄩ：原誤作「ㄇ」。

【ㄓ】

陰平：知蜘隻織汁執國陽（下同）職擲質秩國去　去聲：智致緻制製置滯稚治

【ㄜ國音ㄓㄜ】陰平：遮蟄浙國去　陽平：折摺　上聲：者　去聲：這俗或讀ㄓㄚ八蔗

【ㄠ】陰平：招朝（1）朝夕　去聲：召照兆

【ㄡ】陰平：州洲周週　上聲：肘宙國去　去聲：晝

【ㄢ】陰平：氈（毡）瞻占沾粘粘貼，形容則ㄖㄢ陽　上聲：展　去聲：佔（占）戰顫國ㄔㄢ去

【ㄣ】陰平：真貞偵珍針斟砧　上聲：枕診疹　去聲：振賑震陣鎮

【ㄤ】陰平：張章　上聲：掌長（1）生長　去聲：杖仗帳賬脹漲漲價，國上，同官不分障瘴悵國ㄔㄤ去

【ㄥ】陰平：征徵蒸　上聲：整拯　去聲：正政症證

【ㄨ】ㄓㄨ轉ㄔ

【ㄨㄛ】陰平：酌國陽　陽平：着（1）着落，沈着

【ㄔ】

陰平：吃尺國上赤國去（下同）斥叱　陽平：池遲持直國ㄓ陽（下同）值植殖姪　上聲：恥侈

【ㄝ國音ㄔㄜ】陰平：○車　陽平：○徹國去（下同）○澈○撤○轍國ㄓㄜ陽（下同）○輒　上聲：○扯

【ㄠ】陰平：超　陽平：潮朝（2）朝向　去聲：○趙國ㄓㄠ去，同官讀音同

【ㄡ】陰平：抽　陽平：酬綢稠籌仇　上聲：丑醜

【ㄢ】陽平：蟬纏　上聲：諂

【ㄣ】陰平：嗔　陽平：陳沉忱臣塵　去聲：趁稱（2）不稱

【ㄤ】陰平：昌娼猖　陽平：長（1）長短腸場常（1）平常　上聲：廠敞氅・倡國去　去聲：唱暢

○丈國ㄓㄤ去，同官讀音仍同國音

【ㄥ】陰平：稱（1）稱呼　陽平：成城誠呈程承乘澄懲⊙拯國ㄓㄥ上　上聲：逞騁　去聲：秤○鄭

國ㄓㄥ去

【ㄨ】ㄔㄨ轉ㄔ

【ㄨㄛ】陰平：戳蓋戳，但戳穿讀ㄘㄨㄛ陰　陽平：○着（2）着急，睡著；國音ㄓㄠ陽，着凉，陰。

【ㄕ】

陰平：濕失・式國去（下同）・試・室・釋・識適・飾　陽平：十什拾石食實　去聲：世誓逝勢

【ㄚ】陰平：・卅國去○煞國ㄕㄚ去　上聲：灑○傻國ㄕㄚ上，同官俗讀ㄍㄨㄚ陰⊙廈國ㄕㄚ去・撒薩國去

【ㄝ國音ㄕㄜ】陰平：奢賖·設國去（下同）·攝·涉　陽平：蛇舌　上聲：捨　去聲：社舍射麝

【ㄠ】陰平：燒　陽平：·紹國去　上聲：少（1）老少　去聲：少（2）縣少

【ㄡ】陰平：收　上聲：手守首　去聲：受授壽售獸

【ㄢ】陰平：羶　陽平：◦蟬國ㄔㄢ陽（下同）◦蟾　上聲：閃陝　去聲：扇善膳繕鱔⊙闡國ㄔㄢ上

【ㄣ】陰平〔一〕：身申伸紳深　陽平：神·娠國陰◦辰國ㄔㄣ陽（下同）◦晨　上聲：審嬸沈姓也　去聲：甚慎

【ㄤ】陰平：商傷　陽平：·裳國輕，正讀ㄔㄤ陽◦嘗國ㄔㄤ陽（下同）常（2）姓也　上聲：賞⊙償國ㄔㄤ陽

去聲：上尚·晌國上

【ㄥ】陰平：升陞昇聲　陽平：繩　去聲：勝賸（剩）盛聖

【ㄨ】ㄕㄨ轉ㄕ

【ㄨㄛ】陰平：⊙灼國ㄓㄨㄛ陽　陽平：杓水杓，國作ㄅ，去，語音ㄕㄠ陽（下同）·芍

【ㄖ】

〔一〕 ㄣ：原誤作「ㄢ」。

【ㄝ國音ㄖㄜ】陰平：熱國去　上聲：惹
【ㄠ】陽平：饒　上聲：擾　去聲：繞
【ㄡ】陽平：柔
【ㄢ】陽平：然燃　上聲：染
【ㄣ】陽平：人仁壬　上聲：忍　去聲：刃紉認任姓則陽平飪
【ㄤ】陰平：壤國上釀國ㄋㄧㄤ去　上聲：嚷　去聲：讓
【ㄨ】ㄖㄨ轉日〔一〕
【ㄨㄛ】陰平：若國去（下同）弱

【ㄓ】國音ㄓㄨ

陰平：朱蛛珠硃諸猪　上聲：主煮　去聲：注註蛀駐著箸鑄貯國上
【ㄚ】陰平：抓
【ㄛ】陰平：桌捉　湯平：濁鐲琢啄
【ㄝ】陽平：拙國ㄓㄨㄛ陽

〔一〕ㄖㄨ轉日：原誤作「轉ㄖ日ㄨ」。

【ㄟ】陰平：追錐　去聲：綴墜贅

【ㄢ】陰平：專磚　上聲：轉　去聲：傳(2)傳記篆

【ㄣ】上聲：准準

【ㄤ】陰平：莊(庄)裝妝樁　去聲：壯狀

【ㄨㄥ】陰平：中(1)中間忠衷終鐘鍾　上聲：腫種(1)種子　去聲：衆仲中(2)中意種(2)種地

【ㄔ】國音ㄔㄨ

陰平：出帚國ㄓㄡ上　陽平：除廚儲　上聲：處(1)處理　去聲：處(2)處所住國ㄓㄨ去(下同)柱

【ㄛ】陽平：鑿國ㄗㄠ陽，或ㄗㄨㄛ去

【ㄞ】上聲：揣

【ㄟ】陰平：吹炊　陽平：垂錘捶槌

【ㄢ】陰平：川穿釧國去　陽平：傳(1)相傳　上聲：喘　去聲：串篡國ㄗㄨㄢ上踹國ㄔㄨㄞ去

【ㄣ】陰平：春　陽平：純莼(蓴)鶉　上聲：蠢

【ㄤ】陰平：窗瘡　陽平：牀　上聲：闖　去聲：創撞國ㄔㄨㄤ去

【ㄨㄥ】陰平：○沖○充○衝○春　陽平：○蟲○崇○重(2)重複　上聲：○寵　去聲：○銃○重(1)輕重，國ㄓㄨㄥ去

【ㄕ】國音ㄕㄨ

陰平：○書○舒○輸　陽平：⊙殊國陰⊙術國去　上聲：○暑○署○薯○鼠○黍⊙豎國去　去聲：○樹○恕○庶○述

【ㄚ】陰平：○刷　上聲：○耍

【ㄛ】陰平：○說○朔讀音ㄙㄨㄛ陰○碩○蟀　上聲：所國ㄙㄨㄛ上

【ㄞ】陰平：○衰　去聲：○帥○率

【ㄟ】陰平：○綏國ㄙㄨㄟ陰○摔國ㄕㄨㄞ陰　上聲：○水　去聲：○睡○稅○瑞國ㄖㄨㄟ去

【ㄢ】陰平：○拴　陽平：○船國ㄔㄨㄢ陽

【ㄣ】陽平：○脣國ㄔㄨㄣ陽　去聲：○順○瞬

【ㄤ】陰平：○雙○霜○孀　上聲：○爽

【ㄖ】國音ㄖㄨ

陰平：⊙入國去　陽平：○如○儒○孺　上聲：○汝○乳

【ㄟ】上聲：○蕊⊙銳國去

【ㄢ】上聲：軟

【ㄣ】去聲：閏潤

【ㄨㄥ】陽平：絨茸　上聲：冗

按右四母所屬之字，皆自ㄓㄔㄕㄖ之合口呼轉來，故以次之。然同官ㄓㄔㄕㄖ之合口呼，實是轉成ㄗㄘㄙㄙ之圓脣化耳，依音理當次於彼，而乃次於此者，則本譜係以國字爲本位，務使本地方音，源頭清楚，流變分明，始易矯正以從國音，故此四個方符形體，特令與ㄓㄔㄕㄖ相彷彿也。（前之ㄗㄘㄙ亦準此例。）凡全國各地方符之形體，及其在全字母中排列之次序，皆以此例爲準。同官聲母三十一，即照此譜次序讀之，前之紐韻表係示發音部位之次序，非字母排列之次序也。）

【ㄗ】陰平：資姿兹滋輜恣國去之國ㄓ陰（下同）芝支枝肢祗敬也　上聲：子姊紫滓止國ㄓ上（下同）址趾旨指紙　去聲：志國ㄓ去（下同）誌痣至痔摯幟

【ㄚ】陰平：渣國ㄓㄚ陰紮國正讀ㄓㄚ陽扎國ㄓㄚ陰；掙扎，陽札國ㄓㄚ陽（下同）閘蚱螞蚱，國ㄓㄚ去軋國ㄧㄚ去

陽平：雜炸（1）油炸，國ㄓㄚ陽　去聲：乍國ㄓㄚ去（下同）詐炸（2）爆炸搾柵

【ㄞ】陰平：栽哉災齋國ㄓㄞ陰　上聲：宰載年載；馱載國去，同官不分　去聲：再債國ㄓㄞ去（下同）寨

【乀】陰平：則國ㄗㄜ陽（下同）責摘國ㄓㄞ陰或ㄓㄜ陽窄國ㄓㄞ上或ㄗㄜ去　陽平：擇國ㄗㄜ陽（下同）澤宅國ㄓㄞ陽或ㄓㄜ去　上聲：賊國陽或ㄗㄜ陽

【ㄠ】陰平：糟遭繅繅絲，國ㄙㄠ陰　上聲：早蚤棗澡藻爪國ㄓㄠ上（下同）找　去聲：竈（灶）造皂罩國ㄓㄠ去

【ㄡ】陰平：謅胡謅騶國去粥國ㄓㄡ陰或ㄓㄨ去妯國ㄓㄡ陽竹國ㄓㄨ陽（下同）燭築逐囑國ㄓㄡ上祝國ㄓㄨ去觸國ㄔㄨ去　陽平：族國ㄗㄨ陽（下同）卒　上聲：走祖國ㄗㄨ上（下同）阻組　去聲：奏皺國ㄓㄡ去（下同）縐助國ㄓㄡ去

【ㄢ】陰平：眨簪國ㄓㄚ上　上聲：斬國ㄓㄢ上（下同）盞　去聲：贊讚站國ㄓㄢ去（下同）棧暫蘸蘸水濺濺泥，國ㄐㄧㄢ去

【ㄣ】上聲：怎

【ㄤ】陰平：贓（賍）　去聲：葬藏（2）西藏臟髒國陰

【ㄥ】陰平：增曾（1）曾祖争國ㄓㄥ陰（下同）睜箏　去聲：贈掙掙錢，國ㄓㄥ去

【ㄨ】ㄗㄨ韻轉ㄡ

【ㄨㄛ】陰平：昨國陽作國去撮國ㄘㄨㄛ去　去聲：左國上（下同）佐

【ㄨㄟ】上聲：嘴或轉ㄓㄟ上　去聲：最醉罪

【ㄨㄥ】陰平：宗棕踪　上聲：總　去聲：縱粽

【ㄘ】

陰平：雌差（3）參差癡（痴）國ㄔ陰　陽平：慈磁瓷翅國ㄔ去　上聲：此齒國ㄔ上　去聲：次刺字國ㄗ去（下同）自

【ㄚ】陰平：叉國ㄔㄚ陰（下同）差（1）差錯，相差；國叉讀去擦插安插，讀ㄗㄚ陰；國ㄔㄚ陰察國ㄔㄚ陽　陽平：茶國ㄔㄚ陽（下同）搽查　去聲：詫國ㄔㄚ去（下同）岔咱國ㄗㄚ陽

【ㄞ】陰平：猜纔國陽釵國ㄔㄞ陰（下同）差（2）差使　陽平：才材財裁柴國ㄔㄞ陽（下同）豺　上聲：採彩綵睬　去聲：菜蔡在國ㄗㄞ去，同官讀音同

【ㄟ】陰平：側國ㄘㄜ去（下同）測廁策册拆國ㄔㄞ陰或ㄔㄜ去　陽平：賊國ㄗㄟ陽，同官讀音同；國讀音ㄗㄜ陽

【ㄠ】陰平：操鈔國ㄔㄠ陰（下同）抄　陽平：曹槽嘈巢國ㄔㄠ陽　上聲：草炒國ㄔㄠ上（下同）吵　去聲：糙國陰躁國ㄗㄠ去（下同）燥

【ㄡ】陰平：○粗國ㄘㄨ陰○初國ㄔㄨ陰（下同）⊙畜（2）牲畜，國ㄔㄨ去⊙促國ㄘㄨ去　陽平：○愁國ㄔㄡ陽○鋤國ㄔㄨ陽○軸國ㄓㄡ陽　上聲：○瞅國ㄔㄡ上○礎國ㄔㄨ上　去聲：凑○措國ㄘㄨㄛ去

【ㄢ】陰平：餐參（1）參加○攙國ㄔㄢ陰　陽平：蠶殘○饞國ㄔㄢ陽（下同）○讒　上聲：慘○產國ㄔㄢ上（下同）○鏟○剷　去聲：燦·懺國陰○綻國ㄓㄢ去

【ㄣ】陰平：參（3）參差　去聲：○襯國ㄔㄣ去

【ㄤ】陰平：倉蒼滄艙　陽平：藏（1）收藏

【ㄥ】陰平：○撐國ㄔㄥ陰　陽平：層曾（2）曾經

【ㄨ】ㄘㄨ韻轉ㄡ

【ㄨㄛ】陰平：搓⊙齪國ㄔㄨㄛ去　去聲：錯挫⊙坐國ㄗㄨㄛ去（下同），同官讀音同○座

【ㄨㄟ】陰平：崔催摧　去聲：翠悴啐瘁脆

【ㄨㄥ】陰平：聰葱匆從（2）從容　陽平：從（1）服從叢

【ㄙ】

陰平：思司私絲斯撕廝螄○詩國ㄕ陰（下同）○施○屍○師○獅⊙豕國ㄕ上（下同）⊙弛⊙氏國ㄕ去　陽平：·嗣國去○時國ㄕ陽○匙國ㄔ陽○祠國ㄘ陽（下同）○詞○辭　上聲：死○始國ㄕ去（下同）○矢○屎○史○使○駛⊙示國ㄕ去　去聲：四肆似巳

祀飼俟寺是國ㄕ去（下同）視試嗜市柿侍恃士仕事伺國ㄘ去（下同），但同官語音同賜

【ㄚ】陰平：沙國ㄕㄚ陰（下同）紗砂痧殺

【ㄞ】陰平：腮鰓　上聲：篩國ㄕㄞ陰　去聲：賽曬（晒）國ㄕㄞ去

【ㄟ】陰平：塞國讀音ㄙㄜ去色國ㄙㄜ去（下同），或ㄕㄞ上嗇澀骰國ㄕㄞ上虱國ㄕ陰　陽平：誰國ㄕㄟ陽，同官讀音同

【ㄠ】陰平：騷風騷，但騷擾讀ㄗㄠ陰捎國ㄕㄠ陰（下同）梢艄　上聲：掃嫂稍國ㄕㄠ陰　去聲：臊國陰哨國ㄕㄠ去

【ㄡ】陰平：搜蘇國ㄙㄨ陰（下同）酥疏國ㄕㄨ陰（下同）蔬梳叔國ㄕㄨ陽束國ㄕㄨ去　陽平：速國ㄙㄨ去熟國ㄕㄡ陽或ㄕㄨ陽塾國ㄕㄨ陽（下同）贖蜀國ㄕㄨ上（下同）屬　上聲：數（1）動詞，國ㄕㄨ上　去聲：嗽素國ㄙㄨ去（下同）訴溯塑瘦國ㄕㄨ去漱國ㄕㄨ去（下同）數（2）名詞

【ㄢ】陰平：三山國ㄕㄢ陰（下同）衫杉刪　上聲：傘　去聲：散

【ㄣ】陰平：森參（2）海參，國ㄕㄣ陰　去聲：滲國ㄕㄣ去

【ㄤ】陰平：桑喪（1）弔喪　上聲：嗓　去聲：喪（2）喪失

【ㄥ】陰平：僧生國ㄕㄥ陰（下同）牲笙甥　上聲：省國ㄕㄥ上

【ㄨ】ㄙㄨ韻轉ㄡ

【ㄨㄛ】陰平：唆梭縮索國上　上聲：鎖瑣

【ㄨㄟ】陰平：雖　陽平：隨　上聲：髓　去聲：遂隧歲碎

【ㄨㄥ】陰平：松鬆嵩　上聲：悚聳　去聲：宋送訟頌誦

【ㄖ】國音ㄖ

【ㄨ】陰平：肉⊙國ㄖㄡ去，讀音ㄖㄨ去辱國ㄖㄨ去（下同）褥⊙

【ㄨㄥ】陽平：仍⊙國ㄖㄥ陽

此母即ㄙ母之帶音者（所謂濁音），故以次之，字甚少，音則顯有殊異。

【ㄚ】

陰平：啊語助，又歎詞阿（1）仝上

【ㄞ】

陰平：唉歎詞（下同）哎

【ㄢ】

上聲：俺

【ㄦ】

陰平：日國ㄖ去　陽平：兒而　上聲：耳爾　去聲：二貳

【ㄧ】

陰平：衣依醫裔國去（下同）縊一揖乙國上易（1）交易，國亦去亦國去（下同）邑益溢抑　陽平：移姨怡遺伊國陰役國去（下同）疫逸　上聲：以倚椅已尾（1）語音　去聲：意異肄易（2）難易義議毅藝誼咦歎詞，國陽（下同）胰蟻國上億憶譯驛翼腋國語音ㄧㄝ去（下同）液

【ㄚ】陰平：鴉呀語助，又歎詞ㄚ耶國ㄧㄝ陰或陽，同官讀音或同　陽平：衙　上聲：雅　去聲：亞

亦上訝

【ㄝ】陽平：爺冶國去葉國去（下同）頁謁　上聲：也野　去聲：夜

【ㄞ】陽平：崖捱國ㄞ陽埃國ㄞ陰（下同）挨

【ㄠ】陰平：腰邀妖殀國上　陽平：摇遥謡窰姚　上聲：舀舀水　去聲：要耀鷂

【ㄡ】陰平：憂優悠幽　陽平：由油尤猶游遊郵　上聲：有友酉　去聲：又幼右佑誘釉

【ㄢ】陰平：烟菸咽吞咽，同嚥，去；哽咽ㄧㄝ，陰胭焉　陽平：延筵言簷炎閻鹽顔沿緣國ㄩㄢ陽

上聲：演掩衍　去聲：燕嚥雁宴晏諺唁硯焰厭驗豔

【ㄣ】陰平：因姻音殷慇陰吟國陽　陽平：寅淫　上聲：引隱癮飲尹　去聲：印蔭孕國ㄩㄣ去

【ㄤ】陰平：央秧殃鴦怏國去　陽平：羊洋陽揚楊　上聲：養癢　去聲：樣恙映國ㄧㄥ去

【ㄥ】陰平：英廳（1）應該鷹嬰櫻鶯　陽平：迎營螢盈贏蠅　上聲：影　去聲：應（1）答應

【ㄨ】

陰平：烏嗚汙誣巫國陽屋兀國去（下同）勿物沃國ㄨㄛ去　陽平：吾梧吳蜈無毋音近ㄪㄨ　上聲：五伍午仵武侮舞蕪國陽撫國ㄈㄨ上戊國去　去聲：悟晤誤務霧惡（2）好惡

【ㄚ】陰平：蛙哇窪襪（袜）國去　陽平：娃　上聲：瓦

【ㄛ】陰平：窩萵倭倭奴，讀ㄨㄟ去阿國ㄜ陰　去聲：臥

【ㄞ】陰平：歪　咥招呼詞，國作喂，ㄨㄟ去　去聲：外

【ㄟ】陰平：威　陽平：圍違帷爲（1）行爲危桅微以下三字實音ㄪㄧ，因已漸國音化，故未另列。可將ㄪ母，補入紐韻表之聲母中，再察其遷變。本譜字左皆以＊爲記惟維　上聲：偉葦緯委痿諉猥尾（2）讀音萎國音（下同）煨巍國陽僞國去　去聲：畏餵（餧）（2）因爲胃謂渭衛魏位未近ㄪㄟ去（下同）味有味，俗讀ㄩ去

【ㄢ】陰平：灣彎豌挖國ㄨㄚ陰　陽平：完頑丸　上聲：晚挽輓宛碗（盌）婉腕國去　去聲：萬蔓國ㄇㄢ去

【ㄣ】陰平：温瘟　陽平：文蚊紋聞　上聲：穩　去聲：問

【ㄤ】陰平：汪　陽平：王亡忘國語音去　上聲：往枉網　去聲：旺望妄

【ㄥ】陰平：翁　去聲：甕

【ㄩ】

陰平：迂淤於國陽裕國去（下同）玉欲浴慾鬱獄　陽平：余餘魚漁愚俞榆輿盂域國去　上聲：雨宇與（1）相與羽禹語予我義，讀陽　去聲：遇寓御禦馭譽喻諭愈豫預與（2）參與芋尉國ㄨㄟ去（下同）慰育或陰

【ㄛ國音ㄩㄝ】陰平：約樂（2）音樂，國去（下同）藥國語音ㄧㄠ去（下同）鑰岳國去（下同）嶽躍虐國ㄋㄩㄝ去（下同）瘧國或ㄧㄠ去

【ㄝ】陰平：曰月國去（下同）悦閲越粤

【ㄢ】陰平：鴛淵冤鳶　陽平：元原源員圓袁猿轅園援　上聲：遠　去聲：院願怨苑

【ㄣ】陽平：雲云耘匀　上聲：允　去聲：運韻熨熨帖，讀ㄩ去

【ㄥ】陰平：擁臃融國ㄖㄨㄥ陽　陽平：庸傭容國ㄖㄨㄥ陽（下同）溶鎔（熔）蓉榮　上聲：勇湧蛹

永泳　去聲：用傭

二、方言分類詞彙 一名《同官方雅》

略例：一、分類準照《詞類大系》（即《方言調查表目》，乃將《新著國語文法》之五類九品變通而成），大別爲（一）名物、（二）動靜、（三）虚助三類，每類再分子目。二、所採之詞，以本地民衆通行而異於標準國語及大區域之普通方言者爲限。三、每一方言特有之詞，均釋以國語或文言所用之詞，釋法貌似《爾雅》，但實爲叙述上之清楚便利起見，故不用對照列表之體裁。四、方言之詞，用字雖或平常，但本地音讀之異於國音者，必須按照《方音字譜》查注其方音讀之，否則全非本地風光矣。其字或音爲《方音字譜》所未收者，本篇特注其音及調於字下，已收者不複注。五、凡用法舉例、詞義引伸、本地異稱、古字通轉等，皆隨宜附加小注。六、本詞彙非索引式之詞典，旨在認識地方語詞之特徵，與《方音字譜》用法不同，蓋檢尋矯正之用較小，而比較研究之用較大也。七、本詞彙僅以述明事實爲主〔一〕，尚未遑推衍源流，故但名「詞彙」，不能目爲「方言考」。如能藉此資料，再就《古今文字聲義通表》以求之，則本地之土語俚言，無字可表者，皆於《說文》《廣韻》諸書中躍然而出矣。

〔一〕爲：原誤作「與」。

（一）名物

（甲）人類

（子）親族及品類

父曰達，ㄉㄚ入聲入陽平，即爹字古音。舊志：「父謂之爹爹。」今不聞矣。又爸爸向亦不用，今外路人偶用之。母曰媽，舊志：「父亦曰達達，母曰媽媽。」今疊用二字者鮮，且媽媽所以稱伯母也。後母或曰姨。通亦稱媽。又一般稱繼母不親其兒女者曰姚婆。蓋舜繼母姚姓，不慈也。一作吆，無義；或作妖，義不適當。祖父曰爺，舊志：「諸神皆曰爺，官亦謂之爺。」蓋最高之稱。祖母曰婆。舊志：「祖曰爺爺，祖母曰婆婆。」今亦少疊用。曾祖父母曰老爺、老婆。高祖以上，疊加老字。舊志：「高祖父母曰祖爺、祖阿婆。」今已不用。又云：「伯叔祖父母亦曰爺、婆，而冠以行。」外祖父母曰外稱呼時讀ㄨㄟ去聲爺、外婆。婦呼翁姑亦曰達、媽，對人則稱阿公、阿家。伯父曰伯，伯母曰媽上媽字讀上聲媽。叔父亦曰達而冠以行，叔母曰姨。南鄉黃堡以南則稱娘娘。凡父執，皆依其年齡長幼稱伯或叔；女者稱爲嬸。舊志：「伯父母曰阿伯、阿姆，叔嬸亦冠以行而謂之爹媽。」今已略變。呼岳父曰姨夫，岳母亦曰姨；舊志：「妻母曰姨姨。」今不疊。對人則稱丈人、丈母。兄曰哥。婦稱夫兄同。弟曰兄弟，但呼爲老幾，依其行。或以其名。凡平輩年長者曰老爹。ㄊㄨㄛ去聲，即大字之中古音也。餘亦依行稱老幾。妯娌曰先去聲後。連襟曰挑担。一稱兩担子。謂人妻，少曰媳婦，中年曰婆娘，老年曰老婆。太太、老太太，以稱官長眷屬，民間無之。夫妻無互稱，相呼以哎（ㄞ上）代之。對人則妻稱己夫爲掌櫃的，舊志：「夫曰當家人。」夫稱己妻爲我屋裏的。猶云室人、內人也。幼小者通曰娃，呼某娃子。幼男曰小子娃，幼女曰女娃。女長未嫁者曰姑娘，未嫁而夫死者曰女兒寡，亦曰望門寡。已嫁者曰客人。舊志：「女及笄曰客人。」實則女初生即以客人目之也。壯年男子曰小夥子，老年曰老漢。猶云老頭兒。短命者曰硬頭子，舊志曰硬郎兒。同鄉曰一鍬當是縣字音轉土上人。稱商店學徒曰相公。舊志：「稱秀才曰相公。」工匠曰師。有技藝者曰把式。又舊稱理髮匠曰待詔。兵曰老總。舊志：「兵謂之將爺。」富人曰買主。一曰財東。舊志：「窮人曰緊漢。」今通稱窮漢。衣食粗足者曰便家。勞力者曰下苦的。趕腳者曰泥腿子。短工曰日子活，其收麥者曰麥客子。包工工頭曰攬頭。挑担賣京貨者曰貨音訛爲ㄏㄨ上郎。乞丐曰挂坡子。通稱要飯的。扒手曰綹娃子。劫者曰土匪，偷者曰賊娃子。欺人者曰哄兒匠（舊志曰把兒客），説謊話者曰謊（ㄏㄨㄤ上）皮胎。賭徒曰轂轆子。誕妄者曰二家梁（謂兩山梁脊無所適從也）。

（丑）身體

面孔曰眉眼。舊志：「腦後曰腦杓子。腮曰牙叉骨。顴曰臉喀才。（按喀音ㄎㄜ陰平。通稱拳骨。）」後頸窩曰項梢窩。肩膀曰胛音甲骨子。舊志：「項骨曰鎖子骨。」即肩項間骨也。臍曰脖臍窩。舊志：「腹股間曰膁（ㄑㄧㄢ上）窩。」臀曰尻ㄍㄡ陰平蛋子。男陰曰㞗（ㄑㄧㄡ陽平），女陰即通稱（ㄆㄧ陰平）。膝曰喀膝蓋兒。大便曰巴上聲屎，小便曰尿尿。皆上動下名。

（乙）生活政俗

（子）食

烙餅即麵製厚大餅曰鍋盔。用器特製之麵條曰餄餎。音ㄏㄨㄛ（陽）ㄌㄨㄛ（輕），一作活絡，相傳創製者名何樂，御廚也。其器木製。鐵底鑽孔，置麵其內，上壓以木心，麵從孔下入鍋。湯食乾食皆宜。供神素品曰麻葉。麵製薄片，切長方形，長約三寸，寬寸許，中以刀劃成六條，套而翻之。炸以油，專供神，名清油細盤。餘見風俗志。以下各項，均與風俗志及農業志互詳，不複。

（丑）衣

短褂曰小衫。大褂曰長衫。舊志：「袍曰開繫。」此清制官服之襯衣，通稱開氣袍。今已廢。背心曰褂褂。一名順身。衣袋曰手衩。

（寅）住

土坯壘牆等用者曰墼墼。音ㄏㄨ（陽）ㄐㄧ（陰）。舊志作胡基。泥坯曰泥基子（和麥稭作，方形，大二尺許，厚僅二寸，盤炕用，砌炕曰盤炕也。鋪炕用者曰炕磚，陳爐鎮特産）。窑有土窑、鑿土崖成洞。胡基窑、砌胡基成洞，外旁築牆，上覆薄土。磚窑，作法同上。其外至頂通稱崖背。廈子有單間、兩檁一椽，即單簷。鞍間。三檁兩椽，則雙簷似馬鞍，故名，俗作安。灶炕接連通火處曰爐巷。廁曰毛子。亦曰後院。土阜築牆曰寨子。村城曰堡子。

（卯）用具

農具有犂、其前鐵頭爲鏵（ㄏㄨㄚ陽），鏵後翻土者曰逼土。耱、ㄇㄛ去。棗條横編，人立其上平地用，二畜曳。耬、ㄌㄡ陽。蕎麥及豆外，插種用。三腿，上有小斗，下端安小鏵，人摇而畜曳之。耙、ㄆㄚ去。碎土塊及除草用。三十二鐵齒，長約六尺，二畜曳。杴、ㄒㄧㄢ陰，一作枚。長柄之鏟，鐵頭者（其鏟半鐵）拆糞土用，鐵者整地墢用，木者揚場用。（因風揚麥去其皮葉也。）鐝、ㄐㄩㄝ陽。挖地、芟柴用，鐵製，木柄。栲栳、ㄎㄜ（陰近上）ㄌㄡ（輕）。撥糞種（蕎麥種子雜糞）用，柳條製，自肩繫於左脅，以右手撥撒於犂溝。杈、ㄘㄚ陰。挑撥禾稈及柴用，四齒者鐵木兩種，六齒十齒者木製。鐮、有鐵項鐮（長鐵項，下安木柄，割草用）、夾鐮（鐵質，木柄，上加刃片，用仝上，較利）、笨鐮（無鐵項，割條子用）、鏾（ㄙㄢ去）鐮（木質而曲，曲頭安刃片，割麥用）。鍘刀ㄘㄚ陽。一作鍘。碎草用。有木墩，鐵葉包口兩旁有齒，刀以拴連於端等。石磨曰磑ㄨㄟ去聲子。磨麵曰推磑。大石盤曰碾ㄬㄧㄢ去子。中有樁，轉石碌碡（ㄘㄡ陰），畜曳之。碓曰碓椎，坎曰碓窩。舂以手曰蹋（陽平）米，少量小米、蕎麥、椒類用之。大量則用碾磨。平底淺鍋曰鏊。音ㄫㄠ去，烙食物用。盛酒器曰酒鐓。ㄌㄨㄣ，即樽字音轉。撢子布或皮條所製曰摔ㄕㄟ陰子。以之除衣塵曰撣（ㄉㄢ去）。書之封面書皮曰褙子。舊志：「筆曰生活。」今不稱。

（辰）政俗

歲歉曰遭年程。糧價曰斗頭。負債曰爛子。行賄曰塞黑食。路劫曰刁兒搶。祭祀焚黃色紙曰燋ㄗㄧㄠ去表。亦曰化黃。傀儡戲曰肘呼子。歲時禮節諸名，詳風俗志。

（丙）生物 參生物志及農業志

（子）動物

牡牛小者曰犢ㄆㄛ陰平牛，已騸者曰犍ㄐㄧㄢ陰平牛；牝曰乳牛。小牛不分公母曰牛娃子。牡羊通曰羯ㄐㄧㄝ上聲子，傳種者曰騷ㄙㄠ上聲虎，小羊曰羊羔子。牡馬曰兒馬；牝曰騍ㄎㄨㄛ去聲馬。小馬曰馬駒子。騾準此。牡驢曰叫驢；牝曰草驢。小驢曰驢駒子。牡豬曰牙豬；牝曰草豬。

猪中歲曰喀郎子。舊志：「小猪曰猪猪。」按洛川舊志：「音客婁，或轉作可郎。」可知即此。牡犬曰牙ㄬㄧㄚ陽平狗。牝曰草狗。牡猫曰郎猫，牝曰女猫。

鳶曰餓老鼠。鴞曰杏呼，即猫頭鷹，鳴聲似之，俗謂聞之不祥〔一〕。鵰曰鵰角子。鴞鳴時，以ㄘ（鵰）聲應之。鳩曰班子。喜鵲曰雅雀。瓦雀曰速子。形如麻雀，胸有塊肉，諺云：像鷄不像狗，會跳不會走。杜鵑曰殺人强盜。以其鳴聲似之也。黄鸝曰黄瓜盧。蝙蝠曰夜別呼。蟋蟀曰醋蛛蛛。蟻曰蚍蜉馬。

（丑）植物

穀小米皮曰糠，麥皮則曰麩子。遠志苗曰野扁豆。柴胡苗曰鷄舌頭。車前子曰猪耳朵。土茯苓曰地瓜。瓜蔞曰臭瓜。馬兜鈴亦稱臭瓜。

（丁）自然界

（子）天象及時間

半晴陰曰搭陰子。雲遮月曰朦月子。舊志作籠。雹曰冷雨。或曰硬雨。霰曰地油子。冰曰冰凌。舊志作冬輪。黎明曰漏陰平明。早起曰打啼（讀爲齊）鷄。薄暮曰擦黑。午前曰前晌，午後曰後晌。午飯曰晌午飯。昨日曰夜ㄧㄚ陰平來。越一日曰前日，越二日曰先（上聲）前日。月杪曰月盡。月大小曰大盡、小盡。去年曰年時。間一年曰前年。明年或曰過年。

〔一〕 祥：原誤作「詳」。

（丑）地理及方所

山之過峽處曰嶁嶮，即要險。窩處曰圪塝，音ㄍㄜ（陰轉上）ㄌㄠ（輕）。屋角曰圪里圪塝。高處曰圪塔。ㄉㄚ陰平。凡物似之者皆曰圪塔。高平地曰原。俗作塬。兩原間無水曰溝。自原至溝之路曰坡。溝地平坦者曰埝溝。河道兩旁之地曰平川。田外餘地曰楙𡺀。音ㄒㄧㄝ（陰平）ㄕㄢ（陰）。處所曰搭，這邊、那邊曰這搭、兀ㄨ去，舊志作務搭。邊曰岸，東邊、西邊曰東岸、西岸。上邊、下邊曰頭起、底下。裏頭曰裏首。亦曰赫（ㄏㄜ上）頭。

（戊）其他無形名詞（略）

（二）動静 動静詞各帶熟語（即成語），不再解剖；三目中略以文法爲次（如動詞之分内動、外動），不再標題。

（甲）動詞

説話曰言喘。呼人不應曰叫不喘。争吵曰嚷仗。鬥毆曰打棰。食言曰拉溝。語言無味曰説淡話。瞎説曰胡輪。稍歇曰緩。打盹兒曰丢盹。臀着地曰蹲，ㄉㄨㄣ陰。如狗之坐。不着地曰㕾巫。ㄍㄜ（上）ㄗㄧㄡ（陰輕），兩字見地方雜字書。摇擺曰不列。進來曰後來，出去曰前去。發怒曰着ㄔㄨㄛ陰氣。咳ㄎㄚ痰在喉亦曰唾。

拏曰摸。音ㄏㄢ上，字一作揻或捍。如云把報紙摸來。奪物曰刁。留下曰丢下。丢，留也。與國語意義恰相反。丢失曰失遺。或單曰遺。丢開曰撂開。丢臉曰撂人，撂，扔也，拋也。肩扛曰掮。讀ㄉㄧㄢ陰。收拾曰打折。量穀曰按。大秤稱物曰弔。耕地曰結地。伐木曰打樹。趕牲口曰吆。如云吆車。買酒曰灌，如往沽酒曰灌酒去。肉曰割。慶賀赴席曰喫湯水。舊志：「慶賀曰追往。」但爲出嫁之女來往之稱。分娩曰上炕。孵鷄娃曰煖。

（乙）形容詞

長曰窵。ㄉㄧㄠ去。窵遠古義。大曰奓。ㄊㄨㄛ去，老奓，見前。小曰碎。粗曰壯。全曰渾。讀陽平。好曰嫽。ㄌㄧㄠ陽。對婦女諧辭。壞惡曰瞎。閑緩曰消停。舒適曰蕆ㄔㄢ上聲和。合式曰蕆。快速曰嘩喇。舊志作花的。爽利曰決脆。猶云乾脆。事辦妥曰到路。窮曰没法。食不足曰接不上。舊志：「不滿曰破斗子。」今少用。事不如意、物不順手曰麻眼。亦曰麻搭，猶麻煩也。人作事不爽利曰際麻眼，如云你真是際麻眼。煩膩曰厭嫌。一曰頗煩。畏見人曰不出撐。危險曰懸虎。可憐人曰惜惶。憎人之語曰眼黑。ㄏㄧㄢ（上）ㄏㄟ（輕）音轉爲ㄏㄧㄚ（上）ㄏㄣ（輕），字一作惹恨。罵人語曰巴他的。

水滚曰煎。涼而不甚冷曰沁。ㄙㄣ去聲。髒曰奴。

（丙）狀事詞　即客觀副詞，舊稱狀詞及成語

事完成曰畢。無妨曰不咂ㄗㄚ上聲的。一曰不怕咂。絲毫無礙曰百不咂。突然曰不徐顧。猶云猛不防。答然曰對、曰就是。狀炎涼曰瞅ㄔㄡ上聲紅滅黑。亦曰檢高失低，即趨炎附勢之意。大手筆曰大起大臥。勢派大曰舞馬長槍。遇事張皇曰拍手撣腳。事成反悔曰翻骨弄屍。競取曰睁眉和眼。唆是非曰一嘴兩舌。説空話曰神來神去。小兒頑皮曰上身打臉。暴怒曰摔碟拌碗。

（三）虛助　凡與標準國語及普通方言相同者，不列入。

（甲）代替

（子）人稱

他，有時曰伻。ㄏㄚ去聲。咱，兼自方、對方言。用同國語。

（丑）指示

那曰兀，ㄨ去。一曰㖡啞。ㄋㄞ（去）ㄨㄞ（輕），上字實即那字轉音，下字語助耳。意同那個，用或如那麼。指地所一曰吃兒。ㄨㄚ（上）ㄦ。通稱兀搭，已見前。這讀如致，ㄓ去。指地所讀曰嗻兒。ㄓㄚㄦ去。通用這（致）搭。

（乙）衡量

（子）名物量詞

數物一個曰一啞，二曰倆同國語ㄌㄧㄚ，但讀陰平啞。舊志：「幾人曰幾塊。」此陝南方言，同官仍以啞爲助。全房曰一座，窰曰一孔。薄層曰一牡拉。如云一牡拉雪、一牡拉棉花。餘例推。

（丑）數量副詞

動作：一度曰一下。ㄏㄚ去。或含比較，如云放快一下，猶快點兒、快些也。差不多曰幫間。大約曰大模上聲兒。一曰亥吧。幾乎曰蹊ㄒㄧ陰平乎兒。稍曰些微間。特別曰越外。猶格外、額外也。後附之很亦曰太。如云熱的太，即熱的很。加重則曰太太。

（寅）時間副詞

過去曰往日，現在曰鎮張番，猶云這會兒。舊志作鎮藏番。將來曰久日以後。事初曰起頭，臨畢曰落尾子。一會兒頃刻工夫曰一下ㄏㄚ去聲兒着ㄔㄨㄛ輕聲。

（丙）疑問

甚麼曰啥。ㄙㄚ去聲，即甚字雙聲轉。單用爲代詞；下加名詞，則爲形容詞。怎麼曰咂。ㄗㄚ上聲，即怎字雙聲轉。專用作副詞（下不加名詞）。舊志：「怎麼曰詐（上聲）。甚麼曰沙（入聲）。」記音未精，亦得方言之要。問何地曰阿ㄚ去搭；問幾時曰遭番哩。詰其無定曰害咂，一曰準啥。疑問語助用麼，ㄇㄛ（ㄇㄨㄛ）陽輕，如云他來了麼，與否定之没同音。不用嗎。

（丁）否定

不可曰駁，即不可二字合音，原爲叵字，但今叵測字另音ㄆㄨㄛ上。禁戒詞。猶北平之別。

（戊）輔佐

（子）後附助動

現行曰着。讀如綽，如云你立着！固定曰住。完畢曰了。讀如字，或轉啦。已成曰下。如云我打下一孔窨、夢下一個好夢。

（丑）主觀副詞

居然曰直然。反正横豎、左右曰頁ㄒㄩㄝ陰順。如云頁順你聽不懂，我不言喘了。特地曰單故。如云我今天單故來看你，謂特來也。

（己）關係

（子）介詞

北語之管曰看。如我管他叫老哥，謂把他叫做老哥也，此用看代管。及到曰投到。如云投到天明再説。

（丑）連接詞

和曰再。如云我再你，即我和你也。或用連。此平列。或許曰或管。此選擇。但是曰就是。此轉折。不但曰不光。此進層。寧讀如能。讀去聲。此審決。

（庚）聲態

（子）語助詞　句末或語首

表語氣完結曰啦，ㄌㄚ。如云吃了飯啦（過去）、飯時啦（現在）、麥快熟啦（未來）。表明決曰哩，ㄌㄧ或ㄌㄧㄝ。如云他正在吃飯哩。用之最多。更示警確，偶用嗎、啊。疑問用麼，已見前。語首或用先。無義。如云你先看，即你看耳。

（丑）感嘆詞　獨用

驚歎、呼問俱用咥。驚歎陽平，呼問上聲。應諾通用啊。呼猫或曰牧至ㄗ去兒。吆喝牲畜曰嘚兒。ㄌㄜ（陰或去）ㄦ（此方符爲閃舌塞擦聲，舌尖須顫動），略同北平。

〔乾隆〕永壽縣志

【解題】蔣基修，王開沃纂。永壽縣，今陝西省咸陽市永壽縣。「方言」見卷四《風俗》中。録文據乾隆五十六年（一七九一）刻本《永壽縣志》。

方言

《輶軒瑣記》：永俗謂小曰碎。謂驚曰唬。謂快曰了。謂痛曰𢤱刺。謂獪曰猾。謂破曰襤。謂麯曰𪎊。謂冢曰墳。

又云：釜謂之鍋。桌謂之案。杯謂之鍾。瓿甊謂之盆。籧篨謂之籮。繘謂之絞。刈鉤謂之鐮。

又云：酒肆曰坊。酒罈曰甕。水滚曰尖。取物曰刁。

又云：眼黑者，憎惡也。圪喇者，言不順理也。囊囊突突者，背地短人也。這搭，此處也。兀搭，彼處也。吃扎填，謂唱燈影優人早飯前食餅也。生活，筆也。頗煩，厭棄不耐也。虎淡，其人大不才也。廉恥幾句者，呵叱子弟也。强者，美也。瞎者，醜也。乒乓者，快也。胡基者，土坏也。矢巴牛者，蜣螂也。打捶者，廝打也。言傳者，説話也。不接撑者，羞見人也。

又云：土人稱父爲達，亦稱爲伯。稱叔爲小達。呼從母爲姨，呼嬸母亦曰姨，丈母亦曰姨。呼從母之夫曰姨父，岳丈亦曰姨父。呼妻曰屋裡的，亦曰婆娘。稱祖母曰阿婆。伯母曰阿姆。呼子曰娃。小女曰女娃，及笄者曰客人。朋友中之長者曰某師。

又云：卡，食在喉中不上不下也，今伏路兵亦謂之卡。竨，能自立身也。坬，音蛙。山之汙下也。坰，牛之耕地曰幾坰也。圪塄，音格勞去聲。山之窩處也。圪塔，小山相連峯起之名。縣南有圪墶鋪。遅退，音纖生。俗呼瞽之能巫卜者也。嶁嶮，山之過峽處也。

又云：讀稻如討。讀大如垛。讀拿如哈。魏姓爲御。惠姓爲戲。睢姓爲徐。

又云：蟬曰致飂。螢曰明火。蛇曰長蟲。蝨曰蛣蛽。

〔光緒〕永壽縣志

【解題】鄭德樞修，趙奇齡等纂。永壽縣，今陝西省咸陽市永壽縣。「方言」見卷四《風俗》中。録文據光緒十四年（一八八八）刻本《永壽縣志》。

方言

《輶軒瑣記》：永俗人謂小曰碎。謂驚曰唬。謂快曰了。謂痛曰𢥞刺。謂獪曰猾。謂破曰襤。謂麯曰鏊。謂冢曰墳。

又云：釜謂之鍋。棹謂之案。杯謂之鐘。瓿甑謂之盆。簸箕謂之籮。繘謂之絞。刈鈎謂之鐮。

又云：酒肆曰坊。酒罈曰甕。水滾曰煎。取物曰刁。

又云：眼黑者，憎惡也。圪喇者，言不順理也。囊囊突突者，背地短人也。這搭，此處也。兀搭，彼處也。吃扎填，謂唱燈影優人早飯前食餅也。生活，筆也。頗煩，壓棄不耐也。虎淡，其人大不才也。廉恥幾句者，呵叱子弟也。强者，美也。瞎者，醜也。乒乓者，快也。胡基者，土坏也。矢巴牛者，蜣螂也。打捶者，廝打也。言傳者，説話也。不接撑者，羞見人也。

又云：土人稱父謂達，亦稱爲伯。稱叔爲小達。呼從母爲姨，呼孀母亦曰姨，丈母亦曰姨。呼從母之夫曰姨父，岳父亦曰姨父。呼妻曰屋裡的，亦曰婆娘。稱祖母曰阿婆。伯母曰阿姆。呼子曰娃。小女曰女娃，及笄者曰客人。朋友中之長者曰某師〔一〕。

又曰：卡，食在喉中不上不下也，今伏路兵亦謂之卡。竘，能自立身也。坈，山之汙下也。坰，牛之耕地曰幾坰。圪塄，山之窩處也。圪塔，小山相連峯起之名。縣南有圪塔鋪。遲遑，俗呼瞽之能巫卜者也。嘐嶮，山之過峽處也。

又云：讀稻如討。讀大如垛。讀拿如哈。魏姓爲御。惠姓爲戲。睢姓爲徐。

又云：蟬曰致飇。螢曰明火。蛇曰長蟲。螽曰蛣蛽。

〔民國〕永壽縣志

【解題】張壽祥等纂修。民國三十五年（一九四六）修，稿本。永壽縣，今陝西省咸陽市永壽縣。「方

〔一〕曰：原脱。

言」見卷十九《風俗》中。録文據永壽縣志整理委員會二〇〇五年鉛印本《永壽縣志》。

方言

《輶軒瑣記》：永俗人謂小曰碎。謂驚曰唬。謂快曰了。謂痛曰慄剌。謂獪曰猾。謂破曰襤。謂麯曰鑿〔一〕。謂家曰墳。

又云：釜謂之鍋。棹謂之案。杯謂之鐘。簸箕謂之籮。繘謂之絞。刈鈎謂之鐮。

又云：酒肆曰坊。酒罏曰甕。水滚曰煎。取物曰刁。

又云：眼黑者，憎惡也。圪喇者，言不順理也。囊囊突突者，背地短人也。這搭，此處也。兀搭，彼處也。吃扎塡，謂唱燈影優人早飯前食餅也。生活，筆也。傾煩，壓棄不耐也。虎淡，其人大不才也。廉恥幾句者，呵叱子弟也。强者，美也。瞎者，醜也。乒乓者，快也。胡基者，土坏也。矢巴牛者，蜣螂也。打捶者，厮打也。言傳者，説話也。不接撑者，羞見人也。

又云：土人稱父謂達，亦稱爲伯。稱叔爲小達。呼從母爲姨。呼從母之夫曰姨父，岳父亦曰姨父。呼妻曰屋裡的，亦曰婆娘。稱祖母曰阿婆。伯母曰阿姆。呼子曰娃。小女曰女娃，及笄者曰客人。朋友中之長者曰某師。

又曰：卡，食在喉中不上不下也，今伏路兵亦謂之卡。竨，能自立身也。垅，山之汙下也。

〔一〕鑿：原誤作「麸」，據乾隆《永壽縣志》改。

坰，牛之耕地曰幾坰。圪塄，山之窩處也。圪塔，小山相連峯起之名。嶁嶮，山之過峽處也。又云：讀稻如討。讀大如垜〔一〕。讀拿如哈。魏姓爲御。惠姓爲戲。眭姓爲徐。又云：蟬曰致颾。螢曰明火。蛇曰長蟲。螽曰蛣蝢。

〔民國〕岐山縣志

【解題】田惟均修，白岫雲纂。岐山縣，今陝西省寶鷄市岐山縣。「方言」見卷五中。録文據民國二十四年（一九三五）鉛印本《岐山縣志》。

方言

只載本地特別土語，各縣略同者省之。

勤曰潑的。儉曰細的。憐曰不當。無病曰欠合。此曰這搭。彼曰吴搭。我們曰沓的。多數曰磨些。驚訝曰撑。不良曰瞎。無業曰閒打浪。游惰曰爛片子。瘦猪曰考老。青羊曰駒騮。雷曰嗯嚕爺。霰曰地油子。不成曰頑了。完結曰了了。

〔民國〕新西安

【解題】王望纂。西安，即陝西省西安市。「語言」見第五章《西安之風俗》中。録文據民國二十九年

〔一〕「大」下原衍「拿」字，據乾隆《永壽縣志》删。

（一九四〇）鉛印本《新西安》。

語言

西京方言，發音厚濁而含渾，間有山西與甘肅之音韻。《長安志》：「其言舌舉而仰，其聲清而揚。」就省城言，地處五方錯雜，各省人士薈萃之所，本地人亦能操外省口調，音腔亦極相似，凡初到西京之旅客，本地語言，大部均可聽懂；非同南方之相離僅一縣之隔，幾至無法聆悟也。黄河流域各省之語言，大同而小異，就以初次交談，亦能聽清。我國因地域廣闊，言語複雜，土言俚語，音義不一，各省各地，均有異同，西安之方言，僅按字而讀音，檢出若干如下，以作參考。

阿搭，什麽地方。巴巴，末尾。啥，什麽。畢了，完了。打輒，争辯。這搭，這裏。浪，遊玩。繩束，妥貼。烏搭，那裏。撩，好。濫髒，不好。柯里馬插，快一點。疙疸馬西，零碎。逗，摸之意。可憎，討厭。角角，拐灣。鍋盔，烙餅之大而厚者。瓜娃，傻小子。美的太，好極了。騙函説，説閑話。撩的太，好得很。受和，舒服。木囊，遲鈍。樂人，吹鼓手。二桿子，生楞。麻達，麻煩。不懂王化，野蠻。台子，暗娼。寒人，乞丐。剛轄，正合式。馬利，快。争，利害。骨失，俏皮。遊狗，流氓。楞争，整齊。拉薩，骯髒。亂敢子，無賴。跌，打人、吃飯均可通行，意義甚廣，下層階級常用。

説讀如賒，書讀如夫，水讀如匪，日讀如二，郝讀如鶴，岳讀如曰。

小物件均説重疊字，如茶杯叫中中，調羹叫勺勺等。

〔乾隆〕臨潼縣志

【解題】史傳遠纂修。臨潼縣，今陝西省西安市臨潼區。「方言」見卷一《地理·風土》中。録文據乾隆四十一年（一七七六）刻本《臨潼縣志》。

方言

呼祖母曰阿婆。伯母曰阿姆。嬸母曰姨。父曰達。又呼父曰伯，叔曰達。妻曰屋裡的。岳丈曰姨夫。岳母曰姨。子曰娃。小女曰女娃，及笄者曰客人。韋姓曰御。惠姓曰戲。睢姓曰徐。常姓曰償。以我爲傢。以咱爲偺。以大爲垛。以地爲剃。

山峪曰幽。酒肆曰務。酒鐔曰行。取物曰刁。水滚曰煎。渾者，全也。𡨴者，長也。促者，短也。頁者，橫也。眼黑者，憎惡也。圪喇者，言不順理也。囊囊突突者，背地短人也。哎呀者，怪歎聲也。這搭，此處也。兀搭，彼處也。吃札鞭，早飯前午飯後食餅也。開旗，袍也。外套，挂也。生活，筆也。頗煩者，厭棄不耐也。收拾幾下者，管教子弟也。廉恥幾句者，呵叱子弟也。晳者，美也。亥者，醜也。可憎，愛也。乒乓者，快也。胡圮者，土坯也。矢巴牛，蜣蜋也。恁早晚者，這時節也。言喘者，説話也。稜吞者，老大也。不戳撑者，羞見人也。

境綿百里，鄰邇七邦，語言之别，殊難悉載。撮舉數條，以見土音各殊，蓋不獨臨邑爲然也。

〔民國〕臨潼縣志

【解題】鄧長耀纂修。臨潼縣，今陝西省西安市臨潼區。「方言」見卷一《地理·土風》中。録文據民國十一年（一九二二）鉛印本《臨潼縣志》。

方言

呼祖母曰阿婆。伯母曰阿姆。嬸母曰姨。父曰達。又呼父曰伯，叔曰達。妻曰屋裏的。岳丈曰姨夫。岳母曰姨。子曰娃。小女曰女娃，及笄者曰客人。

韋姓曰御。惠姓曰戲。睢姓曰徐。常姓曰償。以我爲傢。以咱爲偺。以大爲垛。以地爲剃。山峪曰幽。酒肆曰務。酒罈曰行。取物曰刁。水滚曰煎。

渾者，全也。䆗者，長也。促者，短也。頁者，横也。眼黑者，憎惡也。圪喇者，言不順理也。囊囊突突者，背地短人也。哎呀者，怪歎聲也。這搭，此處也。兀搭，彼處也。吃札鞭，早飯前午飯後食餅也。開旗，袍也。外套，挂也。生活，筆也。頗煩者，厭棄不耐也。收拾幾下者，管教子弟也。廉恥幾句者，呵叱子弟也。晳者，美也。亥者，醜也。可憎，愛也。乒乓者，快也。胡圮者，土坯也。矢巴牛，蜣蜋也。恁早晚者，這時節也。言喘者，説話也。稜吞者，老大也。不戳撑者，羞見人也。

境綿百里，鄰邇七邦，語言之别，殊難悉載。撮舉數條，以見土音各殊，蓋不獨臨邑爲然也。

〔光緒〕藍田縣鄉土志

【解題】佚名修纂，不分卷。光緒年間撰，記事下至光緒二十九年（一九〇三）。藍田縣，今陝西省西安市藍田縣。録文據宣統二年（一九一〇）鈔本《藍田縣鄉土志》。

方言

家庭稱謂

稱父曰耆，音達。或曰爸，音罷。或曰爹。音節。稱母曰媽，亦曰娘。稱祖父曰爺。稱祖母曰婆。婦稱翁姑、祖翁姑，音同上。婿稱岳父母、岳祖父母，音亦如之。謂小孩兒曰娃娃。稱小姑娘曰姐家。

畜蟲别呼

呼牛曰蠻蠻。呼騾馬曰唧唧。呼驢曰得得。呼犬曰摇摇。呼猪曰猪猪，亦曰潦潦。呼猫曰媚媚。呼鷄曰沽沽。呼呷呷〔一〕。呢呀合讀。醋蛛，本促織，織轉音。麻郎，乃蜻蜓之異號。

〔一〕呼呷呷：有脱文，似當作「呼鴨曰呷呷」。

日用瑣語

稱我們曰咱。只才合讀。謂他又曰呷。呢呷合讀。這搭，此處也。兀搭，彼處也。謂清晨曰早起。日午曰晌音賞呢。日晡曰後晌。鎮早鎮晚者，這時候也。稱物件曰東西。呼器具爲家伙。帽該者，髮辮之别名也。圪蹴者，踞坐之通稱也。稱傭工曰伙計。音其。號醫生曰大夫。小啼呼曰叫喚。老大無用曰稜吞。言人之肥曰膿。譏人之痴曰悶。笑笨濁曰捕欺。謂麻蔓曰麻大。音答。曰倘忙、曰馬利、曰兵之邦郎，皆謂作速也。曰倘汪、曰牛牽、曰謨立謨囊，俱謂遲鈍也。詆好遊蕩者曰胡逛，又曰胡浪。訾大强暴者曰甚冷，亦曰甚事。圪喇者，謂詞家無理之語也。囊囊者，言背地短人也。頗煩者，厭棄不耐也。渾旦者，苦人無才也。囊臟者，不潔浄也。窩錯者，太乖張也。晳者，美好也〔一〕。駁音瞎者，醜拙也。打捶者，廝打也。言讀年喘者，説話也。儘踴音掙身，勉自立也。吃嗟話，不通情也。圪塄，屋内之曲室也。圪塔，物之高凸處也。快變，别戒合讀。催人急走也。靠住，約人踐言也。

〔民國〕續修藍田縣志

【解題】郝兆先修，牛兆濂纂。民國二十四年（一九三五）修。藍田縣，今陝西省西安市藍田縣。「方

〔一〕晳：原誤作「哲」。

音」見卷十一《風俗》中。録文據民國三十年(一九四一)鉛印本《續修藍田縣志》。

方音

此間方音多混疑爲喻,如以魚爲余、銀爲寅、沂爲伊、玉爲欲之類是也。魚、銀、沂、玉,疑母;余、寅、伊、欲,喻母。

讀麻韻之字轉而入結,如斜爲似葉之類。此韻字一皆隨之而轉,如爺、夜、野、蛇、社等,皆讀爲結韻之上、去聲也。

土人不知音轉,故多誤會。如「頭,首也」,而讀首爲似嗟之音,若颯之濁平聲者,問其字何形,則不知也。首字土音讀收西切,轉麻韻之平聲,則失嗟切,豫、魯、燕、冀等處方音是也。若讀似西切,則如數之上聲,南省之音是也。又如八九字,俗轉爲邦堅,亦其類矣。

藍音密邇長安,古都會之地,五方雜處,故屬北省而南音居多。如稱之爲趁、辛之爲辛〔一〕、貞之爲真及亨爲痕、孕爲印、馨爲欣之類,皆南音也。

又不知合聲實字之反切,如曲連爲圈、青羊爲戕、不來爲拜之清平聲、木碗讀如頑爲滿之清平、不要爲包、十分爲甚、阿堵爲兀去聲答、直恁爲震之類。直字澄母,土人讀爲知之入,故以直恁爲震,宋語録又省直字,謂直恁爲恁地是也。

〔一〕 原文如此。

其攻、稱、昌、光等字皆讀上聲，鄭爲正，坐爲子臥切，白爲北之濁，則到處皆然也。

賴字之音本劣字之轉。此間以小兒黠者爲賴，蓋劣本惡字，今反其詞以爲歎美，猶此間問小兒安好則曰乖，又以乖角爲歎美之詞，亦反言也。司馬温公之父有詩曰「賴是丹青無畫處」，賴有爲恨爲少之意，音近奈，或奈之替身，未可知也。

卻字土音多讀如邱，凡此字在句末皆卻字轉音，如伊川言「差卻」「背卻」，皆此間邱字也。各邊界毗連之處，即與毗連處土音不異，此自然之理。如舌上正齒，近商洛處則得其呼，餘則不能。近長安處則親爲欽、前爲虔，在西原一帶則然。如讀書之書、水火之水，洩湖以上及東鄉則得其正，以下則以近長安而書爲福、水爲甫尾切矣。

此間唤人，先作長聲，及收音則呼其名稱，至他處則長聲在後。故聞此間之音則笑之，不知此聲本於經訓，笑者誤也。《士喪禮》言「皋某復」，注以皋爲長聲，是其義矣。翺翔之翺从皋音敖，此間敖與喻母之聲爲阿勞之呼者無别，故作此聲也。

兩讀者，如渭讀若位，乃正音也，故渭南、渭城皆以位讀，獨涇渭之渭則曰御也。葦讀雨，韋曲爲余曲防此。内外之外亦讀位，如外家及外婆、外爺、外孫是也，餘則不然。

有以不誤爲誤者，飲食之食，本讀尺，今則以喫代之，而以讀石爲正，非也。辰戌之辰，本爲身之濁，而誤以陳音矯之。郁讀如欲、漯讀如沓是也，而郁讀攸、漯讀佗則非矣，蓋不知六之近律、合之讀哈，故有此誤也。

誤讀之字，如脣本近存，方音讀荀或汾。舌本近徹，讀爲涉之濁。盾本純上聲，今讀遯。士音近次，讀爲寺。爻本效之平，今誤齩音平。勦音近西，今誤爲紐。聿音近欲，今誤律。不能悉正，隅反可也。

以上方音，略其端倪。方音既通，則方言即可知其略矣。至鄙俚之語甚者，足以汙齒頰、穢耳目者，乃市井駔獪之習氣，聞者以不解解之可也。故方言一門不别出云。

謹按志采方言，亦輶軒采風之遺意。兹特就夙昔所聞與所及知者，略具一二，以爲學僮讀書識字之補助，義取顯明，不辭支冗，至錯雜鄙俚，猶額唐之故態耳。

〔乾隆〕鎮安縣志

【解題】聶燾纂修。鎮安縣，今陝西省商洛市鎮安縣。「風俗」見卷六。録文據乾隆二十年（一七五五）鈔本《鎮安縣志》。

風俗

聲音清亮，語多空字，與西安之咸寧相同。原其地本係咸寧所分，又流寇之後居民離散，自咸寧來遷者爲多也，間有方言亦同。

〔民國〕鎮安縣志

【解題】滕仲黄纂修。鎮安縣，今陝西省商洛市鎮安縣。「方言」見卷九《風俗》中。録文據民國十八年（一九二九）石印本《鎮安縣志》。

方言

五方雜處，名稱各殊，聲音之别，終不能改。鄂人呼父曰爺，呼祖曰爹。皖豫人呼父曰爹，呼祖曰爺。土著人呼父曰大，呼母曰媽，呼伯曰貝。其他呼父曰爷、曰爸、曰爹，呼母曰娘、曰姐、曰嫳、曰姨、曰勒。又呼水曰許，呼火曰虎，呼石曰沙雷，呼小兒曰囝崽，皆各從其本籍，非習尚所能變也。普通俗呼傭工曰夥計，農工曰塘匠，兒童曰娃、曰秄，少年曰小禾子，美貌曰排場。

〔民國〕石泉縣志

【解題】朱自芳修。民國二十一年（一九三二）修。石泉縣，陝西省安康市石泉縣。「方言」見《風俗志第九·民風》。録文據石泉縣地方志編纂委員會一九八七年編《石泉縣志校注》。

方言

中華言語，以直隸宛平、廣西桂林二縣爲官話。其最難解者，莫於閩粤。石泉爲蜀楚汴鄂陝甘人居其多數，贛晉豫黔亦有之，粵與閩無槪遷。伊始各方語言聲音，大致隨其原籍而別。迄後土著日久，耳濡口習，漸與本地人口吻相同。然皆平緩淺顯，無甚特異之處。再將土音土語除盡，則與宛平、桂林同調矣。

俗語土音

石邑五方雜處，名稱不同。而鄉談之語，半屬有音無字。如祖父，有稱公、稱爹、稱爺者。祖母，有稱婆、稱奶、稱哀姐者。父親，有稱大、稱爹、稱爸、稱爺牙者。母親，有稱媽，稱娘、稱億、稱依、稱威者。男孩曰兒娃子。女孩子曰女娃子。男大曰小夥子。女大曰帽蓋子，又曰長尾巴，出閣曰新大姐、新姑娘。人肥曰膀子。人瘦曰浪筋保。聰明曰尖。愚蠢曰韶。好修飾曰假兒哥。不齊整曰拖懶桿。無職業曰閑。打鬧愛多事曰痞搭混。快曰麻利。慢曰啱連。趣語曰打鑚。嘈擾曰千煩。胡鬧曰混帳。好看曰排子。做作曰難過。失錯曰炮毛。什麼曰啥子。某人曰那個。某處曰那裏。不潔浄曰邋遢、曰髒稀。酸曰糾酸。甜曰泯甜。辣曰非辣。鹹曰丁鹹。諸如此類，僂指難記。要皆習染成俗，最難更改，此亦水土使然耳。

〔光緒〕定遠廳志

【解題】余修鳳等纂修。定遠廳，今陝西省漢中市鎮巴縣。「方言」見卷五《地理志·風俗》中。録文據光緒五年（一八七九）刻本《定遠廳志》。

方言

定遠俗稱男曰兒娃子，女曰女娃子，小曰細娃兒。女兒初嫁曰新媳婦，居孀曰寡母子。店主曰掌櫃，店傭曰幺哥，同事曰夥計。佃客稱田主曰老板，主嗚客曰佃户子。年工曰長年，月工曰月夥。稱師曰先生。稱東主曰東家。同年生曰老庚。稱祖曰爺、曰公，稱祖母曰婆。稱父曰爹、曰大大，稱母曰媽、曰娘。稱伯叔曰某伯某叔，亦曰某大。稱嬸母曰某嬸，亦曰某娘。稱母舅曰阿舅。稱兄曰哥，稱表兄弟曰老表。謂人放潑曰撒痞。無故嘈擾曰千煩。稱無賴子曰痞搭混，又曰賴時猴。愛粉飾曰假哥，曰戳翎子，亦曰假斯文。愛好曰體面。呼如何曰咱塊。某處曰那里。謝勞曰難爲。謝飲食曰打攪。物不潔曰邋遢。量斗曰過擮。勉從曰將就。快曰麻利。大曰躿𩩖。肥曰奤子。讀旁去聲。跛足曰跰子。

俗字，隱入爲閿，讀如鑽。越占爲夻，讀如卡〔一〕。鋸截之木爲不，讀墩上聲。往往見諸公牘。

〔一〕如：原誤作「入」。

甘肅省 凡四十二種

〔宣統〕甘肅新通志

【解題】 昇允等修，安維峻等纂。「方言」見卷十一《輿地志·風俗》中。録文據宣統元年（一九〇九）刻本《甘肅新通志》。

方言

百 俗轉卜音，或轉北音。 説 或讀如字，或轉設音，或轉雪音，或轉縛音。 嗟 俗讀若嘉音。曰嗟，發語辭；曰嗟嗟，驚歎聲。 哈 俗發語辭。 喝 讀入聲。亦發語辭。 兒 本小子之稱。俗指物皆帶一兒字，竟似語助辭。如錢兒、帽兒、房兒、棹兒、耳墜兒、手釧兒之類。 曹 俗謂我們也。曹讀如字，或轉爲遨音。 奘 在黨切。駔大也。俗以凡物粗大謂之奘。揚子《方言》：「秦晉間人大謂之奘。」 角 俗轉各音。總角。俗曰角兒。 頓 俗謂一餐爲一頓。《世説》羅友曰：「欲乞一頓食。」杜甫詩：「頓頓食黄魚。」又云打一頓，謂答責一次。《唐書》：「打汝一頓。」 我 或讀如字，或轉臥音。 你 或讀如字，或轉啞音。 假 以物予人之辭，與乞假互相通解。 舀 如舀水、舀飯之類。隴右爲恒言。 鏵 俗謂犂鐵爲鏵，音華。 耩 俗讀剛上聲。謂耒耜也。 磨 去聲。俗謂覆種之器，即耰也。非磨麪之磨。 埫 地畝數。二畝半爲一堒。隴右爲恒言。**椑**同箄。俗以木筏謂之桴，革筏謂之椑。《後漢書・鄧訓傳》：「迷唐復欲歸故地，訓乃發湟中六千人，令長史任尚將之，縫革爲船，置於箄上，以渡河，掩擊迷唐。」**瞎**俗以不好爲瞎，非必瞽者也。**麥**俗轉墨音，或轉滅音。俗訛煤音。**茶**讀如字，回族則曰搓。**榆**俗轉爲儒音。**雀**俗轉鷕音。呼他鳥亦如之。**鴉**俗轉哇音。**可是**可俗轉渴音。亦發語辭。**哈得**承應之辭。**嗄嗟**語助辭。**爺爺**祖父之稱。若稱父則曰爹、曰達、曰爸，從無稱爺者。**婆婆**祖母之稱，亦曰奶奶。若稱母則曰孃、曰媽。孃或轉爲牙音。**阿家**家俗讀如字，不讀姑。**先後**先讀去聲，即妯娌之謂。揚子《方言》：「關西人兄弟妻相稱爲妯娌。」〔一〕今則通稱爲先後。**親家**兩姻相謂之稱。親讀去聲是矣。亦有竟讀平聲者。**迎親**即迎婚之謂。迎讀若應音，郤合去聲。**娃娃**嬰孩之謂。兒婦通稱。**挑擔**即連襟之謂。民間兩婿俗稱也。**乖爽**即佳爽之訛。**活人**俗謂勤苦營生也。**歹毒**歹者好之反。俗以人心殘忍如酖毒，謂之歹毒。**可惡**俗謂人兇很。或讀去聲，或讀入聲。**高興**俗譏人浮躁輕狂也。**冒失**謂言行唐突也。**揚氣**凡物華美，俗謂揚氣。非揚眉吐氣之謂。**標致**俗以品貌骨格雋峭爲標致。**體面**謂美貌也。**規矩**矩俗轉居音。謂循分守禮者。**子細**俗謂儉嗇。非精細之謂。**別致**俗謂異常也。**整治**治讀持音。凡物損壞，修理皆曰整治。非整飭之謂。**阿誰**阿讀屋音，誰讀時音，或轉若撒音。問人語。或連三字説阿誰箇，箇轉爲國音，或轉爲該音。古詩：「家中有阿誰。」又：「戰袍經手作，知落阿誰邊。」**睡覺**覺讀教音。杜牧詩：「十年一覺揚州夢。」程灝詩：「閒來無事不從容，睡覺東窗日已紅。」皆睡已醒之辭。隴右則甫就寢即曰睡覺。惟睡醒曰睡了一覺，則與牧之詩合。**窩囊**俗以人不整

〔一〕出郭璞《方言注》，作「今關西兄弟婦相呼爲築里」。

潔爲窩囊。　夥計　俗轉爲夥結。同貲合謀之謂。　刁乖　性情蠻野詭僻，俗謂之刁乖。乖俗轉拐音。　真哥　即真箇之訛語。　衣裳　衣服通稱。俗每二字連説，非古所謂上衣下裳也。　筆硯　俗亦二字連稱，其實單指筆言。　手釧　釧俗轉寬去聲。手釧也。　耳墜　墜俗轉爲垂音。即耳環也。　勞忉　俗謂煩瑣。《詩》：「勞心忉忉。」　些許　亦曰些須。俗言少也。　排場　俗以局面大方爲排場。或轉爲排暢。　坐席　俗謂喫酒席也。　鬼魂　俗指無賴輩，即鬼祟之謂。　花兒　民間歌謡之曲。　上户　上俗轉爲商音。富家之稱。　窮漢　漢俗轉爲寒音。貧家之謂。　啾勢　病劇之謂。　掙扎　俗謂勉强出力。　緩著　慰人養病之謂。　藏藏　藏讀蒼去聲。閒遊之謂。亦曰浪浪。　汗祖　即汗衫，亦曰汗褂，小裏衣之稱。皆指單衣言，若袷棉則言襖矣。　涼鞾　省城但云鞾子，省外無論袷棉統呼曰涼鞾。　鍋塊　塊俗轉平聲。謂鍋烙之厚餅，亦曰乾糧。　連枷　打穀具也。隴右無二名。　一箇　箇俗轉爲拐，或轉塊，或轉改。　伊尹　俗以田中收成曰有伊尹，無收成曰莫伊尹。豈因伊尹耕莘，故相沿成此語歟？　有商　俗以雨澤深透田土積潤爲有商。豈因湯有七年之旱，桑林禱而致雨爲有商慶，此後相沿以得雨爲有商歟？　我們　俗但云襖，或轉爲鼇。　你們　俗但云紐，或轉爲牛。　這裏　俗以爲致噠，或以爲宰噠。　那裏　俗以爲務噠，或以爲歪噠。歪讀上聲方合俗音。　牲口　亦曰頭勾。勾即口之訛轉。皆騾馬之謂。　⿰羊据⿰羊吕　山羊也。⿰羊据如字，⿰羊吕俗轉裏音。或以⿰羊据爲羖音，⿰羊吕爲鹵音。　我吶吶　驚訝之辭。或云我戛戛。　喫乾糧　俗謂早飯也。　喫上午　上俗轉商音，午俗轉吾音。謂晚飯也。　好攙行　行音杭。謂干預人家事。　輕些兒　謂病漸瘥也。　新發户　謂新近發財也。　莫意思　即没興趣之謂。　莫倚抓　即無靠落之謂。　癯的很　癯俗轉闕去聲。即清癯之謂。　是莫兜　即怎麽樣之謂。　作時哩　作讀上聲。即做甚麽之謂。　不要的　要俗讀平聲。即無容之謂。　夜哩哥　即昨日箇三字之訛。　明後遭　即明朝、後朝也。遭即朝之轉音。　大漢家　漢俗轉平聲。大人通稱。或止云大漢。大漢子漢讀如字。謂身體長大也。老漢家漢俗轉平聲。長老之通稱。嘓嚕子指博徒、誘拐者。生眼骨或曰生典故。皆謂不安分也。有東道謂有酒食。《左傳》：「若舍鄭以爲東道主，行李之往來，供其困乏，君亦無所害。」無其奈何即無聊之謂。脱頭弄卯俗謂任事無信，有始鮮終者。過去了麽去轉棄音。問病之辭。謂痊癒也。不自知其語犯忌諱。粗枝大葉俗謂不精細。麻俐尖鑽俗謂黠慧之輩。

〔民國〕甘肅通志稿

【解題】劉郁芬等修，楊思、張維等纂。民國二十五年(一九三六)修。稿本。「方言」見卷三十《民族》中。録文據稿本《甘肅通志稿》。

方言

隴右雖僻處邊陲，然其方語多合雅詁。人或不察，因謂亂於羌胡。夫羌胡，能亂中夏而不能變其語言。猶之異族侵據中原者，能專其政令而不能變其文化也。兹編所録以外，慮挂漏尚多，倘推廣探索於研究國粹，未始無益，而文言出於一源，亦可考見矣。吾國幅員遼闊，恒有一邑之内語言亦多隔閡。凡方言之不得其字者，仿舊志例，譯音附録於後，期爲考察風土之助。設統一國語，亦足資借鏡焉。至於正其義詁，求其本柢，則俟後之方聞君子。

凡各方特殊語，則著其地，其今謂云者，皆甘肅通語也。

《説文》：「𠀀，反丂也。」有歌麻兩韻讀音。章炳麟謂：「凡發聲言阿字，即𠀀。今謂舅曰阿舅、娘曰阿娘，猶古之阿瞞、阿蒙。」

發聲之阿，推衍之，則首肯曰可，謂問曰何，怒責曰訶。自稱曰我，我字合口讀則爲吾，隴南自稱則由我而轉爲遨，又孳乳爲曹。稱彼則讀爲牛，或爲泥堯切，皆你、女聲轉。

發聲字音隨時轉變，阿字於歌麻兩韻平音之外，更有作仄聲者。今指彼處曰阿答，阿讀如臥。或曰阿讀如務答，晉人語所謂「阿堵物」是也。又爲發問詞，隴東言阿答，阿讀爲烏哈切，狄道則曰阿哩、阿們，阿讀爲烏匣切。同一阿字，特音有抗抑之異。

今指此處則曰自答，或曰在答，即者、此、之、兹等字，俗書爲這是也。又元曲中有「那答兒發付我」之句。西北之稱阿答、自答，猶東南之稱那黨、這黨，黨或讀爲當，皆地字音轉。古詩「慢騰騰地」，今語即「慢騰騰的」。宋人語録改的爲底，地、的、底、答、黨五字皆一音轉變也。黨字本有所也、方也兩訓。

偉爲古人語間字。《大戴禮・衛將軍文子》篇：「孔子既聞之，笑曰：『賜！女偉爲知人。』」俗書作喂。天水則轉爲烏拐切，亦發聲示意字。

今人尋常相別時曰你緩着，或你忙着、你坐着等語，末一字音在之、者之間，實只字也。《説文》：「只，語已詞。从口，象氣下引之形。」《詩》：「母也天只，不諒人只！」亦通作止。

凡發聲字及語間詞、語助詞、語已詞等字，今通俗文中則有呢、嗎、吧、呵、嗟、喫、那、末、啦等字，足見人事日繁，語言轉變，必有孳乳之字以爲應用，若一一以雅詁釋之，不免穿鑿附會。戴震謂：「疑於聲者，以義正之。疑於義者，以聲求之。」洵通論也。凡此類方言，不再縷舉。

《說文》：「哉，言之間也。」言之間，即今所謂語助辭。今涼州謂温煖適意曰烦烦哉哉，即烦哉烦哉。《說文》：「烦，温也。」乃管切。今通用煖。

之乎者也等字，今語亦有。如言短路曰寸徑之路，冷風曰瀟瀟之風，瀟，讀如嘯。茶未沸者曰雨濺之茶。又如好呀、勇呀、强呀、弱呀，皆也字，音稍侈耳。章太炎謂呀即乎之轉。今曰這個、那個之這，即之兹此者等字也。《詩》「之屏」「之翰」，即這屏、這翰。《左》襄十五年：「鄭人醢之三人也。」即這三人。《莊子》：「之二蟲又何知？」「之人也，物莫之傷。」即這二蟲、這人。

《左》宣十五年「棄甲則那」，杜注：「那，猶何也。」今謂何物曰那何物、曰那個。作若亦可。若聲有諸，與那近。「君子哉若人。」若人，即那人。

《說文》：「所，伐木聲也。」從户聲。今謂鋸木聲曰户户，即所所。《詩》：「伐木許許。」許通所。《說文》引作「伐木所所」。即鋸木聲户户的。《漢書・疏廣傳》：「數問其家餘金尚有幾所。」幾所，即幾許。

今謂此時曰這户兒，即兹所。彼時曰那乎兒，即若所。《金匱要略》曰「餔所劇」，即吃晚飯的那户兒。《漢書・佞幸傳》「上有酒所」，即上有點酒意的那户兒。

《説文》：「寧，願詞也。」今謂情願曰寧可，音或近能。去聲。

寧，古音南。然，古讀難。《説文》然或作𦼮。《漢書・五行志》：「巢𤎅，墮地。」《陳湯傳》：「至𤎅脂火夜作。」《洪武正韻》引陸佐公《石闕銘》「刑酷𤎅炭」〔一〕。燃並作𤎅，皆其證也。今謂其不然曰南門難，即寧不然之古音。

然與乃古音同。娘日泥諸紐古音相通。今謂衣有積垢曰油乃乃，即油然。《禮記・祭義》：「易直慈諒之心油然生矣。」注：「油然，物始生好美貌。」《孟子》「天油然作雲」，趙注：「油然，興雲之貌。」故引申謂垢之積厚而光澤者爲油然。又轉爲油膩。

豈不、豈可等語，涼州語轉爲羌。《詩》「豈不懷歸」，即羌門不想歸。

今人謂皆食曰都吃，皆走曰都走，皆好曰都好。《列子・周穆王篇》：「積年之疾，一朝都除。」《黄帝篇》：「都無所愛惜，都無所畏忌。」東方聲轉如兜，虞模轉尤侯。都之本意爲都會，引申令以裳承物曰兜，即都之聲轉。亦借作豬。《禹貢》「豬野」，即兜水之野。「大野既豬」「彭蠡既豬」，《史記》引《夏本紀》作都。即能兜水使不汎濫也。《禮記・檀弓》：「洿其宫而豬焉。」即壞其宫室令可兜水以爲汙池。

今謂人之譎詐者曰倒蛋，或曰掉音如弔蛋。按，《荀子・榮辱篇》：「陶誕突盜。」又《彊國

〔一〕洪武正韻：原誤作「廣韻」。

篇》：「陶誕比周以争與。」王念孫引楊倞注「陶當爲檮杌之檮」，誤，陶讀爲謟，謟、誕雙聲字。

今謂昆弟之婦曰先後，讀先若掀。《史記・封禪書》：「見神於先後宛若。」

《説文》：「俾，一曰門侍人。」在男曰俾，猶在女曰婢。班、俾音轉，俾亦作辯。《書・序》：「王俾榮伯作賄肅慎之命。」馬本作辯。《廣韻》：「辯，使也。」辯通作班。《史記・五帝本紀》：「堯典辯於羣神。」揚雄《太常箴》、光武封泰山刻石皆作「班於羣神」可證。又《説文》：「𢍜，賦事也。」布還切。𢍜與僕同。僕亦从𢍜。𢍜、俾聲又相轉。今謂廝役曰跟班，會館公役曰長班，倡曰馬班子，優曰戲班子，皆取給使之義。

臉𩈄子，《説文》：「靦，面見也。或從旦作𩈄。」今人直讀爲旦。

眼䀹毛，《説文》：「䀹，目旁毛也。」子葉切。今又謂目瞬曰䀹眼。

今謂可用曰中哩，中讀平聲。即中矣。矣讀哩，與《説文》梠作梩同例。矣與梠俱從吕得聲。《爾雅》郭注「材中薪爨」〔一〕，即作燒柴中哩；「材中車軛」，即作車軛中哩。《漢書・薛宣傳》「我兩子亦中丞相史」，即作丞相史中哩。中之古音，與登、得、陟等字並用〔二〕。《周禮》釋文：「中，丁中反，音近登。」《公羊》隱五年《傳》「登來之地」注：「登，讀爲得。」《周禮・太卜》「咸陟」，釋文：「陟，或音得。」是其證也。不相中，即不相得。

〔一〕郭注中未見此條。

〔二〕陟：原誤作「涉」。

今謂歎聲曰咳，即欸繄伊意噫等字也。《説文》：「欸，訾也。」《廣韻》云：「歎也。」「唉，應也。」《史記・項羽本紀》：「唉！豎子不足與謀。」《左傳》「爾有母遺，繄我獨無」，即「嗐！我獨無母可遺」；「繄伯舅是賴」，即「嗐！惟賴伯舅」。故杜預云「語助辭」。《莊子・在宥》篇「意！治人之過也」，即「嗐！此治人之過，不循自然也」。《詩》「伊可懷也」，即「嗐！可懷可想」。音或如埃。欸與埃得聲同。

《説文》：「𧧑，咨也。」通作嗟〔一〕。《詩箋》云：「嗟嗟，美歎之辭。」《烈祖》箋。今人警歎曰嗟嗟，音轉如加加。歌麻通轉。

今言可呢、不可呢、好呢、壞呢，凡語末之呢，即爾字也。如爾即你是也。日母、泥母相通。《説文》作尒，云「辭之必然也」。《孟子》：「然而無有乎爾，則亦無有乎爾。」即然則亦没有呢。今人言你我之你，即爾汝若而乃等字也。平涼謂邇來曰而根，即而今。涼州謂近來曰汝來，即邇來。如言「前明到汝來」「前清到汝來」，即到邇來。謂現在曰眼汝，即眼邇，猶云眼前也。邇與日音近，故漢人謂現今曰日者。

今人謂紅曰紅紅兒，黄曰黄黄兒，好曰好好兒。狄道等處則曰紅紅各、黄黄各。兒即爾字，各即若字。古人於形容詞不曰爾則曰若、曰然也。卓爾，猶卓然。猶然亦曰猶猶爾。《檀

〔一〕 作：原誤作「非」。

弓》。《詩》「其葉沃若」，毛傳釋爲「沃沃然」。今人則曰黑沃沃爾，與紅紅爾、黄黄兒，辭例正同。

涼州語末多有撒音，如言走撒、跑撒、吃撒、喝撒、來撒、去撒、知道撒之類是也。撒即旃字。旃亦作旜，與專擅之擅得聲同。《詩》「舍旃舍旃」，即捨撒捨撒。「上慎旃哉」，即謹慎者撒。「勉旃」，即勉力撒。揚雄文「舉兹以旃，不亦寶乎」，即舉起這個重用撒，不亦可寶貴麽。蘭州語音近擅，緩言則曰沙答。

今人謂俄頃曰剛兒，亦曰剛纔。涼州曰姜纔，即見在二字之古音。見本喉音，與剛近。今書現在。從才得聲，才與纔通。作頃纔亦得。頃與圭古音同，蹞或作跬，是其證也。圭又通蠲，蠲有剛音，故頃亦讀剛。見在書頃纔，猶《詩》「俔天之妹」，《韓詩》作「磬天」矣。《書傳》言頃或俄傾，即剛兒、剛才之剛。亦曰先纔，即曩纔。《説文》：「曩，曏也。」「曏，不久也。」曩從襄得聲。《禮記·檀弓》「曩者爾心或開予」，即先纔你與我開心。

今謂無曰没，没即無之古音。隴南一帶讀爲莫，即末字。《論語》「吾末如之何也已」，亦訓無。《説文》無或讀爲規模之模，膴亦讀如謨，是其證也。俗借用沈没之没，非是。經傳或借作毋，鄭注《内則》：「毋讀曰模。」亦借勿或耗字爲之。耗以毛得聲，毛毋没雙聲。《史記·漢諸侯王表》「耗矣，網亦少密焉」，即人民幾乎没有了，法網亦嫌太密了。

今謂之孔竅者，古謂之好。如「肉倍好好倍肉」是也。肉，邊也。好，孔也。故古謂之孔大、孔多者，今曰好大、好多。

今謂極好曰好死了，極遠曰遠死了。死字無意思，當書肆。《説文》：「肆，極陳也。」故引申謂極爲肆。《詩》「其風肆好」，即極好。强狠自用曰死揣硬諫，即肆專梗諫，言恣肆專己梗阻諫争也。極熱而汗曰熱肆涣汗，言極熱而涣然汗出也。《易》曰：「涣汗其大號。」涣汗二字本此。

今謂極重曰重死呼耶，極熱曰熱死呼耶，即重肆呼邪、熱肆呼邪。《莊子・山木》篇：「三呼邪則必以惡聲隨之。」《史記・淳于髡傳》：「汙邪滿車。」汙與呼古音同，即重肆呼耶的一滿車。或倒爲邪許。許聲之澔，與呼聲近。《淮南子・道應訓》：「今夫舉大木者，前呼邪許，後亦應之。此舉重勸力之歌也。」引申凡不堪而大呼者曰呼邪。

今謂極好曰好的酷，極兇惡曰可惡的酷。酷，極也。見《白虎通》。

《廣雅》：「無慮，都凡也。」又：「嫴榷，都凡也。」皆約略計算之義。王念孫曰：「《莊子・齊物論》『孟浪之言』，李頤注：『孟浪，猶較略。』《吴都》劉逵注：『孟浪，猶莫絡。不委細之意。』莫絡、孟浪、約莫、無慮，皆一聲之轉，總計物數、總度事情皆謂無慮。」今涼州亦謂揣度事宜曰母量。又謂大概之數爲大母子，或訛爲大譜子。又謂粗率嫴量爲毛嫴，訛爲冒估。以修造之豫算爲估工，貨物之懸值爲估價。蓋無慮疾呼成無，古音模、母、毛、莫皆無之聲轉。《漢書・趙充國傳》：「無慮萬二千人。」即母量有萬二千人。《禮運》「非意之也」，鄭注：「意，所無慮也。」即所母量。亦曰大藍母，即大無慮之倒語。慮、藍雙聲。《漢書・賈誼傳》：「慮無不帝制，而天子自爲者。」即大藍母算計，没有不想自爲天子者。作大驗謀亦通，謂大略驗問謀慮也。驗本作譣，與斂俱從念得聲。斂廉穢之斂，今音近藍。存驗，亦讀藍之轉也。

今語我們、你們、人們，古無們字，元人曲科白中凡遇我們、你們、兒郎們等語，皆盡作每。今語凡頒賜遍給者亦曰每人、每輩子。偉字音近每，們、每又同紐。鎮番、中衛兩縣讀們每兩字音尤相似。其曰你每、我每者，即汝曹之各個人、吾曹之各個人，與們字義亦相通。又唐宋以來上梁文有兒郎偉之語，樓鑰謂即兒郎懣。見《攻媿集》。懣即今們字，偉讀爲們，既信而有徵，則由偉輩等字一轉爲每，再轉爲們，或不誣也。

今謂始曰頭當子，即頭端。《説文》作耑，云：「物初生之題。上象生形，下象其根。」〔一〕端爲端直之端，無初生意。

古謂直舉手曰端拱，今謂直舉曰端起。舉案曰端方盤，上食曰端飯。

今謂初作曰殆幹，初到曰殆到，初吃曰殆吃。殆即始字。俱從台得聲。謂始幹、始到、始飲食也。

今謂初生子曰頭首子。《漢書・元后傳》：「羌胡尚殺首子，以盪腸正世。」即殺頭首子，恐其亂血統也。

今以事關白於公役曰首作，去聲讀，即自首之義。《漢書・文三王傳》：「恐復不首主令。」

〔一〕物、其：原脱，據《説文解字》補。

今謂飲牛馬等畜曰飲牲口，飲作去聲讀。

今謂以油塗軸曰膏車，膏亦去聲讀。以上三事，不特與雅詁合，且音韻亦不誤。

婦有孕曰胎，引申今謂事之初始曰胎胎子。「福生有基，禍生有胎。」即禍生有胎胎子，音近臺。

俗語之歡作暢字意，如跑的歡等類，故少年曰歡胞子，其語本極明白，如輪轉至最速度亦曰轉歡子，更可證明。

《説文》婦孕一月曰胚，凝血曰衃，瓦未燒者曰坯，音義俱近。今呼土塊曰土坯，性宜商曰買賣坯子，宜仕者曰作官坯子。坯與樸義同，《莊子・則楊》篇：「是聖人樸。」猶今云聖人坯子，注云：「聖人坯樸。」《韓非子》：「理其樸而得寶焉。」猶云治其土石坯子，作胚亦同。

胡墼，今謂火炕面及砌牆用之土塊皆曰胡墼。《説文》：「墼，瓴適也。一曰未燒者。从土毄聲。」《韻會》作「未燒磚也」。胡者，大也。作炕面之土墼特大，故稱胡墼。

今人於所愛之子女，多呼之曰狗娃子、猫娃子。他省或呼狗兒子，或呼狗崽、毛崽、毛弟、毛妹之類。某説部載歐陽永叔不喜佛學，而與某禪師善，師嘗問曰：「公言儒家不信佛，而生子乃名僧哥何也？」公笑曰：「亦猶呼兒以狗子、猫子之意耳。」是以狗呼子，宋時已然。按，狗字之音，孳乳於后。《説文》：「后，繼體君也。」引伸爲後，推而及於獸類。《釋畜》曰：「犬未成豪曰狗。」〔一〕

〔一〕 曰：原脱，據《爾雅》補。

是狗亦總體之犬也。《釋獸》曰：「熊虎醜，其子狗。」又《晉律》：「捕虎一購錢三千〔一〕，其狗半之。」是熊虎之小者，亦名爲狗矣。《漢書・朱家傳》「乘不過軥牛」，晉灼曰：「軥牛，小牛也。」又乳羊爲羔，與狗爲一聲之轉。小馬曰駒，從句得聲。小鳥爲鷇，《廣雅・釋親》：「豰，子也。」

《說文》：「鐗，車軸鐵也。」古莧切。《釋名》：「鐗，間也，間釭軸之間。」今制車軸在轂中之一段必裝以鐵，與轂中之釭相切磨，故行一二日必修治之，謂之挑鐗。

《集韻》：「擀，古旱切，干上聲，以手伸物也，或省作扞。」今謂治湯餅者曰扞麪。

《說文》：「餾，飯氣蒸也。」今謂凡食物再蒸使熱曰餾。

《說文》：「𦎫，孰也。讀若純。」今謂以文火煮肉使極熟曰𦎫肉，音如頓。亯聲之敦，本有頓音。《廣韻》作朜，音他衮切，𦎫之俗字也。

今謂釜中撈取湯餅者曰竈漉。漉讀如律，當是𥳓筥。《說文》：「𥳓，飯筥也。」𥳓竈、漉筥音近故。

《爾雅・釋言》：「原，再也。」再收之蠶曰原蠶。《淮南・泰族》篇。再起之廟曰原廟。《史記・叔孫通傳》。今人謂再爲曰原做、原幹、原讀書、原寫字是也。《禮記・文王世子》：「未有原。」即常吃新鮮者，不要原吃舊菜。

〔一〕三：原誤作「五」，據《爾雅注》改。

剽，末也。今謂事不精要曰剽皮子音近漂末稍子。亦書剽〔一〕。《漢書·王莽傳》：「青戎標末之功。」即標皮子末稍子，不甚奇偉之功。

今謂極大曰大大大、老大大，下二大字讀如代，音微侈作平聲。無賴相呼曰大。《説文》謂天大、地大、人亦大，故大象人形。《孟鼎》作𡗜。因呼人爲大。作咄亦通，《説文》：「咄，相謂也。」當莫切。

今謂物之虚大者爲脬，俗書作胞。應作奅。《説文》：「从大卯聲，虚大也。」《説文》：「奄，大也。」今謂大曰大奄奄，音近吞。《説文》：「夵，大也。」今謂大曰大夵夵，音近誇，作夸亦通。《説文》：「奔，大也。」讀如弼。今謂太大曰奔奔碩碩，讀如弼弼石石。弼轉麻部，近匹雅切。《詩》「佛時仔肩」，毛傳：「佛，大也。」佛，借爲奔。

長隑隑，《廣雅》：「隑，長也。」曹憲音牛哀反。

短黜黜，或曰禿黜黜，或又爲短茁茁，轉麻韻。《方言》：「黜，短也。」凡從叕聲字皆有短義。棳爲梁上短楹〔二〕。見《爾雅》。窡爲短面。《説文》。惙爲短氣。《衆經音義》卷四引《聲類》。頚爲頭

〔一〕剽：似爲「標」之誤。
〔二〕棳：原誤作「掇」。

短。《廣韻》。叕,短也。《淮南・人間訓》高誘注。 掇,拾也,亦含短而易取之義。 短木橛曰棳子,拾取曰掇上,女童掇石爲戲曰掇墮兒,棳掇等字俱讀如短䂌䂌之䂌。 敝帚甚短者曰條帚骨茁,即藋帚屈䂌。屈同骨,古音。 糞屈而短者曰矢骨掘,即矢屈䂌。 屈䂌俱含短義。 山短而高曰崛。《淮南》許慎注。 筆短而禿曰掘筆。 是其證也。 今謂收拾曰拾掇,都括切。《詩》:「采采芣苢,薄言掇之。」今尚謂摘花枝曰掇,音稍抗,作拙上聲。

《考工記》:「轂雖敝不藃。」音翹。 今謂物不平妥者曰藃。 又《爾雅》:「句如羽,喬。 上句曰喬。 小枝上繚爲喬。」今謂髭鬚之上繞或張侈者曰喬鬍子,均音竅。

今謂寬緩曰鬆,即縱也。《說文》:「縱,緩也。」《詩》「無縱詭隨」,即無鬆鬼隨。 亦借作從,《莊子・至樂》篇「從然以天地爲春秋」,即寬寬鬆鬆以天地爲春秋。《方言》作倯,相容切,郭璞云:「今隴右人名孏即嬾字爲倯。」今詈人猶曰嬾倯、壞倯、雜倯,即壞種、雜種之意。 他處詈人罷軟無用者,或曰膿包,或曰鼻涕搭不上牆,與此處詈人曰倯像同意。 又謂嬾懈曰鬆鬆世世,即倯倯泄泄。《詩》「無然泄泄」,即不要鬆鬆世世的太不中用。《孟子》釋之云:「泄泄,猶沓沓也。」即今鬆鬆世世之意。

俗謂衣服寬博曰盤簿,即般礴。《莊子・田子方》篇「解衣般礴」,即氣象大方,不拘形骸之義。《說文》作旁溥,亦作旁魄。 頭大而不圓者曰八般頭,亦曰般般頭,即般礴頭,言頭甚旁魄廣大也。

今謂空虛曰空啓可郎。 可郎,即康㝗。《莊子・達生》篇:「款啓寡聞之民也。」款、空一聲之轉。即空啓可郎孤陋寡聞之民。從康之字多含空義，穀之空者曰康，俗作糠。水虛曰漮，饑虛曰歉，屋虛曰㡉㝗，並見《說文》。是其證也。急言之即竉。《方言》云：「竉，受也；受〔一〕，盛也。」其引申義也。皋蘭南一百七十里有嵻峎山，蓋以山多孔穴，空啓可郎而得名歟？今呼粟殼曰柯婁子，履空曰鞋柯婁，帽殼曰帽柯婁，穀實曰稞婁子，草殼曰呵驢子；藥之中空者有括樓，物之有空者曰窟窿。㡉㝗、殼婁與柯婁、窟窿，亦一聲之轉。《說文》：「殼，質也。」〔二〕「婁，空也。」或借作屢。「回也，屢空」是也。

今謂小曰一點點，或曰一寧寧。寧讀泥音切。《說文》：「點，小黑也。」「䎎，小垂耳也。」點與寧、䎎皆一聲之轉。

蒙與寧俱含小義。小兒曰蒙，小驢曰驝。見《說文》。小蚊有蠛蠓，小雀曰蒙鳩，一名寧鳩，小水曰滎濘。今謂太小曰母寧兒大，即蒙寧爾大。今謂小曰札兒、寧兒，札即尐之轉。《方言》：「尐，小也。」與截音近，俗訛作渣。小鷄曰鶵。《篇韻》。草蟲之小者曰茅截，茅、蒙、麥，俱重脣音，物之小者多有此音。又轉爲麥蚻，《方言》。今轉爲螞蚻。束髮而小者曰鬣，《說文》。今轉爲扎角之扎。斬草曰截，今轉爲砸。是其例也。《孟子》：「力不能勝一尐之雛。」今誤爲匹。即拿不著一個小札札之鷄雛。尐又轉爲尕，蘭州等處謂小爲尕，即尐也。尐鷄即尕鷄。

〔一〕受：原脱，據《方言》補。
〔二〕《說文解字》無此訓。

今謂小爲嫂鳥，又凡物之微薄者謂之梬眇。《説文》：「眇，小目也。」引申爲凡小之稱。作哨亦通。幺、窈、稍、弱音均既近，義亦同。《説文》：「哨，不容也。」亦含小義。《禮記·投壺》：「某有枉矢哨壺。」即哨眇小壺。作小弱亦通。稍從小得聲，弱聲有溺、嫋等字。太細曰細嫋嫋。古詩「竹竿何嫋嫋」是也。

《説文》：「逴，遠也。讀若掉。」今語猶曰逴遠，俗訛爲窵遠。又長義，今謂物之長者曰逴的。

今謂短小爲矮當盡禾。與禾不同。《説文》：「禾，木之曲頭止不能上。」引申爲不長之稱，《玉篇》作礙。

古謂忠厚爲長者，故今謂不忠厚爲短。

今謂簿記曰帳，當作長。《漢書·楊惲傳》：「移長度大司農，以給財用。」長度即今帳度，字意謂長久用度也。

今謂短而大曰短粗兒，即短蹙，亦借趣、趨等字爲之。長而細曰長條兒，即長脩。脩與條得書同。《漢書》周亞夫封脩侯，亦作條侯，是其例也。《莊子·外物》篇：「有人於彼，脩上而趨下。」即上身長條兒，下身短粗兒。《詩》曰：「蹙國百里。」猶言曰短百里、曰少百里。《説文》作促，云「迫也」。迫謂迫蹙不暢。今謂臕膚不舒展曰把着〔一〕，即迫也。迫轉把，猶五伯作五霸。亦曰湊着，即蹙也。

〔一〕 臕：原誤作「饑」。

今謂逼迫曰催，如言催着幹、催着走、催着寫是也。催即趣之轉。《説文》：「趣，疾也。」謂趣之疾速也。《詩》：「左右趣之。」即左右催著，通作促。

今謂不開張曰格就一塊。格就，無意義，當即詰詘。革、吉古音同。木中蠹曰蛣蝠。《爾雅》郭注。手不能申曰拮据，亦曰撠挶。《詩》「予手拮据」，毛傳云：「撠挶也。」音義俱近。又與踧踖轉變。《論語》：「踧踖如也。」馬融訓爲恭敬貌，解以俗語，即恭敬收斂不敢放肆與格就一樣，故曰如也。《廣雅》〔一〕：「銛、鋭，利也。」讀若鎌。從廉聲。此當爲尖之本字。《漢書·賈誼傳》「鉛刀爲銛」，即鉛刀以爲尖利。亦借作覃。《説文》銛讀若棪，棪、覃聲近。《詩》「以我覃耜」，即尖利之耜。毛傳云：「覃，利也。」「實覃實訏」，即實尖實大。今謂聲音清剛曰尖，即「實覃實訏」之覃。《漢書·揚雄傳》：「大潭思渾天。」潭讀爲覃，即思想尖利無孔不入之意。覃思，猶云鋭思也。釋者望文生義，以潭思爲深思，非也。作廉亦通。從廉得聲。《呂覽·孟秋紀》「其器廉以深」，即尖以深。《必已》篇「廉則挫」，即尖則挫折。郭璞注《爾雅》以鑯爲今尖字，《説文》：「鑯，鐵器。一曰鐫也。」

今謂無圭角曰禿，禿爲禿髮，無椎鈍之意。經傳蓋借作荼。《玉藻》：「諸侯荼前詘後。」鄭讀荼爲舒遲之舒，即前面禿後面出進去。亦借作杼。《周禮·玉人》：「珽，長三尺，杼上，終葵首。」即上頭禿着。按，吴大澂《古玉圖考》：「終葵首，乃圭之下端有刃，今人誤爲藥鏟者也。與近日發現石斧、石刀，製

〔一〕廣雅：原誤作「説文」。

造略同。」

今謂行路曰上路，亦曰上道。展墓曰上墳。如京曰上京。問何之曰上那去。於古亦然。《漢書・龔勝傳》：「隨使君上道〔一〕，必死道路。」《揚雄傳》：「每上甘泉，常法從。」《儒林傳》：「自表上師冢。」上，皆謂行走。

今謂饕醲曰米湯户。飯醲曰飯户。醲汁曰户汁子。户即厚之古音。醲者曰厚，故不醲者曰薄，亦曰希。《禮記・檀弓》正義：「厚曰饘，希曰饕。」釋以今語，即户者曰建子，亶、建古音近。希者曰饕，亦曰希飯。涼州謂糞之希者曰希矢。

俗謂黏紙於窗或壁曰糊，即黏字。《説文》：「黏，相箸也。」〔二〕黏讀如占，或讀爲帖。俱從占得聲〔三〕。今謂戚友曰有黏連。《史記・南越傳》：「及蒼梧秦王有連。」《漢書音義》謂連爲親婚，即與秦王有黏連也。

今謂薄而滑者曰希鶏鶏，即希臾臾，亦曰希鶏瓦大，即希臾滑泰之轉。《説文》：「骩〔四〕，骨端骩臾。」骨端最圓滑，引申爲凡滑之稱。泰與滑義同〔五〕，從大得聲，故讀希鶏瓦大。膠漆

〔一〕君：原誤作「者」，據《漢書》改。
〔二〕相箸：原誤作「黏」，據《説文解字》改。
〔三〕占：原誤作「古」。
〔四〕骩：原誤作「臾」。
〔五〕滑：疑爲「太」之誤。

之屬曰然褭瓦鷄，又轉爲涎哇咕唧，即黏孃滑㚖。《説文》：「黏，相箸也。」〔二〕「孃，煩擾也。」滑而糾擾善附著者，謂之然褭瓦鷄。《漢書・賈誼傳》：「頑頓亡恥，㚖詬無節。」㚖詬，疑即性情滑鷄鷄，能忍詬之意。《史記・滑稽傳》《漢書・游俠傳》：「鴟夷滑稽，腹大如壺。」疑稽借爲㚖，謂性情圓滑不能持論，故《史記索隱》引姚察云「諧語滑利」也。

《史記・秦始皇紀》：「塹山堙谷。」今謂斷土脈爲塹，音同斬。

今謂掘出沙土曰挑。如挑河、挑溝、挑壩等是。《説文》：「陘，耕以臿。」稍自成川，挑出沙土。《説文》訓挑爲挑撓，無浚發之義。

今謂力田以糊口曰墾發著吃，音如墾挖者吃。

《詩・小雅・十月之交》：「徹我牆屋。」箋云：「徹毁我牆屋。」今謂毁壞屋曰徹。

今謂事物之遭毁敗者曰墕塌。《説文》：「墕，下入也。」《集韻》《韻會》並訓塌爲「地低下」，又「墮也」。故墮落曰坍塌，損毁其物曰蹋踏，猶言蹧踐。凡塌搨踏墮，皆寓下陷之意。《春秋》定十二年「叔孫州仇帥師墮郈」可證。

敗壞，今語或轉如貝回二音，即敗壞之古音。作退㲉或圮毁亦可。《説文》：「圮，毁也。」或作酵，與悲得聲同。《書》：「方命圮族。」即悲毁宗族，不得安全。

〔二〕相箸：原誤作「附著」。

今謂能及曰敵得上，不及曰敵不上。《尚書》隶，《説文》：「隶，及也。」〔一〕讀爲唐棣之棣，作敵亦同。

侔亦等也，今謂相等曰一侔樣。《考工記·輪人》云〔二〕：「權之以視其輕重之侔也。」即輕重一侔樣。

今人自稱曰吾，吾轉如臥。魚虞箇、馬通轉。自動曰親自。《史記·趙世家》：「襄子齋三日，親自剖竹。」

今謂草木甚茂曰望。《史記·大宛傳》：「離宫别觀旁〔三〕，盡種苜蓿極望。」與今語同。本謂一望無際，引申謂蕃茂之稱，俗誤作旺。

今謂看曰瞧，即督之轉。督與椒得聲同。《説文》：「督，察視也。」故督學亦稱視學。凡督察、督軍、都督、督工，皆有察視之義，故引申爲管理之義，猶料理則不能不視，引申今謂視曰料也，俗作瞭。《列子》：「王諦料之，内則肝膽心肺，外則筋骨支節，皆假物也。」諦料即仔細瞭督。又謂視爲矚，今謂視不仔細曰乍矚不來，人視曰你矚，已看曰我矚。又轉爲瞅，皆覻字一聲之變。

今稽查字當作譏察。《王制》「關譏而不征」，正義云：「譏，呵察也。」即稽察而不征税。

〔一〕及：原誤作「給」，據《説文解字》改。
〔二〕輪：原誤作「轂」。
〔三〕觀：原誤作「舘」，據《史記》改。

《玉藻》：「御瞽幾聲之上下。」幾借爲譏，即稽查聲之高低。稽爲稽留之稽，查爲山查之查，無考問之義。今謂查問曰盤問，即審問亦曰盤查，即審查。量糧曰盤糧，即審糧。謀慮曰盤算，即審算。審與瀋俱從釆得聲，《史記·六國年表》「鄱吾」，索隱云：「鄱音盤。」是其證也。審，《説文》作宷。宷從釆得聲，釆讀如辨，今作辦，與瀋音近。

能背誦而不知其説曰盤口歌子。盤即今翻譯之翻，古人作反。諱反叛之語，因製翻字。

今謂仔細相告曰破開説。破即譒，敷陳也。《商書》「譒告之」，即破開告愬。今本作播。《論語》「不以三隅反」，即不以三隅破開説，是心尚未悟也。翻譯之翻，疑即譒字，言譒敷尋繹也。

今謂通電曰拍電，即播電。

今謂益水於鍋曰點水，即沾水。《説文》：「沾，益也。」增益曰添，惠人以財曰貼，亦沾也。

小食曰點心，即餂新。《方言》：「南楚之外，相謁而飧曰餂。」新鮮者曰餂新，時時吃曰點着吃，亦餂字也。點心之語，唐宋時已有。宋吴曾《能改齋漫録》云：「世俗例以早晨小食爲點心。唐鄭傪爲江淮留後，家人備夫人晨饌。夫人顧其弟曰：『治裝未畢，我未及餐，爾且可點心。』其弟舉甌已罄〔一〕。俄而女僕請飯庫鑰匙，備夫人點心。傪詬曰：『適已給了，何得又請？』」

今謂不完全曰缺點，即缺玷。《詩》：「白圭之玷，尚可磨也。」即白圭有缺點，尚可磨滅。

〔一〕罄：原誤作「盡」，據《能改齋漫録》改。

心有遺憾曰店缺，即玷缺。《説文》作刮，云「缺也」。

今謂陰相候伺曰踏，即覗之轉。《説文》：「覗，司人也。」〔一〕覗轉踏，猶它作他也。《説文》：「覫，目有察省也。」今謂陰相伺察曰覫，音標。

《詩》「題彼脊令」，毛傳：「題，視也。」今謂審視曰題，聲轉爲丁。題、是、定俱從正得聲，平聲則讀丁。

今謂察視曰相端。《説文》：「相，省視也。」端，直視也。《詩》「相彼鳥矣」，即相端彼鳥。《荀子·儒效篇》「相高下，視肥墝」〔二〕，即相端高下墝肥。今謂迫視曰相上看。讀平聲。扶助曰相幫，即輔相之倒語。輔古音近幫，後又轉幫爲巴，如頰輔謂爲下巴，掌擊頰輔謂爲打耳巴子。匍匐俗謂爲爬。推衍附敷補等字皆語作巴，如趨附謂爲巴結，敷藥謂巴膏藥，以文字敷布牆壁者謂爲巴在牆上，凡補物皆曰巴子。《禮記》「譬猶瞽者之無相與」，即瞽者無人相幫，其儓仆可立而待也。

今謂性急曰急勾勾，亦曰急后后，即急瞿瞿。《説文》：「瞿，鷹隼之視也〔三〕。讀若章句之句。」勾者，句之俗體，句讀后，猶詬作詢也。《詩》「狂夫瞿瞿」，毛傳：「瞿瞿，無守之貌。」即瘋狂之人急勾勾的。《檀弓》「瞿瞿若有求而弗得」，即急后后的如求而不得。《玉藻》「視容瞿

〔一〕司：原誤作「伺」，據《説文解字》改。

〔二〕視肥墝：原誤作「相墝肥」，據《荀子》改。

〔三〕隼：原誤作「準」，據《説文解字》改。

瞿」，即兩個眼睛急后后的。

《説文》：「玓瓅，明珠光也。」讀的櫟二音。亦作的皪。《漢書・司馬相如傳》：「明月珠子，的皪江靡。」引申今謂目光極活潑曰的皪都盧。都音或近居，俱從者得聲。凡音之近都盧者，皆含圓轉之意。今謂圓形曰圓果都盧，果音轉若孤。頭形圓，故呼頭爲頊顱。《説文》：「頊顱，頭骨也。」會寧等縣謂頭爲頊顱，音如多樓。又轉爲髑髏，劍形圓，故劍之名有屬鏤。《史記・吴子胥傳》賜之屬鏤之劍自裁〔一〕。屬鏤與髑髏得聲同。亦曰獨鹿。《荀子・成相篇》：「恐爲子胥身離兇〔二〕，進諫不聽，剄而獨鹿棄之江。」旋轉不息曰輻轆。《漢書・揚雄傳》「輻盧不絶」，師古曰：「輻轆，環轉也。」今呼汲水之器曰鹿轆。竹形圓，故竹之名有箘簬。《楚辭》作箟簬。蟲之圓而善轉者蜾蠃，又轉爲蒲盧。《詩》「蜾蠃負之」，毛傳：「蜾蠃，蒲盧也。」人之身短而行步旋轉者曰朱儒。朱、都古音近。《國語》「朱儒扶籚」，段玉裁謂即《西京賦》之都盧。俱音近而意相類。故目如明珠而活潑者的皪都盧，旋轉不已曰都盧盧轉。轉讀如傳記之傳，轉、傳俱從專得聲。都盧又轉多羅。今謂展轉不已曰滚多羅彈，即傾都盧轉。傾轉滚，猶頍步之頍作跬，圭聲之烓讀如耿也。言傾側都盧而旋轉也。

今謂旋轉甚速曰都輂輂轉，即都連連。亦曰速輂輂的，即速連連。連與輂爲古今字。《説文》：「連，負車也。」負車即輂。《説文》無輂字，連即輂之本字。都連連，都旋轉也。速連連，速旋轉也。或借

〔一〕子：據文義補。

〔二〕爲：原誤作「如」，據《荀子》改。

鄰字爲之，令與鄰音近通借。《詩》「盧令令」，《説文》引作憐憐，是其證也。孟康注《漢·地志》云：「令音連。」故鄰亦讀連。《詩》「有車鄰鄰」，即車其多輪子都輂輂轉，速輂輂走。毛傳云：「衆車聲。」引申義也。

《説文》：「瞭，察也。」今謂目數開闔曰一瞭一瞭，亦曰瞭眼睛，音近擠。

瞠，直視貌，音敕庚反。見服虔《漢書·外戚傳》注。今謂直視無語曰慶下了，慶即瞠也。《漢書·外戚傳》：「陛下得武書〔一〕，意何如？曰：瞠也。」即慶下了，半天無語，俗書作怔了半天，或作楞去聲了半天，皆從瞠字轉變。瞠與儻音義亦近。俱從尚得聲。《莊子·田子方篇》：「文侯儻然，終日不言。」釋文引司馬云：「儻然，失志貌。」即文侯慶下了，終日不言。《莊子·山木》篇：「侗乎其無識，儻乎其怠疑。」侗即顛顛侗侗之侗，音洞。儻即慶下了之慶，怠當讀爲呆，疑當讀爲癡。顛顛侗侗，似無知識，其狀如呆如癡，所謂「君子盛德，容貌若愚」也。

今謂厚曰厚甸甸，甸即單亶廮鈿等字，《爾雅》訓爲信厚者是也。《廣雅》：「廮、鈿、鎮、珍，重也。」曹憲音廮爲鼎，徐鉉依《唐韻》則音書練切。作廮作鈿，均狀物之重也。鎮、珍又一聲之轉。俗謂重曰頂重，讀如丁零合音，停食胸膈曰頂住了，皆從廮字出。謂以手料量物之輕重曰顛份兩，從鈿字轉鎮。珍又轉振，《詩》「振振公子」，毛傳訓爲：「振振，信厚也。」今語又謂鄭重

〔一〕武：原脱，據《漢書》補。

鄭從奠聲作鎮重，亦通。

《説文》：「訒，厚也。」今謂物之柔而厚者曰肉訒，訒音乃。

《説文》：「南楚謂禪衣曰褋。」今謂單薄曰薄褋，褋音葉。

古謂糟爛爲糟魄，《莊子·天道》篇釋文。亦作糟粕。《説文》：「酒滓也。」今謂布帛不緻密堅結曰魄，音近怕。作平聲。煮肉極熟曰魄。又糟損之糟讀爲曹，亦曰爛糟糟，讀遭本音。

古謂敝衣曰藍縷。《左》宣十二年杜注。今謂破衣曰衣裳藍縷。縷讀如屢。今謂破爛曰爛廠，當書幝。《詩》「檀車幝幝」，毛傳：「幝幝，敝貌。」音昌善切。

《説文》：「晃，明也。」今謂明亮曰明晃晃。音胡廣切。作奐亦通。孔子曰：「美哉璵璠〔一〕，遠而望之，奐如也。」即玉石明奐奐的。《詩》「睆彼牽牛」，毛傳：「睆，明星貌。」即明奐奐之牽牛星。睆讀奐，猶《説文》浣作奐矣。

《説文》：「旭，明也。」徐音許久反。今謂光彩奪目曰旭明、曰明旭旭、亮旭旭，音同朽。

今謂鮮明曰明粲粲，亦曰粲粲新，粲音近斬。《詩·大東》：「西人之子，粲粲衣服。」毛傳：「粲粲，鮮盛貌。」釋以今語，即西人之子，衣服斬斬新也。

滑而明曰明光較粲。粲音近站。較與粲義同。亦作斠覯講顜等體。《史記·曹參世家》：

〔一〕璵璠：原作「璠璵」。

「蕭何爲法，顜若畫一。」顜若猶較然，謂如物之明光較粲，甚清楚易曉也。

今謂庭宇明潔曰嚮當當，即顯敞敞。敞與當俱從尚得聲。王仲宣《登樓賦》「實顯敞而寡仇」，即嚮當當的少有。

清與朗義同。今謂水極清曰清良良，即清朗。朗從良得聲。《説文》：「清，朖。瀓水之貌。」朖即朗字。

疏，古音蘇。《周禮·大胥》釋文。今謂散碎不團結曰酥，即疏也。《漢書·溝洫志》：「其地下而土疏惡。」即酥而惡劣。

俗謂鮮明悦目曰挂浄，即蠲瀞。《詩》「吉蠲爲饎」，《韓詩》作吉圭。《書·多方》：「不蠲烝。」〔一〕蠲一音圭。《王制》「圭田無征」，圭讀爲蠲，正義釋爲潔白，是圭蠲相通之証也。挂從圭聲，圭又轉挂。作圭瀞、烓瀞亦通。《方言》：「烓，明也。」得聲與挂同。

俗謂氣象昌盛曰光堂，即光昌之古音。古無舌上音，讀昌如堂。《詩》「猗嗟昌兮」「子之昌兮」，即容貌光堂之堂。《書》之「昌言」，即光堂言語。亦借作堂，《論語》「堂堂乎張也」，即子張容貌光堂。《荀子·非十二子》云：「弟佗其冠，神禫其辭，禹行而舜趨，是子張氏之賤儒。」是子張容貌光堂，修飾邊幅之證。亦借作黨，《書》「禹拜昌言」，《逸周書·祭公》爲作「黨言」，是其證也。《荀子·非

〔一〕烝：原作「蒸」，據《尚書》改。

相篇》「博而黨正」，即博聞而光堂正直。光堂者必充滿，引申今謂滿曰滿黨黨，即滿昌。《詩》「朝既昌兮」，即朝臣已滿黨黨。毛傳云：「朝已昌盛。」熾炭曰大堂子，即火昌，謂火方昌盛。亮曰亮堂堂，即亮昌。紅曰紅堂堂，即紅昌。

今謂鮮明曰亮豁。《史記・高祖紀》「意豁如也」〔一〕，即心意亮豁。亦曰顯豁、軒豁。軒顯音近。

《説文》：「焯，明也。」今謂確有所見曰真知焯見。《周書》：「焯見三有俊心。」此焯見二字所本，通以灼字爲之。

今謂赤色甚顯明曰紅丢丢，赤日曰日頭紅丢丢，紅花曰花兒紅丢丢，丢丢即的的、灼灼等字之轉。得聲同。《説文》的、灼並訓明。《論語》「小人之道的然而日亡」，言如日之紅丢丢不轉瞬而真情畢露矣。宋玉《神女賦》「朱唇的其若丹」，即嘴唇紅丢丢如丹沙。《詩》「灼灼其華」，毛傳云：「華之盛。」即花兒紅丢丢。賈誼《新書》「若日出之灼灼」，即日頭紅丢丢。

今謂匿而不與曰昧下，亦作微。《左》哀十六年：「白公其徒微之。」杜注：「微，匿也。」即昧藏下不肯交出。

今謂不分明曰抹忽，亦曰嫣忽，俗書作糢糊。考字書均無糢字，當作模。杜甫《送蔡希魯

〔一〕祖：原脱。

都尉還隴右》詩：「馬頭金匼匝，駞背錦模糊。」白居易詩：「平明山雪白模糊。」唐宋人入詩文模糊字甚多，不具引。古韻虞麻通，故今語或轉模爲麻，猶俗語之麽轉爲嗎也。又爲穆沕、曼漶、濛鴻、顢頇之轉。《漢書・賈誼傳》：「沕穆無間，胡可勝言？」師古云：「沕穆，深微貌。」「爲其太曼漶而不可知。」〔一〕師古云：「曼漶，猶濛鴻，不分別貌。」今人書顢頇，皆疊韻，無正字。作眊昏亦通，《韓詩外傳》「眊眊乎其猶醉也」，即嫣嫣忽忽如醉漢。涼州謂天未明曰麻忽眼子，麻忽疑即昧曶之轉。《説文》：「昧，目不明也。」「曶，尚冥也。」昧轉麻，猶塗抹轉擦麻。曶與忽得聲同。

今謂人或蟲之多曰閣穰穰，即浩穰，一聲之轉。或曰黑壓壓的。皆稠密擁擠之形容詞耳。《漢・地志》「浩亹」，孟康讀「合門」二音。《水經注》闞駰曰浩讀閤，是其證也。《漢書・張敞傳》：「長安中浩穰，於三輔尤爲劇。」師古曰：「浩，大也。穰，盛也。」言人衆之多也。解以俗語，即長安中人馬閣穰穰的。《史記・貨殖傳》：「天下壤壤，皆爲利往。」壤借爲穰，即穰穰的來往。

《詩》「敦彼行葦」，毛傳：「敦，聚貌。」今呼叢生者如一敦兩敦，俗書作一堆兩堆。敦通團，今曰一纂纂子，即一團一〔二〕。敦之轉作僔、總、稯等字亦通。《周官・朝士》「僔語」，即一纂纂子共語。僔音纂，見《周官》釋文。《楚辭》「紛總總其離合兮」，王逸注：「總總，猶僔僔，聚貌。」

〔一〕爲：原作「惟」，據《漢書》改。
〔二〕下「一」字疑當作「團」。

通以今語，即紛紛擾擾一纂纂子。《莊子·則陽》篇「是稯稯何爲者耶」，釋文：「稯，聚貌。」即者一纂纂子何爲者耶。

今謂侍從多曰人馬旜音纖旗，言有人、有馬、有旜、有旗，匈匈甚衆。旜即纖之本字，亦作旃、作旃。

今謂人甚多曰伙七倘八，即和七黨八，黨、倘俱從尚得聲。言黨和甚多也。《漢書·梅福傳》：「求黨與，索隨和。」黨與猶黨羽，隨和即隨伙。

俗謂極大曰怪大，極多曰怪多。怪，異也，即異常之大、異常之多。作叕亦通。《説文》：「叕，大也。」

今謂多曰雲羅羅，言如浮雲之羅列於太空也。古人謂多曰如雲、雲布，今人謂多曰雲羅羅，詞意相類。

《説文》：「扶，並行也。讀如伴侶之伴。」今謂同行曰扶兒，通作伴。今謂物經分析者曰一份兩份，份即朋字。朋、鳳同字，鳳音近份。《詩》「錫我百朋」，即錫我百份。鄭康成謂古者貨貝五貝爲朋，即五貝爲一份，是百朋爲五百貝。

《説文》：「葼，草多貌。」「概，稠也。」二字音義俱同。今謂稠曰概，俗以擠字爲之。擠爲排擠，無稠密之義。《史記·齊悼惠王傳》：「深耕概種，立苗欲疏。」概與疏對文，恐有不芽者，故種之欲其概而長之欲其疏也。

《説文》：「薅，拔去田草也。从蓐好省聲。」呼毛切。今語猶曰薅草，蘭州亦有謂爲鋤草者，作除亦通。又謂人相毆撏髮者曰薅頭髮。

今謂種菜或豆曰點，種牛痘曰點痘。點作稹亦可。《説文》：「稹，穜概也。」〔一〕與蕻得聲同。

今謂潛相引誘爲鉤，即鳩字。猶《説文》鉤讀如鳩也。《書》「方鳩僝功」，方讀如旁，即旁邊鉤結工人。《説文》：「勼，聚也。」此本字。

今謂少而貴曰希罕。希與罕義同。《論語》「子罕言利」，即言利是個希罕事。「巧言令色，鮮矣仁」，鮮讀爲希。古音希與顯同。

今言希疏曰希零薄拉，即希零暴樂之轉。希零與暴樂義相近。《内則》「羊泠毛而毳羶」，正義泠音零，謂毛本希泠。《詩》「捋采其劉」，毛傳：「劉，暴樂而希也。」《詩》「捋采其劉」，即律着採，捋，古音律，以五指取也。日久則桑葉希薄拉，不甚多了。暴樂與駁犖、煸爛、班爛、炳靈，丙、方、榜，古音同。一聲之轉。今謂包掃曰希離花拉，裂物聲亦曰華拉。李善注《文選·吴都賦》「菈擸雷硠」爲崩弛之聲。作罅裂亦通。今謂色不純曰雜薄拉，即雜駁犖。積垢刺目曰巴爛駭怪，即駁犖駭怪；亦曰巴爛個積，即駁犖垢積。《史記·司馬相如傳》「赤瑕駁犖」，注云：「采點也。」即赤瑕之色巴爛駭怪

〔一〕穜：原誤作「種」，據《説文解字》改。

的。駁犖、斑爛皆連綿字。其單言駁者，如謂湊合者曰雜辦，俗書作拌，當即雜駁，於文爲駁雜。雜菜麪中而食之曰辦麪，即駁麪。虎文曰斑，《漢書·叙傳》。亦曰虨。《説文》：「虎文，彪。」物之文采曰辮。《説文》：「辮，駁文也。」人之文采曰彬，亦作豳。《漢書·司馬相如傳》「被，斑文」，《史記》作「豳文」。音義俱相類。

《詩》「大車啍啍」，傳：「啍啍，重遲之貌。」今謂車搖簸曰啍，讀如敦。俱從享得聲。

《詩》「築之登登」，傳：「登登，用力也。」今謂築地及犇走聲曰登登，音近吞。

《詩》「鸞聲鏘鏘」「八鸞鏘鏘」，鏘鏘者，鸞聲之遠聞也。今謂鈴聲曰鏘鏘，鏗鏘者，金石之聲。今謂聲響甚大曰誇差，差讀差錯之差。誇差，即鏗鏘之轉呼。鐃鈸曰廣廣差，即鏗鏗鏘。《漢書·禮樂志》：「但聞鏗鎗，鎗同鏘。不曉其意。」即但聞誇差誇差之聲，不曉得意思。

《説文》瑲、玲，「玉聲」。今謂鈴聲曰瑲玲。瑲玲聲轉爲倉闌。令、漣、闌古音同。《漢志》「令居」之令，孟康音連。《説文》漣一作瀾，是其證也。差讀差錯之差。《詩·小雅》「有瑲葱珩」，即珮玉葱珩之聲倉闌倉闌。「佩玉將將」，將通瑲，即佩玉之聲差闌闌的。

今言物相擊觸之聲曰聽爬鋪處，亦曰聽哩旁聽吧。聽旁，即砰磅之轉。《史記·司馬相如傳》「砰磅訇磕」，正義云：「水流鼓怒之聲。」引申凡聲之類此者曰砰磅。

《説文》：「彭，鼓聲也。」薄庚切。《廣韻》《正韻》作博旁切，榜平聲，訓多也。故彭字兼收庚、陽兩韻。今謂擊鼓聲或叩門聲曰彭彭，音皆轉入陽韻。款，叩也。《晏子·雜篇》「前驅款門」，《史記・商君傳》「由余聞之，款關請見」，《太史公自叙》「重驛款塞」注。引申今謂叩門聲曰款款。作悅亦通。《呂氏春秋》：「鐘聲悅然。」今謂擊鐘聲曰悅的一下，讀如況。高誘注《淮南》云：「悅，讀人空頭扣之悅。」〔一〕《廣雅》：「款，愛也。」誠懇相愛曰款誠。今謂溺愛曰款款兒，輕舉其物亦曰款款兒的。《詩》「老夫灌灌」，款款也。灌、款音近。即老夫款款不敢惹。又杜甫詩：「點水蜻蜓款款飛。」皆與今語同。

《詩》「穫之挃挃」，傳：「挃挃，穫聲也。」今謂斷禾或裁割聲曰挃挃，音近雌。按孔鮒《小爾雅・廣物》八：「禾穗謂之穎。截穎謂之銍。」古字多通用，挃與銍在《説文》，一爲穫聲，一爲穫器。《漢書・外戚傳》許皇后云：「我頭岑岑也，藥中得無有毒？」顔注：「岑岑，痺悶之意。」今謂頭痛曰頭裏岑岑的。

今謂寒風曰蕭蕭之風，讀如嘯嘯子風，易水甚寒冷。又轉爲風利夙夙之夙。蕭從肅得聲，肅、夙聲近。又轉爲冷颼颼之颼。蕭讀颼，與《説文》鷫作鷞同例。《詩》「風雨瀟瀟」，毛傳：「瀟瀟，暴疾也。」瀟同蕭，即刮風下雨冷颼颼的。《史記・封禪書》「來則風肅然」〔二〕，即風利夙夙的。情貌之恭敬曰肅然，即神貌冷颼颼的。凡人和悅則有煖意，肅敬則有冷意，故風冷、貌冷俱曰肅然，亦曰蕭然。

〔一〕空頭：原誤作「頭空」，據《淮南鴻烈解》改。
〔二〕肅：原作「肅肅」，據《史記》改。

今謂太拘謹曰秀，即肅字，俗作羞，言舉止羞澀也。繡從肅得聲，與秀音近。星宿之宿，亦讀秀。他若讀鬻爲州，謂叔曰收，他省尚有然者。《詩·七月》毛傳：「肅，縮也。」作頊亦通。《説文》：「頊，謹貌。」玉與繡音同。秀爲禾黍成熟之名，引申爲秀美，無收縮之義。

今謂倏忽過去曰刷的過去，忽陰忽晴曰刷的陰刷的晴，刷即率爾之率。《説文》：「啐，讀若刷。」是其例也。揚雄《甘泉賦》「帥爾陰閉」〔二〕，即刷的天陰了。刷與倏又爲一聲之轉。

《説文》：「玎，玉聲。」今謂聲音鏗鏘曰玎玎當當，當即玎之轉。庚陽通轉。

《説文》：「鼞，鼓聲也。」今謂鼓聲曰鼞鼞。《詩》：「擊鼓其鏜。」鏜讀如鼞，即擊鼓之聲鼞鼞的。或以填填等字爲之，《孟子》「填然鼓之」，即鼞的鼓以響。僖十六年《公羊傳》「聞其磌然」，即聞鼞的一下視之則石。又轉爲吞的一下。吞即真之古音。

今謂鼓聲曰鼕鼕，本作𪔛。《説文》：「𪔛，鼓聲。」徒冬切。

今謂壓制曰鎮壓，亦曰彈壓。彈即殿也。寒先二部音近。《詩》「殿天子之邦」，毛傳：「殿，鎮也。」即彈壓、鎮壓天子之邦。《漢書·王莽傳》有厭難將軍，厭讀爲壓，即彈壓患難之將軍。

《説文》：「殿，擊聲也。」今謂水聲曰殿殿。

《説文》：「䋫，急絃聲。」今謂彈絃聲曰䋫䋫。

〔二〕帥：原作「率」，據《文選·甘泉賦》改。

今謂猛力裂物所發之聲曰革拔拔，即戛發之古音。藁戛之戛亦作秣，是戛、革音同之證也。

俗謂磨青稞曰拉珍子，即礪珍子。

今謂獨居無聊曰寡寥寥。寥讀若醪。俱從翏得聲。不多曰老們一個、老們一點，老即寥寥無幾之寥。

今謂無聲曰悄悄，即寂寂。《説文》作宋或誎、㗩等體，與椒俱從叔得聲。静中忽匈匈曰寂馬亂喊，即寂寞亂唤。寞轉馬，猶蝦蟆轉河螞也。言寂寞中亂叫唤也。

今謂不敢作聲曰處處兒，兒童喧呶哭啼者亦禁之曰處處兒的。處當作齼，音楚，齒傷酸也。曾茶山《餉柑》詩：「莫向君家樊素口，瓠犀微齼遠山顰。」齒傷酸，必撮口而噤也。北平謂膩煩其事不願言曰醋了意，亦略同。俗嗤多言者爲打牙撩嘴，與此爲反面形容之詞。

《書》：「四海遏密八音。」遏，止也。密，無聲也。今謂寂寞無聲曰遏密静寂，音近啞密静悄。密本作謐，與恤通。《詩·周頌》「假以溢我」，《説文》引作「誐以謐我」，《左傳》作「何以恤我」。《尚書》「惟刑之恤」，伏生《尚書》作「惟刑之謐」，是其證也。《詩》「閟宫有恤」，即關閉之宫啞謐静悄也。

今謂氣候炎蒸曰歐熱，即薀熱。薀與煴得聲同，嫗與歐音近。《詩》：「蘊隆蟲蟲。」蘊與薀同即天氣歐熱之歐；隆即雷聲隆隆之隆。

俗謂熱曰熱户户，即熱煦煦。句、后、厚、户古音同。《説文》：「煦，烝也。」謂烝氣温熱。「昫，日出温也。」二字相類。

《埤蒼》：「烔烔，熱貌。」《衆經音義》卷四引。今謂熱坑及温熱之物曰熱烔烔，音近吞，俗書作熱騰騰。《詩》「蘊隆蟲蟲」，借爲烔，《韓詩》引作烔烔。即歐熱濕蒸之氣温音近屋吞吞的。

《説文》：「煨，盆中火也。」今謂燃火於盆曰煨火，熟物灰中亦曰煨，烏灰切。

高誘注《淮南》云：「灼，燃也。」今謂火燃曰灼，讀如着。

《説文》：「爆，灼也。」今謂火燄突出爲爆，讀如曝。得聲同。

《説文》：「焠，堅刀刃也。」今新鑄鐵器燒紅納諸水中以堅之曰焠，音近雜。俱從卒得聲。

《説文》：「熯，乾貌。」今謂以火乾物曰熯，尉衣之器曰熯熯子，音歎。《易·説卦》：「燥萬物者，莫熯乎火。」《淮南·修務訓》「以火熯井」之熯，辭意與今正同。

今謂水熱曰尖尖的，即燂也。《説文》：「燂，火熱也。」《内則》「燂湯請浴」，釋文：「燂，温也。詳廉反。」作煎亦可通。

今謂鷄孵卵曰抱鷄兒，抱即孚之古音。通作孵。《春秋》隱八年「公及莒人盟於浮來」，《公羊》《穀梁》二傳並作「包來」。《禮記·投壺》「若是者浮」，注：「或作匏。」《説文》罦亦作䍖，捊或作抱，孚亦作⿰卵包，枹鼓之枹亦以包得聲，伏羲亦作包犧，虚浮今曰虚泡，是其證也。

《詩》毛傳：「將，養也。」今謂善養生曰將養。《詩》「不遑將父」，即不暇將養父母。《淮南·原道訓》「聖人將養其神」，即將養精神，亦曰調養。

今謂冷意曰涼刷刷，即涼洒洒。洒同灑，與刷聲近。洒、哂得聲同。韋昭《國語注》：「洒洒，寒貌。」鄭玄云：「肅敬貌。」《玉藻》注。肅敬與寒義本相因。《史記・范雎傳》「莫不洒然變色易容者」，即羣臣咸覺涼刷刷的，變色易容，得未曾有。

今謂人及器之鋭利曰利灑，亦曰利莎，即利洒，本字本作利銑。西與先古音同。《説文》：「銑，金之澤者。」言金鐵之屬明亮利莎也。亦借作犀。與洒聲近。《漢書・馮奉世傳》「器不犀利」，犀利即利莎之倒語。如淳云：「今俗謂兵利爲犀。」

俗謂天冷曰冷亡亡，即冷芒芒，言寒冷之氣如鋒芒之逼人也。亦曰冷清清。宋玉「清清冷冷，愈病析酲」，即冷清清的，病以之愈酲因此析。冬温而夏清，即冬天温煖夏天冷清。清〔一〕，《説文》作瀞，云「冷寒也」。

今謂清冷曰冰清玉潔，玉音近立，言如冰之清、玉之潔也。

今謂寒寂太甚曰冷灰死竈，言景象寒寂如已冷之灰、死滅之竈也。

今謂未經分析曰囫圇，即渾淪。《列子・天瑞篇》：「渾淪者，言萬物相渾淪而未相離也。」未相離，即囫圇者。山之所以名昆侖者，蓋以其形勢囫圇不甚崚峥之故。今青海、新疆之山大抵皆然也。

《説文》：「全，完也。」今謂具備曰全完，讀如全换，猶浣作寏矣。

〔一〕清：原誤作「清」。

今謂周備曰齊備，當書晐備。《説文》：「晐，兼晐也。」通作該。與其古音同。《漢書・儒林傳》：「箕子者，萬物方荄滋也。」荄滋，即箕子。《淮南・時則訓》「爨箕燧火」，高注：「箕讀該備之該。」是其證也。俗以音近借用齊字。

俗謂刀割曰離開，亦曰羅開。羅即離之古音。亦曰獲開，獲即華之古音。亦作畫。《曲禮》「爲國君者華之」，即刀子獲開。裂痕曰問問兒，即璺也。《説文》：「璺，讀如門。」《周禮・太卜》訛作舋，釋文云：「音問。」《方言》訛作璺，云：「器破而未離也。」缺處曰獲獲兒，即罅、華等字也。亦曰獲羅，即華離之古音。《周禮・形方氏》「無有華離之地」〔一〕，即獲羅不整齊之地。亦曰獲離狼牙，即華離如狼牙。色駁雜曰華離乎掃，言華離之狀如胡妄掃拭。梁孔曰梁華，即梁罅。椽孔曰椽華，即椽罅。亦曰梁洞，即梁竇。竇讀洞，與《説文》隫讀洞同例。《鬼谷子》有《抵戲》篇，戲當讀爲罅，猶於戲讀嗚呼也。抵戲即頂入獲羅，猶言乘隙而入也。

今謂碎屑曰末，即䊳也。《説文》：「䊳，碎也。」得聲與磨同。末爲本末之末，無碎意。《説文》：「哆，張口也。」《廣韻》敕加、陟加二切。今謂物之不帖合者曰哆開，讀如渣，又讀上聲。又渣、張聲轉，亦曰張開，義亦可通。

寬綽之綽，或轉作操平、去二聲。

〔一〕禮：原誤作「初」。

手摇曰手戰，體摇曰身戰，寒而栗曰大冷戰。大讀如打。《史記·齊王肥世家》「魏勃退立，股戰而栗」，即髀股打戰。通以顫字爲之，《説文》：「顫，頭不定也。」似指頭摇，非泛稱一切之辭。《書》：「兢兢業業，一日二日萬機。」今謂謹慎曰兢兢業業，謂聲危氣怯曰戰兢兢，謂小心恐懼曰戰戰兢兢，皆與古合。

今謂高而自危曰侯速速兒，即觳觫之轉。觳轉侯，猶猴孫轉胡孫，喉嚨轉胡盧也。觫與速得聲同。趙岐注《孟子》「吾不忍其觳觫」云：「牛當到死地處恐貌。」引申因謂高而恐墜曰觳觫。《易·震卦》「震索索」「履虎尾愬愬」〔一〕。《説文》引作虩虩。觫、索、愬、虩一聲之轉。

涼州謂心中危懼曰臬曲兒，即槷䵎爾。《詩·車攻》毛傳：「裘纏質以爲槸。」〔二〕正義作闑。文穎注《漢書·司馬相如傳》云：「射準的爲藝。」《説文》謂射準的爲臬。是蓺與臬相通之證也。䵎與屈得聲同。《説文》：「槷䵎，不安也。」亦作鮠鼿。或作陷阢、倪伔、劓刖、梲杌，音並近，文辭則倒爲阢隉。《易》：「困於鮠鼿。」《象傳》曰：「志未定也。」釋以今語，即心裏臬曲兒，甚爲恐懼。今謂拘謹曰拘臬，即拘泥。《爾雅》：「業業、翹翹，危也。」業翹、槷䵎一聲之轉。今謂憂懼曰業業爾的，音近噎。《三國志·朱桓傳》「諸將業業，各有懼心」，即業業爾的有懼怕之心。

古謂直道而行曰危行，直躬而坐曰危坐，正直之言曰危言，蓋太直則危，故引申謂直爲危。

〔一〕「尾」下原衍「曰」字，據《易》删。
〔二〕以：原脱，據《毛詩正義》補。

危與阢義同，今謂危坐曰坐的直阢阢。危與殆意同。《漢書・武五子傳》「我危得之」，即我殆得之。《外戚傳》「今兒安在，危殺之矣」，即殆殺之乎。殆從台聲，台通能。《史記・天官書》《封禪書》、《漢書・王莽傳》、《周禮・大宗伯・司中》注，三臺俱作三能。鄭云：「古以能爲三臺字。」是其證也。今謂苟且曰能就，即殆就，言殆可遷就。《詩》「迨天之未陰雨」，即能就天未雨遷就。今音亦近姜就。

作，起也，與詐得聲同。今謂豎尾曰尾把詐，毛起曰毛詐，凡挺然直立曰詐，即作也。草木直立曰詐速速，即作涑。《詩》毛傳「上涑者喬木」，即直上詐速速之木。「林有樸樕」，樸通附，樕通涑，即附地而生詐速速之木。木之短小者曰樸樕。毛傳。人之才下者曰僕遬。《漢書・息夫躬傳》「諸曹以下僕遬不足數」，師古曰：「僕遬，凡短之貌。」音近而意略同。短者必齊，引申今謂行列整齊曰齊樸樸。

俗呼坡曰竊坡子，即傾坡，亦曰靡竊坡，即靡傾坡之轉，謂地靡傾斜之坡也。竊、淺、傾一聲之轉。《爾雅・釋鳥》。

鄭司農注《考工記・輪人》云：「泰山平原所樹立物爲菑。」〔一〕今謂樹立曰菑，讀爲栽。《書》「播時百穀」，即擺栽百穀。時從之聲，之菑音近。栽花、栽樹之栽即時字，通作蒔。

今謂孤立寡交曰單挑，即單稺。稺、挑音近。《說文》：「稺，特止也。」〔二〕通作卓。太高曰戳

〔一〕物：原脱，據《周禮正義》補。
〔二〕止：原誤作「立」，據《說文解字》改。

天先地，即穡天掀地。《論語》「如有所立卓爾」，即戳天掀地的似立於彼。《漢書・河間獻王傳》「夫惟大雅，卓爾不羣」，即單挑著不能合羣。

岌岌，危也。今謂危殆曰岌岌乎，亦曰岌乎，讀如吸。與西近。

今謂堆積如山曰骨骨累累，即魁壘。猶《說文》頧從骨聲而讀若魁也。盤碗中盛飯菜太多曰骨累山尖，即魁壘山齊。服虔注《漢書・鮑宣傳》：「魁壘，壯貌。」引申爲巍峨不平之貌。《管子》「堤墁之壤」，《莊子》「畏壘之山」，堤墁即魁壘。《說文》：「鍡鑸，不平也。」《爾雅》「魁瘣」，釋文云：「瘣音盧罪反。」司馬相如《大人賦》有堀壘，音義俱近。即骨壘不平之土壤、骨壘不平之山。釋者不知因聲求義，謂爲山名，非也。俗呼圜而高者爲骨堆，特高者曰高骨堆，骨堆即崔嵬之倒語。《詩》「陟彼崔巍」，即上高骨堆。不平曰圪搭累椎，即結大巍崔，結紒个相通。言凝結甚大而崔嵬然也。「陟彼崔巍」，毛傳云：「土山之戴石者。」即上彼圪搭累椎之山。作磊陲亦通。《說文》：「磊陲，不平之貌。」《說文》：「磊竨，音丁罪切。重聚也。」「㠥嶵，山貌。」磊竨、㠥嶵音義相近。今轉爲累贅。懶惰曰累，即儽也。《說文》：「儽，重貌。一曰嬾懈。」

今謂地不平曰隔裏疙瘩，即䃭硍戛大。《說文》：「䃭硍，石地惡。」引申石地甚惡行走其間大相摩戛曰䃭硍戛大。

俗謂極多曰落落海海，即磊砢之轉。《史記・司馬相如傳》「水玉磊砢」，即玉石落落海海的甚多。

《説文》：「坦，安也。」今謂平曰平坦坦、光坦坦。

《説文》：「㥼，謹也。」此穩之本字。《史記》作隱，《韓安國傳》「壺遂之深中隱厚」，即穩當忠厚。安曰安穩，安置曰穩著，即㥼也。

《説文》：「㥯，有所依也。」〔一〕《莊子·齊物論》：「道惡乎隱而有真僞，言惡乎隱而有是非。」即道穩着那兒而有真僞，言穩着那兒而有是非。

隱、依、哀、殷、捱等字，古音並近。《孟子》「一戎衣」，亦作「一戎殷」，是衣、殷相通也。《詩》「如有隱憂」，《韓詩》作「殷憂」，是隱、殷相通也。哀從衣得聲，是衣、哀音同也。厓與哀聲近。今謂忍痛曰捱痛，被打曰捱打，捱即隱忍之隱。相依曰挨，即《孟子》「隱几而臥」之隱，隱几，即挨几。《莊子》「惡乎隱」，即阿達挨靠。《漢書·賈山傳》「隱以金椎」，即不平之路捱以銅椎，則自然平坦。《檀弓》「拜稽顙，哀戚之至隱也」，至隱即至哀。《孟子》「隱其無罪」，即哀其無罪。《詩》「如有隱憂」，即硬捱著難明言之憂。《周禮》有「殷見時見」「殷祭時祭」，殷與時相對，殷即挨定不挪移者，時謂隨時變通者。

俗謂習熟曰熟化，言熟而與之同化也。韓愈《鄆州草堂序》：「公之始至，衆未熟化。」與今語正合。

俗謂眼開曰睜眼睛，開橐盛物曰争口袋，玩物有風箏，睜、箏即張之轉，庚陽通轉。謂張目、

〔一〕「依」下原衍「據」字，據《説文解字》删。

張橐，因風而張之也。《史記·陳勝世家》：「號曰張楚。」張，今轉爲撐持之撐，亦即挣札之挣。挣札，即争作之轉。挣銀錢、挣家當，即争銀錢、争家帑。争名争利，讀爲挣，尤覺顯豁。

今謂水或地收縮下陷曰攝下去，即歙也。《説文》：「歙，縮鼻。」引申爲凡收縮之稱。《老子》：「將欲噏之〔一〕，必固張之。」噏讀爲歙，謂欲他攝下去，先要令他彭漲。

俗謂一開一合曰閤張，閤張即歙張，歙與閤俱從合得聲。謂一歙一張也。作脅張亦通。《説文》：「瘱，讀若脅。」烏闔切〔二〕。故脅亦讀閤。

今謂物之低而寬者曰扁塌塌，塌訓墮，已見前，與隋爲雙聲。《月令》釋文「隋方曰篋」，即扁塌塌之方箱曰篋也。《詩·破斧》毛傳「隋銎曰斧」，即扁塌塌之窟窿曰斧也。銎讀如孔。通作橢。《史記·平準書》「復小橢之」，即稍塌一點。《詩》「墮山喬嶽」，即矮塌之山。毛傳：「墮墮，山之小者也。」俗又謂積壓曰塌。《書》「萬事墮哉」，即萬事塌下不辦。

今謂獸耳帖近頭曰耳朵敏上，即弭耳之弭。弭、敏古音同。《御覽》八百九十一《事類賦》注：「宜咎叱之〔三〕，虎弭耳而服。」即耳朵敏上而降服。《吕氏春秋·知分》篇：「龍俛耳而去。」俛敏雙聲。

〔一〕 噏：原作「歙」，據文義改。
〔二〕 烏：原誤作「公」，據《説文解字》改。
〔三〕 叱：原誤作「化」，據《太平御覽》改。

今謂少曰微末，或曰些微。如曰微末偏一點、微末高一點之類。少時曰一會兒，如稍候一會兒、一會兒就得之類。作彗亦可。微彗、細碎皆爲雙聲字。凡從彗之字，俱含小意。《詩》「嘒彼小星」，傳：「微貌。」繐爲蜀細布，鏏爲小鼎，䎚爲鳥翮末，轊爲車軸兩端，槥爲小棺。雪本作⿱雨彗，天雨冰末也。幼而了了謂之慧。皆可證。慧，古文作⿱⺮習，故習亦含小意。小鳥數飛曰習。《詩》「習習谷風」，傳訓爲和舒，蓋微風細雨最宜百穀也。微彗、習細、零星等字雙聲，義亦相近，故今語猶恒用之。

今謂服御奢泰曰闊，寒儉而飾爲奢泰曰充闊子，當作廓。《方言》：「張小使大謂之廓。」趙岐注《孟子》「皆知擴而充之矣」：「擴，廓也。」擴廓音近，義亦相通。闊字有寬大之義，固亦可通，然不如本字張小使大義尤確切，故俗又謂闊曰排場，即丕張、鋪張之轉。履小者以楔張之曰排，即丕大之丕，丕音近排。《廣韻》碩音牌，是可證也。

俗語有相承已久，而考其語柢，自有本字者，亦見人事日繁，不必拘牽雅詁也。如《說文》：「秦以市買多得爲夃。」古乎切，盈字从此。沽字乃水名，無市買之義，然《論語》「有美玉於斯」章凡三用，皆沽字，今語又轉爲市估矣。

又《說文》芣，鏵本字，从艹，羊角，象其兩刃，下从木。自相沿用鏵，而知芣字者甚鮮。舊《通志·方言》：「俗謂犁鐵爲鏵，音華。《釋名》鍤或作鏵，《方言》：『臿，宋魏之間謂之鏵。』」又《方言》：「閜，梧也，大者謂之閜。」郭璞音呼雅切。今謂極大之盌爲海盌，閜轉爲海。

以海字含深大之義，故盤之極大者引申謂之洋盤。

又《説文》：「𩰫，小桮也。」古送切。今謂盌之小者曰工盌，又謂茶桮爲茶缸，缸、工皆𩰫之聲轉。酒桮謂之酒鍾，鍾又尊之轉音耳。

又《説文》：「菸，鬱也。从艸於聲〔一〕。一曰殘也。」央居切。「蔫，菸也。从艸焉聲。」於乾切。煙草之熟必黄萎，本即蔫字。菸字實無煙音，或以菸、蔫互訓，遂相沿用歟？夫菸之爲用，必然之而取其煙，不如徑用煙字之爲當。以上六事見《方言》，雖有本字而沿用既久者，從俗亦可。

今平凉等縣謂磨曰圍子。按《唐韻》《集韻》磑字並五對切，訓爲磨磑，或作碓，晉王戎有水磑。又音魚回切，積也，是磑字本有圍音。

蘭州有地名曰小庫沱、大庫沱，皆瀦水之地。《説文》無池字，徐鉉謂即沱字，池字乃淺人所增。其説爲學者所宗，至段氏玉裁則增補池字篆文，特翻前説，亦極有見。按，古無他字，只有佗字，無他之他則它字耳。今《通俗文》又增爲她、爲牠，足證文字隨人事而增殖，徐段二氏之説，不妨並存而得其通也。蘭州西六十里地名小澇池，與大、小庫沱同爲瀦水之地，而水因澇而有其名，尤極雅切。庫沱、澇池二者之名，似澇池當在後，語言轉變益可推見。

今謂粗率縫緝曰𢿙幾鍼。《書·費誓》曰「善𢿙乃甲胄」，或訓𢿙爲簡擇，鄭注則曰穿徹也，

〔一〕艸：原誤作「草」，據《説文解字》改。下同。

謂甲胄有繩絶者，當敹治之。今坊本《書·費誓》直注敹爲縫完也，與今語合。

今謂不慧黠者爲冤大頭，蓋由北平謂紿人爲冤人，故謂其易欺曰冤大頭耳。實當作顀。《説文》顀字訓大頭也，稱易受紿者曰顀大頭，猶蘇滬間之稱壽頭。

今詈人之無知識者曰昏蛋，當從渾敦音轉。《左傳》杜解渾敦爲不開通之貌。《莊子·應帝王》篇：「中央之帝爲混敦，無有七竅。」故今之詈昏蛋又曰迷竅鬼。

《説文》：「謾，詐也。」況袁切。今謂以語誑人曰謾誑。

有商，舊《通志·方言》：「俗以雨澤深透田土積潤爲有商。豈因桑林禱而致雨爲有商慶，此後相沿以得雨爲有商歟？」按，此説殊傅會可哂。有商專指秋霖而言，或逕稱秋商，非凡得雨即謂之有商也。《説文》商字訓「從外以知内也」。《禮》「槀魚曰商祭」，疏：「祭用乾魚，量度燥濕得中而用之也。」梁元帝《纂要》：「秋曰素商，亦曰高商。」又秋風謂之商風，則秋雨亦可曰商雨。《正字通》刻漏曰商，古以刻鐫爲商，所云商金、商銀是也。刻漏痕曰商，以驗水也。《廣韻》訓商爲降，則秋商即爲秋降。或謂濕壤二字速呼之爲商。以上數説均較舊《通志》之説爲近是，然確爲此商字與否尚未可定，或云係傷字，未得的解，當從闕疑。

伊尹，舊《通志·方言》：「俗以田中收成曰有伊尹，無收成曰莫伊尹。豈因伊尹耕莘，故相沿成此語歟？」按，此語細審其音，似即益蔭二字，狄道等縣語若是，他縣或稱益濟，如云某事大得益濟、某人大得益濟之類。

交限，隴東以事物之關係較重、出入之間，皆謂之交限，如云阿事交限、大阿事末甚交限之類。

剋來回，隴西縣語詢以某事如不知則答曰剋來回，似是克理會三字音訛，克字爲通俗語，如云克幹、克說，即再幹、再說之意。

奘，在黨切，《說文》訓駔大也。俗以凡物粗大謂之奘。揚子《方言》：「秦晉間人大謂之奘。」舊《通志》。

頓，俗謂一餐及一次均曰一頓。《世說》：「羅友曰：欲乞一頓食。」杜詩：「頓頓喫黄魚。」《唐書》：「打汝一頓。」舊《通志》。

假，以物與人之辭。舊《通志》。

舀，如舀水、舀飯之類，隴上爲恒言。舊《通志》。

耩讀剛上聲磨讀去聲，皆耕稼名詞。舊《通志》。

埫，地二畝半爲埫。舊《通志》。

角莫兒，隴東等縣謂辮髮之稱，即角帽兒，或稱帽蓋子。

別家，寧夏各縣謂他人之詞。

扯沬，寧夏各縣謂閒談爲扯沬，隴東則謂之拉。

停當，寧夏各縣謂凡事妥協完竣之詞。

起翻煽，鼠牙雀角甚則成訟，俗謂曰動口舌，寧夏平羅等縣謂之起翻煽。

沙鍋子，蘭州詈少年子弟不務正業者之稱。

孤魯子，今謂博徒之稱。

癯的狠，癯音闕去聲，即清癯之謂。舊《通志》。

是麽兜，隴南各地詢人之語，猶云怎麽的。舊《通志》。

作時哩，亦隴南語，作讀上聲，做甚麽之意。舊《通志》。

揑閣，隴東各地謂勉强敷衍之詞，亦作疊字，如云揑閣着送了一個禮、揑揑閣閣能過光陰之類。

孽障，通語，謂寒儉可憐之詞，亦作疊字用，如云某人孽孽障障過了一生。蘭州又爲調弄嬰兒之詞。

我吶吶，驚訝之詞，或云我戛戛。舊《通志》。

生眼骨，或曰生典故，皆謂不安分也。舊《通志》。

〔民國〕金塔縣志

【解題】趙仁卿等纂。民國二十五年（一九三六）修。金塔縣，今甘肅省酒泉市金塔縣。「方言」見《風俗》中。録文據金塔縣人民委員會一九五七年油印本《金塔縣志》。

方言

鼎新語言，除少數國音外，諸多説土音，或字同音異，與夫有聲無字，及雖有其字而非字典所注。兹將方言常語者，略舉而作參考。

做啥起，即做甚麽去。抽抽子，衣服底襟内所縫之袋。殊迷鬼，駡人語，謂倒楣鬼。姑猪，指人家姑媳不和，有「比猪駡姑」之語，即此。哇子，長者呼小孩謂之哇子。莫臉的，謂人無廉恥〔一〕，或曰丢人。榆夫，即榆樹之謂。擔擔子，謂商人之挑貨之擔。莫眼眼兒，謂錢財無辦法。呸，謂以口水唾人也。一圪塔，即物件在一堆處置放，謂之圪塔。一咕嚕，即木料一段之謂。嘿隆隆，即凡物作響之謂。作月子，謂婦人臨盆産子，必滿月後始下牀。先人，邑人駡小孩不動彈謂「先人這個」，先人或呼爹，亦是氣惱之語詞。莫出息，謂才不稱職也。天塌了，謂父母壽終正寢，或天塌了有高漢當。抗，即牀之謂也。邑人以土塊切成方形，合裁成一尺八寸〔二〕，用此作抗，以備燃燒。那個，猶言彼物也，説他人亦曰那個人。咕咚，謂以物沈水底曰咕咚。尕，俗謂物之小者曰尕，呼小孩曰尕娃。真哥，即真個之訛語〔三〕；一事也，初聞之而不信，繼而衆口一詞，遂驚而異之曰真哥。光棍，即稱賭博人。逛鬼，謂男子不務正業也，文言謂之遊手好閒。弔弔灰，即屋上之煙煤，日久下垂不落，以撣掃之始下。嘓嘓，邑人呼鷄之謂。咪咪，呼猫之謂。犢犢，呼騾馬之詞。唧唏，呼羊之謂。差不多，謂事物不差上下謂之差不多。

〔一〕 恥：原脱，據《鼎新縣志》補。
〔二〕 成：原誤作「尺」。
〔三〕 個：原誤作「哥」。

敗興鬼，即掃興之謂。長不大，即莫出息之謂。東西，罵人之謂，説是麽東西，或叫物曰啥東西。莫攬産，即莫吃之謂。值錢的，謂事之過分，不宜該之謂。

〔民國〕鼎新縣志

【解題】張應騏修，蔡廷孝纂。鼎新縣，今甘肅省酒泉市金塔縣。不分卷。「方言」見《輿地志》中。録文據民國三十七年（一九四八）稿本《鼎新縣志》。

方言

鼎新語言，除少數國音外，諸多説土音，或字同音異，與夫有聲無字，及雖有其字而非字典所注。茲將方言常語者，略舉而作參考。

做啥起，即做甚麽去。抽抽子，衣服底襟内所縫之袋。殊迷鬼，罵人語，謂倒霉鬼。姑猪之稱人家姑媳不和，有「比猪罵姑」之語。哇子，長者呼小孩謂之哇子。莫臉的，謂人無廉恥，又曰丢人。榆夫，即榆樹之謂。担担子，謂商人之挑貨之担。莫眼眼兒，謂錢財無辦法。呸，謂以口水唾人也。一圪塔，即物件在一堆處放置，謂之圪塔。一咕嚕，即木料一段之謂。嘿隆隆，謂凡物作響之謂。作月子，謂婦人臨盆産子，必彌月後始下牀。先人，邑人罵小孩不動彈謂「先人這個」，先人或呼爹，亦是氣惱之語詞。莫出息，謂才不稱職也。天塌了，謂父母壽終正寢之謂，或天塌了有高漢當。抗，即牀之謂，邑人以土塊切成方形，合裁成一尺八寸〔一〕，用此作抗，以備燃燒。那個，謂言彼物也，説他人亦曰那個人。咕咚，謂以物沈水底曰咕咚。尕，俗謂物之小者曰尕，呼小孩曰尕哇。真哥，即真個之訛語〔二〕；一事也，初聞之而不信，繼而衆口一詞，遂驚而異之曰真哥。光棍，即稱賭博人。逛鬼，謂男子不務正業也，文言謂之遊手好閒。弔弔灰，即屋上之煙煤，日久下垂不落，以撣掃之始下。嘓嘓，邑人呼鷄之謂也，嘓音國。咪咪，呼猫之謂。犢犢，呼騾馬之詞。唧唏，呼羊之謂。差不多，謂事物不差上下謂之差不多。敗興鬼，即掃興之謂。長不大，即莫出息之謂。東西，駡人之謂，説是麼東西，或叫物曰啥東西。莫攬産，即莫吃之謂。值錢的，謂事之過分，不該之謂。

〔民國〕重修敦煌縣志

【解題】吕鐘纂。敦煌縣，今甘肅省酒泉市敦煌市。「方言」見卷三《民族志》。有民國三十五年（一九四六）鈔本。録文據甘肅人民出版社二〇〇二年鉛印本《重修敦煌縣志》。

方言

法人伯希和曰：「敦煌言語皆屬東方伊蘭語，原爲古代東西及中亞通路間之國際用語。」

〔一〕成：原誤作「尺」。

〔二〕個：原誤作「哥」。

北大教授陳萬里曰：「敦煌的方言，並不與甘肅安肅道的在統一系統之下。」愚謂敦煌自古爲殖民地，滄桑變更，語音歧異，今古不一，勢使然也。

唐張太素《敦煌方言》二十卷，已散佚無存矣。自清初改衛爲縣，大别言語可分兩種，曰河東、河西而已。當雍正初年，遷甘肅五十六州縣居民至此。隴東、隴南之遷民多住敦煌黨河東，因之爲隴東南之雜音；近日年代久遠，大致統一，類似狄道、平涼音。甘、涼、肅之遷民，多住敦煌黨河西，因之爲河西之雜音；近日年代久遠，大致統一，類似肅州音。城内亦有甘涼與隴東南兩音，此大别也。詳細土語，分述如下：

親戚稱謂

祖父稱爺。祖母稱奶。父稱大或爹。母呼媽。伯呼大爹或大老。叔曰二爸三爸。妯娌曰先後。先讀去聲。兩親翁相呼爲親家。外婦亦稱親家。小兒女統稱娃娃。挑擔，兩壻相稱。妻父母，俗稱外父外母、姨夫姨娘。傭人稱主人爲掌櫃的〔一〕。外人稱傭人爲夥計。婦人稱丈夫亦曰掌櫃子，或稱他大、他爹。男孩稱娃子。女孩稱丫頭。義父母稱乾爹乾媽。夫對人稱妻爲屋裏的，或對面稱小孩之名，或稱他媽。

物名及事物稱謂

車讀輒音。輿俗呼車廂。輢俗呼幫板。軾呼枕頭木。輪呼軲轆。服馬呼轅馬。驂馬呼

〔一〕人：原誤作「人人」。

索子。鞅稱肚帶。軫呼框。紂呼鞦。轂呼車頭。駕牛之衡曰隔頭〔一〕。耒曰耩子。耟曰犂鏵。耰曰磨。碌碡稱磙子。桔槔稱握竿。箸呼筷子。臼呼碓窩子。杵，用於臼者曰杵子或碓槌，用於砧者曰棒槌。擣衣砧稱槌板石。俎，獻牲者曰牲羊架子，廚房作食者曰案板。門鉚稱了掉子。靷稱索繩或套繩。厚鍋餅稱鍋塊。衣服俗謂衣裳，非上衣下裳也。汗禢，禢轉搭音，即汗衫。牲口，騾馬牛驢之通稱。羦羊即山羊。羊尾巴，指衣服的後衿。狗舌頭，指條形小乾糧。要噠吃，指乞丐。麥，河東音曰煤，河西音曰饃。瞎，盲人及品行不好者曰瞎。雀稱雀兒。乖爽，小兒無病曰乖爽。筆稱生活。歹毒，人心險惡曰歹毒。可惡，謂人心兇狠。冒失指唐突，或曰冒日鬼。洋氣，事物華美豔麗曰洋氣，與闊綽同義。標緻，指品貌俊秀。仔細，謂儉嗇也。睡覺，謂睡熟，覺讀教。夥計，指傭僕也。窩囊，不整潔之意。勞忉，煩瑣，不馴順也。排場，大方闊氣。坐席，指赴宴。蹌一蹌，遊玩之意，也叫逛一逛或浪一浪。緩一緩，謂休息一下。墒好，指田土濕潤程度。上馬、下馬，指上任、卸職。出馬、馬回，指渠正、渠長出門工作曰出馬，回時曰馬回。吃晌午，即吃午飯。拘的很，指氣管呼吸困難。夜裏，指昨天，或曰晏兒。明兒，指明天，即翌日。後兒，指第三天。外後兒，指第四天。大漢，指身體高大者。骨露子，指賭棍。光棍，指男子年長無妻者或賭博之人。不行了，指境況不佳或人病危。不乍的，意爲

〔一〕衡：原誤作「沖」。

不要緊、不怕。吃腰食，指早餐或午後小食。啊，未聽清楚再問之意。曩們，他人有言認爲是者即曰曩們。紮格格的，譏人庸懦無能。歹，唤人注意，亦呼嗳。機溜，指人機警精靈。謳個，猶言那個，亦言捺個。半弔子，言人不聰敏或言行荒唐〔一〕。半汁子，半癡子。腦子不太清楚。半淌兒，意同上。半面仙，指手腳不靈或小有殘疾者。半不拉，指工作未結束。白什卡兒，指做事無辦法或無恒心而未成功。白麪片子，指没文化。半大子，指物之不大不小者。幫肩兒，即差不多。聊入聲、瞭去聲、瞅音抽，皆視也。眊暭，失意性燥，即牢騷之意。眵，俗呼爲眼膠矢。眼紮毛即睫毛。小夥子，乃少年男子。要辣子，自奉闊綽。吃辣子，謂受罰太重。模樣子，謂面貌。三個老兒一員官，謂衆人之居中調停，猶官斷也。

〔民國〕敦煌縣鄉土志

【解題】佚名纂。敦煌縣，今甘肅省酒泉市敦煌市。「方言」見卷二。録文據民國鈔本《敦煌縣鄉土志》。

方言

縣治自雍正間遷户以來，集内地五十六州縣之民，分爲二千四百餘户，語言稱謂參差不齊。如呼他們爲羌們，呼朱爲谷，呼百爲別，皆土音也。濡染日深，語言漸歸劃一。凡西路之

〔一〕上一「言」字似爲「詈」之誤。

土語涉於番音者，一律漢化。故自河西出嘉峪關，一至敦煌，轉覺語言清亮，文字易曉。行旅往來，不涉齟齬。其本境間有不同者，國郭、麥莫、和何之類，在西鄉與沙州營兵士曰郭、麥，在東北鄉曰國、莫〔一〕。和何各等類做此。統而計之，西鄉類甘、涼、肅、高之音，東北鄉類平、慶、涇、固之音。其他各方語言小異。

〔民國〕創修民樂縣志

【解題】張聲威修，樊德春纂。民國三十八年（一九四九）修，稿本。民樂縣，今甘肅省張掖市民樂縣。「方言」見卷三《民族志》中。録文據蘭州大學出版社二〇〇三年版《東樂縣志創修民樂縣志校注》。

方言

方言者，一方之土語也。民樂在秦漢時爲小月氏，故其民多習蒙古語。晉末五胡亂華，則習胡語。唐末陷入吐番，則習番語。五代時，回鶻割據，又習回語。迨至元人入主中國，習韃語者遍全國。清人入關以後，民多兼習滿語。語言之不能統一，亦因形勢之轉移也。且近年以來，交番族者學番語，假回勢者效回音，勢之所在，衆皆趨之。所謂君子之德風，小人之德草，風動則草未有不隨之而動者矣。惟是漢人之習夷語，不久則失其傳。間留一詞半句，深入

〔一〕莫：原脱。

於後人腦海而不可忘，亦多混入漢語中，不可解也。不可解而言之，久則成一方之土語矣。此方言之所由來也，此各方之語言所以異也。吾人在文化競爭之今日，不求語言統一，烏能求文化之進步哉？然欲統一全國語言，舍調查方言，改正方言，吾恐更無上策也。世之君子以爲然否？

若們，吾們或我們之轉音也。霉霉藤藤，駡人語也。徉徉混混，不清楚之謂也。攪裏打拉，攪亂之意，其打拉係番語也。胡滚蛋，圓滑意也。鬼鬼祟祟，不正大之謂也。尖尖棍，挑撥是非之意也。悵悵狂狂，放肆之謂也。兩面響，猶蝙蝠也。兩頭光。

〔民國〕創修臨澤縣志

【解題】王存德修，高增貴纂。臨澤縣，今甘肅省張掖市臨澤縣。「方言」見卷二《民族志》中。録文據民國三十二年（一九四三）鉛印本《創修臨澤縣志》。

方言

喧慌，即叙閑話也。孽障，即可憐也。扯閑淡，即莫來由也。䁖，即看也。淡打拉，即妄誕也。紅火，即熱鬧也。絮縷索絡，即不整齊也。哆哩哆囉，即周圍也。隔里隔拉，即屋角也。那里呢，即何處也。大爹，稱伯父也。大媽，稱伯母也。爸爸，稱叔父也。嬸嬸，稱叔母也。婆婆，婦稱姑也。挑擔，即連襟也。翁翁，婦稱翁也。那謨那，即怎麽也。那里客，即何處去也。

塌是櫟，即敗壞也。吾離吾拉，即横説也。夜裏各，即昨日也〔一〕。黑了，即晚也。天亮，即天明也。霉鬼、浸死鬼、腐迷鬼、喪門神，皆罵人語也。卲得里，即不懂事也。震一把整，即打一拳也。瞎的恨，俗以不好爲瞎，非必瞽者也。娃娃，嬰孩之謂，兒女通稱。坐席，俗謂吃酒席也。

〔民國〕新纂高臺縣志

【解題】程先甲審定，徐家瑞總纂。民國十年（一九二一）修。高臺縣，今甘肅省張掖市高臺縣。「方言」見卷二《輿地·風俗》中。録文據民國十四年（一九二五）鉛印本《新纂高臺縣志》。

方言

唉　音哀，倚哀切上聲。發語辭也。

吠　音代。叱聲也，又戲相呼也。

恩、呵。　音如阿，轉入麻韻；嗑，音盍；皆諾辭也，又口然而心不然也。

自稱曰阿。　音如沃。皆我之轉音也。蘭州以西皆同。

倩人曰訙。　音央。邑語。

〔一〕昨：原誤作「作」。

盈掬曰抔[一]。音裒。涼州以西皆同。
太陽曰日頭。甘省同。邑語呼太陽爲熱，即日也，頭爲助語辭。
果核謂之胡。甘肅皆同。
煙草謂菸。甘肅皆同。
去謂之咳。邑語。
呼小兒爲少。失照切，從燒。邑語戲相呼也，即小字之轉音也。

〔光緒〕鎮番縣志

【解題】劉春堂纂修。鎮番縣，今甘肅省武威市民勤縣。「方言」見卷六《風俗考》。録文據南京大學圖書館藏光緒三十四年（一九〇八）鈔本《鎮番縣志》[二]。

方言

西北風氣迥殊，故土音亦異。鎮居涼、永之北，間三蒙之中，土厚水深，聲音重濁，不但習外國語言，舌音滯而唇吻强硬，即土著問答之間，亦有不同他鄉之處。除有音無字或俚俗不雅

[一] 抔：原作「杯」。
[二] 《中國地方志聯合目録》著録爲：「《鎮番縣鄉土志》二卷，（清）劉春堂、聶守仁編。清光緒間修，鈔本。注：鈔本在日本東洋文庫。」與南京大學圖書館藏本不一致。

概置勿論外，即如稱舅父爲舅舅、舅母爲舅媖，壻稱岳父岳母爲姨父、姨母，新婦歸夫家稱夫兄爲阿伯、夫弟爲小叔、夫妹爲姑姑，諸如此類，不勝枚舉。或因反切以成聲，或因土音而成語。文中有俗，俗中有文，要皆本乎天籟，實地氣使然耳。謹採大略，以備採擇。

〔民國〕古浪縣志

【解題】李培清修，唐海雲纂。古浪縣，今甘肅省武威市古浪縣。「方言」見卷五《風俗志》中。録文據民國二十八年（一九三九）鉛印本《古浪縣志》。

方言

稱高曾祖父、母曰祖太爺、太太。曾祖父母曰太爺、太太。祖父母曰爺爺、奶奶。父母曰爹爹、媽媽。伯父母曰大大、大媽。叔父母曰爸爸、嬸嬸。兄曰哥哥。弟按行曰老幾。兄之妻曰嫂子。弟之妻曰弟媳婦〔一〕。人稱兄弟之妻曰妯娌。姪則按行呼曰幾相公。稱乾兒之父曰親家。稱子之乾父曰親家。稱子之岳父曰親家。稱女之翁曰親家〔二〕。閨女曰姑娘。嫁女曰

〔一〕之：原誤作「子」。

〔二〕之：原脱，據文意補。

某姐姐。姊曰姐姐。妹曰姑娘。姊之夫曰姐夫。妹之夫曰姑爺。呼外甥曰某相公。呼甥女曰某姐姐。姑母曰姑媽媽。姑父曰姑爹爹。稱人子曰學生。呼己子曰後人。岳父、岳母稱如父母，從妻也。夫稱妻曰你、曰他、曰堂客。又夫稱妻曰屬家者，屬家，婦人家之轉音也，此稱呼惟大靖有之。妻稱夫曰他、曰我們的人。外祖父母曰爺爺、奶奶。舅父母曰舅舅、舅母。岳祖父母曰爺爺、奶奶。岳父之兄弟曰幾爹、幾爸。岳母之兄弟曰幾爹、幾爸。岳父之子曰哥哥、兄弟。岳父之女曰姐姐、姑娘。

見客曰瞭客。飲酒曰喝酒。赴宴曰坐席。飲茶曰喝茶。説話曰説什麼。説閒話曰扯磨。歡樂曰高興。禮物曰禮行。可曰對了，又曰行了。不可曰不能成。可已曰罷了。將究曰幫尖。鬥毆曰打槌。鬧訟曰打官司。鋤田曰耗草。官嚴曰閻王。官慈曰奶奶。唆訟曰戳隔。和訟曰扯和。盜賊曰賊娃子。姦淫曰滄門。搶奪曰打劫了。娶親曰娶媳婦子。送葬曰發送。修房屋曰蓋房子。買田地曰治基業。長者曰老年人。少者曰小夥子。老婦曰老婆子，又曰老奶奶。少婦曰小媳婦子。人醜曰不好看。人美曰好得很。商賈曰買賣人。作工者曰受苦人。銀錢曰財帛。筆曰生活。出門曰外頭去了。在家曰屋裏蹴者。訂親曰説媳婦子。許字曰與了人了。稱人富曰嗄好。説人貧曰甚不好。有事曰有幹的。無事曰閒下了。昨日曰夜來箇。明日曰明箇。去年曰年是箇。雖然曰饒是者。豈然曰羌們承。是曰就是的。彼曰嘔箇，或曰那箇。此曰只箇。好曰得了。不好曰壞了。請人幫忙曰仰給。不願意曰扭搬。堅牢曰結實得很。誚冒險曰冒日鬼。誚恐懼曰怕死鬼。敏捷曰脱滑的很。失物曰丢了東西。疑惑曰哈得。不好曰瞎的狠。小孩曰娃娃。姻婭曰挑擔。無病,老曰清快,幼曰乖爽。有病,老曰振不得,幼曰不乖。做工曰做活。凡物華美曰揚氣。衣物華美曰闊。貌美曰標緻,曰體面。安分曰規矩。儉嗇曰仔細。異常曰别致。不儉曰破費。儉不中禮曰毛的狠。睡曰睡覺。人緩慢曰模囊。不順緒曰落唆。僕人曰夥記。人不隨意曰刁蹬。事不順緒曰勞忉。少曰些許。病重傷重曰愀勞。勉力曰掙扎。午飯曰喫上午。新發財曰新發户。没趣曰莫意思。明後朝曰明後遭。先曰頭裏。後曰後頭。彼處曰那裏。此處曰只裏。知之曰猜着。忘記曰誤著了。猛省曰速醒過來。狂妄曰顛的狠。不潔曰熬糟。不明白曰懵懂。日曰日頭。月曰月亮。夜曰黑了。曉曰亮了。無子曰斷後了。擾亂曰挍打。整頓曰擇道。好事曰翻亂。安静曰能蹴住。事難曰了不得。事危曰凶的狠。人跑曰一流風。莫言曰悄悄者。多言曰亂嚷哩。待人曰等一等。速回曰快些來。速往曰趕緊去。可已曰不要緊。不滿意曰真真是。唤人曰嗳。應聲曰咍。與物曰嗄。索物曰箇我。事難爲曰囉唆。人不潔曰拉糊。物賤曰便宜。物貴曰價錢老。飢寒曰難寒。家富曰方便。人勤曰勤緊。人惰曰懶幹。人慈曰佛性。人嚴曰利害。不安分曰刁腳。無所事曰逛人。無賴曰狡皮瘙狗。有爲曰能行的狠。精敏曰幹散。人肥大曰奘實。物不好曰瞎的狠。一餐曰一頓。問人病曰好了麽。人勇武曰歪的狠。挑是非曰戳弄,曰搗幹。人健訟曰老爪。賭博人曰光棍。誚當兵人曰柳葉子。誚差役曰狗腿子。號山西人曰炒葫蘆。尋人物曰找。看人物曰覷。頌人德壽曰舉行。賀人移居曰暸煙。渾名馬牛羊等畜曰牲口。轉語曰莫來。反語曰唵唵。莫爲曰不了。語驗曰你看咋者。不能分晰曰莫解絞。無計曰無其奈何。終無計曰些些莫法。不應允曰你些些莫説的了。責人曰數落。夜蝙蝠曰夜别虎。誇人曰奉承。人多心曰給拐。賺人曰送上橋。撫慰人曰呱貼。過譽人曰抽臺。事緒亂曰落唆。事機不順曰麻打。驚訝曰呱呱。幾次曰幾呱，如一呱兩呱之類。仄曰一綹綹。小曰尕的狠。驚寬大曰只箇晃晃。叱聲曰呔。戲相呼曰呔。田地數曰塊。自稱曰阿。倩人曰訣。尋覓曰找。太陽曰日頭。刺曰扎。耰曰摩。耒耜曰廣。果核曰胡。少之之詞曰老毛。危險之詞曰忽些。

以上方言，縣屬城鄉大致相同，惟大靖堡距縣城百五十里之遥，其語音與臯蘭人略有相似之處。

〔民國〕創修紅水縣志

【解題】佚名纂。紅水縣，今甘肅省白銀市景泰縣。「方言」見卷四。有民國十九年（一九三〇）鈔本。録文據甘肅文化出版社二〇〇二年版整理本《靖遠會寧紅水縣志集校》。

方言

嗟，音如嘉。發語詞也。重言之則曰嗟嗟。

按，《書》「王曰嗟」「公曰：嗟予有衆」〔一〕，《詩》「父曰嗟」「母曰嗟」「兄曰嗟」「嗟我懷人」「嗟嗟臣工」「嗟嗟保介」，《禮》「嗟，來食」，注皆訓歎辭。考《廣韻》：「嗟，咨也。」《釋名》：「嗟，佐也。言不足以盡意，故發此聲以自佐也。」是嗟亦有不盡作歎辭解者。邑俗，凡與人言、與人物皆曰嗟，或曰嗟嗟，義蓋同此。至嗟音咨邪切，韻書俱音罝，今呼如嘉，蓋罝嘉雙聲疊韻，本自相通，如《續通鑒長編》「嘉勒斯賚」，《通鑒輯覽》作「罝勒斯賚」是也。今京師及階州人讀嗟皆從嘉音。

嗄答，語助辭也。急言之則曰嗄。音如沙，平、去二聲。

按，《集韻》嗄，所嫁切。沙去聲，聲變也。老子《道德經》：「終日號而嗌不嗄〔二〕，和之至也。」《爾雅・釋言》：「答然也。」《禮・儒行》注：「答之謂應用其言也。」邑俗凡問及呼人，每綴嗄答二字以助之，或僅曰嗄，皆有變其聲而使之必用其言意，其實可有可無。今則作此語者亦僅矣。

吙，音如代，平聲。叱聲也。又戲相呼也。

按，《五音集韻》：「吙，徒蓋切，音大，去聲。」邑語呵叱人及戲相呼，皆曰吙，音從平聲。俗

〔一〕嗟：整理本誤作「嗟嗟」，據《尚書》删。

〔二〕曰：整理本誤作「身」，據《老子》改。

訛作呔〔一〕，字書無之，今改正。或謂左思《吴都賦》「東吴王孫囅然而咍」注：「楚人謂相調笑曰呔。」則呔似應改作呔，然考《唐韻》《集韻》《韻會》《正韻》諸書，咍，呼來切，並音⿸疒台〔二〕，與此土語音不合，今不取。

恩、呵、音如阿，轉入麻韻。嗑，音盎。皆諾辭也。又口然而心不然。

按，《說文》及諸韻書，恩訓惠、訓愛、訓澤〔三〕，邑語則爲應諾聲。《韻會》：「呵，漫應聲。」通作阿。老子《道德經》「唯之與阿，相去幾何」注：「唯與阿遲速小異。」邑語意本此。《集韻》：「嗑，聲也。」或作謚、訣，邑語則與恩、呵同一諾意。若語重聲長，均爲口然而心不然之辭。呵、盎聲輕而緩，亦爲問辭。或謂恩即哼之轉音，字應從哼。考《集韻》哼音亨，「愚怯貌」，此土所謂哼，恨聲。又呻吟曰哼，皆與應諾語意不合，今不取。

窖，音教。田地段數也。

按，《月令》〔四〕：「穿竇窖。」注訓「地藏」〔五〕，此古今通語也。邑語田地成段曰窖，俗訛作

〔一〕訛：整理本誤作「栘」。

〔二〕⿸疒台：整理本誤作「僬」。

〔三〕澤：整理本誤作「譯」。

〔四〕月令：整理本誤作「自今」。

〔五〕藏：整理本誤作「莊」，據《經典釋文》改。

墽〔一〕，字書無之，今據《蘭州府志》改正。

晌，音如尚。田地畝數也。

按，《篇海》：「晌音尚，晌午也。」此亦通語。邑語田二畝半曰晌，音從尚，俗書作埫。考《廣韻》《集韻》，埫並音寵，埫塎，不安貌。與此土音義不合。姚文燮《圈佔記》：「每壯丁分給五埫，埫六畝。埫者，折一繩之方廣。其法捷于弓丈。」〔二〕今據此改正。

哈喇，鼠名也。

謹按，《元史·國語解》：「哈喇，蒙古語，黑色也。」此鼠《唐書》名鼧鼥鼠。李時珍謂蒙古人名「答剌不花」，《甘州府志》作「他剌不花」，《古浪志》同。《武威志》「哈喇不花」。邑語則謂之哈喇。平番與縣境西南接壤，亦同此稱。答、他、哈，音近譯殊，其義一也。又今本《唐書》鼧鼥鼠之鼧作鼤字〔三〕，《康熙字典》未收，蓋係傳寫之譌〔四〕。舊《臯蘭志》仍之，誤矣，今據《正字通》改正。

自稱曰阿。音如沃上聲。

按，《本草綱目》：「阿芙蓉，一名阿片。」李時珍曰：「阿，方言稱我也。」《韻會小補》：「阿，

〔一〕墽：整理本作「教」。
〔二〕弓：整理本誤作「方」，據《皇朝經世文編·圈佔記》改。
〔三〕整理本「鼧鼥鼠」之上衍「作」字，今删。
〔四〕譌：整理本誤作「僞」。

音屋。」古詩「家中有阿誰」，《木蘭詩》「阿爹無大兒」「阿妹聞姊來」，《莫愁詩》「十六生兒字阿侯」，阿，並烏葛翻。《通鑒》陸遜《與全琮書》：「不師日磾而留阿寄。」胡三省注：「阿，相傳從安入聲。」邑語稱阿則從沃上聲，要皆我之轉音也〔一〕。今京師及涼州人稱阿皆從沃音，邑語飢餓之餓，亦從沃音。

倩人曰訣。音如央上聲。

按《博雅》〔二〕：「訣，問也。」《類篇》：「訣，告也。」邑語倩人謂之訣告，或云訣求，皆與問告意同。

尋覓曰找。音如爪。

按，《集韻》找音華，與划同。《正韻》：「撥進船也。」今俗謂補不足曰找，從爪。邑俗尋人覓物亦謂之找，音蓋本此。

盈掬曰抔。音裒。

按，《禮·禮運》「汙尊而抔飲」，疏：「以手掬之而飲也。」《漢書·張釋之傳》「假令愚民取長陵一抔土」，注：「抔，謂手掬之也。」《唐韻》《韻會》《正韻》抔音裒。邑中鬻蔬者，凡葱、韭、白菜用馬蓮葉束縛，謂之把，不用束縛惟以手掬而成把，則謂之抔。人皆習聞其語，而不知其字，由誤讀抔爲杯勺之杯故耳。

〔一〕音：整理本誤作「省」。
〔二〕博：整理本誤作「傳」。

太陽曰熱頭。

按,《說文》:「日,實也,太陽之精不虧。」《詩·王風》:「有如皦日。」年希堯《五方元音》:「日,音熱。」邑語呼太陽爲熱,即日也。頭,則爲語助辭。

潦池曰瀖沱。

按,《廣韻》《集韻》《韻會》《正韻》潦並郎到切,勞去聲,與澇同,淹也。一曰積水。王充《論衡》:「無溶瀖而泉出。」《玉篇》:「瀖,水深貌。」《詩·小雅》「俾滂沱矣」,注:「大雨貌。」郭璞《江賦》「與波潭沱」,注:「隨波貌。」邑語稱雨潦所積之地爲瀖沱,義蓋本此。或云《西寧府志》「阿拉庫托」,公牘皆作「哈喇庫圖」,庫圖爲蒙古語,今所謂瀖沱,即庫圖音轉也,亦通。

汗襦曰汗禢。音答。

按,楊子《方言》:「汗襦,自關而西或謂袛裯。」《玉篇》禢音答,衣也。邑語稱汗襦爲汗禢,義取諸此。

刺謂之札。

按,楊子《方言》:「草木刺人,自關而西謂之刺,江湘之間謂之棘。」《史記·陳平世家》:「平乃刺船而去。」《釋名》:「撥船之櫂曰札。」邑語稱刺爲札,義蓋取此。俗書皆相沿作扎〔一〕。

〔一〕扎:整理本誤作「札」。下同。

考韻書，扎並訓拔〔一〕，與刺之意不合，今改正。

耰謂之摩。音如磨去聲。

按，《説文》徐注：「耰，磨田器，布種後以此器摩之，使土開發處復合以覆種也。」《唐韻》《集韻》按摩之摩並莫臥切，磨去聲。邑語摩地及摩地之器皆曰摩，音義本此。

耒耜謂之廣。

按，《考工記》：「耜廣五寸。」賈公彦疏：「耜謂耒頭金，金廣五寸。耒面謂之庛，庛亦廣五寸。」邑語謂耒耜曰廣子，義蓋取此。

果核謂之胡。

按，《本草綱目》：「胡桃一名核桃。」李時珍曰：「羌音呼核如胡，或以此。」邑語謂胡核曰核桃，而百果之核則稱爲胡，濫觴蓋自西羌而起。

箕席謂之萁萁。

謹按，《欽定續通志》〔二〕：萁，原注：「或從竹作箕。」《鄭語》：「檿弧箕服。」《漢書·五行志》：「檿弧箕服。」劉向以爲「萁服，蓋以萁草爲箭服」。顔注：「萁草似荻而細，織之爲服也。」任昉《述異

〔一〕拔：整理本誤作「撥」。

〔二〕欽：整理本誤作「清」。

記》〔一〕：「蓆具草，一名塞路，生北方。」古詩：「千里蓆具草。」《五代史》：「契丹裹潭有息鷄草〔二〕，味美而本大，馬食不過十本而飽。」《古浪志》稱爲萁萁，《甘州志》稱爲藉藉，《武威志》及王全臣《寧夏渠務書》稱爲席萁，黄志稱萁席，其實皆一物也。《寧夏府志》名夕芨，又名芨芨〔三〕，即席萁、萁萁之訛。邑俗沿何錫爵《飭禁河橋諸弊碑》亦書作芨。考《玉篇》：「芨，堇草，即烏頭也。」〔四〕《本草綱目》：「白芨，可作糊，本名連及草，或作白芨，或作白給。」謝靈運《山居賦》自注：「芨皮可作紙。」皆與此草異種。黄志謂萁蓆俗名積積，似即《甘州志》稱藉藉之義。顧積積音係入聲，與此土之呼作平聲者不類。今依《續通志》作萁，依《古浪志》定爲萁萁，庶與土音稍相合歟。

又按，楊子雲仿《爾雅》而作《方言》，蓋欲繹訓釋之明，悟語聲之轉，不勞疇咨而遇物能名也。紅邑舊隸臯蘭，自漢唐宋元以來，逼近羌、渾，人户寥落。當時方言不過存千百中之一二，餘皆渺無可徵。其實此土一切語言稱謂，大率與南北諸省互相出入，雖音之清濁高下、輕重疾徐，小有轉變，然同者實多。前賢諸志，俱無方言，殆是故耳。今酌仿《畿輔通志》例，粗舉數

〔一〕昉：整理本誤作「盭」。
〔二〕潭：整理本誤作「譚」，據《新五代史》改。
〔三〕整理本脱一「芨」字。
〔四〕烏：整理本誤作「馬」，據《玉篇》改。

條，並附按語於各條後，以溯原起，而正舛誤。其世所通稱，或字同音異，與夫有聲無字，及雖有其字，而非《字典》所收者，一概從略。物産俗名頗夥，俱見本類各物之下，亦不多及，故所輯止此云。

〔光緒〕打拉池縣丞志

【解題】廖丙文修，陳希魁等纂。光緒三十四年（一九〇八）修。不分卷。鈔本。打拉池縣丞，今甘肅省白銀市平川區、靖遠縣。録文據民國三十一年（一九四二）張維校輯本《打拉池縣丞志》。

方言

池屬土語，稱曾祖父曰太爺，曾祖母曰太太，祖父曰爺爺，祖母曰奶奶，父曰達，母曰媽，伯叔曰爸爸。來去曰來棄，閑游曰閑浪，請客曰瞧客，閒談曰扯沫，觀看曰瞧。至於詞調、字音與各府州縣雖有略異，然亦不甚相遠。

〔民國〕靖遠縣新志稿

【解題】郝遇林修，范振緒纂。靖遠縣，今甘肅省白銀市靖遠縣。「方言考」見第三編中。有民國三十四年（一九四五）稿本。録文據甘肅文化出版社二〇〇四年版整理本《靖遠舊志集校》。

方言考

五方音各不同，而稱謂亦互有出入。靖遠自經鮮卑割據，吐蕃侵擾，番語胡音不無參雜。且設衛防秋〔一〕，屯兵半多來自他省，流寓、宦遊、遷戍，歷代客居於此者，又不知凡幾。語言之變化，厥有由來。昔揚子雲根據《爾雅》而作《方言》，蓋欲使一方古語盡人皆知也。爰本斯義，輯靖遠方言。

呼高祖父母曰祖太爺、祖太太。

按，《劉熙·釋名》云：「高祖，高，皋也。最在上，皋韜諸下也。」靖語冠一祖字，蓋謂祖之祖，與《釋名》皋之意正同。

呼曾祖父母曰太爺、太太。

《爾雅》：「王父之考爲曾祖王父，王父之妣爲曾祖王母。」曾，一訓爲增。劉熙《釋名》：「曾祖，從下推上，祖位轉增益也。」靖語冠一太字于祖之上，又增進一世之義。

呼祖父母曰爺爺、奶奶。

按，俗語稱祖曰爺爺不止靖遠一縣，他處亦多如是。但不詳所自始。即考之往史，稱爺爺者止《宋史·宗澤傳》稱「宗爺爺」，及孫穀祥《野老紀聞》稱「狄爺爺」，似尊稱他人，非以孫稱

〔一〕秋：似爲「狄」之誤。

祖也。奶即嬭之俗字，《廣雅・釋親》：「媓、妣、毑、婢、嬭、媪、姐〔一〕，母也。」似嬭指母而言。劉熙云：「祖，祚也，祚物先也。又謂之王父。王，暀也，家中所歸暀也。王母亦如之。」味斯言，含有繼往開來之義。所謂爺爺、奶奶，即父之父，母之母也。

呼父曰爹，又曰爸，母曰媽。

按，《廣雅・釋親》：「翁、叜、爹、爸、奢，父也。」劉熙《釋名》：「父，甫也，始生己也。」爹在麻韻，抵此切。爸見之《玉篇》，布亞切。《集韻》：「吴人呼父曰爸。」張揖曰：「母，牧也。」劉熙云：「母，冒也，含生己也。」俗稱母爲媽媽，當是牧、冒之轉音。蓋母、媽、牧、冒四字同爲重唇音，幫母之雙聲字，故可通轉也。

呼兄曰哥，呼弟曰弟。

張揖曰：「兄，況也。弟，悌也。」劉熙云：「兄，荒也。荒，大也。故青徐人呼兄爲荒也。」〔二〕「弟，第也。相次第而生也。」〔三〕按，哥哥之稱在唐時，玄宗稱睿宗曰四哥，唐太宗與高宗書亦稱哥哥。似古昔單一哥字稱兄，雙哥字則稱子也。然不知稱兄曰哥始自何時。味況、荒二字與兄古係一音也。

〔一〕姐：整理本誤作「祖」，據《廣雅》改。
〔二〕青：整理本原脱，據《釋名》補。
〔三〕生：整理本誤作「上」，據《釋名》改。

呼妯娌曰先後。

《博雅·釋親》云：「妯娌、娣姒，先後也。」又《釋名》云：「少婦謂長婦曰姒，言其先來，己所當法似也。」〔一〕「長婦謂少婦曰娣。娣，弟也，己後來也。或曰先後，以來先後弟之也。」〔二〕先後之稱，蓋始於此。

蓄食水曰窖。

按，《博雅》：「窖，窌也。」《禮·月令》「穿竇窖」，注訓水藏〔三〕。凡所藏物者統謂之窖，獨靖遠、會寧土厚水深，不能穿井之地皆穿窖蓄水。臯蘭語則以田地成段亦謂之窖。

皮筏謂之棑子。

《唐韻》：「棑，筏也。」《方言》：「筏，秦晉通語也。」靖俗呼以大木聯合者謂之筏，以木桿聯合牛羊渾脱，噓氣爲囊而渡人者謂之棑子。《方言》：「泭謂之箄，箄謂之筏。」箄音敷，亦筏之别名。要之，箄、筏、棑皆資以過渡者。又《廣雅》箄，步佳切。「䈟、𥴦，筏也。」是箄當從牌音，䈟則從付音也。付爲輕唇音，牌爲重唇音。錢大昕言「古無輕唇音」，則箄、筏、棑三字古爲一音矣。

〔一〕似：整理本原脱，據《釋名》補。
〔二〕弟之：整理本誤作「次第」，據《釋名》改。
〔三〕水：光緒《臯蘭縣志》、民國《創修紅水縣志》等作「地」。

盛水之器大者曰㼚；其中者曰罌，小者曰盆，最小者曰瓶。

按，《方言》：「靈桂之郊謂之㼚。」即俗所稱爲缸者。罌即瓿甊口之小者。自關而東，趙魏之郊所謂甕與罌皆是盆，即瓿甌類。又《廣雅》：「盎謂之盆。瓿、甌、罏，缶也。」罌作甁，多感切。又並㼚、甕、罌於瓶類，似與《方言》微異。

飲水曰哈水。

按，哈，師夾切。《淮南子》：「嘗一哈水而甘苦知矣。」此在涼州音類似靖音，則讀如鄂合切。

磑謂之磨。

即《方言》所謂「碓機」也。

馬櫪謂之馬皂。

《方言》：「櫪，梁宋齊楚北燕之間，或謂之樎，或謂之皂。」俗作馬槽。

僉謂之連架。

《方言》：「自關而西謂之棓，或謂之柫。」皆連架也。

刈鈎謂之鐮刀。

《方言》：「自關而西或謂之鈎，或謂之鐮，或謂之鍥。」《廣雅》划、鉊〔一〕、刨、鍥、鏺皆釋爲鐮。

〔一〕鉊：整理本誤作「鉻」，據《廣雅》改。

車轊謂之軸頭。軺謂之軸，箱謂之輫，紂謂之⿰糸秋〔一〕。

此皆與《方言》合。又《廣雅》：「軺謂之軸。」「軝謂之轂。⿰車單、⿰車矍、⿰車豦、輮、輩，輞也。」〔二〕

「綯、紂，緧也。」緧讀如⿰糸秋。

雨水霑足曰傷。

按，張揖《博雅》：「傷，創也。」邑語以田地霑透雨謂之有傷，或云傷好。按，雨水霑足則禾稼可以無傷，而靖語曰傷，殆猶「亂臣十人」之亂而爲反訓，否則傷字當爲暢子之轉音。

伏鷄曰抱鷄娃子。

按，抱子即《方言》「北燕朝鮮洌水之間，謂伏鷄曰抱」〔三〕。蓋爲輕脣音〔四〕，抱爲重脣音，古無輕脣音，伏、抱二字古爲一音，猶伏羲之伏，古音同庖犧之庖也。

人之强且大曰壯。

揚子《方言》：「凡人之大謂之奘，或謂之壯。」蓋專指大而言，土音則合有强大意。壯士二字在秦漢時已普通用之。

〔一〕⿰糸秋：整理本原作「鞦」，據《方言》改。
〔二〕輞：整理本誤作「輌」，據《廣雅》改。
〔三〕子：疑爲「字」之誤。
〔四〕「蓋」下疑脱「伏」字。

貧人衣服破敗謂之襤褸。《左傳》：「蓽路襤褸，以啓山林。」殆本乎此。又《方言》無緣之衣謂之褸。又「褸謂之衽」，衣襟也。又以襤褸作綴結解。

不欲應而强逼之曰恩，漫不加察姑應之曰呵。

按，《臯蘭志》以爲《説文》諸韻書，恩字訓恵、訓愛、訓澤，與邑語作應諾聲者不同。然考《方言》：「爰、喛，恚也。」皆不欲應而强答之意也。爰字本訓引辭、訓易，均與《方言》不符。以恩字作强答諾詞，未爲不是。呵，《韻會》作漫應聲，通作阿。《臯蘭志》據《道德經》「唯之與阿，相去幾何」解釋，皆與靖語相合。

發慨歎之聲曰唉。

《史記》：「唉！豎子不足與謀！」

對人做不滿意之聲曰噫。

乙熙切，土語。噫字意義與《論語》「噫，言游過矣」義同。

盛氣呼人謂之呔。

張敦吾先生《臯蘭志》曰：「呔音如代，平聲，叱聲也。又戲相呼也。」兹據《五音集韻》徒蓋切，讀曰代；又渡礙切，隊韻；不應作平聲。以靖遠土音證之，當讀爲咍。咍，呼來切。《唐韻》《集韻》《韻會》《正韻》諸書皆同。先生以與臯蘭土音不合，未作咍字用。

和氣呼人謂之喂。

喂，烏揮切，恐也。土音相似而意不符。按，《方言》：「有聲無物曰噦。」不知其人名而呼之與語，蓋與《方言》噦字意義相近。

貶其事與物之疵累曰彈懺。

土語謂之彈嫌。此語實亦根據《方言》「皮傅，彈懺」而來。蓋靖音有與東齊、陳、宋、江淮之間相似者。

譎詐謂之膠詐。

《方言》：「涼州西南之間曰膠，自關而東西或曰譎，或曰膠。詐，通語也。」〔一〕俗以膠爲狡，非。

欺誘謂之謾，或曰謾答〔二〕。

按，《方言》：「眠娗、脈蜴、蜴施、茭媞、譠謾、慴忚，皆欺謾之語。」土語謾字當由此而來。答，語尾助辭。俗語所謂謾答人者是也。

强取民財曰掕略。

《方言》：「掕略，求也。就室曰掕，於道曰略。略，强取也。」

〔一〕通語也：整理本原脱，據《方言》補。

〔二〕謾：整理本誤作「漫」。

使犬吠人曰哨。

《方言》：「秦晉之西鄙，自冀隴而西使犬曰哨，西南梁益之間曰肖。」〔一〕

駡人曰倸倯。

俗語駡人稱窮孫。按，《方言》：「燕之北郊曰倸倯。」窮孫即倸倯之誤，土音松、孫同音也。

筆曰生花。

《説文》：「吴人謂筆爲不律。」《爾雅注》：「蜀人呼筆爲不律」。筆與不律爲音之疾徐變轉。所謂疾則爲筆，徐則爲不律也。靖語謂之生花，又非音之變轉所能解釋。蓋靖音呼筆與碑同音，近於平聲。或取江淹「夢筆生花」之義爲替代名詞歟？沿革日久又轉變花爲活，故普通稱筆曰生活。活、花二字同爲曉母之雙聲字也。

指近處曰兹達。

《爾雅·釋宫》：「一達謂之道路，二達謂之岐旁，三達謂之劇旁。」按，達即道，指定所在地也。又《廣雅》：「兹，今也。」靖音所謂兹達，即指此地也。

稍遠曰違達。

〔一〕自：整理本原脱。南：整理本誤作「楚」。據《方言》補改。

《爾雅・釋詁》〔一〕：「永、悠、迥、違、遐、逷、闊，遠也。」〔二〕違與維同音。《廣雅》：「維，隅也。」指一角落而言，殆靖語違達之義，言稍遠也。

遠處曰那達。

《爾雅・釋詁》：「洋、觀、裒、衆、那，多也。」那達則較違達又增多道路也。

方言土語。應分爲名詞、假名詞、動詞、助動詞、助詞、感歎詞、疑問詞及固有成語，不易分開解釋者，一一根據拼音字母及參考《説文》《韻略》、顧氏《音學五種》、苗氏《音學四種》、《李氏音鑒》各書以引證之，方爲有據。

黎錦熙氏《方志今議》分方言、方音系統爲二，則方音系統下又分聲紐、韻類兩項，合列一表，分別歸納，爲系統的説明，用中央研究院歷史語言研究所之方音調查表格。

〔民國〕會寧縣志續編

【解題】段燕蘋督修。會寧縣，今甘肅省白銀市會寧縣。「方言」見卷三《民族志》中。有民國二十八年（一九三九）鈔本。録文據甘肅文化出版社二〇〇二年版整理本《靖遠會寧紅水縣志集校》。

〔一〕詁：整理本誤作「古」。

〔二〕迥：整理本誤作「回」。逷：整理本誤作「遏」。據《爾雅》改。

方言

方言因水土民情而各異，非惟各縣不同，即一縣而城鄉亦各稍異。如會邑東鄉則有隆靜方言，南鄉則有通渭方言，北鄉則有靖遠方言，皆以土壤接近之故也。兹記其略如左。

曹，謂我輩也。舀，謂彼輩也，如舀水、舀飯之類；隴右恒言。嗦，作上聲讀，問詞也。吓，音瞎，作去聲讀，答詞也。奘，在黨切，俗以凡物粗大謂之奘；秦晉有是音。鏵，俗謂犂鐵爲鏵，音華。耩，俗讀剛上聲，謂耒耜也。磨，去聲，俗謂覆種之器，即耰也，非磨面之磨。⿰土耑，地畝數，二畝半謂之一⿰土耑。瞎，俗以不好爲瞎，非必瞽者也。雀，俗轉鷰音，呼他鳥亦如之。阿家，家俗讀如字，不讀姑。先後，先讀去聲，即妯娌之謂；揚子《方言》：「關西人兄弟妻相稱爲妯娌。」〔一〕今通稱爲先後。高興，興讀去聲，俗譏人浮躁輕狂也。體面，謂美貌也。排場，俗以局面大方爲排場，或轉爲排暢。子細，俗謂儉嗇，非精細之謂。别致，俗謂異常也。掙扎，俗謂勉强出力。緩著，慰人休息之謂。汗祖，即汗衫，小裹衣之稱，指單衣言；若夾綿則言襖矣。我們，俗但云襖，秦伏轉爲鰲。你們，俗但云鈕，秦伏轉爲牛。牲口，亦謂頭勾，勾即口之訛轉，皆騾馬之謂。⿰羊居⿰羊吕，山羊也；⿰羊居如字，⿰羊吕俗轉里音，以⿰羊居爲羖音，⿰羊吕爲鹵音。阿稿，驚恐詞，即阿呀轉音。吡哩，謂彼也，俗云吡作去聲；按，此語有音無字，姑以吡字代之。宙哩，謂此也，

〔一〕出郭璞《方言注》，作「今關西兄弟婦相呼爲築里」。

俗但云宙與宇宙之宙異。這個，語助詞，縣城人多有此語。佐來，静〔一〕、寧轉爲嗟來，即怎樣之謂。襖兜，即云我的。鈕兜，即云你的。合窾，即合適之謂；光緒間始有此語。透了，謂事情壞了；清末年忽有此語。倒板，即彼此變換之謂；民國來始有此語。對者哩，或只云對，謂是也。使不得，即用不的，或作禁止詞，謂莫要如是。我吶吶，驚訝詞，或云我戛戛。輕些兒，謂病漸瘥也。新發户，謂新近發財也。作時哩，作讀上聲，即怎麽樣之謂。做嗦哩，索讀上聲，即做什麽之謂。阿哩呢，謂問在何處，即那裏呢轉音。這哩呢，謂答在此處，即者裏呢轉音。明後遭，即明朝、後朝也。嘓嚕子，指博徒、誘拐者。帽餡兒，謂荒唐之人也。札里些，即什麽之謂；邑後四里有此語。那們兒，即那麽之謂；邑後四里有是語。麻俐尖鑽，俗謂黠慧之輩。

〔乾隆〕合水縣志

【解題】陶奕曾纂修。合水縣，今甘肅省慶陽市合水縣。「稱謂」見卷下《風俗·民情》中。録文據乾隆二十六年（一七六一）刻本《合水縣志》。

稱謂

官謂之爺。父謂之爹。母謂之娘。祖謂之爺爺。祖母謂之奶奶。伯叔祖如祖之稱而

〔一〕静：似爲「靖」之誤。

冠以行。伯謂之大爹。叔亦冠以行而謂之爹。妻父亦曰叔。甥亦謂之姪。姪孫亦曰孫。嫂呼小叔亦曰弟。婦呼夫兄亦曰哥。連襟曰挑担。妻曰婆姨。小兒謂之娃。名其女曰某女子。

稱鄉約曰官府，亦曰鄉長。稱秀才曰師，亦曰先生。吏亦謂之師。有手藝者亦曰師。役謂之班長。兵謂之將爺，馬夫亦然。剃頭爲待詔。巫曰端公。醫生爲大夫。婦人見官亦曰小女子。

昨日曰夜裡。去歲曰年時。下午曰後晌。這里曰務答。那里曰頭起。遠曰窵。長亦曰窵。

不識字曰瞎漢，瞎之音若蝦蟆之蝦。醜好曰瞎好。無曰没，其音若磨。去之音若棄。棄之音若耳。煞，去聲，即甚麽之謂。竊取之曰刁。誓曰嗚公。儉歲曰年成。粮價曰斗頭。穀曰粮食。凡粮曰顆子。小曰碎。幾人曰幾塊。不言曰不喘。其餘曰殘。詐，上聲，即怎麽之謂。光棍曰嘓嚕。鬧曰遭孽。窮曰緊。富曰有道。財主曰買主。量米曰按。稱戥曰弔。水極熱曰煎。砍柴曰斫。走曰蹶。跪之音若潰。

西北之話音極官，無難解者，然亦微有鄉俗不同之處，固不止此，止就堂事間所聞諸民者記如右。

〔光緒〕合水縣志

【解題】佚名纂。光緒三十四年（一九〇八）修。合水縣，今甘肅省慶陽市合水縣。「稱謂」見卷下《風俗·民情》中。録文據民國三十六年（一九四七）鈔本《合水縣志》。

稱謂

官謂之爺。父謂之爹。母謂之娘。祖謂之爺爺。祖母謂之奶奶。伯祖爺如祖之稱而冠以行。伯謂之大爹。叔亦冠以行而謂之爹。妻父亦曰叔父，亦曰父〔一〕。甥亦謂之姪。姪孫亦曰孫。嫂呼小叔亦曰弟。婦稱夫兄亦曰哥。連襟曰挑担。妻曰婁姨。小兒謂之娃。名其女曰某女子。

稱鄉約曰官府，亦曰鄉長。稱秀才曰師，亦曰先生。吏亦謂之師。有手藝者曰司〔二〕。差役謂之班長。兵謂之將爺，馬夫亦然。剃頭爲待詔。巫曰端公。醫生爲大夫。婦人見官曰小女子。昨日曰夜裡。去歲曰年時。下午曰後晌。這裏曰務答。那裏曰起頭〔三〕。遠曰窵。長亦曰窵。不識字曰瞎漢，瞎之音若蝦蟆之蝦。醜好曰瞎好。無曰莫。去之音若棄。棄之音若耳。

〔一〕亦曰：原誤作「曰亦」。
〔二〕者：原脱。司：乾隆《合水縣志》作「師」。
〔三〕起頭：乾隆《合水縣志》作「頭起」。

煞，去聲。即甚麽之謂。竊取之曰刁。誓曰鳴公。儉歲曰年成。粮價曰斗頭。穀曰糧食。凡糧曰顆子。小曰碎。幾人曰幾塊。不言曰不喘。其餘曰殘。詐，去聲〔一〕。即怎麽之謂。光棍曰嘓嚕。鬧曰遭孽。窮曰緊。富曰有道。財主曰買主。量米曰按。稱戥曰弔。水極熱曰煎。砍柴曰斫。走曰蹁。跪之音若潰。

西北之話音極官，無難解者，然亦微有鄉俗不同之處，固不止此，止就堂事間所聞諸民者記如右。俚俗之語，敢擬《方言》，志之以告初涖兹土者，是亦舊令尹之政耶。塼一粲。

〔民國〕慶陽縣志

【解題】張精義原纂，陸爲公等整理。慶陽縣，今甘肅省慶陽市慶城縣。「方言」見卷三《民俗志》中。有民國二十年（一九三一）稿本、甘肅省圖書館一九六三年油印本。録文據慶陽縣志編纂委員會一九八四年整理本《慶陽縣志》。

方言

揌了 揌，音宰。手中持物，因不慎而散失於地也。 **丢了** 丢，丁休切。失物之謂。 **掂不着** 掂，音巔。俗罵人不知輕重也。 **掉換** 掉，讀若倒。彼此互換物曰掉換。 **鍋塊** 塊，讀簣音。謂烙餅也。 **釂幹** 釂，音醮。幹，音干。無有

〔一〕去：乾隆《合水縣志》作「上」。

曰醽幹。如酒飲完、事作畢之類。牛吼天地 謂人放聲大哭，幾乎震動天地。鋪襯 舊敝小布也，鞋底中多用之。爹 俗呼父也。媽 俗呼母也。公公 婦稱夫之父曰公公。婆婆 婦稱夫之母曰婆婆。茬下回贖 茬，音查，與楂、查同。又槎、栫，伐木餘也。斜曰茬，斲而複生曰栫〔一〕。俗典當田地，原主回贖，以田中農作物收後爲期，曰茬下回贖。先後們 先，讀去聲，即妯娌，兄弟之妻相呼曰妯娌。《廣雅》：「妯娌、姒娣，先後也。」娣婦謂長婦爲姒婦，爲先。長婦謂稚婦爲娣婦，爲後。兩挑担 妻之姊丈、妹丈，俗皆稱兩挑担，即連襟，連袂之謂。莫規矩 規，音歸。謂人不循分守禮也。嚧嚧 呼猪聲也。些微一點 亦曰些許一點，俗言少也。怕動彈 彈，讀炭。憚於作事也。不𤘬 𤘬，音格。謂不以物授人也。話靶 猶言話柄。扯閒淡 無意味之語言也。胡説曰扯閒談。丟盹 俗以人倦甚或立或坐即睡著曰丟盹。數沓子 數，音勺。謂人言語重複也。麥稾子 稾，音藁。麥黄時田中所獲之束也。柴捆子 柴成束也。奘 奘，音壯上聲。物之粗大者爲奘，如椽子粗大者曰奘椽，繩之粗者曰奘繩。戇子客 俗言人剛直也。瘽的很 瘽，俗讀闞去聲。形狀消瘦已甚也。乏的很 謂人勞倦殊甚也。恐的很 恐，讀困。俗以人煙稀少處恐懼殊甚也。瘸子 瘸，讀若闕。跛足曰瘸子。賣嘴 以言語炫己之長也。忌俗 流俗所忌之事。鑽了 隱入也，如蛇鑽入穴中去了，雀鑽入窩中了。做作 不自然者皆謂之做作，如婦女之貌醜者做作以爲美。土地爺 地，俗讀帖，亦讀替。替與帖音相近。嗾 讀收。使犬逐狼曰嗾。莫撞響 彼此相遇，彼問而此不答謂之莫撞響。眙眼窩 眙，音答，直視不移也。謂錯看曰眙眼窩。折了 折，音舌，斷也。《易·鼎卦》：「鼎折足，覆公餗。」俗以人因跌打而損傷臂脛謂之臂折了、脛

〔一〕斲：整理本誤作「靳」。

折了。 少欠 虧負也。俗譏過於勤勞者曰少欠，如牲畜婢僕之類。 挂搭親戚 俗謂親戚疏遠曰挂搭親戚。 眼睛羞 羞，讀囚。目珠受傷而畏見日，猶多羞之人而畏見人也。 頗煩 人沈悶不耐謂之頗煩。 大佬佬 俗稱物之大者，如大佬佬豬、大佬佬牛。 旦旦 物之圓形，如藥劑中丸蛋者曰旦旦。 肚兜 腹衣也。肚亦有讀豆音者。 外後日 謂後三日爲外後日。《唐逸史·裴老傳》已有此語，裴，大曆中人。 曠了 曠，讀光去聲。少年無知之輩不服從父母之教誨而無職業，謂之曠了。 嵌口 嵌，讀若汗。金屬器物用他金鑲嵌之縫曰嵌口。 老辣 辦事老練之謂。 盤纏 文言旅費也。 碎扎扎 凡物之小者俗名碎扎扎。 威 讀若歪。勢力强大曰威，如威的很。 利梭 凡事速於奏功者曰利梭，言快利如梭也。 耗踐 讀若號尖。物之消耗減少也，如穀熟未獲被雀鳥啄食之類。 遜 讀若松入聲。無勢力曰遜。 啁嘐嘐 啁，音刀；嘐，音勢。語言多而且健之謂。 搏執 俗以作弄陷害人曰搏執。 犟的很 犟，音降，愚也，與戇同。今人作事任意，不知裁之者，謂之犟的很。 如今 讀以耿。 自古 讀的固。 別 讀便平聲。謂他人爲別家。 下 讀若哈。 說 北部讀若衰，南部讀若薛。 胡 果核之謂。 靠 入聲，相違也〔一〕。又已去而復來者曰靠來了。 鴆 讀若枕。凡受人欺哄者均謂之鴆了。 打膀胱 謂無益之戲爭也。 熱頭 太陽之稱。 大大大 下二字讀若代。物之最大者以此呼之。 外 讀若未。呼母之父母家曰外家。 得得 呼犬也。 莫交限 無關緊要之謂。 嗇 讀若搜。凡捨不得謂之嗇氣。 旦莫 暫時之謂。 嗄 反詰之語。 渴 讀亢入聲。 一下 讀以哈。言速也。 徹謨 讀扯抹。有事談話也。 足便 凡物應手之謂。 去吧 去，讀如氣。去吧，鄙卻之語。 品摩 懸揣也。 阿 發語詞。北部人多用之。 加 助語詞。

〔一〕 違：整理本誤作「連」。

使 讀支。支使之謂。 夜裏 讀夜了。昨日之謂。 年時 去歲之謂。 務答 那裏之謂。 顆子 糧食之謂。 幾塊 塊，讀怪。謂幾個曰幾塊。 緊 謂窮曰緊，如過得緊。 希禍兒了 危險也，凡災禍倖免之謂。 大概哩 讀代海哩。 曲的很 嫉妒也。 雀 讀巧，如麻雀。 野鵲 鵲，讀巧，即喜鵲。 我 讀若褉音。

〔民國〕重修鎮原縣志

【解題】 錢史彤等修，焦國理、慕壽祺等纂。鎮原縣，今甘肅省慶陽市鎮原縣。「正名下」「親戚名稱」「語言」見卷之五《民族志》中。録文據民國二十四年（一九三五）鉛印本《重修鎮原縣志》。

正名下 就俗稱而解釋之

第一世祖 即譜牒可考之始祖也。案，《禮記》：「諸侯及其太祖，天子及其始祖之所自出。」注：「始祖者，感神靈而生，若稷、契也。」余始祖慕容氏見《晉書·載記》，鎮原則始遷之祖也。《帝王世紀》：「舜生于姚墟，遷于負夏。」魯昭公十七年，「郯子曰：『我高祖少皥摯之立』」。以始祖爲高祖。

八爺 祖之祖也，於己爲高祖。案，《書》曰「肆上帝將復我高祖之德」，謂湯也。又「無壞我高祖」，謂文武也。漢唐創業之帝皆稱高祖。《左傳》：「剡子來朝，曰：『我高祖少皥摯之立也。』」謂遠祖也。祖有五世而遷之宗，共繼高祖者也，是爲祖之祖。

太爺 謂祖之父也，是爲曾祖。杜甫詩「汝門請從曾翁説」，注：「曾翁，曾祖也。」

爺爺　謂祖父也。案，《玉篇》：「俗呼父曰爺。」《木蘭詩》：「不聞爺娘喚女聲。」杜詩：「見爺背面啼。」「爺孃妻子走相送。」俱以父爲爺。今隴人呼祖爲爺爺。宋燕山府永清縣大佛寺内有幢，係王士宗建，末云「亡爺爺王安孃孃劉氏」，是稱其大父、大母也。則此稱自宋時已有之。然則當時北軍有宗爺爺、岳爺爺之稱，直以祖尊之矣。狄道人稱楊椒山爲楊爺爺，可謂推崇備至矣。

奶奶　謂祖母也。案，柳耆卿詞：「願奶奶，蘭心蕙性。」是宋時社會稱婦女最尊之辭。隴人則稱祖母爲奶奶，天水則稱爲阿婆，山東人則稱爲大婆，隨地異名也。

爸爸媽媽　稱本生之父母也。案，《温公書儀》：「古稱父爲阿耶，母爲娘子。」無名氏《木蘭歌》：「不聞爺娘喚女聲，但聞黄河流水鳴濺濺。」杜甫《兵車行》：「爺娘妻子走相送。」白居易詩：「兒別爺娘夫別妻。」爺娘，即父母也。隴人稱父曰爸爸。陳思崇《隨隱漫録》：「太子兩拜，問安爸爸皇帝陛下。」陸游《避暑漫鈔》：「上微謂憲聖曰：如何比得爸爸富貴。」宋時已有此稱矣。稱母曰媽媽。《夷堅志》：「鄰里素諳我家事，須媽媽起來。」稱父曰爺、曰翁、曰爹、曰爸，而惟閩人之稱郎罷爲最奇。稱母曰媽、曰姥、曰嬭、曰㜷，而惟粤人之稱阿吉爲最奇。宋高宗稱徽宗曰爹爹，見《四朝聞見録》。宋太祖稱太后曰娘娘，見《鐵圍山叢談》。近日隴人爹爹之稱大約本此。又荆土方言謂父爲爹。《南史・梁始興王憺傳》：「憺爲荆州刺史，徵還朝。人歌曰：『始興王，人之爹。赴人急，如水火。何時復來哺乳我。』」《四朝聞見録》高宗稱韋太后曰大姊姊。此一時習慣，不可爲訓耳。

嚴父慈母　謂父嚴正而母慈愛也。案，《孝經》：「嚴父莫大於配天。」又謂之嚴親。司馬光詩：「疇昔侍嚴親，俱爲綵服人。」〔一〕《韓非子》：「慈母之於弱子也，愛不可爲前。」〔二〕李斯書：「慈母有敗子。」又謂之慈親。杜甫詩：「錫號戴慈親。」宋樂章：「壽我慈庭。」今人稱父曰家嚴，稱母曰家慈，殆本乎是。

家父家母　對人自稱其父母也。案，《顔氏家訓》：「陳思王稱其父曰家父，稱其母曰家母。」《晉書·山簡傳》：「簡歎曰：吾年歲三十而不爲家公。」所知家公謂父也。《北史》後主啓太后曰：「有緣得見家家。」又琅琊王儼曰：「願見家家。」蓋北齊稱嫡母爲家家也。

翁翁婆婆　兒媳稱夫之父母也。案，《爾雅》：「婦稱夫之父曰舅，稱夫之母曰姑。姑舅在，則曰君舅、君姑；殁則曰先舅、先姑。」《禮》：「子婦孝者敬者，父母舅姑之命勿逆勿怠。」又：「舅姑入室，婦以特豚饋。明婦順也。」後世稱爲公姑。唐代宗謂郭子儀曰：「不癡不聾，不爲翁姑。」今俗翁翁之稱，殆公字之訛耳。又案，《法苑珠林》：「比丘白佛言：『世尊復何因循故，名婆婆？』告曰：『本爲人時，以婆誅私衣布施供養〔三〕，故名婆婆。』」是則婆婆，佛名也。西北婦稱夫

〔一〕親、俱：原脱，據《范文正公文集》補。
〔二〕愛：原脱。「可」下原衍「以」字。據《韓非子》補、删。
〔三〕誅：原誤作「説」，據《法苑珠林》改。

之母曰婆婆。《説文》：「姑，夫母也。」「威，姑也。」即《爾雅》所謂君姑也。君與威，古聲相近。邑俗通稱婆婆爲阿家，家者，姑字之音轉也。民國初，北平琉璃廠土地廟過舊歷年，王運闓以詼諧語爲桃符，上聯云：「男女平權，翁説翁有理，婆説婆有理。」下聯云：「陰陽合歷，你過你的年，我過我的年。」廣西猺俗，男人之老者，一寨呼之曰婆；其老婦，則呼之曰公。則公婆二字顛倒用之。檇李虞兆隆謂此與人嘲李居仁「皤然一公，公然一婆」之語並可發一大噱。

伯伯　伯父之稱也。案，《夢華録》：「東坡立春日簪幡勝過子由，諸子姪笑指曰：『伯伯老人，亦簪幡勝耶。』」是宋時已有此稱矣。隴人稱曰伯父，或稱曰爸爸。

叔叔侄兒　文言謂之猶父猶子。案，叔叔俗稱家叔。《三國志·諸葛恪傳》：「近見家叔父表陳與賊争競之計。」陶淵明文：「家叔以余貧苦，遂見用爲小邑。」《論語》：「子曰：回也視予，猶父也，予不得視猶子也。」按此，則弟子稱師可云猶父，師稱弟子可云猶子矣。今人稱兄弟之子曰猶子，義本於此。則稱伯父、叔父亦可云猶父也。周興嗣《千字文》：「猶子比兒。」詞頗嫌複。又案，《爾雅·釋親》篇妻黨有云「女子謂晜弟之子爲姪」，郭注引《左傳》「姪其從姑」。所以姪字以女。今男子稱兄弟之子曰姪，或書姪爲侄，从人，俱失之矣。夫兄弟之子當稱從子，謂從子而别也。不讀《爾雅》，即三黨亦混亂無辨〔一〕，豈細事哉！昔金昭宗薨，濰王即皇帝

〔一〕即：原誤作「郎」。

位，諭愛王詔曰：「朕遭多難，靖晦以處，忽諸父諸臣横見推逼，義不容辭。王是朕之侄，朕是王之叔。叔侄天性，寧不怛然。今自和龍東北，永爲王國，保有北朔，子孫嗣守。勿信閒言，馮陵以逞〔一〕。叔侄二人，同形共氣。設或交鋒，務行兼并。太祖太宗在天之靈，亦不錫佑。昔梁督與湘東爲叔侄之仇，誘周兵以陷江陵，隨亦失國，而爲人僇〔二〕。此事宜鑑〔三〕，三復予言。」是叔姪字樣，詔書中亦用之矣。

新媽　謂繼母也，又稱爲新娘。案，《儀禮》：「繼母如母。」《漢李翊夫人碑》：「繼姑入室，勤養拳拳。」繼姑，夫之繼母也。《舊唐書·禮儀志》：「子之於母，慈愛特深。非母不生，非母不育。推燥居濕，咽苦吐甘。生養勞瘁，恩斯極矣。」故稱之曰媽。一言新媽，則非生身之母也。爲繼母者，遂視前妻之子亦不無意見。《顏氏家訓》曰：「其後繼假慘虐孤遺，離間骨肉，傷心斷腸者，何可勝數耶？」

嬸娘　俗呼叔母曰嬸娘，始於北宋時，見《野客叢談》。

大哥　稱長兄也。案，張九齡《勅賜寧王池宴》詩序：「開元二年春，上幸寧王第，叙家人禮。上曰：『大哥好作主人，阿瞞但謹爲上客。』」又明皇有《過大哥山池》詩。《禮》：「十年以

〔一〕逞：原脱，據《金文最》補。
〔二〕僇：原作「笑」，據《金文最》改。
〔三〕宜鑑：原脱，據《金文最》補。

長則兄事之。」隴人詢問路徑，雖素不識面之人，邂逅道周，皆以大哥呼之。又案，古時子稱父亦曰哥哥。北齊南陽王綽兄弟皆呼父爲兄兄。《唐書》：「玄宗泣曰：四哥仁孝。」謂睿宗也。明皇子棣王《傳》棣王稱明皇爲三哥。又父對子亦自稱曰哥。《淳化閣帖》有唐太宗與太子高宗書，末稱「哥哥勑此」。皆沿用習慣，不可爲訓也。蓋呼兄曰哥，如白居易《祭浮梁大兄文》稱「大哥」，則名正而言順矣。至晉王呼張承業爲七哥，此則以行次相稱，表示親近之意云爾。蘭州人呼小孩子曰「我的哥哥」，則又與古人相反。

姊姊　謂女兄也。宋司馬光五六歲弄胡桃，女兄爲脱其皮。見《山堂肆考》。

大伯子　婦稱夫之兄也。案，《爾雅》《釋名》：「夫之兄曰公。」尊稱也。俗間曰兄章，又訛爲兄伀。「言是已所敬忌，見之怔忪，自肅齊也。」《玉篇》云伀，職容切；妐，之容切；夫之兄也。今俗呼兄鍾，章鍾聲轉，鍾伀聲同也。

舍弟　自稱其弟也。案，王維詩：「舍弟官崇高。」亦有稱令弟者。晉謝靈運《酬從弟惠連》詩云：「末路值令弟，開顔披心胸。」杜少陵《送弟韻》詩云：「令弟尚爲蒼水使，名家莫出杜陵人。」李頎《答從弟異卿》詩云：「吾家令弟才不羈，五言破的人共推。」稱己之弟爲令者，是猶行古之道也。謝惠連懷其兄靈運詩曰：「哲兄感此別。」自稱其兄曰哲，若在今日，則羣相驚訝矣。

家兄家弟　文人自稱其兄與弟也。案，《晉書》謝安嘗謂戴逯曰：「卿兄弟志業何殊？」逯曰：「下官不堪其憂，家兄不改其樂。」是晉時已有此語。《世説》作家弟。家弟，猶今人言舍弟也。《唐書・温大雅傳》：「若家弟永康，我將含笑入地。」

大嫂子　謂兄之妻也。文人稱爲邱嫂。案，嫂音掃，思襖切，浩韻，見《孟子》。《前漢書・楚元王傳》：「高祖過邱嫂餐〔一〕，聞戛羹聲。」張晏曰：「邱者，大也。長嫂之稱也。」應邵曰：「邱者，嫂之姓也。」孟康曰：「西方呼亡壻曰邱壻。邱者，空也。言兄已亡，空有嫂也。」三説似張爲長。

屋裏人　自稱其婦也。婦對人稱其丈夫則曰門前人。案，《孟子注》：「男以女爲室。」宋吴曾《能改齋漫録》引王彦輔《塵史》云：「今之尊者斥卑者之婦曰新婦，而不學者輒易之曰息婦，又曰室婦。《易》：『女正位乎内。』《左傳》：『以叔隗爲内子。』」屋裏人之稱，殆本乎此。又《南史・張彪傳》呼妻爲鄉里云。湘人則稱爲堂客。滿洲人稱妾爲屋裏人，見《紅樓夢》。

大娘二娘　謂大婦小妾也。案，娘字俗書，古無，當作孃。然《輟耕録》：「都下自庶人妻以及大官之國夫人皆稱娘子。」南宋蕭齊崇尚佛法，閤内夫娘悉令持戒。夫娘者，夫人娘子也。《北齊書・祖珽傳》：「妻耳順尚稱娘子。」宋《韓魏公傳》中云宮中稱郭后爲大娘、劉妃爲小娘。皇家亦如此稱，不獨民間。今通爲婦女之稱也。河西人呼妾生子斥之曰小娘養的，亦妾爲小娘一證也。

〔一〕祖：原脱，據《漢書》補。

先後　兄弟妻相呼之辭也。案，《爾雅》：「女子謂兄之妻曰嫂，弟之妻爲婦。長婦謂穉婦爲娣婦，娣婦謂長婦爲姒婦。」《漢·郊祀志》注：「兄弟妻相謂先後。」古謂之娣姒。《廣雅》兄弟之妻相呼曰妯娌。楊奂孫《烈婦歌》：「屈己接妯娌，盡心奉舅姑。」郭璞曰：「關西兄弟妻相呼曰築里。」〔一〕即妯娌也。隴東皆呼先後，有姊妹爲妯娌者，仍以先後呼之，此風蓋始於陝西。《史記·封禪書》：「神君長陵女子，以子死，見神於先後宛若。」〔二〕

小孩兒　父母稱其子之幼稚也。案，孩，小兒笑也。孩兒，小兒也，謂初生時僅知孩笑也。《書·康誥》注：「愛養人如安孩兒赤子。」《孟子》曰：「孩提之童，無不知愛其親也。」謂幼兒知孩笑，可提抱者也。《後漢書》：「孩兒老母，口以萬數。」《路史》：「人之孩草之荄，皆自始矣。」故隴人稱子曰小孩兒，或曰小娃娃。

小兒　對人自稱其子也。案，《三國志注》：「孟宗母作厚蓐大被，曰：小兒無德致客，學者多貧，故爲廣被，庶可得與氣類接也。」《晉書》謝安聞淝水之捷，喜謂客曰：「小兒輩已破賊矣。」小兒謂其姪謝玄也。至晁錯父呼子爲公，陸賈呼子爲公，蔡京呼子爲公，蔡猶帶呼，晁、賈則專呼也。此猶太公呼漢高爲帝，霍去病父自謂老臣，則過矣。

〔一〕　西：原誤作「東」，據《方言注》改。
〔二〕　若：原誤作「在」，據《史記》改。

不孝子　訃聞中有如此寫者。《詩》云：「哀哀父母，生我劬勞。」〔一〕故古禮，父母喪皆稱哀子，而《書儀》於父亡稱孤子，母亡稱哀子，父母俱亡稱孤哀子。《家禮》譏其無據，然此禮世俗相承已久，未爲舛戾。近來又有嫡母已故，因避繼母，而父亡止稱孤子者，其言曰：「繼母在堂，不敢稱哀。使繼母而不賢也則可，繼母而賢也必有怨焉，不安於心者矣。」更有村學究好爲杜撰，因母先亡而父後亡者改稱孤哀子，豈不可怪也哉！不如不論父母，俱稱不孝子爲正。今人居憂服中，有不得已與人通簡帖之事，祇須於姓名上加制字，不必更於名上加粘素紙，惟斷不可用從吉二字。《退庵隨筆》中已詳言之。近人多漠不關心，即通人亦有習而不知其非者，或更縮寫從吉二字作箸字，冒禁忘哀，真可爲痛哭流涕者也。按制字最古，《禮記・喪服》四制有以恩制、以義制、以節制、以權制，世專於喪言制，蓋本於此。至從吉二字，始見《晉書・孟陋傳》，陋喪母，毁瘠殆於滅性，不飲酒食肉十有餘年，親族迭勸之，然後從吉。則不可以爲三年内之通稱明矣。唐律不孝條，居父母喪，釋服從吉者，徒三年。清律，釋服從吉，載於十惡之條，即期喪從吉，亦杖六十。人亦奈甘犯科條，而徒以能書箸字爲巧乎？

女子　謂閨女也。案，女子所居曰閨。《宋史・涂端友陳氏傳》：「吾聞貞女不出閨閣。」《晉書》：「顧家婦清心玉映，自是閨門之秀。」唐李景讓家行修治，閨門惟謹。白居易《長恨

〔一〕我：原脱，據《詩經》補。

歌》：「楊家有女初長成，養在深閨人未識。」隴人所稱閨女，謂處子也。處子者，處深閨而待字也。處士，亦稱處子。《後漢書·逸民傳》序曰：「處子耿介，羞與卿相等列。」

媳子　謂兒婦也。案，俗謂子婦曰媳，音息。宋時先有息婦之稱，見王彥輔《麈史》。《元史·裕宗徽仁裕聖皇后傳》：「世祖每稱之爲賢德媳婦。」蘭州則作普通稱呼。五泉浴佛會，人山人海，男女混雜，輕薄少年三五成羣，横立路旁，見人閨秀則摇頭擺尾問其黨曰：「這是誰家尕媳婦子？」

小姑子　婦謂夫之妹曰小姑。案，《爾雅》：「夫之女弟爲女妹。」班昭女妹曹豐生，見《後漢書注》。唐王建《新嫁娘》詞：「三日入廚下，洗手作羹湯。未諳姑食性，先遣小姑嘗。」李商隱《無題》詩：「小姑居處本無郎。」張以寧詩：「小姑十二方嬌癡。」《西湖志》小孤山俗訛作小姑。近人詩有「彭郎奪得小姑回」之句，戲曲中有「小姑賢」一齣。

大伯小叔　婦稱夫之兄曰大伯子，稱夫之弟曰小叔子。案，《晉書》謝道韞嫁王凝之，其弟獻之爲客所窮，道韞遣婢白獻之曰：「欲爲小郎解圍。」小郎，即今之小叔也。邑又稱夫之兄曰大伯子。蘭州人稱爲阿伯子。阿者，我也。《五代史補》：「李濤弟澣娶婦竇氏，出參濤，濤答拜。澣曰：『新婦參阿伯，豈有答禮？』」

小婆養的　謂妾所生之子也。案，《三國志》郭皇后姊子孟武還鄉里，求小妻，后止之。小妻，妾也。或有稱爲小星。《詩》：「嘒彼小星，三五在東。」注：「衆妾進御於君，不敢當夕，見星而往，見星而還。」邑俗謂妾曰小婆，所生子人皆賤之。《左傳》：「趙有側室曰穿。」是謂庶子爲側室也。後世則以妾爲側室。漢文帝賜南粤王趙佗書曰：「朕，高皇帝側室之子也。」又案，鎮原鄉賢王潛夫先生，以庶孽無人推薦，發憤箸論三十六篇。甘肅慕容氏之祖曰吐谷渾，庶出，與其弟慕容廆不睦，遂由關東至青海，手握疆兵，爲一時雄。最近武威李太史于鍇亦庶出也。《孟子》曰：「獨孤臣孽子，其操心也危，其慮患也深，故達。」

姨娘　稱父之妾媵也。見《癸巳類稿》。又《爾雅》：「婦夫之庶母爲少姑。」

孫娃子　謂子之子也。牛僧孺詩：「歡喜見孫兒。」

孫孫　謂孫之子也，是爲曾孫。案，《詩》「曾孫篤之」，注：「曾猶重也。」自孫以下事先祖，皆稱曾孫。又後裔統稱子孫。對於遠祖，祭祀時稱曰幾世孫。

末末孫　謂玄孫之曾孫也。古謂之曰耳孫。案，《漢書》：「及内外公孫耳孫。」謂己之下第七世也，去高曾遠，但耳聞之，故曰耳孫。《漢平帝紀》：「元始元年春正月，封宣帝耳孫信等皆爲列侯。」注：「耳音仍。」《爾雅》：「玄孫之子爲來孫，來孫之子爲晜孫，晜孫之子爲仍孫，仍孫之子爲雲孫。」

孤孫哀孫　此喪禮之名稱也。案，《開元禮注》：「父及祖稱孤子、孤孫，母及祖母稱哀子、哀孫。」是孤哀之分，實始於唐。宋司馬温公因之。或問朱子孤哀二字之義，朱子曰：「温公亦只據今俗，不欲父母混并之也。」

孫女　即女孫也。《史記·陳丞相世家》:「户牖富人張負女孫，五嫁而夫輒死，人莫敢娶，平欲得之。」

雙生子　即孿生子也。案，揚雄《方言》:「秦晉之間謂之健子，自關而東趙魏之間謂之孿生。」皆雙産也。周有八士，伯達、伯适、仲突、仲忽、叔夜、叔夏、季隨、季騧，蓋一母四乳而生八子也。北魏延興三年，秀容郡婦人一産四男，四産十六男。秀容，今山西之忻州。甘肅候補縣長胡祖勳其妻三年三胎，每産皆雙，共五男一女。靖遠民婦一胎生三子。皆近年之事。其他孿生者多，不可勝記。

忤逆子　謂子不孝也。違背之義。忤音誤，遇韻。案，《韓非子》:「至言忤於耳而倒於心，非聖賢則莫能聽。」忤耳，猶言逆耳也。《陳書》:「何得見佛説而信順，在我語而忤逆?」俗稱不孝父母曰忤逆，亦作忤逆。

奶嬷子　即乳母也。案，奶婦人之同稱也。俗呼乳曰奶，又通作嬭。楚人評母曰嬭。《晉書·桓玄傳》:「幼時嬭媪每抱詣温〔一〕，輒易人而後至。」《宋書》:「何承天年老始除將作佐郎，諸佐郎皆年少名家，荀伯子嘲之曰嬭母。」宋明帝寢疾，欲托孤於褚淵，召淵入見，帝流涕曰:「吾近危篤，故召卿着黄纙耳。」黄纙者，乳母之服也。大臣輔佐幼主，如乳母之哺養小兒

〔一〕媪:原誤作「温」，據《晉書》改。

也。《北齊書·南陽王綽傳》綽兄弟皆呼乳母爲姊姊。俗稱嬭母本此。或稱嬭婆，稱嬭子，皆《喪服》所謂乳母也。

親戚名稱

案，《史記·宋世家》：「箕子，紂親戚也。」《路史》謂「但言親戚，則非諸父昆弟之稱」，而不知非也。古人稱一家之人亦曰親戚。《韓詩外傳》：「曾子曰：親戚既没，雖欲孝，誰爲孝？」此以親戚爲父母也。《左》僖二十四年《傳》：「封建親戚，以藩屏周。」此以親戚爲伯叔子弟也。昭二十年《傳》：「棠君尚謂其弟員曰：『親戚爲戮，不可以莫之報也。』」此以親戚爲父兄也。《戰國策》：「蘇秦曰：富貴則親戚畏懼。」此以親戚爲妻嫂也。鎮邑所謂親戚，專指親串而言。

舅父舅母　舅父者，母之兄弟也。舅母者，母兄弟之妻也。案，母之昆弟曰舅，古稱舅氏。《詩》：「我送舅氏。」又稱舅父。《史記·孝文紀》：「封淮南王舅父趙兼爲周陽侯，齊王舅父駟鈞爲清郭侯。」索隱曰：「舅父，即舅也。」又《晉書》：「武帝楊后母早卒，依舅家，舅母仁愛，親乳之。」秦州人稱舅母曰妗子。

姨父　謂妻之父也，或稱爲丈人。河西人稱岳父曰姨父，與鎮原同。案，《爾雅》：「妻之父爲外舅。」甘肅通稱丈人，士大夫家則稱爲岳丈。《合璧事類》：「俗呼人之妻父爲嶽丈。以泰山有丈人峯、丈人觀。」但唐以前無此名稱。《論語》：「子路從而後，遇丈人。」《吴越春秋》：「伍子胥遇漁夫曰：『姓命屬天，今屬丈人。』」柳宗元《與楊京兆及答周君巢書》皆稱丈人，大抵年高者之稱。自張説壻鄭鎰得泰山之力，後世遂以丈人爲妻父之稱矣。又案，《釋常談》：「唐玄宗封禪於泰山，以宰相張説爲封禪使。説壻鄭鎰本是九品官，舊例封禪後自三公以下皆轉遷一階一級，惟鎰遷至五品。玄宗怪而問之，鎰無詞以對。優人黄幡綽奏曰：『此乃泰山之力也。』因此以丈人爲泰山。」或謂青城山爲五嶽之長，故名丈人山。今世俗呼人婦翁爲令嶽，妻之伯叔爲列嶽，往往因此。至晉樂廣爲衛玠妻父，俗呼所謂岳丈或當云樂丈耳。

姨娘　謂妻之母也，或又稱爲岳母。案，《爾雅》：「妻之母爲外姑。」後世稱爲岳母。毗陵有成郎，貌不揚，岳母陋之，曰：「我女生菩薩，乃嫁一麻胡。」見《漫笑録》。或稱爲丈母，俗矣。隴東人稱爲姨娘，不知何所本。河西人稱母之姊妹曰姨娘，稱其夫曰姨夫。

親家　凡男女締姻者兩家相謂曰親家。案，親家二字，見《南史·沈攸之傳》。《唐書·蕭嵩傳》：「子衡尚新昌公主，嵩妻入謁，帝呼爲親家。」隴右兩姻相遇，彼此均稱曰親家。俗有男親家、女親家之稱，親本讀平聲。蕭璃詩：「天子親家翁。」盧綸作《王駙馬花燭》詩：「人主人臣是親家。」又以親字爲去聲。西北俗，男家爲上門親家，女家爲下門親家。現在男女平權，此俗不適用。

表兄弟　父之姊妹之子、母之兄弟姊妹之子互稱中表。案，中表，猶言内外。父之姊妹之子爲外兄弟，母之兄弟姊妹之子爲内兄弟。《後漢書》：「明公將帥皆中表腹心。」《來歙傳》：「君叔雖單車遠使，而陛下之外兄也。」《晉·山濤傳》：「濤與宣穆后有中表親。」《容齋隨筆》：

「李益、盧綸爲大歷十才子之傑出者，綸與益爲内兄弟。」又徐鉉詩：「平生中表最情親。」

姨兄弟　謂母之姊妹所生之子也。案，古稱姨之子爲姨兄弟，見《左傳注》。又《南史》：「江祐姨弟爲曲江令。」《北史·序傳》：「李炎之自誇文章，從姨兄常景笑而不許。」蘭州人謂之兩姨兄弟。

新女壻　謂女之夫也。案，《世説》：「衛叔寶是樂彦輔壻，並有海内名。裴叔通嘗稱之曰：『婦翁冰清，女壻玉潤。』」《全唐詩話》：「陸暢初娶董溪女，或曰：『君爲貴門女壻，幾多樂事。』暢曰：『貴門多禮法，婢子喫辣麵。』殆不可過。」今日人戲小兒女，以手捉鼻曰喫辣麵。杜甫詩：「女壻近來乘龍壻。」自稱曰半子。肅宗詔咸安公主下嫁回紇可汗，上書恭甚，言「昔爲兄弟，今爲半子也」。見《唐書》。唐人送子壻詩甚少，劉長卿《送子壻歸長城》詩云：「送君巵酒不成歡，幼女辭家事伯鸞。桃葉宜人誠可詠，柳花如雪若爲看。心憐稚齒鳴環去，身愧衰顔對玉難。惆悵暮帆何處落，青山無限水漫漫。」用事雅切，甚妙。長城，今之長興縣也。

兩挑擔　即連襟，民間兩壻俗稱也。《爾雅》「僚壻」注：「姊妹之夫相謂也。」挑擔者，譬如一擔貨分而挑之也。案，《嬾真子》：「江北人呼僚壻曰連袂，又呼連襟。」《容齋隨筆》：「從兄在泉幕，淮東使者，其友壻也，發京狀薦之。爲作謝啓曰『襟袂相連，夙愧末親之孤陋』云云〔一〕，乃用

〔一〕夙：原作「昔」，據《容齋隨筆》改。

杜詩『孤陋忝末親，等級堪比肩。人生意氣合，相與襟袂連』句也。」是宋人已有此稱矣。

招女壻　即古之贅壻也。案，《史記・滑稽傳》：「淳于髡，齊之贅壻也。」《秦始皇紀》：「三十三年，發諸嘗逋亡人、贅壻、賈人，取陸梁地。」漢孝文時，貴廉潔，賤貪汙，賈人、贅壻及吏坐贓，皆禁錮，不得爲吏。秦漢人之輕贅壻如此。今俗貧寒之家有子，使就婦家爲贅壻，貧不得已耳。仕宦之家，見翩翩年少，如苗晉卿之器許張延賞也，遂以女妻之，而招贅壻於家。其諸子亦不爲怪，殆習慣成自然矣。

他姊夫　俗稱女壻曰姊夫，加以他字者，對幼女而言也。又夫婦相謂輒曰他爹、他媽，亦以他指兒女。亡於禮者之禮，習俗相沿已久。案，《後漢書》：「天子姊壻。」又《來敏傳》：「漢末大亂，姊夫黄琬是劉璋祖母之親，璋遣迎琬妻，敏遂與姊入蜀。」又裴雋姊夫爲蜀長史，雋送之入蜀，遭亂不得還。其他見於史策者，未易更僕數。要皆女兄所夫〔一〕，始稱之曰姊夫。

妹夫　稱妹之壻也，或稱爲妹丈。案，《漢書》：「陸侯延壽坐知女妹夫亡命，笞二百。」謝承《後漢書》：「胡毋班，王匡之妹丈。」《唐書・李密傳》：「依媢壻雍邱令邱君明。」媢壻即妹壻也。楚人謂女弟曰媢。白居易詩：「嫁得黔婁爲妹壻，可能空寄蜀茶來。」西北通稱爲妹夫。

小姨子　稱妻之妹也。古謂之姨妹。案，《爾雅》：「妻之姊妹曰姨。」《詩》：「邢侯之姨。」

〔一〕夫：原作「天」。

《左傳》：「穆姜之姨。」《世説》：「孫秀降晉，武帝妻以姨妹。」俗謂姨妹爲小姨子，妻之姊稱爲大姨子。

室兄哥　謂妻之兄也。哥字似重複。案，《詩》「室人交偏讁我」，注：「指家人也。」後沿爲妻之專稱，蓋男以女爲室。宋時婦人封贈之號有室人、安人、孺人，後改室人爲宜人。六朝時，江淹有《悼室人》詩，皆指妻而言。《禮》「和於室人」，注謂：「女妐，女叔，諸婦也。」疏：「女妐謂壻之姊，女叔謂壻之妹，諸婦謂娣姒之屬。」與妻之稱室人者不同。

小舅子　稱妻之弟也。案，《隋書》高祖外家吕氏，其族蓋微，平齊之後，求訪不知所在。至開皇初，濟南郡上言，有男子吕永吉自言有姑字苦桃，爲楊諱妻。勘驗知是舅子，徵入長安。舅子者，舅父之子也。妻之兄弟亦稱舅。《新唐書》楊行密曰：「得舅代，我無憂矣。」舅謂其妻弟朱延壽也。俗稱小舅子本此。

拜乾逢　即古拜親之禮也，俗稱爲義父。案，《晉書・荀崧傳》：「崧父頵〔一〕，與王濟、何邵爲拜親之友。」《梁書・劉洽傳》：「樂安任昉有知人之鑒，嘗訪洽於田舍，見之歎曰：『此子日下無雙。』遂申拜親之禮。」又升堂拜母，係孫策與周瑜之事，見《三國志》。皆拜謁其友之父母也。今以拜義父爲拜親，寖失古義矣。

〔一〕原文重一「父」字。

語言

鎮原語言，除少數方言外，餘與南北諸省互相出入，雖音之清濁高下輕重疾徐小有不同〔一〕，而同者實多。現在之口頭語，按之古籍，均有來原。清錢大昕著《恒言録》，其弟大昭著《邇言》〔二〕，搜羅俗語俗事之見於古籍者，一一爲之還其來歷，究其根據，凡六卷，與《恒言録》相上下也。兹倣其例，略舉所知，並附案語。其世所通稱，或字同音異，與夫有聲無字及雖有其字而非《字典》所收者一概從略。

語言系統 政府編纂邊疆歷史地圖，搜集標準共十有七項，第三項則爲語言系統。

《詩含神霧》云：「秦地處仲秋之位，男懦弱，女高瞭，身白色，音中商，其言舌舉而仰，聲清而揚。」劉歆《西京雜記》云：「長安市人語各不同，有葫蘆語、鏁子語、紐語、練語、三摺語，通名市語。」楊伯起作《關輔語》，荀爽作《漢語》，惜其書不傳。清道光時武威張澍網取羣書爲秦隴人口吻者劄記之，爲一編，目曰《秦音》，而涇州鎮原在其中矣。鎮原語帶秦音，其所由來者久矣。

曹們　曹者，我也。們者，就一方面多數之人而言。案，《東觀漢記》：「張堪爲蜀郡太守，公孫述遣擊之。堪有同心之士三千人，曰：『張君養我曹爲今日也。』」徐積詩：「我曹儘是浩

〔一〕重：原脱，據文意補。

〔二〕「言」字下原衍「録」字。

歌客。」李建勳詩：「他人莫相笑，未易會吾曹。」鎮原人去我字但稱曰曹，不知者往往發生誤會。光緒戊戌，余在京遇一同鄉，素未識荆渠，突然問曰：「你在曹的方圓麽？」意謂你我山莊近在咫尺。聞者掩口而笑，蓋誤以曹字爲三馬同槽之槽也。

馬頭籠子　即竹籃也，以其形似馬頭故名。

窊窊子地　隴東各縣，地在原上者是爲高田，在山坡者爲窊下之地。案，《史記》「甌窶滿溝，汙邪滿車」注：「甌窶，猶培塿也。」《左傳》：「培塿無松柏。」《荀子注》引《説苑》：「蟹螺者宜禾，汙邪者滿車。」〔一〕蟹螺之背微高，原田之形似之。班固所謂「原隰龍鱗」也。汙邪，隰田也，即俗所謂窊窊子地也。《荀子·大略篇》「流丸止於甌臾」注〔二〕：地之坳坎，如器之甌臾。「甌臾，窊下之地。」《史記》所云汙邪即此邪與。聲相近，蓋同也。

打噴嚏　人受涼。據藥書云，若打噴嚏，則關竅已通矣。案，《燕北録》：「戎主太后噴嚏，近侍臣僚齊聲呼治夔離，猶漢呼萬歲也。」蘇軾詩：「曉來頻嚏爲何人。」《兩般秋雨盦隨筆》：「俗凡小兒女噴嚏，呼千歲及大吉。殆戎俗也。」噴嚏又作歕嚏〔三〕。唐明皇與諸王會食，寧王對御座歕一口飯，直及龍顔。上曰：「寧哥何以錯喉？」黄幡綽曰：「此非錯喉，是歕嚏。」嚏與

〔一〕滿：《荀子》作「百」。
〔二〕臾：原誤作「叟」，據《荀子》改。
〔三〕嚏：原脱，據文義補。

帝音近。見《因話録》。

角角子　角，鎮原如字讀正音也，惟語助辭太多，秦椒則辣角子，他如牆角角子、棹子角角子之類。男婦皆然，未易更改。蘭州讀爲各，音總角則曰各兒，從俗也。

傷臉　謂傷顔面也。稠人廣衆之中被人責備，從此丢了面子，故又曰丢人。

呸　謂以口水唾人也。世有受人之唾有聽其自乾者矣。

曬暖暖　暖暖，謂太陽也。或謂爲暖火。冬令寒，農事畢，野老背靠日頭以取其暖。案，《南史》：「宋文帝曰：『小人常日曝背，此不足爲勞。』」蘇軾詩：「曝背談金鑾。」年希堯《五方元音》日音熱〔一〕。近人謂日者恒星之一，乃自明本熱之火球也。除用黑色鏡外，萬不能觀，以其光熱甚烈也，熱斯熱矣。蘭州人呼太陽曰熱頭，熱即日也，頭則爲語助詞，與鎮原呼暖火之義同。

匡當　謂此事作何了局也。案，《韓子》：「玉巵無當。」《廣韻》云：「當，底也。」漢之瓦當是也。徐鉉云：「今俗猶有匡當之言。」隴人遇危險之事輒曰我的匡當，又曰我怕不得活了。與夫隴南之我吶吶、我戛戛，社會所言之我的媽、我的天，事之大小不同，其警恐則一也。

安席面　今公私宴會稱與主人對席者曰席面，古者謂之賓、謂之客是已。案，《儀禮・燕禮》篇：「射人請賓公曰：命某爲賓。賓少進禮辭。又命之，賓許諾。」《左傳》：「季氏飲大夫

〔一〕希：原誤作「羹」。

酒，臧紇爲客。」杜預注云：「客，一坐所尊也。」蘭州宴會場中謂之首坐。主人安坐客就席，蓋此席爲此客而設也，其餘謂之陪客。但古人與主人對席者只一人，今則首席有二人，一正一副。鎮原遇吉凶事〔一〕，安席之禮最繁，有不可以言語形容者矣。

走差路　謂歧路也。案，《韻會小補》：「差，丑亞切。異也。」《阿彌陀佛經》云：「有禪有浄宗，猶如帶虎；有禪無浄宗，十人九差路。」唐詩：「枯木巖前差路多。」《集韻》或作跐。董遐周《吹景集》記俗語亦引之「今之差路多矣，其不走者誰哉？」《文子》曰：「水雖平必有波，衡正必有差。」此差字宜讀平聲，蓋差錯之説也。

説到你的心尖尖上　謂言語投人之心思也。案，尖尖，末鋭貌。楊萬里詩：「小荷纔露尖尖角。」〔二〕章孝標《小松》詩：「小峯雲外碧尖尖。」

連枷棍　打穀之具也。鄉間人以木爲之，纏以皮革。案，《癸辛雜識》：「今農家打稻之連枷，古之所謂拂也。」〔三〕《方言》〔四〕：「僉，宋魏之間謂之攝殳。」注：「今連枷，所以打穀者。」范成大《秋日田園》詩：「一夜連枷響到明。」西北所用之連枷，婦人用以打扁豆子及零星穀穗等。

〔一〕遇：原誤作「過」。
〔二〕小：原誤作「心」，據《誠齋集》改。
〔三〕謂：原作「爲」，據《癸辛雜識》改。
〔四〕言：原脱。

又有一種鐵連枷，則爲防賊之具。

儒樹　邑人讀榆爲儒，蓋儒與榆同在七虞。

致嗟　即俗所謂這箇地方也，文言則謂此地二字。案，致嗟二字之對方則曰務嗟。務嗟者，旁人所居之地也。或以爲歪嗟，歪作上聲讀，方合俗音。至致嗟二字，或又作爲宰嗟，皆方言也，不知其義之所在。

嫁狗嫁鷄　謂女子既嫁之後，須女於所遇也，不得謂遇人不淑。案，陳造詩：「蘭摧蕙枯崐玉碎，不如人家嫁狗隨狗鷄隨鷄。」許有壬詩：「嫁鷄正爾隨鷄飛。」《傳燈録》：「道人不解心印是佛，真是騎驢覓驢。」天地間有極巧之對，以嫁鷄隨鷄對騎驢覓驢，可謂天造地設矣。

燕兒長大就飛了　謂人子不養其親也。案，唐有劉叟者，其愛子背而逃，不孝，叟悲，甚念之切。聞叟少年時對於其親亦嘗如是，白居易知其内容，作《雙燕》詩諭之，以見己之不孝，有以開其端，即難望其子之孝。詩用比體，最足發人深省，有關風化之作也。其辭云：「梁上有雙燕，翩翩雄與雌。銜泥兩椽間，一巢生四兒。兒生日夜長，索食聲孜孜。青蟲不易捕，黄口無飽期。嘴爪雖欲敝，心力不知疲。須臾十往來，猶恐巢中饑。辛勤三十日，母瘦雛漸肥。喃喃教言語，一一刷毛衣。一旦羽翼成，引上庭樹枝。舉翅不回顧，隨風四散飛。雌雄空中鳴，聲盡呼不歸。卻入空巢裏，啁啾終夜悲。燕燕爾勿悲，爾當返自思。思爾爲雛日，高飛背母時。當時父母念，今日爾應知。」又案，此詩由生而食，由教而飛，一路寫來，層次井然。卵翼情形，歷歷如繪。飽則颺去，辜恩者大抵皆然。此言不顧而飛，匪獨寫不孝情狀，亦爲辜恩者窮形盡相也。歸結自思，見得子之負己，總由己之負親，「今日爾應知」一句，有無限喚醒意在內。

　癯的狠　癯者，清癯也。俗轉闕去聲，謂數日不見便消瘦了幾分。

　工騙工　謂田家互相工作，即前代鋤社之遺義。案，《農桑輯要》：「北方村落間多結爲鋤社，以十家爲率。先鋤一家之田，本家供其飲食，其餘次之，旬日皆治。間有病者，共力助之，故田無荒穢。」隴東老百姓其貧不能畜牛者，借富户之牛與犂以種其田，而免荒蕪。及富户禾出，貧家往而鋤之。如此之類，名目繁多，謂之曰工騙工。

　過日子太子細　謂主持家事者之過於儉嗇也。案，《北史·源思禮傳》：「爲政當舉大綱，何必太子細也。」杜詩：「野橋分子細。」今甘肅民貧極矣，而少年迎合潮流，衣食住行揮金如土，厥父母勤勞稼穡，厥子乃不知稼穡之艱難，又從而誣之曰「守錢虜，何子細一至此極乎」。噫，習尚如此，復何言哉！又案，《曾文正公家訓》云：「處此亂世，用度愈省，則愈可以養福。銀錢愈少，則愈可以免禍。」唐李鄴侯云：「貧不學儉而儉自來，富不學奢而奢自至。」又公沙穆云：「居家之法，惟儉與約。」今之所謂子細，古之所謂儉約也，有未可厚非者矣。

　乾骨頭上榨油　謂民貧財盡而派款如故也。案，元結《賊退示官吏》詩：「使臣將王命，豈不如賊焉。今民被征斂，迫之如火煎。」白居易詩：「昨日里胥方到門，手持尺牒榜鄉村。」皆要款子也。今之軍隊，百倍於古之時矣。今之長官，亦知地方萬分爲難矣。羣黎百姓只賸幾根乾骨頭，無如軍隊林立，不得不就地籌款。官長責之縣長，縣長責之區長，區長又責之村長，於是燒火榨油，限期解款，此賣兒貼婦錢，各營兵士其能享分毫也乎！〔一〕

天塌了　謂父母壽終正寢也。案，《宋史》：「堯舜駕善道垂化，而民謂之所天。」謂君曰所天也。《晉・武帝紀》：「何至一旦便易此情於所天。」謂父曰所天也。潘岳《寡婦賦》「適人而所天又殞」，注：「《左傳注》曰：『婦人在室則父天，出則夫天。』《喪服》傳曰：『父者，子之天。夫者，婦之天。』」隴東俗謂親之歿曰天塌，是喪所天也。及安葬，則又謂之曰揭天。

里長　每里舉一人爲之長。隋高帝從蘇威議，以百家爲里，置里長一人。

强將手下無弱兵　謂賢父兄之有佳子弟也。案，《三國志・太史慈傳》注：「《江表傳》策謂慈曰：『先君手下兵數千餘人，盡在公路許。』」又曰：「卿手下兵，宜將多少，自由意。」又《呂範傳》注：「《江表傳》策曰：『子衡卿既上大夫，加手下已有大衆，豈宜復屈小職，知軍中細碎事乎？』」

不中用　謂才不稱職也。案，《秦始皇本紀》：「吾前收天下書不中用者。」〔二〕《外戚世家》：「武帝擇宮人不中用者，斥出歸之。」《王尊傳》：「其不中用，趣自避退，勿久妨賢。」

割蜂餹　蜂蜜熟，割而取之也。案，張衡《七辨》「沙飴石蜜」，即今沙餹，用蔗汁蒸造，一名

〔一〕下略。
〔二〕「下」下原衍「舊」字，據《史記》删。

蔗胎。《潛確類書・仙經》呼蜜爲卉醴。餹與蜜本爲二物，隴東鎮原縣産蜜，土人呼爲蜂餹。《墨客揮犀》〔一〕：「五代時楊行密據揚州，民呼蜜爲蜂餹。」〔二〕俗語本此。岷縣亦産蜜，其色白，蘭州市稱爲白蜂蜜。

回風回風　禱告於神也。對家神亦適用之。案，《儀禮》：「疾病則禱五祀。」《金縢》：「武王有疾，周公植璧秉圭命太祝以告三王。」降至春秋，魯哀公二年衛之戰〔三〕，衛世子蒯聵禱於皇祖烈祖父祖。子疾病，子路請禱。亦猶行古之道也。然楚昭有疾不祭河祟，晉景有疾不禱桑林，有識者猶或知之，況聖人乎。

不用功　謂不誠敬也。歲旱，村農聚方神廟祈禱，跪誦雨經，不分晝夜，久之天仍不雨，論者謂不用功之故。

挽鬢鬢　女子未嫁則垂髮辮，及出閣則挽髮爲鬢，俗謂之上頭。案，古者，中國男女皆挽髮爲髻，西夷、北狄則編髮爲辮垂於腦後。《晉書・載記》：「吐谷渾婦人辮髮縈後，綴以珠貝。」《南史》載高昌男子辮髮垂之於背，女子辮髮而不垂。蓋各隨其俗也。清入關，而男女辮髮之俗偏於中國。至民國，男子剪髮，女子仍垂辮，俗謂之弔辮子，即適所天髮收起挽而爲髻。

〔一〕客：原誤作「守」。
〔二〕蜂：原脱，據《墨客揮犀》補。
〔三〕衛：原誤作「鐵」。

鎮原婦人猶沿古裝，新嫁娘鷄鳴即起，燈下挽鬟鬟，煞費工夫。今則多梳平頭矣。又案，花蕊夫人《宮詞》云：「年初十五最風流，新賜雲鬟使上頭。」又娶婦之家俟新婦到門，以紅氈藉地，人轉接之，使行於上，俗謂之倒氈。白居易《春深娶婦家》詩云：「青衣轉氈褥，錦繡一條斜。」古亦然矣。

燒石炭催酒　石炭者，華亭安口窰之所産也，客至需酒甚急，始燒石炭。案，蘇軾有《石炭行》，即西北諸省煤礦所出之炭也。古暖酒器曰急須，見《三餘贅筆》：「吴語急須，以其應急而用也。」鎮原燃料以木柴、麥草爲大宗，石炭購自華亭，甚珍重，有來賓，用紅泥小火爐煨黄酒，始燒石炭，以其火力速之也。

坐月子　婦人産子，必彌月始下牀。案，《雲麓漫鈔》：「《吴中舟師歌》：『月子灣灣照九州。』」汪元量詩：「月子纖纖云裏見。」皆言月兒也。婦人懷孕爲重身。《素問》曰：「人有重身，九月而瘖，至十月則臨盆矣。」邑俗婦人生産後，在牀端坐，不令其睡倒，鄰舍聞之曰某家媳婦坐月子。子者，語助辭耳。

胡同　平原上之深壕也。案，北平方言，街巷謂之胡同，其名稱始於元，皆爲井也。隴東則指深壕而言。高原能行牛車，車所碾之路爲雨所衝，由淺而深，歷數百年，有深至丈五六尺者。

把你勞動　猶言有勞、我甚感謝之意也。案，白居易詩：「勞動故人龐閣老，提魚攜酒遠相尋。」俗語本此。又凡用體力以從事工作者，謂之勞動家。如農與工，專恃工作以謀生活。

孟子曰：「勞力者治於人。」即此類也。

那個　猶言彼物也。説他人亦曰那箇。元人雜曲有這箇咕、那個儂之語。

一口氣噝不下去　謂人之將死，猶有未了心事也。案，《文子》：「人之生，氣也。聚則爲生，散則爲死。」人之將死，氣已散矣。散斯斷，斷斯噝矣。然道家導引之法，有所服氣者。《抱朴子》曰：「噝氣斷穀。」《亢倉子》曰：「噝氣谷神。」世俗之人不足以語此。一言噝氣，則死者不能復生，其曰噝不下去者，表示臨死時之難乎爲情耳。《紅樓夢》噝氣作厭氣。

桶兒紙　親歿三日，於大門外豎高竿，上懸燒紙。蓋古者報喪之意。案，《鼠璞》：「紙錢起於殷長史，南齊東昏侯剪紙爲錢，以代束帛。」封演《聞見記》：「魏晉以來始有紙錢。」唐臨《冥報録》云：「鑱紙爲錢，以供鬼神，謂之寓錢。」言其寄形象於紙。《郤埽編》：「杜正獻公家四時之享，以分至日不設椅棹，惟用平面席褥，不焚紙錢。」蘭州每清明節、夏曆七月十五、十月初一，家無論貧富均上墳焚化冥鏹，以表子孫追遠之孝思。客籍則往城隍廟帶包。

七七　親歿，由首七至七七，家屬哭於大門外，並做佛事。案，田藝蘅《春雨逸響》：「人之初生，以七日爲臘；死，以七日爲忌。一臘而一魄成，一忌而一魄散。」俗以人死，每第七日爲忌，至七七四十九日則卒哭。蓋本此。《北史·胡國珍傳》：「詔：自始薨至七七，皆爲設千僧齋。」〔一〕蓋浮屠法也。國珍，臨涇縣人，胡太后父也，其墓在鎮原南鄉，已無考矣。而七七作齋

〔一〕僧：原脱，據《北史》補。

相沿，以至於今日。近世以七日爲一週，均《易經》「七日來復」，復見天心之義也。

改日再說　謂明日再議也。改日，即另日也。案，俗語異日曰另日。另字音命令之令，然其字《說文》《玉篇》均未收。祇堪作令日解。《戰國策》：「趙燕拜武靈王朝服之賜曰：『敬循衣服，以待令日。』」令日即異日也。注謂令爲善，非。

真是儚蚛　謂子弟之無悟心也。案，揚子《法言注》引《吕氏春秋》：「蚛，蚛出放光，蟲食物也。」今人作儚蟲，誤。或從蒙作懞，俗稱不明曰懞懂。《畫鑑》：「米元章父子皆工山水，成一家法。翟耆年詩云〔一〕：『善畫無根樹，能描懞懂山。』」又儚儚，無知也，闇也。本作懵，或又作儚。《爾雅》：「儚儚、恫恫，惛也。」

覗覥　俗讀綿帖，謂小孩子之不淘氣也。

拆東牆補西牆　爲債主所逼，借新債而還舊債也。案，《後漢書》：「債主日至，詭求不已。」債主即債家，有債權之人也。束皙賦：「債家至而相敦，乃取東而償西。」俗語拆東牆補西牆，本乎此。

咯咚　謂響聲也。咚上平，在東韻。邑人無論男女，輒言咯咚，一下是甚麽響。

借頭面　貧家婦借人首飾出門裝體面也。案，《周禮·追師》注：「副，婦人首飾，三輔謂

〔一〕年：原誤作「年年」。

之假髻。」《晉書》：「泰元中，公主婦女必緩鬢傾髻，以爲盛飾。用髮既多，不可恒戴，乃先於木及籠上裝之，名曰假髻，或名假頭。至於貧家不能自辦，自號無頭〔一〕，就人借頭。」借頭者，借假髻也。今所借者簪環等件，謂之曰頭面，至假髻已無人戴矣。

可惡　俗謂人凶很也。惡，或讀去聲，或又讀入聲。

真哥　即真箇之訛〔二〕。語一事也，初聞之而不信，繼而衆口一詞，遂驚而異之曰真哥。案，真箇二字，屢見古人詩中。趙嘏詩：「謫仙真箇是仙才。」韓愈詩：「老夫真箇是男兒。」明永樂時解縉謫河州，《登鎮邊樓》七絶收二句云：「數年不見南來雁，真箇河州天盡頭。」箇字均作仄聲用，不知因何變成哥。

倒竈　謂商家停止營業也。案，《太玄經》：「竈滅其火，惟家之禍。」俗謂生意不前因歇業者，謂之倒竈。蓋爐火已滅也。又時運不濟之謂〔三〕。

尕　俗謂物之小者曰尕。案，尕字取義乃小字也。字典不收，論者謂甘肅逼近羌戎，隨意造字，頗爲方家所笑。然廣東有奀字，讀勒，與尕字同一用意。廣東俗字最多，如丞讀作穩，奣𡚒皆讀矮，見范石湖《桂海虞衡志》。

〔一〕自號：原脱，據《晉書》補。
〔二〕箇：原誤作「哥」。
〔三〕濟：原作「齊」。

清早起　清早，即凌晨之謂也。杜甫詩：「天子朝侵早。」常建：「清晨入古寺。」

尿泡打人不疼，臊氣難聞。　尿泡，猪水泡也。案，尿收噈韻，音鳥，從人身血液中排出之廢料也。內含水、尿酸、尿質等，今亦作溺。撒尿，古謂之小遺。猪羊撒尿之器，俗曰尿泡，其味臊。《韓非子》：「民食果蓏蚌蛤，腥臊惡臭，而傷害腹胃，民多疾病。有聖人作，鑽燧取火以化腥臊。而民説之，使王天下，號之曰燧人氏。」杜甫詩：「神堯舊天下，會見出腥臊。」蒙古喜食牛羊肉，又不剔齒漱口刮舌，腥臊之氣在所不免，俗因稱之曰臊韃子。

扭搬　扭者，扭捏也。搬者，拿架子也。貌若不肯，而心已許矣。

一口兩舌　謂語言反覆，掉弄是非也。案，《焦氏易林》：「一簧兩舌，妄言謀訣。」佛教亦以兩舌爲口孽，見《四十二章經》。又有兩面人者，《唐書・西域傳》：「東女，羌別種也。貞元九年，其王湯立，悉內附入朝，然陰附吐蕃，故謂兩面羌。」

小名子叫什麼　尊長問卑幼之乳名也。案，道山清話長老在歐陽公座上，見公家小兒有小名僧哥者，戲謂公曰：「公不重佛，安得此名？」公笑曰：「人家小兒要易長育，往往以賤名爲小名，如牛羊狗馬之類。」聞者莫不服公之捷對。朱考亭小名曰沈郎，薛文清公小名曰乙哥，如此類者不可勝舉。《摭言》：「韓愈、皇甫湜一代龍門，牛僧孺攜所業謁之，其首篇説樂。韓始見題，即掩卷問曰：『且以拍板爲什麼？』僧孺曰：『樂句。』二公大稱賞。」

逛鬼　謂男子之不務正業也。文言則謂之曰遊手好閒。

喊破胡嚨　謂演説者之舌敝唇焦也。胡，嚨喉也。案，《後漢書》：「桓帝時童謡曰：『吏買馬，君具車，請爲諸君鼓嚨胡。』」今俗稱喉嚨爲胡嚨本此。見梁同書《直語補證》。

咕盧子　即呼盧之訛，賭博人之稱。吴方言謂語煩絮而不分明者曰估僧子。

土疙蚤　蚤生於塵土間，或以爲蟻化。案，《論衡》：「人生在天地之間，猶蚤虱之在衣裳。」《山堂肆考》：「蚤生積灰，俗呼爲疙蚤。或曰布穀鳥所吐，如蚊母之吐蚊也。」《聞見録》：「以芸香置席下去蚤。」《五雜俎》：「治蚤者，以桃葉煎湯澆之盡死。」

狼頭客　謂人貪吝太甚，吃重而不吃輕也。

福不雙至，禍必重來。　謂凶多而吉少也。案，《説苑·權謀》篇：「韓昭侯造作高門，屈宜咎決其不出此門。云：『此所謂福不重至，禍必重來者也。』」今俗諺云福無雙至、禍不單行，古人已有言之者矣。又紫桐和尚曰：「禍不單行。」謂禍事之來，往往不止一端。見《傳燈録》。又伊禪謂大陽和尚：「雪上更加霜。」謂禍患疊至也。今人猶用此語。

聽著咯吱咯吱的響　謂時髦之着響履也。昔吴王宫中以梗梓藉地，行則有聲，故名響屧廊。見《姑蘇圖經》。

套客　謂土匪劫人財物，如以網套鳥雀也。案，前清同治中，甘肅回亂，失業遊民，窮困饑寒，犯法爲非，流爲盜。聞村中富室有窖藏，或有米粟，夜往劫之。其黨手炬露刃，面塗鍋煤如鬼怪狀，入室迫脅家衆曰：「敢號呼者死。」且鄰家遠，聲亦不聞，死何益！」皆噤不出聲，以被蒙頭。匪傾囊祛篋，不滿其意不走。時謂之套客。近年則明火劫搶矣。

不遠一點點　此村人答問路者之辭。不遠，謂將到也。一點點，謂此去無多路也。

有臭　臭者，腋氣也，聞者惡心欲嘔。案，腋氣，古謂之愠羝。唐崔令欽《教坊記》云：「范漢女大娘子，亦是竿木家。開元二十一年出内，有姿媚而微愠羝。」《典籍便覽》：「腋氣，一名狐臭，俗名猪狗臭。」一名腋臭，即腋下發生之異臭。患者在壯年爲甚，在老人及小兒則罕見。某家新嫁娘，已行廟見禮矣，未幾忽大歸，問其原因，壻家謂有狐臭。

是那一流的人　此貶辭也。那謂他人。案，南朝呼筆四管爲一牀。《集韻》謂銀八兩爲一流。物必兩個八兩始足一觔之數[一]。今有人焉，舉止輕佻，品格卑汙，鄉黨中人鄙而薄之曰：「那人不彀觔數。」蓋止有一流耳。若上天秤上稱，謂之曰半斤八兩。

撕票　謂土匪綁財主勒贖，踰限即殺之也。案，財主二字起於漢時。《世説》[二]：「陳仲弓爲太邱長，有劫賊殺財主。」今之賊所經過處，訪財主而綁之去，令財主致書於家，以重金來贖，否則撕票。撕即斯也。《説文》：「斯，析也。」《釋詁》：「斯，離也。」《吕覽·報更》篇：「趙孟見桑下餓人，與之脯一朐，曰：『斯食之。』」注：「斯，析也。」此則以手撕物之確證。

裹腳布要解到省府存案　婦女裹腳布，古謂之雙行纏。國民軍在甘時，飭令縣政府按月

〔一〕一：原作「一一」，衍一「一」字。

〔二〕説：原誤作「俗」。

報解。案，古樂府《雙行纏》，婦人用布偪束其足者，其辭云：「新羅繡行纏，足趺如春妍。他人不言好，獨我知可憐。」吴均詩：「羅窄裹春雲。」見温庭筠《靚粧記》。唐杜牧詩：「鈿尺裁量減四分，碧琉璃滑裹春雲。五陵少年欺他醉，笑把花前出畫裙。」段成式詩云：「醉袂幾侵魚子纈，彯纓長戛鳳凰釵。知君欲作閒情賦，應願將身托繡韈。」《花間集》云：「慢移弓底繡羅韈。」亦屢見於詩咏矣。今則陸軍制度，官與兵皆紮裹腿，蓋古之行縢也。《詩》「邪幅在下」〔一〕，箋：「邪幅，行縢也。偪束其脛，自足至膝，故曰在下。」

錯到底　今有明知其失而始終不變宗旨者，謂之錯到底〔二〕。宋徽宗宣和末，婦人鞋底尖以二色合成，名曰錯到底。見《老學庵筆記》。

茅司　即廁所也，或又謂爲茅院。案，甘肅六十餘縣，惟永登廁房潔淨。士大夫家或建樓於後院，來客奏溷，請上後樓。此外概稱爲茅司。《通俗編》：「趙州諗謂文遠曰：『東司上不可與汝説佛法。』朱暉《絶倒録》載宋人《擬老饕賦》有『尋東司而上茅』句，按俚言毛司，據此，當爲茅司也。」

東西白糟蹋了　謂暴殄天物也。故一絲一粟當知來處不易。

弔弔灰　煙塵之凝結屋上者。俗謂之煙煤。日久則懸而不落，時以毛撣子掃之。案，《呂

〔一〕詩：原誤作「禮」。幅：原誤作「偪」。

〔二〕之：原誤作「知」。

氏春秋》：「孔子窮於陳蔡之間，七日不嘗粒。晝寢。顏回索米，得而爨之。幾熟，孔子望見顏回攫其甑中而食之。選間食熟，謁孔子而進食。孔子起曰：『今者夢見先君食潔而後饋。』顏回對曰：『不可，嚮者煤炱入甑中，棄食不祥，攫而飯之。』」高誘曰：「煤，室煙塵之煤也。」《素問》「黑如炱者」，注：「炱，謂炱煤也。」唐張祜詩〔一〕：「古牆丹雘盡，深棟黑煤生。」李商隱詩：「敵國軍營漂木柹，前朝神廟鎖煙煤。」溫庭筠詩：「煙煤朝奠處，風雨夜歸時。」是煤乃梁上煙煤之名，非石炭也。

打補靪　《說文》：「靪，補履下也。」邑人謂補綴衣服曰打補靪。

草驢女猫　皆言牝也。案，《日知録》：「今人謂牝驢爲草驢。《北齊書·楊愔傳》：『選人魯漫漢在元子思坊騎禿尾草驢。』是北齊時已有此語。山東、河北人謂牝猫爲女猫。《隋書·外戚·獨孤陁傳》：『猫女可來，無住宮中。』是隋時已有此語。」

惡心　事不可耐謂之惡心。元曲有「顛倒惡心煩」之語。邑人得病欲嘔，亦謂之惡心。

一鍋漿子　打官司者謂承審員之判斷不明也。案，《宣武盛事》：「唐順宗時，劉禹錫干預大權，門吏接書尺，日數千。禹錫一一報謝。緑珠盆中，日用麵一斗爲糊，以供緘封。」麵糊，即今所謂漿子也。又《癸辛雜志》〔二〕：「真西山負一時重望，時楮輕物貴，民生頗艱，於是爲諺

〔一〕祜：原誤作「祐」。
〔二〕辛：原誤作「幸」。

曰：若欲百物賤，直待真直院。及入朝敷陳之際，首以尊崇道學爲義。愚民無知，乃以不切實務，復以俚語，足前句云：喫了西湖水，打作一鍋麵。」蓋謂糊塗也。

喫蝨子皮　譏人之忽大而見小也。案：《東坡雜志》〔一〕：「今年收大麥二十餘石，賣之價甚賤，而秔米適盡，故日夜課奴婢春以爲飯〔二〕，嚼之嘖嘖有聲。小兒女相調曰：是嚼蝨子。」俗語喫蝨子皮本此。

喌喌喌　村農呼鷄之辭也。喌音周。施肩吾詩：「遺卻白鷄呼喌喌。」《説文》：「呼鷄重言之〔三〕，從吅州聲〔四〕，讀若祝。」

婆娘不要本男人　自由之説行，離婚之風盛，婦之逐其本夫者多矣。案：朱買臣見棄於其妻，戲曲遂演馬前覆水之一齣。豈知太公望齊之逐夫，見《戰國策》。太公少婿馬氏，如今俗贅婿，後爲馬氏所棄。太公既封齊侯，道遇前妻，再拜求合。公取盆水覆地，令其收之，惟得少泥。公曰：若言離更合，覆水定難收。婦人遂抱恨而死。此見《類林》《韓詩》《史注》《鶡冠子注》。

〔一〕坡：原誤作「破」。
〔二〕夜、春：原脱，據《東坡雜志》補。
〔三〕呼：原脱，據《説文解字》補。
〔四〕吅州：原誤作「喌」，據《説文解字》改。

〔光緒〕金縣新志

【解題】亦題《金縣新志稿》或《金縣續志稿》。賨秉章纂輯。金縣，今甘肅省蘭州市榆中縣。「方言」見《地理志》中。録文據光緒鈔本《金縣新志》。

方言

金邑毗連皋蘭，方輿混一，故言語大抵略同。讀書同音韻，器具同稱謂。其間偶有不同者，不過唇齒舌音之判耳。較之隴南、隴西一帶，地方亦遠，言語稍殊。隴南人呼筆爲必，金縣人呼爲生活。隴南人呼墨爲煤，金縣人呼爲默。此稱謂之不同也。隴南人讀階爲街，讀肅爲蔌，讀祥爲牆，讀瑞爲蕊，金縣人讀爲皆、讀爲宿、讀爲詳、讀爲税，此音韻之不同也。

他如西至安、肅，東至平、慶，北至寧夏，其音韻之不同者，不能殫述，大抵講解同義耳。

〔光緒〕重修皋蘭縣志

【解題】楊昌浚修，張國常纂。皋蘭縣，今甘肅省蘭州市皋蘭縣。「方言」見卷十一《輿地下·風俗》中。有光緒十八年（一八九二）稿本。録文據民國六年（一九一七）石印本《重修皋蘭縣志》。

方言

嗟，音如嘉。發語辭也。重言之則曰嗟嗟。採訪。

案，《書》「王曰嗟」「公曰：嗟予有衆」〔一〕，《詩》「父曰嗟」「母曰嗟」「兄曰嗟」「嗟我懷人」「嗟嗟臣工」「嗟嗟保介」，《禮》「嗟，來食」，注皆訓歎辭。考《廣韻》：「嗟，咨也。」《釋名》：「嗟，佐也，言不足以盡意，故發此聲以自佐也。」是嗟亦有不盡作歎辭解者。邑俗凡與人言、與人物皆曰嗟，或曰嗟嗟，義蓋同此。至嗟音咨邪切，韻書俱音罝，今呼如嘉，蓋罝、嘉雙聲疊韻，本自相通。如《續通鑑長編》「嘉勒斯賫」，《通鑑輯覽》作「罝勒斯賫」是也。今京師及階州人讀嗟皆從嘉音。

嗄答，語助辭也。急言之則曰嗄。音如沙，平、去二聲。

案，《集韻》嗄，所嫁切，沙去聲，聲變也。老子《道德經》：「終日號而嗌不嗄〔二〕，和之至也。」《爾雅·釋言》：「答，然也。」《禮·儒行》注：「答之謂應用其言也。」邑俗凡問人及呼人，每綴嗄答二字以助之，或僅曰嗄，皆有變其聲而使之必用其言意，其實可有可無。今則作此語者亦僅矣。

吠，音如代，平聲。叱聲也。又戲相呼也。

案，《五音集韻》：「吠，徒蓋切。音大，去聲。」邑語呵叱人及戲相呼，皆曰吠，音從平聲。俗譌作呔，字書無之，今改正。或謂左思《吴都賦》「東吴王孫囅然而咍」注：「楚人謂相調笑曰

〔一〕嗟：原誤作「嗟嗟」，據《尚書》删。
〔二〕日：原誤作「身」，據《老子》改。

咍。」則呔似應改作咍。然考《唐韻》《集韻》《韻會》《正韻》諸書，咍，呼來切，並音痞，與此土語音不合，今不取。

恩、呵、音如阿，轉入麻韻。嗑，音盎。皆諾辭也。又口然而心不然也。

案，《說文》及諸韻書，恩訓惠、訓愛、訓澤，邑語則爲應諾聲。《韻會》：「呵，漫應聲。」通作阿。老子《道德經》「唯之與阿，相去幾何」，注：「唯與阿遲速小異。」邑語意本此。《集韻》：「嗑，聲也。」或作謚、訣。邑語則與恩、呵同一諾意。若語重聲長，均爲口然而心不然之辭。呵、嗑聲輕而緩，亦爲問辭。或謂恩即哼之轉音，字應從哼。考《集韻》哼音亨，愚怯貌。此土所謂哼，乃恨聲。又呻吟曰哼。皆與應諾意不合，今不取。

窖，音教。田地段數也。

案，《月令》「穿竇窖」，注訓「地藏」，此古今通語也。邑語田地成段曰窖，俗譌作墽〔一〕，字書無之。今據《蘭州府志》改正。

晌，音如尚。田地畝數也。

案，《篇海》：「晌，音賞。晌午也。」此亦通語。邑語田二畝半曰晌，音從尚。俗書作埫。考《廣韻》《集韻》，埫並音寵。埫塎，不安貌。與此土音義不合。姚文燮《圈佔記》：「每壯丁分

〔一〕墽：原誤作「墽」。

給五晌，晌六畝。晌者，折一繩之方廣。其法捷於弓丈。」今據此改正。

阿音沃干，鎮名也。

案，《晉書·吐谷渾傳》：「吐谷渾，慕容廆之庶長兄也。鮮卑謂兄曰阿干，廆思之作《阿干之歌》。」此阿干之名所由始。《宋史·地理志》：「蘭州領阿干堡。」此阿干鎮名之所由始。考阿干鎮因阿干山得名。《三國志·陳泰傳》《晉書·張軌傳》阪名、嶺名俱作沃干，是阿干即沃干也。阿干之阿應從入聲沃音。邑俗皆呼作平聲，轉入麻韻，或又呼阿如蛙、干如岡，輾轉相爲，本音愈晦。爰附正之。

嗟吽哱囉，地名也。

謹案，《欽定元史·國語解》：「達實，唐古特語志祥也。」又嶺名孛羅，蒙古語青色也。縣西南亂山中有地，名嗟吽哱囉，蓋因番蒙舊語。然今人無知其取義所在者。

哈喇，鼠名也。

謹案，《欽定元史·國語解》：「哈喇，蒙古語，黑色也。」此鼠《唐書》名鼧鼥鼠。李時珍謂蒙古人名「荅剌不花」，《甘州府志》作「他剌不花」，《古浪志》同。《武威志》作「哈剌不花」，邑語則謂之哈喇。平番與縣境西北接壤，亦同此稱。荅、他、哈，音近譯殊，其義一也。又今本《唐書》鼧鼥之鼧作鼪。鼪字《康熙字典》未收，蓋係傳寫之譌，舊縣志仍之，誤矣，今據《正字通》改正。

自稱曰阿。音如沃，上聲。

案，《本草綱目》：「阿芙蓉，一名阿片。」李時珍曰：「阿，方言稱我也。」《韻會小補》阿音屋。古詩「家中有阿誰」，《木蘭詩》「阿耶無大兒」「阿妹聞姊來」，《莫愁詩》「十六生兒字阿侯」，阿並烏葛翻。《通鑑》陸遜《與全琮書》：「卿不師日磾而留阿寄。」胡三省注：「阿，相傳從安入聲。」邑語稱阿則從沃上聲，要皆我之轉音也。今京師及涼州人稱阿皆從沃音，邑語饑餓之餓亦從沃音。

倩人曰訣。音如央上聲。

案，《博雅》：「訣，問也。」《類篇》：「訣，告也。」邑語倩人謂之訣告，或云訣及，或云訣求，皆與問告意同。

尋覓曰找。音如爪。

案，《集韻》找音華，與划同。《正韻》：「撥進船也。」今俗謂補不足曰找，音從爪。邑俗尋人覓物亦謂之找，音蓋本此。

盈掬曰抔。音裒。

案，《禮・禮運》「汙尊而抔飲」，疏：「以手掬之而飲也。」《漢書・張釋之傳》「假令愚民取長陵一抔土」，注：「抔，謂手掬之也。」《唐韻》《集韻》《韻會》《正韻》抔並音裒。邑中鬻蔬者，凡葱及白菜，用馬蘭葉束縛，謂之把，不用束縛惟以手掬而成把，則謂之抔。人皆習聞其語，而不知其字，由誤讀抔爲杯勺之杯故耳。

太陽曰熱頭。

案，《説文》：「日，實也，太陽之精不虧。」《詩・王風》：「有如皦日。」年希堯《五方元音》：「日，音熱。」邑語呼太陽爲熱，即日也。頭則爲語助辭。

潦池曰澑沱。

案，《廣韻》《集韻》《韻會》《正韻》潦並郎到切，勞去聲，與澇同，淹也。一曰積水。王充《論衡》：「無溶澑而泉出。」《玉篇》：「澑，水深貌。」《詩・小雅》「俾滂沱矣」，注：「大雨貌。」郭璞《江賦》「與波潭淹同沱」，注：「隨波貌。」邑語稱雨潦所積之地爲澑沱，義蓋同此。或云《西寧府志》「阿拉庫托」〔一〕，公牘皆作「哈剌庫圖」，庫圖爲蒙古語，今所謂澑沱，即庫圖音轉也，亦通。

汗襦曰汗褟。音如塔。

案，揚子《方言》：「汗襦，自關而西或謂之袛裯。」《玉篇》褟，音答，衣也。邑語稱汗襦爲汗褟，義取諸此。

刺謂之札。

案，揚子《方言》：「凡草木刺人，自關而西謂之刺，江湘之間謂之棘。」《史記・陳平世家》：「平乃刺船而去。」《釋名》：「撥船之櫂曰札。」邑語稱刺爲札，義蓋取此。俗書皆相沿作扎。考韻書扎並訓拔，與刺之意不合，今改正。

〔一〕阿：原誤作「河」，據《西寧府志》改。

耰謂之摩。音如磨去聲。

案，《説文》徐注：「耰，摩田器。布種後以此器摩之，使土開發處復合以覆種也。」《唐韻》《集韻》按摩之摩並莫臥切，磨去聲。邑語摩地及摩地之器皆曰摩，音義本此。

耒耜謂之廣。

案，《考工記》「耜廣五寸」，賈公彦疏：「耜謂耒頭金，金廣五寸，耒面謂之庛，庛亦廣五寸。」邑語謂耒耜曰廣子，義蓋取此。

革栰謂之棑。音牌。

案，《爾雅·釋地》疏：「桴栰，編木爲之，大曰栰，小曰桴，乘之渡水。」《唐韻》：「棑，筏也。」邑俗以大木聯屬，縱横各二三丈者，呼爲木栰。以牛羊渾脱爲囊，其數或四或八或十餘不等，上用圍一二寸小木數根相聯屬者，呼爲棑子，亦名皮栰。蓋即小曰桴之意，所以别於木栰也。《康熙字典》簰一作棑，亦作簿、箄，並音牌。邑語本此。揚子《方言》：「泭謂之簿。」注：「簿音敷。」與此土語音不合，今不取。

果核謂之胡。

案，《本草綱目》：「胡桃一名核桃。」李時珍曰：「羌音呼核如胡，名或以此。」邑語謂胡桃曰核桃，而百果之核則皆稱爲胡，濫觴蓋自西羌而起。

煙草謂之菸。

謹案，《皇朝通志》：「煙草本名淡巴菰，亦稱爲煙酒，葉肥大至徑尺。」俞正燮《喫煙事述》〔一〕：「煙草出於吕宋，其地名曰淡巴姑。《物理小説》：淡巴姑，或呼擔不歸。明時由閩海達中國。」《本草備要》：「煙草，一名相思草。」性德《渌水亭雜識》：「今所噉煙草，孫光憲已言之，載於《太平廣記》，有僧曰：『世尊言：山中有草，然煙噉之，可以解倦。』」初疑爲蘭州之五泉水煙。趙學敏《本草綱目拾遺》：「沈君士云：『水煙真者出蘭州五泉山。』」又《正韻》：「菸，音煙。」《廣韻》：「菸，惡草。」《百草鏡》：「菸，一名相思草。」《藥性考》：「菸味辛性温。」《同州府志》崇儉書序：「嚴禁有三，其一蘭州之五泉水菸。」邑語則通稱爲菸，不名煙草也。

萁蓆謂之萁箕。俱同上。

謹案，《欽定續通志》：萁，原注：「萁或從竹作箕。」《鄭語》：「檿弧箕服。」〔二〕《漢書・五行志》：「檿弧萁服。」劉向以爲「萁服，蓋以萁草爲箭服」。顔注：「萁草似荻而細，織之爲服也。」任昉《述異記》：「蓆具草，一名塞路，生北方。」古詩：「千里蓆具草。」《五代史》：「契丹裏澤有息鷄草，味美而本大，馬食不過十本而飽。」《古浪志》稱爲萁萁，《甘州志》稱爲藉藉，《武威志》及王全臣《寧夏渠務書》稱爲席萁，黄志稱萁蓆，其實皆一物也。《寧夏府志》名夕芨，又名芨芨，即席萁、萁萁之譌。邑俗沿何錫爵《飭禁河橋諸弊碑》亦書作芨。考《玉篇》：「芨，堇草，即烏頭也。」

〔一〕俞：原誤作「愈」。

〔二〕檿：原誤作「壓」，下同，據《國語》改。

《本草綱目》：「白芨，可作糊，本名連及草，或作白及，或作白給。」謝靈運《山居賦》自注：「芨皮可作紙。」皆與此草異種。黄志謂萁蓆俗名積積，似即《甘州志》稱藉藉之義。顧積積音係入聲，與此土之呼作平聲者不類。今依《續通志》作萁，依《古浪志》定爲萁萁，庶與土音稍相合歟。

又案，揚子雲仿《爾雅》而作《方言》，蓋欲繹訓釋之明，悟語聲之轉，不勞疇咨而遇物能名也。皋邑自漢唐宋元以來，逼近羌、渾，人户寥落，當時方言不過存千百中之一二，餘皆渺無可徵。有明肅藩，肇封此土，凡扈從及遷謫而至者，寄帑受廛，長養子孫。逮我朝建立省會，風氣大開，爰止益衆，一切語言稱謂，大率與南北諸省互相出入，雖音之清濁高下、輕重疾徐小有轉變，然同者實多。前賢諸志，俱無方言，殆是故耳。今酌仿《畿輔通志》例，麤舉數條，並附案語於各條後，以溯原起，而正舛誤。其世所通稱，或字同音異，與夫有聲無字及雖有其字而非《字典》所收者，一概從略。物産俗名頗夥，具見本類各物之下，亦不多及，故所輯止此云。

〔民國〕平凉縣志

【解題】劉興沛修，鄭浚等纂。平凉縣，今甘肅省平凉市崆峒區。「風俗」見卷三中。有民國三十二年（一九四三）鈔本。録文據民國三十三年（一九四四）鉛印本《平凉縣志》。

風俗

太爺，曾祖父之稱。太太，曾祖母之稱。爸，稱族伯叔父或戚友中齒同於父者之辭。老老，稱伯叔父。峭欠，詢候長者之辭。唉呀呀，惡煩之辭。肖活子，强壯之謂。没交線，謂事不大吃緊也。明兩兒，將來之謂。狼頭客，謂人之慳吝，吃重不吃輕也。惡昂，莫出息之謂。勞倒，謂人之費事。黠閺伶俐，謂人之敏巧。我的光當，驚訝之辭。丁當，謂强壯至極。揭天，謂殯葬父母曰揭天。堆累兀，不中用之謂也。你作嗄，不悦而反問之辭。嘍嘍，郎口切，音樓，呼猪。咻咻，呼鷄。吡吡，吡必切，呼猫。啞啞，呼狗。真哥嗎，初不信而驚問之辭。諺來哥，即夜來哥之變音，猶言昨日也。而更，即而今之變音。那哥，説不出口者輒以那哥代之。曉的，答言不知之辭。

〔民國〕重修崇信縣志

【解題】張明道修，任瀛翰纂。崇信縣，今甘肅省平涼市崇信縣。「方言」見卷一《輿地志·風俗》中。録文據民國十五年（一九二六）鈔本《重修崇信縣志》。

方言

唉，發語辭。嗄，問是甚麼之辭；説嗄呃、做嗄呢皆是。藏，讀蒼去聲，謂閒遊也〔一〕，或曰

〔一〕閒：原誤作「間」。

浪一浪。歪，讀上聲，歪人、歪事猶云那人、那事也。瞎，不好之謂，非必瞽者。逢，稱父親。媽，稱母親。爸，稱叔父。幫肩，猶云差不多也。乖爽，問訊小兒之辭。峭欠，問候老者之辭。掙扎，謂勉强出力也。緩着，慰人養病之辭；休息亦曰緩。可惡，謂人之兇狠。高興，譏人之浮躁。揚氣，謂人之闊綽。子細，謂人之儉嗇。先後，先讀去聲，兄弟妻相稱爲妯娌，此則俗稱爲先後們，取到遲早之意。那哥，説不出口者輒以那哥代之。唉呀呀，不耐煩之辭。找麻噠，給人尋事之謂。嘓嚕子，賭博人之謂。大漢子，身體長大之謂。老漢家，長老之通稱。没來頭，謂事不要緊，或人無出息。没交線，謂事無趣味。夜來哥，謂昨日。明後兒，謂明日、後日。冒日鬼，冒失之轉音，謂人之荒唐。我戛戛，驚訝之辭。老結實，謂人之拘謹。新發户，謂新近發財者。致噠、務噠，謂這裡、那裡也。窩囊贓稀，謂人之不整潔。勞切難纏，謂人之費事。積鑽麻俐，謂人之奸巧。

〔民國〕涇川縣采訪録

【解題】張振江纂。不分卷。涇川縣，今甘肅省平涼市涇川縣。「方言」見第十四中。録文據民國十九年（一九三〇）鈔本《涇川縣采訪録》。

方言

歪，稱人强暴兇悍之謂。難惹，謂人暴横不易觸犯也。訣及，倩人之謂。找，覓人求物均稱曰找。表叔，涇俗北原鄉民通稱父執之辭。阿姨，少婦稱長婦之辭，例如呼娘嬸同類。遣送，延巫禳病除邪之稱。不家歡，謂人好作客氣者。熱己，謂人誠意接待親友之詞。解韁，作僕者不通主知，私自潛逃爲解韁。按，謂以尺度物也、以斗量物也。可以，人有才能者稱。莫向，謂事機必不能諧者。咕嚕子，賭徒之稱。你覺謀，請人作主裁奪之詞。棉棉，稱家道殷實者。光幹，謂貧賤地無立錐者。傷音，被人責斥者辭。莫來頭，謂事趣無味也。板，謂人輕薄好自矜驕者。粧腔，謂人嗒然俯首不發一語之辭。虛嚼，謂以無稽之言影射誣人也。黑食，如與人餽送苞苴賄賂，即新名詞中炭敬之類。疲了，謂人物故也。醋了，謂彼此齟齬，兩向永無聯絡之意。裹勾外連，謂人陽附此而陰附彼也。戳拐，謂多行反間之術慫恿人也。貼莫，謂以婉言説和務俾從己意也。武藝，謂有本領能力之人也。老牛筋，謂性鄙慳吝愛財如命者稱。古板，謂秉性倔强，多不隨潮流文化開通者。刷價，謂志向甚高，不願作下流社會之職業者。哼，是聞不入耳之言，乘怒音從鼻孔出者，口遂允而心終不服也。對，即允也、諾也。昏昏，係黍麻不分糊塗人之稱。撈搗，是人暴悍甚難對付之稱。詭搗，謂居心叵測之人。左的，是假意也。兩先後，婦人妯娌之呼。阿翁、阿家，是婦人稱舅姑之辭。典田典屋，涇俗呼賃爲典，呼典爲當。浪，涇人呼遊爲浪。賣牌，謂好自矜伐己功者。消滅，謂出言常壓欺人者。哪麽，猶然而也，正應間忽下一轉詞之意。可道了，承上起下之詞。光光，稱大有能力有魄力者。傢傢，聞言驚異駭愕之辭。不道路，謂人作事多蠅營狗苟者。强當，稱老人精神矍鑠也。胡纏，謂人信口雌黄，支吾滚賴也。乖爽，謂齠齔小兒清吉也。解轇，即調停也。拖扯，即介紹之意。哪哪，語助詞。致蓋、務蓋，即彼此也；又，致蓋，發語詞。

〔民國〕重修靈臺縣志

【解題】高維岳、張東野修，王朝俊等纂。靈臺縣，今甘肅省平涼市靈臺縣。「方言」見卷一《風俗》中。

録文據民國二十四年（一九三五）鉛印本《重修靈臺縣志》。

方言

嗟，音如嘉。發語辭也。重言之則曰嗟嗟。採訪。

按，《書》「王曰嗟」「公曰：嗟予有衆」，《詩》「父曰嗟」「母曰嗟」「兄曰嗟」「嗟我懷人」「嗟嗟臣工」「嗟嗟保介」，《禮》「嗟，來食」，注皆訓歎辭。考《廣韻》：「嗟，咨也。」《釋名》：「嗟，佐也，言不足以盡意，故發此聲以自佐。」亦不專作歎辭解也。邑俗凡以物與人，或聞驚訝之語則曰嗟。或曰嗟嗟，義蓋同此。至嗟音，咨邪切，韻書俱音罝。今呼如嘉，蓋罝、嘉雙聲疊韻，本自相通。如《續通鑑長編》「嘉勒斯賚」，《通鑑輯覽》作「罝勒斯賚」是也。

嗄音如沙聲，破作平去二聲，又音餲答，語助辭，又接詢也。急言之則曰嗄。讀沙。

按，《集韻》所嫁切。沙去聲，聲變也。老子《道德經》：「終日號而嗌不嗄〔一〕，和之至也。」《爾雅・釋言》：「答然也。」邑俗問事於人，或因人言不明而接詢，每以此字助之，但微帶以舌音，乃曰喇，即嗄字之轉也。

呔，音如代平聲。叱聲，又戲相呼也。

按，《五音集韻》徒蓋切。音大，去聲。或作大。字書無之。邑俗呵叱或戲相呼皆曰呔，又叱騾馬驢多以此字助之，宜讀去聲。或有以哈字代之，但哈音如海，笑聲。俗謂人笑曰哈哈。亦作平聲讀，然於呔字不合宜，改之。

呵，音如阿，轉入麻韻。諾辭。又口然而心不然也。

按，《韻會》：「漫應聲。」通作阿。老子《道德經》「唯之與阿，相去幾何」，注云：「唯與阿遲速小異。」若再加以恩，音重促出之，雖亦諾辭，有口然而心不然之意。邑俗語意大都如此。或謂恩即哼之轉音。考《集韻》哼，音亨，「愚怯貌」。且屬恨聲。又呻吟曰哼。皆與應諾意不同。

嗑，音盎。亦應諾聲也。若聲重而稍急，是有回問之意。

按，《集韻》：「於浪切。聲也。」或作嗑、譩，同一諾意。語多言，惟漫應之爲諾，聲急出之，則爲問辭也。

〔一〕日：原誤作「身」，據《老子》改。

咱，音如咂。咱，我也。自稱之辭。俗稱自己爲咱的。

按，《中州音韻》咱，兹沙切。音查。是咱字之誤爲語助辭。

他，本音拖，又呼塔。彼之謂也。

按，《正字通》：「方言呼人曰他，讀若塔，平聲字。」俗謂人之物則曰㐌的，或婦人對人稱夫曰㐌。按《集韻》㐌，丑亞切。亦他也。邑語全用舌音，呼上聲。想亦他字之誤，非㐌字也。

做嗟，做，古作字，嗟音嘉。問人作事之稱也。

按，《正字通》：「做，俗作字。」《字彙》租，去聲，又音佐。本有去入二音，如分作做爲二，非也。邑俗凡問人作事則曰作嗟，又曰組嗄嗟，實係做嗟二字之意。又不明人言而反問之，則曰作哩，亦做嗟之稱也。

窖，音教。田地段數也。

按，《月令》「穿竇窖」，注訓「地藏」。此古今通語也。邑俗雖稱田地段數謂窖，然多誤爲墽字，故列備考。

諛，音如央上聲。倩人作事之稱也。

按，諛，《博雅》：「諛，問也。」《類篇》：「諛，告也。」俗謂之諛及，或云諛求，或云諛仗，皆與問告同意。

找，音如爪。尋人覓物與補不足之謂也。

按，《集韻》：「找，音華，與划同。」《正韻》：「撥進船也。」邑俗於不足而補數，皆曰找。意蓋本此。

太陽曰熱頭。

按，年希堯《五方元音》日音熱。邑俗呼爲熱，即日也。頭爲語助辭。

星辰曰修差。羞謂明滅無常，似有含羞之意。

耰謂之摩。音磨，去聲。

按，《説文》：「耰，摩田器。」布種後摩地使合以覆種也。邑語摩地及摩地之器皆曰摩，音義本此。

耒耜謂之犂。

按，賈公彦疏：「耜謂耒頭金，金廣五寸，耒面謂之庛，庛亦廣五寸。」又《考工記》謂「耜廣五寸」。隴西一帶皆謂耒耜曰廣子，義蓋取此。此俗均稱曰犂。

果核謂之胡。

按，《本草綱目》：「胡桃一名核桃。」李時珍曰：「羌音呼核如胡，名或以此。」邑語稱胡桃曰荷桃，又於百果之核皆稱爲胡，濫觴實起於西羌。

刺謂之札。

按，《史記·陳平世家》：「平乃刺船而去。」《釋名》：「撥船之櫂曰札。」邑語稱刺曰札，義蓋取此。

煙草謂之菸。

按，《大清通志》：「煙草本名淡巴菰，亦稱爲煙酒。」謂吸多能醉人，故附稱以酒。又因此草出於吕宋，其地名曰淡巴姑，明時由閩海達中國。《太平廣記》有僧曰：「世尊言山中有草，燃煙嗽之，可以解倦。」又《正韻》：「菸，音煙。」《百草鏡》：「菸，一名相思草。」邑語通稱爲菸，名煙草也。

俊子 謂人相貌秀美也。 裝 在黨切，駔大也。俗以凡物粗大謂之裝。揚子《方言》：「秦晉間人大謂之裝。」 頓 俗謂一餐爲一頓。《世説》：「羅友曰：欲乞一頓食。」杜甫詩：「頓頓食黄魚。」又云打一頓，謂答責一次。《唐書》：「打汝一頓。」 我嗎 謂我心不肯之詞。 你嗎 謂人不敢如此也。 舀 如舀水、舀飯之類。 瞎 俗以不好爲瞎，非必瞽者也。 爺 祖父之稱。若稱父則曰爹、曰爸，從無稱父爲爺者。 婆 祖母之稱，亦曰奶奶。若稱母則曰娘、曰媽，或轉爲牙者。 先後 先，俗轉作去聲，即妯娌之謂。揚子《方言》：「關西人兄弟妻相稱爲妯娌。」〔一〕今則通稱爲之先後。 阿家 家，俗讀如字，不讀姑。 親家 兩姻相稱之謂，親讀平聲。 麻褡 不耐之謂，又事難做之謂。 挑擔 即連襟之謂。民間兩壻相稱也，或謂爲兩挑。 乖爽 即佳爽之謂。 高興 謂譏人浮躁輕狂也。 冒失 謂言行荒唐也。 揚氣 凡物華美，俗謂揚氣。非揚眉吐氣之謂。 體面 謂美貌也。 規矩 謂循守本分者。 子細 謂人之儉嗇。

〔一〕出郭璞《方言注》，作「今關西兄弟婦相呼爲築里」。

幫肩　猶云差不多。　夥計　同背合夥。又傭工之謂。　睡覺　覺讀教音。杜牧詩：「十年一覺揚州夢。」程灝詩：「閒來無事不從容，睡覺東窗日已紅。」皆睡已醒之辭。俗則甫就寢即曰睡覺，惟睡醒則曰睡了一覺，與杜牧之詩合。　真哥　謂實情也，即真箇之訛語。　商户　富家之稱。　生活　即筆也，謂藉此生活。　有湯　音傷，田地潤澤之稱。　勞忉　謂人難對付。《詩》：「勞心忉忉。」　排場　俗以局面大方爲排場，或轉爲排暢。　撐眼　謂舉動不守規矩，刺人眼目也。　鑽擠　謂人慧黠伶俐也〔一〕。　混蛋　謂人不懂事也。　浪麽　事未定而反問之詞。浪即那字之訛。　閒藏　藏讀蒼去聲。閒遊之謂，亦曰閒浪。　致噠　務噠　即這裏、那裏也。　牲口　亦曰頭勾。勾即口之訛轉。皆騾馬之稱。　花翻　謂能因人説話，使人喜悦也。　喫上午　上俗轉商音，午俗轉吾音，謂午飯也。　喝湯　謂喫晚飯，非單喝清湯也。　掙扎　謂勉强出力。　新發富　謂新近發財也。　老實　謂人實確也。　明後兒　即明日、後日也。兒即日之轉音。　嗎忽　謂作事不清白也。　撚蛋　謂説話不清楚也。　扯謊　謂人説白話也。　轂轆子　賭博人之稱。　料白　謂人不信實。　搾實　待人過刻之謂。　冷棒　不當做而做之謂。　頗疲　能耐勞苦之謂。　磽薄　不耐勞苦之謂。　乾蘇　婦人修飭整齊之謂。　拉頑　謂人骯髒不潔浄也。　掃興　謂作事傷臉也。　輳趣　謂助人作事有成也。　逛鬼　謂人糊遊不作正事也。　老好　謂人良善也。　蠻的　謂人爲嘴齷齪，又謂小孩伶俐之稱。　絡唆　謂人太糾纏也。　扭搬　謂人作事心肯貌不肯也。　顢頇　謂人不遵道理，糊作爲也。　糟踏　損壞東西之謂。　鼈騷人　事不公平之謂。　古怪的　奇異之詞。　咯噠客　謂人吝嗇不開通也。　狼頭客　謂人貪鄙太甚。

〔一〕黠：原誤作「點」。

吹牛皮 謂好説大話之人。五郎神 謂人交遊甚廣。古懂客 謂人拉雜多事。拉架板 謂讒壞人之作事。

糊搰揀 謂人之作事莫標準。瘑獃子 謂譃人之無知識者。巧欠嗎 問長者之矯健轉音。

謹按，揚子雲仿《爾雅》而作《方言》，蓋欲繹訓之明，悟語聲之轉，不勞疇咨而遇物能名也。靈地雖屬隴上，毗連陝秦，剛柔相錯，語音甚雜，然其清濁高下、輕重疾徐不過小有轉變，同者實多。舊志原無方言，殆是故耳。今仿《皋蘭志》例，於口頭便稱各事，或有字同音異，或有音同字異，與夫有聲無字，及有字而非《字典》所收者，概於各條下附以按語，解以轉音，溯原起而正舛誤，庶可與世爲通稱。夫物類俗語頗多，不能一概並舉，姑就口頭之普通者，略叙數端，藉以稍資證謬耳。

〔民國〕增修華亭縣志

【解題】張次房修，幸邦隆纂。華亭縣，今甘肅省平涼市華亭縣。「方言」見第五編《禮俗志》中。録文據民國二十二年（一九三三）石印本《增修華亭縣志》。

方言

語言爲人類交通之具。華亭漢回雜居，土客合處，其聲音清濁高下、剛柔緩急多不相同，稱呼亦因之而異。謹據採訪所得，志之如左。

土住漢民，稱祖父曰爺，祖母曰奶奶。父曰爹、曰達，母曰媽。伯父曰大爹。叔父依序稱二爹、三爹。伯母稱大媽。叔母依序稱二媽、三媽。哥弟姐妹無別稱。壻稱岳父母曰亦父、亦娘。舅父母無别稱。

武都徙居漢民，稱祖父母曰爺、曰婆。父母曰爸、曰婭。伯父母曰大爸、大婭。叔父母依序曰二爸、三爸、二婭、三婭。哥弟姐妹無别稱。岳父母之稱，與本生父母同。稱舅父曰舅舅，舅母曰妗子。拿某物來曰喊來。犂頭曰杠頭。餘同。

主山、麻庵二鎮漢民，稱祖父曰爺爺，祖母曰婆婆。父母曰達、曰娘。伯父曰大達、曰伯伯，伯母曰大娘。外祖父母曰外爺、外婆。姑夫長兄曰大姑夫，姑夫之弟曰二姑夫、三姑夫。對人自稱曰曹。喂牲畜曰嚼頭口。驚呼之詞曰我呀呀。那箇曰阿。餘同。

四川移徙漢民，稱祖父母曰公、曰婆。父母曰父母。伯父、伯母曰伯伯、伯娘。叔父、叔母曰爸爸、嬸娘。岳祖父母曰阿公、阿婆。岳父母曰外父、外母。被兒稱鋪蓋。餘同。

陝西移來漢民，稱父母曰伯、曰娘。伯叔父曰大爸、二爸。餘稱與土住漢民同。

土住及安撫回民，稱祖父曰爸爸，祖母曰娜娜。父母曰達、曰娘。伯父母曰老達、老婆。姑娘曰婭婭。草鋤曰鉏。餘同。

河州移來回民，稱祖父母曰阿爺、阿奶。父母曰阿達、阿娘。伯父母曰阿伯、阿嬸。叔父母曰阿爸、阿姨。餘同。

同者如：

親家，媳翁壻岳相見之稱。俊子，謂人相貌身秀美也。挑擔，他人呼姊妹幾壻之謂。便宜，謂價賤也。勞忉，謂其人難對付也。整治，修理壞物之稱，又責斥人之謂。老火，謂令人難受也。麻達，不耐之謂，又事難做之謂。暢快，謂人豁達也。鑾的，乖美也，又横暴也。乖的，愛小孩之口吻。高興，輕狂之謂。浪浪，遊玩之謂。體面，美貌之稱。揚氣，華美之稱。可惡，兇狠也。可憎，愛又恨也。乖爽，清快也，帖服也。冒失，言行皆荒唐也。夥記，呼僱工之謂。真箇，實情也。排場，局面大方也。商户，富家之稱。有商，田地潤澤之謂。喝湯，吃晚飯也。撑眼，舉動不中規矩，刺人目也。尖鑽，謂人慧黠伶俐也。痴癡，謂人舉動死塞也。傷臉，謂人不怕羞辱也。東道，主人待客飲食之稱。壞鬼，人不作好事之稱。混蛋，不懂事人之稱。阿呀，不贊成之口吻。那麽，是那樣的之答詞。傞子，謂人身體矮小也。結子，謂人之言語遲鈍也。花翻，謂人能因人説話使人喜悦也。你呀，謂人不敢如此也。我呀，我心不肯之詞。老實，要實做也，有忠信也。嗎忽，作事苟且也。燃蛋，言語不清楚也。扯謊，説誑話也。料白，無信實也。抬愛，求寬待之謂。搾實，待人過刻之謂。冷棒，不當做而做之謂。頗疲，能耐勞苦之謂。磽薄，不耐勞苦之謂。乾蘇，婦人修飾整齊之謂。瓤踏，謂人身體、什物不潔净也。掃興，傷臉自謂之口吻。轃趣，得人扶助之答詞。扭搬，心肯貌不肯也。啱唆，謂人太糾纏也。顢頇，謂人糊作爲也。代共，凡事籠統之謂。糟踏，謂人損壞東西之稱。老好，謂人良善也。眼害，謂人見不得之詞。逛鬼，謂人不作實業、糊游之稱。邦肩，謂事大概可成也。拉架板，踏人背腳之稱。忽骨董，弄髒之謂。不清爽，有小病之謂。呫嚕子，賭博人之稱。新發户，新近發財之稱。明後遭，明日、後日無定之謂也。瓜呆子，無知識之謔詞。大漢家，謂人身體長大也。狼頭客，謂人貪鄙太甚也。噶噠客，謂人吝嗇錢財也。古董客，謂人愎傲也。吹牛皮，謂大言欺人也。垢痂痂，謂人碎細儉鄙也。碎蚤蚤，碎小不忍之稱。莫倚抓，作事無結果之口吻。怪到來，先不明而後知之詞。巧欠嗎，問長者矯健之轉音。鼈騷人，謂事不公平之稱。五郎神，謂人人可交之詞。做嗄家，謂人幹什麽之稱。古怪的，奇異之詞。窩裏老，謂人作事不出頭之稱。懵懵了，謂人作事糊塗之稱。你嗎是的，人已暴動我不能勝，而欲禁制之口吻。你仔麽了，不知其人爲何病之問詞。不顧局面，謂人作事倔强，不知進退，不合衆意也。

此則俗言之最普通者。

〔民國〕重修定西縣志

【解題】郭傑三等纂修。定西縣，今甘肅省定西市安定區。「方言」見卷十一《民族三》。有民國三十八年（一九四九）稿本。録文據甘肅文化出版社二〇一一年版整理本《重修定西縣志校注》。

方言

目録〔一〕

名詞　普通名詞　抽象名詞　代名詞　人稱　指示　動詞　形容詞　人事物　性情　言語　動作　數目　時

〔一〕目録爲編者所加。

間　驚歎詞　命令詞　應諾詞　疑問詞

名詞

普通名詞

阿家　阿，發語辭；家，讀如字，不讀姑。謂夫之母也。

阿拜子　拜、伯同母，婦借兒女口氣稱夫之兄也。

小叔子　婦借兒女口吻稱夫之弟也。

婆娘　娘讀去聲，謂婦人也。

先後　先，讀去聲，以妯娌來夫家時有先後，故稱先後。

挑擔　連襟也，兩婿相稱之謂。

人手　稱工人爲人手。

夥結　即夥計。又同伴相稱曰夥結。

一塊人　塊，個轉音，謂一個人也。

陽婆　太陽也，又謂熱頭。熱，日音。頭，語助詞。故呼太陽爲熱頭。

文彩　文雲轉音，謂雲美好也。

汗他兒　貼身襯汗的小上衣也，或稱汗祖。

頭夠　謂牲畜也，或稱牲口。

各牢　各，謂角；牢，落轉音，亦語尾詞。牆角落謂各牢。

朗場裏　明顯寬敞、毫無遮蔽之處謂朗場裏。

掌掌　謂高地也。

各達拉處　謂聚不同之物於一處也。

儒樹　儒、榆同音，即榆樹也。

抽象名詞

欺頭　謂找便宜也。

個頭　謂物價也。

益癮　得好處曰有益癮。

漾葉　謂運氣好壞也。如你的漾葉不錯、他的漾葉不好。

枯揣枯揣　嚼物聲。又駡人語，謂言語不清而嚕蘇也。

各等　步行或切物聲也。

各本　嚼硬物聲。

㓜㓜　音周，呼鷄聲。

騔騔　呼騾馬驢聲也。

咚咚　謂響聲也。

喝冷　跑聲或牆倒聲，亦作歌冷。

代名詞

人稱

曹豆　曹，謂我。豆，與的同。與我們、咱們的同是第一人稱所有格。

陶豆　陶，他轉音。陶豆，謂他們的。即甲乙對談而認定事物屬於丙丁戊等，也是第三人稱所有格。

襖豆　襖謂我也。襖豆即我們的，範圍比曹豆小。謂事物專屬於我們，是第一人稱所有格。

鈕豆　鈕，你轉音。鈕豆即你們的，是第二人稱所有格。

牙豆　牙，他轉音。牙豆謂他的或別人的，是第三人稱所有格。

陰芽　陰，人轉音。芽，家轉音。謂人家也，即甲對乙說丙之謂。

老豆　或老鬼、老家。對極熟者表示親熱之謂。

指示

紂　讀去聲，謂此也。

紂達　與此處和這裏意同。

務　讀去聲，謂彼也。

務達　謂彼處或那兒。
紂不來　指人或物在此處也。
紂不了　與紂不來意同。
務不來　指人或物在彼處也。
務不了　與務不來意同。
致達　與紂達意同。
紂昝　表示現在已經成這樣意。
務昝　表示過去或彼時意。
務各家　發語詞，問第三者之代名詞，或令其處理某種事物之意。

動詞

兜　以手觸物也。
抓挖　抓，朱阿切。抓挖謂握取也。
排制　排，讀上聲。數説人非及毆打人均謂排制。
抽制　謂打也。
瓦滅　謂謀害也。
帽　讀平聲。謂事前測想也。

葛轍　關心、親愛之謂。

侮希　侮，讀平聲；希，古同欺。謂凌人也。

冗挖　冗，武勇切；挖，撮口呼。與挖搓意同。

作賤　或謂作蔑，謂摧殘人也〔一〕。

尋成　謂無故責人也。

日了　日，讀上聲。了，老音。失遺之謂，與掉了或撇了同。

勢反　任性妄爲曰勢反。

摇喝　與打算或預備意同。

挖搓　挖，撮口呼，謂疾病纏綿使身體消瘦也。又故意尋錯，使人難堪，謂挖搓人。

耍了　謂跑了或逃走了，不以玩耍解。

就下　與蹲同，或謂蹲下。

牆　藏轉音。謂藏物也。

藏　讀蒼去聲。與找尋意相近。又游浪亦曰藏。

踼倒　糟壞東西或敗壞别人名譽爲踼倒。

〔一〕摧：原作「催」。

揚意　假意招呼之謂。
廖敗　謂不管而任其自敗也，與廖尺或廖吃意同。
即法　棄也。置物他處亦曰即法。
散　陷轉音。謂地下降也。
除茬　謂除去也。
叫勁　故意反對也。

形容詞

人

乖爽　小孩平安舒服曰乖爽。
勘乘　與乖爽同。
稽茁　茁，阻八切。謂人伶俐好看也。
麻利　謂精敏活潑也，與稽茁相似。
幹散　散，讀上聲。分明清楚之謂。
標緻　品貌骨格雋峭曰標緻。
憨　説嬰兒肥胖可愛曰憨。
鑽幹　辦事迅速漂亮的意思。

可節　合式之謂。
砮勁　讚美人精敏强幹之詞，更有促其繼續努力之意。
將　讀去聲。謂精神好也。又草木茂盛亦曰將。
很　荷墾切。謂厲害也。
肴雪　謂形狀或能力單薄也。
稀　强反面，與弱意相近，非少也。
狼　謂小孩不懂人事或不知利害曰狼，與憨相似，非豺狼之狼。
闞　讀去聲。謂消瘦也。
瓤　謂弱也，强之反，非瓜瓤。
中用　中，讀平聲。謂能幹也。又不中用了，謂不能救也。
抖　讀舌頭音，形容自豪、自大也。讀顫音，謂不安分也。
儚　謂無悟心也。
潮　謂心地不清之人曰潮子。又謂肉膩曰潮人。
撑眼　或謂冷眼，駡人語，謂舉動不合理或無力作事也。
毛老害刺　謂模樣不好也。
鰲　駡人語，謂自大、自滿也。

累堆　雜亂齷齪之意。
窩囊　謂不潔也，與累堆相似。
不行忽　精神失常，身體衰敗，謂不行忽。
别趣　别，讀上聲。謂自覺不及人而無趣也。
囚合　謂疾病纏綿，精神消瘦也。
孽障　謂境遇可憐，遭逢不佳，非必罪也。
大所　謂自大也。
敗善　謂時運不好也。
處迷　謂心地不清也。

事物

邦肩　與仿佛差不多，或連肩意同。
窩約　謂通意、安全、美滿也。又事成就亦曰窩約。
耐何的　尚佳之謂，與可以或比較好些意相似。
莫迷眼　謂毫無頭緒也〔一〕。

〔一〕毫：原作「豪」。

莫陰戈　謂相差太遠也。

粗枝大葉　謂不精細也。

懸　謂危險也。如懸的很，差一點就碰壞了。

挖人　挖，撮口呼。因酸辣而心中難受謂挖人。

惡心　惡，阿各切。事不可耐謂之惡心。

雪順　即横豎之謂，與縱然意同。

目了　與轉瞬意同。

嘯　有運氣不好也〔一〕。不以吟嘯解。

順　讀平聲。謂時運不濟也〔二〕。不以和順解。

麻達　向人找錯曰麻達。凡糾纏不清之事皆謂麻達。

寡孤　無兒女親眷或時運乖舛均曰寡孤。

瞎查了　了讀潦音，語助詞。已經壞得不可救濟謂瞎查了。

黄向了　先應允而後變卦謂黄向。

惡　阿各切。凡力大或田禾茂盛均曰惡，非不善也。

〔一〕「有」字疑爲衍文。

〔二〕濟：原作「齊」。

雄　田禾茂盛、家事興旺均曰雄。
壯　在賞切。細之反，謂粗也。
休　物與田苗細瘦者謂休，壯之反。
有商　雨澤深透田土滋潤爲有商。
沙　讀去聲。謂稀疏也。
低鬼　謂擱置不穩也。突然轉變亦曰低鬼。
各底　形容步小也。又謂緊持不放鬆爲各底底的。
撲雺　或撲酥，謂步聲輕也。

性情

像貨　誇人成材也。
精接　謂殷勤也。
棉密　謂性情和順也。物質柔軟亦曰棉密。
相干　勤儉耐勞，能成事之意。
雪　讀去聲。謂不與人往來也。
羞眼　謂眼小。如見人食品而欲食，又愛人器具而竊取，均曰羞眼。
贓　讀去聲。謂脾氣不好。又故意凌人亦曰贓。

莫來頭　謂無本領也。
札挖　仔細能幹、管理周至之謂也。
膩孽　謂不惜福而造罪也。
瞎　俗以不好爲瞎，非必瞽者也。
牛的很　性情固執之謂。
皮鄧　言不顧行，再催無效爲皮鄧。比如甲向乙討債，而乙既不償還又不洽商，即以皮鄧稱之。
死皮耐辱　謂不顧局面，任性妄爲也。
强板筋　强，讀去聲。固執己見爲强板筋。
皮托　與推諉意相似。

言語

瓜那　謂語多也。
涮達　謂背地辯論也。
響當　與涮達同。
嚙舌根　駡人語，謂胡説也。
牙叉大口　謂言語輕率也。

説科編謊　捏造語言也。
笑歡　歡，話轉音。笑歡，謂議論人非也。

動作

枯楚枯楚　連續不斷之低語聲也。
咕嚀咕嚀　與枯楚意相似；糾纏不止亦曰咕嚀。
歌倒　與咕嚀意同。又謂小兒不舒服也。
流精　舉動輕佻或流怪曰流精。
摇的很　謂輕狂也。又撥弄是非亦曰摇的很。
籤繁　謂行爲輕佻。
尖豔　謂舉動輕率而貪也。如先人飲食、先人説話均謂之尖豔。
要達流失　謂做事不注意也。
胡暖　暖，讀平聲。胡暖謂胡幹也。
肘挂　謂自尊也。
義利　或囊利，謂説做就做，不推諉也。
各委　行動不開展之意，如鵝鴨之行是。
各揉　謂行動不大方也。又作工遲緩亦謂扣揉，敏捷之反。

丢尕　謂跛子行路之形狀。
各就　謂蹲之形勢，非各個成就之謂。
撈梢　謂圖恢復也。
柳柳　行動乖鄙不正之謂。

數目

倆　讀入聲，謂二也。
沙　讀入聲，謂三也。《康熙字典》作𢿙。
些許　很少意。

時間

一吓兒　謂不多時間也。猶言迅速也，與一霎兒同。
老是　常常或屢次之意。
升要　升，臨轉音，與將字、剛字意同。
刻他　驚其迅速之辭，有竟然意。如我想你明天能做成，你刻他做成了。
刻齊罵茬　謂作事速快也。
姜姜個　姜，將轉音。猶言不多時，與剛才同。
明後遭　遭，朝轉音。與日字或天字意同，謂明朝或後朝，亦即明日、後日也。

含　還轉音。如你還不起來嗎。

散着　與或者相似，有希望、僥倖之意。

何霎　與一陣兒或驟然相似。

希吼　與幾乎意同。

驚歎詞

阿腰　哎喲之訛，驚歎聲也。

吶吶　驚訝辭，或云瓜瓜摇，又云芽芽摇。

加加摇　與吶吶意同。

命令詞

棄　去轉音。令他離開此處之意。

掐　乞夾切。與去字意相似，有催促意。不以爪刺解。

拉　來轉音。謂來也。

嘎　提醒對方之意。又有給字意。

矦　讀平聲。即不字，與勿字、休字意相近。

撼拉　撼，謂拿；拉，來轉音。要東西意思。

接過　即給予之謂。

升住　升，承轉音；住，尾語詞。即承接之意。

應諾詞

恩　鼻音，上聲。應辭也。

行　承諾或許可之意。

吓　禡韻。因人所問與自己意思或事實相同而應諾之詞也。

吓來　謂不知也。如：「今天星期幾？」「吓來。」

吓巴　未定辭。與大約意相似。如：「你爸在家嗎？」「吓巴在哩。」或：「吓巴没有。」

沿來　表示能够及承認之詞。如：「你還能做嗎？」「沿來。」

真幹　真實不虚之謂。

漫拿　與大約相近，是不一定的語氣。

疑問詞

安　喉音。於人所問未聽清楚而反問也。

安沙　安，喉音。安沙，連續問人之詞。

索豆　索，讀上聲。與什麽意同。或云是莫。兜，有追問意〔一〕。

〔一〕　兜：疑爲「豆」之誤。

阿達　阿，發語辭。阿達，與何處或哪里意同。

阿誰　誰，支韻。問人語，如來的阿誰。

阿們哩　怎麽之意。又見他當面做錯了事，而責備其不應如此也。

左斯哩　與阿們哩同。

左斯了　看見變常的行爲和樣子，驚奇而急切的詰問語。

多喒　即何時之意。

饒著　不服之辭。謂能也。如：「你不會做。」「饒著。」

〔宣統〕狄道州續志

【解題】聯瑛編，李鏡清纂。狄道州，今甘肅省定西市臨洮縣。「方言」見卷二《輿地志·風俗》中。録文據宣統元年（一九〇九）刻本《狄道州續志》。

方言

狄俗呼父曰噠噠，母曰媽媽，又曰娘。呼曾祖曰太爺，曾祖母曰太太。祖父曰爺爺，祖母曰奶奶。呼伯曰大爺，伯母曰大娘。呼叔曰爸爸，叔母曰嬸嬸。呼兄曰哥哥，嫂曰嫂子。言那個曰惡個咿。言昨日曰噶兒。言剛纔曰將頭噶兒。言甚麽曰捨麽。言做甚麽曰阿們俚。言那裏去曰阿裏去。裏讀俚，去讀氣。言那不是曰惡不是嗎。言在那裏曰惡來的。來讀奈去音。言誰家曰誰適讀逝。言你們、我們曰你適、我適。言誰曰阿斯怪。言是曰呵代。言請你看曰哎你瞧。言那幾個曰惡幾怪。言你就那樣做曰你就惡們做。言那教我該怎麽處曰惡早教我呵們做哩。言不得了曰惡早可阿們做哩。

呼物必帶一兒字，如錢兒、梨兒、蜂兒、蠶兒、驢兒、羊兒、盆兒、碗兒等，類多以兒字代子字、惡字代那字。餘倣此。

〔光緒〕續修通渭縣志

【解題】邢國弼修，盧敏纂。不分卷。通渭縣，今甘肅省定西市通渭縣。録文據光緒三十二年（一九〇六）鈔本《續修通渭縣志》。

方言

地近羌戎，語多俗俚，與安、會土語仿佛，半屬有音而無字，所以舊志盡略之。兹就其有音義而可證據者，略登數條，以備采輯。志方言第二。

凡雜己於衆呼曰曹。曹，儕輩也。猶他省云你們、我們，即「文章教爾曹」「雄風屬我曹」之類是也。

七情

曰高興、曰得意，喜也。曰着氣，怒也。曰恐怕，懼也。曰情愿，欲也。曰挂念，思也。曰忙迫、曰着急，遽也。曰欸乃，音襖靄。歎聲也。

問候

問老人曰剛傑，曰矯健，康强也。問小兒曰精爽，清快也。稱婦曰俊俏，姣也。曰伶俐，慧也。曰襬襶〔一〕，不曉事也。

器具

曰寬展，大也。曰窄褊〔二〕，隘也。曰結實，堅也、厚也，亦多也。曰欻吸，動也。

縣之西北，父謂之爹，祖母謂之奶。縣之東南，父謂之爸，祖母謂之婆。至母謂之媽，祖父謂之爺，一縣之通語也。凡不知其人而問，或曰阿是，或曰灑是，蓋即通語所謂誰何也。凡不知其物而問，或曰社豆，或祇曰是，蓋即通語所謂甚麼也。

或有彼此問答，多於抑揚輕重間，各以意相會者。如約某同赴某處，問者云「去阿不去」，答者亦云「去來不去」。如問某物、某事窳良美惡，問者云「好阿不好」，答者亦云「好阿不好」。問者、答者皆重上二字，輕帶下二字也。

〔民國〕創修渭源縣志

【解題】張兆鉀修，陳鴻寶纂輯。渭源縣，今甘肅省定西市渭源縣。「方言」見卷二《輿地志》。録文據民國十五年（一九二六）石印本《創修渭源縣志》。

〔一〕襬襶：原作「褦襶」。

〔二〕褊：原作「徧」。

方言

天地，日曰太陽。月曰月亮。星辰曰星秀。風雲曰文彩。雷、雨、露、霧、雪、霜、山、川、河、水、坡、嶺。道路曰套上。溝、渠、澗曰溝子崖。麥、菽曰豆子。猫曰猫兒。蛇曰長蟲。穀、稻、藶、麻、禾、稼、瓜、菓、桃、李、楊、柳、松、柏、牛、羊、騾、馬、虎、豹、豺、狼、鷄、犬、鵝、鴨、鴿、雀、鴉、鵲、猪、狗、兔、鹿、豕、龍、犀、象等字，有如音者，有不如音者。

高祖父母曰太爺、太太。曾祖父母曰太爺、太太。祖父母曰爺爺、奶奶。父母曰韃韃、媽媽。伯父母曰大韃、大媽。叔父母曰爸爸、嬸嬸，又曰幾韃、幾嬸。兄弟曰哥哥、兄弟。兄之妻曰嫂子。弟之妻曰弟媳婦。人稱兄弟之妻曰妯娌、先後。兄弟之子曰侄兒，女曰侄女兒。姊妹曰姐姐、妹妹。姊之夫曰姐夫。妹之夫曰妹夫。姊妹之子曰外甥。姑母曰阿姑。姑丈曰姑夫。外祖父母曰外爺、外奶奶。舅父母曰舅舅、妗子。岳祖父母曰妻爺、妻奶奶。岳父母曰姨夫、姨娘，又曰丈人、丈母。岳父之兄弟、姊妹曰姨夫、姑姑。内兄弟曰室兄哥、小舅子。妻姊妹曰大姨子、小姨子。兒曰兒子，又曰我們後人。女未嫁曰女子，出嫁曰誰家，又曰親戚哇。夫稱婦曰家裡人〔一〕，又曰我們婦人。婦稱夫曰掌櫃的，又曰我們男人。

飲食曰吃飯、喝湯。飲酒茶曰喝酒、喝茶。人問話答應曰哈的來。不荅應曰得尺套。歡

〔一〕裡：原作「裡」。

樂曰高興。禮物曰禮當。可曰對，又曰幫肩。不可曰不對。鬥毆曰打搥。着箇曰致哥伽。那箇曰務哥伽。此處、彼處曰致大大、務大大，又曰致忙、務忙。起訴曰告狀。刁唆曰戳弄。不理事曰不管閒事。我作事曰我就致哥伽。彼作事曰你咎務哥伽。殯葬曰送喪。娶媳曰過喜事。老年曰老汗。老嫗曰老婆子。少年曰小夥子。少婦曰媳媳婦。取物曰罕上。訂親曰説媳婦兒裏。與物曰過過。我曰我們，又曰岑們、咱們。看曰瞧下。極驚恐曰哎喓、荅卦喓。與人言曰我過你説，又曰我斬過你説裏。甚事曰是麽的。

以上係城鄉方言，其餘多如字，再未述。

〔光緒〕隴西縣志稿

【解題】馬如鑒、劉文炳纂修。隴西縣，今甘肅省定西市隴西縣。「方言」見第二卷第六類中。有光緒稿本。録文據甘肅省圖書館一九六三年油印本《隴西縣志稿》。

方言

隴西地接蘭省，語言大概相同，惟里巷婦孺尋常稱謂不但鄙俚難解，率多有音無字。謹略舉數聯。

稱生員爲大師。問何事曰佐時哩。續糧曰坐。

呼賭棍爲方客。答不知曰可奈回。閉户曰鍵。

數錢文曰幾胆。琉璃抚指，無奈也。謂汝曰謬。
問時候曰多鐕。半年漢，言無知也。謂我曰敖。
軍流犯曰勃跛鴟。磕齊碼又，言速也。逃走曰顛山。
亡命徒曰賴皮蟗。胡裡麻搭，言粗也〔一〕。應諾曰哈地。
以上所列各字義未盡符，衹取合音，聊博一噪。

〔光緒〕創修隴右分縣武陽志

【解題】周裕杭修，楊學震纂。隴右分縣武陽縣，今甘肅省定西市漳縣。「方言」見卷三《風俗》中。録文據光緒三十四年（一九〇八）鈔本《創修隴右分縣武陽志》。

方言

五方風氣不同，音節亦異，山水有清濁，風土有厚薄，此古人所以分五聲七音也。漳轄地方惟東南新寺一鎮，插寧遠境中，且係五方雜匯之區，習染多方，故齒牙較輕，語言稍近寧遠。至本城及他鄉里，則民皆安土渾穆，各肖其山川，聲音言詞亦遂不相謀矣。

謂下雨謂墮。上聲。蓋即唐詩「長風吹林雨墮瓦」義。東南則云下雨。

〔一〕裡：原作「裡」。

謂盛飯及各器曰托。　讀近堆入聲，蓋即古人和盤托出義。東南則讀如端，亦猶托字之轉也。

阿誰謂誰阿。　誰讀如撒，作上聲。東南謂之時，蓋猶四支韻也。

伲　讀如泥入聲，或即京師讀近寧之轉音。

我　謂伦，或即卬之轉音，與秦人讀如敖相近。

他　讀如滔。

家謂舍，舍謂合。　讀如洽入聲，如他舍、曹舍之類。至阿誰舍、某甲舍則讀如字去聲。

通稱儕輩曰曹。　或吾曹之省音也。

稱父爹叶麻韻母媽叶馬韻。　東南則皆呼平聲。

王母曰奶。　東南則謂之婆。

芋謂楊遇。　或直書作楊遇，以謂楊氏之遇也。按某書載，有人讀刻本《三都賦》注「蹲鴟，芋也」，其人誤以爲羊，會友人以羊肉贈。其人啓曰：「承惠蹲鴟。」友不解，見而問之，其人以所用典對。友笑曰：「是芋，非羊也。」意者羊芋之名或始此乎？

本城稱姊夫某氏哥。　新寺則姊夫兄弟以行次相排，通稱姐夫。姑夫亦然。是過與不及皆失中者。

四鄉稱秀才某先、三里某師。　或者皆先生、師傅之省聲也。惟行輩皆以字行。

稱妻父丈人。　由泰岳有丈人峯而並稱，岳曰泰山，母曰泰水，面稱則曰姨父。不知父字固難牽合，即夫字亦與姨之夫相混，且益不爲合稱矣。

兩壻相謂挑擔。《東書》則謂連襟〔一〕。

婦稱舅阿翁、姑阿家。即曹大家及《唐書》阿家、阿翁。

〔民國〕重修漳縣志

【解題】張鶚原本，韓世英增輯。漳縣，今甘肅省定西市漳縣。「方言」見卷之一《輿地志》中。録文據民國二十三年（一九三四）鉛印本《重修漳縣志》。

方言

傷眼，謂受辱也。爬腳，謂諂諛也。着氣，謂憤怒也。起面，謂光榮也，或亦稱其貌美。鬼，謂其黠，即楊子《方言》「慧也」。或謂之鬼」是也。姣，謂其好，即楊子《方言》「好也」。或謂之姣」是也。奘，謂長物之大者，即楊子《方言》「秦晉間人大謂之奘」是也。傭工，謂之人手，取指使之意。衙役，謂之狗腿，取走狗之意。凡作事艱難曰吃力，非自食其力之謂。

厲赫，稱人强梁之謂。可惡，稱人凶狠之謂。歹毒，稱人殘忍之謂。揚氣，稱人美秀之謂。

〔一〕東：似爲「唐」之誤。

高興，譏人輕狂之謂。麻利，諷人敏捷之謂。掙扎着，勸人勉力之謂。下雨謂之墮，即唐詩：「長風吹林雨墮瓦。」〔一〕一餐謂之一頓，即杜甫詩：「頓頓食黃魚。」又打一次之謂，即唐詩：「打汝一頓。」人有勢可恃曰腰奘，亦云腿腹子大。桀黠曰能行、曰尖鑽，亦曰漬溜。承應之詞曰哈的，亦云真個。不好謂之瞎，非云瞽者。應諾謂之對，非云對答。人守禮稱爲規矩，意謂循規蹈矩。人儉嗇稱爲子細，非謂其精審瑣碎也。祖父謂之爺爺，祖母謂之奶奶，亦云婆婆。父謂之達，母謂之媽。父之姊妹曰姑姑，母之兄弟曰舅舅，母之姊妹曰姨母。兩姻相謂曰親家。兩壻相謂曰挑擔。表兄弟相謂曰姑舅。姨母之子相稱曰兩姨。媳稱舅姑曰阿翁、阿家，面呼之亦曰達、媽。地二畝半謂之一垧。僉謂之連枷。糭器謂之磨。讀去聲。耒耜謂之廣。即《考工記》「耜廣五寸」之義。犂鐵謂之鏵。讀音同滑。刈田器謂之鐮刀，即楊子「刈鈎〔二〕，關西謂之鐮」、鮑照吟「腰鐮刈葵藿」是也。蛇謂之長蟲。雀謂之佳家。畜牝牡之稱，馬曰全課，牛曰雌角，羊曰草羝，鷄曰公母，犬曰

〔一〕墮：原誤作「墜」，據《全唐詩》改。
〔二〕鈎：原誤作「釣」，據《方言》改。

牙母，驢曰叫草，猪曰牙猪、奶樵，育子者曰猪婆。

物之特美者曰橋梢，楊子《方言》：「秦晉間凡取物之上謂之橋梢。」器之裂痕爲璺，即楊子《方言》：「器破而未離謂之璺。」熬、煛，火乾也。凡以火乾食品之類謂之煛，或謂之熬。與楊子方言同。杪，小也。木細支謂之杪。亦與楊子《方言》同。

歇緩，謂休息也。浪轉，謂出遊也。轉讀去聲。細尕，謂吝惜也。

是莫兜，即怎麽樣之謂。明後遭，即明後朝之轉。致噠、歪噠，即這裏、那裏之説。

尋覓曰找。倩人曰訣，或云訣及，均《爾雅》問告意也。

太陽曰熱頭。熱，日音也，頭爲助辭。汗襦曰汗褟，褟音如塔，《玉篇》音答，義取諸此。

曹兜，謂我們的也，省言之曰曹。注云「曹，偶也」，非單稱之謂。馬援《戒弟書》曰：「汝曹效之。」曹，輩也。杜甫詩云「詩態憶吾曹」，曹亦輩也。皆你們、我們之義矣。

刺謂之札。《釋名》：「撥船之櫂曰札。」

果核謂之胡。羌音呼核爲胡。

〔光緒〕岷州續志采訪初稿

【解題】又題《續岷州志》。陳如平纂。岷州，今甘肅省定西市岷縣。不分卷。有光緒三十四年（一九〇八）鈔本。録文據岷州縣志編纂委員會辦公室一九八八年編印《岷州志校注·岷州續志采訪初稿》。

方言

按岷人言語，與川、陝、直隸大致相同。其不同者，民間方言。呼天如鐵音。呼日如熱音。謂父曰達。謂伯父曰爹爹。伯母曰阿麼。東鄉如此。謂叔父曰爸爸。謂姑母曰娘娘。謂妻之父曰伊父。妻之母曰伊娘。母之姊妹曰阿姨。謂舅母曰妗子。謂瞽曰眼麻。謂鰥曰光棍。謂頭曰多腦。頸曰板頸，亦曰脖子。呼馬之牡者爲牷馬，其牝者曰騍馬。驢之牡者曰叫驢，牝者曰草驢。猪之牡者曰牙猪。猫之牝者曰女猫。言疇昔則曰阿回。言今兹則曰叶者。仿佛曰幫尖。揀取曰的留。謂人强曰坳，人弱曰否。不泰之否。人美曰揚氣，亦曰摎勁。人醜曰捺呆，亦曰滅嘈。譽人曰雄式。駡人曰傻角。問如何曰阿孟。答是的曰那嗑。

又附郭人言勺、説、水等字或作脣音。鄉間言風、房、非、扶等字，横口呼而不作脣音。言的、定、丁、聽等字作舌腹音而不作舌頭音。此皆岷人之方言也。此外，若西南近番者，多作番語，則非譯不可通矣。

〔民國〕續修導河縣志

【解題】徐兆藩修，黄陶庵纂。導河縣，今甘肅省臨夏回族自治州臨夏縣。「方言」見卷二《民族門》中。録文據民國二十年（一九三一）鈔本《續修導河縣志》。

方言

邑之語言，大致近於官話，間有三四特殊語，與他縣迥乎不同。祇以詁訓失傳，愧無具體詮釋，茲用注音字母指出，以備參考。將來國語普及，則俗語土音自能統歸一致。

呼父曰阿大。ㄚㄉㄚ。伯父曰大大。ㄉㄚㄉㄚ。給人物曰螞。ㄇㄚ。止人作事曰褒。ㄅㄠ。謂小曰尕。ㄍㄚ。謂下曰赫。ㄏㄚ。頭顱謂之多羅。ㄉㄨㄛㄉㄨㄛ。牲畜謂之頭够。ㄊㄡㄍㄡ。罵人曰嚼。ㄐㄩㄝ。謂現在曰阿藏。ㄚㄤ。

南鄉與番族接近者，多習番話；西鄉與薩拉爾回族本係哈密回族，純用纏語接近者，多習纏語；東鄉回族純用蒙古語。現在通漢語者日見其多。

〔民國〕和政縣志

【解題】馬凱祥修，王詔纂。和政縣，今甘肅省臨夏回族自治州和政縣。「方言」見卷一《地理門·風俗》中。録文據民國十九年（一九三〇）鈔本《和政縣志》。

方言

呼父曰阿大。母曰阿娘。伯父曰大大。伯母曰阿媽。叔父曰爸爸。叔母曰娘。給人物曰嫁。止人作事曰褒。謂小曰尕。謂下曰嚇。頭謂之曰多羅。牲畜謂之頭彀。謂現在曰阿臧。

〔民國〕清水縣志

【解題】劉福祥、王鳳翼修，王耿光纂。清水縣，今甘肅省天水市清水縣。「方言」見卷三《民族志》中。録文據民國三十七年（一九四八）石印本《清水縣志》。

方言

曹歹，猶言我們的。褉歹，猶言我私人的。紐歹，猶言你家的。吁搭，子去聲。猶言在這裡。唔搭，吾去聲。猶言在那裡。哉個哉，猶言這個東西。歪個歪，歪上聲。猶言那個東西。咱没塊，甚麼樣子之意。是兹没，即無論如何之意。是麼歹，刺人不像樣之意。傻禳歹，駡後輩没出息之意。禳歹兒，有甚麼能處之意。夜裡個，昨晚之詞。硬奔子，奔去聲。生要幹之意。吁麼呷，是這樣幹之意。唔麼呷，是那樣幹之意。吁麼不對、唔麼不對，二語含人找麻煩之意。打强勁，强去聲。不順從之詞。死個搭，不通達之意。瞎的很，壞極之謂。涼者咧，不省事之謂。冷者咧，即傻瓜之謂。我嘎嘎，吃力之呼聲。我吶吶，驚怪之詞。我娘娘，娘押音。驚赫之詞。娘娘吆，娘押音。疼痛之呼聲。呷，呷假音。給人物件之發語詞。吆，吆喉音。答應他人呼唤之聲也，亦叱牛之聲。吆牢牢，呼猪之聲也。啁啁，呼鷄之聲也。嗥嗥，呼犬之聲也。咪，咪巴叶音。呼羊之聲也。篤篤，呼騾馬之聲也。胡邋遢，刺人作事不清整也。胡拉麻，謂人交往雜亂也。骨碌子，賭者之稱。鬼鑽子，稱奸詐之徒也。胡失鬼，言作事不認真也。抖搭子，謂敗家之子也。哈達麻奚，零碎東西之謂也。鬼搭啦，謂人之不正派也。昝勁，謂少年之强健也。趫趫嗎，問候老者康健之詞也。乖爽嗎，詢問小孩不染病症之謂也。麻利點竄，謂青年人之敏捷也。喏里喏呵，謂人之粗笨也。一箭兒，言工作不休止也。一幕啦子，言寐時片刻即醒也。暮囊，言不乾浄也。莫簸治、莫倚哇，二語即没辦法之意。裸隆馬胯，謂人形態蹣跚不受看也。滚刀皮，刺狡賴賬債者之輩也。閻王爺，稱霸道之人也。你咱的摸塊沙，猶言你那麽樣子之意也。華狸胡哨的，謂婦人之風騷也。光棍什一的，謂無婦之男子也。耗漢，謂婦人之淫蕩也。不三不四，謂人之來路不明也。瞎氣鬼，言人之無用也。爛桿，謂人之事情倒霉也。光當，説閒話也。郎湯勃磙，謂不整齊也。濫湯失水，謂亂雜難看也。麻奚，即麻煩也。懵懂，懵入聲，懂平聲。謂人心地不大清楚也。

〔民國〕天水縣志

【解題】莊以綏修，賈纘緒纂。民國十七年（一九二八）修，民國二十二年（一九三三）續修。天水縣，今甘肅省天水市秦州區與麥積區。「方言」見卷三《民族志·風俗》中。録文據民國二十八年（一九三九）鉛印本《天水縣志》。

方言

夜過，昨日也。今過，今日也。明早，明日也。臬，即人家之稱，伊之轉音。ㄗㄤ，兹之轉，現在之謂也。牛，你們之意，似伊渠合音。嗟，凡與人言或與人物之發語詞。嗄，甚之轉音，什麽也。唵，追問詞。乍哩，即怎麽哩之轉合。優了，對了、够了之意。至答，即此端之轉合。至哩，即此裏、此處之謂也。務答，即外端之轉合。務哩，即外裏、彼處之謂也。阿答，即阿端之轉合。阿哩，即阿裏、何處之謂也。歹，的字之意。載，即兹之轉音。外，這那二字之意。帀該歹，即怎爾之轉，怎樣的之謂。帀家，即怎阿之謂。做嗄家，做什麽之謂。恒順，即横豎。邪順，亦即横豎之轉。如外省人之稱反正，有無論如何之意。厂丫，即把之轉，以手持物也。喝遼，即勿勞之轉，不要二字之轉訛。廒，即曹之轉。我們之意，或謂《詩經》「人涉卬否」卬字之轉〔一〕。饒，去聲，照之轉音。照，遠望之謂。傷臉，羞愧之意。訣及，倩人也。嗳ㄞ，呼人，有不敬之意，與嘆詞異。筀哨，給人以不當爲之事之謂，又嗾犬之謂。言囀，説話也。剜朘，强趲研之謂。勱，力量也。筀簧，誣賴人之謂。磣眼，磣謂小孩頑皮也。吃力，憂勞不暢也。架袷，稱背心。砂銚，即砂鍋之有柄有流者。胡胡，即核核之轉，果核也。熱頭，太陽也。胡麯，小土塊也。蓋棱，界棱，即田塍也。下井，水桶也。爺爺，讀如達達。爹爹、爸爸，皆呼父之稱，亦有稱伯父曰爹爹、叔父曰爸爸者。爺、婆，呼祖父母之稱。阿公、阿家，即阿翁、阿姑之轉，亦曰公婆。邂後，先後之轉音，即妯娌之意。娅娅，姨姨也，稱母之姊妹。丈人、丈母娘，岳父母之稱。大漢，壯年之稱。

〔一〕涉：原誤作「説」，據《詩經》改。

碎娃，小孩之意。男人、頭裏人，均丈夫之謂。女人、屋裏人，均稱妻之詞。做活的、人手、夥計，皆呼奴僕之謂。先生，醫生及瞽而卜筮者之稱。或謂係遲退二字。斑斑，稱斑鳩。骨朵，稱花苞，取象兵器之蒜頭骨朵也。老落鴰，鵝老鴰之轉，謂鳶。殳殳，蛛之轉音，謂蜘蛛。蝎虎，蜥蜴。長蟲，蛇。官人，蜻蜓。窟窿，稱穴竇。擇菜，指人之瑕疵。饒，市間買物欲其增益曰饒。《説文》：「饒，益也。」草約，以草索束物也。《集韻》一笑切，《韻會》幺笑切，音要。《説文》：「約，纏束也。」渾全，稱物之無破敗也。骨董，物入水聲。《北里志》：「佛奴指階井曰：若逼我不已，骨董一聲即了矣。」的歷突盧，眼之視不定也。巴結，攀延諂諛也。拾掇，收檢物用也。攛掇，以言介紹也。萎蕤，讀若威雖，不精彩之謂。毛，謂小如劇角之毛浄，稱小偷爲毛賊。馬，謂大，如馬杓。海，多量之謂。《字典》：「物産富饒爲陸海。」《前漢·東方傳》：「所謂天下陸海之地。」蓮菜，稱藕。鬼、蟲，均菲薄人之詞，如窮鬼、冷蟲等。黑背子，稱乞丐。呼讀如姑盧子，稱博徒。洋芋，稱馬鈴薯。蕃麥，稱玉蜀黍。敗賴，稱人之亡賴。骷髏，讀如多勞，稱頭。

〔民國〕重纂禮縣新志

【解題】 張津修，孫文俊纂。民國十八年（一九二九）修。禮縣，今甘肅省隴南市禮縣。「方言」見卷二《風俗》中。録文據民國二十二年（一九三三）鉛印本《重纂禮縣新志》。

方言

五方之風氣各殊，斯人之語言頓異。樂操土音，不忘根本。語雜夷夏，昔人所訕。或謂言之無文，行而不遠，如是尤多煩蕪增障。孔子云：「辭達而已矣。」故齊有齊語，無庸引置莊嶽；楚有楚咻，不必責爲鴃舌。蓋爰居爰處，爰笑爰語。生於斯，長於斯，論語話言不能不囿於斯矣。志方言。

物分彼此曰你得、我得，又多概言曰牛得、龕得。呼父曰噠，呼母曰呀，或呼父曰爹爹，呼母曰媽媽。呼兄曰哥哥。呼姊曰姐姐。呼姑母曰爸爸。呼姨母曰娅娅。稱老婦曰老阿婆，少婦曰小媳婦。男子容貌豐美曰體面，顏色黑垢曰倒霉。問老曰僑儘。問小兒曰侅倈。富好奢曰憨襪子。貧好閑曰嬾干手。問人喫飯，早曰喫乾糧否，晚曰喫上午否。問人何往曰那達去，應者曰這達達去，又曰嚅達達去。胸前小服曰裹肚。著裹單衣曰汗襠。綿曰袆袇。裘曰皮襖。葛曰夏布。謂首曰多腦。拳曰摧頭。謂太陽曰熱頭。太陰曰月亮〔一〕。稱富者曰上户，貧者曰窮寒。問莊稼曰有伊尹、無伊尹。譏失勢曰窮蕭何、敗蕭何。謂去日曰夜哩哥，來日曰明早晨，又曰明後早。喚奴僕曰做活得。喚代佃田者曰替户。

此方言之大略也。

〔一〕陰：原誤作「陽」。

〔乾隆〕西和縣志

【解題】邱大英纂修。西和縣，今甘肅省隴南市西和縣。「方言」見卷二《風俗》中。録文據乾隆三十九年(一七七四)刻本《西和縣志》。

方言

賠錢　立券行息曰借，無券無息曰那。今西俗向人那錢暫用，名曰賠錢。

引親　婚娶曰迎親、娶親。今西俗稱曰引親。

腳佔田地　土著老户耕種之田，係前人招徠開墾，立户輸賦，永爲己業，並非契買，稱曰腳佔。

佃地　將己業招人耕種，寫立佃契，載明粮數，交耕地者承耕立户完粮，永爲種地者之業，稱曰佃地。

典地　原業户逃亡丁絶，本圖里長將所遺之地招人畊種，歲交典錢輸課，有不願畊者，退地交還。

當地覆價　業户因需錢用，將己業出當與人耕種，錢粮當地之家輸納〔一〕，數年後又欲增加當價，名曰覆價。

〔一〕粮：原誤作「銀」。

夥種田地　或己業，或當地招人耕種，業户與種地人按畝各出耔種之半，至收穫時，業主與種地人均分，稱曰夥種。

〔民國〕重修西和縣志

【解題】王漢傑修，朱綉梓纂。民國三十六年（一九四七）修。未刊。西和縣，今甘肅省隴南市西和縣。「方言」見卷四《民族志》中。録文據二〇〇六年西和縣方志辦内部鉛印本《重修西和縣志》。

方言

《漢書·地理志》：「凡民剛柔緩急，音聲不同，繫水土之風氣。」故五方風氣不同，而語言亦各異也。昔揚子雲仿《爾雅》而作《方言》，意欲繹訓釋之明，悟語聲之轉，不勞時咨而遇物能名也。西和當明末清初之際，人户寥落，遷徙而至者寄帑受廛，爰止益衆，故一切語言稱謂，大率與他縣互相出入。雖音之高下清濁小有轉變，然相同者實多。今仿省志略舉數條，並附注於各條之下，以溯起源而正舛誤。至世所通稱或字同音異，以及有聲無字，或有字而非字典所收者，概從略焉。

自稱曰我，稱人曰你，讀如字。至西北鄉接近天水、禮縣，稱我音如遨，稱人音如牛。西南鄉接近武都，稱我音如嘔，稱你音如啞。

稱我的曰俄吉，稱你的曰伲吉，我音平而轉爲俄，你音平而轉爲伲，吉亦的之轉音歟。

不名呼人曰嗄。音如假。驚歎曰嗄嗄。音如沙平、上二聲。按，《集韻》嗄，所嫁切，沙去聲，「聲變也」。《爾雅·釋言》：「答然也。」邑俗不名呼人曰嗄，作發語辭。驚歎曰嗄嗄，大事幸過亦曰嗄嗄，氣填無詞亦曰嗄嗄。

呔，音如代，上聲。叱聲也，又戲相呼也。按，《五音集韻》呔，徒蓋切。邑語呵叱騾馬曰呔，又戲相呼人亦曰呔。

嗑，音盎。諾辭也，又漫應聲也，口然而心不然也。按，《集韻》：「嗑，聲也。」或作嗑嗑。邑語似同一諾意。然語重聲長爲口然而心不然之辭也。

哼，音亨。恨聲也，又呻吟曰哼。按，《集韻》：「哼，愚怯貌。」邑語所謂哼乃恨聲，又呻吟聲，皆與愚怯之意不合。

說，或讀如字，接近武都之西南鄉人讀如索，接近徽縣之東北鄉讀如設。

假，以物予人之辭，與乞假互相通釋。

奘，在黨切，駔大也。邑語以凡物粗大謂之奘。揚子《方言》：「秦晉間人大謂之奘」。

碎，讀如歲，凡物之細小者謂之碎，亦瑣碎之謂也。

頓，俗讀作動。謂一餐爲一頓，又謂打一頓。《世說》：「羅友曰：『欲乞一頓食。』」〔一〕杜詩：

〔一〕原誤作「羅友一日乞一頓食」，據《世説新語》改。

「頓頓食黄魚。」邑語謂一餐爲一頓者意本此。又《唐書》:「打汝一頓。」邑語笞責一次爲打一頓者,意本此。

頑的,俗以不好爲頑。問物之好否曰好的、頑的,與顛頑之意同。

瞎的很,俗又以不好爲瞎,非必瞽者也。稱人之不好亦曰瞎人。

癯的很,癯,俗轉闕去聲,即癯之謂,謂人形容消瘦也。

夜哩哥,即昨日個三字之訛。

明後遭,即明朝、後朝也。遭即朝之轉音矣。

吃商吾,謂吃晌午飯也。邑語轉上爲商音,轉午爲吾音。

吃乾糧,俗謂吃早飯。《詩·大雅》:「乃裹糇糧,于橐于囊。」注:「糇,乾糧也。」又云:「爰方啓行。」蓋行者有裹糧,然後以爰方啓行,謂行者朝食于途也。邑語吃早飯曰吃乾糧,義或本於此與?

倩人曰訣。音如央。按,《博雅》:「訣,問也。」《類篇》:「訣,告也。」邑語倩人謂之訣,或訣望,或云訣及,皆與問告義同。

尋覓曰找。音如爪。按,《集韻》找音華,與劃同。今俗謂補不足曰找,音從找。邑語尋人覓物亦謂之找,音蓋本此。

呼日曰熱頭。按,《説文》:「日,實也,太陽之精不虧。」年希堯《五方元音》:「日,音熱。」

邑語呼日爲熱者，意本此。頭則爲語助辭也。

耰謂之摩。音如磨，《唐韻》若臥切，去聲。按，《説文》：「耰，摩田器。」播種後以此器摩之，使土開處復合以覆種也。邑語摩地及摩地之器皆曰摩，音義本此。

耒耜謂之耩音如剛上音頭〔一〕。按，賈公彦疏：「耜謂耒，頭金，金廣五寸。耒面謂之庛，庛亦廣五寸。」皋蘭語耒耜曰廣子，義蓋本此。邑語謂之耩頭，耩或廣之轉音，頭即指耒頭言。

果核謂之胡。按，《本草綱目》：「胡桃一名核桃。」李時珍曰：「羌音呼核如胡，名或以此。」邑語謂胡桃曰核桃，凡百果之核則皆稱爲胡，濫觴蓋自西羌起焉。

有商，俗以雨澤深透，田土積潤爲有商。昔湯有七年之旱，桑林禱而致雨，爲有商慶。邑語以田土積潤爲有商，義或本於此與？

鑽眼，稱人子女可意曰鑽眼，子弟作事規矩曰鑽眼，即悦目之意，猶言能入時人眼也。若子弟作事乖張，又曰不鑽眼。

娣姒曰卸侯。讀如字。按，《漢書》：「長陵女子以乳死，見神于先後宛若。」注：「兄弟妻相謂曰先後，古謂之娣姒。」揚子《方言》：「關西人稱妯娌爲先後。」〔二〕邑語稱爲卸侯者，卸或即

〔一〕下「音」似爲「聲」之誤。

〔二〕《方言》及《方言注》均無此説。《方言注》：「今關西兄弟婦相呼爲築里。」《爾雅注》：「今相呼先後，或曰妯娌。」西：原誤作「中」。

先之轉音，侯或即後之轉音。關、隴相近，稱謂應亦相因。俗讀如卸侯者誤矣。

母之姊妹曰鴉鴉。按，《詩》注：「兩壻相對曰婭。」即連襟之謂也。今邑語稱母姊妹之夫曰姨夫，而偏稱母之姊妹曰鴉鴉，或即婭之轉音與？然亦誤矣。

稱妻之父曰姨父，稱妻之母曰姨母。姨者，母姊妹之稱也，邑語稱妻父母曰姨父、姨母，想當時中表結姻，娶姨父母之女而未改其舊稱與？然而誤之已甚矣。尚望今之文明家提倡而改正焉可。

稱祖父曰爺爺，稱祖母曰婆婆。

稱父曰達、曰爸。稱爹者近亦有之，從未有稱爺者。

稱母曰娘，或轉爲牙。近亦有稱媽者。

稱嬰孩曰娃娃。兒女通稱。

稱連襟曰兩挑擔。按，《爾雅》：「姊妹之夫相謂曰僚壻。」〔一〕江北人呼僚壻曰連袂，又曰連襟。邑語稱兩挑擔者，譬如有物一擔兩人分而挑之也。

〔民國〕徽縣新志

【解題】董杏林修，趙鐘靈纂。徽縣，今甘肅省隴南市徽縣。「方言」見卷三《食貨志・禮俗》中。録文

〔一〕《爾雅》及注均無此條。

據民國十三年（一九二四）石印本《徽縣新志》。

方言

呼祖父曰爺。呼祖母曰婆。呼父曰爸，或曰逹。呼母曰媽，或曰孃。俗轉習音。俗謂翁曰阿翁。謂姑曰阿家。讀如字。兄弟之妻相稱曰先後。先讀去聲，即妯娌之訛。兩姻相稱曰親家。連襟謂之挑担。孩子曰娃娃。大人曰大漢。漢讀平聲。謂人兇狠曰可惡。謂人循分曰規矩。矩讀如居音。謂人物華美曰揚氣，亦曰蘇氣。蘇揚人善粧飾，俗語本此。謂不潔曰窩囊。謂富人曰上户。上俗轉爲商音。謂貧人曰窮漢。益因，俗以田中收成曰有益因，無收成曰無益因。商，俗以田中潤澤曰有商，乾燥曰無商。陽日番，日讀而。即如今之俗稱。夜哩哥，即昨日箇三字之訛。明後遭，即明朝、後朝也，遭即朝字轉音。早飯曰吃乾糧。晚飯曰吃上午。上俗轉商音。奘，在黨切。駔大也。俗以凡物粗大謂之奘。揚子《方言》：「秦晉間人大謂之奘。」頓，俗謂一餐爲一頓。《世説》：「羅友曰：欲乞一頓食。」杜甫詩：「頓頓食黄魚。」又云打一頓，謂笞責一次。《唐書》：「打汝一頓。」假，讀如嘉音。以物與人之辭，與乞假互相通用解。舀，如舀水、舀飯之類。鏵，俗謂犂鐵曰鏵。耩，俗讀剛上聲，謂耒耜也。垧，俗以二畝半爲一垧。瞎，俗謂不好曰瞎，無目者曰瞎子。牲口或曰頭勾。俗通稱騾馬之類。嘓嚕子，俗稱博徒。

右方言，均收入省志中，兹録數條，姑備一格。

青海省 凡一種

〔民國〕貴德縣志稿

【解題】姚均修，趙萬卿纂。民國二十九年（一九四〇）修，稿本。貴德縣，今青海省海南藏族自治州貴德縣。「方言」見卷二《地理志·風俗》中。録文據稿本《貴德縣志稿》。

方言

爺爺，祖父之稱。奶奶，祖母之稱，亦有稱婆婆者。逢逢，稱父。媽媽，稱母。爸爸，稱叔父。大伯，謂伯父。姑，稱娘娘。姊，謂姐姐。兄，稱哥哥。先後，即妯娌之謂。揚子《方言》：「關西人兄弟妻相稱爲妯娌。」〔一〕今則通稱爲先後。親家，兩姻相謂之稱。哇哇，嬰孩之謂，兒女通稱。挑担，即連襟之謂，民間兩壻俗稱也。

乖爽，即佳爽之訛。活人，俗謂勤苦營生也。歹毒，歹者，好之反，俗以人心殘忍如酖毒

〔一〕出郭璞《方言注》，作「今關西兄弟婦相呼爲築里」。

也。可惡，俗以謂人兇狠太甚。冒失，謂言行唐突也。陽氣，俗謂凡物華美好者。標致，俗以品貌骨格雋俏爲標致。體面，謂美貌也。規矩，謂循分守禮者。仔細，俗謂儉嗇。別格，俗謂特別也。窩囊，俗以謂人不整潔。夥計，同貲合謀之謂。些許，俗言少也。排場，俗謂大方也。鬼魂，俗指無賴輩，鬼祟之謂。上户，俗謂富家門户之稱。掙扎，俗謂勉强出力。緩着，慰人養病之謂。鍋塊，俗謂鍋烙厚餅，亦曰乾粮。我們，俗謂之自家也。牲口，亦曰頭勾，皆騾馬之謂。羱羝，俗謂山羊。喫上午，謂晚飯也。

寧夏回族自治區　凡五種

〔民國〕朔方道志

【解題】馬福祥等修，王之臣纂。朔方道，轄境包括寧夏、寧朔、中衛、平羅、靈武、金積、鹽池、鎮戎八縣，道治在寧夏，即今寧夏回族自治區銀川市興慶區。「方言」見卷三《輿地》中。録文據民國十六年（一九二七）鉛印本《朔方道志》。

方言

吽，音如牛，魚候切，發語詞重言之。哨，戲呼之詞，亦發語詞。嘈，俗讀如走音，發語詞，怒而呼之，將詈也。呿，發語詞，叱之使去也。厹，音求，讀如秋，助語詞也；又《説文》：「高氣也」。哈，俗發語詞。喝，讀入聲，亦發語詞。嗯、呵，音如阿，轉入麻韻；嗑，音盇，皆諸詞也，又口然而心不然也。吷，音如代平聲，叱聲也；又戲相呼也。子，本子孫之稱，俗指物皆帶一子字，竟似語助詞，如房子、帽子、棹子、盆子之類。聊，音讀如平聲，俗謂看曰聊之。捘，俗讀如平聲，擲遠之意。揷，音而，俗以委置物件謂之揷。扔，俗讀如平聲，謂其委置也。奘，在黨切，駔大也，俗以凡物粗大謂之奘。角，俗轉各音，如牛各、羊各之類。我，俗轉臥音。折，俗轉蛇音。三，俗轉薩音。崽，音簁，俗轉裁韻。楊子《方言》：「崽，子也。」兀，五忽切，《説文》：「兀，高而上平也。」郡俗指示途路曰兀呢，或轉鬧呢。兀長則路遠，兀短則路近是矣。阿，或轉沃音，自稱之辭。找，音爪，尋覓曰找。扎，刺謂之扎。摩，去聲，音如磨，俗謂覆田之器，即耰也，非磨麵之磨。鴉，俗轉哇音。舀，伊鳥切，音遥上聲，俗舀水、飯舀之類，隴右爲恒言。胡，俗謂果核爲胡。箸，俗謂快子。可，俗轉渴音，如渴不是之類。

阿子，稱男娃兒曰阿子。丫頭，稱女娃兒曰丫頭。婆婆，稱夫之母爲婆婆。翁翁，婦稱夫之父曰翁翁。爹媽，俗稱父曰爹，母曰媽。爺爺，祖父之稱。奶奶，祖母之稱。爸爸，滿人稱父曰爸，其漢回皆叔父稱。嬸嬸，叔母之稱。今日，俗轉節而。明日，轉如滅而。親家，兩姻相謂之稱。挑擔，即連襟之謂，民間兩壻俗稱也。可惡，俗謂人兇。高興，俗譏人浮躁輕狂也。冒失，謂言行唐突也。揚氣，即揚眉吐氣之謂。標緻，俗以品貌骨格雋峭者爲標緻。體面，謂有光采也。睡覺，覺讀教音，就寢曰睡，睡醒曰覺。窩囊，俗以人不整潔爲窩囊。夥計，俗轉爲夥結，同輩合夥之謂。刁乖，乖俗轉拐音，詭僻之謂。真哥，即真箇之訛語。衣裳，衣服通稱，俗每二字連説，非古所謂上衣下裳也。勞忉，俗謂煩瑣。些許，些轉學音，許轉薄音，俗言少也。科氣，俗以局面大方爲科氣；或謂課氣。窮漢，即貧窮之人也。吃席，俗謂吃酒席也。打醮，俗轉教音，即誦經也。啾勢，俗謂像貌不順；本病劇之謂。藏藏，藏讀蒼去聲，間遊之謂，或曰浪浪〔一〕。連耞，打穀具也，隴右無二名。這裏，裏或呢音。那裏，俗以爲兀呢，兀讀平聲方合俗音。牲口，亦曰頭口，騾馬之謂。垡壘，俗和土塊爲垡壘。跳神，尫尪之劇，俗呼跳神。淌田，澆灌田禾也。熱頭，俗呼太陽爲熱，即日也；頭爲語助詞。萁蓆，俗謂之萁萁，《甘州志》稱爲藉藉，《寧夏渠務書》稱爲席其，《寧夏府志》又名芨芨。

没來頭，即無理由之謂。煞自話，即甚麽話之轉音。海味有，即還莫有之轉音。大漢子，謂身體長大也。老漢家，漢，俗平聲轉〔二〕，長老之通稱。嘓嚕子，指博徒、誘拐者。

拉謊溜皮，即言語不信實之謂。依托弗事，即諷人不自立之謂。得故要意，即炫己愚、美他人之謂。

强狠曰歪，謂人强暴不直之意。倩人曰訣〔三〕，音如央上聲，問也、告也。郡俗倩人謂之訣請，或云訣及，或云訣求，皆與問告同意。盈掬曰抔，音裒，郡俗以手掬物謂之抔。里鎮曰堡，俗轉普音，小城也。

按，《方言》始於楊子雲仿《爾雅》而作，今《臯蘭志》《甘肅新通志》亦皆仿而行之，其旨在明繹訓釋，徹悟語聲，亦語言學之權輿也。至物産俗名，其已見於各物下者，兹不複出。

〔一〕或：據體例補。
〔二〕俗平聲轉：似當作「俗轉平聲」。
〔三〕倩：原誤作「債」。下同。

〔光緒〕海城縣志

【解題】楊金庚修，陳廷珍纂。海城縣，今寧夏回族自治區中衛市海原縣。「方言」見卷七《風俗志》中。有光緒三十四年（一九〇八）鉛印本。録文據一九六五年甘肅省圖書館油印本《海城縣志》。

方言

天、地、日、月、星、辰、風、雲、雷、雨、霧、露、雪、霜、山、川、河、水、坡、嶺、道、路、溝、渠、澗、崖、麥、菽、穀、稻、糜、麻、禾、稼、瓜、果、桃、李、楊、柳、松、柏、牛、羊、騾、馬、虎、豹、豺、狼、狐、狸、鷄、犬、鵝、鴨、鴿、雀、鴉、鵲、猪、狗、猫、兔、鹿、獅等字如音。

高曾祖父、母曰祖太爺、祖太太。曾祖父、母曰太爺、太太。祖父、母曰爺爺、奶奶。父、母曰爹爹、媽媽。伯父、母曰大爹、大媽。叔父、母曰爸爸、嬸嬸。兄曰哥哥，弟曰兄弟。兄之妻曰嫂子，又曰姐姐。弟之妻曰弟媳婦。人稱兄弟之妻曰先後們。兄弟之子曰姪兒，女曰姪女兒。姊曰姐姐，妹曰妹妹。姊之夫曰姐夫。妹之夫曰妹夫。姊妹之子曰外甥，女曰外甥女兒。姑母曰姑娘。兒曰兒子，又曰後人。女未嫁曰女兒，已嫁曰親戚。外祖父、母曰外爺、外奶。外父、母曰舅舅、舅母。岳祖父、母曰妻爺、妻奶。岳父、母曰姨父、姨娘。岳父之兄弟曰姨父，姊妹均稱姨娘，子長、幼曰世兄弟、小舅子，女長、幼曰大姨姐姐、小姨子。夫稱婦曰家裡人，又曰我們婦人。婦稱夫曰我們掌櫃的，又曰我們男人。

見客曰看客。飲酒曰喝酒。飲茶曰喝茶。吃烟曰過癮〔一〕。説話曰扯磨。答應曰應承。歡樂曰高興。禮物曰禮信。可曰對，又曰幫尖，不可曰不對。可以曰罷了。鬥毆曰揵挹。詞訟曰告狀。衣服曰衣裳。鋤田曰耗草。法嚴曰可惡，又曰歪的狠〔二〕。法寬曰丢的鬆，又曰不管閒。唆弄曰戳弄。盜賊曰賊娃子。姦淫曰嫖風。搶奪曰把人打劫了。娶親曰娶新媳婦子。送葬曰送喪，回曰送埋的。修房曰蓋房。漢民曰漢人，又曰大教。回民曰回回，又曰小教。老年曰老漢，少年曰小夥子。老婦曰老婆子，少婦曰小媳婦子。人醜曰不好看，人美曰好的狠。教師曰師傅，回曰阿訇。商賈曰買賣人。銀錢曰財貝。筆曰生花。出門曰外頭去了。見官曰見上司。成曰對了，未成曰莫有呢。訂親曰説媳婦子。

以上係回漢方言，其餘多如字，不具述。

〔民國〕固原縣志

【解題】葉超修纂。民國三十一年（一九四二）修，未刊。固原縣，今寧夏回族自治區固原市原州區。「語言」「方言」見卷三《居民志·習尚》中。録文據宁夏人民出版社一九九二年整理本《民國固原縣志》，該本原爲简體字，現轉用繁體字。

〔一〕癮：原作「癔」。
〔二〕狠：原誤作「狼」。

語言 問答曰語，自言爲言

秦前後語雜羌戎，北魏鮮卑入主，語益紛歧。明開闢移民，清提督駐此，各省語言，遞相輸入。民國後漸習國語，但方言尚有存者。

周宣王時，固原爲北狄玁狁所據。秦義渠烏戎、漢烏氏多屬戎部，斯固原人言語遂雜羌胡矣。北朝夏勝光元年，赫連定稱帝於平涼。魏孝昌四年，萬俟醜奴稱帝於高平。異言異服，紛亂可知。明孝宗弘治十四年，開闢固原衛，移民實邊。鄉老遺傳：當時山西、陝西富户大姓，移來者許多，語言又爲之丕變。清同治兵火以後，左文襄公奏設提督於此，雷正綰實始居此。其時川、湘兵勇，遍之縣區，言語復因之少變。民國後，學校林立，漸習國語。至於方言諺語，姑就道聽塗説，西鱗東爪，附録於此。

方言

兒，本小子之稱，俗指物皆帶一兒字，成助詞，如花兒、帽兒之類。

壯，俗以凡物粗大謂之壯。

頓，俗謂一餐爲一頓；又云打一頓，即笞責一次。

我，或讀如字，或轉爲臥音。

你，或讀如字，或轉爲啞音。

假，以物予人之詞，與乞假互相通解。
鏵，俗稱犂鐵爲鏵。
耩，俗讀剛，上聲。謂耒耜也。
磨，俗謂覆種之器，即耰也，非磨麵之磨。
瞎，俗以爲不行好爲瞎，非必瞽者也。
爺爺，祖父之稱。稱父則曰大、曰爹、曰爸，從無稱爺者。
親家，兩姻相謂之稱。親讀去聲，亦有竟讀平聲者。
迎親，即迎婚之謂。迎讀應音，合去聲。
娃娃，嬰孩之謂，兒女通稱。
挑擔，即連襟之謂。
乖爽，即佳爽之訛。
活人，俗謂勤苦營生也；亦當作人講。
歹毒，俗以人心殘忍如酖毒謂之歹毒。
冒失，謂言行唐突也。
揚氣，凡物華美，俗爲揚氣，非揚眉吐氣之謂。
標緻，俗以品貌骨格雋俏爲標緻。

體面，謂美貌也；又作大方講。

規規矩矩，俗轉爲居音，謂循分守禮者。

仔細，俗謂儉嗇，非精細之意。

别致，俗謂異常也。

整治，治讀持音；凡物損壞修理皆曰整治，非整飭之謂。

窩囊，俗以人不整潔爲窩囊。

夥計，俗轉爲夥結，同背合謀之謂。

刁乖，性情蠻野詭僻謂之刁乖。乖俗讀拐音。

真歌，即真個之訛語。

衣裳，衣服之通稱，俗每二字連説，非古之所謂上衣下裳也。

筆硯，俗亦二字連稱，其實單指筆稱。

手釧，釧字俗轉爲寬音去聲，即手釧也。

耳墜，墜字俗轉爲垂音，即耳環也。

嘮叨，俗謂煩瑣。

些許，俗言少也，亦言些須。有時亦當輕微講。

排場，俗以局面大方洋氣爲排場。

坐席，俗吃酒席也。

鬼魂，俗指無賴輩，即鬼祟之謂。

花兒，民間歌謡之曲。

上户，上字俗轉爲商音，富家之稱。

窮漢，漢字俗轉爲寒音，貧家之謂。

秋勢，病劇之謂。又作不景氣解。

挣扎，俗謂勉强出力。

緩着，慰人養病之謂。亦作休息講。

藏藏，藏讀蒼音，去聲。閒遊之謂。亦曰浪浪。

汗褟，即汗衫。亦曰汗褂，小裹衣之稱。皆指單衣，若棉則言襖矣。

鍋塊，鍋字俗讀平聲，謂鍋烙之厚餅。亦曰乾糧。

連枷，打穀工具也。

一個，個字俗轉爲拐音或塊音和改音。

有商，俗以雨澤深透田土，使土潤濕爲有商。

我們，但俗讀爲襖們或鰲們。

你們，但俗讀爲紐們或牛們。

這裡，俗云爲致達或宰達。
那裡，俗云爲務達或歪達。
牲口，亦曰頭勾，勾即口之訛轉。皆騾馬之謂。
羢羖，山羊也。羢讀如字，羖字俗轉爲里音或鹵音。
我呐呐，驚訝辭。或云我戛戛。
吃乾糧，俗謂早飯也。
吃參行，行讀杭，謂好干預別人家事。
輕些兒，謂病漸愈也。
新發户，謂新近發財之户。
莫意思，即没興趣之謂。
莫倚抓，即没靠落之謂。亦作没辦法講。
癯的很，俗轉爲闕音，去聲。即清癯瘦弱之謂。
不要的，要字俗讀爲平聲，即無容之謂。
夜裡個，即昨日，亦即昨日個三字之訛。
明後遭，即明朝、後朝也；遭即朝之轉音。
大漢家，漢字俗讀爲平聲，對大人的通稱，或止云大漢。

大漢子，漢讀如字，謂身體高大也。

老漢家，漢字俗讀爲平聲，對長老之通稱。

嘓嚕子，指賭徒、拐騙者之謂。

有東道，即有酒食。

無其奈何，即無聊或無辦法之謂。

麻利尖鑽，俗謂狡黠之輩。

喬遷嗎，問老年人健康之語，即矯健之訛。或云爲古者巢居，故相見問好時曰喬遷。今專以問老年人之用。

打郎唐，指將事做錯或説謊話之意，謂不要打郎唐。又有打郎當、郎的當、郎的郎當，語意不外是指浪蕩人將事做錯了。歷來如此説法，不知何據。按字書，郎當，言衣寬大不稱身也。又楊億詩〔一〕：「鮑老當筵笑郭郎，笑他舞袖太郎當。」亦言舞袖寬大。更有作頹唐之解者，語本唐明皇奔蜀故事。明皇小字三郎，安禄山反，明皇奔蜀，驛中聞鈴聲，扈從黄繙綽曰：「鈴言三郎郎當。」蓋借鈴聲以諷之也。後世遂因此而有「打郎唐」與「荒唐郎的當」之語。

葉子潮、葉子麻，要乞頭。《天録識餘》載：南唐李後主妃周氏編金葉子格。此戲自唐咸

〔一〕億：原誤作「意」。

通以來有之，即今之紙牌也。又紙牌名葉子，始于明代萬曆末年，民間好葉子戲，圖趙宋時山東羣盗姓名而鬥之，至崇禎時大盛，其法以百貫滅活爲勝負。又《輟耕録》：「正元中，宋進《博經》一卷，强名争勝曰撩零，假借錢物曰囊家，什一而取曰乞頭。賭博强求得名，以勝於人曰撩零。今多作乞頭用也。」按，今人以刻苦好勝曰葉子潮、葉子麻。或亦取葉子格争鬥强勝與賭博者争勝曰撩零、曰乞頭同一意歟？

竈曰鍋頭。鍋鏟曰鏟鍋。地畔曰蓋楞。汲水曰打水或弔水。以車運禾於場曰拉捆子。以畜運禾於場曰馱捆子。以繩束禾曰殺馱。以耬種子曰擺耬。寫的好曰寫的光唐。讀書曰念書。作事曰幹事。棉襖曰棉裹肚。夾襖曰夾裹肚。襯衫曰汗衫。箸曰筷子。女人好閒遊曰穿門倒户。燈曰燈盞。柴曰薪。有力量曰打硬。好駡人曰嘴臊的。待曰等下。鰥夫曰光棍漢。寡婦曰半邊人。退化曰腦喪。至盡頭曰到窰腦。臼曰對窩子。努力曰鼓勁。仰卧曰仰半子。卧俯曰趴匍子。側身曰窄楞子。蹲下曰蹴下。面色不愉快曰臉弔下，或臉抽下。殷勤曰熱情的。威嚴曰森煞。不知數的人曰二百五，或半弔子。差池曰不够成色。好狂曰半山瘋，或冒失鬼。不管用曰使不得。牡猪曰跑猪子。牡猪去腎曰牙猪子。綿牡羊曰羝翔，去腎曰羯羊。牝羊曰母羊。牝猪曰母猪，去腎曰奶劁子。牝馬曰騍馬。牡馬曰兒馬，去腎曰騸馬。騾子同。牡驢曰叫驢，去腎曰騸驢。牝驢曰草驢。牡狗曰牙狗。牝狗曰草狗，亦曰母狗。觀人臉色曰看臉勢。時常曰世常。壁曰牆窪。筆曰生活。硯曰硯瓦或硯臺。拂蠅曰蠅刷。不成曰没搞。點心曰爐食。上糞曰抓糞。麥有皮曰護顆。冰雹曰冷子蛋。細雨曰毛毛雨。休息一下曰緩一緩。土坯曰胡基。給予曰格。解曰改。美曰俊。買粟曰糴糧食。賣粟曰糶糧食。以牲畜運糞於地曰馱糞。呼乞丐爲要着吃的。呼壯者爲小夥子。收拾曰打攄。呼僕曰拉長工的。没辦法曰没醫治。渴曰亢了。幹練曰靈醒。子孫聽話順心曰乖爽。是曰對着呢。呼猫曰咪咪。呼犬曰嗝兒嗝兒。呼牛、馬、驢曰犢犢。呼猪曰嘮嘮。優待曰當人。慢待曰不當人。羞曰傷臉。不潔凈曰拉塌。呼伯父曰大爹。呼叔父曰爸爸。商量機密曰説悄悄話。説大話曰賣牌。呼軍人曰吃糧的〔一〕。呼士人曰念書的。呼商賈曰買賣人。呼有錢人曰富漢。不要緊曰閑求淡。不管曰不耳識。遇機會曰當上了。遺失物品曰料了。没責任曰不管閑。妥當曰剛對。浪漫曰拉的癱。酌量曰思謀。僞物曰外花東西。諷人顯才曰把你能的。怕忍耐曰波煩了。在人前賣好曰千煩，又曰耍馬蓮花。閒遊曰浪一浪。晚間見人問候曰還没睡。婦人見面問候曰娃娃乖。黎明曰麻亮子。黄昏曰將黑了，又曰叉麻子。太陽曰熱頭。月曰月亮。星曰休休。今天、明天、後天曰今兒個、明兒個、後兒個。過壽辰曰過好天。不答應曰不言喘。過婚、喪事舉行儀式曰過事。起來曰且來。女子有教養曰抬居的好，無教養曰没操心。不贊成曰不願意。總售曰發販子。零售曰賣門口。哥哥曰高高。坐視成敗曰看笑攤，

〔一〕曰：原脱，據體例補。

或聽笑聲。劣品曰瞎貨。不堅固曰銷的很。不安静曰振顛。受人本錢曰領本。定立股份曰栽帳。年終結算書曰紅單。隨聲附和曰打和聲。就説曰驟説。不識字曰睁眼瞎，又曰白眼公子。諂富貴曰拔結。呼羊曰咩吸咩吸。問孕婦曰坐下了嗎。産期叫坐月子。兒子曰命蛋蛋或狗狗。完整曰囫圇。惹人愛曰乖得吓、醜的吓。隨風倒浪曰因流聲。踵曰腳後根。乳曰奶旦旦。腎囊曰卵胞子。小兒陽物曰牛把子。有錢不用曰搜搜鬼。無錢好闊曰裝花鬼。瞳仁曰眼媳婦。田禾收後未犂之地曰茬地，已犂數次待播種之地曰歇地。日冕曰日院。止畜之聲曰啊招招[一]。由圈内向外起糞曰出糞。木碗曰鑾鑾子。不自量曰覺不着的很。討厭曰喪眼的很。做什麽曰抓呢，或做啥呢。可愛曰眼黑。害人的東西曰瞎貨。不是好東西曰栽乖。指女人妖氣曰妖慣慣。稱傻子曰朝先、曰冷棒。好的很曰好過火。太壞曰瞎的很。稱不肖子孫爲桿子秤。不乾脆曰暮囊。煩悶無主張曰破煩，或咋搞法。遇不順心、不吉利之事曰唇了、臊了。罵人糊塗曰歹迷。小孩乖巧曰朝到。大人在誇小孩前置詞曰不了失口者。差不多曰幫間。鼓動起哄曰和倒。稱不肖之徒曰乖棒子。大人禁止小孩説話，催快吃飯曰快日囊。不理睬人曰佯搭不睬。對人帶理不理曰二膩八掙。通同、總共曰代蓋。一把連曰連向子。稱不好的人曰怪家伙。知識不全曰半眼漢。不要緊曰莫交閑。完結曰零幹。没辦法、没方子曰没把

[一] 曰啊：原誤作「啊曰」。

戲耍、没笊兒撈。整齊舒展曰列折或折葉。乾脆曰繳另。現在曰掌兒根。不決斷曰怏怏佯佯。失去感覺和理智曰悵惘惘的。危險曰玄。下賤貨曰爛髒。喊叫曰嚷驚。面孔難看曰瓦烏子。聰敏曰及溜。没出息曰窩裹老。一家人曰一窩撈子。利害曰磣嗎。稱輕佻之徒曰燕兒毛。稱輕狂多話之人曰輕嘴喋舌。舍不得曰心欠欠的。對最心愛的人曰心肝寶貝、命旦旦、命系系。對鬼祟的人曰賊勢、賊腳六手。對不識相、不知趣的人曰慶的很。吵鬧曰鬧幫幫。事情不易解決曰然牙。面貌難看曰卓相。有福澤曰有裸積。性急曰急躁失瓦。繁雜曰交紘。不乾脆曰落連。不誠實曰心兒曼。無能曰出魯魯。樣子不好曰求勢。心眼多曰玩貨稠。打耳光曰打戳脖。無精打彩曰悵歹歹、呆頭搭拉。容易翻臉曰狗臉親家。遊手好閒曰閒打浪。無賴曰死皮。做事過度曰柯乍乍的。不平正之物曰三愣包竅。不精彩曰禿斯斯的。失勢曰麼怯。無所措手、乾看没法曰急的手瓦敖敖。多嘴多舌曰皮淡話多。没志氣曰没黄腸。執拗曰擰脖子。落魄曰落欠。

〔民國〕重修隆德縣志

【解題】桑丹桂等修，陳國棟等纂。隆德縣，今寧夏回族自治區固原市隆德縣。「方言」見卷一中。録文據民國二十四年（一九三五）石印本《重修隆德縣志》。

曹們，猶言我們。這交得，猶言在這裏。没來頭，無關輕重之辭。使得得，拒諫者終歸失敗，諫者稱快之辭。啦啦嘐，語助詞，又驚怪之辭，亦有轉作吶吶者。作了嗄，驚怪詰問之辭。㑳𠌫，人物之中乎規則、見者悦而贊美之辭，亦有轉作秀律者。蔴嗒，不明瞭之辭，又難理會之辭；又人之尋事瞎鬧者曰打蔴嗒，亦曰找蔴嗒。臧，讀上聲，意謂此刻也。還反，詭詐之謂。詐，謂小兒動作不規矩者，非專指心計詭譎也。囊子，謂子弟之不成材者。潮包子，謂人之不曉事者。踢牀鬼〔一〕，稱人之不守祖業者，又曰破家屋鬼。歹哈哈，言婦女之妖豔者，與古語之稱尤物等。打心錘錘，譏人之被人偏愛者。招招招，稱事物之中肯者。招活，被害之稱；未然者曰招活咔，已然者曰招了活了；又譏人之惹事者曰死招活，廣惹事者曰廣招活；又被無妄之災者曰怎招了個活。或曰活即禍之轉言。祝祝，讀若喌喌，呼鷄之聲。祝鷄翁善飼鷄，故世俗呼鷄曰祝祝。又施肩吾詩「遺卻白鷄呼喌喌」。夢淞，霧氣迷漫之貌；借譏人之心地不明者。明後遭，明日、後日無定之謂也。巧欠嗎，問長者矯健之轉音。拉架板，踏人背腳之稱。忽骨董，弄髒之謂。窩裹老，謂人作事不出頭之稱。大漢家，謂人身體長大也。怪到來，先不

〔一〕牀：原誤作「牀」。

明而後知之詞。邦肩，謂事大概可成也〔一〕。乖爽，清快也，帖服也。夥記，呼傭工之謂。高興，輕狂之謂。體面，美貌之稱。真箇，實情也。混蛋，不懂事人之稱。滚出去，不要人之稱。親家，媳翁婿岳相見之稱。挑擔，他人呼姊妹幾婿之謂。勞切，謂其人難對付也。冷棒，不當做而做之謂。傷眼，謂人不怕羞辱也。乾束，婦人修節整潔之謂。咕嚕子，賭博人之稱。你嗎是的，人已暴動我不能勝而欲禁制之口吻。顢頇，謂人糊作爲也。碎蚤蚤，碎小不忍之稱。呵呀，不贊成之口吻。扭搬，心肯貌不肯也。做嗄家，謂人幹什麼之稱。你仔麼了，不知其人爲何病之問詞。噶噠客，謂人吝嗇錢財也。糟踏，謂人損壞東西之類。躐踏，謂人身體什物不潔淨也。喏唆，謂人太糾纏也。抬愛，求寬待之意。搾實，待人過刻之謂。頗疲，能耐勞苦之謂。

〔民國〕化平縣志

【解題】蓋世儒修，張逢泰纂。化平縣，今寧夏回族自治區固原市涇源縣。「方言」見卷一《輿地志》中。録文據民國二十九年（一九四〇）石印本《化平縣志》。

方言

語言爲人類交通之具，化平回漢雜居，陝籍甘民合處，其聲音清濁高下、剛柔緩急有不同，

〔一〕概：原誤作「慨」。

而同者實多。現在之口頭語，按之古籍均有來源。僅據採訪所得，志之如左。

稱父親曰達，稱母親曰媽，稱叔父曰爸爸。

稱日爲熱頭，冰雹爲冷子，霹靂震動曰乍雷，霧濛凝結曰凌霜，不時而霜謂之黑霜，驟然而雨謂之迫雨。

嗄，問是甚麽之辭，説嗄呢、做嗄呢皆是。唉，發語辭。幫肩，猶云差不多也。乖爽，問訊小兒之辭。峭欠，問候老者之辭。緩着，慰人養病之謂，休息亦曰緩。可惡，謂人之甚狠。掙扎，謂勉强出力也。子細，謂人之儉嗇。唉呀呀，不耐煩之辭。没來頭，謂事不要緊或人無出息。老漢家，長老之通稱。找麻噠，給人尋事之謂。夜來哥，謂昨日。瞎，不好之謂，非必瞽者。明後兒，謂明日後日。贓稀，謂人之不整潔。嘮叨難纏，謂人之費事。致噠務噠，謂這裡那裡也。搔踏，欺侮之謂。高興，譏人之浮躁。新發户，謂新近發財者。没交閒，謂事無趣味。嘓嚕子，賭博人之謂。冒日鬼，謂人之荒唐。我戛戛，驚訝之詞。積鑽麻俐，謂人之奸巧。拔蹿，奉承之謂。親家，媳翁婿岳相見之稱。便宜，謂價賤也。夥記，呼傭工之謂。排場，局面大方也。混蛋，不懂事之稱。結子，謂人之言語遲鈍也。老實，要實做也，有忠信也。燃蛋，言語不清楚也。扯謊，説誑話也。抬愛，求寬待之謂。顢頇，謂人糊作爲也。幫肩，謂事大概可成也。

新疆維吾爾自治區　凡二種

〔民國〕新疆地理志

【解題】張獻廷初稿。「纏頭回之言語」「蒙古族之言語」見第三章《人文地理》第二節《風俗》第十一項《言語文字》中。録文據民國三年（一九一四）石印本《新疆地理志》。

纏頭回之言語

纏頭回使用之言語係土耳其語而失其變化，與中國語相混淆，今舉其例如左：

一，卑〔一〕。二，伊開。三，于起。四，胎堯度。五，巴士。六，阿爾度。七，伊埃爾度。八，塞克斯。九，脱克斯。十，恩。廿，伊考爾麥。卅，楞脱斯。四十，開來格。五十，阿爾來克。六十，楞脱麥士。七十，伊埃脱麥士。八十，塞克三。九十，脱苦三。百，游斯。千，明。萬，布爾脱門。

〔一〕「，」上爲漢字，下爲回音。本節下同。

父，達達。母，阿巴。僧，阿杭。穆哈麥德之子孫，楞吉雅。十户長，恩巴。百户長，有斯巴士。月，愛。水，斯。冰，媽斯爾。白，阿格。黑，喀喇。山，達坂。土，脱巴。紅山，格兹爾。山口，脱媽克。渠，太麥。池水，孔爾。土地，康德。市，巴薩爾。學校，麥太來塞。墓地，馬薩爾。教會堂，硜巴爾。石，薩。野馬，苫蘭。壁，達媽。小渠，雅格來格。木林，堯坑脱拉克。梧林，脱格拉格。鷄，達底拉斯。鷹，考士。多謝，和都修。文字，開。周族辭，伊斯拉姆。過來過去，哩揚噶爾。

蒙古族之言語

蒙古族用固有之言語，然其中有交以多少之回回語及中國語，今例其言語。

一，奈喀[一]。二，哈拉。三，考爾巴。四，脱爾庖。五，達巴。六，將爾喀。七，脱勞。八，奈有瑪。九，伊掃。十，阿拉巴。十一，阿爾崩奈喀。二十，嚇里。五十六，太布吉喀。百，吉阿硜。千，明喀。萬，脱姆。

春，哈巴喇。夏，將。秋，那拉拉。冬，楞布拉。東，强岱。西，巴爾尼。南，楞爾特。北，海岱。天，騰戛利。地，戛者拉。日，奈拉[二]。月，薩拉。星，豪脱。風，家勃拉。雲，烏拉。

[一]「，」上爲漢字，下爲蒙古音。本節下同。

[二] 日：原誤作「月」。

雨，勃勞者。雪，茶薩。陸，坑。集，毛吉。村，埃拉。城，豪達。牧場，達喇。谷，奈來。山，達坂。涌泉，阿拉詳。石，士勞。家，苦爾拉。庭，豪勞考。户，喀苦達。釜，脱古。

父，阿巴。母，楞瓦。男，烏利亞。女，瓦馬。夫，烏拉。妻，阿馬。頭，哈喬喀拉。顏，諸拉。鼻，哈馬拉。口，阿馬。手，喇拉。足，豪拉。

水，楞掃。茶，起阿。酒，挨爾。麥，麥薩。豆，伯爾起喀。米，巴達。馬，麥利。牛，豪拉。羊，雅馬。豕，喀哈挨。

前，豪爾達夫。後，海太布挨。右，底布達拉。左，勃勞達拉。

〔道光〕哈密志

【解題】鍾方纂。哈密，今新疆維吾爾自治區哈密市。方言見卷十七《輿地志・風俗》中。録文據民國二十六年（一九三七）鉛印本《哈密志》。

風俗

鄉音六里不同，言語俚俗，無文飾。嶺曰達坂。坡曰崖子。平原曰郭壁。野聚曰莊子。山蹲曰豁洛子。然皆質直而無輕薄纖巧之習。

臺灣省　凡四種

〔乾隆〕續修臺灣府志

【解題】余文儀修，黄佾纂。臺灣府，今台灣省。「番語」見卷十六《風俗四》中。録文據乾隆三十九年（一七七四）刻本《續修臺灣府志》。

番語　各社音多不同，略舉其概

天爲務臨。日爲咿喇哈。月爲咿達。夕爲務闌。星爲薩哈闌、爲曖薩拏夕。風爲麻哩。雨爲唎麻拏、爲烏達。雲爲喇漠。雷爲臨薩哈。電爲力吧力吧。虹爲打唎包該。霜爲烏弗打。露爲喇漠哈。霧爲薩喇嗎、爲嗎喧。天明爲嗎喇嗎蛤。日午爲喇丹。入夜爲煞火。寒爲嗎哈喇夕。暑爲嗎喇辣。旱爲猫勺唎麻拏。久雨爲烏屯者唎麻拏。

地爲烏吻。山爲衶、爲木艮。水爲喇淋。海爲地淋、爲麻淪。溪爲包、爲阿汪。潭爲阿煞。陂爲達漠。圳爲噶哈噶。井爲潦哈。泉爲思嗎潦喇。淋爲務捫。火爲喇步。

耶嫣，父也，一曰阿兼。擺奄，母也、姑也；母一曰兒喇。麻箕，祖父也。霧霧，祖母也。

茅撒哩，伯也、叔也。喇由喇補，伯叔母也。若佳，兄也，一曰撒哩麻撒句。迷老，弟也，一曰撒哩麻奴喇句。阿己，夫也，一曰媚家。歹喇，婦也，一曰鷄家奴句。喇補麻撒，姊也。喇補吧一，妹也。茅擺，堂上翁也、岳父也。阿夕瓜，堂上姑也、岳母也。猫喇補，母舅也。阿實瓜，母姨也。婦吧哩，嫂也。婦吧哩吧一，弟婦也。阿六江，子也、女也；子一曰阿喇、女一曰阿喇歹拏句。打喇連，女婿也、兒媳也。婿一曰佳喇六句。阿喇撒哩，姪也。阿喇霧霧，孫也。阿呶喇補，外甥也。阿己阿己，男子也。女曰擺擺。土官曰甲必丹。

敘麻格者謎路，士人也。臨嗎哈，農夫也。吻奴哩補，工匠也。嗎哩拏阿啤，客商也。曰嗎嫫、句。下仿此。曰麻煞者稍，老人也。曰阿喇喇、曰佳喇歪，少年也。嗎哈吧者稍，長人也。吧若，矮人也。曰嗎仁、曰嗎良、曰麻目底六，美婦也。曰麼呵、曰嗎古癩，醜婦也。曰萬拏者稍，曰麻毒鷄角姑籠，人衆也。老里，我也。呶，汝也。捫喇打因拏，成婚也。嗎姥者謎蘇，懷孕也。黑麻拏，生子也。仳哩哩句，召客會飲也。嗎薩薩，祖先也。打打害稍稍，神也。麻夫闌，鬼也。嗎嘶，病也。死曰嗎歹、曰吧吧潺。死而復生曰麻蘇哈。

嫌嗎魯哈魯，拜也。他都君，君依土音。跪也。密衮，坐也。曰臨馬秣、曰馬打郎，行也。曰黑馬轤、曰石跟，跑也。吟吻，言語也。嗎哈吧沙句，訾罵也，鬬毆也。鬬毆一曰麻吧吧台句。拏把喇句，强有力也。烏弗臨句，柔弱也。曰麻喇夕、曰麻哩古，睡也。猫霧其勿箕，醒也。路買句，度曲也。番自賽戲曰事戲。

身曰麻啤。頭曰烏。顱曰蒙峨。目曰麻撒。面曰撒密。鼻曰律、曰昂峨斯。耳曰撒哩喇。口曰務哩。吻曰摹突。唇曰務分。齒曰哩本。舌曰喇哩喇。喉曰卓考。肩曰歹一八。手曰利馬、曰謎喇夕。乳曰都都。心曰阿穆、曰阿目。目依土音。腹曰務驛、曰謎蘇。臍曰務夕。膝曰希魯遁。足曰阿撒、曰丁丁。髮曰物夕。眉曰甲八。鬚曰喇律、曰囈囈。

一曰阿打。二曰利撒。三曰直魯。四曰咿吧。五曰哩罵。六曰咿臨。七曰秘都。八曰打盧。九曰阿舍。舍依土音。十曰猫歹矢。百曰謎阿打哈蘇。千曰謎阿打沙力。萬曰謎阿打漫。有曰咿拏。無曰猫勺。多曰漫拏。少曰吧譯土牙〔一〕。是曰阿哈。非曰謎阿呢。

莊謂之阿喇哈。社謂之薩魯屯。屋謂之都粉，謂之打咯。門謂之麻勿。牆謂之麻啤都粉。田謂之烏嫣。橋謂之達踏。船謂之阿滿，謂之阿綱。花謂之衣襲，謂之都喇喇。草謂之哈没噶，謂之吧夕。竹謂之烏鰕。木謂之衙截。

册籍謂之謎路。字謂之蘇喇。紙謂之吧力吧，謂之龍阿蒙。筆謂之蘇力。墨謂之麋奴。扇謂之吧吧譯。弓謂之務格兒。箭謂之吧哈。矢謂之茅必希。刀謂之試落，謂之烏律。車謂之箕轔，謂之打哩吉。

銀謂之麻哩毒。錢謂之咯嗎呢。鐵謂之麻哩。銅謂之麻哩務哩。錫謂之都哀。

〔一〕土：康熙《諸羅縣志》作「士」。

喇丹。布謂之衣幪。綢緞謂之如噶噶。帽謂之打喇獨，謂之噶姑母。衣謂之姑喇襲。袴謂之加水。襪謂之霎霎務。韈謂之達打畢，謂之霎屏。被謂之霎霎呼。帳謂之哈哈産。牀謂之之開生。穀謂之獨獨。米謂之新沙，謂之博。酒謂之醳，謂之務哈，謂之打喇酥。飯謂之羅漠，謂飯謂之麻目吉打。粥謂之務。蔬謂之辣辛。檳榔謂之阿迷希。荖謂之阿辣噶。烟謂之打嗎嘓。飲酒謂之迷底打食。鍋謂之打泥溺。馬謂之哈阿麻。牛謂之鸞。羊謂之優。鷄謂之卓瓜，謂之孤甲。狗謂之阿都。猪謂之猫霧。豹謂之闌裹闌。鹿謂之門闌，謂之没。魚謂之試干，謂之騰。鵝謂之打姑麻一。鴨謂之哈拏哈拏。捕鹿謂之麻噶阿喇哈。捕魚謂之銀米落試干。騎馬謂之没阿吧。騎牛謂之麻吧歷。以上並出《諸羅志》。

〔康熙〕諸羅縣志

【解題】周鍾瑄修，陳夢林等纂。諸羅縣，在今台灣省嘉義縣。「方言」見卷八《風俗志・番俗》中。録文據康熙五十六年（一七一七）刻本《諸羅縣志》。

方言 各社音多不同，略舉其概

天爲務臨。日爲吔喇哈。月爲吔達夕，爲務闌。星爲薩哈闌，爲曖薩拏夕。風爲麻哩。雨爲唎麻拏，爲烏達。雲爲喇漠。雷爲臨薩哈。雹爲力吧力吧。虹爲打利包該。霜爲烏弗打。露爲喇漠哈。霧爲薩喇嗎，爲嗎喧。天明爲嗎喇嗎哈。日午爲喇丹。入夜爲煞火。寒爲嗎哈喇夕。暑爲嗎喇辣。旱爲猫勺唎摩拏。久雨爲烏屯者唎麻拏。

地爲烏吻。山爲嵂，爲木良。水爲喇淋。海爲地淋，爲麻淪。溪爲包，爲阿汪。潭爲阿煞。陂爲達漠。圳爲噶哈噶。井爲潦哈。泉爲思嗎潦喇。淋爲務捫。火爲喇步。

耶嗎，父也，一曰阿兼。擺奄，母也，姑也，母一曰兒喇。麻箕，祖父也。霧霧，祖母也。茅撒哩，伯也，叔也。喇由喇補，伯叔母也。若佳，兄也，一曰撒哩麻撒句。迷老，弟也，一曰撒哩麻奴喇句。阿己，夫也，一曰媚家。歹喇，婦也，一曰鷄家奴句。喇補麻撒，姊也。喇補吧一，妹也。茅擺，堂上翁也，岳父也。阿夕瓜，堂上姑也，岳母也。猫喇補，母舅也。阿實瓜，母姨也。婦吧哩，嫂也。婦吧哩吧一，弟婦也。阿六江，子也，女也。子一曰阿喇，女一曰阿喇歹拏句。打喇連，女壻也，兒媳也。壻一曰佳喇六句。阿喇撒哩，姪也。阿喇霧霧，孫也。阿呶喇補，外甥也。阿己阿己，男子也。女曰擺擺。土官曰甲必丹。

叙麻格者謎路，士人也。臨嗎哈，農夫也。吻奴哩補，工匠也。嗎哩拏阿哻，客商也。曰嗎嫫，句。下倣此。曰麻煞者稍，老人也。曰阿喇喇，曰佳喇歪，少年也。嗎哈吧者稍，長人也。

吧若，矮人也。曰嫣仁，曰嫣良，曰麻目底六，美婦也。曰麽呵，曰嫣古癩，醜婦也。曰萬拏者稍，曰麻毒鶏角姑籠，人衆也。老里，我也。呶，汝也。捫喇打因拏，成婚也。嫣姥者謎蘇，懷孕也。黑麻拏，生子也。仳哩哩句，召客會飲也。嫣薩薩，祖先也。打打害稍稍，神也。麻夫闌，鬼也。嗎嘶，病也。死曰嗎歹，曰吧吧潺。死而復生曰麻蘇哈。

嫌嗎魯哈魯，拜也。他都君，君依土音。跪也。密衮，坐也。曰臨馬秣，曰馬打郎，行也。曰黑馬轤，曰石跟，跑也。吟吻，言語也。嗎哈吧沙句，訾駡也，鬭毆也。鬭毆一曰麻吧吧台句。拏把喇句，强有力也。烏弗臨句，柔弱也。曰麻喇夕，曰麻哩古，睡也。猫務箕勿箕，醒也。路買句，度曲也。番自賽戲曰事戲。

身曰麻唓。頭曰烏。顱曰蒙峨。目曰麻撒。面曰撒密。鼻曰律，曰昂峨斯。耳曰撒哩喇。口曰務哩。吻曰摹突。唇曰務分。齒曰哩本。舌曰喇哩喇。喉曰卓考。肩曰歹一八。手曰利馬，曰謎喇夕。乳曰都都。心曰阿穆，曰阿目。目依土音。腹曰務譯，曰謎蘇。臍曰務夕。膝曰希魯遁。足曰阿撒，曰丁丁。髮曰物夕。眉曰甲八。鬚曰喇律，曰囈囈。

一曰阿打。二曰利撒。三曰直魯。四曰咿吧。五曰哩駡。六曰咿臨。七曰秘都。八曰打盧。九曰阿捨。捨依土音。十曰猫歹矢。百曰謎阿打哈蘇。千曰謎阿打沙力。萬曰謎阿打漫。有曰咿拏。無曰猫勺。多曰漫拏。少曰吧譯士牙。是曰阿哈。非曰謎阿呢。

莊謂之阿喇哈。社謂之薩魯屯。屋謂之都粉，謂之打咯。門謂之麻勿。牆謂之麻唓都粉。田謂之烏嫣。橋謂之達踏。船謂之阿滿，謂之阿綱。花謂之衣襲，謂之都喇喇。草謂之哈没噶，謂之吧夕。竹謂之烏蝦。木謂之衙截。册籍謂之謎路。字謂之蘇喇。紙謂之吧力吧，謂之龍阿蒙。筆謂之蘇力。墨謂之糜奴。扇謂之吧吧譯。弓謂之務格兒。箭謂之吧哈。矢謂之茅必希。刀謂之試落，謂之烏律。車謂之箕轔，謂之打哩吉。

銀謂之麻哩毒。錢謂之咯嗎呢。鐵謂之麻哩。銅謂之麻哩務哩。錫謂之都哀。布謂之衣幞。綢緞謂之如噶噶。帽謂之打喇獨，謂之噶姑母。衣謂之姑喇襲。袴謂之加水。襪謂之霎霎務。鞋謂之達打畢，謂之霎屏。被謂之霎霎呼。帳謂之哈哈產。牀謂之喇丹。

穀謂之獨獨。米謂之新沙，謂之博。酒謂之醳，謂之務哈，謂之打喇酥。飯謂之羅漠，謂之開生。粥謂之務拏。蔬謂之辣辛。檳榔謂之阿迷希。荖謂之阿辣噶。烟謂之打嗎嘓。食酒謂之迷底打。食飯謂之麻目吉打。鍋謂之打泥溺。

馬謂之哈阿麻。牛謂之鸞。羊謂之優。鷄謂之卓瓜，謂之孤甲。狗謂之阿都。猪謂之猫霧。豹謂之闌裡闌。鹿謂之門闌，謂之没。魚謂之試干，謂之騰。鵝謂之打姑麻一。鴨謂之哈拏哈拏。捕鹿謂之麻噶阿喇哈。捕魚謂之艮米落試干。騎馬謂之没阿吧。騎牛謂之麻吧歷。

〔乾隆〕重修鳳山縣志

【解題】余文儀修，王瑛曾纂。鳳山縣，在今台灣省高雄市鳳山區。「番語」「番曲」見卷三《風土志・番社風俗》中。有乾隆二十九年（一七六四）刻本。録文據臺灣省新北市大通書局一九八四年版《臺灣文獻史料叢刊》第一輯排印本乾隆《重修鳳山縣志》。

番語

各社音多不同，今本諸志，略舉其概。

天爲務臨。日爲咿喇哈。月爲咿達。夕爲務闌。星爲薩哈闌，爲嗳薩拏夕。風爲麻哩。雨爲喇麻拏，爲烏達。雲爲喇漠。雷爲臨薩哈。電爲力吧力吧。虹爲打喇包該。霜爲烏弗打。露爲喇漠哈。霧爲薩喇嗎，爲嗎喧。天明爲嗎喇嗎哈。日午爲喇丹。入夜爲煞火。寒爲嗎哈喇夕。暑爲嗎喇辣。早爲猫勺唎麻拏。久雨爲烏屯者喇麻拏。

地爲烏吻。山爲嵂，爲木艮。水爲喇淋。海爲地淋，爲麻滃。溪爲包，爲阿汪。潭爲阿煞。陂爲達漠。圳爲噶哈噶。井爲潦哈。泉爲思嗎潦唎淋，爲務捫。火爲喇步。

耶媽，父也，一曰阿兼。擺奄，母也，姑也；母一曰兒喇。麻箕，祖父也。霧霧，祖母也。茅撤哩，伯也，叔也。喇油喇補，伯叔母也。若佳，兄也，一曰撤哩麻撤句。迷老，弟也，一曰撤哩麻奴喇句。阿己〔一〕，夫也，一曰媚家。歹喇，婦也，一曰鷄家奴句。喇補麻撤，姊也。喇補吧

〔一〕己：原誤作「芒」。

一，妹也。茅擺堂上，翁也，岳父也。阿夕瓜堂上，姑也，岳母也。猫喇補，母舅也。阿實瓜，母姨也。婦吧哩，嫂也。婦吧哩吧一，弟婦也。阿六江，子也，女也；子一曰阿喇，女一曰阿喇拏句。打喇連，女婿也，兒媳也；婿一曰佳喇六句。阿喇撤哩，姪也。阿喇霧霧，孫也。阿呶喇補，外甥也。阿己阿己〔一〕，男子也。女曰擺擺。土官曰甲必丹。

敘麻格者謎路，士人也。臨嗎哈，農夫也。吻奴哩補，工匠也。嗎哩拏阿嗶，客商也。曰嗎嫫句，下倣此〔二〕。曰麻煞者稍，老人也。曰阿喇喇、曰佳喇歪，少年也。嗎哈吧者稍，長人也。吧若，矮人也。曰嗎仁、曰嗎良，曰麻目底六，美婦也。曰麻阿、曰嗎古癲，醜婦也。曰萬拏者稍，曰麻毒鷄角姑籠，人衆也。老里，我也。呶，汝也。捫喇打因拏，成婚也。嗎姥者謎蘇〔三〕，懷孕也。黑麻拏，生子也。仳哩哩句，召客會飲也。嗎薩，祖先也。打打害稍稍，神也。麻夫闌，鬼也。嗎嘶，病也。死曰嗎歹、曰吧吧潺。死而復生曰麻蘇哈。

乘嗎魯哈魯，拜也。他都君，君依土音。跪也。密衮，坐也。曰臨馬秣、曰馬打郎，行也。曰異馬轤、曰石跟，跑也。吟吻，言語也。嗎哈吧沙句，訾罵也、鬬毆也；鬬毆一曰麻吧吧台句。

〔一〕己：原均誤作「亡」。
〔二〕句下：原誤作「下句」。
〔三〕姥：康熙《諸羅縣志》、乾隆《續修臺灣府志》作「姥」。

拏把喇句，强有力也〔一〕。烏弗臨句，柔弱也。曰戲麻喇夕、曰麻哩古，睡也。猫霧箕勿箕，醒也。路買句，度曲也。番自賽戲曰事戲。

身曰麻啤。頭曰烏。顱曰蒙峩。目曰麻撤。面曰撤密。鼻曰律、曰昂峩斯。耳曰撤哩喇。口曰務哩。吻曰摹突。唇曰務分。齒曰哩本。舌曰喇哩喇。喉曰卓考。肩曰歹一八。手曰利馬、曰謎喇夕。乳曰都都。心曰阿穆、曰阿目。目依土音〔二〕。腹曰務譯、曰謎蘇。臍曰務夕。膝曰希足遁。足曰阿撤、曰丁丁。髮曰物夕。眉曰甲八。鬚曰喇律、曰囈囈。

一曰阿打。二曰利撤。三曰直魯。四曰呷吧。五曰哩罵。六曰呷臨。七曰秘都。八曰打盧。九曰阿舍。舍依土音。十曰猫夕矢。百曰謎打哈蘇。千曰謎阿打沙力。萬曰謎阿打漫。有曰呷拏。無曰猫勺。多曰漫拏。少曰吧譯士牙。是曰阿哈。非曰謎阿呢。

莊謂之阿喇哈。社謂之薩魯屯。屋謂之都粉、謂之打咯。門謂之麻吻。牆謂之麻啤都粉。田謂之烏嫣。橋謂之達踏。船謂之阿滿、謂之阿綱。花謂之衣襲、謂之都喇喇。草謂之哈没噶、謂之吧夕。竹謂之烏蝦。木謂之衙截。

册籍謂之謎路。字謂之蘇喇。紙謂之吧力吧、謂之龍阿蒙。筆謂之蘇力。墨謂之麋奴。

〔一〕力：原誤作「方」。

〔二〕依土：原誤作「土依」。

扇謂之吧吧譯。弓謂之務格兒。箭謂吧哈。矢謂之茅必希。刀謂之試落、謂之烏律。車謂之箕轔、謂之打哩吉。

銀謂之麻哩毒。錢謂之嗎呢。鐵謂之麻哩。銅謂之麻哩務哩。錫謂之都哀。

布謂之衣幞。綢緞謂之如噶噶。帽謂之打喇獨、謂之噶姑母。衣謂之姑喇襲。袴謂之加水。襪謂之霎霎務。鞋謂之達打畢、謂之霎屏。被謂之霎霎呼。帳謂之哈哈產。牀謂之喇丹。

穀謂之獨獨。米謂之新沙、謂之博。酒謂之譯、謂之務哈、謂之打喇酥。飯謂之羅漠、謂之開生。粥謂之務拏。

蔬謂之辣辛。檳榔謂之阿迷希。荖謂之阿辣噶。烟謂之打嗎嘓。食酒謂之迷底打。食飯謂之麻目吉打。鍋謂之打泥溺。

馬謂之哈阿麻。牛謂之鸞。羊謂之優。鷄謂之卓瓜、謂之孤甲。狗謂之阿都。猪謂之猫霧。豹謂之闌裏闌。鹿謂之門闌、謂之没。魚謂之試干、謂之騰。鵝謂之打姑麻一。鴨謂之哈拏哈拏。捕鹿謂之麻噶阿喇哈。捕魚謂之艮米落試干。騎馬謂之没阿吧。騎牛謂之麻吧歷。

番曲 按，八社番曲，雖紀歌詞，其實無常調。每一人歌，羣拍手而和；就現在景結撰作曼聲，非有一定歌曲也。

武洛社頌祖歌：嘻阿浩孩耶嗄！此句係起曲之調。乜連糾，先時節。鎮喇烏留岐跌哪，我祖先能敵傀儡。那唎平奇腰眉。聞風可畏。鎮仔奇腰眉，如今傀儡尚懼。哄耳奄耳罩散嗄。不敢侵越我界。

下淡水社頌祖歌：巴干拉呀拉呀留，請爾等坐聽。礁眉迦迦漢連多羅我洛，論我祖先，如同大魚。礁眉呵干洛呵連，凡行走必在前。呵吱媽描歪呵連刀！何等英雄。唹媽礁卓舉呀連呵吱媽，如今我輩子孫不肖。無羅嗄連，如風隨舞。巴干拉呀拉呀留。請爾等坐聽。

搭樓社念祖被水歌：此係起曲之調。加斗寅，祖公時。嗎搏哄嘮濃，被水衝擊。搭學哄施仔捧，衆番就走。磨葛多務根，走上山内。佳臾其加顯加幽，無有柴米。佳史哄唹嗎，也無田園。麻踏掘其搭學！衆番好艱苦。

阿猴社頌祖歌：咳呵呵咳仔滴唹老，論我祖。振芒哄糾連。實是好漢。礁呵留的乜乜，衆番無敵。礁留乜乜連！誰敢相争。

上淡水社力田歌：咳呵呵里慢里慢那毛呵埋，此時係耕田之候。哄唹老哄描嗄咳，天今下雨。哄吧伊加圭朗煙，及時耕種。哄麻列哄呵女門。下秧鋤草。哄描螺螺嗄連，好雨節次來了。哄麻萬烈其嘻列。播田明白，好來飲酒。

力力社飲酒捕鹿歌：文嘮哄啞奢，來賽戲。丹領哄漫漫，種了薑。排裏哄黎唉，去換糯米。伊弄哄嘮力。來釀酒。麻骨裏哄嘮力，釀成好酒。匏黍其麻因刃臨萬哄嘮力，請土官來。媽良哄勞力，酒足後。毛内力哄文蘭。去捕鹿。毛裏居哄丙力，捕鹿回。文嘮哄啞奢。復來賽戲。

茄藤社飲酒歌：近呵款其歪，請同來飲酒。碓年臨萬臨萬歪，同坐飲酒。描呵那哆描呵款。不醉無歸。代來那其歪，答曰多謝汝。嘻哆萬那呵款其歪，如今好去遊戲。龜描呵滿碓款其歪。若不去遊戲，便回家去。

放綀社種薑歌：黏黏到落其武難馬涼道毛呀其唹嗎，此時是三月天，好去犂園。武朗弋礁拉老歪礁嗎嘆，不論男女老幼。免洗温毛雅覓刀嗎林娸萬萬。同去犂園好種薑。嗎米娸萬萬吧唎陽午涼藹米娸唎呵。俟薑出後，再來飲酒。

瑯嶠社待客歌：立孫呵網直，爾來瑯嶠。六甲呵談眉談眉，此處不似内地。那鬼呵網直務昌哩呵朗耶，爾來無佳味供應。嗎踈嗎踈！得罪得罪。

〔光緒〕恒春縣志

【解題】陳文緯修，屠繼善纂。光緒二十一年（一八九五）修，稿本。恒春縣，在今台灣省恒春縣。「番語」見卷五《招撫》中。録文據台灣省新北市大通書局一九八四年版《臺灣文獻史料叢刊》第一輯排印本光緒《恒春縣志》。

番語

光緒十三年四月，奉宫保爵撫憲劉撰擬土音勸番歌，札發知縣，抄給各社頭人、通事等認真教導。不拘番童、番丁，男女朝夕歌唱，並爲之講解，使之家喻户曉，期革嗜殺之風，漸知人倫之道。其詞曰：

勸番切莫去擡郎，番語：擡，殺也；郎，人也。擡郎不能當衣糧；擡得郎來無好處，是禍是福要思量！百姓擡你兄和弟，問你心傷不心傷？一旦大兵來剿洗，合社男女皆驚慌。東逃西走無處躲，房屋燒了一片光；官兵大砲與洋鎗，番仔如何能抵當？不弩兇手來抵命，看你跑到何處藏？若是你們不肯信，問問蘇魯馬那邦。莫如歸化心不變，學習種茶與耕田；剃髮穿衣做百姓，有衣有食有銀錢。凡有擡郎兇番仔，那個到老得保全？你來聽我七字唱，從此民番無仇怨。

天，番語，阿劣劣慢。地，皆葺剛安。日，隔到。月，改逆。雲，阿六薄。雨，姑夾。星，朱密甘。水，渣倫。山，查里息里息。海，也密。火，殺背。土，改薄。人，擺郎。父，阿媽。母，矜納。伯，阿媽。叔，阿媽。兄，阿阿。弟，阿阿。姪，安逆。夫，媽寮。妻，媽寮麻麻樣。老，南馬任。少，阿卒芒卒芒。親，阿叔叔。疏，阿劣劣。友，定納馬。你，的損。我，爹安。遠，稱馬逆。近，一媽嘖。往，外剛阿。來，一讀。出，雜燒木。知，甘雨。進，心媽公媽甘。好，郎勿。醜，那鬼阿。多，了。少，及里。男，窩甲來。女，麻麻樣。內，補洞。外，渣沙漫。前，阿里葱。後，八沙里烏。寬，阿插馬里馬。窄，及立八立八快。□〔一〕，及里木。漫，握六握六。立，米立。坐，鷄那肉。走，嫂。高，毛毛。矮，得谷。長，那六。短，立及立及。幹，達。濕，馬

〔一〕排印本原文如此。

接門。飽，馬必獨。餓，馬租逆。手，里馬。足，姑納。耳，插里安。目，媽嘖。口，安額。鷄，姑隔。狗，馬多。猪，里里。羊，西逆。牛，旺。猫，烏。平聲。馬，馬。魚，錫羔。穀，隔殺。米，八袋。柴，阿修。草，稱墨。吃，甘六。夜，馬所隴。桌，阿敢。椅，雙阿。牀，阿麟安。鍋，巴柳。碗，姐八。菜，鴉生。飯，祭那逆。酒，媽媽。肉，阿倫。銅，無也慢。鐵，馬住也言。鉛，馬雅納。錫，酒辦。錢，八鯏。銀，萬里腳。屋，笞包。衣，隴包。褲，阿插隔。布，錫通安。鹽，握爹。

案，臺灣番語，南北固有不同，然一天字，有譯爲嘉禄嚕嘛，地譯爲嘉禄哪嘛，山譯爲啞哩，水譯爲野湧者。蓋其間，閩人則譯以閩音、楚人則譯以楚音，更覺言人人殊，而莫衷一是也。地方有司，審理詞訟，不可不慎。

天，加加奈。日，棲辣。月，烏辣。星，勿憶。雨，無辣。風，呱笠。雲，曷遏。雷，隔姑美。電，加拏別。寒，幸鬧。暑，辛魯。地，十辣。山，魯蔫。水，拏濃。溪，阿禄。田，盞。園，烏袜。屋，烏袜。路，噂闌。海，烈。石，挖姑禄。深，爹姑魯嘛。淺，彭踏埃姑拏濃。人，擔擾。祖，烏屋。婆，烏屋。父，阿脈。母，因逆。伯，阿脈。叔，阿脈。兄，加戛。弟，沙挖。官，爹禄。友，沙禮加隔。物，媽阿難。米，白辣。粟，南禄。豆，加禮王。牛，姑弄。羊，須笠。犬，呱卒。鷄，阿啖。酒，宿。食，姑馬吾。衣，履葛。

右下十八社之阿眉番話，與別社更相懸殊。爰譯數語，以備參考。

後記

斷斷續續用了二十年時間，終於完成了此書。

我們當初開展這項工作的時候，舊方志中方言資料的學術價值似乎還未得到學術界的普遍重視，關注並研究這宗資料的學者還爲數不多。時至今日，舊方志中方言資料已得到了方言學界、漢語史學界的高度關注，這是我們始料未及的，也是我們十分欣慰的。

二十年中，我們的工作得到過很多機構和師友的支持與幫助，沒有這些支持與幫助，僅憑我們二人微薄的力量，是很難完成這一項工作的。在此，向在文獻搜集、録入以及整理過程中給予支持與幫助的機構和師友致以衷心的感謝！

本書能在中華書局出版，有賴於北京語言大學華學誠先生的積極推薦與中華書局語言文字編輯室秦淑華主任的大力支持，尤其是責任編輯張可女士不僅對書稿的編校付出艱辛勞動與大量心血，還提出了很多建設性的修改意見，使本書的質量有了很大的提升，在此向三位先生表示深深的謝意！

本書的文獻搜集工作主要由曹小雲承擔並於二〇一三年基本完成。二〇一四年曹嫄加入，除承擔雲南、四川、貴州、重慶四省（直轄市）文獻整理工作外，還參與了西北、中南等地區文獻的整理工作。民國《鄞縣通志》的附録《古堇諺鐸》卷二《列傳》由周志鋒整理、汪維輝審訂。附録《條目索引》由張可編製。

由於舊方志體量太大，加之我們能力與水平有限，因此本書在文獻搜集與整理工作中一定存在很多疏漏之處，尚祈讀者批評指正，以俟來日進一步完善與更正。

曹小雲　曹嫄

二〇二〇年四月